KB237153

로버트 노직 著
南 京 熙 譯

아나키에서 유토피아로

—— 自由主義國家의 철학적 기초

1983

차 례

제 II 부
最小國家를 넘어서서?

제Ⅲ부
유토피아

┄┄┄┄┄ 일러 두기 ┄┄┄┄┄

본문에서의 각주는 다음 세 가지로 표기되어 있는데,

1) 2) 3)…의 주는 원문의 주석으로 이 책의 끝에 수록했고

a) b) c)…의 주는 저자의 보충 설명으로 본문의 해당면에 넣었으며

ㄱ) ㄴ) ㄷ)…의 주는 역자의 설명으로 역시 본문의 해당면에 넣었다.

역자는 1) 2) 3)의 주에서 필요치 않다고 생각되는 주석은 본문의 주 표기는 그대로 둔 채 주석문을 옮겨 싣지 않았다.

서 문

　개인들은 권리들을 가지고 있으며, 세상에는 어느 인간이나 집단도 이 권리들에 해서는 안 되는 것들이 있다(이들의 행사는 곧 개인 권리의 침해이다). 이 권리들은 매우 강력하며 폭넓은 것이므로, 국가나 그의 관료들이, 있다면 무엇을 할 권리가 있는가의 문제를 제기한다. 권리를 가진 자가 개인들이라면 국가에는 얼마의 여지가 남는가? 국가의 본성, 그리고 이의 합법적 기능과 이의 정당화론들——만약 있다고 한다면——이 이 책의 중심 과제이며, 이 과제의 탐구 과정에서 폭넓고 다양한 주제들이 상호 교차되며 논의될 것이다.

　국가에 관한 주된 우리의 결론들은 : 첫째, 강압·절도·사기로부터의 보호, 계약 집행, 등등이라는 좁은 기능들에 제한된 최소 국가 *minimal state* 는 정당화되며 ; 둘째, 그 이상의 포괄적 국가는 특정의 것들을 하도록 강제되지 않을 개인의 권리를 침해할 것이고 ; 세째, 최소 국가는 옳을 뿐 아니라 영감 고취적이다. 이 결론들의 두 주목할 만한 함축은 일부 시민들로 하여 다른 사람들을 돕게 할 목적으로, 또는 국가가 시민들 자신의 善과 보호를 위해 특정 행위를 금지할 의도로 강제적인 수단을 사용해서는 안 된다는 것이다.

　위의 두 목표들을 성취하기 위한 개인의 자발적인 행위는 남겨 두고, 강제적인 것만을 우리가 금지했음에도, 많은 사람들이 우리의 결론들에 즉각 반발할 것이다. 그 이유는 타인들의 고통과 궁핍에 대해서 그와 같이, 적어도 외견상으로는, 명백히 쌀쌀한 입장을 받아들이길 그들은 원치 않기 때문이다. 나는 이러한 반응을 알고 있

다 : 이는 내가 처음 위의 입장을 고려하기 시작할 때의 나의 태도였다. 하지만, 내키진 않았으나 다양한 고려 사항들과 논변들에 힘입어 나 자신 속칭 자유주의적 *libertarian* 입장들에 확신을 갖게 됨을 발견하였다. 이 책은 나의 애초의 주저를 보여 주는 바를 별로 담고 있지 않다. 그 대신 이 책은 많은 고려 사항들과 논변들을 담고 있으며, 나는 이들을 될 수 있는 한 설득력 있게 개진하려 한다. 그럼으로써 나는 나의 반대자들의 감정을 이중으로 상하게 하는 위험을 무릅쓰고 있다 : 즉 내가 상세히 설명하는 입장으로 해서, 그리고 내가 이 입장을 지지하는 근거를 댄다는 사실로 해서 그렇다.

나의 초기의 주저는 이미 사라졌으므로 이 책에는 나타나 있지 않다. 시간이 경과함에 따라, 나는 그 견해들과 그의 귀결들에 대해 익숙해졌으며, 이제는 이들을 통해서 정치 세계를 본다(오히려 그들이 정치 세계를 통해서 볼 수 있도록 만들어 주었다고 말해야 할지?) 나와 유사한 입장을 취하는 사람들 중 상당수는 편협하고 완고하며, 역설적이지만, 반대의 보다 자유로운 입장에 대해 분노감을 품고 있기 때문에, 이제 이론에 맞는 자연적인 태도를 갖게 된 나는 어쩔 수 없이 나쁜 무리에 속하게 된다. 나는 사람들이 싫어하고 심지어 혐오하는 입장들을 지지하기 위해 강력한 논거를 제시함으로써 그들을 괴롭히고 아연케 하는 데서 얻는 전적으로 상찬할 만하지는 않은 쾌락을 벗어났으므로, 즉 반대자를 논파하는 즐거움보다는 지적 동지를 얻는 즐거움을 나는 더 귀하게 여기므로, 내가 알고 존경하는 대부분의 사람들이 나와 다른 견해라는 사실을 반가와하진 않는다.

이 책 저술의 스타일은 인식론이나 형이상학에 관한 아주 최근의 철학적 저서들의 그것이다. 정교한 논변들, 있을 법하지 않는 反例들에 의해 반박되는 주장들, 놀랄 만한 명제들, 難問들, 추상적이며 구조적 조건들, 특정 범위의 경우들을 설명할 수 있는 다른 이론을 발견해 보라는 도전들, 깜짝 놀라게 하는 결론들 등등이 이 책을 구성한다. 이런 점이 지적 관심과 흥분을 불러일으키지만, 일부의 사람들은 윤리학이나 정치철학의 진리들은 그와 같은〈휘번쩍

12

한〉도구들에 의해 얻어질 수 있는 것이기에는 너무 심각하고 중요한 것이라고 생각할 수도 있겠다. 그렇지만, 또 윤리학에서의 진리는 우리가 자연스럽게 생각하는 바 속에서 발견되지 않을 수도 있다.

통용되는 견해를 체계화하고 받아들여지는 원리들을 명백히하는 작업은 정교한 논변들을 필요로 하진 않는다. 일반적으로 일단의 견해가, 독자들이 여하간에 받아들이는 견해와 상치한다고 지적하는 것은 그 일단의 견해에 대한 반대 논거라고 생각된다. 하지만 독자들의 견해와 상치한다고 해서 독자들의 견해와 다른 그 견해가 타당화되는 것은 아니다. 그 대신, 그 견해는 반대 논변을 통해 받아들여지는 견해에 최대의 시험을 가하고, 이의 전제들을 엄격히 검토하며, 그리고 심지어 그 견해의 주창자들까지도 그의 귀결들에 대해 불편해할 일련의 가능적 상황들을 제시해야 한다.

나의 논변들에 의해 설득되지 않은 독자들도 그들 자신의 견해를 견지하고 지지하는 과정에서 이를 명료히하고 심화하게 되었음을 발견할 것이다. 더 나아가, 지적 정직성은, 적어도 가끔은, 우리로 하여금 통상의 길을 벗어나 우리의 견해들을 반대하는 강력한 논변들에 대면하도록 요구한다고 나는 생각하고 싶다. 그렇지 않고서야 어떻게 끊임없이 오류에 빠지려는 우리를 보호할 수 있겠는가? 지적 정직성은 그 나름의 위험을 지니고 있다는 점을 독자에게 상기시킴은 마땅히 공정한 일이다 : 처음에 호기심에 가득차 읽은 논변들은 설득력을 갖게 되고 심지어 자연스럽고 직관적으로 보일 수도 있다. 오직 귀기울여 듣기를 거절하는 것만이 우리를 진리로부터 멀리하게 한다.

이 책의 내용을 구성하는 것은 구체적 논변들이다. 하지만 무엇이 담겨 있는지 더 알려 줄 수 있다. 나는 개인의 권리들에 관한 명백한 언명으로부터 시작하므로, 나는 무정부주의자들의 다음과 같은 주장을 진지하게 취급한다 : 즉 국가는 권력의 독점을 유지하고 영토내의 모든 사람들을 보호하는 과정에서 필연적으로 개인의 권리를 침해하고 따라서 본래적으로 비도덕적이라는 주장. 이 주장에 반대하여, 나는 국가는 누가 이를 의도하거나 발생시키려 시도하지 않아도, 꼭 개인의 권리를 침해하지는 않는 과정을 거쳐(로크의 자연 상태의 개념에 의해 표현되는) 무정부 상태로부터 자연스럽게 발생했을 것이라고 주장한다. 본서 제 I 부의 이 중심적 주장을 추적하면서 다양한 주제들을 취급할 것이다. 가령, 왜 도덕적 견해들은 단지 목적 지향적일 뿐 아니라 행위에 대한 측면적 제약 사항들을 포함하는지의 문제, 동물 취급의 문제, 복합적인 모형들을 비의도적인 과정의 산물로 설명함이 왜 만족스러운 것인지, 왜 어떤 행위들은, 그 행위의 피해자들에게 보상이 주어진다 해도, 허용되기보다는 금지되는지의 이유들, 처벌에 관한 저지 이론 *deterrence theory* 의 부재, 위험한 행위의 저지에 관한 문제들, 하트 Herbert Hart 의 이른바 〈公正의 원리 *the principle of fairness*〉, 선제 공격 *preemptive attack*, 예방적 억류 *preventive detention* 등등이 취급된다. 이 주제들과 그 밖의 다른 것들은 國家와 無政府의 성격과 도덕적 합법성을 탐구함에 있어 관계 있는 것들이다.

제 I 부는 最小國家 *minimal state* 를 정당화한다. 제 II 부는 더 이상의 포괄적 국가 *extensive state* 는 정당화될 수 없다고 주장한다. 나는 다음 보다 포괄적 국가를 옹호하기 위해 제시된 각가지 이유들이 실은 그렇지 못함을 논한다. 한 국가의 시민들 사이에서 분배적 정의 *distributive justice* 를 성취하거나 수행하기 위한 방책으로서 그와 같은 국가가 정당화될 수 있다는 주장에 대해, 나는 더 이상의 포괄적 국가를 요구하지 않는 正義의 한 이론, 즉 所有權理論 *entitlement theory* 을 발전시키고, 이 이론을 도구로 해서 보다 포괄적인 국가를 요청하는 분배적 정의의 여타 이론들을 해부하고 비판한다. 이 해부·비판에선 특히 최근 존 롤즈 John Rawls 의 강력한 이론이 초점이 된다. 보다 포괄적 국가를 정당화한다고 일부 사람들이 제시하는 이유들, 가령, 평등·부러움, 노동자들에 의한 관리, 마르크스의 착취 이론 들이 비판의 대상이 될 것이다(제 I 부가 어렵다고 생각하는 독자는 제 II 부는 보다 쉽게 생각할 것이다. 그리고 제 II 부 중 제 7 장보다는 제 8 장이 쉽다). 제 II 부는 보다 포괄적인 국가가 어떻게 발생할 수 있었을지에 관한 가정적 기술——그와 같은 국가를 전혀 매력 없는 것으로 만들려고 꾸민 이야기——로 끝난다. 최소

14

국가가 유일의 정당한 국가라 하더라도 이 결론은 흥미로울 것 없는 싱거운 것이며, 전혀 누구에게 영감을 고취하거나 그를 위해 싸울 가치가 있는 목표를 제시하지 않는 것으로 보일 수도 있다. 이런 인상에 답하기 위해, 나는 사회 사상의 저 뛰어나게 영감적인 전통, 즉 理想國論에로 펜을 돌려, 이 전통으로부터 얻을 수 있는 것은 바로 최소 국가의 구조임을 논하겠다. 이 논의는 사회를 형성하는 여러 다른 방법들, 구성 장치들 *design devices* 과 여과 장치들 *filter devices* 의 비교와 수리경제학에서의 경제의 핵심 *the core of an economy* 이라는 개념의 적용을 필요로 하는 모델의 제안을 포함한다.

대부분의 독자들이 신봉하는 견해와는 다른 결론들에 대한 나의 강조는 독자로 하여금 이 책을 일종의 정치적인 선전 책자로 오해하게 할 수도 있으나, 이 책은 그런 유의 책이 아니다. 이는 그 나름으로 흥미진진하며, 개인의 권리들과 국가에 관해 우리가 논구할 때 상호 교차하며 생겨나는 많은 주제들에 관한 철학적인 탐험이다. 나는 〈탐험 *exploration*〉이란 말을 의도적으로 선택했다. 철학적 저작·저술에 관한 한 견해는, 저자는 그가 제시하는 견해의 모든 상세한 점들과 그의 문제점들을 철저히 검토한 후, 그 견해를 윤색하고 정련하여, 완성되고 완전하며 우아한 전체로서 세상에 내놓아야 한다고 주장한다. 이것은 나의 견해가 아니다. 어쨌든 나는 우리의 계속되는 지적 생활에 있어서 덜 완성된 작품이 설 자리가 있고 그의 기능이 있다고 생각한다. 그러한 작품은 완성되지 않은 발표들, 추측들, 대답 없는 질문과 문제들, 단서들, 곁가지들을, 중심적 논변과 함께 담을 수 있다. 즉 마지막 결론 이외의 주제에 대한 군소리가 있을 수 있다는 것이다.

실은, 통상의 방식으로 철학적 저작을 세상에 내놓는 것은 나를 당황하게 한다. 철학적 저작들은 마치 그 저자들이 그 속에서 주제에 대한 마지막 말을 하고 있는 양 씌어졌다. 그러나, 확실히 여느 철학자도 그들이 드디어 하느님 덕분에 진리를 발견하고 그 주변에 난공불락의 요새를 쌓았다고 생각하진 않는다. 실제에 있어 우리들은 모두 그보다는 훨씬 더 겸손하다. 이 겸손에는 이유가 있다. 철학자는 그가 제안한 견해에 관해 오래 그리고 깊이 생각했기 때문에 이의 약점들에 대해 상당히 잘 알고 있다. 그는 자신의 주장의 지대한 지적인 무게를 견디기에는 그 논거가 너무 허약한 곳, 자기 견해의 실마리가 풀어지기 시작할 만한 곳, 그리고 그가 거북하게 느끼는, 검사되지 않은 假定들을 잘 안다.

어떤 한 형식의 철학적 작업은 일정한 형태의 울타리 속에 사물들을 밀어넣길 좋아한다. 하지만 물건들을 한 융통성 없는 지역에 쑤셔넣어 한쪽으로 일정 형태를 갖도록 해 보라. 그러면 그것은 다른 쪽에서 삐져 나올 것이다. 사람들은 그쪽으로 뛰어가 툭 튀어나온 것을 다시 쑤셔 박으나 다른 곳에서 다시 삐져 나온다. 그래서 사람들은 다시 밀어 넣고 쑤셔 넣으며, 모두가 딱 맞을 때까지 사물들의 모퉁이를 잘라내며, 드디어 모든 것들이 불안하나마 그런대로 그곳에 머물러 있을 때까지 눌러박는다. 그리고 그렇지 않은 것들은 눈에 띄지 않게끔 저멀리 내던져 버린다(물론 이것은 그렇게 포악하진 않다. 감언과 아첨과 그리고 온갖 몸짓으로 사람들을 설득하려 한다). 재빨리 사람들은 모든 것이 그럴 듯하게 보이는 각도를 잡아 다른 무엇이 너무 눈에 띄게 삐져 나오기 전에, 재빠른 셔터 속도로 스냅 사진을 찍는다. 그런 다음, 암실로 들어가 울타리라는 옷의 찢어진 곳, 헤어진 곳, 터진 곳들을 손질한다. 남는 일은, 그러면, 인화된 사진을 사물들의 정확한 모습인 양 출판하고 어느 것도 다른 형태에는 맞아들어가지 않을 것이라고 주장하는 일이다.

어느 철학자도 다음과 같이 말하진 않는다. 〈그곳에서 내가 시작했고, 이곳에서 내가 끝나며, 내 저작의 주요 약점은 그곳에서 이곳에로 갔다는 점이다. 특히 이곳이 내가 저작 과정에서 행한 밀침, 떼밀음, 망치질, 끌질, 늘여펴기, 그리고 깎아낸 부분들이다. 내가 내던져 버리고 무시하거나 하는 등의, 시선을 돌리기 위해 한 잔꾀들은 말할 것도 없이 많지만〉이라고.

철학자들의 자신의 저작들에서 인지한 약점들에 대한 침묵은, 내 생각으로는, 단지 철학적 정직이나 고결성의 문제가 아니다. 물론 투철하게 의식될 때, 그것은 그 문제이고 또는 적어도 그 문제가 되긴 하지만. 그 침묵은 철학자들이 자신의 견해를 체계화할 때의 목적과 연결되어 있다. 왜 그들은 그 한정된 울타리 속에 모든 것들을 강제로 집어넣으려고 애쓰는가? 한 울타리 속에 모든 것들을 가두어 놓아서 오는 이익이 무엇인가? 왜 우리는 그러기를 원하는가? (그 울타리는 우리를 무엇으로부터 방어해 주는가?) 이 심각한 (그리고 놀라운) 질문들로부터, 나는 나의 앞으로의 저술에서 나의 시선을 돌리지 않을 수 있기를 희망한다.

하지만 이 문제들을 여기서 언급하는 것은, 이들이 다른 철학적 저작보다는 이 책에 던져져야 한다고 생각해서가 아니다. 내가 이 책에서 말하는 바는, 내 생각으로는, 옳다. 위의 문제들을 언급함으로써 나의 주장을 철회하려는 것이 아니다. 내 의도는 모든 것을, 즉 내가 믿는 바 신념들, 그리고 이를 위한 논변들뿐 아니라 회의·걱정·불확실한 바 들을 모두 독자들에게 보이려는 것이다.

나의 논변들, 이행 부분들, 전제들 등등 중 내가 불안감을 느끼는 그 지점에서는 그를 언급하거나 적어도 나를 긴장하게 만드는 것에 독자의 주위를 환기시키려 노력하겠다. 미리 몇몇의 일반적인 이론적 걱정들을 언급할 수 있겠다. 이 책은 개인의 권리들의 도덕적 기초에 관한 정확한 이론을 제시하지 않는다. 이 책은 보복적인 처벌 이론의 정확한 언명이나 정당화 논변도 포함하지 않으며, 이 책이 제시하는 분배적 정의에 관한 3부작적 이론의 원리들을 정확히 표현하지도 않는다. 내가 말하는 많은 것들은, 그런 이론들이 발전되면 가지리라 믿는 바의 일반적 특성들에 의존해 있거나 그들을 사용한다. 이 주제들에 관해서는 미래에 쓸 수 있기를 바란다. 만약 내가 쓴다면, 그 결과하는 이론은 내가 지금 기대하는 바와 많이 다를 것이고, 이런 결과는 지금 여기에 세워지는 상부 구조물에 많은 변경을 요구할 것이다. 내가 이 근본적인 작업들을 만족스럽게 완수하리라 기대하는 것은 바보스러운 짓일 것이다. 하지만 완수될 때까지 침묵을 지키는 것도 마찬가지로 어리석은 짓이다. 아마도 이 試論은 다른 사람들을 자극하여 도움을 제공케 할 것이다.

<h1 align="center">감사의 말</h1>

이 책의 처음 아홉 章들은 필자가 샌프란시스코의 Palo Alto에 있는 The Center for Advanced Study in the Behavioral Sciences 의 연구원으로 있었던 1971년에서 1972년 사이에 씌어졌다. 이 연구소는 거의 개인주의적 무정부 상태에 가까울 정도로 최소한의 요구를 해 연구의 자유를 보장했다. 작업을 그렇게 쉽사리 처리케 할 수 있는 분위기를 제공해 준 그 연구소와 그 직원들에 깊이 감사한다. 제10장은 미국 철학회 동북 지역 모임에서 열린 〈유토피아와 유토피아 사상〉이란 심포지움에서 발표되었다. 그리고 이 발표의 어떤 대목들은 다른 章들에도 산재해 나타난다. 이 책의 원고 전체는 1973년 여름에 다시 씌어졌다.

여기에서 옹호된 입장들 중 몇몇에 대한 Barbara Nozick 의 반대는 나의 견해를 명확히하는 데 도움을 주었다. 그 이외에도 그녀는 무수히 많은 다른 방식으로 나를 엄청나게 도왔다. 수년간에 걸쳐 나는 이 책의 어떤 주제들에 관한 나의 생각을 Michael Walzer 와 토의하면서 그로부터 받은 논평들, 질문들, 反例들에서 도움을 받았다. 위의 연구소에서 쓴 원고 전체에 대하여 W.V. Quine, Derek Parfit, 그리고 Gilbert Harman 으로부터, 제7장에 대하여 John Rawls 와 Franlk Michelman 으로부터, 그리고 제I부의 시초의 초고에 대하여 나는 상세하고 아주 유용한 논평을 받았다. 경쟁적인 보호 대행 업소들이 어떻게 운영될(수 없을)지에 관한 Ronald Dworkin 과의 토론 그리고 Burton Dreben 의 제안들도 나에게 이익이 되었다. 이 원고의 다양한 단계들의 다양한 부분들이 The Society for Ethical and Legal Philosophy(SELF)의 여러 회합들에서 읽혀지고 토의되었다. 어 모임의 회원들과의 정기적인 토론은 지적 자극과 즐거움의 원천이었다. 개인주의적 무정부들에 대한 나의 관심을 자극한 것은 Murray Rothbard와의 약 6년 전의 긴 대화였다. 훨씬 이전의 Bruce Goldberg와의 논변들은 나로 하여금 자유주의적 견해를 충분히 진지하게 고려하게 하였고, 그리하여 이 견해를 논박할 마음이 생기게 하였으며 이 주제를 계속 추구하게끔 하였다. 그 결과는 독자들 앞에 있다.

제 I 부

自然狀態論 또는 의도적 노력 없이 어떻게 國家가 성립될 수 있는가에 관한 이론

제 1 장

왜 自然狀態 이론인가

만약 국가가 존재하지 않는다면 이를 고안해 내는 것이 필요할 것인가? 국가는 요구되는 것인가? 고안되는 것인가? 이러한 질문들이 정치철학을 위한, 그리고 정치 현상을 설명하는 이론을 위한 문제들이며, 전통적 정치 이론의 어휘를 사용하자면, 자연 상태 *state of nature* 를 조사함으로써 해답된다. 이 원초적인 개념을 다시 들추어내서 쓰는 것을 정당화하는 것들은, 결과하는 이론의 다산성과 흥미, 그리고 깊이 있는 함축들이어야 할 것이다. 미리 어떤 확언을 원하는 회의적인 독자들을 위해 말하건대 제 1 장은 자연 상태의 이론을 논의하는 것이 중요한가의 이유를, 그리고 그 이론을 결실 있는 것으로 생각할 만한 이유들을 토의한다. 이 이유들은 필연적으로 다소 추상적이며 메타 이론적 ㄱ)이다. 이 이유들 중 가장 중요한 것은 발전될 이론 그 자체이다.

政治哲學

정치철학의 근본 문제——국가가 어떻게 조직되어야 하는가에 관한 문제들에 논리적으로 앞서는——는 대체 국가가 있어야 하느냐는 것이다. 왜 무정부 상태를 취하지 않는가? 무정부론은, 만약 타당하다면, 정치철학의 전 주제를 무의미하게 하므로 정치철학론은 이

ㄱ) 이론에 대한 이론, 또는 이론의 근거에 대한 이론. 〈메타 *meta*〉란 말은 meta-physics (형이상학)에서 연유하는 일종의 철학적 접두어로서 〈사물 자체가 아니라 사물에 대한 이론·주장·견해·언어에 대한〉이라는 뜻을 지닌다.

의 주요 이론적 대안을 검토함으로써 시작하는 것이 합당하다. 무
정부론이 매력 없는 이론이 아니라고 생각하는 사람들은, 정치철학
이 여기에서 끝난다고 생각할 수도 있다. 그 밖의 사람들도 논의의
귀추에 대해 초조하게 기다릴 것이다. 그러나 우리가 볼 바이지만
政府論者나 無政府論者나, 즉 출발선에서부터 성급하게 내닫는 사
람이나 내키지 않는 마음으로 논변을 통해 출발선으로부터 물러서
는 사람이나 똑같이 모두 정치철학의 주제를 자연 상태론에 의해
시작함이 설명적인 목적을 지녔다는 점은 인정하리라(인식론이 회의
론을 반박하려는 시도에서 시작될 때, 이런 목적은 결여되어 있다).

그러면 위의 문제에 답하기 위해 어떤 무정부적인 상황을 조사하
여야 하는가? 아마도 다른 가능적 상황은 존재하지 않으며 실제의
정치적 상황도 존재하지 않은 경우의 상태이리라. 그러나 모든 사
람들이 모든 곳에서 無國家 *nonstate* 의 객선에 타고 있다는 불필요
한 가정이나 특정의 상황에 이르기 위해 反사실적인 것을 추구하는
데에서 오는 거대한 부담감 이외에는, 그 상태는 근본적인 이론적
흥미를 결여하고 있다. 분명 그 무국가적 상황이 극히 공포스러운
것이라면, 이는 소정의 국가를 해체하거나 파괴하여 이를 무국가
로 지금 바로 대체하길 주저할 이유가 될 것이다.

보다 소득이 있는 것은 〈만약 ～라면 우리가 지금 처해 있을〉지도
모를 상황을 포함해서 모든 흥미의 대상이 되는 상황들을 포괄하는
근본적이고 추상적인 記述에 집중하는 것일 것이다. 이 기술이 극히
공포스러운 것이라면, 국가는 보다 나은 대안으로 드러날 것이며 적
어도 치과 의사에게 갈 때만큼의 애정을 느낄 수는 있는 것이리라.
그와 같은 공포스런 기술들은 대개 설득력이 없다. 그 이유는 단지
그들이 우리를 즐겁게 하지 않기 때문이다. 심리학과 사회학의 주
제들은 모든 사회들과 인간들에 걸쳐서 그와 같이 비관적으로 일반
화할 수 있기에는 너무 미약하다. 그 이유는, 특히 그 학문들의 논
변은 국가가 어떻게 운영되는가에 관한 그런 비관적인 가정들을 용
허하지 않기 때문이다. 물론 사람들은 실제의 국가들이 어떻게 움
직여 왔는지에 관해 알고 있으며, 그 견해에 있어 차이가 있다. 국
가와 무정부 사이의 선택이 갖는 엄청난 중요성을 고려할 때 〈最小

極大 minimax〉ㄴ)의 기준을 사용하여 무국가적 상황에 대한 비관적인 평가——국가는 가장 비관적으로 묘사된 바 홉즈 Hobbes 적인 자연 상태와 비교될 것이다——에 초점을 맞추는 것이 보다 주의깊은 접근이라고 생각될지도 모르겠다. 그러나 최소극대의 기준을 사용하는 경우, 이 홉즈적 상황은, 미래의 것들을 포함해서, 가능한 범위 안에서 가장 비관적으로 기술된 국가와 비교되어야 한다. 이런 비교가 일단 이루어지면, 분명 최악의 자연 상태가 더 나은 것으로 생각될 것이다. 국가를 혐오로운 것으로 간주하는 사람들은 최소극대의 기준을 설득력 있는 것으로 보지 않을 것이다. 그 이유는, 만약 필요하다면, 언제건 국가 상태로 되돌아갈 수 있을 것으로 보이기 때문이다. 다른 한편으로 〈最大極大 maximax〉ㄷ)의 기준은 세상일의 움직임에 관해 가장 낙관적인 가정들——〈神은 승리하리라〉는 식의——위에 입각해 있을 것이다. 그러나 경솔한 낙관주의 역시 설득력이 없다. 정말로, 불확실성 아래에서의 선택을 위해 제안된 어떤 결단 기준도 이 경우 설득력을 갖지 못하며, 그와 같이 미약한 확률에 기초하여 예상되는 유용성의 극대화도 마찬가지다.

보다 중요한 것은——특히 어떤 목표들을 성취토록 노력해야 하는가의 결정을 위해서——사람들이 일반적으로 도덕적인 억제를 행하고 當爲에 따라 행위하는 無國家的 상황에 초점을 맞추는 것일 것이다. 이와 같은 가정은 지나치게 낙관적인 것은 아니다. 모든 사람들이 정확히 당위에 따라 행위하리라고 가정하진 않았다. 하지만 이 자연 상태의 상황은 우리가 바랄 수 있는 최선의 무정부적 상황이다. 그러므로 이 상황의 성격과 결점들을 탐구함은 무정부 상태보다 국가가 더 좋은가의 문제를 답함에 있어 결정적인 중요성을 갖는다. 만약 국가 상태가 심지어 이 무정부 상태로서는 최선의 상황, 현실적으로 희망할 수 있는 최고의 상태, 또는 도덕적으로

ㄴ) 게임 이론상의 하나의 戰略選擇 원리로, 게임에 임하는 당사자가 선택 가능한 모든 전략 중에서 가상적으로 각각의 전략을 택했을 때 최악의 결과를 기대하고, 이 최악의 결과들 중에서 그래도 최선의 결과를 가져오는 전략을 선택하는 원리.
ㄷ) 최소최대의 원리와 달리 최선의 결과를 기대하고 그 중에서도 최선을 택하는 원리.

허용될 수 없는 과정을 거치지 않고 생겨날 바, 또는 생겨난다면 현실의 개선일 바 그 최고의 상태보다도 낮다는 점을 보일 수 있다면, 이는 국가의 존재를 위한 이론적 근거를 제공할 것이다. 즉 이는 국가를 정당화하리라. [a]

이 탐구는 국가를 세우고 운영하기 위해 사람들이 해야 할 모든 행위들이 그 자체 도덕적으로 허용되는지의 문제를 제기할 것이다. 일부의 무정부론자들은 우리가 국가 없이 보다 잘 살 뿐만 아니라, 어떤 국가건 필연적으로 국민들의 도덕적 권리를 침해하고 따라서 본질적으로 비도덕적 *immoral* 이라 주장하곤 했다. 그렇다면 우리의 출발점은 비정치적이긴 하나 그 의도에 있어 전혀 無道德的 *non-moral* 은 아니다. 도덕철학은 정치철학의 배경을 마련하고 그의 경계를 정한다. 한 개인이 타 개인에게 할 수 있는 것과 없는 것은, 그들이 국가라는 장치를 사용해, 또는 그 장치를 세우기 위해 할 수 있는 것의 경계를 정한다. 강제할 수 있는 도덕적 금지 사항들은 국가의 근본적인 강제력 *coercive power* 이 가지는 합법성의 근원이다(근본적인 강제력은 강제당하는 개인의 동의에 의존해 있지 않은 힘이다). 이는 국가 활동의 일차적인, 아마도 유일의 합법적인 활동 무대를 제공한다. 더 나아가 이는 또한 도덕철학이 명료한 해답을 주지 못하고 그의 해답에 관해 사람들이 일치되지 못하는 그런 문제들에 관해, 이 문제들이 정치적인 영역에서 보다 적합하게 다루어질 수 있는지를 결정한다.

說明的 政治理論

정치철학적 중요성 이외에, 이 자연 상태의 탐구는 또한 설명적인 목적에 이용될 수 있다. 정치적인 영역의 이해를 위해 가능한 방법은 다음과 같다. 1) 이 영역을 비정치적인 용어들을 사용해 충분히 설명하든가, 2) 이 영역을 비정치적인 것으로부터 솟아나

---

a) 이런 정당화 논변은, 국가의 자연 상태로부터의 발생을 자연적이긴 하나 불가피한 퇴행 *deterioration* 의 과정으로——마치 죽음에로의 과정이나 노화 과정과 같이——설명하는 이론과 대조된다. 이런 이론은 우리로 하여금 국가의 존재에 체념하게는 하나 국가를 〈정당화 *justify*〉하지는 않는다.

오긴 하나 다시 그것에로 환원될 수는 없는 것으로, 즉 비정치적인 요소들의 결합이긴 하되 이는 단지 새로운 정치적 원리에 의해서만 이해될 수 있는 것으로 보거나, 3) 이것을 완전히 자율적인 영역으로 간주하는 것이다. 첫번째 방법만이 전 정치 영역의 완전한 이해를 약속하므로[1] 이것이 가장 바람직한 이론적 대안으로 보이며, 따라서 이 대안이 실현 불가능함이 확실하기 전까지는 포기해선 안된다. 정치 영역에 대한 이 가장 바람직하고 완전한 종류의 설명을 그 영역의 근본적인 설명이라 하자.

　정치적인 것을 비정치적인 어휘로 근본적으로 설명하기 위해선, 비정치적인 상황에서 출발하여 정치적인 것이 이후에 어떻게 그리고 왜 이로부터 생겨나는가를 보이거나, 또는 비정치적인 어휘로 기술된 정치적 상황에서 시작하여 이의 비정치적인 기술문들로부터 이의 정치적인 특성들을 도출해내거나 할 수 있다. 이 후자의 도출 방법은 정치적 특성들을 그 비정치적으로 묘사된 특성들과 같은 것임을 확인하거나, 서로 다른 특성들을 연결짓기 위해 과학적인 법칙들을 사용할 것이다. 아마 이 마지막 방식 이외의 방식에선, 설명의 밝기는 그 비정치적인 출발점(그것이 상황이건 기술이건간에)의 조명도에 직접 비례해, 그리고 그 출발점으로부터 그의 정치적 결과에까지의 실제적 또는 외견상의 거리에 비례해 달라질 것이다. 출발점이 근본적이면 근본적일수록(즉 그 출발점이 인간 상황의 기본적이고, 중요하며, 불가피한 특성들의 보다 많은 것을 뽑아내면 낼수록), 그리고 그의 결과로부터 멀거나 멀리 있는 것으로 보일수록(즉 보다 덜 정치적이며 덜 국가 유사적일수록) 더 좋다. 자의적이고, 다른 면에선 하찮은 출발점, 그리고 명백히 이에 이미 가까이 가 있는 출발점에서 시작하여 국가를 설명하는 것은 이해를 증진시키지 않는다. 반면 정치적인 특성들이나 관계들이, 보기엔 매우 다른 비정치적인 것들에로 환원되거나 동일시될 수 있음을 발견하는 것은 매우 우리를 흥분시키는 것일 것이다. 만약 이 특성들이 근본적이면, 정치적 영역은 확고하고 견고한 기반을 갖게 될 것이다. 우리는 그와 같이 주요한 이론적 진전에서 멀리 있기 때문에, 신중하기 위해서라도 정치적 상황이 어떻게 비정치적인 것으로부터 생겨났는가를 보이는 방법을 추구해야겠다. 즉 근본적인 설명을, 정치철학권에서 자연 상태 이론으로 알려져 있는 것으로부터 시작해야겠다.

도덕적으로 허용되는 행위들과 그렇지 않은 행위들에 관한, 그리고 어떤 사회에서건 일부의 사람들은 이 도덕적으로 허용되지 않는 것들을 어기는가에 대한 뿌리깊은 이유들에 관한 근본적이고 일반적인 기술들로부터 시작하여, 어떻게 한 국가가 그 자연 상태로부터 발생하는가를 기술해 나가는 자연 상태 이론은, 그 어느 현실적인 국가도 그런 식으로 발생하지 않았다 해도 우리의 설명적 목적에 봉사할 것이다. 헴펠 Hempel은 잠재적 설명 *potential explanation*의 개념을 논한 바 있는데, 이는 개략적으로 말하건대, 그 속에서 언급된 모든 것들이 사실이고 動作되었다면 옳은 것일 그런 설명이다. [2] 법칙 결여적인 *law-defective* 잠재적 설명을 거짓이며 법칙 유사적 언명을 가진 잠재적 설명이라 하고, 사실 결여적인 *fact-defective* 잠재적 설명을 거짓인 선행 조건을 가진 잠재적 설명이라 하자. 한 현상을 어떤 과정 P의 결과로서 설명하는 잠재적 설명은, 만약 P와는 다른 어떤 진행 Q가 그 현상을 생산했다면——P가 그럴 가능성이 있음에도——, 그 설명은 결여적일 것이다(이 과정은 법칙 결여적도 사실 결여적도 아니지만). 이 P와는 다른 과정 Q가 생산하지 않았다면 P가 했었을 것이다. [b] 이와 같이 실제로 한 현상을 설명하는 데 실패한 잠재적 설명을 과정 결여적 *process-defective* 잠재적 설명이라 하자.

근본적 잠재적 설명(만약 그것이 실제적 설명이었다면, 고려 대상인 전영역을 설명할 그런 설명)은, 비록 올바른 설명은 아니더라도 중요한 설명적 조명의 役을 한다. 원리적으로 전영역이 근본적으로 어떻게 설명될 수 있는가를 알 때 그 영역에 대한 우리의 이해는 크게 증대된다. [c] 전형적인 경우들을 검토함이 없이, 진정 구체적인 경우들을

---

b) 또는, 또 다른 과정 R이 그 현상을 생산하지 않았다면 P가 생산했었을 것이지만, Q가 생산하지 않았다면 R이 생산했었을 것이거나, 또는 ……해서, 본문의 문장은 다음과 같이 이해되어야 한다. 〔Q, R, ……〕 중 어느 것도 그 현상을 생산하지 않았다면, P가 그러했을 것이다. 우리는 여기에서 Q가 그 현상을 생산치 못하게 했을 것이 P도 그러지 못하게 했을 가능성은 무시한다.
c) 이 주장은 단서가 붙어야 한다. 우리가 분명 허위로 아는 바를 한 영역에 대한

검토함이 없이 더 이상 이야기하긴 힘들다. 허나 그 검토는 후로 미루자. 사실 결여적이며 근본적인 잠재적 설명들도, 만약 그들의 거짓인 애초의 조건들이 참일 수 있었다면, 상당히 밝은 조명을 해 줄 것이다. 심지어 전혀 사실에 들어맞을 수 없는 애초의 조건들도 빛을 던져 주고, 때로는 아주 밝은 빛을 던져 줄 것이다. 법칙 결여적인 근본적인 잠재 설명들은 올바른 설명들과 거의 비슷한 정도로 영역의 성격에 대해 빛을 던져 줄 것 같다. 특히 〈법칙들 *laws*〉이 더해져 흥미 있고 완결된 이론을 형성한다면 더욱 그러하다. 그리고 과정 결여적인 근본적인 잠재 설명들(법칙 결여적도 아니고 사실 결여적도 아닌)은 우리의 설명적인 요구와 목적에 거의 완벽하게 들어맞는다. 이와 같은 주장들은 비근본적인 설명에 관해서는 할 수 있다 해도 위에서와 같이 강하게 말해질 수 없다.

　정치적 영역에 관한 자연 상태에 기초한 설명은 이 영역에 대한 근본적인 잠재 설명이며 설사 그릇된 경우라도 강력한 설명적 조명을 제공해 준다. 우리는 국가가 특정의 방식으로 발생하지 않았다 하더라도, 그것이 어떻게 일어날 수 있었겠는가를 봄으로 해서 많은 것을 배울 수 있다. 만약 국가가 그렇게 발생하지 않았다 하더라도 우리는 왜 그렇지 않았는가를 조사함으로써, 즉 실재 세계 중 자연 상태의 모델로부터 벗어나는 특정의 한 국면이 왜 현재의 모습을 갖고 있는가를 설명하려 함으로써 많은 것을 배울 수 있다.

　정치철학과 설명적 정치 이론의 고찰들이 모두 로크 Locke 의 자연 상태에 수렴되므로 우리는 이로부터 시작하겠다. 더 정확히 말하면, 우리는 로크의 자연 상태와 충분히 비슷한 상황 속의 개인들로부터 시작하며, 타면에선 중요한 많은 차이점들을 당분간은 무시하겠다.

가능적 설명이라 주장하는 것은 그 영역에 대한 우리의 이해를 증진시키지는 않는다. 유령들, 마녀들, 마귀들은 특별한 춤을 추어 자신들의 영역을 마련한다는 식의. 한 영역에 대한 설명은 그 영역을 산출하는 근본적인 메커니즘을 제시해야만 한다(또는 비슷한 정도로 이해에 도움이 될 어떤 것을). 그러나 나의 이 말은, 한 영역을 설명하기 위해 기본적인 메커니즘이 충족해야 하는 근본적인 조건들을 정확히 언명한 것은 아니다. 본문의 나의 주장에 대한 단서는 설명 이론의 발전을 기다린다. 이런 발전을 필요로 하는 또 다른 문제점들에 관해서는 다음을 보라. Jaegwon Kim, "Causation, Nomic Subsumption, and the Concept of Event," *The Journal of Philosophy*, 70, no. 8. (Apr., 1973), 217~36.

단지 우리의 개념과 로크의 그것과 상이점 중, 정치철학에, 즉 우리의 국가에 관한 논변에 관계 있는 것만이 언급될 것이다. 도덕적인 배경에 대한, 도덕 이론과 이의 기초에 대한 빈틈 없는 언명을 포함한 완전히 정확한 언명은 대규모의 저서를 요하며 다른 때를 위한 작업이다(평생의 작업?). 이 작업은 결정적인 중요성을 지니며, 이를 성취하지 않을 때 남는 빈틈은 너무도 넓고 허전해 우리는 단지 다음의 점만을 지적함으로써 작은 위안을 삼으려 한다. 우리는 로크의 존경할 만한 전통을 따르고 있으나, 그는 그의 『제2 試論 *Second Treatise*』에서 自然法의 위치와 기초에 대해서 만족할 만한 설명 비슷한 것도 제공하지 않았다.

제 2 장

自然狀態

   로크의 자연 상태에서의 개인들은 〈자연의 법의 경계 안에서는, 어느 타인의 허락을 얻거나 그의 의지에 의존함이 없이, 그들이 적합하다고 생각하는 바대로, 자신들의 행위를 결정하고 그들의 소유물들이나 사람들을 처리할 완전한 자유의 상태 속에 있다〉(§4).[1] 자연의 법의 경계는 〈어느 누구도 타인의 생명이나 건강, 자유 또는 소유물에 있어 그를 해하지 말도록〉 요구한다(§6). 일부 사람들은 이 경계를 넘어서 〈타인의 권리를 침해하고…… 서로를 해한다.〉 그래서 사람들은 그와 같은 권리의 침해자들에 대항하여 자신과 타인을 방어할 수 있다(§3). 해를 입은 쪽과 그의 대리자는 가해자로부터 〈그가 받은 손해를 보상할 만큼의 것을 받아낼 수 있다〉(§10);〈모든 사람들은 법의 위반을 방지할 정도까지는 그 법의 위반자들을 처벌할 권리를 갖고 있다〉(§7). 각 사람은 〈차분한 이성과 양심이 명하는 만큼의 벌, 즉 범법자의 범법 행위에 비례하는 벌을 가할 수 있으며, 이 징벌은 보상과 범법 행위의 억제를 위한 것이다〉(§8).

   로크는 〈자연 상태에는 불편한 점들이 있으며,〉〈시민 정부가 이들에 대한 적합한 처방책임을 나는 쉽사리 인정한다〉(§13)고 말한다. 시민 정부의 처방으로서의 역할이 무엇인지 정확히 이해하기 위해서는 우리는 자연 상태의 불편 사항들에 관한 로크의 목록을 반복하는 것 이상의 것을 해야만 한다. 우리는 또한 이 불편 사항들을 처리하기 위해——이들을 피하거나, 그들이 생겨날 가능성을 적게 만들거나, 또는 그들이 생겨나는 경우, 덜 심각한 것으로 만들

기 위해——자연 상태 속에서 어떤 방안이 강구될 수 있었을지 고
려해야만 한다. 오직 자연 상태의 모든 자원이 활용된 연후에, 즉
개인들이 그들의 권리의 범위 안에서 마련한 방안과 서로와의 합의
에 의해 이른 협정들이 활용된 연후에, 그리고 이들의 효과가 평가
된 연후에만, 우리는 계속 남아 있어 국가에 의해 치유되는 불편
사항들이 얼마나 심각한지를 알고 이 국가라는 치유책이 병 자체보
다 나쁜지의 여부도 알 수 있는 입장에 있을 것이다. a)

  자연의 상태에 있어서 상호 이해된 자연법은 매번의 우발적인 사
태에 적합한 방책을 마련해 주지 못하며 (§159 와 §160 을 보라. 거기
에서 로크는 법 체계에 관해 이 점을 지적하고 있다. 그러나 §124 를 대조
하라), 자신의 사건에 재판관이 될 때 사람들은 항상 미심한 점에
있어 자신에게 유리하게 해석하며 자신은 옳다고 가정한다. 그들은
자신들이 당한 해나 손해의 양을 과대 평가할 것이며 격정은 그들로
하여금 가해자를 과도하게 징벌하려고 시도하고, 지나친 보상을 징
수하려 시도하게끔 유도할 것이다 (§§13, 124, 125). 이와 같이 해
서 한 개인의 권리들(한 개인이 지나친 처벌을 받을 때 침해되는 그러한
권리를 포함해서)의 私的이고 개인적인 집행은 분쟁에로, 끝없는 복
수 행위와 보상 징수 행위의 연속에로 이끈다. 그리고 이와 같은

a) 프루동 Proudhon 은 국가가 초래하는 〈불편한 점들〉을 지적한 바 있다. 〈통치됨
  to be governed 은 감지되며, 검열되며, 정탐되며, 지도되며, 법에 구속되며, 숫
  자화되며, 통제되며, 등록 대상이 되며, 사상 주입의 대상이 되며, 설교의 대상이
  되며, 억제되며, 억류되며, 평가되며, 사정되며, 비판받으며. 명령됨을, 이런 행
  위들을 수행한 권리도 지혜도 덕도 없는 자들에 의하여 그런 수동적 상태에 처함
  을 의미한다. 통치됨은 모든 활동, 모든 관계에 있어 주시되며, 등록되며, 헤아
  림의 대상이 되며, 과세 대상이 되며, 도장적히우고, 측량되며, 숫자화하며 세
  금의 사정 대상이 되며, 허가되며, 승인되며, 충고받으며, 금지되며, 방해받으
  며, 개혁되며, 교정되며, 처벌됨이다. 이는 공중의 유용성, 공공 복리라는 미명
  하에, 기부토록 강요당하며, 훈련받으며, 껍데기 벗기우며, 착취되며, 독점되며,
  강청받으며, 쥐짜내어지고, 사기당하며, 강탈당함이다. 그러므로 조금이라도 저
  항하여 불행의 첫마디를 꺼내자 마자, 억압되며, 벌금의 대상이 되며, 중상 모
  함도 받으며, 괴롭힘을 당하며, 추적되며, 이용되며, 무장 해제당하며, 두드려
  맞으며. 묶이고 목졸리우고, 투옥되며, 심판대에 오르고, 유죄 판결을 받고, 처형
  되며 추방되며, 희생되며, 끝리고, 배반당하며, 게다가 조롱과 웃음거리와 야유
  의 대상이 되며 폭행당하고 명예를 빼앗김이다.……〉 P.J. Proudhon, *General
  Idea of the Revolution in the 19th Century*. tr. by J.B. Robinson (Lon-
  don: 1923), pp. 293~94.

다툼을 해결하고, 종결지으며, 그리고 양 당사자로 하여금 다툼이 끝났음을 알게 할 확고한 방법이 없다. 설사 한쪽이 그의 복수 행위를 그치겠다고 말한다 해도, 상대방은 먼저의 사람이 보상을 취하고 보복을 할 권리가 있다고 느끼며 따라서 기회가 주어지면 그럴 시도를 할 권리가 있다고 느끼지 않음을 알기 전까지는 안심할 수 없다. 한 분쟁에 있어 한 개인이 결단코 자신의 몫을 하려는 시도에 있어, 그가 사용할 어떤 방법도 상대에게 불충분한 확신을 줄 것이다. 분쟁을 그치자는 무언의 협정도 역시 불안정한 것일 것이다.[2] 서로가 불의의 표적이 되었다는 이러한 느낌은, 명명백백히 옳은 편이 있고 쌍방이 서로의 행위의 사실에 관해 동의하는 경우에도 생겨날 수 있다. 그래서 사실과 옳음이 어느 정도 불확실한 경우에는 더욱더 그와 같은 복수의 투쟁이 일어날 가능성은 많다. 또한 자연 상태에서 개인은 자신의 권리들을 행사할 힘을 결여할 수 있다. 그는 그의 권리들을 침해한 적이 강한 경우 그를 처벌하거나 보상을 받아낼 수 없을 수 있다(§§123, 126).

보호 협회들

　자연 상태 속에서 위와 같은 문제거리들을 어떻게 처리할 수 있을까? 마지막 문제부터 시작하자. 자연 상태에서 개인은 그 스스로 자신의 권리를 행사하고, 자신을 방어하며, 보상을 받아내고, 그리고 처벌할 수 있다(아니면 적어도 그러려고 최선을 다한다). 타인들도 그의 요청에 따라 그의 방어에 합세할 수 있다. 그들은 그 개인에 합세해 공격자를 격퇴하고 그를 축출할 수 있다. 그 이유는 그들의 공공 정신이 강해서일 수도 있고, 그의 친구이기 때문일 수도 있으며, 그가 과거에 그들을 도와 주었거나, 그들이 앞으로 그가 그들 자신을 도와 주길 원해서이거나, 또는 무엇에 대한 대가 때문일 수도 있다. 일단의 개인들은 상호 보호 협회들 *mutual-protection associations* 을 형성하여 한 사람이 그 자신의 권리를 보호하거나 행사하기 위해 도움을 요청하면 모두가 응하게 만들 수도 있다.[3] 협동할 때 힘이 생긴다. 이와 같은 단순한 상호 보호 조합은 두 가지

불편한 점들이 있다. 1) 모든 사람들이 항상 보호의 기능을 발휘하기 위해 대기 상태에 있어야 한다(그리고 모든 회원들의 도움을 필요로 하지는 않는 그러한 보호 기능들에 대해 **누가** 봉사할 것인가를 어떻게 결정하는가?). 2) 어떤 회원도 자신의 권리가 침해되고 있거나 침해되었다고 주장함으로써 그의 동료 회원들을 불러낼 수 있다. 보호 협회는 트집을 잘 잡거나 편집병적인 회원들이 불러대는 대로 움직이길 원치 않는다. 더구나 자기 방어라는 미명하에 그 협회를 이용해 타인의 권리를 침해하려는 회원들의 경우는 말할 것도 없다. 동일 협회의 두 다른 회원들이 각각 동료 회원들에게 도움을 요청하며 다투고 있을 경우에도 문제는 발생할 것이다.

상호 보호 협회는 그의 회원들 사이의 분쟁을 불간섭의 정책을 취함으로써 다루려고 시도할 수도 있겠다. 그러나 이 정책은 협회 내부에 불화를 야기할 것이며 서로 분쟁하는 하위 집단들의 형성을 유도하여 결국 협회의 해체를 야기할지도 모른다. 이 정책은 또한 잠재적 가해자들로 하여금 될 수 있는 한 많은 상호 보호 협회에 가입토록 조장하여, 보복적 또는 방어적 행위로부터의 면제 특권을 취득케 함으로써 협회의 처음의 적격 심사 절차의 적합성을 훼손케 할 것이다. 해서 위의 악용을 견뎌낼 모든 보호 협회들은 불간섭의 정책을 취하지 않을 것이다. 그들은 한 회원이 타 회원이 자신의 권리를 침해했다고 주장할 때의 처리 방안을 결정할 어떤 절차를 채용할 것이다. 많은 임의적인 절차들이 상상될 수 있으나(가령, 먼저 불평을 호소한 회원의 편을 든다든가 하는 식의), 대부분의 사람들은 어떤 주장이 옳은가를 결정할 수 있는 절차를 채용하는 협회에 가입하기를 원할 것이다. 협회의 한 회원이 비회원들과 분쟁을 일으킬 경우에도, 협회는 어떤 식으로라도 누가 옳은가를 결정하길 원할 것이다. 그것은, 정당한가 부당한가에 관한 각 회원들 사이의 다툼에 끊임없이 그리고 비싼 대가를 치루며 연루되길 피하기 위해서라도 그러하다. 모든 사람들이 대기 상태에 있음으로 해서 초래되는 불편함은, 그들의 당시의 행위나 성향이나 비교적인 이점들이 무엇이건간에, 노동의 분배와 교환을 통해서 통상적으로 처리될 수 있다. 일부의 사람들이 보호적 기능을 수행하도록 고용될 것이고,

어떤 사업가들은 보호라는 봉사를 파는 기업을 설립할 것이다. 다양한 보호 보험 증권들이, 보다 포괄적이고 정성 있는 보호를 원하는 사람들을 위하여 다양한 가격으로 제공될 것이다. [4]

한 개인은 탐색·체포, 유죄 유무의 사법적 결정, 처벌, 그리고 보상금의 징수의 모든 보호적 기능들까지는 사설 보호 대행업소에 넘기진 않더라도 그 업소와 보다 구체적인 협정이나 구매 계약을 체결할 수도 있겠다. 그는, 그가 자신의 소송 사건의 재판관이 될 경우의 위험을 고려하여, 자신이 정말 부당한 대우를 받았는지 그리고 어느 정도 그러했는지에 관한 결정권을 다른 중립적이거나 덜 개입된 제3자에게 넘길 수도 있다. 정의가 행사되었음을 보이는 데서 오는 사회적 효과를 위해서 그 제3자는 일반적으로 존경받는 사람이어야 하고 중립이며 정직하다고 생각되는 사람이어야 한다. 양 당사자들은 그렇게 해서 편파적이라는 인상을 씻어 버리려 시도하고, 양자는 심지어 그들의 재판관으로서 동일한 사람을 고용하고 그의 결정을 따를 수도 있다(또는 다른 특정의 절차를 밟아 결정에 불만을 느낀 한편이 이를 상고할 수 있다). 그러나, 명백한 이유들로 해서 위에 언급한 기능들이 동일한 대리인이나 대행업소에 모이는 경향이 강하다.

요사이 사람들은 종종 그들의 분쟁사를 국가의 사법 체계 밖으로 끌고 나가 그들이 선택한 다른 재판관이나 법정, 예컨대 종교 법정에 가져간다. [5] 만약 분쟁의 모든 관련자들이 국가의 행위나 이의 사법 체계에 몹시 거부감을 느껴 이와는 전혀 관계하고 싶지 않다고 할 때는 그들은 국가라는 장치 밖에서 어떤 형태의 중재나 판결에 동의할 수 있을 것이다. 사람들은 국가와 독립해 행위할 수 있는 가능성들을 잊는 경향이 있다(유사하게, 父權主義 *paternalism* 적 통제를 받기 원하는 사람들은 계약을 맺어 그들 자신의 행위에 특정의 제약을 가할 수 있다는 가능성이나 그들 자신을 감독하는 부권주의적 기구를 설치할 수 있는 가능성을 망각한다. 그 대신 그들은 의회가 통과시키는 제약들을 곧이곧대로 받아들인다. 그 자신의 善을 위해서 자신을 지도해 줄 현명하고 사려깊은 사람을 찾는 자로서 진정 상·하 양원에 속하는 의원들을 선택할 사람이 있을까?). 분명 국가가 제공하는 특정의 일괄적인 절차와는 다른, 다양한 형식의 사법적 판결 절차들을 발전시킬 수 있다. 이 절차들을 선택하고 발전시키는 데 드는 비용 때문에 사람들이 국가가 제공한 형식의 것을 사용하는 것은 아니다. 왜냐하면 많은 수의 일괄 절차를 미리 준비해 분쟁 당사자들로 하여 선택케 함은 쉬운 일일 것이기 때문이다. 짐작컨대 사람들로 하여 국가의 사법 체계에 의존케 하는 것은, 궁극적으로 결정될 것을 집행할 수 있느냐에 대한 의문일 것이다. 오직 국가만이 당사자 중 한쪽의 의사에 反하여 결정 사항을 집행할 수 있다. 국가는 다른 어느 누구도 다른 사법 체계에 의거해 내려진 결정을 집행하도록 허락하지 않는다. 해서 분쟁의 당사자들이 해결 방법에 관해 동의하지 못할 경우나 어느 한쪽이 다른 쪽이 결정을 따르리라고 믿지 못하는 경우(만약 상당히 가치 있는 것을 몰수하도록 계약이 이루어졌는데 한쪽이 결정에 따르지 않을 경우 어떤 대행업소가 그 계약을 집행할 것인가?), 그들의 권리 주장이 현실화되길 원하는 양 당사자들은 국가의 법제 자체에 의해서 바로 국가의 법제 이외에는 다른 어떤 법제도 사용토록 허용받을 수 없을 것이다. 이 점은 사람들로 하여금 특별히 뼈아프고 고통스러운 선택을 요구하는 국가 조직에 강력한 반대 입장을 취하게 할지 모른다(만약 국가의 법제가 어떤 중재 절차의 결과를 집행하려 할 때, 사람들은 그들이 국가의 관리나 기구로 파악한 것과의 실제의 직접적인 접촉 없이도 그 집행에 동의할 것이다——그들이 그 동의를 준수한다 가정할 때——그러나 이는 그들이 국가에 의해서만 집행되는 계약에 서명했을 때도 타당하다).

　보호 대행업소는 그들의 고객으로 하여금, 그들이 이 업소의 非고객들에 의해 부당한 대접을 받았을 경우, 자신들의 私的 보복의 권리를 포기하도록 요구할 것인가? 그와 같은 보복은 다른 대행업소나 개인에 의한 逆보복에로 이끌 가능성을 갖고 있으며, 보호 대행업소는 그의 고객을 逆보복으로부터 방어해야 한다는 책임 때문에 뒤늦게 그 뒤얽힌 사건에 휘말려 들길 원하지 않을 것이다. 보호 대행업소는 그들에게 고객을 대신해 보복을 할 권한이 먼저 주어지지 않으면 그 고객을 역보복으로부터 방어해 주지 않을 것이다. (대행업소는 단지 그와 같은 補塡 범위를 제공하는, 보다 폭넓은 보호 보험 증권에 대해 보다 비싼 요금을 요구할 가능성은 있지만). 대행업소는 자신과의 협약의 일부로서 한 고객이 자신의 다른 고객에 대한 私的인 정의 행사의 권리를 포기하도록 계약을 통해 요구할 필요도 없다. 그 업소는 단지 한 고객 C가 다른 고객에 대해 자신의 권리를 私的으로 행사할 때 이 다른 고객에 의한 C에 대한 역보복으로부터 보호해 주길 거절하기만 하면 된다. 이 상황은 C가 非고객에게 행하는 경우의 그것과 유사하다. C가 자신이 속한 대행업소의 다른 고객에 대해 행동을 취한다는 추가적 사실은, 그 업소가 그의 고객 중 하나에게 사적으로 자신의 권리를 행사하는 非고객에 대해 하듯이 C에 대해 행동을 취하리라는 것을 의미한다(제5장을 보라). 이런 방식은 대행업소 내부에서 일어나는, 권리의 사적인 행사를 최소한도로 줄인다.

지배적인 보호 협회

처음에는 여러 상이한 보호 협회들이나 회사들이 동일한 지역에서 그들의 봉사를 제공할 것이다. 상이한 대행업소의 고객들 사이에 분쟁이 발생할 때는 어떻게 할 것인가? 업소들이 분쟁의 처리에 관해 동일한 결론에 이른다면 문제는 비교적 간단하다(물론 각각은 벌금을 징수하려 할지도 모르나). 그러나 만약 그들이 사건의 시비에 관해 다른 결론에 이르고, 한 업소는 그의 고객을 보호하려는 반면, 다른 업소는 그를 처벌하거나 보상을 하게끔 시도한다면 어떠한가? 고려의 대상이 될 만한 가능성들은 다음의 세 가지뿐이다.

1. 그런 상황에서 두 대행업소는 힘으로 겨룬다. 그리고 그 하나가 항상 이긴다. 지는 업소의 고객들은 이기는 업소의 고객들과의 분쟁에서 보호를 잘 받지 못하므로, 승자의 고객이 되기 위해 그들의 업소를 떠난다.[6]

2. 한 대행업소는 그의 지배력을 한 지역에 집중하고, 다른 업소는 다른 곳에 집중한다. 각자는 각자의 지배력의 중심에 가까운 곳에서 벌인 결전에서 승리한다.[7] 한 업소와 거래하나 다른 업소의 세력권 안에서 사는 사람들은 그들의 대행업소의 본부 가까운 곳으로 이사하거나 다른 보호 대행업소와 거래를 튼다(경계는 국가간의 그것만큼이나 분

쟁거리다).

이 두 경우의 어느 경우에도 대행업소가 지역적으로 산재될 여지가 없다. 오직 한 보호 대행업소만이 한 지역에서 활동한다.

3. 두 업소가 팽팽한 실력으로 자주 싸운다. 그들은 비슷하게 이기고 지고 한다. 그들의 산재한 회원들은 자주 거래하며 자주 분쟁을 일으킨다. 또는 싸움이 없어도 또는 몇 번의 작은 충돌 후에, 업소들은 예방적 대책 없이는 그와 같은 싸움이 계속되리라는 점을 인식한다. 어쨌건, 두 업소는 빈번하며, 그 대가가 크고, 소모적인 전투를 피하기 위해, 아마도 간부 직원을 통해서 그들이 상이한 판결에 이르는 그런 사건들을 평화적으로 해결하기로 합의한다. 그들은 그들 각각의 결정이 다른 경우 그들이 판결을 의뢰할 수 있는 제3의 재판관이나 법정을 마련하고 그의 결정에 따르기로 합의한다(또는 그들은 규칙을 세워 어떤 상황에선 어떤 대행업소가 재판권을 행사할지를 결정할 수도 있겠다).[8] 이와 같이 해서 상고 법정 그리고 법들 사이의 상충 및 재판권에 관한 합의된 규칙들의 체계가 생겨난다. 여러 상이한 대행업소가 영업을 하나, 통일된 하나의 연방적 司法 조직이 존재하며 그 업소들은 이의 구성 요원이다.

이 셋의 각 경우에서, 한 지역에 있는 거의 모든 사람들은 그들의 경쟁적 권리 주장들 사이에 판결을 내리고 그들의 권리를 대리 집행해 줄 어떤 공통의 조직 아래 있다. 자발적인 집단들, 상호 보호 협회들, 노동의 분화, 시장의 압력, 어느 정도 규모의 경제 기구들, 그리고 합리적인 이기주의 등이 요인이 되어, 무정부 상태로부터 最小國家 minimal state 나, 지리적으로 구분된 최소 국가들의 일단과 매우 흡사한 어떤 조직이 생겨난다. 왜 이 정부라는 市場은 다른 모든 종류의 시장과 다른가? 왜 다른 영역에선 정부가 개입하여 독점을 창출하고 유지하는데 이 시장에서는 이 사실상의 독점이 정부의 개입 없이 발생하는가?[9] 구매된 생산품의, 즉 타인으로부터의 보호의 가치는 상대적이다 : 이는 그 타인이 얼마나 강하냐에 달려 있다. 하지만 상대적으로 평가되는 다른 상품들과 달리, 최상질의 보호적 봉사가 경쟁하며 공존할 수는 없다 : 봉사의 특성 떼문에 상이한 대행업소는, 단지 고객을 끌기 위한 경쟁을 할 뿐만 아니라, 또한 상호간의 난폭한 충돌에 빠져든다. 또한 최상질이 못 되는 상품의 값어치는 최상질의 상품을 구입한 사람들의 수에 비례해 기하급수적으로 하락하므로, 소비자들은 하등품에 만족하지 않을 것이며7) 경쟁 회사는 파산의 소용돌이에 빠져든다. 해서 위에 열거한 세 가능성이 지적된 것이다.

위의 우리 설명은 대행업소들의 각각이 로크가 말한 자연의 법의 한계를 성실히 지키리라 가정하고 있다. 10) 그러나 어떤 〈보호 협회〉는 다른 사람의 권리를 침해할지도 모른다. 로크의 자연의 법에 기준해 보면 이는 위법적 업소일 것이다. 이의 세력에 대해 어떤 실제적 均制力이 있을 수 있을까(국가의 권력에 대해 어떤 균제력이 있을 수 있는가)? 다른 업소들이 단합하여 이에 대항할 수도 있겠다. 사람들은 그 위법의 업소의 고객들과 거래하길 거부하고, 그들에 대해 불매 동맹을 맺음으로써 그 업소가 그들 자신의 일에 개입할 가능성을 줄일 수도 있다. 이런 행위는 그 위법 업소가 고객을 끄는 것을 보다 어렵게 만들지도 모른다. 그러나 이 불매 동맹은 비밀로 간직될 수 없는 것에 관해서, 그리고 위법적 업소가 제공하는 보다 포괄적인 이익에 비교하여 부분적 불매 동맹에 참여하는 개인이 받는 손실에 관해서 매우 낙관적인 가정을 할 때만 효과적일 것이다. 만약 그 위법적 업소가 단순히 마구잡이 공격자로서 어떤 그럴 듯한 정의의 주장도 없이 약탈하고 강탈하며 착취한다면, 이는 국가들보다 어려움을 겪을 것이다. 국가의 합법성에 대한 주장은 이의 국민들로 하여금 이들이 이의 포고령을 따르고, 세금을 내며, 병역에 봉사하고 하는 등등의 의무를 갖고 있다고 믿게끔 유도할 것이며 그래서 일부 국민들은 국가에 자발적으로 협조할 것이기 때문이다. 마구잡이로 공격적인 업소는 그와 같은 자발적 협조에 의존할 수도, 그런 협조를 받을 수도 없을 것이다. 그 이유는 사람들이 자신들을 그 국민이라기보다는 희생자라 생각할 것이기 때문이다. 11)

---

7) 보호라는 상품은 생사에 관계된다는 점에서 여타의 상품, 서비스 등과 본질적으로 구분된다. 최상질의 보호 서비스를 사지 않으면 상품이 효력을 발휘하지 **못한다**.

만약 차이가 있다면, 지배적 보호 협회는 어떻게 국가와 다른가? 시민 사회를 성립시키기 위해서는 계약이 필요하다는 로크의 생각은, 〈돈의 발명〉을 성취하기 위해 〈동의〉나 〈상호 승인〉이 필요했다는 그의 생각(§§ 46, 47, 50)이 그른 것처럼, 잘못인가? 물물 교환 제도하에서는, 심지어 시장에서도——시장은 모두가 거기에서 거래하기로 명백히 동의함으로써 시장이 되는 것은 아니지만——그대가 원하는 것을 소유한 자와 그대가 갖고 있는 것을 원하는 사람을 찾아야 하는 불편함이 있고 이는 값비싼 대가이다. 사람들은 자신들이 알기에 자신들이 갖고 있는 것보다 더 통상적으로 요구되는 것과 자신들의 소유물을 교환한다. 이것으로 그들이 원하는 것을 보다 쉽게 구입할 수 있기 때문이다. 마찬가지 이유로 해서 다른 사람들도 이보다 통상적으로 요구되는 물건을 교환을 통해 소유하려 할 것이다. 해서 사람들은 보다 시장성이 있는 물건에 관해 교환 과정에서 의견을 모을 것이며, 그들의 재화를 이것과 교환할 의사를 갖고 있는 것이다. 그 의사가 강하면 강할수록, 그들은 그들과 같은 의사를 가진 사람들을 상호 강화적인 과정 속에서 더 잘 알게 된다 (이 과정은 교환을 쉽사리 성사시킴으로써 이윤을 취하려는 중개자에 의해 강화되고 가속화될 것이며, 그는 보다 시장성 있는 재화를 교환품으로 내놓는 것이 보다 자신의 이익에 도움이 됨을 발견할 것이다). 명백한 이유로 해서, 그들이 개별적인 결정을 거쳐 의견의 일치를 본 재화는 어떤 속성들을 소유하리라 : 애초의 독자적인 가치(이 가치가 없다면 그들은 여하의 시장성도 없다)를 지니며 내구적이며, 상하지 않고, 可分的이며, 휴대할 수 있는 것이어야 한다. 교환의 매체를 결정하기 위한 표현된 동의나 사회 계약이 이 과정에서 필요하진 않다. [12]

이런 종류의 설명은 어떤 매력적인 점이 있다. 이 설명은 한 개인이나 집단의 이를 실현시키려는 성공적인 노력에 의해서 산출되어야만 하리라 생각되는 전체적인 모형이나 설계도가, 어떻게 전혀 의도되지 않은 과정을 통해 산출되고 유지되는가를 보여 준다. 아담 스미드 Adam Smith 를 좇아 우리는 이런 설명을 보이지 않는 손에 의한 설명 *invisible-hand explanation* 이라 하자(〈모든 개인은 그 자신의 이익만을 의도하는데, 그는 다른 많은 경우에서와 같이 이 경우에서도 보이지 않는 손에 이끌려 전혀 그 자신의 의도의 일부가 아닌 목표에 기여한다〉). 이 보이지 않는 손에 의한 설명이 갖는 특별히 만족스러운 성질(국가에 관한 이 책의 설명이 소유하기를 바라는 성질인데)은 제 1 장에서 대략 묘사한 근본적 설명의 개념과의 연결에 의해서 부분적으로 설명된다. 한 영역에 대한 근본적인 설명은 그 영역의 다른 용어들을 통한 설명이다. 그 설명은 그 영역의 개념들의 어느 것도 사용하지 않는다. 오직 그러한 설명을 통해서만이 우리는 한 영역에 관한 모든 것들을 설명하고 이해할 수 있다. 우리의 설명이, 설명될 것을 구성하는 개념들을 덜 쓰면 쓸수록, 우리는 (다른 사정이 같다면) 그 설명을 보다 잘 이해할 수 있다. 이제 오직 지적인 구상에 의해서만, 그를 현실화하려는 어떤 의도적 시도에 의해서만 생겨나리라 생각될 법한 어떤 복잡한 모형을 생각해 보자. 사람들은 그와 같은 모형을, 이 모형을 현실화하려는 개인들의 욕망·욕구·믿음 등등에 의해 단도직입적으로 설명하려 할 것이다. 하지만 그와 같은 설명 내부에 그 모형의 기술들이 적어도 引用 부호 안에 *at least within quotation marks* 믿음과 욕망의 대상으로서 나타날 것이다. 이 설명 자체는, 어떤 개인들이 모형의 어떤 특성을 지닌 어떤 것을 성취하길 원한다든가, 어떤 개인들은 그 모형의 특성을 성취하는 유일의 (또는 최선의 등등) 방법은 이러저러 해야 하는 것으로 믿는다든가 하는 식으로 말할 것이다. 보이지 않는 손에 의한 설명은 설명되어야 할 현상을 구성하는 개념들을 최소한으로 사용한다 ; 단도직입적 설명과는 대조적으로, 이 설명은 사람들의 욕망이나 믿음의 대상으로서 완전히 성숙된 모형의 개념들을 사용하여 복잡한 모형을 설명하지 않는다. 그래서 현상들에 대한 보이지 않는 손에 의한 설명은, 이 현상들이 사람들의 의도된 목적으로서 계획적으로 야기된 것이라는 식의 설명보다 현상에 대한 깊은 이해를 가능케 한다. 그러므로 전자의 설명이 보다 만족스러운 것은 놀랄 일이 아니다.

보이지 않는 손에 의한 설명은 어떤 것이 어떤 사람의 의도적인 디자인의 산물로 보이더라도, 이것을 그 누구의 의도에 의해 산출된 것으로 설명하지 않는다. 우리는 이 설명에 상반된 설명을 〈감추어진 손에 의한 설명 *hidden-hand explanation*〉이라 부를 수도 있겠다. 이 설명은 분명 의도적인 디자인의 산물이 아닌 일련의 연결 없는 사실들로 보이는 것을 한 개인이나 집단의 의도적 계획의 산물로 설명한다. 陰謀 이론의 인기에서 보는 바이지만, 일부의 사람들은 이런 식의 설명을 보다 만족스러운 것으로 생각한다.

한편 어떤 사람들은 두 설명, 보이지 않는 손과 감추어진 손의, 설명 모두를 귀중히 여겨 계획 없고 우연적으로 보이는 일련의 사실들을 의도적인 계획의 산물로, 그리고 계획의 산물로 보이는 것을 계획 없이 이루어진 사실들로 설명하려는 시지푸스적인 과업을 수행하려 시도할지도 모른다! 순환 운동으로 끝나겠으나 이 시지푸스적 반복을 어느 정도 이끌고 나가는 것도 멋 있는 일일 수 있겠다.

본인은 보이지 않는 손에 의한 설명의 명백한 내용을 제시하지 않을 것이나[13] 이 설명은 이 책에서 한 역할을 담당하므로, 나는 내가 이런 식의 설명에 관해 이야기할 때 내 의중에 있는 것이 무엇인지에 대해 보다 명료한 이해를 독자들에게 주기 위해 다음 몇몇의 예를 언급하겠다(다음의 예들은 내가 말하는 설명을 단지 예시할 뿐이지 꼭 옳은 설명이지는 않다).

1. 유기체의 특성과 인구 분포에 관한 진화론적 설명(돌연변이·자연 도태·유전자 변화 등등에 의한). (J. Crow and M. Kimura survey mathematical formulations in *An Introduction to Population Genetics Theory*, New York: 1970).

2. 동물 인구 조정에 관한 생태학내에서의 설명(L. Slobodkin, *Growth and Regulation of Animal Populations*, New York: 1966).

3. T. Schelling의 설명 모형(*American Economic Review*, May 1969 pp. 488~93). 그는 극단적인 주거 분리가, 개인들이 이를 원하지 않음에도 가령 그들과 유사한 집단의 사람들이 55% 되는 이웃에 살려 하고 이 목표를 이루기 위해 이주하는 경우에, 야기될 수 있음을 보였다.

4. 다양하고 복잡한 행동 모형에 대한 작동 조건적 *operant-condition-*

ing 인 설명.

5. 계층 형성의 사회적 모형에 있어서 유전적 요소에 관한 헤른시타인 R. Herrnstein 의 논의 (*IQ. in the Meritocracy*, Atlantic Monthly Press, 1973).

6. 시장에서 어떻게 경제적인 계산이 이루어지는가에 관한 논의 (Ludwig von Mises, *Socialism*, Part Ⅱ, *Human Action*, 4장, 7~9장).

7. 시장에 외적 요소가 개입할 때의 효과 및 새로운 평형 상태의 성립과 성격에 관한 미시 경제학적 설명.

8. 도시의 어떤 부분들을 안전하게 만드는 것들에 관한 제이콥스 Jane Jacobs 의 설명 (*The Death and Life of Great American Cities* New York: 1961).

9. 무역 주기에 관한 오스트리아 학파의 설명.

10. 도이치 K. Deutsch 와 매도우 W. Madow 의 다음과 같은 관측 : 소수 의 대책들 가운데서 이루어져야 할 중요한 결정 사항이 많은 조직체 에서, 많은 사람들이 어떤 식으로 결정이 이루어져야 할지에 관해 말 할 기회를 가지면, 상당수의 사람들은, 그들이 모두 되는 대로 조언 을 한다 해도 현인 같은 조언자로서의 명성을 얻을 것이라는 것 ("Notes on the Appearance of Wisdom in Large Bureaucratic Organiza-tions," *Behavioral Science*, Jan. 1961, pp. 72~78).

11 프레이 Frederick Frey 에 의한 피터 원리 Peter Principle 의 수정을 다시 수정하여 운용할 때 생겨나는 모형 : 사람들은 그들의 무능력이 발견될 때쯤이면 이미 그들의 무능력의 수준보다 3단계 진전해 있 다.

12. 일본의 진주만 공격을 예시하는 증거에도 왜 미국이 행동을 취하지 않았는가에 관한, 음모 이론에 대비되는, 월스테터 R. Wohlstetter 의 설명 (*Pearl Harbor: Warning and Decision*, Stanford: 1962).

13. 〈유태인의 지적 탁월성〉에 관한 설명. 이는 유태의 랍비들이 결혼하 여 아이를 낳으라는 권유를 받았음에 반해, 가장 지적으로 뛰어난 가 톨릭계의 남성들은 자식이 없었다는 사실에 초점을 맞춘다.

14. 공공의 재화가 왜 개인적 행위에 의해서만 공급되지 않는가에 관한 이 론.

15. 얼치언 A. Alchian 이 지적한 아담 스미드와는 다른 의미에서의 보이 지 않는 손(우리의 용어로는 〈여과 장치〉). (Uncertainty, Evolution,

and Economic Theory," *Journal of Political Economy*, 1950, pp. 211~21).

16. 한 사회의 사람들이, 다른 부족의 사람들이 그들의 행동을 지역적인 상황에 맞추어 조정하는 방식을 기초로 하여, 자신들의 행위를 조정함으로써 그리고 그들에게 제시될 예들을 따름으로써, 어떻게 사회적인 협동이 그 어느 개인이 소유한 것보다 많은 지식을 이용하며, 그에 의해 새로운 형태의 기구와 행위의 일반적인 양식 등을 창조하는가에 관한 하이예크 F. A. Heyek의 설명 (*The Constitution of Liberty*, 제 2 장).

연구 활동이 보람 있으려면, 보이지 않는 손에 의한 설명의 여러 다른 양식들(그리고 이의 조합)의 목록을 작성하고 보이지 않는 손에 의한 여러 설명 중 어떤 유형의 것이 어떤 유형의 모형을 설명할 수 있는가를 일일이 지적하는 것이다. 우리는 여기에서 모형 P를 산출할 수 있는 보이지 않는 손에 의한 과정 중 두 유형을 언급할 수 있다 : 여과 과정 *filtering processes*과 평형 과정 *equibrium processes*. 여과 과정은, 과정이나 구조들이 모든 非P들을 여과해 버리므로 오직 P에 맞는 것들만을 통과시킨다. 평형 과정에선 각 구성 요소들이 〈지역적〉 조건에 반응 또는 적응하여, 가까이 있는 다른 요소들의 지역적 환경을 변화시키고, 그래서 지역적 적응 결과들의 파문의 합은 P를 구성하거나 이를 실현시킨다(이와 같은 파문 생성적인 지역 적응의 어떤 과정은 평형적 모형에 이르지 않는다). 평형 과정이 모형을 유지토록 도울 수 있는 여러 다른 방안들이 있으며, 내부의 평형 유지적 메커니즘에 의해서 복구시키기에는 너무 많이 벗어난 일탈자들을 제거하는 여과 장치가 있을 수도 있다. 아마 이런 유의 설명 중 가장 우아한 형태의 것은 두 개의 평형 과정을 사용하는 것으로 이 과정들의 각각은 작은 일탈자를 맞아 내적으로는 자신이 모형을 유지하고, 다른 것의 여과 장치의 역할을 맞아 그 과정 속에 생기는 큰 일탈자들을 제거한다.

겸하여 언급컨대, 여과 과정의 개념은 방법론적 개인주의라고 알려져 있는, 사회과학의 철학의 한 입장이 잘못될 수 있는 한 방식을 이해하게 해 준다. 모든 非P인 Q들을 여과해 제거하는 여과기

가 있다면, 왜 모든 Q들은 P인가(즉 P라는 모형에 맞아들어 가는가)
의 설명은 이 여과기에 의존할 것이다. 각각의 특정한 Q에 대해 왜
그것이 P인가, 어떻게 그것이 P이게 되었는가, 무엇이 그것을 P
로서 보전하는가에 관한 특칭적 설명이 있겠다. 그러나 왜 모든 Q
들이 P인가의 설명은, 이들이 존재하는 모든 Q들이라 하더라도
이들 개별적 설명들의 접속이 아닐 것이다. 왜냐하면 이 접속은 설
명되어야 할 것의 일부이기 때문이다. 그 설명은 그 여과 장치에
의존할 것이다. 이 점을 명확히하기 위해 우리는 왜 개개의 Q들이
P인지에 대한 설명을 갖고 있지 않다고 상상해 보자. 어떤 Q들은
P라는 것은 궁극적인 통계학의 법칙이다(우리가 그렇게 부를 수 있는
한에서) ; 우리는 심지어 어떤 안정된 통계학적 규칙성도 발견하지
못할 수도 있다. 이런 경우에 특정의 Q가 왜 P인지를 모르고서도
왜 모든 Q들이 P들인지를(그리고 Q들이 존재한다는 사실과 왜 Q들이
존재하는가의 이유까지도) 알 수 있을 것이다! 방법론에 있어 개별주
의적 입장은 어떤 기본적인(환원되지 않은) 사회적 여과 과정이 없
을 것을 요청한다.

지배적인 보호 협회는 국가인가?

  우리는 국가 성립에 관한 보이지 않는 손에 의한 설명을 제공했
다고 할 수 있는가? 두 가지 점에서 사적인 보호 협회는 최소 국
가와 다르다고, 즉 국가의 최소 개념을 충족시키지 못한다고 생각
될 가능성이 있다 : (1) 그 협회는 어떤 사람들에게 그들의 권리를
행사하도록 허용하는 듯하며, (2) 그의 영역 안의 모든 사람들을
보호하진 않는 것으로 보인다. 막스 베버 Max Weber 전통의[14] 저
술가들은 한 지리적 영역 안에서의 권력의 사용에 있어 독점권——
권리의 私的인 행사를 허용하지 않는——의 소유가 국가의 존재에
있어 결정적이라 생각한다. 아직 출판되지 않은 試論에서 코헨 Mar-
shall Cohen은 지적하기를, 국가는 자신이 타자로 하여금 사용토록
권한을 부여하지 않은 권력을 실제로 독점함이 없이도 존재할 수
있다고 했다. 한 국가 안에 마피아단, KKK단, 白人 위원회,
파업하는 노동 조합원들, 일기 예보가들의 집단이 존재하며 이들

역시 힘을 행사한다. 그와 같은 독점권을 주장한다는 사실은 충분
조건이 못 되며(만약 주장하면 그것은 국가가 되지 못할 것이다), 이의
유일한 주장자임이 필요 조건이 되는 것도 아니다. 또 모든 사람이
그러한 독점권에 대한 국가의 주장에 합법성을 인정할 필요도 없다.
왜냐하면 그들은, 평화주의자로서, 국가를 포함해서 누구도 권력
을 사용할 권리가 없다고 믿을 수 있고, 또는 혁명가로서, 기존의
국가는 그러한 권리를 결여하고 있다고 생각할 수 있으며, 또는 국
가가 무어라 말하건간에 그들에 동참하여 협조할 수 있다고 생각할
것이기 때문이다. 해서 국가의 존재를 위한 충분 조건을 끌어내는
일은 힘들고 복잡한 일임이 밝혀진다. [15]

　우리의 목적을 위해선 단지 사적인 보호 대행업소나 이를 구성하
는 下部 업소들이 충족시키지 않는, 국가로서의 필요 조건에만 초
점을 맞추면 된다. 국가는 누가 어느 때 권력을 사용할 수 있을지
를 결정하는 데 있어 독점권을 주장한다. 국가는 그 자신만이, 누
가 그리고 어떤 조건하에서 권력을 사용할지를 결정할 수 있다고
말한다. 국가는 자신의 경계 안에서의 권력의 사용의 합법성과 허용
가능성에 판단을 내릴 독점적 권리를 자신에 유보한다. 더 나아가
서 국가는 이 권리 주장된 독점권을 침해하는 모든 자들을 처벌할
권리를 주장한다. 이 독점권은 두 가지 방식으로 침해될 수 있다 :
(1) 어떤 사람은 국가로부터 권한을 부여받지 않았음에도 권력을
사용할 수 있다 ; (2) 그 자신 권력을 사용하진 않으나, 한 집단이
나 개인이, 어느 때의 그리고 누구의 권력 사용이 적합하며 합법적인
지를 결정할 대안적 권위라 주장할(그리고 심지어 자신이 유일의 합법
적인 권위라 주장할) 수 있다. 국가가 두번째 종류의 침해자를 처벌
할 권리를 주장해야 할지는 명백하지 않으며, 그 어느 국가가 그
의 경계내에 있는 그런 종류의 침해자들을 처벌하길 실제로 삼가
할지의 여부도 불확실하다. 나는 어떤 의미의 〈허락〉, 〈합법성〉, 그
리고 〈허용 가능성〉이 문제인지의 물음을 그냥 지나치겠다. 도덕적
허용 가능성은 결단의 문제가 아니며, 국가는 도덕적 문제들을 결
정할 독점적 권리를 주장해야 할 만큼 자기 편집적일 필요도 없다.
순환론을 피하기 위해서, 법적 허용 가능성의 논의는, 법 체계의

설명이 국가라는 개념을 사용하지 않을 것을 요구한다.

우리의 목적을 위해선, 국가 성립의 한 필요 조건은 이것(어떤 사람이나 조직)이 능력이 닿는 한(즉 그러한 데서 초래되는 비용, 실행 가능성, 이것이 해야 할 더 중요한 것들 등등을 고려하여), 자신의 명백한 허락 없이 권력을 사용한 사람이면 누구나 처벌하겠다고 공언하는 것이라고 우리는 말할 수 있다(그 허락은 개별적인 허락일 수도 있고 어떤 일반적인 규칙이나 인가를 통해 부여된 것일 수 있다). 이것 가지고는 아직 충분하지 않다. 국가는 사후에 어떤 사람을 용서할 권리를 보유할 수 있다 ; 처벌하기 위해선, 국가는 인가되지 않는 권력의 사용을 찾아내야 할 뿐 아니라 어떤 일정한 증명 절차를 통해 그러한 사용이 일어났음을 입증해야 한다. 그러나 우선 위의 필요 조건으로서 우리는 논의를 진행할 수 있다. 보호 대행업소는, 짐작컨대, 개인적으로로건 집단적으로건 위의 공언을 하지 않는다. 그들이 그러는 것은 도덕적으로도 합법적인 것 같지도 않다. 그래서 私的 보호 협회의 조직은, 도덕적으로 비합법적인 행위를 취하기 전에는 어떤 독점적 요소도 소유하고 있지 않으며, 해서 국가를 구성하지도 이를 포함하지도 않는 것으로 보인다. 독점적 요소의 문제를 검토하기 위해선, 한 집단의 사람들 또는 어떤 한 사람의 경우를 생각해 보면 될 것이다 : 그들은 사적인 보호 대행업소의 조직 안에 살면서 그 어느 보호 단체에 가입하길 거부하고, 그들의 권리가 침해되었는지의 여부를 그들 자신이 판단하길 고집하면서, 그들의 권리를 침해한 사람들을 처벌하거나 그들로부터 보상을 받아냄으로써 그들의 권리를 개인적으로 행사하려 할 수 있다.

위에 묘사된 조직이 국가가 아니라고 생각되는 두번째 이유는 이 조직 아래서는(개평으로 보호를 받는 사람을 제외하곤) 보호를 위해 수수료를 내는 사람만이 보호를 받는다 ; 그리고 등급별로 보호라는 상품을 살 수 있다. 외적 경제적 요인을 제외하면, 누구도 자신이 원하기 전에는 타인의 보호를 위해 수수료를 내지 않는다. 누구도 타인을 위해 보호라는 상품을 사거나 이를 사기 위해 기부토록 요구받지 않는다. 음식이나 의류와 같은 중요한 재화가 그러하듯이 사람들의 권리의 보호나 이의 행사는 시장에 의해 제공되는 상품으로 취급된다. 하지만, 통상적인 국가 개념에 따르면, 국가의 지리적 경계 안(또는 심지어 가끔 밖으로 여행하는 경우에도)에 사는 모든 사람들은 그의 보호를 받거나 적어도 받을 권리가 있다. 어떤 私人이 그러한 보호를 위한(형사들에게 봉급을 지불하고, 경찰들로 하여 범인을 감금하고, 법정에 서게 하고, 징역을 살게 만들도록 봉급을 지불하기 위한) 비용을 치를 충분한 기금을 지불하지 않는다면, 또는 국가가 이러한 비용들을 치르는 대신 어떤 봉사를 요구하지 않는다면, 그와 같이 폭넓은 보호를 제공하는 국가는 再分配的 *redistributive* 이라 생각할 수 있다.[b] 이런 국가는 일부의 사람들이 보다 많이 지불하여 다른 부류의 사람들을 보호받게 하는 국가이다. 그리고 主流의 정치 이론가들에 의해 진지하게 논의된 극도의 최소 국가, 즉 고전적인 자유주의적 이론에서 운위되는 夜警國家는 이런 식으로 재분배적인 것처럼 보인다. 하지만 어떻게 보호 대행업소가 한 기업으로서 일부의 사람에게 물건값을 치루게 하여 다른 사람들에게 자신의 상품을 공급토록 할 수 있겠는가?[16] (물론 업소가 고객들을 분류하여 정확히 비용을 청구하는 것이 너무 많은 시간과 비용을 소모시키므로 대략의 청구를 하여, 일부의 사람이 타인을 위해 지불케 되는 경우가 있긴 하나 이는 무시될 수 있다.)

이와 같이 볼 때, 한 영토 안에서 지배적인 보호 업소는 국가로서 요구되는 바 권력의 사용에 있어 독점권을 결여하고 있을 뿐 아니라, 그의 영토 안의 모든 사람들에게 보호를 제공하는 것도 아니다. 해서 지배적인 보호 업소는 전혀 국가가 아닌 것으로 보인다. 그러나 이런 외관은 사실을 감추고 있다.

---

b) 나는 국가가 복권 제도를 운영하여 재정을 마련할 수 있다는 제안을 들은 바 있다. 그러나 국가는 이 경우 민간 사업가들이 동일한 사업을 벌이지 못하게 막을 권리가 없다. 따라서 다른 경쟁적 기업보다 국가가 더 많은 고객을 끌리란 보장을 할 수 없다.

제 3 장
도덕적 제약 사항들과 국가

最小國家와 極小國家

고전적인 자유주의적 이론에서 말하는 야경국가 *night-watchman state*——모든 시민들을 폭력·절도·사기 등으로부터 보호하는 기능과, 계약을 이행케 하는 기능에 국한되어 있는——는 재분배적인 것처럼 보인다.[1] 우리는 私的 보호 협회와 이 야경국가 사이의 중간적 사회 조직을 적어도 하나 상상할 수 있다. 야경국가는 종종 최소 국가라 불리워지므로, 이 중간의 조직을 우리는 극소 국가 *ultra-minmal state* 라 부르겠다. 극소 국가는 직접적인 자기 방어에 필요한 것을 제외한 모든 권력의 사용에 있어 독점권을 보유한다. 그래서 이는 불의에 대한 私的인 보복과 보상의 징수를 허락하지 않는다. 이는 자신의 보호 및 집행 보험 증권을 구입하는 사람들에게만 보호와 집행의 서비스를 제공한다. 보호 계약을 체결하지 않는 사람들은 이로부터 보호를 받지 못한다. 최소 국가(야경국가)는 극소 국가에, 조세 수입으로 재정 지원을 받는 명백히 재분배적인 프리드맨 Friedman 식의 보증서 제도가 덧붙여진 국가이다.[a] 이 제도 하에서는, 모든 사람들이나 일부의 사람들(예를 들면, 곤궁에 빠진 사람들)에게 세금을 통해 마련된 보증서가 주어지며, 이 증서는 그들이 극소 국가로부터 보호 보험 증권을 구입할 때만 사용될 수 있다.

야경국가는 일부의 사람들에게 타인들의 보호를 위해 돈을 지불

---

a) Milton Friedman, *Capitalism and Freedom* (Chicago : 1962), ch. 6. 프리드맨의 교육 보증제는 물론 누가 생산품을 공급할 것인가에 판해 선택의 여지를 주며, 따라서 그런 점에서 여기에서의 보호 보증서와 다르다.

하라고 강요하는 한에서 재분배적이므로, 이의 지지자들은 왜 이 국가의 재분배적 기능이 특유한 것인지 설명해야만 한다. 만약 어떤 유의 재분배가 모두를 보호하기 위해 합법적이라면, 왜 재분배는 매력적이고 바람직한 다른 목적을 위해서는 합법적이 아닌가? 어떤 논리적 근거가 보호의 서비스를 합법적인 재분배 행위의 유일의 특별한 목적으로 선택하는가? 논리적 근거는, 일단 발견되면, 이 보호적 서비스의 마련이 재분배적이 아님을 보일 수도 있다. 보다 정확히 말하면, 〈재분배적〉이란 용어는 제도 자체보다는 제도를 위한 논거들에 적용되는 어휘이다. 우리는 한 제도의 주된, 그리고 가능한 유일의 논거 자체가 재분배적이라면 그 제도를 〈재분배적〉이라고 생략해서 부를 수 있다(〈父權主義的〉이라 불리우는 기능도 비슷한 사정이다). 설득력 있는 非재분배적 논거가 발견되면 우리는 이 칭호를 사용치 말아야 한다. 우리가 일부 사람들로부터 돈을 거두어 이를 다른 사람들에게 주는 공공 기관을 재분배적이라 부를지의 여부는 우리가 왜 그 기관이 그러하다고 생각하는지에 달려 있다. 이제까지 나는 야경국가가 재분배적으로 보인다고만 말함으로써, 일부가 다른 사람들을 위해 보호의 서비스를 마련함을 정당화하는 非재분배적 논거들이 발견될 수 있는 가능성을 열어 놓았다(필자는 이런 이유들의 몇몇을 제 Ⅰ 부의 4 장, 5 장에서 탐사하겠다).

極小國家論者, 그가 설혹 보호라는 상품을 재분배적 공급을 위해 적합한 유일의 것이게 하는 것은 무엇인가의 문제를 피한다 하더라도, 수미일관치 않은 입장을 갖고 있는 것처럼 보인다. 그는 권리의 침해로부터의 보호에 깊은 관심을 갖고 있어, 이를 국가의 유일한 합법적 기능이라 생각한다. 그리고 다른 모든 기능들은, 그들 자체가 권리의 침해를 포함하므로 불법이라 규정한다. 그는 권리의 보호와 非침해에 최고의 위치를 부여하는데, 이 경우 그는 어떻게 일부 사람들의 권리를 보호받지 않거나 허술한 보호의 상태 속에 내버려 두는 듯이 보이는 그 극소 국가를 지지할 수 있을까? 그는 어떻게 이를 권리의 非침해라는 미명하에 지지할 수 있는가?

도덕적 제약 사항들과 도덕적 목표들

위의 질문은 도덕적 관심은 오로지 도덕적 목표로서만, 즉 결과를 성취하려는 어떤 행위들을 위한 종국의 상태 *end state* 로서만이 기능할 수 있음을 전제한다. 〈옳다 *right*〉〈해야만 한다 *ought*〉〈하는 것이 좋다 *should*〉 등등의 어구는 최대의 善——모든 목적들이 포섭된 개념으로서의——을 생산하는 것 또는 생산하는 것으로 의도된 바의 것에 의해서 설명되어야 한다[2]는 점은 필연적인 진리인 것처럼 보인다. 해서 功利主義 *utilitarianism*(위와 같은 형식을 가진 입장인바)의 잘못은 너무 좁은 善의 개념을 가진 것이라고 생각되어 왔다. 공리주의는 권리와 이의 비침해에 대해 응분의 고려를 하지 않고, 그 대신 부차적인 위치에 내버려 둔다는 것이다. 공리주의에 대한 많은 反例들의 요점은 이런 식의 반대이다. 가령, 이웃을 복수극으로부터 구하기 위해 죄 없는 사람을 처벌하는 것이 그 한 예이다. 그러나 한 이론은 권리의 비침해를 일차적인 것으로 논하면서도 이를 잘못된 곳에 그리고 잘못된 방식으로 논할 수 있다. 권리 침해의 총량을 최소화함에 관한 어떤 조건이 성취되어야 할 그 바람직한 종국의 상태의 일부로서 충족되어 왔다고 가정해 보자. 그러면 우리는 일종의 〈권리의 功利主義 *utilitarianism of rights*〉를 갖게 된다. 여기에서 최소화되어야 할 권리의 침해(행복의 최대화에 대비되는)라는 개념은 공리주의적 구조 안에서 관련 있는 종국의 상태로서, 행복의 총합이란 개념을 대체한다(주의할 점은 우리가 권리의 不侵을 최고의 선으로 생각하거나 교환 우선 순위에 있어 제1의 것으로 생각하는 것은 아니다. 우리들이 권리의 침해를 받지 않고 존속할 수 있는 무인도에로 이주하기보다는, 우리의 권리가 어느 때 다소 침해받더라도 우리가 그곳에 거주하길 선택할 그런 바람직한 사회가 있을 수 있다). 이런 대체는 우리로 하여금, 필요하다면, 즉 한 사회내에서의 권리 침해의 총량을 최소화하기 위해서라면, 타인의 권리를 침해하도록 요구할 것이다. 가령, 일부의 권리를 침해함으로써, 다른 사람들로 하여금 남의 권리를 의도적으로 신중히 침해하지 못하게 하거나, 그렇게 하려는 그들의 동기를 제거하거나, 또는 그들의 주의를 다른 테로 돌리게 하거나 할 수도 있다. 일단의 군중이 어떤 범죄에 분노하여 범인을 찾느라 마을의 일부를 휩쓸며 살인하고 방화하면, 그곳에 사는 사람들의 권리가 침해받게 될 것이다. 해서 어떤 사람이 그 군중을 분노케 한 범죄의 혐의가 없다고 자신이 알고 있는 사람을 처벌하고, 이 처벌을 통해 타인에 의한 보다 큰 권리의 침해를 막을 수 있고, 해서 그 사회내에서의 권리 침해를 최소화할 수 있음을 들어 그 처벌을 정당화하려 할 수도 있다.

권리를 성취될 종국적 상태의 일부로서 편입시키는 대신, 그를 수행될 행동에의 측면적 제약 사항으로 놓을 수 있다 : 제약 사항 C를 어기지 말라고. 他人의 권리는 그대의 행동에 가해지는 제약 사항을 결정한다(제약 사항들이 추가된 목표 지향적 견해는 다음과 같을 것이다 : 제약 사항 C를 어기지 않는 행위로서 너에게 가능한 행위 중, 목표 G를 최대화하는 행위를 선택하라. 여기에서 타인의 권리는 너의 목표 지향적 행위를 제약하리라. 올바른 도덕적 견해는, 추구되어야 할 강제적 목표를——제약 사항이 지켜지는 범위 안에서라도——포함해야 한다고 함축하는 것은 아니다). 이 견해는 측면적 제약 사항 C를 목표 G의 일부로 보려는 견해와 다르다. 측면 제약적 견해는 그대의 목표 추구 과정에서 이런 도덕적 제약 사항들을 위반하는 것을 금지한다 : 반면 이 권리의 침해를 최소화함을 그 목표로 하는 견해는 그대에게, 한 사회 안에서의 권리 침해의 총량을 감소시키기 위해서라면, 그 권리들(제약 사항들)의 침해라도 허용한다. [b]

---

b) 불행하게도 이제까지 도덕적 견해의 구조에 관한 모델이 별로 제시된 바 없다. 분명 다른 흥미 있는 구조들은 있었지만. 그러므로 측면 제약적 구조를 위한 지지 논변, 즉 종국 상태 최대화의 구조에 반대하는 논변은 未決定的이다. 그 이유는 이 대안들만이 전부는 아니기 때문이다(이 책 p. 73 에서 우리는 둘 중 어느 구조에도 적절히 들어맞지 않는 견해를 다룬다). 일련의 구조들이 정확하게 표현되고 탐구되어야 한다. 그러면 어쩌면 어떤 새로운 구조가 적절한 것으로 나타날 것이다.

측면 제약적 견해가 측면 제약 없이 목표 지향적인 견해로 표현될 수 있는가의 문제는 어렵다. 가령 각 사람들은 자신의 목표내에서 자신에 의한 권리 침해 행위와 타인에 의한 침해 행위를 구분할 수 있다고 생각할 수도 있다. 전자의 행위의 목표에 무한량의(負의) 무게를 주어 보라. 그러면 타인들에 의한 권리 침해 행위의 금지가 갖는 어떠한 양의 무게도 자신에 대한 권리 침해 행위의 무게에 미치지 못한다. 목표가 무한량의 무게를 가짐에 더하여 지시적 표현들, 가령 〈내

극소 국가의 주창자가 수미 일관하지 않다는 주장의 논거는, 우리는 이제 알 수 있지만, 그 주창자가 〈권리의 공리주의자〉라는 것이다. 이 주장은 그런 공리주의자의 목표는, 가령, 한 사회내에서의 권리 침해의 측정된 총량을 최소화함이며, 그는 이 목표 성취의 방법 자체가 사람들의 권리를 침해한다 해도 이 목표를 추구해야 옳다고 가정한다. 그 대신에 그는 권리의 不侵을, 실현될 종국 상태의 일부로 만들기보다는(또는 일부로 함에 추가해), 행동에 대한 제약 사항으로 놓을 수 있겠다. 극소 국가론자의 입장은 다음의 조건 하에서 논리 일관한 것이 될 것이다 : 즉 그의 권리의 개념에 따르면, 그대가 타인의 복지에 기여하도록 강제됨은 그대의 권리의 침해이나, 타인이 그대가 몹시 필요로 하는 것을——그대의 권리의 보호를 위해 필수적인 것들을 포함해서—— 마련해 주지 않는 것은 그 자체로서는 그대의 권리 침해 행위가 아니라는(그런 것들이 마련 되지 않음으로 해서 그대 권리는 타인에 의해 보다 쉽게 침해받을 수 있게 되지만) 조건하에서(이런 권리의 개념은, 이것이 극소 국가의 독점적 요소 자체를 권리의 침해로 간주하지 않는 한 논리 일관한 것일 것이다). 그 입장이 논리 일관한 것이라는 사실이 이 입장이 받아들일 만한 것이라는 점을 보여 주진 않는다.

왜 측면적 제약 사항들이 필요한가 ?

측면적 제약 사항 C를 받아들이는 것은 C의 침해를 최소화하려는 견해보다 비합리적이 아닐까(후자의 견해는 C를 제약 사항이라기

가 무엇을 함)과 같은 표현이 나타난다. 〈제약적 견해〉를 주의깊게 표명하여 그 한계를 정하면, 측면적 제약을 일종의 종국 상태를 변형시키는 이런 교묘한 방법을 배제할 수 있다. 제약된 극대화의 문제를 일련의 보조적 기능의 무제약적 극대화들로 변형시키는 수학적인 방법에 관해서는 A. Fiacco & G. McCormick, *Nonlinear Programming:Sequential Unconstrained Minimization Techniques* (New York, 1968). 이 책은 그의 방법과 우리의 관심 분야를 조명하는 데에서 갖는 한계로 해서 흥미 있다. 벌칙 기능이 제약 사항들, 벌칙 기능의 무게의 변이($\S 7.1$) 등등을 포함하는 방식에 주목하라.

이 측면 제약 사항들이 절대적인지, 또는 이들은 도덕적 재난을 피하기 위해 위반될 수 있는지, 그리고 후자인 경우 결과하는 구조가 어떤 것일지의 문제는 내가 다루고 싶은 문제는 아니다.

보다는 조건으로 간주한다)? C의 不侵害가 그렇게도 중요하다면, 왜 이것이 목표가 될 수 없는가? C의 불침에 대한 관심은, 어떻게 C의 침해가 C의 다른 보다 폭넓은 침해을 방지할 경우에도 C의 침해를 거부하게끔 하는가? 권리의 불침를 오로지 우리 행위의 목표로서 설정하는 대신, 행위의 측면적 제약 사항으로 놓는 데 대한 논리적 근거는 무엇인가?

행위의 측면적 제약 사항의 이념은, 그 근저에서, 개인은 목적이지 단순한 수단이 아니라는 칸트적 원리를 반영한다. 개인들은 그들의 동의 없이는 다른 목적을 성취하기 위해 희생될 수도, 사용되어서도 안 된다. 개인들은 신성 불가침의 존재이다. 이 목적과 수단의 개념을 더 밝혀야겠다. 수단의 대표적인 예인 도구 *tool* 를 생각해 보자. 도구를 어떻게 타인들에 대해 써야 하는가에 관한 도덕적 제약 사항은 있으나, 도구를 어떻게 써야 하는가에 대한 측면적 제약 사항은 없다. 이를 미래에 사용하기 위해 따라야 할 절차(가령, 〈비 속에 놓아 두지 말라〉든지 하는)가 있고, 이를 보다 더 또는 덜 효율적으로 사용할 수 있는 방법이 있다. 그러나 우리의 목표를 가장 잘 성취하기 위해 이 도구를 어떻게 취급해야 할지에는 제한이 없다.

이제 어떤 도구의 사용에 대한 2차적 제약 사항 C가 있다고 상상해 보자. 가령, C의 위반을 통해 얻는 소득이 어떤 특정량을 넘어서지 않으면, 또는 어떤 특정의 목표를 성취하기 위해서가 아니면, C는 위반될 수 없다는 조건하에서만 어떤 도구가 그대에게 대여될 수가 있다. 이 경우 그 도구는, 그대가 그대의 소원이나 변덕에 따라 마음대로 쓸 수 있는 그런 의미에서의 완전한 도구는 아니다. 그러나 그 도구는 그래도 도구이다──심지어 2차적, 즉 무시될 수 있는 제약 사항과 관련하여서도, 만약 우리가 그의 사용에 무시될 수 없는 제약 사항을 덧붙인다면, 그 대상은 그러한 방식으로는(제약 사항이 금지하는 그런 방식으로는) 도구로 사용될 수 없다. 우리는 한 대상이 전혀 그 어느 측면에서도 도구로 사용될 수 없도록 하기에 충분한 제약 사항을 덧붙일 수 있을까? 한 인간이 자신이 원하는 경우를 제외하고는 어떠한 목적을 위해서도 이용될 수 없도록 그 인간에 대한 우리의 행위가 제약될 수 있는가? 이 단서의 내용이 우리는 우리에게 재화를 제공하는 모든 사람으로부터 그 재화의 용도에 대해 긍정적인 승인을 얻어야 한다는 것이라면, 이 단서는 불가능할 정도로 엄격한 조건이다. 그 제공자가 단지 우리가 계획한 용도에 대해 반대하지 말라는 약한 내용의 요구라도, 쌍무적인 교환을 상당히 감소시킬 것이다——그러한 교환의 지속은 말할 것도 없고. 교환을 위해 충분한 것은, 상대방이 교환으로부터 충분한 소득을 얻어, 설혹 그가 그대의 재화 사용에 관해 한두 가지 반대할 사항이 있다 해도 그 교환을 이행할 의사가 있으면 되는 것이다. 그러한 조건 아래서는, 그 상대방은 그 점에서 단지 수단으로서 이용되고 있는 것은 아니다. 그러나 만약 자신의 행위나 재화를 그대가 쓰려 의도하는 그 용도를 알았다면, 그대와 상호 교류하려 하지 않았을 그런 사람은, 비록 그가 그대와 (무지한 상태에서) 상호 교류하길 선택할 만큼 충분한 것을 대가로 받는다 해도, 수단으로 사용되고 있는 것이다(〈내내 그대는 단지 나를 이용하고 있었다〉고, 단지 타방의 목적과 타방이 자신을 어디에 이용하려 했는지를 몰랐기 때문에 상호 교류하길 선택했을 뿐인 사람은, 불평할 수 있다). 만약 한 사람이 자신이 상호 교류를 어디에 의도적으로 사용할지를 타방이 알면, 그 타방은 상호 교류하길 거부하리라고 믿을 만한 충분한 이유가 있는 경우, 그는 그 타방에게 자신의 의도를 알릴 도덕적 책임이 있는가? 만약 그가 자신의 의도를 알리지 않는다면, 그는 타방을 이용하고 있는 것인가? 타방이 전혀 이용되길 선택하지 않는 경우는 어떠한가? 우리가 지나가는 매력적인 여자를 보고 즐거움을 얻을 때, 우리는 그녀를 단지 수단으로 사용하고 있는가?[3] 우리는 이 경우 그녀를 성적 환상의 대상으로 사용하는가? 이런 질문들, 그리고 관련된 다른 질문들은 도덕철학을 위해 매우 흥미 있는 문제들을 제기하나 정치철학을 위해서는, 내 생각으로는, 그렇지 않다.

　정치철학은 사람들이 다른 사람들을 이용해서는 안 되는 어떤 특정의 방식에만 관심을 가진다 : 타인을 신체적으로 공격하는 등의. 타인에 대한 행동에 가해지는 특정의 측면적 제약 사항은, 이 사항이 제외하는 특정의 방식으로는 타인들을 이용해선 안 된다는 사실을 표현한다. 측면적 제약 사항은 이 사항이 규정하는 특정 방식에 의한, 타인의 不可侵性을 표현한다. 이런 식의 불가침성은 다음의 금지 명령에 의해 표현된다 : 〈사람들을 특정의 방식으로는 이용하지 말라.〉종국 상태 지향적인 입장은, 반면, 사람들이 목적이고 단지 수단이 아니라는 견해를(그 입장이 이 견해를 여하간에 표현하려 한다면), 다른 식의 명령으로 표현한다 : 〈인간성을 단지 수단으로 사용하는 경우를 최소화하도록 행위하라.〉이 명령의 준수 자체가, 특정의 한 방식으로 사람을 수단으로 사용함을 허락할 수 있다. 칸트가 이 견해를 가졌었다면, 그는 正言命令의 제2형식을 다음과 같은 식으로 표현했었을 것이다 : 〈인간성을 단지 수단으로 사용하는 경우를 최소화하라.〉그의 실제 형식은 다음과 같다 : 〈그대는 그대 자신의 경우에서건, 타인의 경우에서 건간에 어떤 경우에든지 인간성을 결코 단지 수단으로 취급하지 말고, 항상 동시에 목적으로 대접하라.〉[4]

측면적 제약 사항들은 타인의 불가침성을 표현한다. 그러나 왜 보다 큰 사회적 善을 위해서도 타인을 침해해선 안 된다는 것일까? 우리의 각각은 개인적으로는, 종종 보다 큰 이익을 위해서나 보다 큰 해를 피하기 위해서 어떤 고통이나 희생을 감수하길 원한다. 가령, 우리는 후에 올 보다 큰 아픔을 피하기 위해 치과의사에게 가고, 그 결과를 위해 불쾌한 일도 해내며, 어떤 사람들은 자신의 건강이나 용모를 개선하기 위해 절식을 하고, 어떤 사람들은 자신의 노후의 생계를 위해 돈을 절약한다. 이들 각각의 경우, 사람들은 전체적으로 보다 큰 善을 위해 어떤 대가를 감수한다. 그렇다면, 비슷하게, 왜 일부의 사람들이 전체적인 사회적 善을 위해서 비용을 부담하여 다른 사람들을 도와야 한다고 생각할 수 없는가? 그러나 문제는 그 자신의 善을 위해 어떤 희생을 감수할 자로서 재화를 가진 사회적 존재 *social entity* 가 존재하지 않는다는 점이다. 존재하는 것은 개인들, 그들 자신의 개인적 삶을 영위하는 서로 다른 개인들뿐이다. 이들 중 하나를 타인들의 이익을 위해 이용함은 그를 이용하는 것이며 타인들을 이롭게 하는 것일 뿐, 더 이상의 아무 것도 아니다. 일어나는 것은 타인들을 위해서 그에게 무엇이 저질러진다는 사실뿐이다. 전체적인 사회적 善이란 이 사실을 은폐할 뿐이다(의도적으로?). 한 인격을 이런 식으로 이용하는 것은 그가 독립된 인격이라는 사실을 충분히 존중하지도, 고려에 넣지도 않는 것이다. [5] 그는 자신의 희생에 대응하는 대가를 얻지 못하며, 누구도 그에게 희생을 강요할 권리가 없다——다른 개인들과 달리 그의 충성을 요구하는, 그리고 그럼으로 그의 시민들 사이에서 신중히 중립을 지켜야 하는 국가나 정부는 더 말할 것도 없다.

자유주의적 제약 사항들

우리가 무엇을 할 수 있는가에 대한 도덕적인 측면 제약 사항들은, 나는 주장컨대, 우리의 독립된 존재라는 사실을 반영한다. 이들은 어떤 도덕적, 평형 유지적 행동도 우리들 사이에서 일어날 수 없음을 반영한다. 우리의 삶보다 타인의 삶을 도덕적으로 보다 중요한 것으로 간주하여, 보다 큰 전반적인 사회적 善을 도모하려 할 수 없다. 우리 중 일부가 타인들을 위해 희생되는 것은 여하한 경우에도 정당화되지 않는다. 이 근원적인 생각, 즉 존재하는 것은 서로 독립적인 삶을 영위하는 서로 다른 개인들이며, 누구나 타인을 위해 희생되어서는 안 된다는 생각은 도덕적 측면 제약 사항들의 기초를 이루며, 이는 또한, 내 생각으로는, 타인에 대한 공격을 금지하는 자유주의적 측면 제약 사항에 귀결된다.

종국 상태의 최대화를 주장하는 견해가 강하면 강할수록, 도덕적 측면 제약 사항들의 기초를 이루는 이 근원적 생각은, 위 견해에 대항하기 위해선, 보다 강력한 것이어야 한다. 해서 타인들을 위한 수단이 아닌, 타자와 구별되는 개인들의 존재는 더욱 더 진지하게 고려되어야 한다. 종국 상태 최대화의 견해가 갖는 직관적인 설득력에 대항하여 도덕적 측면 제약을 밑받침하기에 충분히 강력한 기저적 개념은, 타인에 대한 침해를 금지하는 자유주의적 제약 사항 *libertarian constraint* 을 이끌어내기에 충분할 것이다. 그 특정의 측면적 제약을 거부하는 사람에겐 다음의 3 대안이 있다 : (1) 그는 모든 측면적 제약 사항들을 거부해야만 한다 ; (2) 그는 단지 목적 지향적 최대화의 구조 대신 왜 도덕적 측면 제약 사항들이 있어야 하는지에 대한 다른 설명을, 즉 그 자체로서는 자유주의적 측면 제약 사항을 논리적으로 수반하지 않는 설명을 제시해야만 한다 ; (3) 또는 그는 개인의 독립성에 대한 근원적인 입장을 받아들이면서, 타인의 권리 침해가 이 근원적 입장과 양립할 수 있다고 주장해야만 한다. 이렇게 해서 우리는 도덕적 형식으로부터 도덕적 내용을 추론하는, 그럴 듯한 논변을 묘사하였다. 도덕성의 형식은 F (도덕적 측면 제약 사항)를 포함한다. 도덕성이 F임에 대한 최선의 설명은[6] P (개인의 독립성에 대한 강력한 언명)이다. 그리고 P로부터 특정의 도덕의 내용, 즉 자유주의적 제약이 뒤따른다. 그 자신의 삶을 영위하는 독립된 개인들이 존재한다는 사실에 초점을 맞추는 이 논변의 결론으로 얻어진 특정의 도덕적 내용은 완전히 자유주의적 제약이 되지 못한다. 이것은 한 사람이 타인을 위해서 희생되는 것만을 금지한다. 父權主義的 침해——한 개인의 이익을 위해서 그 개인 자신에 대해 힘을 사용하거나 위협하는 등의——를 금지할 수 있기 위해선 보강 조치가 필요하다. 이를 위해선, 우리는 타인으로부터 독립적인 개인들이 존재하며, 이들은 스스로 영위해야 할 그들 자신의 삶을 가지고 있다는 사실에 주목해야 한다.

불가침의 원리 *nonaggression principle* 는 종종 국가간의 관계를 규제하기에 적합한 원리로 생각된다. 주권적 *sovereign* 개인들과 주권적 국가들 사이에 어떤 차이가 있기에 침해가 개인들 사이에선 허용될 수 있단 말인가? 한 국가가 다른 국가에 대해 할 수 없는 것을, 왜 개인들이 연합하여, 즉 그들의 정부를 통해서, 다른 개인들에게 할 수 있단 말인가? 실상 개인들 사이의 不可侵에 대해선 국가 관계에 대해서보다 강력한 논거를 댈 수 있다. 국가와 달리, 개인들은 그들을 보호하거나 방어하기 위해 합법적으로 관여할 수도 있는 타 개인들을 그 부분으로 포함하지 않는다.

나는 여기에서 신체적 침해를 금지하는 원리의 세부를 논하지 않겠다. 다만 이 원리는 어떤 사람이 죄가 없으며 따라서 보복을 받을 이유가 없긴 하나, 위협적인 존재일 때, 그에 대한 방어로서 힘을 사용하는 것을 금지하진 않는다는 점만 지적해 두겠다. 無罪의 위협자 *innocent threat* 란, 한 과정에서 故意가 아니라 외적 인과 연

58

쇄에 의해 그러한 행위자가 되길 선택했다면 가해자가 될 수 있는 그런 사람이다. 가령 어떤 사람이 제3자를 던져, 깊은 우물 밑바닥에 있는 그대에게 떨어진 경우, 그 제3자는 악의는 없으나 *innocent* 위협적 존재이다. 그 제3자가 고의로 자신의 몸을 탄환 삼아 그대를 공격하려 선택했었다면 그는 가해자라 할 수 있었을 것이다. 그 떨어지는 사람이 그대 위로 떨어진다 할 때, 그대는 광선총을 사용해, 그가 그대와 부딪쳐 그대를 죽이기 전에, 분해시켜 버리겠는가? 자유주의적 입장은 일반적으로 악의 없는 사람에 대해 폭력을 사용하는 것을 금지한다. 그러나 악의 없는 위협은 다른 원리들이 적용되어야만 하는 문제이다.[7] 해서 이 분야에 관한 완전한 이론은, 악의 없는 위협에 대한 대처 행위에 가해지는 다른 제약 사항들을 체계화하여야만 한다. 문제를 더욱 복잡하게 하는 것은 위협자가 들고 나오는 죄 없는 방패 *innocent shields of threats*, 즉 그들 자신은 위협적 존재가 아니나, 그 위협을 막기 위해선 그들이 희생되어야만 할 상황이 되어, 어쩔 수 없이 피해를 보게 되는 그 죄 없는 사람들의 존재이다. 가령, 침략자들이 탱크 앞머리에 무죄한 사람들을 묶어, 그 사람들을 희생시키지 않고서는 탱크를 칠 수 없게끔 하는 경우, 그 사람들은 위협자가 들고 나오는 죄 없는 방패라 할 수 있다(침략자를 저지키 위해 어떤 사람들에게 힘을 행사하는 경우라도 어떤 경우엔 위협자가 들고 나오는 방패에 대한 힘의 행사라 할 수 없다. 가령, 침해 행위를 그치게 하기 위해 그 침해자의 자녀를 고문하는 경우, 그 자녀는 부모의 방패역을 하고 있는 것이 아니다). 우리는 방패막이가 무죄한 줄 알면서 그를 해칠 수 있는가? 만약 우리가 침해자를 공격하다가 죄 없는 방패를 해친다면, 그 죄 없는 방패는 (그가 침략자에 반기를 들 수 없다고 가정할 때) 자기 방어를 위해 맞싸워야 하는가? 마찬가지로, 만약 그대가 악의 없는 위협자에 대하여 힘을 사용할 때, 그런 사용으로 해서 그대는 그에게 그대 자신 악의 없는 위협자가 되며, 그래서 그는 그대에 대해 정당하게 힘을 행사할 수 있는가? 나는 이 믿을 수 없을 정도로 어려운 문제들의 변죽만을 울리면서, 단지 불가침의 문제를 핵심적으로 취급하려면, 이 문제들을 어느 곳에선가는 드러내놓고 해결해야 한다는 점만을 지적하고자 한다.

제약 사항들과 동물들

우리는 도덕적인 측면 제약 사항들의 위치와 함축에 조명을 가하기 위해서, 위와 같이 엄격한 제약 사항들이 통상적으로는 적합하다고 사려되는 바의 생물체들, 즉 인간 아닌 동물들을 고려해 보자. 우리가 동물들에게 할 수 있는 것들에 한계가 있는가? 동물들은 단순한 대상들 *objects* 이라는 정도의 도덕적 지위만을 갖는가? 어떤 목적들이, 동물들에게 커다란 희생을 강요할 권리를 우리에게 부여하지 못하는가? 대체 무엇이 우리로 하여금 그들을 이용할 권리를 부여하는가?

동물들은 어떤 중요성을 지니고 있다. 적어도 일부의 고등 동물들은 우리가 무엇을 할 것인가를 숙고함에 있어 어느 정도 신중한 고려의 대상이 되어야 한다. 이 점을 입증하는 것은 어렵다(인간들이 중요하다는 것을 입증하는 것도 어렵다!). 우리는 먼저 구체적 예들을 증거로 대고, 그 다음 논변을 제시하겠다. 그대가 어떤 음악에 맞춰 손가락 장단을 치고 싶고, 묘한 인과 계열에 의해 그 장단이 1만 마리의 소들에게 격심한 고통을 준 후에(또는 고통 없이 즉각적으로) 죽게 하리라는 것을 안다 할 때, 그 장단을 치는 것이 전혀 옳은 것일까? 그 행위가 도덕적으로 잘못될 이유가 있는가?

어떤 사람들은 그러한 행위가 그들을 잔인하게 만들고, 그래서 그들로 하여금 단지 즐거움을 위해서 다른 사람들의 목숨을 가벼이 여기게 한다는 이유에서, 그런 행위를 해서는 안 된다고 말한다. 그 자체로서는 도덕적으로 반대할 만하지 않은 이 행위는, 그들은 주장하길, 도덕적으로 바람직하지 않은 파급 효과 *spillover effect* 를 유발한다는 것이다(그렇다면, 그와 같은 파급 효과의 가능성이 없을 땐 문제가 달라진다——가령, 그 자신 지상 최후의 사람임을 아는 사람의 경우). 그러나 왜 그러한 잉여 효과가 있어야만 하는가? 만약, 그 어떤 이유에서건 동물들에 대한 어떤 행위도 그 자체로서는 절대 옳다 한다면, 그리고 우리가 동물과 사람 사이의 명료한 선을 인지하고 우리가 행동할 때 이 선을 염두에 두기만 한다면, 왜 동물의 살해가 우리를 잔인하게 만들며 다른 사람들의 생명을 해하고 가벼이 여기도록 만들겠는가? 도살자는 보다 많은 살인을 저지르는가(항상 칼을 지니고 다니는 사람보다)? 내가 야구 방망이로 공 때리기를 즐긴다면, 이는 내가 사람의 머리통을 가지고 똑같은 짓을 할 위험성을 상당히 증가시키는가? 나는 사람이 야구공과 다르다는 점을 이해할 수 있고, 이 이해는 위에 말한 파급 효과를 방지할 수 있지 않을까? 왜 동물들의 경우엔 사정이 달라야 하는가? 분명, 파급 효과가 발생할지 않을지는 경험적인 문제이다. 그러나 왜 사람과 동물 사이의 차이점을 찾아내고 그에 기반해 행위할 줄 아는 똑똑한 사람들에게 그러한 효과가 발생할 수 있었는지는 수수께끼이다.

어떤 동물들이 어떤 중요성을 갖는다면, 어떤 동물들이 중요하며, 그들이 얼마나 중요하며, 그 중요성은 어떻게 결정될 수 있는가? 동물을 먹는 것이 건강을 위해 필수적이 아니며, 육식과 똑같이 건강에 좋으며 미국에서 구입 가능한 다른 대체 식품보다 육식이 값싼 것은 아니라(나는 이를 밑받침할 증거가 있다고 믿지만)고 가정해 보자. 이 경우 육식으로부터의 소득은 미각의 즐거움, 미식의 기쁨, 다양한 맛 등일 것이다. 나는 이들이 실제 쾌락을 주고, 즐거운 것이며, 흥미 있는 것이 아니라고 주장하진 않는다. 문제는 그 즐거움들이, 또는 채식보다는 육식을 통해 얻어지는 이 자잔한 소득들이 동물들의 생명과 고통에 주어져야 할 도덕적 무게보다 크냐는 것이다. 동물들이 어떤 중요성을 지닌다는 점을 인정할 때, 동물 아닌 것 대신 동물을 먹음으로 해서 얻어지는 그 과외의 소득이 이 도덕적인 대가보다 큰가? 이 질문들에 어떤 대답이 주어지겠는가?

우리는 비교 가능한 경우들을 검토할 수 있겠다. 해서 그 경우들에 내린 우리의 판단 모두를 우리의 문제에 확대·적용할 수 있다. 가령, 사냥의 경우를 검토할 수 있다——나는 단지 재미를 위해서 동물을 쫓고 죽이는 것은 옳지 않다고 전제한다. 사냥은, 그 목적과 재미를 주는 것이 동물의 추적, 살상이므로, 특수한 경우라 해야 할까? 그러면 내가 야구 방망이 휘두르길 즐긴다 가정해 보자. 우연히 내가 방망이를 휘두르는 유일한 장소에 소가 서 있다 가정하자. 방망이를 휘둘러 불행히도 그 소의 머리를 박살내었다 하자.

나는 이 행위로부터 재미를 느끼지 않으리라. 나의 즐거움은 **나의** 근육을 움직이고 멋있게 방망이를 휘두르고 하는 데서 온다. 나의 **이런** 행위들의 부작용(수단이 아니라)으로 그 소의 두개골이 박살난 것은 불행한 일이다. 확실히, 방망이 휘두르길 걷어치우고, 허리 굽혀펴기나 그 밖의 다른 운동을 할 수도 있다. 그러나 이들은 방망이 휘두르기보다는 덜 즐거울 수 있을 것이다. 나는 이 운동들로부터 동일한 양의 재미·즐거움·기쁨을 이끌어내지 못할 것이다. 그래서 문제는, 동물을 해칠 위험을 내포하지 않는 최선의 대체적 행위가 있음에도, 과외의 쾌락을 얻기 위해 내가 야구 방망이를 휘두르는 것이 옳은 일이냐는 것이다——매일매일 똑같은 상황이 다른 동물들과 관계해 발생한다 생각해 보라. 과외의 쾌락을 위해 동물을 살해하여 먹어대는 것은 허락하나 야구 방망이를 휘두르는 것은 허락하지 않는 어떤 원리가 있는가? 그 원리는 대체 어떻게 생겨 먹었을까? (다음은 육식과의 비교로서 보다 좋은 예일까. 동물을 죽여 그의 뼈로 最上質의 야구 방망이를 만든다. 다른 재료로 만들어진 방망이는 똑같은 쾌락을 주지 않는다. 그대가 그대 대신 도살을 할 사람을 고용한다면 그것은 도덕적으로 보다 허용 가능할 것인가?)

이런 예들과 질문들은 어떤 사람에게는 어떤 종류의 구분선을 긋기를 자신이 원하고 있는지, 어떤 종류의 입장을 그가 취하길 원하는지 알도록 도와 줄지도 모른다. 그렇지만, 이 예들은 논리 일관성으로부터의 논변ㄱ)의 통상적인 제약성들에 부딪친다. 그들은 일단 논리적 갈등 관계가 지적된 다음에는 어떤 견해를 바꿔야 하는지 말하지 않는다. 방망이 휘두르는 것을, 동물을 잡아 먹는 것으로부터 구분해 줄 원리를 고안해내지 못한 후에도, 그대는 결국 방망이 휘두르는 것이 (소의 머리를 박살내더라도) 괜찮다는 결론을 내릴 수도 있겠다. 더 나아가서, 유사한 경우들에 호소하는 것은, 서로 다른 동물들에 우리들이 정확한 도덕적 무게를 부여하는 데에 별 도움을 주지 않는다(우리는 9장에서 이런 예들에 호소하여 도덕적 결단을 내리게 하는 데에서 오는 문제점들을 더 논의하겠다).

ㄱ) 상대방 입장의 논리적 일관성 여부를 지적하여, 일관성이 없을 때 그 입장을 부인하는 논법.

　이러한 예들을 제시한 나의 목적은 육식의 문제가 아니라 도덕적 측면 제약 사항의 개념을 논의하기 위해서이다. 하지만 나는 미국인들의 육식이 그들이 그로부터 얻는 과외의 이익에 의해 정당화하지 않는다는 것이 나의 신념임을 말해야겠다. 우리가 어디에서나 마주치는——측면적 제약 사항의 개념과 연결될 수 있는—— 한 논변이 언급되어야겠다. 그것은 사람들이 육식을 함으로써, 그렇지 않을 경우보다 더 많은 수의 동물들을 기르게 된다는 논변이다. 당분간이라도 존재하는 것은 전혀 존재하지 않는 것보다는 낫다. 그래서 (그 논변은 결론짓기를) 동물들은, 우리 인간이 그들을 잡아 먹기 때문에, 더 유리한 입장에 있다(왜냐하면 보다 많은 수의 동물들이 생존하므로). 해서 우리의 의도는 아니었지만 결국 다행스럽게도 우리는 동물들에게 이익을 베풀고 있다는 것이다(만약 식성이 변하여 사람들이 더 이상 육식을 즐기지 않는다면, 동물들의 복지를 걱정하는 그 사람들은 고집스럽게 고기를 먹어대는 쾌적치 않은 과업을 수행해야 할까?)! 내가 인간들에 관한 다음의 대등한 논변이 그다지 설득력 있게 보이지 않는다고 주장한다 해서, 내가 동물들에게도 인간들에게와 똑같은 도덕적 무게를 부여해야 한다고 주장하는 것으로 오해되지 않기를 바란다. 즉 인구 문제 때문에 모든 부부들이 그들 자녀의 수를 미리 일정하게 정해야 한다고 상상해 보자. 한 부부가 그 일정 수의 자녀를 가진 후, 추가로 자녀 하나를 더 가져 세 살 또는 스물 세 살이 되면 희생물로 바치거나 끔찍한 식도락을 위해 이용키 위해 살해할 것을 제안했다고 해 보자. 그들은 자신들의 행위를 정당화하기 위해, 이런 제안이 허용되지 않으면 그 추가의 아이는 전혀 존재하지도 않을 것이라고 논변을 펼칠 수 있다. 분명 단 몇 년이라도 생존하는 것이 전혀 존재하지 않는 것보다 낫다. 하지만, 일단 한 인간이 존재한 후엔, 그의 존재가 전반적으로 純益을 남겼다 해서 그를 아무렇게나 할 수 있는 것은 아니다. 그를 존재하게 한 자라도 그럴 수는 없다. 존재하는 사람은, 설사 그를 창조한 자가 자신의 권리를 침해하기 위해 자신을 존재케 했다 해도, 자신에 대한 권리 주장을 할 수 있다. 부모들이 자신의 자녀들에게 무엇이든 할 수 있어야만 자녀를 갖겠다고 고집할 경우 그것이 무엇이건 부모로 하여금 할 수

있게 허용하는 그러한 체계, 그리고 그 자녀들이 태어나지 않는 경우
보다 그 자녀들을 보다 나은 처지에 있게 하는 그러한 체계에 대한
도덕적 반론을 추구해 보는 것은 가치 있는 일일 것이다. [8] (어떤 사
람들은 있을 수 있는 유일의 반론은 그 허용 또는 허가를 정확하게 내어 주
는 데에서의 어려움들이라 생각할 것이다.) 동물들도, 일단 존재하면,
어떤 대접에 대한 권리 주장을 할 수 있다. 이 권리 주장은 사람들
의 그것보다는 덜 중요성을 가진다. 그러나 동물들은, 단지 어떤
사람들이 그 동물들의 권리를 침해하길 원했기 때문에, 존재케 되
었다고 해서, 그 동물들의 권리가 전혀 존재하지 않는다고 할 수
있는 것은 아니다.

　동물 처우에 관한 (지나치게 최소적이랄 수 있는) 다음의 입장을 생
각해 보자. 이를 쉽게 지적할 수 있기 위해 이 입장을 〈동물에 대
한 공리주의, 인간에 대한 칸트주의〉라 칭하자. 이 입장의 내용은 :
(1) 모든 생물체의 행복의 총량을 최대화하라. (2) 우리가 인간에
게 할 수 있는 것에 엄격한 측면적 제약 사항을 가하라. 인간 존재
는 타자의 이익을 위해서 이용되거나 희생되어서는 안 된다. 동물
들은 사람들 및 다른 동물들의 이익을 위해서 이용되거나 사용될
수 있는데, 이는 오직 그 이익이 희생되는 동물의 손해량보다 클
때에만 그럴 수 있다(공리주의적 입장의 언명은 다소 부정확하나 우리의
현재 목적을 위해선 충분히 정확하며, 그러한 것이 우리 논의를 위해 편하
다). 즉 공리주의적 이익의 총량이 한 동물에게 초래된 공리주의적
손해의 총량보다 적을 때에만, 그 동물은 희생될 수 있다. 이 공리
주의적 견해는 정상적인 공리주의가 인간들에 부여하는 값어치만큼
동물들에게 값어치를 부여한다. 오웰 Orwell 에 따라, 우리는 이 견
해를 다음과 같이 요약할 수 있다 : 모든 동물들은 평등하나 어떤
동물들은 다른 것들보다 더 평등하다(어떤 동물도 보다 큰 총체의 이
익을 위한 경우를 제외하고선 희생될 수 없다 ; 그러나 인간들은 전혀 희생될
수 없거나 오직 타 동물의 경우보다 훨씬 더 엄격한 조건 아래에만 희생될
수 있으며, 그리고 인간 아닌 동물들을 위해선 결코 희생될 수 없다. 내가
위에서 (1)을 제시한 이유는 공리주의적 기준을 만족시키지 않는 희생들을
제외하기 위해서일 뿐이지 공리주의적 목표를 강제하기 위해서가 아니다.

64

우리는 이 후자의 입장을 소극적 공리주의라 부르겠다).

　이제 우리는 우리와 다른 견해를 가진 사람들에게, 동물들이 중요성을 갖고 있다는 데에 대한 논변을 전개할 수 있다. 인간에게 할 수 있는 것들에 관해 엄격한 측면적 제약 사항을 과하는 칸트적 도덕철학자에게 다음과 같이 말할 수 있다 :

　　그대는 공리주의가 부적합하다 주장하고, 그 이유로 이 主義가 한 개인이 타 개인을 위해서 희생되는 것을 허락하여 그럼으로써 인간들에 대한 합법적인 행위에 과해지는 엄격한 제약 사항을 무시한다는 점을 든다. 하지만 인간과 땅 위에 굴러다니는 돌들 사이에 도덕적으로 중간적인 어떤 존재, 그의 처우에 있어 그와 같이 엄격한 계약 사항이 가해지진 않으나 그래도 단순히 돌과 같은 대상으로 처우할 수는 없는 그런 존재가 있을 수 있지 않을까? 인간의 특성들의 몇을 제거하면 이 중간적 존재의 모습을 얻을지 모르겠다(또는 우리의 특성들의 일부를 떼어내고 우리의 것과는 전혀 다른 것을 더함으로써 그 도덕적 중간자를 얻을 수도 있겠다).

　　동물들이 그런 중간적 존재이며, 공리주의는 중간적 입장일 듯싶다. 우리는 다소 다른 각도에서 문제에 접근할 수 있다. 공리주의는 행복이 도덕적으로 중요한 모든 것이며, 모든 존재들은 교환 가능하다고 가정한다. 이 가정은 인간들에게는 맞지 않는다. 그러나 (소극적) 공리주의는 이 가정이 타당한 그 어느 존재에게도 맞는 것이며, 동물들에게도 맞는 것이 아닐까?

　공리주의자에게 다음과 같이 이야기할 수 있다 :

　　만약 쾌락·고통·행복 등등의 경험이나 이들을 경험할 수 있는 능력만이 도덕적인 배려의 대상이라면, 동물들도 이 능력과 이들에 대한 경험의 능력을 소유하므로 그런 한에서 도덕적 고려의 대상이 되어야 한다. 이제 그 列이 선택적 정책이나 행동을 나타내고, 그 行이 서로 다른 개별적 유기체들을 나타내며, 그리고 각 項은 한 정책이나 행동이 각 유기체에 가져다 주는 유용성(순수한 쾌락, 행복)을 나타내는 그러한 行列을 형성해 보라. 공리주의는 각 정책을 이 행렬의 列에 있는 項들의 合에 의해 평가하며, 그의 合이 최대인 정책을 취하고 그러한 행동을 행하게 한다. 각 行은, 이 行의 유기체가 인간이건 인간 아닌 동물이건, 똑같은 기준으로 그리고 단 한 번 측정되었다. 이 공리주의는 모든 유기체를 구조적으로 평등하게 대접하였으나, 동물들은 그들에 관한 사실들 때문에 결정에 있어선 덜 중요할 수도 있겠다 : 동물들이 인간들보다 쾌락·고통·행복에 대한 능력이 약하다면 동물의 行의 項들은 사람의 行의 項들보다 낮은 유용성을 나타낼 것이다. 이런 경우 동물들은 최종적인 결정에 있어 덜 중요한 요인일 것이다.

공리주의자는 이런 정도의 동등한 고려를 동물에게 베풀길 거부하기 힘들 것이다. 어떤 근거에서 그는 수미일관하게 인간의 행복을 동물의 행복과 구별하고 전자만을 고려할 수 있겠는가? 설혹 경험 내용이 어느 정도를 넘어서지 않으면 유용성의 行列 속에 들어갈 수 없다 해도, 분명 동물의 어떤 경험 내용은, 공리주의자가 계산하길 원하는 사람들의 어떤 경험 내용보다 더 강하다(산 채로, 마취받지 않은 상태에서 불태워지는 동물의 고통과 사람의 가벼운 고통을 비교해 보라). 벤담 Bentham 은 우리가 설명한 바로 그 방식으로 동물들의 행복을 계산에 넣었다. [9]

〈동물에게는 공리주의, 사람들에게는 칸트주의〉라는 입장에 따르면, 동물들이 다른 동물들과 사람들의 이익을 위해 이용될 것이나, 인간들은 결코 자신들의 의사에 反해서 동물들의 이익을 위해 이용되거나 훼손되거나 희생되지 않을 것이다. 어떤 害도 동물들을 위해서 인간들에게 가해져선 안 된다(동물들을 잔인하게 다루는 것을 금지하는 법을 위반한 데 대한 벌금의 부과를 포함해서?). 이는 받아들일 만한 결론인가? 우리는 동물들에게 고통을 가하지 않는 사람에게 약간의 불편함을 끼침으로써, 일만 마리의 동물들을 극심한 고통으로부터 구할 수 있다 해도, 그런 불편함을 인간에게 과해서는 안 되는가? 극심한 고통으로부터 구해질 수 있는 존재가 사람일 때는 그 측면적 제약 사항이 절대적인 것이 아니라 생각할 수도 있다. 이렇게 볼 때 동물들의 고통이 문제일 경우에도 그 측면적 제약 사항은, 많이는 아니더라도, 완화될 수 있다. 철저한 공리주의자(동물들과 인간들을 한 집단으로 묶어 대하는)는 더 나아가 다른 여건이 동일할 때 우리는 한 동물의 고통의 양이 사람의 그것보다 약간이라도 큰 경우, 이를 제거하기 위해 그 사람에게 고통을 과할 수 있다고 주장한다. 이 관용적인 입장의 목적이 인간들에게 비교적 量이 큰 고통을 제거하는 것일지라도, 이 입장은 받아들이기에 너무 강한 것처럼 나에겐 생각된다.

공리주의 이론의 한 난점은 타인들의 희생으로부터 이 타인들이 잃는 유용성의 量보다 훨씬 더 큰 양의 유용성을 취하는 有用性의 怪物 *utility monster*이 존재할 수 있다는 점이다. 공리주의 이론은 유용성의 총량을 증가시키기 위해 우리 모두가 이 괴물의 아가리 앞에 희생물이 되라는, 받아들일 수 없는 요구를 하는 듯싶다. 유사하게, 인간들이 동물들에 대해 有用性의 餓鬼 노릇을 해 동물이 매번 희생될 때마다 총체적으로 보다 큰 양의 유용성을 얻는다면, 〈동물들에게는 공리주의, 사람들에게는 칸트주의〉란 입장은 거의 모든 경우 동물들이 희생되길 요구하거나 허용함으로써, 동물들을 너무 인간에게 종속적인 것으로 만든다.

공리주의적 견해는 오직 동물들의 행복과 고통만을 고려하므로, 이 견해에 따르면 동물들을 죽이되 고통 없이 죽이면 괜찮다 할 수 있을까? 공리주의 입장에 설 때, 사람을 고통 없이 밤에 몰래 죽이는 것은(그의 살해를 미리 알리지 않는다는 단서 아래) 괜찮을까? 공리주의는 사람들의 數가 문제될 경우에는 특히 서툴다는 것은 잘 알려져 있다(이런 경우에서 능숙함이란 쉽사리 있을 수 있지 않다는 점은 시인해야겠지만). 총체적 행복을 최대화하자는 입장은 사람들 수의 추가에서 얻어지는 순수 유용성이 플러스이고, 그들이 세계 안에 존재함으로써 타인들에게 초래되는 유용성의 소실을 보상하기에 충분하기만 하면, 그 추가를 계속하길 요구한다. 유용성의 평균치를 최대화하자는 입장은 한 사람에 의한 다른 모두의 살해가 그 살해자를 황홀케 하며 그래서 그가 평균치보다 행복하게 된다면, 그 살해를 허용한다(그가 죽은 후엔 그가 다른 모든 사람을 살해하지 않았을 때보다 평균치가 내려갈 것이므로, 그는 살해해선 안 된다고 말하지 말라). 사람을 죽이되, 만약 그 죽은 사람이 여생 동안 누렸을 만큼의 행복을 누릴 사람을 즉각 대체하기만 한다면(새로이 아이를 배어 또는 공상과학 소설에서처럼 완전 성인의 인조 인간을 제조하여) 살인도 옳다 해야 하지 않을까? 결국 유용성의 총량이 감소하지도 않았으며, 유용성의

분포도에서도 전혀 변화가 없기 때문이다. 우리가 살인을 금지하는
이유는 단지 가능적 희생자를 근심시키지 않게 하기 위해서인가?
(공리주의자는 어떻게 그 가능적 희생자들이 근심하는 바가 무엇인지를 설
명할 것인가? 그리고 그는 진정코 그가 非理性的 두려움이라 믿어야만 하
는 것에 기반해 정책을 수립할 것인가?) 명백히 공리주의자는 이러한
문제들을 처리하기 위하여 자신의 견해를 보완하여야 한다. 아마도
그럴 때, 그는 그 보완적 이론이 중심적인 것이 되고 공리주의적
입장은 한 귀퉁이에 밀쳐 두어야 하리라.

그러나 공리주의는 적어도 동물들에게는 적합한 입장이 아닌가?
나는 그렇지 않다고 생각한다. 그러나 동물들의 느껴진 경험들만이
관련 있는 것이 아니라면, 다른 무엇이 관련 있는가? 여기에서 일
단의 뒤엉킨 문제들이 제기된다. 동물이 일단 살아 있는 한 그의
생명은 어느 정도 존중되어야 하며, 우리는 이 정도를 어떻게 결정
할 수 있는가? 우리는 또한 품위를 잃지 않은 삶의 개념을 도입해
야만 하는가? 그 자신의 운명에 만족해하는 자연적 노예를 육종하
기 위해 유전공학을 사용하는 것은 괜찮은가? 자연적인 동물 노예
는 어떠한가? 동물의 가축화가 바로 그것인가? 결론적으로, 동물
들의 경우에도 공리주의는 모든 문제에 타당한 원리가 되진 못한다.
수많은 문제들이 우리를 위압한다.

경험 기계

사람들이 경험의 〈안에서〉 어떻게 느끼는가의 문제 이외에 다른
무엇이 문제되는가고 물을 때 중요한 난문들이 제기된다. 그대가 원
하는 그 어떤 경험이라도 마련해 줄 經驗機械 *experience machine* 가
있다고 생각해 보자. 탁월한 신경 심리학자들이 그대의 두뇌를 자극
하여 그대가 마치 위대한 소설을 쓰거나, 친구를 사귀거나, 또는
흥미 있는 책을 읽고 있듯이 생각하고 느끼게 만들 수 있게 한다.
이렇게 느끼는 동안 내내 그대의 두뇌엔 電極이 연결되어 있고, 그
대의 몸은 경험 기계에 연결되어 있을 것이다. 그대의 생애의 체험
들이 모두 미리 처리되어 그대의 뇌에 심어진 채, 그대는 이 경험
기계에 평생 연결되어 있기 원하겠는가? 그대가 어떤 바람직한 경

험을 놓칠까 두려워한다면, 기업가들이 많은 다른 사람들의 생애를 철저히 조사했다고 상상할 수도 있다. 그대는 그 기업가들이 소유한 거대한 도서관이나 그러한 경험의 뷔페 식당에서 원하는 바대로, 가령 한 2년 동안의 경험을 선택해 살 수 있다. 2년이 지난 후면 그대는 그 경험 기계에서 한 10분 또는 10시간이건 나와서 그대의 다음 2년을 위한 경험들을 선택한다. 물론 그대가 그 기계 속에 있는 동안, 그대는 그대가 거기에 연결되어 있다는 것을 모를 것이다. 그대는 모든 것들이 실제로 일어난다고 생각할 것이다. 다른 사람들도 그들이 원하는 경험을 갖기 위해서 자신을 그 기계에 연결할 수 있으므로, 경험들을 타인에게 봉사하기 위해 기계 밖에 서 있을 필요는 없다(모두가 기계에 연결되면 누가 기계를 다룰까 하는 따위의 문제는 무시해 버리자). 그대는 기계에 연결되길 원하는가? 우리가 살아가면서 스스로의 내부에서 어떻게 느끼는가의 문제 이외에 무엇이 우리에게 중요한가? 그대가 마음의 결정을 한 후 기계에 연결될 때까지의 잠깐 동안의 고통 때문에 이 경험 기계를 사양해선 안된다. 평생의 至福에 비교하면 잠깐의 고통은 아무 것도 아니다. 그리고 그대의 결정이 최선의 것인데 왜 고통을 느낄 필요가 있는가?

경험들 이외에 무엇이 우리에게 중요한가? 첫째, 우리는 무엇을 하고 싶어한다――단지 그것을 하는 경험을 가질 뿐 아니라, 어떤 행동들에 대한 경험의 경우엔, 우리가 그 행동들의 경험을 원하는 이유는 오직 우리가 먼저 그 행위들을 행하길 원했기 때문이다(그러나 우리는 왜 단지 그 행위를 경험하기보다는 행하길 원하는가?). 우리가 기계에 연결되길 원치 않으리라 생각되는 두번째 이유는 우리는 어떤 방식으로 존재하길, 즉 어떤 종류의 인간이길 원한다. 경험 기계에 연결되어 있는 사람은 무규정의 형체 없는 덩어리에 불과하다. 오랫동안 기계에 연결되어 있던 사람의 모습이 어떠할 것인가의 질문엔 대답할 길이 없다. 그는 용감한가, 친절한가, 지적인가, 재치있는가, 사랑을 주는 사람인가? 문제는 단지 그가 어떤 사람인지 말하기 어렵다는 정도가 아니라, 전혀 말할 방도가 없다는 점이다. 기계에 연결되는 것은 일종의 자살 행위이다. 어떤 사람은 그림에 사로잡혀, 경험에 반영된 것 이외엔, 우리 모습의 어떤 측면도 중요치 않다고 생각할 것이다. 그러나 우리의 모습, 즉 우리가 무엇인가는 우리에게 중요하다는 사실은 놀라운 일인가? 왜 우리는 우리의 생애가 어떻게 채워지는가에만 관심을 갖고 우리가 무엇인가에는 관심을 갖지 말아야 하는가?

세째로, 경험 기계에의 연결은 우리를 인조의 현실, 인간이 구축할 수 있는 것보다 더 심오하지도 중요하지도 않은 세계에 제한한다. [10] 이 기계는 보다 심오한 현실에 대한 경험은 흉내낼 수 있겠으나, 그와의 실제적인 접촉을 줄 수는 없다. 많은 사람들이 그와 같은 접촉을 갖고 보다 심오한 의미에의 투시를 할 수 있길 원한다. [c] 바로 이 사실은 환각제에 대한 격렬한 논쟁을 해명해 준다. 일부는 이 환각제를 단지 국지적 경험 기계로, 다른 부류의 사람들은 보다 심오한 현실에로의 통로로 생각한다. 일부가 경험 기계에의 항복과 같은 것으로 간주하는 것을 다른 사람들은 항복하지 않을 이유 중의 하나를 따르는 것으로 간주한다 !

우리는 경험 기계를 상상해내고 그러나 우리가 이를 사용하지 않으리라는 것을 깨달음으로써, 우리에게 경험 이외에 중요한 것이 있음을 배운다. 우리는 일련의 경험 기계들을 계속 상상해내어 먼저 고안된 기계의 결점을 보완토록 할 수 있다. 가령, 경험 기계는 어떤 방식으로 존재하고자 하는 우리의 욕구를 충족시키지 않으므로, 우리가 되고 싶은 그 어떤 종류의 사람으로로건 우리를 변형시킬 수 있는(우리의 主體性을 제거하지 않는 범위에서) 변형 기계를 상상해보자. 분명 우리는 우리가 원하는 바대로 되고 그 다음 경험 기계에 연결되기 위해서 변형 기계를 사용하진 않을 것이다. [d] 그러므로

---

c) 전통적으로 종교적인 견해들은 초월적 실재와의 接觸點에 대해 이견을 보여 왔다. 일부 견해에 따르면, 이 접촉은 영원한 至福 또는 열반을 가져다 준다는 것이다. 이 견해는 이 상태를 단지 경험 기계에 아주 오래 연결됐을 때의 상태와 구별하지 않았다. 다른 사람들은 주장하길, 우리 모두를 창조한 고차적 존재의 의사를 따르는 것이 본래적으로 바람직하다고 한다——그러나 어떤 다른 은하계나 다른 차원의 세계로부터의 초인적인 능력의 어린 아이가 우리를 장난감으로 창조해냈다고 발견하게 될 것이라면, 그런 생각은 안 하겠지만. 또 다른 부류의 사람들은 우리가 궁극적으로는 고차적인 실재와 융합되리라 상상하나, 이런 융합이 바람직한지, 그 실재가 무엇인지를 명료히하지 않는다.
d) 어떤 사람들은 변형 기계를 전혀 사용치 않을 것이다. 그러나 변형 기계의 한

70

우리의 경험과 그리고 우리가 어떤 형의 사람인가의 문제 외에도 우리에게 중요한 어떤 것이 있다. 그 이유는 우리의 경험이 우리가 어떤 형의 사람인가의 문제와 무관하기 때문이 아니다. 경험 기계는 연결된 사람에게 이 사람의 유형에 있을 수 있는 경험만을 제공하도록 그 기능이 제한될 수도 있다. 우리는 세계에 변화를 가져 오길 원하는가? 그러면, 세계에 그대가 원하는 어떤 결과든 초래케 하고, 어떤 행위에도 그대의 벡터 入力을 투여할 수 있는 결과 기계 *result machine* 를 생각해 보자. 우리는 여기에서 이러한 또는 다른 기계들의 경탄할 만한 세부를 기술하진 않겠다. 이들 기계에서 우리를 가장 난감하게 하는 점은, 이들이 우리를 대신해 우리의 삶을 산다는 점이다. 기계가 우리를 위해 할 수 있는 능력을 넘어서는, 특정의 추가적 기능을 찾는 것은 오도된 작업인가? 아마도 우리가 욕구하는 것은 현실과 접촉하며 능동적으로 우리 자신을 사는 것이리라. 그리고 기계는 이 기능을 우리를 위해 대신하지 못한다. 이 점의 함축을——이는 놀랍게도 자유 의지론과 인식의 인과적 설명에 관한 문제들과 연결된다고 생각되지만——길게 부연하지 않겠다. 다만 나는 인간에게 경험 이외에 무엇이 중요한가의 복잡성만을 지적하겠다. 이 문제에 만족할 만한 대답을 발견하고 그 대답이 동물에게는 적용되지 않는다고 결론내리기 전까지는, 동물들의 느껴진 경험만이 우리가 그들에게 할 수 있는 것을 제한한다고 주장할 수 없다.

도덕 이론의 未決定性

인간의 어떤 측면이 그를 동물로부터 구분하기에, 엄격한 제약 사

번의 사용은 모든 문제들을 제거하진 않을 것이다 ; 새로운 우리가 극복해야 할 장애물들이 존재하며, 우리는 또 한번 새로와지려 할 것이다. 이 새로운 모습의 우리는 유전적 요소나 성장시에 환경에 의해 만들어진 우리의 모습에 비해 노력의 대가가 덜하며 응분의 것이 덜할 것인가? 그러나 변형 기계가 무한히 여러 번 사용되어, 기계의 버튼을 눌러 우리를 무엇이건 성취할 수 있는 인간으로 변형시킨다면, 우리가 초월하려 애써야 할 한계란 남지 않을 것이다. 그렇다면 무슨 할일이 있을까? 전지 전능한 존재란 할일이 있었기 때문에, 어떤 신학적 견해는 神이 역사의 밖에 있다 했는가?

항들이 인간이 어떻게 처우받을 것인가에는 적용되고 동물의 처우 문제에는 적용되지 않는가?[11] 외계로부터의 존재가, 우리가 동물들에게 대하듯이, 우리를 대할 수 있는가? 만약 그럴 수 있다면, 그들이 공리주의에 따라 우리를 수단으로서 대하는 것은 정당화될 수 있는가? 유기체들을 위계 질서적으로 배열하여, 하급의 유기체는, 上級의 것들을 위한 보다 큰 총체적 이익을 위해, 희생되거나 고통을 받도록 할 수 있는가?[e] 그런 엘리트 중심의 위계 질서적 견해는 세 종류의 도덕적 지위를 구분할 것이다.

지위 1 : 한 부류의 존재는 다른 존재를 위해 희생되거나, 침해받거나 할 수 없다.
지위 2 : 두번째 부류의 존재는, 동급의 존재를 위해서는 아니나, 상급의 존재를 위해서는 희생되거나 加害받을 수 있다.
지위 3 : 세번째의 존재는 동급 또는 상급의 존재를 위해 희생되거나 침해받을 수 있다.

만약 동물들이 지위 3을 차지하고 우리가 지위 1을 점유한다면, 지위 2를 점유하는 것은 무엇인가? 아마도 우리가 지위 2를 점유할지도 모른다. 도덕적으로 금지된 것은, 사람들을 타존재들을 위한 수단으로 이용하는 것인가, 아니면 단지 타인들을 위해 이용하는 것, 즉 동급의 존재들을 위해 이용하는 것인가?[f] 일상적인 견해는

e) 한 유기체를 위계 질서의 어느 지점에 위치시킬지에 관한 난점들과 특정의 種들 사이의 비교점에 관한 난점들은 생략한다. 한 種이 위계 질서의 어디에 위치할지는 어떻게 결정되어야 하는가? 한 유기체가 설혹 불완전하더라도 그가 속한 種이 동위에 놓여야 하는가? 한 개체는 한 種의 정상적인 일원이며 다른 한 개체는 보다 고차의 種의 정상 이하의 일원이라는 이유로, 현재로서는 동일한 두 개체들(이들은 미래나 과거에도 동일할 수 있다)을 비슷하게 취급하지 못하게 하는 것은 변칙인가? 人間이라는 種내에서의 인간들 사이의 비교의 문제는 種들 사이의 비교의 문제에 대면 아무 것도 아니다.
f) 여기에서 우리는 다른 인간 존재와 관계하여 인간 존재에 무한한 가치를 부여하는 목적론적인 견해를 견지하고 있다고 말할 사람들이 있으리라. 그러나 총체적 가치를 극대화하는 목적론은 다른 사람을 위한 일부 사람의 희생을 금하지 않는다. 일부를 위한 일부의 희생도 순이익을 산출하진 않을 것이나, 순손실을 초래하지도 않는다. 各人의 삶에 대등한 무게를 부여하는 목적론적 견해는 총체적 가치의 저하만을 금하므로(각각의 모든 행위들이 총체적 소득의 증가를 가져와야 한다는 요구는 중립적 행위를 불허하리라), 이는 일부의 일부를 위한 희생을 허

하나 이상의 의미 있는 도덕적 구분(인간과 동물 사이의)의 가능성을 포함하는가? 그리고 그 구분은 인간들의 다른 측면에서 이루어지는가? 어떤 신학적 견해는, 神이 인간을 그 자신의 목적을 위해서 희생시킬 수 있다고 믿는다. 우리는 또한, 발달 심리학자들이 지적할 수 있는 도덕적 발전의 모든 단계들을 거친, 외계로부터의 존재를 우리 인간이 만났다고 상상해 볼 수 있다. 이 존재들은, 자신들이 앞으로도 14단계를 더 계속 거쳐 나갈 것이며 그 각 단계는 다음 단계를 위해 필수적이라고 주장할 수 있다. 하지만, 그들은 이 후기 단계들의 사고의 내용과 양식을 우리에게 설명할 수 없다(우리는 그들이 보기엔 아직 원시적이므로). 이 존재들은 그들의 복지를 위해 또는 적어도 그들의 보다 고급한 능력을 보전하기 위해 우리가 희생되어야 한다고 주장할 수 있다. 그들은 나아가, 자신들이 어릴 때——우리 인간에게는 최고 수준의 도덕적 발전인 바——에는 인지하지 못했으나, 이제 도덕적 성숙기에 있으므로 이런 주장이 진리임을 안다고 말할 수 있다(이와 같은 이야기는, 발전 단계들——각 단계는 다음 단계를 위한 전제 조건인——의 연속은 어떤 지점에 이르러선 진보이기보다는 퇴행 과정일 수 있음을 우리에게 상기시킨다. 그 지점에 이르기 위해선 이전의 단계들을 거쳐 왔어야 한다고 지적하는 것은 무슨 노인의 권장 사항은 아닐 것이다). 우리의 도덕적인 견해는, 이 존재들의 고급한 능력——그들의 도덕적 능력을 포함해서——을 위한 우리의 희생을 허용하는가? 이 질문에 대한 답변은 우리와는 다른 도덕적 권위의 존재를 상상함에서 오는 인식론적 효과와 쉽사리 분리되지 않는다——우리는 可謬的 존재로서 그럴 수도 있다는 점은 인정하지만(이 다른 존재들이 실제로 어떤 견해를 가졌는가를 우리가 모를지라도, 비슷한 효과는 얻어질 수 있을 것이다).

중간적 지위, 즉 지위 2를 차지한 존재들은 희생될 수 있으나,

용하리라. 무한량의 비중이 주어진 목적 속에 지시적 표현을 사용한다든가 또는 어떤(제약 사항들을 표현하는) 목표에 무한한——다른 것들보다 고차의 무한성——비중을 부여한다든가 하는 등, 이전에 언급된 것들과 비슷한, 교묘한 장치 없이는, 地位 2를 저지하는 견해는 목적론적이라 말할 수 없다. 이는 〈목적론적〉 그리고 〈측면 제약적〉이란 말은 도덕적 견해에 가능한 구조들의 전부는 아니라는 우리의 지적을 예증하진 않는다.

동급 또는 저급의 존재들을 위해선 그러할 수 없다. 만약 그들이 결코 위계 질서에 있어 상급의 존재를 만나지도, 알지도 않는다면, 자신들이 실제로 부딪치고 그에 관해 숙고하는 모든 상황에서 그들이 최고의 지위를 차지할 것이다. 사태는 마치 절대적 측면 제약 사항이 있어 이들의 다른 목적을 위한 희생을 금지할 때와 같을 것이다. 서로 아주 다른 두 이론들, 즉 엘리트 중심의 위계 질서적 이론(인간을 지위 2에 위치시키는)과 절대적 측면 제약 이론은 우리가 실제로 직면하는 상황에 대해 정확히 동일한 도덕적 판단을 산출하며, 우리가 내린 도덕적 판단들의 (거의) 모두를 똑같이 잘 설명한다. (내가 〈거의 모두〉라고 하는 이유는, 우리가 가설적 상황에 관해 판단을 내리고 이 상황들의 어떤 것은 外界로부터의 超存在를 포함할 수도 있기 때문이다.) 이는 모든 가능한 所與를 동일한 정도로 잘 설명하는 두 대체적 이론을 소유하려는 철학자의 이상이 아니다. 이는 또한 다양한 장치에 의해, 측면 제약적 견해가 극대화론의 형태로 표현될 수 있다는 주장도 아니다. 요점은 그 두 개의 대체적 이론들이 모든 현실적 소여를, 우리가 이제까지 부딪친 경우들에 관한 소여를 설명하나, 그 둘은 다른 가설적 상황에 관해선 상당한 차이를 보인다는 것이다.

둘 중 어느 것을 믿어야 할지 결정하기 어렵다면, 이는 놀라운 일이 아니다. 왜냐하면 우리는 이전 상황들에 관해 생각할 필요가 없었다. 이들은 우리의 견해를 형성시킨 상황들이 아니다. 그러나 우리의 논의 주제는 단지 우월한 존재들이 그들을 위해 우리를 희생시킬 수 있는가의 문제만이 아니다. 그것은 우리가 무엇을 해야만 하는가의 문제에도 관여된다. 만약 그와 같은 우월적 존재가 존재한다면, 엘리트 중심의 위계 질서적 견해는, 우리가 관여된 한, 칸트적 측면 제약 사항적 견해와 일치할 수 없다. 한 사람은 그 자신이나 다른 동료의 이익을 위해 동료 중 하나를 희생시킬 수 없다. 그러나 그는 보다 고급의 존재를 위해서 그의 동료 중 하나를 희생시킬 순 있는가? (우리는 또한 보다 고급의 존재가 그 자신의 이익을 위해 우리를 희생물로 요구할 수 있는지의 문제를 제기할 수 있다.)

제약 사항들은 무엇에 기초해 있는가?

위와 같은 물음들은 아직까지는(?) 현실적인 문제로 우리에게 해답을 강요하진 않는다. 그러나 그들은 우리의 도덕적인 견해의 근거에 관한 근본적인 문제들을 고려하도록 강요한다. 첫째, 우리의 도덕적인 견해는 측면 제약적 견해인가, 아니면 보다 복잡한 위계질서적 구조를 지닌 견해인가? 둘째로, 정확히 인간의 어떤 특성 때문에 인간이 서로를 어떻게 대접하고 대접받아야 하는가에 대한 도덕적 제약들이 있게 되는가? 우리는 또한 이 특성들이 왜 이 제약들과 연결되는가를 이해하길 원한다(그리고 우리는 아마도 동물들이 이 특성들을 소유하길 원치 않거나, 또는 우리와 같이 높은 정도로 소유하길 원치 않는다). 한 인간의 특성들——그 때문에 타인들이 그 인간을 대하는 데 있어 제약되는 바의——은 그 자체로서 가치 있는 특성들임에 틀림없다. 그렇지 않고서야 어떻게 그와 같이 가치 있는 것이 그들로부터 우러나오는가를 이해할 것인가? (이 자연스런 가정은 더 자세히 검토해 볼 가치가 있다.)

도덕적 제약 사항들과 연결되어 있는 이 중요한 개별화적 특성으로, 다음의 것들이 전통적으로 제시된다 : 유정적 *sentient* 이며 자기의식적이다 ; 이성적이다(직접적인 자극과 결부됨이 없이 추상 개념을 사용할 수 있다) ; 자유 의지 *free will* 를 소유하고 있다 ; 도덕적 주체로서, 도덕적 원리에 의해 자신의 행위를 지도할 수 있으며 행위를 상호 규제할 수 있다 ; 영혼을 지니고 있다. 이 제안된 개념들의 정확한 의미가 무엇인지, 이 특성들을 인간이 소유하는지, 그리고 소유한다면 인간만이 소유하는지의 문제들은 생략하고, 대신 이 특성들의 타인에 대한 도덕적 제약 사항과의 관계를 살펴 보자. 마지막으로 제안된 특성을 제외하고는 필요한 관계를 벼려내기엔 모두 불충분한 듯싶다. 한 존재가 아주 똑똑하다거나, 선견지명이 있다거나, 어느 한도 이상의 I.Q를 가졌다는 사실이, 왜 우리가 그 존재를 대하는 데 있어 특별히 제약받아야 할 이유가 되는가? 우리보다 더 머리 좋은 존재는 우리를 대하는 데 있어 자신을 제약하지 않을 권리를 소유할 것인가? 결정적인 차이점을 만든다고 주장되는 한도(지능의)의 의의는 무엇인가? 만약 한 존재가 여러 선택지들 중에서 자율적으로 선택할 능력을 가졌다면, 그것으로 하여금 선택하게 버려 둘 이유가 있는가? 자율적인 선택은 본래 善한가? 만약 한 존재가, 가령, 여러 맛의 아이스크림들 중에서 자율적인 선택을 오직 한 번만 하고 즉시 잊어버린다면, 그 존재로 하여금 선택하게 할 강력한 이유가 있는가? 한 존재가 합의하여 서로의 행위에 규칙에 의한 제한을 가할 수 있다는 점은 그가 그 제한을 준수할 수 있음을 보인다. 그러나 이 점은 이 존재에 대해 어떤 제한이 준수되어야 하는지도(〈그 존재의 살해를 주저하지 말 것〉이라는?), 왜 대체 그 어떤 제한이 준수되어야 하는지도 보여 주지 않는다.

介在的 변수 M이 필요한데, 이 M에 대해 위에 열거된 특성들은 개별적으론 필요 조건이며, 아마도 전체로서는 충분 조건이고(적어도 우리는 M을 얻기 위해 어떤 필요 사항들이 추가되어야 할지는 알 수 있어야 한다), 이 M은 M을 지닌 사람에 대한 행위를 도덕적으로 제약하는 사항들과 명료하고도 신빙성 있게 연결되어 있다. 또한, M에 비추어, 우리는 왜 사람들이 이성, 자유 의지, 도덕적 주체성의 특성들에 집중하였는지를 알 수 있게 될 것이다. 이는, 만약 이 특성들이 단지 M을 위한 필요 조건일 뿐 아니라 M의 중요한 구성 요소이거나 M을 얻기 위한 중요한 수단인 경우, 더욱 쉬울 것이다.

그러나 우리가 이성, 자유 의지, 그리고 도덕적 주체성을 개별적으로 그리고 분리해서 취급한 것은 불공평한 것이 아니었을까? 그 셋이 결합하면 그 의의가 명확한 어떤 것이 되지 않을까? 그 셋 모두를 가질 때, 한 존재는 그의 삶을 위한 장기적 계획을 정형화할 수 있지 않을까? 즉 그가 자신을 위해 정형화한 추상적 원리들이나 고려 사항들을 기초로 해서 숙고하여 결정하고 따라서 직접적인 자극의 노리개가 되지 않을 수 있는 존재, 어떤 원리들이나 그나 타존재들에 적합한 생활이 무엇인가에 관한 전체상에 준거하여 그 자신의 행위를 제한할 수 있는 존재가 되지 않을까? 하지만 이 능력은 그 세 특성들 이상을 요구한다. 우리는 이론적으로, 한편으로는, 장기적 계획과 특정의 결정을 지도하는 삶에 대한 전반적 개념, 다른 한편으로는, 이들의 기초가 되는 세 특질들을 구분할 수 있다. 왜냐하면, 한 존재는 이 세 특질들을 모두 소유하면서도 동시에 그 자신 내부에 삶에 대한 조감적 개념과 그 원리에 따라 행동하길 방해하는 어떤 특정의 장애물을 가질 수 있기 때문이다. 그러므로 그가 받아들이기로 선택한 삶에 대한 조감적 개념에 근거해 그의 삶을 규제하고 인도할 수 있는 능력을 추가적 특성으로 더하자. 그러한 조감적 개념과 이런 개념을 기준으로 할 때 우리가 어떻게 하고 있는지에 대한 인식은, 우리가 우리 자신을 위해 정형화한 목표가 어떤 종류인지, 우리의 존재가 어떤 부류에 속하는지의 문제와 중요한 관계가 있다. 만약 우리 모두가 매일 저녁 우리가 그날 한 것들을 잊어버리는 기억 상실증 환자라면, 우리는 얼마나 다른 종류의 존재일 것인가(그리고 우리 인간을 대접하는 정당한 방식이 전혀 달랐을 것임)를 생각해 보라. 설혹 누가 자신이 그 전날 잊었던 바로 그 대목을 매일 우연히 기억하여, 의식 있는(기억 상실증에 걸리지 않은) 개인이 선택했을 법한 그런 정연한 삶의 개념에 따라 산다 해도, 그는 아직도 다른 종류의 삶(즉 정상적인 삶)을 산다고 말해질 수 없다. 그의 삶은 정상적인 삶과 비슷하나, 동일한 방식으로 통합되어 있진 않다.

자신의 전체적(또는 적어도 그의 상당한 부분) 삶의 그림을 형성하고, 자신이 영위하길 원하는 삶에 대한 어떤 조감적 개념에 따라서 행위할 수 있는 이 추가적 능력의 도덕적 중요성은 무엇인가? 왜 우리는 다른 사람이 그 자신의 삶을 형성하는 데 간섭하지 않는가? (그리고 그 자신의 삶을 능동적으로 형성하지 않고 되는 대로 사는 사람들은 어떤가?) 누가 그대가 원하는 형의 삶을 제시할지도 모른다고 지적할 수도 있다. 누가 그러지 않으리라 미리 예언할 수 없으므로, 다른 사람들로 하여금 그가 원하는 삶의 개념을 따라 살도록 허락하는 것이 그대에게 이익이다 : 그대는 그의 범례로부터 배울 수 있다(흉내내거나, 피하거나 수정해서). 이 타산적 논변은 불충분한 것 같다.

내 추측으로는, 대답은 그 붙잡기 힘들고 어려운 개념, 즉 삶의 의미란 개념과 연결되어 있다. 한 사람이 자신의 조감적 계획에 따라 자신의 삶을 형성해 감은 그가 그의 삶에 의미를 주는 방식이다. 오직 그와 같이 그의 삶을 형성할 능력이 있는 존재만이 의미 있는 삶을 가지거나 그를 추구할 수 있다. 우리가 이 개념을 자세히 설명하고 충분히 석명할 수 있다고 가정해도 우리는 많은 어려운 문제들에 직면할 것이다. 삶을 그렇게 형성할 수 있는 능력은 그 자체 의미 있는 삶을 가질 수 있는(또는 추구할 수 있는?) 능력인가, 아니면 그러기 위해선 다른 어떤 것이 요구되는가? (윤리학으로서는, 영혼이 있다는 사실은 단지 한 존재가 그의 삶에 의미를 주려 노력하거나 노력할 능력이 있다는 것을 의미하는가?) 그 자신의 삶을 형성하는 존재를 어떻게 처우해야 할지에 제약 사항이 있는 이유는 무엇인가? 일정 방식의 처우는 의미 있는 생활과 양립하지 않는가? 설사 그렇다 하더라도 의미 있는 삶을 파괴해선 안 될 이유란 무엇인가? 왜 공리주의의 행복의 개념을 有意味性의 개념으로 대체하고, 세상에서의 유의미성의 총량을 극대화하지 않는가? 삶의 유의미성의 개념은 다른 방식으로 윤리학에 도입되는가? 이 개념은, 우리는 지적해야겠는데, 〈이다—해야 한다 is-ought〉의 간격을 메꾸는 데 도움을 줄 법한 어떤 것이라는 〈느낌〉을 준다. 이 개념은 사실과 당위 사이를 다리 놓을 듯싶다. 가령, 만약 특정의 방식의 삶은 무의미하리라는 점은 보일 수 있다고 가정해 보자. 이는 假言的 命法인가 또는 正言的 命法인가? 우리는 다음의 추가적 질문에 답하여야 하는가 : 〈왜 나의 삶이 무의미해선 안 되는가?〉라고 타인에 대하여 특정의 방식으로 행위하는 것 자체가 그 행위자의 삶(그리고 그 행위들)이 의미 없음을 인정하는 한 방식이라 가정해 보자. 이는, 실용적 모순을 닮아, 적어도 다른 인간 존재에 대한 행위에 있어 측면적 제약의 지위 2의 결론에 이르지 않을까? 나는 이런 문제들과 기타 연관된 문제들을 다른 기회에 다룰 수 있기 바란다.

개인주의적 無政府主義者

우리는 도덕적 측면 제약 사항들이, 사람들이 서로를 어떻게 대해야 하는가를 제한한다는 견해의 기저에 있는 중요 문제들을 개관해 보았다. 이제 우리는 私的 보호 체계에로 관심을 돌려야겠다. 하나의 보호 대행 업소가 한 지리적 영역 인에서 지배적인 경우에도, 사적 보호 체계는 국가에 미치지 못하는 듯이 보인다. 그것은 분명,

국가가 그러하듯이, 그의 영역 안에 거주하는 모든 사람들에게 보호를 제공하진 않는다. 그리고 국가에 필수적인 힘의 사용의 독점권을 주장하지도 소유하지도 않는다. 우리의 이전의 용어를 사용하면, 그것은 분명 최소 국가를 구성하지 않으며, 극소 국가를 구성하지도 않는다.

한 지역 안에서 지배적인 사적 대행 업소나 협회가 국가가 되지 못하는 바로 이 방식들은, 국가를 거부하는 개인주의적 무정부주의자들의 불평의 초점이다. 즉 이들 주장에 따르면, 국가가 한 지역 안에서의 힘의 사용을 독점하고 이 독점권을 침해하는 자들을 처벌할 때, 그리고 국가가 일부 사람들에게 타인들을 위해 보호를 구매하라 강요함으로써 모두에게 보호를 제공할 때, 그 국가는 개인들의 처우에 관한 도덕적 측면 제약 사항들을 위반한다는 것이다. 그러므로, 그들은 결론짓기를, 국가는 그 자체 본래적으로 비도덕적이라는 것이다. 국가는, 개인의 권리를 침해한 사람을 처벌하는 것이 어떤 상황하에선 합법적이라고——그 자신 그러하므로——전제한다. 그러면 자신의 권리를 침해당한 비공격적 개인들이 이 침해에 대한 응수로서 사적으로 정의를 집행하려 할 때 이를 금지할 권리를, 국가는 어떤 근거에서 가로챌 수 있는가? 정의의 사적 집행자에 의해선 침해되나 국가가 처벌을 행해도 이 국가에 의해선 침해되지 않는 권리는 무엇인가? 한 집단의 사람들이 국가를 구성하여 처벌을 가하기 시작하고, 그리고 타인에게는 처벌의 행위를 금지할 때, 그들 자신에 의해선 침해되지 않으나 타인들에 의해선 침해되는 어떤 권리가 있는가? 그러면 어떤 권리에 의해서 국가와 그의 관리들은 권력에 관하여 고유한 권리(특권)를 주장하고 이의 독점권을 행사할 수 있는가? 만약 정의의 사적 집행자가 그 누구의 권리도 침해하지 않는다면, 그의 행위들(국가 관리들 역시 수행하는 바의) 때문에 그를 처벌함은, 그의 권리를 침해함이며 따라서 도덕적 측면 제약 사항들을 위반하는 것이다. 그렇다면 권력의 사용을 독점함은, 이 견해에 따르면, 국가의 강제력 과세 제도를 통한 재분배와 마찬가지로 비도덕적이다. 그 자신의 일이나 돌보는 평화로운 개인들은 타인의 권리를 침해하고 있지 않다. 어떤 사람을 위해 무엇을 구매하지 않음은 (그대가 구매해 줘야 할 특정의 계약에 묶여 있지 않는 한) 그 사람의 권리의 침해를 구성하지 않는다. 따라서, 논변은 계속 주장하기를, 국가가 한 사람에게 위협하여 그가 다른 사람의 보호를 위해 기부하지 않으면 처벌하겠다고 한다면, 국가 (와 그의 관리들)는 그의 권리를 침해하는 것이다. 私人이 했더라면 개인의 권리의 침해였을 것을 가지고서 개인을 위협함으로써, 국가는 도덕적 제약 사항들을 위반한다.

국가로서 인정될 만한 것에 이르기 위해선 우리는 다음의 것들을 보여야 한다 : (1) 어떻게 극소 국가가 사적 보호협회들로부터 발생하는가 ; (2) 어떻게 극소 국가가 최소 국가로 변형되는지, 극소 국가내에서 어떻게 보호 서비스를 모두에게 제공키 위한 그 〈재분배〉 과정 이발생하여 극소 국가를 최소 국가로 변형시키는가. 최소 국가가 도덕적으로 합법적임을, 이것이 그 자체 비도덕적이 아님을 보이기 위해선, (1)과 (2)의 발생 및 변형이 각각 도덕적으로 정당함을 보여야 한다. 이 책의 제 I 부 나머지에서 우리는 그 발생과 변형이 각각 어떻게 일어나며 도덕적으로 허용될 수 있는 것인지를 본다. 우리는 첫번째 변화, 사적 보호 대행 업소의 체계로부터 극소 국가로의 변화가 보이지 않는 손에 의해, 누구의 권리도 침해하지 않는 바 도덕적으로 허용되는 방식으로, 일어난다고 주장한다. 둘째로, 극소 국가로부터 최소 국가로의 변화는 도덕적으로 일어나야만 한다고 우리는 주장한다. 비록 모두에게 보호의 서비스를 제공함이 소정의 〈재분배〉를 요청한다 해도, 이 서비스를 모두에게 제공함이 없이 일부 사람들이 극소 국가내에서 독점권을 유지하려 한다면 이는 도덕적으로 허용될 수 없을 것이다. 극소 국가의 운영자는 최소 국가를 만들어내야 할 도덕적 당위 아래 있다. 제 I 부의 나머지는 그래서 최소 국가를 정당화하려는 시도이다. 제 II 부에서 우리는 최소 국가보다 더 강력하고 포괄적인 국가는 합법적이지도 정당화될 수도 없음을 논한다. 그러므로 제 II 부는 정당화될 수 있는 모든 것을 정당화한다. 제 III 부에서 우리는 제 II 부의 결론이 불행한 것이 아님을 논하며, 최소 국가는 유일의 옳은 국가 형태일 뿐 아니라 영감 고취적임을 논한다.

제 4 장
금지·보상, 그리고 위험

自立人들과 지배적 보호 대행업소

한 보호 대행 업소와 거래하는 큰 집단의 사람들 사이 여기저기에 그런 거래를 하지 않는 소집단의 사람들이 살고 있다고 가정해 보자. 이 소수의(단 1인일 수도 있다) 자립인들 *independents*은 보호 업소의 고객을 포함한 타인들에 대해 합동해서 또는 개별적으로 자신의 권리를 행사한다. 이런 상황은, 아메리카 인디언들이 그들의 땅으로부터 쫓겨나지 않았었다면, 그리고 그들의 일부가 이주자들로 구성된 주변 사회에 융화되길 거부했었다면, 일어날 법한 상황이다. 로크는 누구도 강제로 시민 사회의 일원이 되어서는 안 된다고 주장했다. 대부분이 그런 사회의 일원이 되길 선택한대도, 일부는 거부하고 자연 상태의 자유로움 속에 남아 있을 수 있다(§95).[1]

보호 협회와 그의 회원들은 이 상황을 어떻게 처리할 수 있었을까? 그들은 자립인들의 누구라도 보복과 처벌의 행사권을 유보하지 않으면 자신들의 소유지에 들어오지 못하게 하며, 그럼으로써 그들 사이에 있는 자립인들로부터 자신들을 분리시키려 할 수도 있겠다. 그러면 보호 협회에 의해 관장되는 지리적 영역은, 내적 및 외적 경계를 갖고 있어, 마치 구멍 뚫린 스위스 치즈 조각의 모습이 될 것이다.[a] 그러나 이는, 자립인들이 경계를 넘어 보복할 수 있

---

a) 자유주의적 이론은 公共의 접근로도 남겨 놓지 않고 모든 도로와 거리를 私有化하는 것을 용인하므로, 한 개인을 포위할 가능성은 이 이론이 갖는 난점이다. 한 사람은 다른 사람을 후자 주위의 땅을 모두 사 움아매어, 越境함이 없이는 밖으로 나가지 못하게 할 수 있다. 한 개인은 주변 땅의 소유자로부터 지나가고 밖으로 나갈 권리를 취득하지 않고서는 한 장소에 가거나 있어서는 안 된다고 말해야

는 장치를 가진 경우, 또는 누구의 영지를 침범하지 않고도 직접 가해자에게 갈 수 있는 헬리콥터를 가진 경우,[b] 생기는 심각한 문제들을 해결하지 못한다.

자립인들을 지리적으로 고립시키는 대신(또는 그럴 뿐 아니라), 자신들이 소유한 보복권·처벌권·보상 청구권을 잘못 행사하는 데에 대해, 그들을 처벌할 수도 있다. 자립인 역시 자신의 상황 파악에 따라 자신의 진리를 행사할 수 있도록 허락될 것이다. 그 이후, 보호 협회의 회원들은 그 자립인이 잘못 또는 과도히 권리 행사를 하였는지 검토할 것이다. 만약 그런 경우에만, 오직 그런 경우에만, 그들은 그로부터 보상을 받아내거나 그를 처벌할 것이다.[2]

그러나 자립인의 잘못된, 그리고 부당한 보복의 희생자가 단지 경상을 입는 데 그치지 않고 중상을 입거나 심지어 죽을 경우도 있다. 이 경우도 협회의 회원들은 기다려야 하는가? 분명히 자립인이 자신의 권리를 잘못 행사할 확률이 있고, 이 확률은 충분히 높아 (1보다는 적지만), 보호 협회가 그를 제지하여 그의 권리가 진정 협회의 고객에 의해 침해되었는지를 결정하는 개입 행위를, 정당화할 수 있다. 이것이 그의 고객들을 보호하는 정당한 방법이 아닐까?[3]

소용이 없다. 어떤 사람이 外出權을 구매치 않아, 별로 잘못한 것이 없는데도, 한 장소에 갇혀도(악의 있고 부유한 적, 가령, 한 지역의 모든 통행로를 점유한 어떤 회사의 사장에 의해) 어쩔 수 없다는 체제가 바람직한지의 문제는 차치하고라도, 〈어디에로 나갈 것인가?〉의 문제는 남는다. 어떤 단서가 첨가된다 해도, 적들이 자신의 그물을 널리 펼쳐 던지기만 하면 누구라도 옭아매일 것이다. 자유주의적 이론의 적합함은 가능한 기술적 장치들에, 가령 헬리콥터를 사용하여 그 갇힌 자를 越境함이 없이 밖으로 수송해낸다는 식의 장치에 의존할 수 없다. 우리는 이 문제를 제7장 양도와 교환에 관한 단서를 다룰 때 취급하겠다.

b) 다른 수단이 없을 경우, 한 사람은 다른 사람의 땅을 침범하여 자신이 받을 것을 받아 가거나 후자가 마땅히 받아야 할 것을 줄 수 있다——단 후자가 지불하길 거절하거나 처벌받기 위해 출두하지 않을 경우에, A가 B에게 빚진 돈을 갚길 거부할 때, 이 빚을 징수하는 과정에서 A가 B의 지갑을 만지거나 여는 것은 B의 자신의 지갑에 대한 소유권의 침해가 아니다. A는 자신이 빚진 것을 갚아야 하며, A가 그러길 거부할 경우, B는 다른 경우라면 그럴 권리가 없는 것을 할 수 있다. 이렇게 볼 때, 『베니스의 상인』에서의 포샤의 논변, 즉 샤일록은 안토니오의 살 한 파운드에 대한 권리는 있으나 그의 피 한방울도 흘릴 권리는 없다는 논변은 억지라 할 수 있다. 마찬가로, 목숨을 구하려거든 기독교로 개종하고 자신이 원하는 바와는 달리 자신의 재산을 처분해야 한다고 샤일록에게 요구할 때의 그녀의 처사도 그 의도가 의심스러운 것이지만.

먼저 자신의 고객을 처벌한 권리를 확보할 특정의 절차를 거치지
않고서 그 고객을 처벌하는 누구라도 처벌하겠다는 (그 권리를 확립
할 수 있는지 없는지의 여부는 별개로 하고) 단서를 붙여 자신의 고객에
게 보호를 제공하는 그러한 업소하고만, 사람들은 거래하려 하지
않을까? 자신의 有罪를 먼저 정립함이 없이는 자신을 처벌할 수 없
다고 선언하는 것은 그 사람의 권리라 할 수 있지 않는가? 사람들
은 보호 업소를 자신의 대리자로 지정하여 그 업소로 하여금 이 선
언을 하고, 이 선언을 행동화하며, 자신의 유죄를 정립하기 위해 사
용되는 모든 절차를 감독하게 하지 않을까? (다른 사람을 해할 능력
을 결여해, 다른 사람들이 그를 이 선언의 범위에서 제외할 그러한 사람이
있는가?) 한 자립인이 한 보호 업소의 고객에 대해 처벌권을 행사하
는 과정에서 그 업소에게 다음과 같은 이유를 대며 자신을 방해하지
말라고 한다 가정해 보자. 그 고객은 당연히 처벌을 받을 만하며,
자신은 그 고객을 처벌할 권리가 있고, 자신은 누구의 권리도 침해
하지 않으며, 그 보호 업소가 이를 알지 못한다면 이는 자신의 잘
못이 아니라고 말하며, 이런 경우 그 보호 업소는 개입하지 말아야
하는가? 동일한 근거에서 그 자립인은 자신의 처벌권 행사로부터
그 고객이 스스로를 방어해서는 안 된다고 요구할 수 있는가? 그
보호 업소의 고객이 실제로 한 자립인의 권리를 침해했는가의 여부
와는 상관 없이 자신의 고객을 처벌한 자립인을 그 보호 업소가 처
벌하려 한다면, 그 자립인은 이 보호 업소로부터 자신을 방어할 권
리가 있지 않은가? 이런 질문들에 답하고, 해서 한 지배적 보호 대
행 업소가 자립인들에 대해 어떻게 행위하여야 하는가에 답하기 위
해서, 우리는 우선 절차적 권리 *procedural rights*와 위험 행위 금
지 *prohibitions upon risky activities*가 국가내에서의 갖는 도덕적 위
치를, 그리고 특히 다른 권리들을 행사할 권리를 포함해서 권리의
행사에 관한 원리들이 전제하고 있는 인식이 무엇인지를 탐구해야
만 하겠다. 자연권의 전통에 선 사람들에겐 어려운 이 문제들에 이
제 우리의 관심을 돌리겠다.

금지와 보상

도덕의 공간내에서 한 개인이 점유한 지역을 한 선(또는 평면)이 둘러싸고 있다. 로크는 주장하길, 이 선은 개인의 자연적 권리들에 의해 결정되며 이 권리들은 타인의 행동을 제한한다는 것이다. 非로크主義者들은 다른 고려 사항들이 이 선의 위치와 윤곽을 결정하는 것으로 생각한다. [4] 여하간에 다음의 질문이 제기된다. 이 둘러싸인 지역의 경계선을 넘어서거나 침식하는 행위들의 수행은 타인들에게 금지되어 있는가, 또는 경계선의 침범에 대해 보상을 한다는 조건하에, 타인들에게 그런 행위의 수행을 허용할 수 있는가? 이 章의 많은 부분이 이 문제에 답하는 데 바쳐질 것이다. 한 체계가 한 개인에게 어떤 행위를 금지하기 위한 충분 조건은 다음과 같다. 그 개인이 그 행위를 행함에 대해 그 체계는 그 개인으로부터 그 행위의 희생자를 위한 보상은 받아내고, 덧붙여 그 개인에게 벌칙을 과한다. [c] A가 한 개인이 입은 손실에 대한 완전한 補償物이 될 수 있는 필요 충분 조건은, 그 개인을, 손실을 입지 않았을 당시의 상태보다는 나쁘지 않은 상태로 복구시켜야 한다. C가 Y의 행위 A에 대한 X에의 보상물이 될 충분 조건은, Y가 A를 하지 않았다 할 때 C를 받음이 없이 X가 있었을 상태보다, Y가 A를 한 후 X가 C를 받음으로 해서 있게 된 상태가 더 나쁜 것이어서는 안 된다는 것이다(경제학자의 용어를 빌면, C가 Y의 행위에 대한 X에의 보상물이 될 충분 조건은, C가, Y의 행위도 없고 따라서 X가 C를 받지 않고 있었을 때의 높이 이상의 無差別 曲線 *indifference cur-ve*[ㄱ]) 위에 X를 위치케 할 수 있어야 한다). [d] 뻔뻔스러운 일이지만,

c) 한 행동을 금지하는 이 조건은 충분 조건이지 필요 조건이 아니다. 한 행위의 피해자가 완전히 또 조금이라도 보상되어야 한다는 단서 없이도 어떤 행위는 금지될 수 있다. 여기에서의 우리의 목적은 금지에 관한 일반론을 필요로 하지 않는다.

d) 어느 때 사람들은 두 상황──보상금이 지불된 때의 상황(이는 越境 행위를 조장할 것이다──시간은 상처를 치유시키므로)과 보상의 원인이 된 그 행위 이전의 상황의 차이에 대해 무관심 또는 무차별적일 것인가?

ㄱ) 경제학에서 소비자 행동에 관한 이론의 한 부분으로, 소비자에게 동일한 만족을 주는 X財와 Y財의 배합점들의 궤적.

나는 〈Y의 행위가 행해지지 않았었을 때의 X의 상태만큼 좋다
(동일한 놀이의 무차별 곡선 위에 있다)〉는 반사실적 가정에 관한 일
반적인 문제들을 무시한다. 나는 또한 특수한 문제들을 무시한다.
가령, 만약 X의 상태가 그 당시 나빠지거나 좋아지고 있었다면, 보
상의 기준선은 그가 그 당시 나아가고 있는 지점일까 아니면 그가
그 당시 있던 상태일까? 만약 X의 상태가 여하간에, 그 다음날이
면 나빠졌을 것이라면, 문제는 달라질까? 그러나 한 문제만은 논
의되어야겠다. Y의 자신의 침해적 행위들에 대한 X에의 보상은
이 행위들에 대한 X의 최선의 준비를 고려에 넣는가, 그렇지 않는
가? 만약 X가 손실을 줄이기 위해 그의 자산과 다른 행위들을 재
정비했었다면(또는 그가 손실을 줄이기 위한 사전의 준비를 했다면), Y
가 지불해야 할 보상액을 줄임으로 해서 Y에게 이익을 주어야 하
는가? 반대로, 만약 X가 Y의 행위에 대처하기 위해 그의 행위를
재정비하려는 시도를 하지 않은 경우, Y는 X가 받은 손해 전부를
X에게 보상해야만 하는가? X의 그런 소극적 행위는 불합리한 것
으로 보일 수 있다. 그러나 만약 이 경우 Y가 X의 손실 전부를
보상한다면, X는 무방비적, 비적응적 행위를 취했음에도 더 나쁜
상태에 처하게 되지 않는 것이다. 만약 전부를 보상토록 요구받는다
면, Y는, 적응성 있게 대처하여 손실을 줄이도록 X에게 지불함으
로써, 그가 지불하여야 할 보상 액수를 줄일 수도 있겠다. 우리는
잠정적으로 보상에 대한 후자의 견해, 즉 X에 의한 합리적인 예비
행위와 적응 행위들을 전제하는 견해를 취하겠다. 이런 행위들은(Y
의 행위가 행해졌다고 할 때) X를 어떤 무차별 곡선 I 위에 위치시킬
것이다. Y에게 요구되는 것은, X의 I 선상에서의 위치와 그의
원래의 위치 사이의 차이만큼 X의 위치로 상승시키는 것이다. Y
는 분별력 있게 행위한 X의 처지를 나쁘게 만든 만큼의 보상을 하
게 된다(이 보상의 구조는 유용성을 간격적 기준으로 측정한다).

왜 대체 금지하는가?

한 사람은, 나는 가정하겠는데, 그 자신의 동의 없이 타인에 의
해 행해졌다면 자신의 경계 침범일 그러한 것들을, 그 스스로 하길

선택할 수 있다(이런 것들의 어떤 것은 스스로가 스스로에게 할 수 없을 수 있다). ㄴ) 또한, 그는 다른 사람에게 허락하여 그에게 이런 것들을 대행하게 할 수 있다(스스로가 스스로에게 행할 수 없는 것들을 포함해서). 자발적 동의는, 국경을 열어 월경을 가능케 한다. 로크는, 물론, 그대가 허락하더라도, 타인이 그대에게 할 수 없는 것들이 있다고 주장할 것이다. 즉 이들은 그대 자신마저도 스스로에게 할 권리가 없는 것들이다. [5] 로크는 그대가 허락한다 해서 타인이 그대를 죽이는 것이 도덕적으로도 허용된다 생각하지 않을 것이다. 왜냐하면 그대는 자살할 권리를 소유하지 않기 때문에. 나는 非父權主義的 입장을 취하는데, 이에 따르면 그가 어떤 것을 하거나 하도록 허락하지 않을 의무를 제3자에게 지고 있지 않는 한, 우리는 무엇이나 우리 자신에게 행할 수 있다. 이 입장은 이 章의 나머지 논의에 어려움을 야기하지 않는다. 나와 다른 견해의 사람들을 위해, 우리의 논의를(그들이 인정하기를) 나의 입장이 타당한 그러한 행위들에 국한하자. 우리들은 논쟁의 원인이 되며 당장은 관련이 없는 주제를 배제하였으므로 논의를 함께 잘 진행시켜 나아갈 수 있다.

두 대조적 질문들이 우리의 현재의 관심의 범위를 결정한다.

1. 한 행위의 희생자가 보상받는다는 단서가 있는데, 왜 그 행위가 허락되기보다는 금지되는가?
2. 침범당한 편이 미리 동의하지 않은, 도덕적 경계선의 越境 행위를 왜 모두 금지하지 않는가? 왜 대체 사전 동의 없이 타인의 경계선을 넘도록 그 누구에게라도 허락하는가? [6]

첫번째 질문은 너무 광범위하다. 보상을 지불한다는 조건하에 행위 A를 허락하는 체계는, A를 수행하고선 보상은 지불치 않는 행위만은 적어도 금지하여야만 하기 때문이다. 문제를 좁히기 위해, 부과된 보상액을 징수할 손쉬운 방법이 존재한다 가정해 보자. [7] 누가 보상액을 물어야 하는지만 안다면 이의 징수는 쉽다. 그러나 종종 타인의 보호된 구역을 침범하고서, 사람들은 자신의 신원을 밝히지 않

ㄴ) 가령, 자살 행위.

86

은 채 도망간다. 단지 피해자를 위한 보상금을 청구하는 것(범인의 발견, 체포, 유죄의 결정 후에)만으로는 사람들의 범죄 행위를 저지하기엔 불충분할 것 같다. 범죄자는 끊임없이 빠져나가 보상을 치름이 없이 이익을 얻고자 하지 않을까? 물론, 그가 잡혀 유죄의 판정을 받으면, 그를 수배하고, 체포하고, 법정에 올린 데 든 비용을 지불하도록 요구될 것이다. 아마도 이 추가적 경비는 그를 저지하기에 충분한 것일지도 모르겠다. 그러나 그렇지 않을지도 모른다. 그래서 사람들은 보상을 지불하지 않고 어떤 행위를 행함을 금지하고, 보상을 지불하길 거부하거나 신원을 밝히지 않은 채 남의 경계로 넘어선 사람들에게 벌칙을 과하게 될 수도 있다.

처벌의 보복론과 저지론

한 사람의 越境의 선택은, 이 월경 행위로부터 G의 소득을 얻을 가능성(1-p)(여기서 p는 그가 체포될 확률이다)과 그 행위가 초래하는 여러 비용들을 치를 확률 p의 합에 의해 구성된다. 이 비용들은, 우선 그 부당한 소득으로부터 얻은 소득 중 돌려 줄 수 있는 것은 모두 돌려 준 다음 그에 더해 그럴 수 없는 것에 대한 피해자에의 보상이며, 이를 우리는 C라 하자. 더하여, 그 행위로부터 얻은 이전 불가능한 모든 이익(가령, 침해 행위에서 느낀 쾌감)은 잔여 순익이 없도록 정확히 상쇄될 것이므로, 이하의 논의에서 우리는 이를 무시하겠다. 다른 비용들은 그를 체포해 심판대에 올리는 등의 과정에서 초래되는 심리적, 사회적, 정서적 대가(이를 D라 하자)와, 체포·심판의 과정에서 발생하는 재정적 비용들(이를 E라 하자)——이 비용들은 그들이 보상 지불을 피하려 했기 때문에 발생했으므로 그들이 지불해야 한다——이다. 만약 월경에 소요되는 예상 비용이 이로부터의 예상 소득보다 적게 든다면 이 월경 행위의 저지 전망은 흐릿하다. 말하자면, $p \times (C+D+E)$가 $(1-p) \times G$보다 적다면 그렇다는 것이다(그럼에도 불구하고 어떤 사람은, 그가 보다 좋은 일이 있기 때문에, 즉 보다 높은 유용성의 기대치를 가진 선택지가 그에게 주어져 있으므로, 越境 행위를 범하지 않을 수도 있다). 체포가 비용은 안 드나 완전치 못한 경우, 범죄를 저지키 위해 추가적 벌칙이 필요할 수도 있다(보상 지불을 피하려는 시도는 그러면 금지 사항으로 정해져야 한다).

이와 같은 논점들은 보복론에 어려움을 제기한다. 왜냐하면 이 논의는 보복적 근거에서 한 사람에게 부과될 벌칙의 상한선을 정해 놓기 때문이다. 받아 마땅한 보복 R이 $r \times H$와 똑같다 상정하자. H는 한 행위가 주는 害의 심중성의 정도이며, r은(0과 1 사이를 오가는데) 가해자의 H에 대한 책임의 정도를 나타낸다(우리는 H가 의도된 해 또는 가해진 해 또는 이 둘의 함수를 나타내는지의 문제나, 이 문제가 상황에 따라 가변적인지의 문제는 생략한다).[e] 다른 사람들이 $r=1$이란 것을 알 때는, $R=H$라고 믿을 것이다. 그러면 어떤 해로운 행위를 행할지 결정하려는 사람은, G의 소득을 얻을 $(1-p)$의 확률과 $(C+D+E+R)$의 비용을 치를 확률 p에 처한다. 항상 그런 것은 아니지만 통상적으로 越境으로부터의 소득은 이 행위가 타방에 주는 손해나 손실의 양과 비슷하다. R은 G 근처에 있다. 그러나 p나 R이 적은 경우 $p \times (C+D+E+R)$은 $(1-p) \times G$보다 적을 수 있으며 하여 종종 저지 효과가 없는 경우가 생긴다.[f]

보복론은 저지의 실패를 허용하는 것 같다. 저지론자들은, 그들 자신 대안이 있다면, 보복론자들이 이 문제 때문에 허우적거리는 것을 보고 회심의 미소를 띨 수도 있겠다(그러려 하진 않겠지만). 그러나 〈범죄에 대한 벌칙은 범죄 행위를 저지하는 데 필요한 최소의 것이어야 한다〉는 입장은 저지되어야 할 범죄 행위가 어느 정도의 것인지 알려지기 전에는 아무 도움도 주지 못한다. 만약 모든 범죄들이 저지되어야 한다면, 해서 모든 범죄를 제거하려 한다면, 벌칙은 받아들일 수 없을 정도로 높이 책정되어야 할 것이다. 만약 범죄의

---

e) 우리는 보복 행위가 보복하려는 행위의 그름 *wrongness*을 고려해야 하는지의 문제도 생략한다. 처벌은 여하한 방식으로건 범죄와 유사한 것이어야 한다고 주장하는 보복론은 딜레마에 봉착한다. 처벌은 범죄가 부당하듯이 부당할 수는 없는 것이며 따라서 완전 보복을 가할 수 없거나 범죄와 같이 부당한 것이면 정당화(즉 합법화)될 수 없다.

f) $C+D+E+R$은 가해자 자신의 애초의 상태에 비교해 측정된 그의 손실이지, 타인에게 피해를 줌으로써 그가 무엇을 얻은 후의 그의 상태에 비교하여 측정된 손실이 아님을 상기하라. 수사와 체포가 소득 없이 공전되는 데에서 초래되는 국가의 비용에 대해 E를 하나 더 추가하여, $C+D+2E+R$의 비용이 부과될지 또는 그냥 $C+D+E+R$의 비용이 부과될지의 문제는 여기서 무시하겠다.

단 한 사례만이 저지 대상이라면, 그래서 목표는 단지 벌칙이 전혀 없을 때보다 적은 사례의 범죄가 있게 하는 것이라면, 벌칙은 받아들일 수 없을 정도로 낮아 거의 제로의 저지 효과를 가져올 것이다. 중간 지점 어디에 목표를 설정하고 벌칙이 책정되어야 하는가? 공리주의적 입장에 선 저지론자들은 범죄에 대한 벌칙 P를 다음의 최소 지점에서 책정하길 제안할 것이다. 한 범죄에 대한 P보다 지나친 벌칙을 범죄자에게 과할 경우, 그 추가적 벌칙의 증가분에 의해 저지된 범죄의 잠재적 희생자가 면할 불행보다 더 큰 추가적 불행을, 그 벌칙을 통해 범죄자가 받게 될 그 지점에서.

이 공리주의적 제안은, 범죄자의 형벌이 그에게 초래한 불행과 범죄가 피해자에게 초래한 불행을 等値로 놓는다. 이는 사회적 最大善을 계산함에 있어 이 두 종류의 불행에 동일한 비중을 준다. 해서 공리주의자는 보다 심한(그러나 보복적 상한선보다는 훨씬 아래인) 형벌이 보다 많은 범죄를 저지시킬지라도 다음과 같은 경우엔 범죄에 대한 형벌량을 높이길 거부한다 : 그 가중된 형벌이, 범죄의 잠재적 피해자의 불행을 감소시킨 폭, 그리고 잠재적 범죄자를 저지하여 그가 처벌받을 때 겪을 불행을 감소시킨 폭보다도 더 큰 폭으로, 조금이라도 더 큰 폭으로 그 처벌받는 자의 불행을 증가시키는 경우(똑같이 행복의 총량을 최대화하는 두 형벌량 중에서, 피해자의 불행을 최소화하는 것을 공리주의자는 항상 선택할까?)엔. 독자들은 연습삼아 이 기묘한 견해에 대한 반례를 구성해 보라. 공리주의적 저지론은, 처벌받는 자의 불행에 보다 적은 비중을 둠으로써만 이러한 결론을 피할 수 있는 것 같다. 저지론자들이 조리 없진 않으나 피할 순 있다고 생각해 왔던 바 應分 *desert*에 관한 논거들이 여기에서 한 역할을 담당하리라고 생각해 볼 수 있다. 그와 같은 논거들을 사용하더라도 서로 다른 사람들의 행·불행에 어떻게 〈적절한〉 비중을 매길지에 난감함을 느끼지 않을 수 있다면, 그렇게 생각해 볼 수 있다. 보복론자들은, 다른 한편으로, 중죄인의 행복이 그의 피해자의 그것보다 덜 중요하다고 말하지 않아도 된다. 왜냐하면, 보복론자는 적절한 처벌의 결정이 전혀 행복을 재고, 가중치로 주고, 할당하는 작업이라 생각하지 않기 때문이다.

우리는 보복론적 체계를 자기 방어에 관한 몇몇 문제들과 연결시킬 수 있다. 보복론에 따르면, H가 害(실제 가해졌거나 의도된)의 양이고 r이 H를 야기한 데 대한 가해자 책임의 양이라 할 때, 응분의 처벌은 r×H이다. 피해자에게 떨어질 害의 期待値는 H와 등치라 가정한다(이 등치 관계는, 피해자의 의도가 그의 객관적 상황과 맞아떨어지지 않을 경우에만 성립하지 않는다). 비례의 한 법칙은 그러면 자기 방어로서 H의 행위자에게 가해질 수 있는 방어적 害의 상한선을 정한다. 이는 허용될 수 있는 방어적 해의 최대량을 H의 어떤 함수 f로 하며, 이 함수는 H에 비례하며(H가 크면 클수록 f(H)도 크다), H와 f(H)>H의 관계를 성립시킨다(또는 적어도, 어떤 견해를 취하더라도 f(H)≧H이다). 이 비례의 법칙은 책임의 양 r을 언급하지 않음에 주의하라. 이 법칙은 가해자가 자신이 야기한 害에 책임이 있건 없건 적용된다. 이런 점에서 이 법칙은, 자기 방어의 상한선을 r×H이라는 함수로 하는 비례의 다른 법칙과 다르다. 이 후자의 법칙에 따를 때, 모든 다른 여건들이 같은 경우, 우리는 그의 r이 제로보다 큰 그 사람에 대한 자기 방어로서 더 강한 힘을 쓸 수 있다. 그럴 수 있는 이유는 다음과 같다. 우리는 자기 방어를 하면서, 공격자가 받아야 할 처벌(r×H의 양인)을 미리 돌려 쓸 수 있다. 해서 우리가 害 H를 입히려는 자로부터 스스로를 방어하기 위한 힘의 상한선은 f(H)+r×H이다. f(H)에 추가해 일정량 A가 자기 방어에 사용될 때, 후에 가해질 처벌의 양은, 그 양만큼 감해져 r×H−A가 된다. r=0일 때 f(H)+r×H는 f(H)로 축소된다. 마지막으로, 우리는 공격자를 몰아내기에 필요한 이상의 힘을 자기 방어에서 사용해선 안 된다는 필요의 법칙이 명시되어야겠다. 만약 필요한 것이 f(H)+r×H 이상이라면, 후퇴해야 할 의무가 있다.[g]

---

g) 이런 다양한 주제들은 다음에서 흥미 있게 논의된다. George P. Fletcher, "Proportionality and the Psychotic Aggressor," *Israel Law Review* Vol 8, No. 3, July 1973, pp. 367~90. Fletcher는 주장하길, 우리는 정신 이상의 가해자(이의 r은 제로이다)에 대한 자기 방어로서 치사적인 힘을 사용할 수 있다고 말하면서 동시에 우리는 比例性의 어떤 법칙 *rule of proportionality*을 준수해야 한다고 말할 수는 없다는 것이다. 그러나 나는 이 책에서 제시된 구조는 이런 결

交換利益의 分配

우리 두 질문들 중 첫번째 것에로 돌아가자. 충분한 보상 *full compensation* 이 지불된다 하는데도 왜 越境을 허락하지 않는가? 이 충분한 보상은, 월경자가 경계선을 넘어서지 않았을 경우에 피해자가 점유했을 정도 높이의 무차별 곡선 위에 그 피해자를 위치시킨다. 그러므로, 충분한 보상이 지불된다는 조건하에서 모든 경계 침범을 허용하는 체계는, 경계 침입권에 관한 모든 사전의 합의가 그 권리의 구매자에게 가장 좋은 조건의 계약 곡선 *contract curve*[8] 위의 그 지점에서 이루어지기를 요구하는 체계와 동일하다. 만약 그대가 나에게 어떤 행위를 할 권리를 사기 위해 n 원을 지불할 의사가 있고, m 원이 내가 받아들일 수 있는 최소액이라면(m 원 이하의 금액을 받으면 나는 보다 낮은 무차별 곡선에 위치하게 된다), $n \geqq m$ 인 경우 우리는 서로에게 이익 있는 계약을 체결할 가능성을 갖는다. n 원과 m 원 사이 어느 지점에서 가격이 결정되어야 할까? 정당 가격 또는 공정 가격 이론을 결하고 있는 우리로서는 이에 대답할 수 없다(두 사람을 위한 중재 모형을 구성하려는 다양한 시도들을 보라). 분명히, 관여자 중 한쪽이 가장 좋다 하는 계약 곡선의 그 지점에서 모든 교환이 이루어져야 하며, 해서 교환의 이익이 오직 그쪽에만 돌아가야 한다고 생각할 만한 이유는 아직 발견되지 않았다. 충분한 보상이 지불된다는 조건하에서만 월경 행위를 허용함은 자발적 교환의 이익을 분배하는 문제를 불공평하고 恣意的인 방식으로 〈해결〉한다. [h]

그러한 체계가 어떻게 재화를 분배하는가 더 고찰해 보자. 누구

과를 산출하며 동시에 우리가 과하길 원하는 다양한 조건들을 충족시킨다고 생각한다.

h) 어떤 것을 어떤 생산적 과정에서 재료로 쓰는 행위와 어떤 것을 한 과정에서의 부작용으로 훼손시키는 행위를 구분함으로써, 충분 보상이 허용되는 경우를 부분적으로 한계지우려는 유혹을 우리는 받을 수 있다. 후자의 경우에선 오직 충분 보상만을 지불함이 허용될 수 있으나, 전자의 경우에선 시장 가격이 바람직한 것으로 생각될 것인데, 그 이유는 경제적 교환의 이익을 분배하는 문제 때문이다. 그러나 이런 접근은 타당치 못한데, 그 이유는 어떤 효과를 노려 흙늘 버리는 행위도 가격을 가지며 시장성 있는 자원이라 할 수 있기 때문이다.

라도, 재화의 소유자에게 보상해 준다면, 그 재화를 점유하여 〈소유〉하게 될 수 있다. 만약 여러 사람이 그 재화를 원하는 경우, 다른 사람이 그것을 취하기 전에 그것을 먼저 점유하는 사람이 그 소유자에게 충분한 보상을 지불하고서 그 재화의 소유주가 된다(왜 이런 종류의 중간상이 보상을 받아야만 하는가?)[9] 여러 사람들이 한 특정의 재화를 원할 경우, 어느 정도의 양이 원래의 소유자에 대한 보상이 될 수 있는가? 이런 수요를 아는 소유자는 그 재화의 시장 가격에 따라 그 재화의 가격을 매기게 되고, 하여 보다 적은 양을 받음으로써 보다 낮은 무차별 곡선에 위치할 수도 있다(시장은 어디에서 형성되는가? 시장 가격은 판매자가 받아들일 수 있는 최소한의 가격이 아닌가? 시장은 여기에서 형성될 것인가?). 假想的 條件文들과 反事實的 條件文들의 복잡한 조합이, 아마도 소유자의 選好 사항들을 타인의 욕구와 타인들이 지불할 의사가 있는 가격에 대한 그의 지식으로부터 구분해낼 수 있을지 모르겠다. 그러나 아직 누구도 거기에 필요한 조합을 제시한 바 없다.[i] 한 체계는, 허락을 위한 사전

---

i) 경제학자들의 교환에 대한 통상적인 설명에 관해서도 유사한 문제가 제기된다. 이전의 견해에 따르면, 사람들이 상호 교환할 의사가 있는 재화들 사이에는 어떤 평등성이 존재해야만 한다는 것이었다. 그렇지 않으면 한쪽이 손해를 본다는 것이다. 이에 대해 경제학자들은, 상호 이익이 되는 교환에 필요한 것은 단지 상반된 선호 사항들 *opposed preferences* 이라 지적한다. 일방이 자신의 재화보다는 타방의 재화를 선호하며, 그 타방 역시 자신의 재화보다는 먼저 사람의 것을 선호한다면, 교환은 모두에게 이익이 된다. 이 경우, 그들의 재화가 동등하다고 할 수 있는 측면이 없음에도, 그 어느 편도 손해보지 않는다. 이에 대한 반대로, 상반된 선호 사항들은 필수적이 아니라 할 수도 있겠다(다음의 문제들은 별개로 하더라도, 즉 양 당사자가 두 상품에 관해 개의치 않을 때 교환이 발생할지, 또는 두 사람이 동일한 것을 선호하며 동일한 혼합된 원래의 소유 상태에 있으나, 각자는 혼합된 소유 상태보다는 혼합되지 않은 상태를 선호하며 두 혼합되지 않은 소유 상태의 차이에 대해 개의치 않은 경우, 서로에게 이익이 되는 교환이 일어날 수 있을지의 문제들). 가령, 세 팀이 관여되어 있는 선수 교환 과정에서 한 팀은 자신이 보다 더 선호하는 선수를 주고 보다 덜 선호되는 선수를 얻어, 이 선수를 제3의 팀에 주고 자신이 애초에 넘겨 준 선수보다 더 선호되는 제3의 선수를 얻을 수 있다. 이에 대해 다음의 응수가 있을 수 있다. 처음의 팀은 제2의 선수가 제3의 선수와 교환될 수 있음을 알고 있으므로 그들은 제1의 선수를 갖기보다는 제2의 선수(교환을 통해 쉽사리 제3의 선수로 변형될 수 있는, 즉 보다 큰 교환 가치가 있는)를 갖기를 선호한다고. 해서 그 팀의 최초의 교환은 덜 선호되는 대상을 얻기 위한 것이 아니며, 이 교환은 그 팀을 무차별 곡선의 보다 낮은 선상에 위치시키지 않는다는 것이다. 이 응수의 기초가 된 일반적 원리는,

의 교섭이 이루어졌다면 협정되었을 가격으로, 경계 침입에 대한 보상금이 지불되도록 함으로써는 불공평의 비난을 면할 수 없다(이를 〈보상의 시장 가격〉이라 하자. 이는 보통 단순한 충분 보상보다 큰 액수이다). 이 가격을 발견하는 최선의 방법은 물론 교섭이 실제 이루어지도록 하고 그 결과가 무엇인지를 보는 것이다. 다른 어느 방법도 믿을 수 없을 정도로 거추장스러울 뿐 아니라 상당히 부정확하다.

두려움과 금지

교환 가격의 공정성에 관한 것들에 덧붙여, 보상이 지불된다는 단서하에서의 모든 행위들의 자유로운 허용을 반대하는 추가의 논거들은 여러 점에서 가장 흥미 있는 것들이다. 만약 어떤 傷害 행위가 보상될 수 없는 것이면, 이는 보상이 지불된다는 조건하에 허락될 수 있는 유의 행위에 속하지 않을 것이다(더 정확히 말하면, 그 행위는 보상이 지불된다는 단서하에서 허락될 수 있다. 그러나 누구도 보상을 할 수 없으므로 실제로 그 행위는 허락될 수 없다). 이 어려운 문제는 젖혀 놓더라도, 보상될 수 있는 행위라도 어떤 경우 금지될 수가 있다. 보상될 수 있는 행위들 중 어떤 것은 두려움을 일으킨다. 우리는, 우리가 충분히 보상받으리라는 것을 안다 해도 이 행위들을 두려워한다. Y가 어떤 사람의 집 앞에서 미끄러져 팔을 다쳐서 손해배상 소송을 제기한 후 2,000 달러의 배상을 받은 것을, X가 듣고 다음과 같이 생각할 수 있다. 〈Y가 그런 일을 당한 것은 행운이었어. 2,000 달러를 받을 수 있다면 팔 한번 부러져도 괜찮지. 그 비용이면 충분히 치료 비용을 치를 수 있으니.〉 그러나 만약 어떤 사람이

한 재화가 다른 재화로 변형될 수 있음(교환이나 다른 방법을 통해)을 아는 사람은 전자를 적어도 후자만큼은 선호한다는 것이다. (변형에 드는 비용을 논하지 않았다는 것은 요점에 영향을 주지 않는다.) 그러나 이 원리는 3자간의 단순한 교환을 설명하는 데는 필요한 듯하나 상반된 선호가 기초된 교환에 대한 설명과는 잘 맞지 않는다. 왜냐면 이 원리는 사람들이 자신의 재화보다 타인의 재화를 갖는 것을 선호하지 않는다는 점을 논리적으로 수반하기 때문이다. 그 이유는 자신의 재화는 (교환을 통해) 다른 것으로 변형될 수 있으므로, 그는 자신의 것을 적어도 그 다른 것만큼은 선호한다.

이 난점으로부터 벗어나는 여러 방안들은 모두 복잡하고 뒤얽힌 가정법과 반사실법의 문장들을 포함하는 것 같다.

X에게 다가와 다음과 같이 제안한다면, X는 이 제안에 즐거워하겠는가 : 〈다음 달 나는 당신의 팔을 부러뜨리고 싶다. 만약 그런 경우 나는 너에게 2,000 달러를 보상금으로 지불하겠다. 물론 그러지 않을 경우에 나는 너에게 아무 것도 주지 않겠다.〉 X는 즐거워하는 대신 공포에 질려 안절부절못하며, 조그마한 소리에도 놀라 뛰고, 고통이 갑자기 그에게 내습하지 않을까 하는 불안감에 초조해하지 않을까? 피해자가 후에 보상을 받는다는 단서 아래 가해를 허용하는 체계는 폭력과 갑작스러운 공격과 상해를 두려워하는, 공포에 질린 사람들을 양산할 것이다. 이런 상황은 폭행을 금지할 이유를 제공하는가? 폭행을 가하는 사람은 그의 피해자에게 그 폭행과 이의 결과에 대해서뿐 아니라 그 피해자가 폭행을 기다리며 느끼는 모든 두려움에 대해서도 보상해야 하지 않을까? 그러나 보상이 지불된다는 단서 아래 폭행을 허용하는 일반적 체계하에서 피해자에게 두려움을 일으키는 것은 그를 공격할 특정의 사람이 아니다. 그렇다면 왜 이 공격자가 두려움에 대한 보상을 해야 하는가? 그리고 아직 공격은 받지 않았으나 공포에 질려 있는 사람들에게 누가 그들의 공포에 대한 보상을 할 것인가?

어떤 것들은, 그것이 우리에게 가해진 데 대해 충분한 보상이 주어질 것임은 안다 하더라도, 우리의 두려움의 대상이 된다. 이와 같은 두려움과 공포를 피하기 위해, 이들은 금지되며 처벌 대상이 된다(물론, 한 행위를 금지한다 해서, 그 행위가 저질러지지 않을 것이면 사람들이 안정감을 느끼리라는 보장은 없다. 폭행의 행위가 금지되었음에도, 자주 그리고 예기치 않게 일어날 때 사람들은 두려움을 느낀다). 모든 종류의 월경 행위 *border crossing* 가 이런 두려움을 불러일으키는 것은 아니다. 누가 나의 자동차를 다음 달 가져가고, 그 차와 그로 인해 야기된 모든 불편함에 대해 보상한다고 말할 때, 나는 초조해하고 두려움에 떨며 한 달을 보내진 않을 것이다.

이는 私的 不義와 公的 요소를 포함하는 不義를 구분할 한 근거를 마련해 준다. 사적 불의는 오직 불의를 당한 자만이 보상될 필요가 있는 것이다. 충분한 보상을 받으리라는 것을 아는 사람들은 그 사적 불의를 두려워하지 않는다. 공적 불의는, 이 불의가 그들에게 행해질 때 충분한 보상을 받을 수 있다는 것을 알더라도, 사람들이 두려워하는 바의 것이다. 피해자들에게 그들의 두려움에 대해서도 보상을 해 주는 가장 완벽한 보상 대책도 피해받지 않은 사람들의 두려움에 대해서까지 보상해 주진 않는다. 그러므로, 대중들은 당연히 이런 유의 월경 행위를 제거하는 데 관심을 가질 것이다. 그런 행위는, 이 행위가 그들에게로 행해지지 않을까 하는 두려움을 그들에게 일으키기 때문이다.

다음의 결과를 피할 수 있을까? 예를 들면, 피해자들이 즉각적으로 보상받은 후 뇌물을 받고 침묵을 지킨다면 이런 공포의 증대는 없을 것이다. 다른 사람들은 그 폭행의 행위가 행해졌다는 사실을 모를 것이며, 따라서 그 행위가 그들에게 가해질 확률이 높다고 생각지 않을 것이며 해서 그들은 이전보다 더 공포에 질리진 않을 것이다. 문제는 그러나 이를 허락하는 체계 아래 살고 있다는 사실에 대한 인식 자체가 공포를 낳는다는 점이다. 불의에 관한 모든 보고가 통제될 때, 어떻게 그 불의가 일어날 확률을 계상할 수 있는가? 해서 이 상당히 인위적인 경우에서도, 한 체계가 어떤 불의의 행위가 일어나도록 용인하는 것으로 알려져 있을 때 그 체계 안에서 이 행위에 의해 손해를 보는 것은 그의 직접적인 피해자뿐이 아니다. 널리 퍼지는 공포감은 이런 행위의 실제 발생 및 용인을 단지 가해자와 피해자 사이의 사적 문제로만 남겨 두지 않는다(하지만 피해자들은 보상을 받고 사후에 뇌물을 받고 불평을 하지 않을 것이므로, 피해자를 만족시키는 그런 범죄들에 대한 강제적 금지는, 소위 피해자 없는 범죄에 대한 강제적 금지에 관한 문제들을 설명할 것이다).[j]

피해자에게 보상한다는 조건하에서 공포를 불러일으키는 행위를 용인하는 체계는, 실제적 피해자가 아닌 잠재적 피해자의 공포에 대

---

j) 다른 사람들에게 이전보다 낮은 유용성을 산출하는 모든 행위가 금지되진 않는다는 점에 주목하라. 금지될지 여부가 문제라도 되기 위해선, 그 행위는 타인의 권리를 침해한 것이어야 한다. 두려움에 대한 그러한 고려 사항들의 어느 것도 자신의 권리가 침해되는 사람의 사전 동의를 받은 여하의 행위도 허락하는 체계에 적용되진 않음에 주목하라. 이러한 체계하에선 자신은 바보스럽게 어떤 것에 동의할지 모른다고 걱정하는 자는, 자발적인 수단(계약, 등등)을 통해 그런 바보스런 동의를 방지할 수 있다. 둘째, 타인들은 한 사람의 스스로에 대한 두려움에 대해 책임이 없다.

한 보상 문제를 처리하지 못한다고 우리는 지적한 바 있다. 이 체계의 이런 결점은 어떤 사람이 어떤 행위를 하겠다고 사전에 공언한다고 할 때 피할 수 있을까? 그리고 그는 그의 행위의 실제적 피해자뿐 아니라 그의 공언의 결과로서 공포를 느끼게 된 모든 사들에게 보상할까? 이런 보상은 너무 값비싼 것으로 거의 모든 사람들의 능력 밖이다. 그러나 이런 행위는, 어떤 월경 행위들은 허락될(보상이 지불된다는 조건하에) 때 대중들에게 보편적인 공포를 불러일으키나 이 공포 자체에 대해선 대중들이 보상받지 못하므로, 이런 행위들은 금지되어야 한다는 우리의 논변을 빠져나가진 않을까? 쉽사리 그러진 못한다. 그 이유는 다음의 두 추가적 사항 때문이다. 첫째, 사람들은 공격에 대해 자유 연상적 불안을 느낄 수 있다. 그 이유는 그들이 어떤 특정의 공언을 들었기 때문이 아니라, 그들이 속한 체계가 폭행의 공언 후에도 그 공격을 허락함을 알고 있기 때문이다. 그들은 자유 연상적 불안감으로 해서, 그들이 어떤 공언을 듣지 못하지 않았는가 근심한다. 그들은 그들이 미처 듣지 못한 그 행위들에 대해서는 보상받을 수 없으며, 그들은 이들이 야기한 두려움에 대한 보상을 청구하지 않을 것이다. 하지만 그들은 그들이 듣지 못한 공언 발언자의 피해자가 될 수 있다. 어느 특정의 공언도 구체적 공언을 그 대상으로 하는 그런 공포를 불러일으키지 않았다. 그렇다면 누가 이에 대해 보상해야 하는가? 해서 우리의 논변은 한 단계 높여서 반복된다. 그러나 인정하건대, 이 단계에서 공포감은 약화되고 미약해져 그러한 공언을 금지함을 정당화하기엔 불충분할 수도 있다. 둘째로, 우리의 이전의 공정 시장 가격에 관한 논의에 입각하여, 그와 같은 공언을 하는 사람에게 단지 충분 보상액이 아니라 시장 보상액을 치르도록 요구할 수 있다. 충분 보상액은 피해자가 사건이 그에게 일어난 것에 대해 섭섭해하지 않고 기쁘다 말할 수 있게 겨우 만들 만한 액수이다. 시장 보상액은 그의 동의를 얻기 위한 사전의 교섭이 있었다면 합의되었을 법한 액수이다. 공포감은 느낄 때나 예견될 때와 지난 후에는 상당한 정도의 차이가 있으므로, 이런 경우들에선 실제로 교섭을 하지 않고선 시장 보상액이 얼마인지 정확히 결정하기란 거의 불가능하다.

폭행과 같은 행위를 금지하는 우리의 논변은 다음의 가정을 한다. 폭행자에게 폭행의 결과에 대해(일반적인 예견적 공포에 대해서는 아니고) 그의 피해자에게 보상하도록 요구하는 것만으로는 폭행을 저지시켜 사람들을 공포감에서 해방시키기엔 불충분하다는. 이 가정이 잘못되었다면 공포감에 근거한 논변은 성립하지 않는다(교환 이익의 분배에 관한 논변만 성립할 것이다). (보복론을 좇아) 금지 사항들을 위반한 데 대한 응분의 처벌을 과하는 것도 그들을 저지하여 두려움과 근심을 없애지 못하긴 마찬가지가 아닐까 하는 생각이 들 수 있다. 잡힐 확률이 높으며 처벌 자체가 두려움의 대상이 되는 경우, 이 생각은 타당성이 적다. 이러한 처벌은 두려움의 대상이 되는 불의에 대해 비합법적인 것은 아닐 것이다. 한 행위의 피해자라 손해 보는 것보다 더 큰 정도로(그래서 그 가해자에게 과해질 처벌량보다 더 큰) 가해자가 그 행위로부터 이익을 본다면, 이는 별 문제를 야기하지 않는다. 보복론은, 한 사람이 부당하게 취한 소득은, 그가 자신의 피해자에게 보상한 후에도 그 소득의 잔여분이 있다면, 처벌의 과정과는 별개로, 제거되거나 상쇄되어야 한다고 주장하는 사실을 기억하라.

어떤 행위들에 대한 두려움이라는 실제적 현상은, 그 행위들이 자신들에게 가해지는 경우 충분 보상을 받으리라 아는 사람들이 그 두려움을 느끼더라도, 왜 우리가 그 행위들을 금지하는지를 보여준다. 우리의 논변은 지나치게 공리주의적인가? 특정인에 의해 공포감이 조성되지 않는다면 그가 자신의 행위의 결과에 대해 보상을 한다는 단서하에 그 행위를 하려 하는데도, 그를 금지함은 어떻게 정당화될 것인가? 우리의 논변은, 한 행위의 결과와 사후 효과만이 그것이 금지될지의 여부를 결정짓는 데 관여한다는 자연적 전제에 反한다. 우리의 논변은 그 행위가 금지되지 않는 데에서 오는 효과와 그 귀결에도 초점을 맞춘다. 우리 주장이 일단 언명이 되니, 이 주장이 실현되어야 함은 명백하다. 하지만 자연적 전제로부터 벗어난 이 주장의 함축이 얼마나 파급 효과가 있고 의의 있는가를 탐구하는 것은 가치 있는 일일 것이다.

왜 어떤 행위는 두려움을 일으키는가에 관한 문제들이 남아 있다. 한 행위의 실제 결과에 대해 충분히 보상받으리라는 것을 알고 그래서 그 행위를 당한 결과로서 더 나쁜 처지에 처하게 되지 않음을 그대가 안다고 할 때, 그대가 두려워하는 것은 무엇일까? 그대는 그대가 덜 選好하는 위치로 또는 보다 낮은 무차별 곡선으로 떨어질까 두려워하진 않는다. 왜냐하면, 그대는 그런 하락이 일어나지 않을 것임을, 가정에 의해, 알기 때문이다. 결산이 순익일 경우에도, 가령 팔을 부러뜨리고 이를 충분히 보상할 만한 금액보다 500 달러를 더 주겠다 해도, 그 피해자는 두려움을 느낄 것이다. 문제는 두려움에 대해 얼마를 보상해 줄지를 결정하는 것이 아니라, 예상 결산이 전체적으로 이익으로 끝난다 해도 대체 왜 두려움이 발생하는가의 문제이다. 두려움이 발생하는 이유는 피해자가 오직 그의 팔만이 부러질지에 관해 확신을 못하기 때문이라 생각할 수도 있다. 그는 이 제한이 지켜질지를 확신할 수 없다. 그러나 그 제한이 지켜지지 않을 가능성을 배제하기 위해 그 피해자가 받을 그 어떤 손해에 대해서도 보상받으리라고 보장한다 해도, 또는 팔만 부러뜨리는 기계가 사용된다 해도, 동일한 문제가 발생할 것이다. 이런 보장이 이루어짐에도 그가 두려워하는 것은 무엇일까? 피해를 감안하더라도 전체적으로는 이익일 때에도 사람들이 두려워하는 것은 어떤 유의 피해인지를 우리는 알고 싶다. 두려움은 전면적 감정이 아니다. 이는 전체에 대한 〈대차 대조표적〉 판단과는 독립하여, 전체의 일부를 대상으로 한다. 보상될 수 있는 월경 행위를 금지하는 우리의 논변은 두려움·불안·근심 등등이 갖는 非전면적 성격에 의존한다.[10) 어떤 유형의 피해인가에 대한 해답은, 〈신체적 고통〉과 같은 일상적인 용어에 의해서 또는 〈非조건적인 혐오 야기적 자극 *unconditioned aversive stimuli*〉과 같은 심리학 이론의 개념에 의해서 주어질 수도 있겠다(보상이 지불될 것임이 알려질 때는 오직 신체적 상해나 고통만이 두려움과 걱정의 대상이라고 성급한 결론을 내려선 안 된다. 그런 害가 가해질 때 보상받으리라는 것을 안다 해도, 사람들은 굴욕·창피·불명예·당황감 등등을 두려워할 수도 있다). 둘째로, 우리는 그러한 공포감이 사회적 환경의 변경 가능한 특성들에 기인하는지 알아야겠다. 만약 사람들이, 어떤 행위들이 자주 마구잡이로 그리고 예기치 않게 행해지는 곳에서 성장했었다면, 그들은 이런 행위들의 위험성을 두려워하고 근심할까, 아니면 이런 위험성을 정상적인 환경의 일부로서 견딜 수 있을까? (이 근심이 고양된 일반적 긴장으로 표현된다면, 이를 발견하거나 그의 정도를 측정하기는 어려울 것이다. 우리는 사람들이 일반적으로 얼마나 민감한가를 어떻게 측정하는가?) 사람들이 그 전보다 긴장 많은 환경에서 성장하여 어떤 행위들에 대한 인내심을 기를 수 있다면, 해서 공포와 긴장의 징후를 별로 보이지 않는다면, 왜 어떤 행위들이 금지되는지(보상이 지불된다는 조건하에 허락되기보다는)에 관한 깊이 있는 설명을 우리는 할 수 없을 것이다. 왜냐하면 우리의 설명이 의존하는 이런 행위들에 대한 두려움은, 그 자체 뿌리 깊은 현상이 아닐 것이기 때문이다. [11]

항상 금지하지 않는 이유는 무엇인가?

일반적 공포에 근거한 논변은, 보상이 주어질 것임이 알려진다 해도 공포를 야기하는 그러한 월경 행위들의 금지를 정당화한다. 다른 고려 사항들도 이런 결론에 귀착된다. 보상이 지불된다는 조건하에 월경 행위를 허용하는 체계는 사람들을 수단으로 사용케 한다. 그들이 그와 같이 사용됨을, 그리고 그들의 계획이나 기대가 恣意的으로 저버려질 수 있음을 앎은, 벌써 그 사람들에 초래되는 비용이다. 어떤 傷害는 보상될 수 있는 성질의 것이다. 그리고 보장될 수 있는 것들의 경우도, 가해자는 실제 보상의 지불이 그의 능력을 넘어서지 않는다는 것을 어떻게 알 수 있는가? (이 불확정성에 대비해 우리는 보험에 들어야 할까?) 이런 고려 사항들을 自意的 교환 이익의 공정한 분배에 관한 고려 사항들과 결합할 때, 이들은 공포감을 일으키지 않는 것들을 포함해서 모든 다른 월경 행위들의 금지를 정당화하기에 충분한가? 우리가 이 章의 서두에서 제거한 첫번째 문제——〈보상이 지불된다 할 때도 왜 모든 월경 행위를 허락하지 않는가?〉——에 대한 우리의 논의는 역시 그곳에서 제기되었던 두번째의 질문——〈피해자가 사전에 동의하지 않은 월경 행위를 왜 모두 금지하지 않는가?〉——에로 우리를 이끈다.

동의되지 않은 모든 침해 행위들——우발적인 것들과 비의도적으로 행해진 것들을 포함해서——의 처벌은 사람들의 생활에 상당량의 위험과 불안을 불어넣을 것이다. 사람들은, 최선의 호의에도 불구하고 자신들은 우발적인 사건에 대해 결국 처벌받지 않을까 근심한다.[12] 많은 사람들에게 이러한 처벌은 공정한 것으로 생각되지 않는다. 이 흥미로운 문제들을 접어두고, 자신의 행동이 타인의 경계를 침해하리라고 또는 그러할지 모른다고 행동의 主體가 아는 그런 행동들에 논의를 집중하자. 피해자의 사전 동의(보통 구매에 의해 얻어지는)를 얻지 않은 그런 사람들은 처벌받아야 하지 않을까? 문제를 복잡하게 하는 것은, 어떤 요소가 사전 동의의 취득을 방해하거나 불가능하게 할 수 있다는 점이다(피해자의 동의의 거부와는 다른 요소). 누가 피해자가 될지, 그에게 어떤 피해가 갈지 정확히 안다 할지라도, 그와의 연락이 일시적으로 불가능할 수도 있다. 또는 어느 한 사람이 한 행위의 피해자일 것이라는 점은 알려지나, 누가 그 피해자일지의 확인은 불가능할 수도 있다. 이 각각의 경우에 행위를 위한, 피해자의 동의를 얻기 위한 사전 교섭은 불가능하다. 다른 어떤 경우엔, 동의 취득을 위한 교섭이 불가능하진 않으나 대가가 비쌀 수 있다. 잠재적 피해자로 알려진 사람과 연락을 취할 순 있으나 그 연락이, 먼저 그에게 대뇌 수술을 하고서야, 또는 아프리카 정글 속에 들어가서야, 또는 침묵과 금욕의 선서를 하고서 들어간 6개월간의 수도 생활을 단축케 하고서야, 취해질 수 있다면, 그 연락은 매우 값비싼 대가이다. 또는 알려지지 않은 피해자가, 오직 모든 잠재적 피해자들을 큰 비용을 들여 조사한 연후에야 확인될 수도 있다.

보상이 지불된다는 조건 아래서 행해질 수 있게 허락될 수 있는 종류의 월권 행위는, 사전 합의가(피해자와의) 불가능하거나 그를 얻기 위한 교섭이 너무 값비싼 대가를 요구하는 것들이다(이는 특수한 경우를 제외하곤 우발적 사건, 비의도적 행위, 실수에 의해 저질러진 행위 등을 말한다). 그러나 그 逆은 아니다. 보상이 사후에 지불된다는 조건하에 피해자의 사전 동의 없이도 행해질 수 있는 행위들은 어떤 것들인가? 이전에 기술된 방식으로 두려움을 일으키는 것들은 아니다.[k] 우리는 해답을 더 축소시킬 수 있을까? 월경 행위 또는 월경 가능성이 있는 행위들 중 어떤 행위들이 두려움을 일으키지 않으며, 따라서 사후 보상이 이루어진다는 조건하에, 피해자의 사전 보상이 없이 행해지도록 허락될 수 있는가? 피해자를 확인하고 그와 연락함이 불가한 것과 그러함이 매우 비싸다는 것을 고지식하게 구분하는 것은 恣意的일지 모르겠다(단지 주어진 경우가 무엇인지 알기 어려워서가 아니다. 작업이 미국의 GNP를 사용한다면, 그것은 불가능한가, 또는 말할 수 없이 비싼 것인가?). 그 특정한 곳에 선을 긋는 이유는 명확치 않다. 우리가 종종 보상 있는 월경 행위를 허용하고 싶어하는 이유는(피해자의 확인이나 그와의 연락이 불가능한 경우) 짐작컨대 그 행위가 주는 큰 이익 때문이다. 그 행위는 행해져야만 하며, 그럴 가치가 있고, 그 값이 나온다는 점 등이 이익으로 지적될 수 있다. 그러나 이러한 이유들은 사전 확인과 연락이 가능하긴 하나, 그 행위의 큰 이익액보다 더 많은 비용을 요구하는 경우에도 타당하다. 그런 동의되지 않은 행위들의 금지는, 교섭이 불가능한 경우에서와 같이, 그들이 주는 이익의 동기를 결과한다. 가장 효율적인 정책은 가능한 한 최소의 純益的 행위를 포기하는 것이다. 이는, 사전 행위에 이르는 비용이 조금이라도 사후 보상 절차를 위한 비용보다 큰 경우, 누구에게도 공포를 일으키지 않는 행위는 사전 합의 없이도 수행할 수 있게 허락한다(피해자는 그가 받은 행위 자체의 피해에 대해서뿐 아니라 보상 과정에 관여됨으로써 그는 피해에 대해서도 보상받는다). 보상액이 충분한 것 이상이어서 교환 이익이 월경자에게만 돌아가지 않는 경우라도, 효율성은, 사소한 이익을 위한 비처벌적 월경 행위를 정당화하기엔 충분한 논거가 못 된다. 먼저 언급된 바 있는 (p. 99), 보상을 주는 월경 행위를 금지하자는 추가적 논거를 상기하라. 그러한 행위를 허락하기 위한 필요 충분 조건은 그의 이익이 〈충분히 커야 한다〉라고 말하는 것은, 이를 결정할 수 있는 사회적 장치가 없는 한, 별 도움이 안 된다. 두려움, 교환 이익의 분배,

---

k) 어떤 결과를 야기할 가능성이 있는 행위는, 이 가능성이 약화되어 두려움을 무산시킨다면, 두려움을 일으키지 않을 수 있다——설혹 이 행위가 그 결과를 야기할 것이 확실하다고 알려진다 해도.

교섭 비용의 세 고려 사항들은 우리의 영역을 경계짓는다. 그러나 마지막 사항과 먼저 언급된(p. 99) 고려 사항에 관여되는 정확한 원리를 아직 우리는 발견하지 못했으므로, 그들은 아직 자세한 해결의 영역을 제시하지 않는다.

위 험

우리는 이전에 어떤 위험한 행위는 소정의 사항을 해칠 확률이 적으므로 소정인에게 걱정이나 두려움을 야기하지 않을 수도 있다고 지적한 바 있다. 그러나 그는 그런 행위라도 자주 반복되는 것은 두려워할 수 있다. 개별적으로는 그 행위가 누구를 해칠 확률은 두려움을 일으킬 수준이 못 되나, 반복된 행위의 총체가 갖는 해칠 확률은 상당할 수 있다. 만약 서로 다른 사람들이 동일한 행동을 반복한다면, 누구도 총체적 행위의 반복이 결과하는 두려움에 대한 책임이 없다. 또 그 두려움의 일부에 대한 책임이 있다 말하기도 힘들다. 한 행위만으로는 어떤 수준의 두려움을 일으키기엔 불충분하며, 그 행위가 한번 덜 반복된다 해서 두려움이 감소하지도 않을 것이다. 두려움에 관한 우리의 이전의 논의 사항은 이 행위들의 전체성 *totality* 을 금지하기 위한 한 논거가 될 것이다. 그러나 전체성의 부분들, 즉 개별적 행위는 행사되어도 나쁜 영향을 미치지 않을 수 있으므로, 전체성을 구성하는 각각의 행위를 하나씩 모두 금지하는 것은 지나치게 엄격한 짓일 것이다. [13]

그러한 전체성의, 수준 이하의 어떤 종속 집합이 허락될지를 어떻게 결정할 것인가? 각각의 행위에 과세하는 것은 중앙 집중적 또는 통일된 稅制나 결의 기관을 요구할 것이다. 동일한 이야기를, 어떤 행위들이 허락될 만한 값어치가 있으며, 어떤 행위들이 전체성을 수준 이하로 낮추기 위해 금지되어야 하는지에 관한 사회적 결정에 대해서도 말할 수 있다. 가령, 채광이나 철도 운영의 각각은, 충분히 가치가 없어 금지되어 있는 러시안 룰렛ㄷ) 이상의 위험을 통행인에게 줄지라도, 그들은 충분히 가치가 있어 허락될 수 있

ㄷ) 육혈포의 탄창에 탄환 한 알만 장진하여 이를 돌린 후 자신이나 남의 머리에 대고 쏘는 모험적 장난. 죽을 확률은 1/6이다.

다고 결정될 수 있다. 자연 상태의 한 문제는 이러한 결정을 내릴 수 있는 또는 내릴 권리를 부여받은 중앙적 또는 통일된 사회적 장치가 없다는 것이다(우리는 제5장에서 하트 Herbert Hart의 소위 〈公正의 原理 *principle of fairness*〉가 이 문제에 도움을 줄지 논의하겠다). 만약 전반적인 상태가(수준 이하의 전체성 등등) 어떤 보이지 않는 손의 조작에 의해 성취될 수 있다면, 문제는 심각도를 덜할 수 있겠다. 그러나 이를 성취할 수 있는 정확한 장치는 아직 기술되어야 할 것으로 남아 있다. 그리고 또한 자연 상태에서 그러한 장치가 어떻게 생겨날 수 있는지도 보여져야겠다(다른데서와 마찬가지로 여기서도, 어떤 巨視 상태가 어떤 종류의 보이지 않는 손의 장치에 의해 생산될 수 있는지를 지적하는 이론을 필요로 한다).

타인의 경계 침입의 위험이 있는 행위는 자연권의 입장에 심각한 문제를 제기한다(구체적 사례의 다양성은 문제를 더욱 복잡하게 한다. 누가 위험 부담을 하게 될지 또는 단지 누구에겐가 위험이 떨어질 것이라는 점만이 알려질 수 있으며, 또는 害의 확률이 정확히 또는 특정의 오차 범위 내에서 알려질 수 있다). 한 사람의 권리를 침해하는 害의 확률을 어느 정도에서 잡을 때 가해자의 권리 역시 침해하는 것이 되는가? 모든 해들에 대해 하나의 한계 확률이 있는 것이 아니라 그 해가 심하면 심할수록 한계 확률이 낮을 것이다. 여기에서 사람들은 권리 침해의 경계를 정하기 위해 모든 행위들에 대해 일정의 동일한 수치를 부여할 수도 있겠다. 한 행위는, 한 사람에 대한 그의 예상 피해량이(즉 그에 대한 피해의 확률 곱하기 그 피해의 정도) 그 일정 수치보다 크면, 그 사람의 권리를 침해한다. 그러나 그 일정 수치의 크기는 얼마인가? 한 사람의 자연권을 침해하는 것으로선 가장 하찮은 행위가 주는 피해라 할까? 문제의 이러한 해석은, 한 사람으로부터 십 센트나 핀 한 개를 훔친 것이 그 사람의 권리 침해라 믿는 전통적 견해에 의해서는 이용될 수 없다. 일어날 것이 확실한 害의 경우에는, 이러한 견해는, 害의 어떤 수준의 정도를 최저 한계로 선택하지 않는다. 자연권의 전통이, 어떤 확률이 받아들일 수 없을 정도의 높은 위험을 타인들에게 과하는가를 결정하기 위해, 어떤 원리에 입각한 방식을 채택해 선을 긋는 모습이란 상상하긴 어렵다. 이는, 이런 경우들에 있어 자연권의 전통이 그의 관심의 대상이 되는 경계선을 어떻게 긋는지를 아는 것이 어려움을 의미한다. 1)

만약 어느 자연법 이론도 위험한 상황에서의 인간의 권리를 규정하는 정확한 선을 아직 정하지 않았다면, 자연 상태에선 무엇이 일어날까? 타인에 대해 경계 침입의 위험을 안고 있는 특정의 행위와 관계하여, 다음의 세 가능성이 있을 수 있다.

1. 그 어떤 월경 행위에 대해 보상이 지불되더라도, 또는 한 행위가 결국은 경계 침입을 하지 않는 것으로 드러나더라도, 그 행위는 금지되고 처벌되어야 한다.
2. 한 행위는, 그의 경계선이 실제로 침범된 그 사람들에게 보상이 지불된다는 조건하에서 허락된다.
3. 한 행위가 허락될 필요 조건은, 그의 경계가 침범될 위험을 안고 있는 모든 사람들에게, 실제로 그들의 경계선이 침범되었건 않았건간에, 보상이 지불되는 것이다.

세번째 대안하에서, 사람들은 두번째를 선택할 수 있다. 사람들은 자신들이 위험을 안는 데 대해 받는 보상금을 모아 그의 경계가 실제로 침범당한 사람에게 충분한 보상을 해 줄 수 있다. 세번째

1) 연속적으로 변화하는 확률들로부터 시작해서 어떤 선이 그어져야 한다고 요청하는 것은 문제를 곡해하고 있으며 이는 그 선이 어디에(0과 1 아닌) 위치하건 그것은 자의적임을 거의 보장한다고 논할 수 있으며, 이 논변은 그럴 듯하다. 다른 절차는 확률들에 관한 그것들에 〈수직적인 *perpendicular*〉 고려 사항들로부터 시작해서 이들을 발전시켜 위험스런 행위들에 관한 질문들에 답하는 것이다. 두 유형의 이론이 발전될 수 있다. 한 이론은 선이 어디에 그어질지 명시하면서도 이 선의 위치가 자의적으로 보이지 않게 할 수 있다. 그 이유는 이 선이 확률 차원에 있어 특별하지 않은 지점에 있음에도, 이론에 의해 고려되는 다른 차원들에 있어서는 구분되기 때문이다. 또는, 한 이론은 확률(또는 기대치 또는 이와 유사물) 차원에 있어 선을 필요로 하지 않는 위험한 행위들에 관해 결정할 기준을 제공하여, 이 기준에 따라 선의 이쪽에 오는 행위들은 이렇게, 선의 저쪽에 오는 행위들은 저렇게 취급할 수 있다. 이 이론의 고려 사항들은 확률 차원에 의해 결과하는 그 서열에 따라 행동들을 배열하지 않으며, 이 이론은 단위 線의 간격적 구분과 외연이 같은 대등 클래스로 행동들을 분할하지도 않는다. 이 이론의 고려 사항들은 단지 문제를 달리 취급하며, 따라서 그 결과로서 어떤 행위는 금지하되 보다 높은 뿔의 기대치를 갖는 행동들은 허용한다. 불행하게도 양 이론에 대한 만족스럽고 상세한 대안적 이론은 제시된 바 없다.

대안은, 타인에게 위험을 안기는 것 자체가 월경 행위로 간주되거나 보상되어져야 할 것으로 생각된다면(그 이유는 아마도 그 행위가 근심의 대상이 되며 따라서 타인에게 두려움을 야기시키기 때문일 것이다), 타당성이 있다.[m] (시장에서 자발적으로 그런 위험을 지는 사람들은, 그 위험이 현실화되건 안 되건, 그 위험에 대해 보다 높은 임금을 받음으로써 〈보상받는다.〉)

프리드 Charles Fried 는 최근에 제안하기를, 사람들은 서로에게 〈정상적인〉 죽음의 위험을 과하도록 허락하는 체계를 이런 위험의 부과를 전혀 금지하는 체계보다 선호할 의사가 있을 것이라 논한 바 있다.[14] 누구도 특별히 불리할 입장에 있지 않다. 각각은 그 자신의 목표를 추구하는 과정에서 타방에게 위험한 행위를 수행할 권리를 취득하며, 그 대가로 타방도 자신에게 동일한 행위를 수행할 권리를 부여한다. 타방이 그에게 부과한 위험은 그 자신의 목표를 추구하는 과정에서 그 스스로가 안을 의사가 있는 위험이다. 그가 타방에게 과한 위험에 대해서도 동일한 말을 할 수 있다. 그러나 세계의 구조는 묘해서 사람들은 자신들의 목표를 추구해 가는 과정에서 그들 스스로가 직접 안을 수 없는 위험을 타인들에게 안겨야만 한다. 교역은 자연스레 이루어진다. 프리드의 논변을 교환의 용어로 표현할 때 하나의 대안이 주어진다. 즉 타인에게 안겨진 월경의 위험에 대한 매번의 명백한 보상(위에 제시된 제 3 의 대안). 이런 제도는 보다 큰 공정성을 마련한다는 점에서 프리드의 공동 위험 제도와 다르다. 하지만, 보상금을 실제 지급하고 타인에게 부과된 정확한 위험량과 적합한 보상금을 확인하는 것은 상당한 처리 비용을 요구하는 것으로 보인다. 어떤 효율적인 방안이 쉽사리 생각될 수 있으나(가령 매 n 달마다 지불되는 지급액을 모두에 대해 기록한다든가 하는 식의), 어떤 깔끔한 제도적 장치가 없는 한 이는 매우 거추장스러운 일이다. 상당한 처리 비용 때문에 가장 공정한 대안이 비실

---

m) 위험 부담을 안게 되는 사람들에게 보상해 주는 대신, 행위자는 그들에게 안정제를 주어 그들이 두려움을 느끼지 않게 할 수 있는가? 또는 안정제를 자신들에게 투여하여 그 잠재적 피해자들이 두려워한다 해도 전혀 괘념치 않게 할 수 있는가? 이에 관해서는 다음을 보라. Ronald Coase, "The Problem of Social Costs," *Journal of Law and Economics*, 1960, pp. 1~44.

제적일 수 있으므로, 우리는 프리드의 공동 위험 부담의 제도와 같은 차선책을 찾을 수 있다. 이 차선책은 항존하는 사소한 불편 부당성을, 그리고 일단의 주요의 불편 부당성을 포함할 것이다. 가령, 어린애들에게 부과된 죽음의 위험이 현실화되어 그들이 죽는 경우 그들은 위험 부과자가 받는 이익에 대등한 이익을 받지 못한다. 이러한 상황은, 모든 어른들이 어릴 때 이런 위험에 직면했었고, 성인이 되는 모든 어린이들이 다른 어린이들에게 이러한 위험을 과할 수 있다는 사실에 의해 경화되진 않는다.

위험이 현실화되는 그러한 사람들에게만 보상을 하는 체계는 (위에서의 두번째 가능성) 훨씬 운영하기 쉽고 세번째 제도보다 훨씬 적은 운영 비용, 처리 비용을 요구할 것이다. 죽음의 위험은 가장 어려운 문제를 제기한다. 어떻게 피해의 크기가 측정될 수 있는가? 만약 죽음이란 害가 실제로는 보상될 수 없다면, 차선책은 두려움의 문제는 별개로 하더라도, 죽음의 위험이 안겨진 모든 사람에게 보상하는 것일 수 있겠다. 그러나 죽은 자의 친척들이나 그가 선정한 자선 단체에의 사망 후 지불, 우아한 장례 절차의 마련 등등은, 죽은 사람에 관한 한 결점이 있지만, 개인 자신은 사망 후 보상금을 피해자의 유산에 기부하는 제도로부터 이익을 취할 수 있다. 생시에 그는 이런 보상금에 대한 권리를, 그런 권리를 대량 구입하는 회사에 팔 수 있다. 그 가격은 그 권리의 기대되는 換金價(그런 지불이 이루어질 확률 곱하기 지급액)보다 크지 않을 것이다. 어느 정도 가격이 낮아질지는 시장에서의 경쟁, 이자율 등등에 의해 결정될 것이다. 그런 체계는 측정된 害에 대해 실제의 피해자에게 충분한 보상을 해 주지 않을 것이다. 그리고 실제로 피해받지 않는 사람들도 그들의 보상 징수권을 팔음으로써 이익을 취할 것이다. 그러나 쌍방은 이를 꽤 만족스러운 타합이라 생각할지 모른다(이전에 우리는 보상금을 모아서 제3의 대안을 제2의 대안으로 변형시키는 방식을 기술한 바 있다. 여기선 제2의 방식을 제3의 방식으로 변형시키는 방식이 기술됐다). 이 제도는 또한 개인들에게 보상 기준에 의해 측정된 그들의 〈삶의 換金價 *life's monetary value*〉를 높이도록 하는 유인을 주며, 해서 그의 보상권의 가격을 높이게끔 할 것이다.[15]

보상의 원리

　보상이 지불된다는 조건하에서 한 행위를 허락함(위의 제2, 제3의 가능성)이 일견 이를 금지함(제1의 가능성)보다 적합한 듯하나, 이를 금지할지 허락할지의 문제는 아직 결정되지 않았다. 왜냐하면 어떤 사람들은 요구되는 보상금을 지불할 충분한 기금을 缺할 수 있다. 그들은 실제 害가 초래될 경우의 빚을 위한 보험을 살 수 없다. 이런 사람들에겐 그 행위를 행하지 못하게 금지해야 할까? 보상을 지불할 능력이 없는 사람들에게 한 행동을 금지함은 실제로 해를 입은 사람들에게 보상이 지불되지 않으면 그 행동을 금지함(위에서의 두번째 대안)과 다르다. 그 다른 점은 전자의 경우 보상을 지불할 능력이 없는 사람은, 그의 행위가 실제로 누구를 해하거나 경계 침범을 하지 않는 경우라도, 그 행위에 대해 처벌될 수 있다.

　한 행위의 위험을 부담하기 위한 충분한 지원이나 손해 배상 보험이 없이 그 행위를 함으로써, 그의 행위자는 타인의 권리를 침해하는 것인가? 그 행위의 행사가 금지되거나, 그 행위 행사에 대해 처벌해야 할까? 상당한 회수의 행위는 타인에 대한 위험을 증가시키므로 그런 대책 없는 행위를 금지하는 사회는, 특정한 방식으로 타인을 해하지 않는 한 어떤 행위건 행할 수 있는 자유를 옹호하는 자유 사회가 될 수 없을 것이다. 하지만 보상을 할 능력이 없는 사람들로 하여금 어떻게 타인에게 위험을 주도록 허락할 수 있는가? 왜 일부의 사람들이 타인의 자유의 대가를 치뤄야만 하는가? 그러나 한 위험한 행위가 실제로는 다른 누구에게도 대가를 치르게 하지 않는데도 그 행위를 금지하는 것(그 행위에 대한 재정적인 대책이 없다거나 너무 위험하다는 이유에서의)은 개인들의 행동할 자유를 제한하는 것이다. 가령, 한 간질병 환자는 누구를 해함이 없이 평생 운전을 할 수도 있다. 그에게 운전을 금지한다 해서 실제로 타인에 대한 害가 줄진 않을 수 있다(누가 해롭지 않은 것으로 드러날지를 미리 알아낼 수 없음은 사실이다. 그러나 왜 그가 우리 무능력의 모든 책임을 져야 하나?). 타인에 대한 위험을 줄이기 위해, 우리의 자동차 의존적인 사회에서 한 사람에게 운전을 금함은 그 사람을 매우 불리한 입장에 있게 한다. 이 불리한 입장을 바꾸는 데는 돈이 든다. 운전사를 고용한다거나 택시를 이용하는 등의.

위와 같은 이유로 한 사람에게 어떤 행위를 금지함으로써 그에게 초래된 불이익에 대해 그는 보상을 받아야만 한다는 주장을 고려해 보자. 자신들에 대한 위험의 감소로 해서 이익을 본 사람들은 제약을 받은 사람들에게 〈보상해야〉 한다. 이렇게 표현할 때, 그물을 너무 넓게 던진 감이 있다. 어떤 사람이 나를 놓고 러시안 룰렛을 하는 것을 내가 자기 방어로서 저지할 때, 나는 진정 그에게 보상하여야 하는가? 만약 어떤 사람이 어떤 상품을 만드는 데에 매우 위험하나 효율적인 방법을 쓰려 할 때, 그의 공장 근처에 사는 이웃들이 그로 하여금 그런 위험한 방법을 쓰지 못하게 했다 해서 그에게 초래된 경제적 손실에 대해 보상해야 하는가? 분명 그렇진 않다.

公害——다른 사람들의 재산, 즉 그들의 거주지, 옷, 폐 등에, 그리고 누구의 소유도 아니나 사람들이 그로부터 이익을 취할 수 있는 맑고 아름다운 하늘과 같은 것에 더러운 것들을 내버리는 행위——에 관해 몇 마디 해야겠다. 나는 재산에 대한 피해만을 논의하겠다. 公害物을 멀리 내던져 남의 소유지를 침범케 함으로써 하늘을 뿌연 회색빛으로 만드는 것은 바람직하지 않으며, 이는 내가 아래에 말하는 어느 것에 의해서도 제외되지 않는다. 사람들은 하늘을 더럽게 한 사람은 곧 다른 사람의 눈에 더러운 것을 내던진 것이라 말함으로써, 두번째 유형의 공해(公有物에의 공해)를 첫번째 유형의 공해(私有物에의 공해)로 변형시키려 하나, 그래 봐야 아무 소득도 없다. 다음의 논의는 두번째 유형의 공해를 취급치 않으므로 불완전하다.

모든 公害的 행위들을 금지함은 너무 많은 것을 제외시키므로, 한 사회(사회주의적 또는 자본주의적)는 어떤 공해적 행위를 금지하고 어떤 공해적 행위를 허용할지를 어떻게 결정할까? 추측컨대는, 그 사회는 공해적 행위의 이익이 이의 손실——그 공해의 결과도 포함해서——보다 클 때, 그 행위를 허락해야겠다.

純益 여부를 가릴 가장 적합한 이론적 테스트는 그 행위가 自充的일 수 있는가, 그 행위로부터 이익을 본 사람이 그 때문에 손해를 본 사람들에게 충분한 보상을 할 의사가 있는가고 묻는 것이다(한 행위가 이 테스트

에 합격하진 못하나 가치 있는 행위라 생각하는 사람은 이 행위를 위해 가부할 수 있다). 예를 들면, 어떤 종류의 비행기는 공항 주변의 이웃들에게 소음 공해를 일으킨다. 여하한 방식으로든(집값이 타 지역보다 낮다든가, 월세가 낮다든가 등등의), 이 이웃의 집들의 경제적인 가치는 감소된다. 오직 비행기 승객에게 가는 이익이 이 이웃들에게 가는 손해보다 클 때만, 그 시끄러운 비행기가 사용될 수 있다. 한 사회는 이익이 손해보다 큰지를 결정할 어떤 방법을 갖고 있어야 한다. 둘째로, 그 사회는 손해가 어떻게 할당될지를 결정해야 한다. 그 사회는 그 손해가 가는 곳에 가도록 버려둘 수도 있다 : 우리 예의 경우엔, 비행장의 이웃들, 또는 사회 전반에 그 손해를 할당하려 할 수도 있다. 또는 행위로부터 이익을 얻는 자들에게 손해를 지울 수도 있다 : 우리 예에선, 비행장·비행사, 그리고 궁극적으로는 비행기 승객. 마지막 방법이, 현실적으로 가능하다면, 보다 공정한 듯싶다. 공해적 행위가, 이의 이익이 손해보다 크다는 근거에서, 계속되도록 허락되어야 한다면, 실제로 이익을 보는 사람들이 그 공해의 害가 애초에 가해진 사람들에게 보상해야 한다. 이 보상액은 애초의 공해 효과를 줄이기 위한 장치를 마련키 위한 비용까지 포함할 수 있다. 위의 예에서, 비행사나 비행장은 이웃의 집들에 방음 장치를 위한 비용을 지불키고, 그런 다음 그 집들이 방음 시설을 하지 않고 또 소음 피해도 받지 않았을 경우보다 그의 경제적 가치가 하락한 만큼 보상해야 한다.

　공해 피해자의 각각이 큰 손해를 볼 때는, 통상적인 배상 제도로 충분히 문제를 해결할 수 있다. 이런 경우엔 타인의 재산권을 집행하는 것으로 공해를 충분히 있을 자리에 있게 할 수 있다. 그러나 각각의 公害者들이 광범위하나 개별적으로는 사소한 害를 끼친 경우엔 문제가 달라진다. 가령, 어떤 사람이 미국내의 모두에게 20센트에 해당하는 害를 加했다면, 害의 총량이 엄청나게 큼에도 불구하고 누가 그를 고소해 봤자 그에게 돌아오는 것이 없다. 비슷하게, 많은 사람들이 한 개인에게 사소한 해를 가했다면, 그 개인에게 가해진 해의 총량은 상당할 것이다. 그러나 어느 한 사람이 혼자서 그 상당한 해를 준 것이 아니므로, 그가 어느 한 가해자를 고소해야 소득이 없다. 아이로닉한 것은 공해의 문제는 처리 비용이 높기 때문에 공해 피해자가 사유 재산권을 행사하기 힘들다는 것인데, 통상적으로 공해는 사유 재산 제도의 私有性이 갖는 결점을 지적하는 것으로 생각된다. 한 해결책은 公害者에 대해 집단 소송을 허락하는 것이리라. 어느 변호사나 법률 사무소도 일반 대중으로부터 요청을 받아 그들을 위해 대신 고소를 제기하고 해서 징수한 보상금을 그 대중의 각각에 분배할 수 있다(한 동일한 공해의 행위에 의해 서로 다른 여러 사람들이 다르게 害를 받았으므로, 그 변호사는 각 개인이나 그룹에 서로 다른 금액을 분배하도록 요청받을 수도 있다). 변호사의 수입은 자신의 몫을 신청하지 않은 사람들과 즉각 자신의 몫을 청구하지 않은 사람들로부터 나올 수 있다. 이런 식으로 해서 어떤 변호사들이 상당한 수입을 올리는 것을 보고, 다른 사람들은 〈公衆의 대리인〉으로서의 업무에 종사케 되어 매년 얼마의 수수료를 받고 그 대신 그들의 고객이 받을 권리가 있는 모든 공해 보상금을 그 고객에게 전해 줄 것이다. 이러한 제도는 재빨리 행동하는 변호사에게 상당한 이점을 제공하므로, 이 제도는 많은 사람들로 하여금 공해의 피해를 입은 사람들의 이익을 보호하려 경계 태세를 취하게끔 할 것이다. 다른 체제를 고안하여 여러 사람들로 하여금 여러 상이한 집단의 사람들을 위해 동시에 공개적인 고소를 제기할 수 있게 할 수도 있다. 이러한 체제들이 법정 제도에 상당한 중요성을 부여함은 사실이나, 이들은 손해량의 결정·분배에 있어 어떤 정부 관료 조직의 운영만큼 다루기 쉬워야 한다. [n]

타당한 보상의 원리에 이르기 위해서는 권리 주장이 커버하는 부류의 행위를 결정해야만 하겠다. 어떤 유형의 행위들은 일반적으로 행해지며, 사람의 생활에 있어 중요한 역할을 맡으며, 한 사람에게

---

n) 여기에서의 나의 제안은 Frank Michelman이 제시한 대조적인 견해에 反하여 변호될 수 있다. F. Michelman, "Pollution as a Tort," an essay review of Guido Calabresi's *The Costs of Accidents*, in *Yale Law Journal*, 80 (1917), pt. V, 666~83.

　　위의 체제를 나는 공해 통제에 대한 유일의 해결로 제시하는 것은 아니다. 나는 단지 공해 문제가 어떤 제도적 장치에 의해 단번에 해결될 수도 있다는 그럴 듯한 견해를 제시하는 것이고 이런 장치를 꾸미는 데 능숙한 자들에게 과업을 제시하는 것이다(J.H. Dales는 *Pollution, Property, and Prices*에서 일정량만큼 공해를 끼칠 양도 가능한 권리를 팔 것을 제안한다. 이 고상한 제안은 그러나 불행하게도 공해의 바람직한 총량이 무엇인지를 결정할 중앙 결정 기구를 필요로 한다).

　　대중적인 공해에 관한 토론들은 공해 문제를 자연 자원 보존의 문제와 함께 취급한다. 오도된 활동의 명료한 예들은 명백한 사유 재산권이 연루되지 않는 경우에 찾을 수 있다. 목재 회사에 의해 벌목된 公地나 소유자가 각각 다른 땅들 밑의 유전의 경우. 자신들의 욕망 충족——벌목되지 않은 숲에로의 여행을 포함해서——을 위해 미래의 사람들이 지불할 의사가 있는 범위에서, 자연 자원의 보호는 어떤 사람들에겐 경제적 이익이 된다. 다음 책에서의 논의를 보라. Rothbard, *Power and Market*(Menlo Park, Calif, 1970), pp. 47~52.

금지될 경우 이는 그 사람을 상당히 불리한 입장에 처하게 한다. 우리는 다음의 원리를 생각해 볼 수 있다 : 이런 유형의 한 행위가 타인에게 해를 줄지 모르며 한 사람이 이를 행하면 매우 위험한 것이므로 금지될 때, 그 자신들을 위해 강화된 안전성을 취하기 위해 그 행위를 금한 사람들은, 그 금지된 사람에게 그에게 초래된 불리점에 대해 보장해야만 한다. 이 원리의 의도는 간질병 환자의 운전 금지는 커버하나(위에 언급한 바 있는), 본의아닌 러시안 룰렛이나 그 특수한 제조 방식의 경우는 제외하기 위한 것이다. 그 이유는 거의 모든 사람들에 의해 행해지는 중요한 행위들에 집중하기 위해서이다. 거의 모든 사람들이 차를 운전하는 반면, 러시안 룰렛이라든가 특별히 위험한 제조 공정을 사용함은 일상인의 정상적인 생활의 일부가 아니다.

그 원리에 대한 이러한 접근은 불행하게도 행동들을 분류하기 위해 사용된 도식에 상당한 압박을 가한다. 한 사람의 행동을 다른 사람들의 행동으로부터 구분하는 하나의 記述이 있다는 사실은 그 행위를 특수한 것으로 분류하여 그 원리의 적용 범위에서 제외하지는 않는다. 하지만, 다른 한편으로는, 거의 모든 다른 사람들의 행위에 대한 기술에 의해 기술될 수 있는 행위는 그 어느 것이건 일상적인 것이며 따라서 그 원리의 적용 범위내에 속한다 말하는 것은 너무 과하다. 왜냐하면 비정상적인 행위들은 사람들이 정상적으로 하는 행위를 커버하는 어떤 기술들에 의해 기술될 수 있다. 러시안 룰렛의 게임은 다른 사람들도 즐길 수 있는 좀 위험스러운 형태의 재미거리일 수 있다. 그리고 특수한 제조 공정은 좀 위험스러운 형태의 〈생계 유지법〉일 수 있다. 거의 모든 한 쌍의 행위들은, 행위의 배경적 분류에 있어 동일한 하위 집합에 속하느냐에 따라 같은 것으로 또는 다른 것으로 이해될 수 있다. 이 행위의 다양한 기술의 가능성은 위에 언명된 원리의 적용도 어렵게 만든다.

이러한 물음들이 만족스럽게 천명될 수 있다면, 우리는 그 원리를 확대 해석하여 어떤 특수한 행위들에 적용하길 원할 수도 있겠다. 위험스런 공법의 사용이 그 사람이 생계를 꾸려갈 수 있는 유일의 방법이라면(그리고 러시안 룰렛 게임이 그 사람이 즐거움을 느낄 수 있는 유일의 방법이라면——나는 이런 가정이 모두 터무니없음을 인정하지만), 그 사람은 아마도 금지당한 데 대한 보상을 받아야 할 것이다. 그가 살아갈 수 있는 유일의 방법이 금지됨으로써, 그는 정상적인 경우와 비교할 때 불리한 입장에 처하게 되었다. 반면 가장 이윤을 많이 남기는 방법이 그에게 금지되었다 해서, 그가 정상적인 경우와 비교할 때 불리한 입장에 있는 것은 아니다. 정상적인 경우와 비교해서의 불리함은 다른 경우보다 나빠짐과는 다르다. 우리는 〈보상의 원리 *Principle of Compensation*〉를 정형화하기 위해 不利에 관한 한 이론 *a theory of disadvantage* 을 사용할 수 있겠다. 타인을 害할 단지 개연적 가능성만을 지닌 행위를 금지당함으로써 불리한 처지에 처한 그런 사람들은, 타인들에게 안전을 마련해 주기 위해 자신들에게 떠맡겨진 그 불리한 사항들에 대한 보상을 받아야만 한다. 이 사전 계획된 금지로부터 사람들이 얻게 될 증가분의 안전성이 그들을 유리하게 하는 정도가, 금지당한 사람들이 불리해진 정도보다 작다면, 잠재적 금지자들은 충분한 많은 보상금을 지불할 능력도 의사도 없을 것이다. 해서 이 경우엔 금지령은 내려지지 않을 것이다.

보상의 원리는 행동의 분류에 관한 복잡한 문제들에 관련된 우리의 이전의 언명에 의해 기술되는 경우들을 커버한다. 이는 어떤 사람을 특별히 불리케 하는 상황들에 관한 유사한 문제들을 완전히 피할 수는 없다. 하지만 이 경우 그 문제들은 보다 다루기 쉽다. 가령, 한 제조업자가, 다른 모든 사람들에겐 그들의 최선책이 위험스러운 것이 아니어서 그 최선책을 따르도록 허락된 반면, 한 제조업자에겐 그의 최선책(다른 유리한 대안이 있음에도)을 따를 수 없게 금지한다면, 그는 특별히 불리한 입장에 처한 것인가? 분명 그렇지 않다.

보상의 원리에 따르면, 어떤 위험한 행위가 어떤 사람에게 금지될 때, 그 사람은 보상받아야만 한다. 다음과 같은 반대가 있을 수 있다 : 그대는 다른 사람의 위험한 행위를 금지할 권리가 있거나 없거나다. 만약 있다면, 그대는 그대가 할 권리가 있는 것을 그에게 했으므로 그에게 보상할 필요가 없다 ; 만약 없다면, 그대는 월권적인 금지 행위를 행하고 그에 대해 보상책을 마련하려는 대신, 그 월권적 행위를 금지해야 한다고. 그 어느 경우에도 금지한 후 이 금지에 대해 보상하는 것은 적합한 사리가 아닌 듯싶다. 〈그대는 금지할 권리가 있으므로 보상할 필요가 없다, 또는 그대는 금지할 권리가 없으므로 금지 행위를 그쳐라〉는 식의 딜레마는 너무 간단하다. 진실은, 그대가 한 행위를 금지할 권리를 가졌으되, 이 권리는 그 행위가 금지된 사람들에게 그대가 보상을 한다는 단서하에서 그 권리가 주어지는 것일 수 있다.

이것이 어떻게 가능한가? 이는 우리가 이전에 논의했던 것, 즉 보상이 주어진다는 조건하에서 월경 행위가 허락되는 그런 상황 중의 하나인가? 그렇다면, 어떤 위험 행위의 금지를 한계지우는 어떤 경계선이 있을 것이고, 이 선을 침입받은 쪽이 보상받는다면, 이 선의 침입은 허락될 수 있을 것이리라. 그렇다 하더라도, 논의되는 경우들에선 금지당할 특정의 사람을 우리가 미리 확인할 수 있으므로, 왜 우리는 금지하는 대신 그들과 계약을 통해 그들로 하여금 문제의 위험한 행위를 하지 않는 데 동의케 해야 하지 않을까? 왜 우리는 그들에게 유인을 제시하거나, 그들을 고용하거나, 매수하여 그 행위를 삼가하게 할 필요가 없는가? 월경 행위에 관한 이전의 논의에서 우리는 자발적 교환의 모든 이익이 왜 한쪽에만 가야 하는지에 관한 설득력 있는 이론이나 이유의 결여를 지적한 바 있다. 계약 곡선 위의 인정될 수 있는 지점 중 어느 것이 선택돼야 할지는 관여 당사자들이 결정하는 것이 적절할 문제라고 우리는 말했다. 이 점을 고려할 때, 사후의 충분 보상의 지불보다는 사전 교섭이 좋다. 현재 논의되는 하위 집합의 경우에는, 그러나, 계약 곡선의 한 극단을 균일하게 선택함이 적절할 듯싶다. 쌍방이 이익을 얻고, 이 이익을 어떻게 균배할지 쉽사리 결정할 수 없는 그러한 교환과는 달리, 타방을 해할 것이거나 그럴 가능성이 있는 행동을 일방(A)이 삼가야 할지에 관한 교섭에서 A가 받아야 할 필요가 있는 전부가 충분 보상이다(A가 한 행위를 하도록 허락되는데도 이를 삼가하는 데에 대해 그가 교섭할 수 있는 수입금은, 그가 꼭 보상받아야 하는, 금지로 인한 손실의 일부가 아니다).

내가 그대로부터 상품이나 서비스를 구매하면, 나는 그대의 행위로부터 이익을 얻는다. 나는 그로 인해, 즉 그대의 행위가 수행되지 않았거나 그대가 전혀 존재하지도 않았을 때보다 더 나은 처지에 있게 된다(어떤 사람이 그가 보통은 害하는 사람에게 한번 좋은 물건을 팔 수도 있다는 가능성은 무시하자). 반면 그대가 나를 害하지 않은 데에, 대해 내가 그대에게 지불한다면, 그대가 전혀 존재하지 않았거나 나와 아무 관계도 없었다면 내가 소유하지 않았을 어떤 것을 그대로부터 얻는 것은 아니다(만약 내가 마땅히 그대로부터 해함을 받아야 한다면 이런 비교는 성립하지 않을 것이다). 대략 말하건대, 생산적 행위란, 이 행위의 판매자가 구매자와 전혀 아무 관계도 하지 않았을 때보다 구매자를 더 나은 처지에 있게 하는 그런 행위이다. 보다 정확히 이야기하면, 이는 비생산적 행위에 대한 필요 조건을 제공하나 충분 조건은 제공하지 않는다. 만약 그대의 바로 옆집이 자기 땅에 흉칙한 건물을 세울(그는 그럴 권리가 있다 하자) 계획을 갖고 있을 경우, 그대는 그가 전혀 존재하지 않았다면 보다 나은 처지에 있을 것이다. 허나 그로부터 그의 계획의 포기를 구매함은 생산적 교환일 것이다.[16] 그러나 다음과 같이 가정해 보자. 그 이웃은 자신의 땅에 그 건물을 세울 의사가 없다. 그가 그런 계획을 꾸며 그대에게 알리는 이유는 단지 그대에게 그 계획의 포기를 팔려는 저의에서이다. 이러한 교환은 생산적인 것이 아니다. 이는, 단지 교환 가치의 가능성이 아니었더면 위협의 무기가 아니었을 것으로부터의 안도감을 줄 뿐이다. 이 점은 그 이웃의 저의가 단지 그대에게만 향해지지 않는 경우에로 일반화될 수 있다. 그 이웃은 계획을 꾸며, 여러 이웃에게 그 계획의 포기를 팔러 다닐 수 있다. 이를 구입하는 사람은 누구나 비생산적인 〈서비스〉를 받을 것이다. 이런 교환이 생산적인 것이 아니며 각 당사자에 이익을 주지 않는다는 사실은 다음에서 볼 수 있다. 그 교환이 불가능하거나 강력히 금지되어 누구도 이것이 이루어질 수 없음을 알면 이 잠재적 교환의 한쪽은 더 나쁜 처지에 있게 되지 않을 것이라는 사실에서. 그를 금지함이 한쪽을 더 나쁜 처지에 빠지게 하지 않으니 이는 기묘한 종류의 생산적 교환이다! (그 악의에 찬 이웃의 포기에 대해 아무 것도 주지 않는 사람, 또는 그 이웃이 그 계획을 실행하려는 의사가 없으므로 그럴 필요가 없는 사람은 더 나은 처지에 있게 된다.) 사람들은 협박자의 침묵에 가치를 부여하고 이에 지불을 하지만, 그의 침묵 행위는 생산적 행위가 아니다. 그 협박자가 전혀 존재하지 않아 그들을 위협하지 않았더라도, 그 피해자들의 처지엔 변함이 없을 것이다.[o] 그리고 그들은, 그런 교환이 절대 불가능한 것으로 알려져 있더라도 더 나쁜 처지에 빠지지 않을 것이다. 여기에서의 우리의 견해에 의하면, 그런 침묵의 판매자는 침묵 때문에 희생했던 것에 대해서만 합법적으로 지불 요구를 할 수 있다. 그가 희생한 것은, 제3자가 그에게 정보 누설의 대가로 지불할 돈은 포함하나, 정보 누설을 삼가함으로써 받아낼 수 있는 돈은 포함하지 않는다. 해서, 어떤 사람이 책을 쓰기 위한 조사를 하다가 다른 어떤 사람에 관한 정보를 얻었는데 그 정보가 책에 포함되면 책의 판매를 촉진할 것이라 할 때, 그는 그 다른 사람이 정보가 누설되지 않기를 바랄 경우, 정보 누설을 삼가는 대가로 그에게 일정 금액을 청구할 수 있다. 그는 그 정보를 게재할 때와 그렇지 않을 때의 예상 印稅의 차이에 해당할 금액을 청구할 수 있다. 그는 그의 침묵의 구매자로부터 받아낼 수 있는 최고 금액을 요구해선 안 된다.[p] 보호 서비스는 생

---

o) 만약 그가 존재치 않았다면, 다른 사람이 어떤 정보를 얻어 침묵의 대가로 더 高價를 요구하지 않을까? 만약 이런 경우가 발생할 수 있다면, 피해자의 실제의 협박자가 존재함으로써 피해자는 더 나은 처지에 있다고 할 수 있지 않을까? 이런 가능성을 배제하기 위한 논점을 엄밀히 표현하는 것은 노력의 가치가 없다.

p) 비밀 누설에 즐거움을 느끼는 작가는 다른 방식으로 금액을 요구할 수 있다. 이런 고려점은 위에 논의된 이웃의 협박꾼을 유리하게 하진 않는다――설사 그가 사디스트이며 그 협박에 즐거움을 느낀다 해도. 그가 하겠다고 협박하는 행위는 도덕적 제약 사항에 의해 배제되며, 그를 삼가는 데 대해 돈이 요구될 수 있는지의 문제와는 별개로 금지된다. 위 작가의 예는 나의 다음 논문 각주 34에서 취한 것이다. "Coercion," in *Philosophy, Science, and Method: Essays in Honor of Ernst Nagel*, ed. S. Morgenbesser, P. Suppes, and M. White (New York, 1969), pp. 440~72. 우리의 견해를 다음의 견해, 즉 공갈 *blackmail* 을 경제적 행위와 유사한 것으로 보는 견해와 대조하라: 〈자유 사회에서 공갈은 불법이 아니다. 공갈은 상대방에 대한 어떤 정보를 공개치 않는다는 서비스의 대가로 돈을 받는 행위이다. 사람이나 그의 재산에 대한 폭력이나 폭력의 위협이 개입되지 않는다.〉 M.N. Rothbard, *Man, Economy, and State*, Vol. 1, p. 443, n.49.

산적이며 이 보호의 수혜자에게 이익을 주는 반면, 보호를 핑계로 돈을 갈취하는 〈뒷골목 조직 *protection racket*〉은 생산적이 아니다. 뒷골목 깡패들의 폭력 행위로부터의 자제는, 그들이 그대와 전혀 아무 관계 없었을 때보다 그대를 더 나은 처지에 있게 하진 않는다.

자발적 교환 이익의 분배에 관한 우리의 논의는, 쌍방이 생산적 행위의 수혜자라는 의미에서의 이익을 보는 그러한 교환 행위에만 적용되도록, 좁혀져야 하겠다. 관여자의 한 쪽(A)이 그와 같이 이익을 보지 않고 비생산적인 〈서비스〉를 받을 경우, 만약 타방(B)에 설혹 보상이 돌아갈 것이 있다 해도, A는 B에게 단지 겨우 보상해 주는 정도에 그치는 것이 공정하다. 비생산적 교환의 첫째 조건만 이(두번째 조건은 말고) 충족되는 그런 경우들은 어떠한가 : X는 교환의 결과로 Y가 전혀 존재하지 않는 경우보다 더 나은 처지에 있지 않으나, Y는 자제를 팔려는 것과는 다른 어떤 동기를 갖고 있다. 만약 Y가 한 행위를 자제하는 데서 X가 얻는 소득이 단지 그 자신의 경계 被侵의 (의도적 침입이 금지된 경우) 확률이 낮아진 것 이라면, 내포하는 위험이 충분히 심각하므로 금지된 오직 그 행위 들의 금지에 의해 초래된 불리점들에 대해서만 Y는 보상받을 필요 가 있다.

우리는 위험한 활동의 금지는 불법이라는 견해를, 즉 사전 합의 와 공개 교섭을 통해서 설득하여 사람들로 하여금 그런 행위를 자발 적으로 삼가는 데 동의하게 해야 한다는 견해를, 거부한 바 있다. 그러나 우리는 우리의 입장을, 경우의 특수한 성격(이는 생산적 교환 을 포함하지 않는다) 때문에 할 수 없었던 사전 교섭의 요구와 함께, 타인의 위험한 행위를 막고 있는 경계선의 침입에 대한 보상으로 이 해해선 안 된다. 왜냐하면 이는 왜 모든 사람들이 금지가 아니었더 면 점유했었을 무차별 곡선의 그 지점에로 복귀되진 않는지를 설명 하지 않는다. 오직 금지에 의해 불리해진 자만이 보상되어질 것이 며, 그들도 오직 그들의 불리한 처지에 대해서만 보상받을 것이다. 만약 위험 행위의 금지가 어떤 사람에게 두 분리된 효과를 결과한 다면, 즉 한편 그를 다른 사람에 비교해서 불리하게는 안 하나 더 못한 처지에 빠지게 하며, 다른 한편으론 그를 불리한 입장에 서게 한다면, 보상의 원리는 후자에 대해서만 보상이 지불될 것을 요구한다. 통상의 월경 행위와 달리, 이 경우에서의 보상은 그를 그가 방해받기 이전의 위치에로 올려 놓을 필요는 없다. 보상 원리 아래에서의 보상 개념을 월경 행위에 대한 통상적인 의미의 보상으로 간주하려면, 경계의 소유자가 불리한 입장에 처하게 될 때만 그의 경계가 침범되는 것으로 경계의 개념을 재정의할 수도 있겠다. 그러나 둘을 동화시킴으로써 우리의 보상 개념을 왜곡하지 않는 것이 보다 명쾌한 접근이다.

우리의 개념이 월경 행위에의 보상과 동일시되지 말아야 한다는 주장은, 물론, 보다 근원적 원리로부터 보상의 원리를 연역하지 못하게 하진 않는다. 이 책에서의 우리의 목적을 위해서 이런 연역을 할 필요는 없다. 그 원리를 정확히 표현할 필요도 없다. 우리는 단지 보상 원리와 같은 어떤 원리들의 정당성을 주장하고, 위험 행위를 금지한 사람들에게 금지됨으로써 불리한 처지에 있게 된 사람들에게 보상하라고 요구하기만 하면 된다. 나는, 그 細部가 충분히 발전되지 않은 원리를 제시하고 이를 나중에 원용함에 있어 완전히 편한 마음은 아니다. 이 원리의 발전되지 않은 측면이 내가 이 원리를 원용하려는 그 주제들에 관련된다 생각하진 않지만. 시작으로선 그 원리를 다소는 모호한 상태에 버려 두어도 괜찮다고 생각된다. 일차적인 문제는 그 비슷한 것이 쓸 만한 것이냐는 것이다. 하지만, 다음 장에서 자세히 검토되는 다른 원리의 제안자들은, 나 자신의 원리에 대해서보다 훨씬 더 심하게 내가 그들의 원리를 다룰 것임을 그들이 안다면, 그들은 나의 안이한 생각에 차가운 대접을 하리라. 다행스럽게도, 그러나, 그들은 그 점을 아직 모른다.

제 5 장

國　家

私的인 正義執行의 금지

　自立人은 사적인 정의 집행은 금지당할 수 있다. 그 이유는 그의 집행 절차가 너무 모험적이고 위험한 것으로 알려져 있기 때문——즉 이는 무죄한 사람을 처벌하거나 죄 있는 자라도 과도히 처벌할 위험성이 다른 절차에 비해 높다——이거나, 또는 그의 절차가 위험스러운 것으로 알려져 있기 때문이다(만약 그의 절차가 죄 있는 사람을 처벌하지 않을 가능성이 다른 것에 비해 높으면, 이는 그의 절차가 믿을 수 없는 또 하나의 이유이다. 그러나 이런 이유에서 그의 사적 집행을 금지할 순 없다).

　이제 이 이유들을 차례로 검토해 보자. 자립인의 절차가 매우 믿을 수 없고 타인에게 높은 위험을 지운다면(가령 거북점을 쳐서 범인을 찾아내든가 해서), 그리고 자주 그려하다면, 그는 모두의——그의 실제 피해자가 아닌 사람에게서도——두려움의 대상이 될 것이다. 누구라도 자기 방어로서 그가 그런 高度의 보험적인 행위를 못하게 막을 수 있다. 그러나 분명, 그 자립인이 항존적 위협은 아니라 하더라도, 아주 믿을 수 없는 절차는 사용 못 하게 저지될 수 있다. 가령, 그가 아주 믿을 수 없는 절차를 단지 10년에 한 번씩만 사용해 자신의 권리 행사를 할 것임이 알려졌을 경우, 이는 사회내에 일반적인 두려움과 걱정을 야기하지 않을 것이다. 그런 절차의 매우 간헐적인 사용을 금지하는 근거는, 그러므로, 없을 수도 있는 어떤 광범위한 그리고 보상 없는 두려움과 걱정의 초래를 피하기 위해서가 아니다.

부당하게 처벌을 할 자립인들이 많을 경우, 그 확률의 총량은 위험한 상황을 조성할 것이다. 그렇다면, 다른 사람들은 집단을 형성해 그러한 행위의 전체성 *totality* 을 금지할 권리가 있는가? 그러나 어떻게 이 금지는 시행될까? 그 사람들은, 개별적으로는 두려움을 일으키지 않는 행위들의 각각 *each* 을 금지해야 하는가? 자연 상태에서, 어떤 절차에 의거해 그들은 전체성의 어떤 것이 지속될지를 결정하며, 무엇이 이들에게 그럴 권리를 부여하나? 아무리 지배적인 보호 협회도 이 권리를 갖지 않을 것이다. 한 보호 협회의 합법적인 권력은 단지 그의 회원이나 고객들이 그 협회에 이관한 개별적 권리의 총합 *sum* 일 뿐이기 때문이다. 어떤 새로운 권리나 권력도 새로이 생기지 않으며, 한 협회의 권리는 자연 상태에서 홀로 행동하는 독자적 개인들에 의해 소유된 그 개별적 권리들에로 잔여분 없이 분해될 수 있다. 개인들의 한 결합체는 어느 개인도 홀로는 행사할 권리를 갖지 않는 행위 C에 대한 권리를 가질 수 있는데, 그 조건은 C가 D와 E의 합과 동일하며 개별적으로 C를 행사할 권리와 D를 행사할 권리를 소유한 두 개인이 결합하는 것이다. 개인들의 어떤 권리가 〈타인들의 51, 또는 85, 또는 여하한 퍼센트가 그대에게 허락할 때 그대는 A를 할 권리가 있다〉는 식으로 표현될 때, 개인들의 누구도 독자적으로는 A를 할 권리를 소유하지 않지만, 개인들의 결합체는 이 권리를 소유한다. 그러나 어느 개인의 권리도 이런 식으로는 표현되지 않는다. 어느 사람이나 집단도 전체에서 누가 계속하도록 허락될지를 결정할 권리가 없다. 자립인들 모두가 *all* 집단을 형성해 이를 결정할 수는 있다. 가령, 그들은 어떤 절차를 恣意的으로 선택해서 私的 집행을 지속할 권리들 중 몇 개의(팔 수 있는?) 권리들을 따로 떼놓아 위험의 총량을 위험선 이하로 감소시킬 수 있다. 문제점은, 많은 수의 자립인들이 이를 행하면, 한 개인으로선 이런 결정에 참여치 않는 것이 이익일 것이라는 점이다. 그로선, 다른 사람들이 자신들의 모험적인 행위를 상호 제한하여 그의 행위를 포함한 행위들의 전체성을 위험선 이하로 낮출 때, 자신이 선택하는 대로 모험적인 행위를 지속하는 것이 자신에게 이익일 것이다. 왜냐하면 그 다른 사람들은 위험의 경계선으로부터 스스로를 멀리 떼어놓아,

그가 끼어들어올 여지를 남겨둘 것이기 때문이다. 그 다른 사람들이 위험선 가까이 머물러 그의 행위에 끼어듦으로 해서 행위의 전체성이 그 경계선을 넘어설지라도, 바로 그의 행위가 금지될 것으로 뽑힐 근거는 무엇인가? 마찬가지로, 자연 상태에서 자신의 불참만 아니면 만장일치일 합의에 참여하지 않는 것이, 그 어느 개인에게라도 이익일 것이다 : 가령, 국가를 세우고자 하는 합의. 그러한 만장일치적 합의를 통해 한 개인이 얻을 수 있는 그 어떤 것이라도, 그는 이를 독자적인 쌍무 협정을 통해 얻을 수 있다. 실제로 거의 만장일치적인 합의를 필요로 하는 어떤 계약도, 본질적으로는 협동적인 어느 계약도, 한 소정의 개인이 참여하건 않건, 그 목적에 봉사할 것이다. 해서 그 개인에겐, 참여토록 자신을 구속하지 않는 것이 그의 이익이다.

〈公正의 原理〉

하트 Herbert Hart 에 의해 제시된 한 원리——우리는 이를 롤즈 J. Rawls 를 좇아 공정의 원리 *principle of fairness* 라 부르겠는데——는, 적합하다면, 여기에서 우리에게 도움을 줄 것이다. 이 원리에 따르면, 일단의 사람들이 규칙에 따라 어떤 정의롭고, 상호 이익적이며, 협동적인 사업에 참여하여 모두에게 이익이 돌아가게끔 서로의 자유를 제한할 때, 이 제한에 순종한 사람들은, 자신들의 순종으로부터 이익을 본 사람들에게 유사한 양보를 얻어낼 권리를 갖는다.[1] 이 원리에 따르면, 이익의 受取는(이것이 협동하겠다는 명백하거나 묵계적 약속이 아닌 경우라도) 그 수취자를 구속하기에 충분하다. 만약 공정의 원리에, 이 원리하에서 발생하는 의무 사항들의 채권자나 이들의 대리인들이 이 의무 사항을 집행할 *enforce* 수 있다는 주장을 더하면, 어떤 행위에 참여할 그런 사람들을 뽑을 어떤 절차에 합의한, 자연 상태에서의 일단의 사람들은 〈공짜꾼 *free riders*〉들을 금지할 합법적인 권리를 가질 것이다. 그러한 권리는 위와 같은 합의의 현실화 가능성에 결정적일 것이다. 이 강력한 권리는 자연 상태에서 강제적 정부를 형성하자는 만장일치적 동의를 불필요하게 만드는 듯이 생각되므로, 특히 우리는 이를 아주 주의깊게 검

120

토해야만 한다. 이를 검토해야 하는 또 하나의 이유는, 이것이 어떤 새로운 권리도 집단 형성을 통해 〈솟아나지〉 않는다는, 즉 개인들은 결합하더라도 기존 권리의 총합이란 다른 새로운 권리를 창조할 수 없다는 나의 주장에 대한 反例일 수 있는 가능성 때문이다. 자신들의 행동들을 특정한 방식으로 제한해야 할 타인들의 의무 사항을 그들에게 강제할 권리는 의무의 어떤 특별한 특성으로부터 유래할 수는 있으며, 타인에게 빚진 의무 사항은 지켜져야 한다는 일반적 원리로부터 우러나오는 것으로 생각될 수도 있다. 공정의 원리 아래에서 발생하는 것으로 생각되는 의무의 특수한 성격, 이의 강제 집행 정당화적 성격을 밑받침하는 논변이 없으므로, 나는 우선 모든 의무 사항의 강제 집행 가능성의 원리를 고찰하고 다음 공정의 원리 자체의 적합성을 논하겠다. 이 두 원리 모두가 거부되면, 이런 상황에서 타인의 협동을 강제할 권리도 의문시된다. 나는 이 원리들의 둘 모두가 거부되어야 한다는 논변을 제시할 것이다.

하트의 自然權 존재의 논변[2]은 모든 의무 사항의 강제 집행 가능성의 원리를 특수화함으로써 성립한다. 어떤 사람이 그대에게 A를 할 특별한 의무를 지고 있을 때(가령 그가 그대에게 A를 하겠다고 약속을 한다든지 해서), 이는 그가 A를 해야 할 의무에 대한 권리뿐 아니라 그로 하여금 A를 하게끔 강제할 권리도 그대에게 준다. 하트는 말하기를, 사람들이 그대로 하여금 A나, 또는 그대가 행하길 약속할 수도 있는 다른 행동들을 하도록 강제할 수 없는 그러한 배경을 등에 지고서만이, 우리는 특수한 의무 사항의 요점과 목적을 이해할 수 있다고 한다. 하트는 계속 주장하길, 특수한 의무 사항들은 요점과 목적을 지니므로, 어떤 특정의 조건이 구비되지 않으면 어떤 것을 하도록 강제당하지 않을 자연권이 존재한다 ; 이 자연권은, 특수한 의무 사항들의 존립 근거인 그 배경의 일부를 구성한다.

하트의 이 잘 알려진 논변은 우리를 당황케 한다. 나는, 나로 하여금 A를 하게 강제하지 않을 의무로부터 어떤 사람을 해방시킬 수 있다(〈나는 이제 나로 하여금 A를 하게 강제하지 않을 의무로부터 그대를 해방시킨다. 그대는 이제 나로 하여금 A를 하게 할 자유가 있다〉). 그러나 이와 같이 그들을 해방시킨다고 해서 내가 A를 할 의무를 그들에게 지는 것은 아니다. 내가 A를 할 의무를 어떤 사람에게 지고 있음은 그에게 나로 하여금 A를 하게 강제할 권리를 준다고 하트는 생각하므로, 그리고 그 逆은 성립하지 않음을 보았으므로, 무엇을 할 의무를 어떤 사람에게 지고 있다는 사실이 갖는 요소, 즉 그가 그대로 하여금 그것을 하게 강제할 권리를 소유함 이상의 요소가 무엇인지를 우리는 생각해 보아야겠다(〈논리적 원자론 *logical atomism*〉이란 비난을 받지 않고, 이 구분 가능한 요소가 존재한다고 생각할 수 있겠는가?). 강제할 권리 *right to force* 라는 개념을, 의무를 지고 있다 *being owed an obligation* 는 사실에 포섭시키는 하트의 견해에 반대하는 다른 입장은, 이 추가적 요소가 누구에게 무엇을 할 의무를 지고 있음의 전체 내용이라 생각할 수도 있겠다. 내가 이 의무를 수행치 않으면(모든 조건들이 같다 할 때), 나는 잘못하는 것이다; 상황에 대한 통제권은 그의 손에 있다; 그가 제3자에게 나를 해방시키겠다는 약속을 하지 않았다면, 나를 그 의무로부터 해방시킬 힘은 그에게 있다. 아마도 이 모든 것들은, 강제 집행권이 추가되지 않고선, 너무 덧없는 것으로 보일 것이다. 그러나 강제 집행권 그 자체는 단지 권리이다; 즉, 무엇을 할 허가서요, 다른 사람들에겐, 방해하지 말라는 의무 조항들이다. 우리가 이 추가의 의무 조항들을 강제 집행할 권리를 가짐은 사실이다. 그러나 강제 집행의 권리를 포섭시킨다 해서, 이것이 애초부터 미미한 것이라 전제한다면, 진실로 전 구조를 떠받치는지는 명확치 않다. 아마도 우리는 단지 도덕의 영역을 심각하게 받아들이고, 한 요소가 강제 집행의 개념과 연결됨이 없이도 의미가 있다고 생각해야만 할 것이다(물론, 이는 이 요소가 강제 집행의 개념과 전혀 연결되지 않는다고 말하는 것은 아니다). 이 견해에 의하면, 우리는 의무의 개념을, 강제 집행권의 개념을 끌어들이지 않고서도, 따라서 개념이 우러나오는 일반的 배경으로서의 강제하지 않을 의무의 개념을 논의하지 않고서도, 설명할 수 있다(물론 하트는 강제하지 않을 의무의 존재를 입증하지 않으나, 그럼에도 이는 존재할 수 있다).

모든 특수한 의무 사항들의 강제 집행이 가능하다는 원리에 反하는 이러한 일반적인 고려 사항들과 별개로, 몇 가지 문제점들이 제기될 수 있다. 가령 내가 누구를 살해하지 않겠다고 그대에게 약속하는 경우, 이 약속은 살해하지 말도록 나에게 강요할 권리를 그대에게 주는 것은 아니다——이는 그대에 대한 특정의 의무를 발생시키긴 하지만. 왜냐하면 그대는 이미 그 권리를 지니고 있으므로. 또는 내가 A를 하겠다고 그대에게 약속하기 이전에, 그대가 나에게 A를 하도록 강제하지 않겠다는 약속을 하라고 내가 고집하여 내가 그대로부터 먼저 그 약속을 받아낸 경우, A를 하겠다는 나의 약속은 나로 하여금 A를 하도록 강제할 권리를 너에게 준다고 말할 수는 없을 것이다(하지만 내가 바보스러워 그대를 나에 대한 약속으로부터 일방적으로 해방시킬 때의 상황을 생각해 보라).

만약 요청되는 非강제를 배경으로 해서만 특수 권리들을 이해할 수 있다는 하트의 주장이 설득력이 있는 것이라면, 허락된 강제를 배경으로 해서만 일반적 권리를 이해할 수 있다는 주장에도 설득력이 있다고 할 수 있을 것이다. 왜냐하면, 하트에 따르면, 한 개인이 A를 할 수 있는 일반적 권리를 갖기 위한 필요 충분 조건은 모든 사람들 P, Q에 있어, P가 Q에게 자신이 A를 수행함을 방해하거나 A를 못 하게끔 강제할 수 있는 특수한 권리를 부여하지 않은 한, Q는 P에 대해 그러한 행위를 취할 수 없다. 하지만 이는 모든 행위에 타당하진 않다；사람들은 오직 특정 유형의 행위를 할 일반적 권리만을 소유한다. 해서 만약 일반적 권리를 소유함에, 즉 특정 유형의 행위 A를 할 권리를 소유함에, 타인이 그대가 A를 못 하게끔 강제하지 않을 의무가 있음에 의미가 있다면, 사람들은 주장하길, 이는 대조적 배경을 등에 업고서만 그러할 수 있다고 할 수 있겠다. 여기서 대조적 배경이란 그 속에선 사람들이 그대로 하여금 무엇을 하게 또는 못 하게 강제하길 삼가할 의무가 존재하지 않는, 즉 행위 일반에 대해 사람들이 그를 행할 일반적인 권리를 소유하지 않는 그러한 배경이다. 만약 하트가 특수한 권리들이 의미 있음으로부터 강제에 반대하는 주장을 도출할 수 있다면, 일반적 권리가 의미 있음으로부터 그 逆의 입장을 취할 수도 있다.[3]

강제 집행 가능한 *enforceable* 의무를 지지하는 논변은 두 단계로

구성되어 있다 : 첫번째는 의무의 존재를 입증하며, 두번째는 강제 집행 가능성을 입증한다. 두번째 단계는 논의되었으므로(적어도 이것이 첫번째로부터 일반적으로 도출된다고 생각되는 한에서), 자신들의 행위들을 제한하기 위한 공동적 결정에 참여해야 한다는 가정적 의무에로 화제를 돌리자. 하트와 롤즈에서 이를 표명할 때, 공정의 원리는 이론의 여지가 있고 받아들일 수 없다. 그대 이웃사람들(모두 364 명이라 해 보자)의 일부가 확성기를 설치하고 이를 통해 연예 프로를 방송키로 결정했다고 해 보자. 그들은 매일 한 사람씩(그대를 포함해서) 담당자를 배당하여 그 배당표를 공지한다. 각자 배당된 날에 그 사람은 그 시설을 운영하며, 레코드를 틀어 주고, 뉴스 방송도 하고, 재미있는 이야기도 들려 주는 등의 일을 할 것이다. 139 일째에 그대에게 배당된 날이 온다고 해 보자. 이때 그대는 그대의 몫을 할 의무가 있는가? 그대는 가끔 창문을 열고 확성기를 들으면서 음악도 듣고, 재미있는 이야기에 폭소를 자아내기도 했으므로, 그대는 이 방송으로부터 이익을 보았다 해야 할 것이다. 다른 사람들은 자신들의 몫을 했다. 그러나 그렇다고 해서 그대 차례가 왔을 때 그를 행할 의무가 있다고 할 수 있는가? 분명 그렇지는 않다. 그대는 이 제도로부터 이익을 보았으나, 다른 사람들에 의해 제공된 364 일의 여흥이 그대의 소중한 하루의 값어치도 없다고 생각할 수도 있다. 그대는 그 여흥을 제공받는 대신 자신의 하루를 희생하느니, 차라리 전혀 그런 여흥이 없이 자신의 하루를 지키길 원할 수도 있다. 이런 선호가 있을 때, 어찌하여 그대에게 배당된 날이 왔을 때 꼭 참여하여야 할 이유가 있겠는가? 어느 때든 들 수 있는 라디오로부터 철학 강의를 듣는 것은 기분 좋은 일일 수 있다. 그러나 이는 그대가 프로그램의 담당자로서 그대의 하루 전부를 희생할 만큼 충분히 값있는 것은 아닐 수 있다. 그대가 무엇을 원하건 상관없이 타인들은 그들의 계획을 밀고 나가 프로그램을 시작함으로써 그대에게 의무를 지울 수 있는가? 이 경우 그대는 라디오를 꺼 버림으로써 여흥의 이익을 포기하길 선택할 수 있다. 그러나 다른 경우엔 이런 이익의 포기가 불가능할 수도 있다. 만약 매일 다른 사람들이 그대의 집앞을 포함해 거리 전부를

청소한다 해서, 그대 순서가 오면 그대도 그래야만 하는가? 그대가 깨끗한 거리를 그렇게 좋아하지 않을 경우에도? 공짜 이익을 취하지 않기 위해, 거리를 지날 때면 거리가 더럽다고 그대는 상상해야 하는가? 그대는 철학 강의를 듣기 위한 라디오 청취를 삼가야 하는가? 그대의 이웃이 자신들의 정원의 잔디를 가꾸는 회수만큼 그대 정원의 잔디를 가꾸어야 하는가?

우리는 최소한 다음의 조건을 공정의 원리에 첨가하고자 한다: 즉 타인의 행위에 의해 다른 한 사람에게 초래된 이익은 후자가 자신의 몫을 하는 데 드는 비용보다는 커야 한다는 조건. 우리는 이를 어떻게 상상할 수 있는가? 만약 그대가 그대 이웃의 확성기 시설을 통한 매일의 방송을 즐기긴 하나, 일년 내내 이 방송을 듣기보다는 하루 정도 하이킹 가기를 선호한다면 이 조건이 충족되는가? 그대가 방송을 하기 위해 하루를 희생하도록 의무지워지기 위해선, 적어도 그대가 일년내 방송 청취하는 것보다 좋아할 만한 것으로서, 그 하루를 이용해야 할 만한 것이 없어야 하지 않을까? 만약 방송 청취권을 얻을 유일한 방법이 그대가 이 제도에 참여하여 하루를 봉사하는 것인 경우, 이익이 비용보다 커야 한다는 조건이 충족되기 위해선, 그대는 다른 어떤 것을 하기보다는 방송을 위해 하루를 희생할 용의가 되어 있어야 한다.

公正의 원리가 이 매우 강한 조건을 포함하게끔 수정된다 해도 이는 아직도 불만스럽다. 그 이익들이 겨우 그대가 그대의 몫의 일을 하는 데 드는 비용을 보장해 줄 정도인 반면, 다른 사람들은 이 제도로부터 그대보다 훨씬 더 많은 이익을 얻을 수 있다. 가령, 그들은 방송 청취를 무엇보다도 소중히 여길 수 있다. 이 제도로부터 가장 적은 이익을 얻고 있는데도 그대는 동일한 양의 일을 해야만 하는가? 아마도 그대는 모든 사람이 다른 사업을 시작해 협동하여 그들의 행위를 규제하고 그 사업을 위해 희생하길 바랄 것이다. 그들이 너의 계획을 따르지 않는다(그래서 네가 취할 수 있는 다른 대안들을 제한한다) 할 때, 그들 사업의 이익이 그대에게 그대의 협동의 비용에 값함은 사실이다. 그러나 그들이 무시했거나 또는 그대가 보기엔 그들이 충분한 고려를 해 주지 않은 그대의 제안에 그들의 관심을 이끌기 위한 방책의 하나로, 그대는 협조하길 거부할 수 있다 (가령 그들이 라디오를 통해 방송하는 철학 강의 대신 탈무드 강의를 듣길 원할 수 있다). 그들의 제도에 그대가 협조함으로써 그대는 이를 변경시키거나 바꾸길 더 힘들게 만들 뿐이다.[4]

공정의 원리를 강제하는 것은 일견 반대의 여지가 있다. 그대는 나에게 가령 책을 주고, 내가 더 달리 돈을 유용하게 쓸 곳이 없는 경우라도, 나로부터 돈을 빼앗아 갈 수는 없다. 더 나아가, 나에게 책을 주는 그대의 행위가 그대에게도 이익이 된다면, 그대는 더욱 더 나로부터 책값을 요구할 이유가 없다. 가령 그대의 최선의 운동법은 다른 사람 집에 책을 던져 넣는 것이라든가, 다른 그대의 어떤 행위의 부수 효과의 하나가 책을 남에게 안기는 것이라든가 상상해 보라. 그대가 남에게 어쩔 수 없이 맡겨진 그 책들에 대한 대가를 징수할 수 없으므로, 이런 부수 효과를 갖는 그 행위를 계속하는 것이 그대에게 너무 많은 비용을 들게 하며 현명치 못한 행위라 할지라도 상황이 변하는 것은 아니다. 우리의 목표가 무엇이건간에 무작정 타인에게 이익을 줄 행위를 한 다음 그에 대한 대가를 요구할 수는 없다. 한 집단이라도 그러할 수는 없다. 그대가 사전의 합의 없이 공여한 이익에 대해 대가를 요구하고 그를 징수해선 안 된다면, 분명 공여하는 데 돈이 들지 않는 그러한 이익에 대해서도 그러할 수 없음은 명백하며, 더구나 공여 비용이 들지 않을 뿐 아니라 다른 사람들이 제공한 그러한 이익에 대해선 말할 것도 없이 그러할 수 없다. 수없이 많은 과거의 사람들이 많은 종류의 행위를 통해 형성한 현재의 생활 패턴과 형식들로부터, 즉 사회 제도들과 일의 처리 방식, 그리고 언어들(이의 사회적 성격은 우리의 현재 사용을 포함하며 이 사용은 타인들의 언어의 비트겐시타인적 부합에 의존한다)을 포함하는 형식들로부터 이익을 취한다는 점에서, 우리는 부분적으로 〈사회적 소산 social products〉임은 사실일지 모른다. 그러나 이 점이 사실이라 해서 우리가 어떤 일반적인 遊休負債를 지고 있고 현재 사회는 언제건 원하는 때에 이 부채를 징수하여 사용할 수 있는 것은 아니다.

아마도 이러한 그리고 이 비슷한 난점들에 부딪치지 않도록, 공정의 원리를 수정하여 표현할 수 있겠다. 확실하게 생각되는 것은, 그와 같은 원리가 가능하다 해도 그것은 매우 복잡하고 비비꼬여 있어, 자연 상태에서 생겨난 의무를 자연의 상태에서 강제 *enforcement* 하는 행위에 합법성을 부여하는 특수 원리와 이 원리를 결합시킬 수는 없겠다는 점이다. 그래서, 그 원리가 더 이상 반대의 요소가 없게 재표현되더라도, 협동하고 자신의 행동을 제한하겠다는 타인의 동의의 확보 필요성을 미연에 배제할 수는 없을 것이다.

절차적 권리들

이제 우리는 이전의 자립인에로 관심을 돌리자. 다른 非自立人의 두려움(아마 그들은 그렇게 걱정하지 않을 수도 있다)은 별도로 하더라도, 막 처벌을 받게 될 사람은 스스로를 방어하지 않을까? 그는 처벌이 일어나도록 허용하고 추후 그가 이 처벌이 부당함을 보인 연후에 보상을 받아내야 하는가? 그러나 누구에게 보인단 말인가? 자신이 무죄임을 그 스스로 안다면, 그는 즉각 보상을 요구하고 이를 받아낼 자신의 권리를 행사해야 하는가? 절차적 권리, 죄의 공개적 입증 등의 개념들은 自然狀態論에서 불명확한 위치를 차지하고 있다.

各人은 유죄 여부 결정을 위한 알려진 절차들 중에서 가장 덜 위험스러운 방식에 의해 자신의 유죄 여부가 결정되길 원할 권리가 있다고 생각할 수도 있다. 다음은 잘 알려진 금언이다 : n명의 무죄한 사람들이 처벌되기보다는 m명의 죄 있는 사람들이 석방되는 편이 낫다. 이런 유의 금언은 각 경우의 n에 대해 m과 n의 비율(즉 m/n)에 대해 상한선을 제안할 것이다. 이 금언은 m은 괜찮으나 $m+1$은 지나치다고 말할 것이다(각 체계는 서로 다른 범죄에 대해 서로 다른 상한선을 선택할 수 있다). 절차의 각 체계가 무죄한 자를 죄 있는 자로 그리고 죄 있는 자를 무죄한 자로 판정할 정확한 확률을 아는 것은 거의 불가능하나, 이것이 가능하다 가정할 때,[5] 우리는 두 종류의 誤判의 장기적 비율이 우리가 받아들일 수 있는 최고의 비율보다는 작으나 이에 가장 가까이 가는 그러한 절차들을 선택할 것이다. 그러나 어디에서 그 비율을 결정할지는 전혀 확실치 않다. 한

명의 무고한 사람에게 벌을 주기보다는 몇 사람이라도 죄 있는 사람을 석방시키는 것이 더 낫다는 주장은, 생각컨대, 처벌 제도를 전혀 갖지 말자는 주장과 다름이 없는 듯하다. 우리가 생각할 수 있는 어떠한 처벌의 체계도 무고한 사람을 처벌할 위험성은 조금이나마 갖고 있으며, 이 제도가 많은 수의 사람들을 대상으로 할 땐, 분명 그러할 것은 틀림없기 떄문이다. 그리고 어떠한 체계 S 도, 이에 S 에 의해 유죄로 판정된 자가 실제 처벌될 확률이 0.1인 룰렛 절차7)를 덧붙임으로 해서 무죄한 자를 처벌할 확률이 보다 작은 체계로 변형시킬 수 있다(이 절차는 반복적이다).

만약 자립인의 처벌 절차가 무죄한 자를 처벌할 확률을 너무 높이 갖고 있다 하여 반대한다면, 어떤 확률이 너무 높은 것인가를 어떻게 결정할 것인가? 우리는 각 개인이 다음의 추론 과정을 거친다고 상상할 수 있다 : 절차적 안전판이 크면 클수록 내가 부당하게 유죄 선고를 받을 확률은 적어지고, 또한 유죄한 자가 석방될 확률은 커진다 ; 해서 그 체계가 범죄를 효율적으로 방지할 여지는 더욱 적어지고 따라서 내가 범죄의 피해자가 될 가능성은 더 커진다. 한 체계는, 내가 부당하게 처벌을 받거나 범죄의 희생자가 됨으로써 응분의 것이 아닌 손해를 내가 입을 기대치를 최소화할 때 가장 효율적이다. 만약 우리가 상황을 매우 단순화하여 벌칙과 희생의 비용이 비슷하다고 가정한다면, 사람들은 다음의 가장 엄격한 지점에 안전판을 정립하길 원하리라 : 그 지점이란 이를 낮출 때 이 낮춤이 범죄에 의해 희생이 될 가능성을(범죄 방지책이 이에 의해 강화됨으로써) 낮추는 정도보다 더 큰 정도로 부당하게 처벌될 가능성을 높이는 지점이며, 그의 상향 조정이 무죄임에도 처벌될 가능성을 낮추는 정도보다 더 큰 정도로 범죄에 의해(범죄 저지책이 이에 의해 약화됨으로써) 범죄의 희생자가 될 가능성을 높이는 그러한 지점이다. 사람마다 유용성의 기준은 다르므로, 그러한 기대치 계산을 하는 여러 개인들이 동일한 절차에 동조하리라 기대할 이유는 없다. 더

---

7) 유죄 판결이 난 자의 사형 집행시, 10개의 탄창 중 한 군데에만 실탄이 든 권총을 사용하여 空砲가 발사된 경우, 처벌을 면제해 주는 제도를 지칭하고 있는 듯하다.

나아가, 어떤 사람들은 죄 있는 사람들이 처벌받는 것이 그 자체로서 중요하다 생각하며 이를 관철하기 위해 그들 자신이 처벌될 가능성의 증가를 감수할 용의를 갖고 있다. 이 사람들은, 한 절차가 죄 있는 사람들이 처벌받지 않을 가능성을 크게 한다면, 이를 결함으로 생각하고, 이의 저지 효과와는 별개로, 이를 그들의 계산에 감안할 것이다. 관대하게 보아도, 자연법의 어떤 단서가 그러한 고려 사항들에 어느 정도의 무게를 주어야 할지의 문제를 해결할지(그리고 한다고 알려질지), 또는 한 범죄의 피해자가 되는 것에 비교해서 무고하게 처벌받는 것이 어느 정도 심각한가에 대한 사람마다의 다른 평가들을 조정할지는 매우 의심스럽다. 세상 일이 최선의 방향으로 움직여 간다 해도, 사람들은 무고한 자가 처벌될 서로 다른 확률을 산출하는 서로 다른 절차를 취할 것이다.

내 생각으로는, 한 절차가 그대가 최선으로 생각하는 절차보다 무고한 자를 처벌할 확률에 있어 약간 높다는 이유만으로는 타인이 그 절차를 사용하지 못하게 금지할 권리는 누구에게도 없다. 결국 그대의 최선의 절차도 그 사람이 볼 때는 마찬가지 입장에 있다. 다수의 사람들이 그대의 절차를 사용한다 해도 문제는 변하지 않는다. 자연 상태의 사람들은 그들 자신의 것의 〈근처〉에 있는 절차들의 사용을 용인해야(즉 금지하지 말아야) 할 것으로 보인다. 그러나 훨씬 더 위험한 절차의 사용은 금지될 수 있다. 두 집단이, 자신의 절차는 믿을 만하나 다른 집단의 것은 매우 위험하다고 믿을 경우, 심각한 문제가 발생한다. 이 불일치를 해소하려는 어떤 절차도 효과가 없을 가능성이 많다. 그리고 옳은 집단이 승리해야 한다는 非절차적 원리의 제시도, 각 집단이 자신이 옳다 굳게 믿고 그 원리에 기반해 행동하는 한, 평화를 가져올 것 같지는 않다.

진지하며 선의의 사람들이 의견의 차이를 보일 때, 그들은 자신들의 차이점을 해소할 어떤 절차를, 즉 모두 믿을 만하며 공정하다고 그들 모두가 동의할 절차를 틀림없이 받아들일 것이라고 우리는 생각하기 쉽다. 여기서 우리는 이 불일치가 결국 절차들의 사다리 저 위 끝까지 우리를 끌고 갈 가능성을 본다. 또한 그러한 절차에 의해 불리한 결정이 내려질 때 사람들은 이 결정에 의해 문제를 처리하길 거부할 수 있다. 특히 그 불리한 결정의 수락이 분열이나 그 결정을 거부하는 데 드는 비용보다 나쁠 때, 즉 그 잘못된 결정이 타방과의 갈등보다 나쁠 때는, 특히 더 거부할 수 있다. 양 당사자가 어떤 절차가 내린 불리한 결정보다는 갈등이 바람직하다 생각하는 그러한 상황을 상상함은 유쾌한 일은 아니다. 각자는 옳은 자는 행위해야 하며 타방은 양보해야 한다고 생각한다. 제3자가 나서서 〈여보게, 그대들은 모두 자신이 옳다 생각하니 이 생각을 따를 양이면 그대들은 서로 싸워야 한다. 그러므로 그대들은 이견을 좁힐 어떤 절차에 동의해야 한다〉고 말해 보았자 별무 소용이다. 왜냐하면 각자는 분쟁이, 지는 것보다는 낫다고 믿기 때문이다.[a] 그리고 이 상황에서 옳은 것은 어느 한쪽일 것이다. 그렇다면 옳은 쪽은 이 갈등을 감내해야만 하지 않을까? 적어도 옳은 쪽은 갈등을 감내해야 하지 않을까? (물론 양쪽 모두가 옳은 쪽은 자신이라 생각할 것이다.)

---

a) 무엇이 더 나은가에 관한 그들의 계산은 그들이 성공할 확률을 포함해야 하는가? 분쟁의 이 측면을, 不義의 확률이 명확한 不義만큼이나 나쁜 것으로 생각되는, 어떤 목적을 위한 것인, 그러한 측면으로 정의하려는 경향이 있다. 확률이 불의의 도덕적 무게와 어떻게 상호 작용하는가에 관한 이론은 심각히 요청된다.

　　문제를 분쟁의 이익이 이의 비용 이상인가의 문제로 취급함으로써 本文은 문제를 너무 지나치게 단순화했다. 단순한 비용과 이익의 원리 대신, 올바른 원리는 행동이 도덕적으로 허용될 수 있기를, 즉 단지 그 행동의 도덕적 이익이 이의 도덕적 비용 이상일 뿐 아니라, 더 적은 도덕적 비용을 치르고는 다른 가능한 행동이 없어서 계획된 행동의 다른 것에 대한 추가적 도덕적 비용이 이의 추가의 도덕적 이익 이상이어야 한다. (이 문제에 관한 자세한 논의는 나의 다음 논문을 보라. "Moral Complications and Moral Structures," *Natural Law Forum*, 1968, pp. 1~50. 특히 원리 VII의 논의 참조.) 害와 불의의 도덕적 무게에 관한 이론을 가진 원리를 어떤 구체적 확률들과 결합하며, 그 원리를 명백히 확률화하면, 우리는 많은 주제의 논의를 진전시킬 수 있겠다. 나는 여기에서 미리 섭사리 떠오르지 않을 법한, 한 적용 예만을 언급하겠다. 종종 사람들은 생각하기를, 도덕적 입장인 평화주의적 입장만이 절대적으로 폭력적인 행위를 금지한다 생각한다. 평화적 방법의 효율성을 고려하는 여하의 평화주의적 입장에도 도덕적이기보다는 전략적이라는 딱지가 붙는다. 그러나 한 평화주의자가, 상당히 효과적인 어떤 방법이 주어질 수 있으므로(가령, 시민의 불복종, 비폭력적인 방어, 간디의 무저항주의 등등) 전쟁을 준비하거나 하는 것은 도덕적으로 그르다 말한다면, 그는 도덕적이며 동시에 평화주의적 방책의 효율성에 관한 사실에 호소하는 포괄적인 입장을 제시하는 것이다. 다양한 행동들(전쟁, 평화주의적 수단)의 효과에 관해 확신할 수 없으므로, 非평화주의적 행위들이 도덕적으로 허용될지에 관한 도덕적 논의를 규제하는 원리는 위에 개략적으로 기술된 원리(원리 VII)의 확률화된 형태이다.

사람들은 그 절차가 어떤 것이건 어떤 절차를 채택해 이 고통스러운 상황을 벗어나려 할 수도 있다(절차 적용의 한 가능한 결과는 그 절차 자체의 거부일 수 있을까?). 일부의 사람들은 국가를, 도덕적 결정의 궁극적 부담을 이전시켜 개인들 사이의 그러한 갈등을 해소시키기 위한 장치로 간주한다. 그러나 어떤 유의 사람들이 그와 같이 권리 포기를 하겠는가? 누가 모든 결정을 외부적 절차에 위임하고 그 어떤 결과가 나오건 받아들이겠는가? 그와 같은 갈등의 가능성은 인간 조건의 일부이다. 이 자연 상태에서의 문제는 피할 수 없는 것이나, 제도를 적합하게 손질하기만 하면 이 문제는 자연 상태에서라도 국가 제도하에서(여기서도 역시 갈등은 존재하는데) 보다 더 급박한 것이 아닐 수 있다.[6]

   어떤 결정이 외부의 강제적 절차에 위임되어야 할 것인가의 문제는, 그 자신 무죄임을 스스로는 알고 있는 범죄를 뒤집어쓰고 처벌을 받는 사람이 어떤 도덕적 의무를 지고 있는가 하는 흥미있는 문제와 연결된다. 절차적 측면에서는 부당함이 없는 사법 제도가 그를 종신형 또는 사형을 언도했다고 해 보자. 그는 도망가도 좋은가? 그는 탈주하기 위해 타인을 해쳐도 좋은가? 이 질문들은 타인(B)을 부당하게 공격하는 어떤 사람(A)이, 그 타인(B)이 자기 방어 과정에서 그 공격자(A)의 생명을 위협할 때, 자기 방어로서 그 타인의 살해를 정당화할 수 있는가의 질문과는 다르다. 이 경우 대답은 〈할 수 없다〉는 것이다. 그 공격자(A)는 애초에 B를 공격하지 말았어야 했으며, 그가 선제 공격을 하지 않으면 타인이 그를 죽일 듯이 위협하리라 해서 이 상황이 그로 하여 공격하게 허용하는 것은 아니다. 그가 할 일은 그런 상황으로부터 벗어나는 것이다; 그가 벗어나지 못하면 도덕적으로 불리한 입장에 있게 되는 것은 그 자신이다. 자신의 조국이 전쟁에서의 공격자임을 알고 있는 병사들이 있다 하자. 이들은 군사 시설을 방어하던 중 피공격국의 비행기가 설혹 그들을 폭격하려 한다고 해도, 그들은 그 적기를 대공포로 쏘아대선 안 된다. 그것이 설혹 자기 방어라도 그렇다. 자기편의 명분이 정당한지의 여부를 결정할 책임은 병사의 것이며, 문제가 설혹 복잡하게 뒤엉켜 있다 해도 그는 그 책임을 그의 지도

자에게 위임해선 안 된다. 왜냐하면 그 지도자는 분명 자기 쪽의
명분이 정당하다고 말할 것이므로. 병역에 대한 양심적 반대자의,
자신은 싸우지 않을 도덕적 의무가 있다는 주장은 맞을 수 있다 ;
그리고 만약 그가 옳다면, 다른 복종적인 병사가 도덕적 의무에
의하면 하지 말아야 할 것을 한 데 대해 처벌받아야 하지 않을까?
이렇게 해서 우리는 어떤 책임은 우리의 각자가 지고 있다는 결론
에 귀착한다. 그리고 우리는 어떤 병사들은 스스로 생각할 수 없
다는 엘리트적 윤리관을 거부한다(분명 전쟁의 규칙내에서의 자신들의
행위에 대한 책임을 회피하기 위한 방책으로 스스로 생각한다는 식의 태도
를 권장하는 것은 아니다). 우리는 왜 정치적인 영역이 예외적인지의
이유를 알지도 못한다. 정확히 표현하면, 한 사람이 정치적 지도자
의 지시나 명령하에 정치적 동기에서 다른 사람들과 함께 어떤 행
위를 수행했다 해서, 그 행위에 대한 책임을 면제받아야 할 이유를
우리는 알지 못한다. [7]

우리는 이제까지 타인의 正義의 절차가 그대의 그것과는 다름을
그대가 알고 있다 가정했고, 이 가정은 부정적 결론을 이끌었다. 이
제 그대가 타인의 정의의 절차에 관해서 믿을 만한 지식을 갖고 있지
않다고 가정해 보자. 이 경우, 그대나 그대의 보호 대행 업소가 타인
의 절차가 믿을 만한지의 여부를 모른다는 단지 그 이유에서 자기
방어를 위해 그를 제어하고 그대의 보호 대행 업소로 하여금 그대
대신 행동하게 할 수 있는가? 그대는 그대의 유죄 또는 무죄 또는
처벌량을 믿을 만하고 공정한 것으로 알려진 제도에 의해서 결정하
게 할 권리를 갖는가? 누구에게 알려진 것이란 말인가? 그 제도를
구사하는 자는 그것이 믿을 만하고 공정하다고 알 것이다. 그대는
그대의 有罪 여부 그리고 처벌량을 그대가 알기에 믿을 만하고 공
정한 제도에 의해 결정할 권리를 갖고 있는가? 어떤 사람이 오직
거북점의 사용만이 믿을 만하다 생각하거나 또는 타인의 결정 절차
에는 관심을 가질 수 없고 따라서 그 절차가 믿을 만한지의 여부를
알 수 없다고 할 때 그의 권리는 침해되는가? 사람들은 국가를,
신빙성과 공정성에 관한 의심점들을 권위 있게 해소시켜 줄 기관
으로 생각할 수 있다. 그러나 물론 국가가 그 의심점들을 해소시켜

주리라는 보장도 없다(예일大 총장은 흑표범단ㄴ)이 공정한 재판을 받을
수 있으리라 생각하지 않았다). 그리고 국가가 다른 제도보다 더 효
과적으로 문제를 해결하리라고 생각할 이유도 없다. 자연권의 전
통은, 자연 상태에서 절차적 권리는 정확히 무엇이었는지, 사람
이 어떻게 행위해야 하는가를 규정하는 원리들이 이 원리의 제항목
에 내포된 지식을 어떻게 확보했는지, 등등에 관해 별 도움을 주
지 않는다. 그러나 이 전통에 서는 사람들은 절차적 권리가 존재
하지 않는다고 주장하진 않는다. 즉 믿을 수 없고 공정치 못한 절
차에 의해 자신이 처리됨으로부터 스스로를 방어해서는 안 된다고
주장하지는 않는다.

支配的 보호 대행 업소는 어떻게 행위할 수 있는가 ?

그렇다면 한 지배적 보호 대행 업소가 다른 개인들을 금지하여 못
하게 할 수 있는 바의 것은 무엇인가? 이 지배적 보호 업소는, 자
신의 고객에게 적용될 여하한 정의의 절차건, 이를 판단할 권리를
보유할 수 있다. 이 업소는 자신이 판단하기에 신빙성이 없고 불공
평한 절차를 자신의 고객에 적용하려는 누구도 처벌하겠다 공언하
고 이 공언에 따라 행동할 수 있다. 이 업소는 자신이 이미 신빙성
없고 불공평한 것으로 알고 있는 절차를 자신의 고객에게 적용하는
그 누구도 처벌할 것이며, 그러한 절차의 적용으로부터 자신의 고객
을 보호할 것이다. 하지만 이 업소는 자신이 처벌 당시엔 아직 믿을
만하고 공정한 것으로 승인하지 않은 절차를 자신의 고객에 적용하는
그 누구도 처벌하겠다고 공언할 수 있을까? 이 업소는 자신의 고객
에게 적용될 모든 절차에 미리 판정을 내려, 미리 자신의 승인을 받
지 못한 그 어느 절차라도 자신의 고객에 적용하는 사람을 처벌할 수
있는가? 분명한 것은, 개인들 자신은 이런 권리를 갖고 있지 않다.
어느 개인도 자신의 승인을 받지 않은 정의의 절차를 자신에게 적용
하는 자를 처벌할 수 있다면, 타인의 정의의 절차를 승인하길 거부
하는 범죄자는 그를 처벌하려는 그 누구도 합법적으로 처벌할 수 있

ㄴ) 1966년 미국 알라바마주에서 일어난 흑인들의 선거 명부 등록 운동 조직으로,
한때 흑인 해방 운동의 정치 결사 조직으로 전투적인 활동을 했음.

을 것이다. 보호 대행 업소는 이런 식으로 자신의 고객에 편파적이진 않으므로, 이는 이런 처벌을 합법적으로 할 수 있다 생각될지 모르겠다. 그러나 이런 불편 부당성이 지켜지리라는 보장은 없다. 先在하는 개인들의 권리의 결합으로부터 그런 새로운 권리가 우러날 수 있는 방식을 우리는 알고 있지도 않다. 우리는 유일의 지배적 보호 대행 업소를 포함해서 어느 업소도 이런 권리를 갖고 있지 않다고 결론내려야겠다.

모든 개인들은 다음의 권리를 갖고 있다 : 자신에게 적용될 정의의 절차가 믿을 만하고 공정함(또는 사용되고 있는 다른 절차보다 덜 그러하지 않음)을 입증하기에 충분한 정보가 그에게 공개되거나 그가 알 수 있는 것이어야 한다는. 즉 그는 자신이 어떤 믿을 만하고 공정한 제도에 의해 대접받고 있음을 알 권리가 있다. 이 권리가 충족되지 않을 때 그는 자기 방어를 하고 상대적으로 未知인 제도의 적용을 거부해도 좋다. 정보가 공개되고 그가 이를 접할 수 있을 때, 그는 그 절차의 신빙성과 공정성에 관해 알 수 있는 입장에 있다.[8] 그는 이 정보에 따라 한 체계를 검토하고 이 체계가 신빙성 있으며 공정하다 판단될 때, 그는 이 체계에 승복해야 하며, 신빙성이 없으며 부당하다 판단될 때 거부해도 좋다. 그의 승복은, 타인이 이 제도를 사용한다 해서 그 타인을 처벌하지는 않을 것임을 의미한다. 하지만 그는, 자신이 무죄라는 논거에서, 이의 개별적 결정은 거부할 수 있다. 그가 원한다면, 그는 자신의 유죄 또는 무죄를 결정하는 그 절차에 참여할 필요가 없다. 하지만 그 과정에 참여하여 자기 변호를 하면 무죄 판명의 가능성이 증가할 수도 있으리라는 타산적 계산에 따라 그 과정에 참여할 수도 있다.

원리는, 타인이 한 사람에게 믿을 만하지 않고 공평하지도 않은 정의의 절차를 적용할 때 후자는 자기 방어로써 항거할 수 있다는 것이다. 이 원리의 적용에 있어, 한 개인은 양심적인 숙고에 따라 그가 믿을 수 없고 불편 부당하다고 판단하는 그런 제도를 거부할 것이다. 한 개인은 자신의 보호 대행 업소에 권한을 위임하여 자기 대신 신빙성과 공정성의 유무 여부가 아직 알려지지 않은 그러한 절차의 적용을 거부케 하고 실제로 신빙성 없고 공정치 못한 그 어떤 절차도 거부케 할 수 있다. 제2장에서 한 일정 지역에서 하나의 보호 협회가 지배적이 되게 할, 상호간의 분쟁을 규칙을 사용하여 평화적으로 해결하는 즉 보호 협회의 지배적 연합에로 이끄는 그러한 과정을 기술한 바 있다. 이 지배적인 보호 협회는, 그의 신빙도와 공정성에 관한 충분한 정보가 주어져 있지 않은 그 어떤 절차라도, 자신의 회원에게 적용함을 금지할 것이다. 이 협회는 또한 어떤 사람이라도 믿을 수 없거나 부당한 절차를 자신의 회원들에게 적용함을 금지할 것이며, 이는 다음을 의미한다 : 그들이 이 원리를 적용하고 있으며 그럴 힘이 있으므로, 다른 사람들은 보호 협회가 믿을 수 없고 부당한 것으로 간주한 절차를 협회의 회원들에게 적용함을 금지당하고 있음을. 이 체계의 작동을 피할 가능성을 배제할 때, 이 금지 사항을 위반하는 자는 처벌받을 것이다. 보호 협회는 믿을 만하고 공정하다고 생각되는 절차의 목록을(그리고 그렇지 못한 절차의 목록을) 발간할 것이며, 그리고 이 협회가 알려져 있긴 하나 승인된 목록에는 아직 오르지 않은 어떤 절차를 적용하려고 한다면 그것은 무모한 일일 것이다. 한 협회의 고객들은 믿을 수 없는 절차를 채용치 못하게 하는 데 자신들의 협회가 최선의 노력을 할 것을 기대하므로, 그 협회는 자신의 목록을 항상 개정하여 공적으로 알려진 모든 절차들을 커버하도록 할 것이다.

절차적 권리가 존재한다는 우리의 전제가 우리의 논변 구성을 너무 안이하게 하지 않는가 생각될지 모르겠다. 타인의 권리를 침해한 사람이 이 사실이 믿을 만하고 공정한 절차에 의해 결정되어야 한다고 요구할 권리를 갖는가? 믿을 수 없는 절차는 너무 자주 무고한 자를 유죄로 판결케 함은 사실이다. 그러나 그런 신빙도 낮은 절차를 유죄인 자에게 적용함은 그의 권리의 침해라 할 수 있을까? 그는 자기 방어로써 그런 절차의 자신에의 적용을 거부할 수 있는가? 그렇다고 하면 그가 그에 대해 스스로를 방어하고 있는 그것은 무엇인가? 그가 마땅히 받아야 하는 처벌을 받을, 너무 높은 가능성? 이런 질문들은 우리의 논변을 위해 중요하다. 죄 있는 자는 그런 절차에 대해 자신을 방어할 수 없으며 타인이 그런 절차를 자신에 대해 적용했다고 해서 그를 처벌할 수 없다고 해 보자. 이 경우 자신의 고객이 유죄임이 드러날지의 여부와는 상관 없이, 보호 대행 업소는 자신의 고객을 그런 절차로부터 방어해 타인이 자신의 고객에게 그런 제도를 적용한 데 대해 그를 처벌할 수 있는가? 보호 협회가 갖는 유일의 권리는 오직 그의 고객이 그에게 위임한 것이라는 점을 염두에 두어야 한다. 그러나 죄 있는 고객이 그러한 권리(위임할)를 갖고 있지 않다면, 그는 이를 업소에 위임할 수도 없다.

그 업소는 물론 자신의 고객이 유죄인지의 여부를 모르나, 반면 그 고객은 자신이 유죄임을 안다고 가정해 보자. 그러나 이 차이는 필수적인 차이를 만드는가? 무지한 업소는 자신의 고객이 무죄라는 전제하에 일을 진행시킬 것이 아니라, 고객의 유죄 여누를 수사할 의무가 있지 않는가? 업소와 고객간의 유죄 여부 인식에 있어서의 차이는 다음의 차이를 결과할 수 있다 : 어떤 상황에선 그 보호 업소는 벌칙의 부과로부터 자신의 고객을 보호함과 동시에 즉각적으로 그의 유죄 여부를 수사할 수 있다. 만약 그 업소가 처벌자가 믿을 만한 절차를 사용했음을 안다면, 그 업소는 그 자의 유죄 판결을 받아들이며, 이 업소는 그의 고객이 무죄하다는 전제하에 개입할 수는 없다. 반면 그 업소가 처벌자가 사용한 절차가 믿을 만하지 않다고 생각하거나 어느 정도 믿을 만한지 알지 못할 경우는, 자신의 고객이 유죄라 미리 단정할 필요가 없으며, 업소는 사태를 그 스스로 수사해 볼 수 있다. 수사 결과 자신의 고객이 유죄임이 드러난다면, 그 고객이 처벌되도록 허용한다. 벌칙의 실제 부과로부터 고객을 이와 같이 보호하는 것은 다음의 것 이외엔 별 문제를 야기하지 않는다: 즉 보호 협회가 자신의 고객의 유죄 여부를 밝히는 동안 장차의 처벌자가 이 처벌을 연기함으로써 입는 손해에 대해 보상해야 하느냐의 문제. 신빙도가 낮은 절차의 사용자에 대해선 연기 때문에 생긴 손해에 대해 보호 업소가 보상해야 할 것으로 생각되며, 그리고 그 신빙도가 알려지지 않은 절차의 사용자에 대해선, 만약 그 절차가 실제로 신빙도가 있는 경우엔 완전 보상을, 만약 그렇지 않은 경우엔 초래된 불리점에 대해서만 보상해야만 한다(그러나 남는 문제는 절차의 신빙성 여부를 입증해야 할 측은 누구냐는 것이다). 업소는

자신의 무죄를 주장한 고객으로부터 이 보상액에 해당하는 금액을
(강제로) 징수할 수 있으므로, 이 보상 제도는 거짓된 무죄 탄원에
대한 일종의 방지책 역할을 하리라. [b]

벌칙의 부과로부터의 협회의 잠정적 보호와 방어의 문제는 비교적
간단하다. 그러나 벌칙이 부과된 후에 협회가 취해야 할 적합한 행
동의 문제는 덜 그러하다. 만약 처벌자의 절차가 믿을 만했다면, 협
회는 그 처벌자에 反해서 행동하지 않는다. 그러나 신빙성 없는 절
차에 의거해 그의 고객을 처벌하는 사람을, 업소는 처벌할 수 있는
가? 자신의 고객이 유죄인지의 여부와는 상관 없이 업소는 그 처벌
자를 처벌할 수 있는가? 또는 업소는 그 자신의 신빙성 있는 절차
를 사용해 그 고객의 유죄·무죄를 결정하기 위해 수사해야 하며,
그 고객의 무죄임이 확인될 때에만 그 처벌자를 처벌할 수 있는가?
(아니면 만약 업소가 고객의 유죄를 밝힐 수 없을 때에만?) 보호 협회는
어떤 권리를 갖기에, 자신의 고객의 유죄 여부와는 상관 없이, 자
신의 고객을 신빙도 낮은 절차를 사용해 처벌하는 자는 모두 처벌하
겠다고 공언할 수 있는가?

신빙성 없는 절차를 사용해 이른 결론에 따라 행동하는 사람은,
그 절차가 특정 경우에 오발하건 않건, 타인들에게 위협을 안긴다.
러시안 룰렛을 타인에게 행하는 사람은 그가 방아쇠를 당겨 총탄이
나오지 않는다 해도 타인에게 위험을 안긴다. 보호 협회는 정의를
신빙성 없게 집행하는 자를 어떤 위험한 행위의 수행자와 동일하게
취급해도 좋다. 우리는 제4장에서 위험한 행위에 대한 일련의 반
응들——서로 다른 상황에 적합한——을 구분하였다 : 금지, 그의 경
계가 침범된 자에 대한 보상, 월경의 위험을 감수해야 하는 모든 사

---

b) 의식 불명 상태에 있어 고객 스스로 자신이 유죄인지 무죄인지를 말할 수 없는
경우, 그는 의심할 바 없이 자신의 대행 업소에 권한을 위임하여 본문에 기술된
바대로 진행케 할 것이다. 그리고 업소가 장차의 처벌자에게 지불하여야 하는 여
하의 보상액을 갚을 것에 동의할 것이다.
　무죄 환원에 대한 이런 방지책은 또한 반대 증거가 압도적인 죄 없는 사람들
이 자신의 무죄를 탄원치 못하게 저지할 수도 있다. 이런 경우는 많지 않겠으
나, 그의 유죄가 그가 무죄를 탄원한 후에도 합리적인 의심의 대상이 되지 않
는 *beyond reasonable doubt* 것으로 밝혀지더라도 그가 위증죄로 처벌되지 않
는 이유는 이런 바람직하지 않은 저지 효과를 피하기 위해서일 것이다.

람들에 대한 보상. 믿을 만하지 못한 정의의 행사자는 타인이 두려워하는 행위를 하거나 그렇지 않거나이다 ; 그리고 이 행위는 이전의 不義에 대한 보상을 얻기 위해서 취해진 것이거나 또는 복수하기 위해서이다. [9] 정의 집행에 있어 믿을 만하지 않은 절차를 취하긴 했으나 非공포적 행위를 한 사람은 추후에 처벌되지 않을 것이다. 만약 그가 행동을 취한 그 자가 죄가 있고 취해진 보상이 적합했다면, 더 이상 문제는 확산되지 않을 것이다. 그러나 그가 처벌한 그 자가 무고한 경우, 이 믿을 만하지 못한 정의의 집행자는 자신의 행위에 대해 그 무고한 자에게 충분 보상을 해야 한다.

다른 한편으로, 믿지 못할 정의의 집행자는 두려움의 대상이 될 그러한 결과를 낳는 행동을 취하지 못하도록 금지될 수 있다. 왜? 만약 일반적 공포를 야기할 만큼 자주 그런 행위가 취해지는 경우라면, 바로 이 보상되지 않는 일반적 공포를 피하기 위해서 그런 믿지 못할 정의의 집행은 금지될 것이다. 드물게 취해지는 경우라도, 그 믿지 못할 정의 집행자는 무고한 사람에게 이 가공할 결과를 야기한 데 대해 벌을 받아야 한다. 그러나 그 믿지 못할 정의 집행자가 드물게 행위했고 일반적 공포를 야기시키지도 않는다면, 유죄인 사람에게 가공할 귀결을 야기한 데 대해 왜 그가 처벌받아야 할까? 죄 있는 자를 처벌한 데 대해 믿지 못할 처벌자들을 처벌하는 체계는, 그들이 자신들의 믿지 못할 절차를 아무에게나 적용하여 무고한 자를 처벌하지 못하게끔 저지하는 데 큰 도움이 된다. 그러나 이런 저지에 도움이 된다 해서 모든 것이 과해질 수는 없다. 문제는 유죄로 판명된 자를 믿지 못할 방식으로 처벌한 자를 사후에 처벌하는 것이 이 경우 합법적이냐는 것이다.

어느 누구도 타인을 처벌해야 할지를 결정하기 위해, 상대적으로 신빙성이 낮은 절차를 사용할 권리는 없다. 그런 절차를 사용할 때, 그는 타인이 처벌을 받아 마땅한지를 알 수 있는 입장에 있지 않은 것이다. 따라서 그는 그를 처벌할 권리가 없다. 그러나 우리는 어떤 근거에서 이를 말할 수 있는가? 그 타인이 범죄를 저질렀다면, 우리 모두는 자연 상태에서 그를 처벌할 권리를 지니지 않을까? 그러므로 이 타인이 범죄를 저질렀다는 사실을 모르는 사람도 그 권리를 갖지 않을까? 여기에서 우리는 인식적인 고려 사항을 어떻게 권리의 개념과 결합시킬지에 관한 용어상의 문제에 접하게 된다. A가 어떤 사실을 알지 못하면 A는 어떤 것들을 할 권리가 없다고 우리는 말해야 할까, 아니면 A는 권리를 갖긴 하나 그 사실들을 앎이 없이 그 권리를 행사하면 그르다 말할 것인가? 한쪽을 택하는 것이 보다 깔끔할지 모르겠으나 우리는 우리가 원하는 모두를 다른 방식으로 말할 수 있다; 두 표현 양식 사이에 단순한 번역법의 존재한다.[10] 우리는 후자의 표현법을 선택할 것이다; 이것이 우리의 논변을 덜 강력한 것으로 보이게 하므로. 도둑이 훔친 물건은 누구든 취할 권리가 있다고 가정할 때, 이 후자의 표현법에 의하면, 그 물건이 장물임을 알지 못하고 그 물건을 도둑으로부터 취하는 사람은 그 물건을 가질 권리가 있다; 그러나 그는 이 권리를 갖고 있음을 알지 못했으므로 그가 그 물건을 취함은 그릇되며 허락될 수 없다. 도둑의 권리가 침해되지 않았다 해도, 두 번째 도둑은 이 점을 몰랐으며 해서 그는 그릇되게 그리고 허락되지 않는 방식으로 행위했다.

이런 용어상의 포크를 들고 우리는 다음의 越境에 관한 認識的 원리를 제안할 수 있겠다 : 만약 조건 C가 충족되지 않는 경우 A의 수행이 Q의 권리를 침해한다면, 그러면 C가 충족됨을 알지 못한 자는 A를 해선 안 된다. 어떤 사람이 죄가 없는 경우 그를 처벌함이 그의 권리의 침해임을, 모두가 안다고 가정할 수 있으므로, 우리는 다음의 보다 약한 원리로 만족할 수 있다 : 만약 조건 C의 충족 없이 A를 행함은 Q의 권리를 침해함이라는 점을 어떤 사람이 안다면, C가 충족됨을 알지 못할 경우 그는 A를 행해선 안 된다. 보다 더 약하나 우리의 목적을 위해서 충분한 원리는 다음과 같다 : 조건 C의 충족 없이 A를 행함이 Q의 권리를 침해함이라는 점을 어떤 사람이 안다면, C가 충족됨을 확인할 수 있는 가능한 최선의 방법을 동원해 이를 확인하지 않는 경우 그는 A를 행할 수 없다. (이 후자의 弱化는 또한 인식론적 회의주의와 관련된 다양한 문제들을 회피케 해 주는 이점이 있다.) 어느 누구도 이 금지 조항의 위반자를 처벌할 수 있다. 보다 정확히 말하면, 누구라도 위반자를 그렇게 처벌할 권리가 있다 ; 사람들은, 그 자신이 금지 조항을 거스르지 않는 경우에만, 즉 그 자신이, 다른 사람이 이 금지 조항을 위반했음을, 확인할 수 있는 최선의 방법을 동원해 확인한 경우에만 그러할 수 있다.

이 견해에 따르면, 우리가 하도록 허락될 수 있는 것은 타인의 권리에 의해서만 제약되진 않는다. 믿을 만하지 못한 절차를 사용하는 처벌자는 죄 있는 자의 권리를 위반한 것은 아니나, 그럼에도 그는 그를 처벌할 수 없다. 이 과외의 여지는 인식적 고려 때문에 생겨난 것이다(이 여지의 영역은, 우리가 〈주관적 당위 *subjective-ought*〉와 〈객관적 당위 *objective-ought*〉에 관한 여러 고려점들의 늪지를 피할 수만 있다면, 비옥한 곳이리라). 이 해석에 따르면, 사람들은 오직 비교적 믿을 만한 절차에 의해서만 처벌되어야 한다는 권리는 갖지 않는다는 점을 주목하라(이는 사람들이 그 자신에 대해 덜 믿을 만한 절차의 사용을 타인에게 허락한다 해도 그렇다). 이 견해에 따르면, 많은 절차적 권리는 행위가 가해지는 사람의 권리로부터 우러나오는 것이 아니라, 행위를 하는 사람들에 대한 도덕적 고려에서 비롯된다.

이것이 올바로 잡힌 초점인지는 나에게 확실치 않다. 믿지 못할 절차의 사용자에 대해 그러한 절차적 권리를 갖는 것은 아마도 행위가 가해진 사람일지 모른다(하지만 믿지 못할 절차에 대한 죄 있는 자의 불평은 무엇인가? 그 절차가 자신을 잘못 처벌할지 모른다는 불평? 우리는 믿지 못할 절차의 사용자로 하여금 그가 처벌한 죄 있는 자에게 그의 권리를 침해한 데 대해 보상하도록 해야 할까?). 사정이 이러하다면, 믿지 못할 절차를 구사해 자신의 고객에게 벌칙을 과한 데 대해 그 구사자를 보호 업소가 처벌할 수 있다는 우리의 논변은 훨씬 부드럽게 이루어질 것임을 본 바 있다. 그 고객은 단지 자신의 대행 업소에 권한을 위임해 자신의 절차적 권리를 행사케 할 것이다. 여기에서의 우리의 하위 논변의 목적을 위해서, 절차적 권리의 편의적 전제 없이도 우리는 우리의 결론이 성립함을 보인 바 있다(그런 권리가 없다고 주장하고자 하는 것은 아니다). 그 어느 경우건, 보호 대행 업소는 자신의 고객이 실제 유죄인가의 여부와 상관 없이, 해서 설혹 그 고객이 유죄라 하더라도, 그 고객을 믿을 만하지 못하거나 공정치 못한 절차를 사용해 처벌한 자를 처벌할 수 있다.

사실상의 獨占

우리가 제 2 장에서 간략히 논의한 국가에 관한 전통적 이론에 따르면, 국가는 힘의 사용에 있어 독점권을 주장한다. 지배적 보호 대행 업소에 관한 우리의 논의는 이 독점적 요소를 고려에 넣었는가? 모든 사람들이 알려지지 않았거나 믿을 만하지 않은 절차에 대해 자신을 방어할 수 있으며 그런 절차를 자기에 대해 사용하거나 사용하려는 자를 처벌할 수 있다. 그 고객의 대리자로서 보호 대행 업소는 그의 고객 대신 그러할 수 있는 권리를 갖는다. 업소는 모든 개인들, 이 업소에 관여되어 있지 않은 개인들까지 포함해서 모든 개인들이 이 권리를 소유함을 인정한다. 여기까지에선 아직 독점권이 주장되지 않았다. 분명, 위의 주장의 내용엔 보편적 요소가 들어 있다 : 그 누구의 절차건 그 適否 여부를 판단할 수 있는 권리라는. 그러나 위 주장은 그 업소가 이 권리의 유일한 소유자라 주장하지 않는다 ; 모두가 이 권리를 소유한다. 그 업소만이 소유하는 어떤 권리가 존재한다고 주장하지 않으므로, 독점권이 주장된 것은 아니다. 그 자신의 고객에 대해선, 하지만, 그 업소는 모두가 갖고 있다고 자신이 인정한 그 권리를 적용하고 집행한다. 그리고 이 업소는 자신의 절차가 믿을 만하고 공정하다 생각한다. 이 업소는 모든 다른 절차들, 심지어 다른 업소가 사용하는 〈동일한〉 절차까지도 믿을 만하지 않고 공정치 못하다 생각하는 성향이 매우 강할 것이다. 그러나 그렇다 해서 우리는 이 업소가 모든 다른 절차를 배제한다고 생각할 필요는 없다. 실제로 믿을 만하거나 공정치 못하거나 또는 그런 것으로 알려지지 않은 절차에 대해서 스스로를 방어할 권리를 모든 사람들은 갖고 있다. 지배적 보호 협회는, 자신의 절차가 믿을 만하며 공정하다고 판단하며 이 사실이 널리 알려져 있다고 믿으므로, 이는 그 어느 누구도 자신의 절차에 대해 방어하길 허락지 않을 것이다 ; 즉, 이는 그러한 자를 그가 누구건 처벌할 것이다. 이 지배적 보호 협회는 상황에 대한 그 자신의 판단하에 자유로이 행위할 것이다 ; 반면 다른 어느 누구도 벌받지 않고선 그러할 수 없다. 독점권을 주장하진 않았으나, 지배적 보호 대행 업소는 그의 힘 때문에 특수한 위치를 차지한다. 이것만이, 자신이 보기에 적합한 바에 따라 타인의 정의의 절차에 대한 금지 사항을 강제한다. 이는 자의적으로 타인을 금지할 권리를 주장하진 않는다; 이는 오직 실제로 결함 있는 절차를 타인이 자신의 고객에 대해 사용함을 금지할 수 있는 권리만을 주장한다. 그러나 그 업소가 실제로 결함 있는 절차에 대해 행위를 취하는 경우라 할지라도, 타인들은 이를 그 업소가 결함 있는 것으로 생각하는 절차에 대해 행위를 취하는 것으로 생각할 수 있다. 이 지배적 업소만이 자신이 결함 있는 절차로 생각하는 것에 대해서, 타인이 어떻게 생각하건 자유로이 행동을 취할 것이다. 이 업소는 모든 사람에게 위에 말한 원리들을 올바로 적용할 권리를 주는데, 이 원리들의 가장 강력한 적용자로서, 그 자신이 올바르다 생각하는 바를 집행한다. 이 강력한 입장에서 그의 궁극적 강제자 그리고 그의 고객에 대한 궁극적 재판관으로서의 현실적 지위가 우러나온다. 올바로 행사할 보편적 권리만을 주장하면서도, 이는 그 자신의 생각에 비추어 바르게 행위한다. 이 지배적 업소만이 오직 그 자신의 생각에 비추어 행위할 권리가 있다.

이 고유한 입장을 독점이라 할 수 있는가? 지배적 보호 업소가 혼자서만 소유한다 주장할 수 있는 권리는 없다. 그러나 이의 강력성은 특정 권리를 전반적으로 집행할 수 있는 유일의 행위 주체자이게 한다. 이는, 단지 이 업소가 모두가 소유하고 있음을 스스로 시인하는 그 권리의 유일한 행사자가 우연히 되었을 뿐만 아니라, 그 권리의 성격상, 일단 지배적 힘으로 부상하게 되면, 이 업소는 그 권리를 실제 행사하는 유일의 主體가 된다는 이야기이다. 왜냐하면 그 권리는 다른 사람들이 그 권리를 잘못 행사함을 막을 권리도 포함하며, 오직 이 지배적 힘만이 실제로 이 권리를 모든 다른 사람들에 대해서 실제로 행사할 수 있을 것이기 때문이다. 무엇보다도 여기에 실제적 독점 *de facto monopoly* 의 개념이 적용된다: 즉 어떤 독점적 권리가 그에게만 부여되고 다른 사람들은 이 권리의 행사로부터 제외됨으로써 그 독점성이 생긴 것이 아니므로, 법적이 *de jure* 아닌 독점. 다른 보호 업소도 물론 시장 경쟁에 참여하여 이 지배적 업소로부터 고객을 빼내올 수 있다. 즉 다른 업소들도 자신이 지배적 업소가 되고자 시도할 순 있다. 그러나 이미 지배적 위치에 있다는 사실은, 고객을 뺏기 위한 경쟁에서 그 지배 업소에게 상당한 이점을 준다. 그 지배적 업소는 다른 어느 업소도 제공할 수 없는 보장을 고객들에게 제시할 수 있다 : 즉 〈우리가 적합한 것으로 단정하는 절차만이 우리의 고객들에 대해 사용될 것이다〉라는.

지배적 보호 업소의 권한은 非고객들 사이의 논쟁에까지 확대되진 않는다. 만약 한 자립인이 자신의 정의의 절차를 다른 자립인에게 사용하려 할 때, 그 보호 업소는 관여할 권리가 없는 것으로 생각된다. 이 업소는, 우리 모두가 갖는 바, 그의 권리가 위협받고 있는 피해자를 도울 권리는 갖고 있다. 그러나 이는 父權主義的 근거에선 개입할 수 없으므로, 양쪽 자립인이 모두 자신들의 정의의 절차에 만족하는 경우엔 보호 업소가 이들 사이에 관여할 권리는 갖지 않는다 할 것이다. 이 사실은 지배적 보호 대행 업소가 국가가 아님을 입증하진 않는다. 국가 역시, 관여 당사자 모두가 국가라는 장치로부터 떠나 문제를 해결하고자 할 경우엔 분쟁에의 개입을 삼가할 수 있다 (그들 사이의 특정 분쟁의 해결을 위해 제3자의 절차를 선택함으로써, 국가로부터 제한적으로 벗어나는 것은 보다 어렵긴 하다. 왜냐하면 그 절차에 의한 해결과 이 해결에 대한 그들의 반응은, 모든 분쟁 관여자들이 국가의 관심사로부터 자발적으로 벗어나지만은 않는 그런 영역을 포함할 수도 있기 때문이다). 그리고 각 국가는 그의 시민들에게 이런 선택을 허락하는 것이 바람직하며, 꼭 그래야만 하지 않을까?

타인의 보호

자립인들이 자신들의 권리를 행사하기 위한 절차가 한 보호 업소의 고객들에 적용될 때 충분히 믿을 만하거나 공정하지 않다고 그 업소가 판단할 때, 이 업소는 자립인들의 그러한 自助的 권리 집행을 금지할 것이다. 이 금지의 이유는 그 자조적 집행은 업소의 고객들에게 위험을 안긴다는 것이다. 이 금지는 자립인들로 하여금 자신들의 권리를 침해한 업소의 고객들에게 이들을 처벌하겠다는 위협을 믿을 만하게 할 수 없게 하므로, 이 금지는 자립인들이 害

로부터 자신들을 방어할 수 없게 하며 따라서 그들의 일상 생활
과 활동에 있어 자립인들을 상당히 불리한 입장에 처하게 한다.
하지만 자조적 권리 집행을 포함한 자립인의 제활동들이, 다른 사
람의 권리를 침해함이 없이 이루어질 수 있음은 전적으로 가능하
다(절차적 권리의 문제는 제외하고). 제 4 장에서 우리가 제시한 보상
의 원리에 따르면, 이런 상황에서 금지할 것을 공언하고 이로부터
이익을 얻는 사람들은 이에 의해 불리한 처지에 처하게 되는 사람
들에게 보상해 주어야만 한다. 그렇다면 보호 업소의 고객들은,
자립인들이 그들의 자조적 권리 집행을 자신들에 대해 행함을 금지
당함으로써 발생하는 불리점들에 대한 보상을 자립인들에게 치러 주
어야만 한다. 의심할 바 없이 가장 싼 보상 방법은 보호 업소의 고
객들, 즉 자신들과의 분쟁의 상황을 커버할 보호의 서비스를 그 자
립인들에게 공여해 주는 것일 것이다. 이는(그 자립인들의 권리를 침
해하는 업소의 고객은 처벌하지 않음으로써) 그 자립인들의 권리가 침해
됨을 방관하고서(미리 막을 수 있었음에도) 사후에 그 생긴 손해를 커
버하기 위해 그들에게 보상금을 지불하는 것보다는 쌀 것이다. 만
약 더 싸지 않다면, 사람들은 보호라는 서비스를 사는 대신 돈을
저축하여 공동으로 보험을 산다든지 해서 그 보상을 지불할 것이다.
　보호 협회의 회원들은 그 자립인들을 위한 보호 봉사(자신들로부
터의 보호)를 사기 위해 돈을 지불해야만 하는가? 그들은, 자립인
들이 스스로의 돈으로 그 봉사를 사야 한다고 고집할 수 있는가?
결국 자조적 절차의 사용도 돈 안 드는 일은 아닐 것이므로, 보상
의 원리는 간질병 환자가 운전하는 것을 금지하는 사람에게 그 환
자를 위한 택시 임대, 운전사 월급 등등의 모든 비용을 지불하라
요구하진 않는다. 간질병 환자가 자가운전하게끔 허락되는 경우,
스스로 부담해야 할 비용들이 있다 : 가령, 차를 살 돈, 보험금, 휘
발유 값, 수리 비용, 차를 직접 모는 데서 오는 병의 악화 등등. 금
지함으로써 과해진 불리점들에 대해 보상함에 있어, 금지자가 해
야 할 보상은 다음의 금액이다 : 금지에 의해 과해진 전체 피해액에
서, 금지 조처가 없을 경우 그 금지당한 자가 치러야 할 비용을 제
외한 금액. 금지자는 택시 비용을 지불할 필요는 없다. 자신의 차

를 자가운전하는 비용에 보태어 택시를 임대할 수 있을 정도의 금
액만 지불하면 된다. 그리고 금지자들을 돈으로 보상하는 대신 物
納하여 보상 비용을 줄일 수 있다. 즉 그들은 그 초래된 불리점을
제거하거나 완화시키기 위해 어떤 행동을 취하고 오직 잔여의 불리
점에 대해서만 현금 보상할 수 있다.

만약 그 금지자가 금지당한 자에게 초래된 불이익을 커버할 금액
에서 그 금지된 행위를 스스로 하는 경우 드는 비용을 제한 액수에
해당하는 보상을 지불한다면, 이 보상액은 그 금지된 자로 하여금 그
불이익을 극복하게 하기엔 충분치 않을지 모른다. 그가 금지된 행위
를 하는 데 드는 비용이 현금 가격이라면, 그는 이 사용되지 않은
현금에 보상액을 더하여 그 금지된 행위에 맞먹는 서비스를 살 수
있다. 그러나 그 비용이 직접적으로 현금적인 것이 아니라, 에너지·
시간 등과 같은 것을 포함한다면——자립인이 스스로의 권리를 자조
적으로 행사하는 경우에서처럼——, 이 차이에 대한 현금 지불은 그
자체 금지된 자로 하여금, 자신에게 금지된 것에 대등한 것을 구입함
으로써, 불리점을 극복할 수 있게 해 주지 못할 것이다. 만약 그 자
립인이 자신을 불리하게 함이 없이 쓸 수 있는 (비축된) 현금이 있
다면, 이 차이에 대한 현금 지불은 금지된 자를 불리하지 않게 하
기에 충분한 것일 것이다. 그러나 만약 그 자립인에게 현금이 없는
경우, 보호 대행 업소는 그에게 업소가 제공하는 가장 싼 보호 보험
증권보다 적은 금액을 지불하여, 그에게 업소의 고객이 저지르는
불의에 대해 무방비 상태에 놓여 있거나 또는 보호 증권을 사기 위
한 현금을 얻기 위해 일하지 않으면 안 되는 처지에 빠뜨려서는
안 된다. 이 재정적으로 압박받으면서 동시에 특정 행위를 금지당
한 자에게, 그 행위의 현금적 비용과 초래된 불이익을 극복하거나
보상하는 데 필요한 금액 사이의 차이를 보상해 주어야 한다. 금지
자는 불리점을 극복하기에 충분한 금액을 현금으로 또는 현물로 보
상해야만 한다. 스스로를 위해 보호 봉사를 구입하더라도 불리한
처지에 빠지지 않을 사람에게는 보상이 필요 없다. 금지된 행위를
할 때 현금적 비용을 들이지 않는(즉 자신의 몸으로 때우는), 적은 재
원의 사람에겐, 대행 업소는 그들이 불편 없이 절약할 수 있는 돈과

보호 봉사 구입 비용 사이의 차이를 제공해야 한다. 현금적 비용을 들이는 사람에겐, 금지자는 초래된 불리점을 극복하는 데 필요한 (그들이 불편 없이 절약할 수 있는 것 이상의) 추가적 현금을 지불해야 한다. 만약 금지자가 현물 보상을 할라치면, 그는 재정적으로 압박을 받는 피금지자에게 이에 대해 요금 청구를 할 수 있는데, 그 한도는 그 피금지자가 금지된 행위를 스스로 하는 데 드는 현금적 비용 이내이다(단 이 청구 금액은 상품의 가격보다 크지 말아야 한다).[11] 유일의 효과적 봉사 공급자로서 이 지배적 보호 업소는 자신의 수수료와 금지된 자가 자조적으로 권리 행사를 하는 데 드는 현금적 비용과의 차이액을 보상으로 제공해야 한다. 이 업소는 거의 모든 경우 이 금액을 보호 보험 증권 구입을 위한 부분적 지불 대금의 형태로 되돌려 받게 될 것이다. 이러한 거래와 금지는, 오직 신뢰할 수 없거나 공정치 못한 행사 절차를 사용하는 자에게만 적용된다.

  이와 같이 해서 지배적 보호 업소는 자립인들——즉 그들의 권리 집행 절차가 신뢰할 수 없거나 공정치 못하다는 이유에서 자신들의 자조적인 권리 집행을 업소의 고객에 사용치 못하게 금지당한 그 모든 사람들——을 자신의 고객들로부터 방어하고 보호해 주어야 한다 ; 이 업소는 어떤 사람들에겐 이 봉사의 정상적 가격보다는 적은 수수료를 받고 이 봉사를 제공할 수 있다. 이 사람들은 물론 이 수수료 지불을 거부하길 선택할 수 있고 그런 경우 이들은 보상적 봉사 없이 지낼 것이다. 만약 지배적 업소가 보호 봉사를 이런 식으로 자립인들에게 제공한다면, 이는 사람들로 하여금 업소를 떠나서 돈 내지 않고서 그의 봉사를 받게끔 유도하지 않을까? 심각한 정도로 그러하진 않을 것이다. 왜냐하면 그 자신을 위해 보호를 구매함으로써 불리하게 되는 그런 사람에게만 보상이 지불될 것이며, 자조적 보호에 드는 현금적 비용과 그 사람이 부담 없이 지불할 수 있는 금액의 총합에 더하여, 값싼 보험 증권의 가격과 대등해지는 그런 금액의 범위 이내에서 그 보상금은 지불될 것이기 때문이다. 더 나아가 업소는 오직 자신의 고객으로부터만 이 자립인들을 보호하는데, 그 이유는 이 업소가 자신의 고객들에 대한 그 자립인들의 자조적 권리 행사 절차의 사용을 금지했기 때문이다. 공짜

꾼들이 많으면 많을수록, 업소에 의해 항상 보호받는 고객이 되는
것이 그만큼 더 바람직하다. 다른 요소와 함께 이 요소는 자립인들
의 수효를 감소시키는 데 기여할 것이며, 거의 전반적인 참여에로
사태를 끌고 갈 것이다.

국 가

제 3 장에서의 우리의 과제는 한 지역내에서 지배적인 보호 대행
업소가 국가가 되기 위한 다음의 두 조건을 충족시켰음을 입증하는
것이었다 : 이는 그 지역내에서 힘의 사용에 있어 필요한 바 독점권
을 소유하고 있으며, 이는 그 지역내의 모든 사람들의 권리를 보호
한다——설혹 이 보편적 보호가 오직 〈재분배적〉 방식으로 제공된
다 하더라도. 국가의 이 매우 결정적인 측면은, 개인주의적 무정부
주의자가 국가를 비도덕적인 것으로 비난하는 이유이다. 우리의 또
다른 과제는 이 독점과 재분배적 요소가 그 자체 도덕적으로 합법적
이었으며, 자연 상태로부터 極小國家(독점적 요소)에로의 추이가 도
덕적으로 합법적이었으며 누구의 권리도 침해하지 않았고, 極小國
家로부터 最小國家에로의 추이(〈재분배〉적 요소) 역시 도덕적으로 합
법적이었으며 누구의 권리도 침해하지 않았음을 보이는 것이었다.

한 지역내에서 지배적인 보호 대행 업소는 국가가 되기 위해 그
두 결정적으로 필수적인 조건을 충족시켜야 한다. 이는 다른 사람
들이 신뢰할 수 없는 정의 집행 절차를 사용함을 모두에게 유효하
게 금지할 수 있는 유일의 금지 집행 기관이며, 이 절차들을 감독
하는 기관이다. 그리고 이 업소는 자신의 영역내의 고객 아닌 사람
들도 보호하는데, 이는 이 업소가 그 非고객들이 업소의 고객들과
의 관계에서 자조적 정의 행사 절차를 사용함을 금지하기 때문이며,
이 非고객에 대한 보호 제공은 설혹 이 제공이(외견상 재분배의 양태
로서) 업소의 고객들에 의한 재정 지원을 통해 이루어져야만 해도
주어진다. 업소가 이런 보호를 제공해야 함은 보상의 원리에 의해
도덕적으로 요청되는 바이다. 보상의 원리는 자신의 안전을 증대시
키기 위한 자기 보호의 행위로서 타방의 위험스러운 행위(실제로는 무
해할 것으로 판명될 수도 있는 바의)[12]의 수행을 금지한 경우 그 타방

에게 초래된 불리점들에 대한 보상을 해 주도록 요구한다.

제3장의 서두에서 우리는 다음을 지적한 바 있다 : 일부에 의한 다른 일부에게의 보호 봉사의 공여는 〈재분배적〉인가의 문제는 그 공여의 이유가 무엇인가에 달려 있다고. 우리는 이제 그러한 공여가, 재분배적 근거가 아닌 다른 근거 즉 보상의 원리라는 근거에 의해 정당화되므로, 재분배적일 필요가 없음을 알 수 있다(〈재분배적〉이란 어휘는 한 제도나 기관 또는 이의 활동의 근거에 적용되는 것이며, 오직 생략적으로 또는 이차적으로만 그 제도나 기관에 적용되는 것임을 상기하라). 이 점을 더 선명히하자면, 보호 대행 업소는 다음 두 유형의 보호 보험 증서를 제공하는 것으로 상상할 수 있다 : 모험적인 私的 정의 집행 절차에 대해 자신의 고객을 보호하기 위한 증권과 단지 절도, 신체적 공격에 대해서(이 행위들이 私的 정의 집행 과정에서 수행되는 것이 아니라는 단서하에) 고객들을 보호하기 위한 증서를, 업소가 타인에게 사적인 정의 집행을 금지하는 것은 오직 첫번째 유형의 증서를 가진 자들을 위해서이므로, 이 증서 소유자들만이 금지한 자들에게 초래된 불리점에 대해 그들에게 보상하도록 요구될 것이다. 그러나 두번째 유형의 증서 소유자는 타인들의 보호를 위해 지불해야 할 필요가 없다——이들에 보상해야 할 것이 없으므로. 정의의 사적 집행으로부터 보호받고자 원할 이유는 상당히 강력한 것이므로, 보호 봉사를 구매하는 거의 모든 사람들은, 가외의 비용에도 불구하고 첫번째 유형의 증서도 구입할 것이며 그래서 자립인들을 위한 보호 봉사 공여에 참여할 것이다.

우리는 개인의 권리를 침해함이 없이 어떻게 자연 상태로부터 국가가 발생할 것인가를 설명할 책임을 이제는 벗었다고 할 수 있다. 최소 국가를 반대하는 개인주의적 무정부주의자들의 도덕적 논거는 이제 극복되었다. 최소 국가는 독점의 부당한 행사가 아니다. 사실상의 독점이 보이지 않는 손이라는 과정을 통해, 그리고 도덕적으로 용인될 수 있는 방법에 의해 발생하며, 이 발생 과정에서 누구의 권리도 침해되지 않으며, 타인이 소유하지 않은 어떤 특권이 주장되지도 않는다. 사실상의 독점권을 소유한 보호 대행 업소가 자신의 고객들로 하여금, 자신이 정의의 사적 집행 절차를 금지한 대가로,

자립인들의 보호를 위해 지불하라 요구하는 것은 전혀 非도덕적이
아니라, 오히려 제4장에서 대략 논의된 보상의 원리에 의해 도덕
적으로 요청되는 것이다.

사람들이 자신의 행위가 초래할 수 있는 유해한 결과에 대해 보
상할 재원을 결여하거나 또는 이 결과를 커버할 책임 보험을 들고
있지 않은 경우, 그들의 그 행위 수행을 금지할 가능성을 면밀히 검
토하였다. 이런 금지가 합법적이었다면, 금지된 사람들은 자신들에
게 초래된 불리점들에 대해 보상의 원리에 따라 보상을 받아야만 할
것이며 그리고 그들은 이 보상금을 책임 보험을 사는 데 사용할 수
있을 것이다! 오직 금지에 의해 불리한 처지에 빠지게 된 사람들만
보상받을 것이다 : 즉 책임 보험을 사는 데 전용할(불리한 희생을 치
름이 없이) 재원이 없는 사람들만이. 이 사람들이 자신의 보상금을
책임 보험을 사는 데 쓸 때 우리는 특수 책임보험의 公的 공여에 해
당하는 바를 갖게 된다. 이 보험은 이를 부담할 수 없는 사람에게
제공되며, 이는 보상의 원리의 적용을 받는 그 모험적 행위들——
보험에 의해 커버되지 않은 경우 합법적으로 금지되는(금지가 초래하
는 불리점에 대해 보상된다는 단서 아래) 그러한 행위, 그의 금지가 금
지당한 사람을 상당히 불리하게 하는 그런 행위——을 커버한다.
이러한 보험의 제공은 타인에게 단지 정상적인 정도의 위험만을 끼
치는 사람들에게 금지에서 오는 불리점에 대해 보상하는 방법으로
는 가장 값싼 방법임은 거의 확실할 것이다. 그들은 그런 경우 그
들의 위험스러운 행위의 어떤 것이 타인에게 초래될 경우에 대비
한 보험을 갖게 되므로 이 행위들은 그 경우 금지되지 않을 것이다.
이와 같이 해서 우리는, 책임 보험에 의해 커버되지 않은 어떤 행
위를 금지함이 합법적일 것이라면, 그리고 이 금지가 이루어질 것
이라면, 확고히 자유주의적인 도덕 원리에 의해 국가의 의견상 재
분배적 측면이 또 하나 드러날 것이다! (이 감탄 부호는 나의 감탄을
알리기 위한 것이다.)

한 지리적 영역내에서의 지배적 보호 대행 업소는 그 지역내의 국
가라 할 수 있는가? 우리는 제2장에서 힘의 사용에 있어서의 독
점권의 개념이 정확히 표현되기 힘들며, 따라서 이에 대한 명백한

反例를 제시하기 어려움을 본 바 있다. 이 개념은 통상적으로 설명되는 바대로는 우리의 질문에 대답하기 위한 것으로 자신 있게 사용될 수 없다. 어떤 문헌에 제시된 그 개념의 정의가 우리의 것과 같이 복잡한 경우들에 적용하기 위해 고안되었고 그 여러 경우들에 적용하여 타당한 것으로 입증된 경우에만, 우리는 그 정의의 정확한 표현에 의해 결과된 결론을 받아들여야 한다. 어떤 우발적인 분류도 우리 질문에 대해 유용한 답변을 제공해 주지 않을 것이다.

다음에 인용된 어떤 인류학자에 의한 추론적인 기술을 살펴보자.

모든 물리적 힘의 중앙 집권적 권위의 손에로의 집중이 국가의 제 1 차적 기능이며 국가의 결정적 특성이다. 이 점을 명백히하기 위해 국가적 형태의 지배하에서 이루어질 수 없는 것이 무엇인지 고찰해 보라. 국가에 의해 지배되는 사회내의 누구도 국가의 허락 없이는 타인의 생명을 앗을 수 없고, 그에게 신체적 해를 가할 수 없으며, 그의 재산을 건드리거나 그의 명예를 훼손할 수 없다. 국가의 관료들은 생명을 빼앗고, 신체적 형벌을 가하며, 벌금이나 징발을 위해 재산을 점유하고 사회 구성원의 지위나 명예를 실추시킬 수 있다.

이는 국가 없는 사회 속에선 사람들이 타인의 생명을 빼앗아도 벌받지 않는다는 이야기가 아니다. 그러나 그런 사회(가령 부슈멘족, 에스키모족, 중부 오스트렐리아의 부족 사회)에서는 법법자들로부터 구성원들을 보호할 중앙 집권적 권위가 존재하지 않거나, 미약하거나 또는 간헐적으로 발휘된다. 그리고 서부 평원 지대의 크로우족이나 다른 인디언 부족들 사이에서는 오직 필요한 상황이 발생할 때만 중앙 집권적 권위가 발휘된다. 국가가 없는 사회에서의 가정과 개인은 非明示的 방법에 의해, 가령 법법자를 억압하는 데에 집단적으로 참여함으로써, 그의 적용의 이유가 없으면 더 이상 필요로 되지 않고 따라서 사용되지 않는 그러한 권력의 일시적 또는 간헐적 사용에 의해서 보호된다. 국가는 사회가 불의 또는 범죄로 생각하는 행위의 억압을 위한 수단들을 갖고 있다 : 즉 경찰·법정·감옥, 이 각 영역에서 명시적 그리고 전문적인 기능을 소유하고 있는 기관들. 더 나아가 이 기관들은 사회내에서 구조적으로 안정적이며 항구적이다.

고대 러시아에서 국가가 형성되었을 때, 이의 지배자는 벌금을 부과하고 신체적 고통과 죽음을 가하겠다고 공언했으나 다른 누구도 그와 같이 공언하지 못하게 하였다. 그는 다른 모든 사람이나 기관으로부터 그의 권력을 거둬들임으로써 국가 권력의 독점적 성격을 다시 한번 확인하였다. 한 主體에 의해 다른 주체에 그 지배자의 허가 없이 해가 가해지면, 이는 그른 것이며 이 가해자는 처벌되었다. 더 나아가 지배자의 권력은 오직 명시적으로만 위임된다. 이와 같이 보호되는 主體의 집단은, 물론 이에 의해 면밀하게 규정된다. 그의 왕국에 있는 모두가 그와 같이 보호되는 것은 결코 아니다.

어느 사람이나 집단도 국가를 대신할 수 없다. 국가의 행위는 국가가 직접적으로 또는 명시적 위임에 의해서만 수행할 수 있다. 국가는 자신의 권력을 위임함에 있어 그 위임자를 국가의 대리자(국가 기관)로 만든다. 경찰·재판관·감옥의 간수들은 사회의 규칙에 따라서 강제할 수 있는 그들의 권력을 중앙의 권위로부터 얻어낸다. 세금 징수자, 군인, 국방 경비대 등등도 마찬가지이다. 국가의 권위적 기능은 이러한 권력 기관들을 자신의 대리인으로서 장악하고 있다는 점에 있다. [13]

위 글의 필자는 자신이 열거한 특성들이 모두 국가의 필수적 특성이라 주장하진 않는다. 따라서 한 특성을 결여했다고 해서 한 지역내에서의 지배적 보호 대행 업소가 국가가 아니라는 것이 입증되진 않는다. 분명 지배적 보호 업소는 위에 제시된 거의 모든 특성들을 소유한다. 이의 지속적인 행정 구조, 전문화된 직무를 맡고 있는 全시간 고용 직원 등은, 이 업소를 인류학자가 無國家的 사회 *stateless society* 라 부르는 것과 크게 다르게 한다(즉 국가이게 한다). 위에 인용된 글과 비슷한 저작들의 논의를 근거로 해 우리는 지배적 업소를 국가라 부를 수 있으리라.

한 지역내에서의 지배적인 보호 협회 *the dominant protective association in a territory* 는 그 지역의 국가라 할 수 있는데 단 그 지역이 소수인 이상의 인구를 갖고 있으며 일정 크기 이상의 지역인 경우에만 그렇다고 결론내릴 수 있겠다. 나는 무정부 상태하에서, 가령, 한 삼사백 평의 대지 위에서의 권력 사용의 독점권을 보유하는 각 개인이 곧 국가라고 주장하는 것은 아니다. 또는 한 일이천 평 정도 크기의 조그마한 섬에 거주하는 단 세 사람의 거주자가 국가를 구성한다 주장하지도 않는다. 국가를 성립시키기 위해 필요한 영토의 크기나 인구의 수를 결정하려고 시도하는 것은 헛된 일이며 어떤 유용한 목적에 기여하지도 않는다. 우리는 또한 한 지역내의 거의 모든 사람들이 그 지배적 업소의 고객일 경우와 자립인들이 그 업소나 업소의 고객들과의 분쟁에서 그 힘에 있어 종속적 위치에 있을 경우를 연구하였다(우리는 이런 경우가 일어나리라고 논하였다). 정확히 몇 퍼센트가 고객이 될지 그리고 자립인들이 그 힘에 있어 어느 정도 종속적일지는 영토의 크기나 인구 수의 문제보다는 흥미있는 문제이나 이에 관해 나는 별 흥미있는 이야기거리를 갖고 있지 않다.

제 2 장의 논의 과정에서 우리는 국가를 위한 추가의 조건을 막스 베버 Max Weber 적 전통에서 추출해냈다. 즉 국가는 폭행의 유일한 인가자이길 주장한다. 그러나 지배적 보호 대행 업소는 그러한 주장을 하지 않는다. 이제 지배적 보호 대행 업소의 위치를 기술하였고 이 업소가 위 인류학자의 국가 기술에 가까이 들어맞음을 보았으므로 이제 우리는 베버적 필수 조건을 완화하여, 그 업소가 한 지역내에서의 폭력의 허용 가능성에 관한 유일의 재판관이라는 사실에서 우러나오는 사실상의 독점권이 이 조건을 충족시킨다 해야 할 것인가——문제 사태에 판결을 내리고 올바른 판단에 따라 행위할 권리를 갖고 있으므로? 그렇다고 인정해야 할 매우 강력한 논거가 있으며 그러함이 전적으로 바람직하며 적합하다. 그러므로 우리는 한 지역내에서 지배적인 보호 협회가 국가라고 결론내린다. 그러나 우리가 베버적 조건을 다소 완화시켰음을 독자에게 상기시키기 위해, 우리는 종종 이 지배적 보호 대행 업소를 단지 〈국가〉라 부르는 대신 〈類似國家的 statelike 존재〉라 부르겠다.

국가 성립에 관한 보이지 않는 손에 의한 설명

우리는 자연 상태 속에서의 국가 성립에 관해 보이지 않는 손에 의한 설명(제 2 장 참조)을 제공했다 할 수 있는가? 국가에 의해 소유되는 권리들은 자연 상태 속에서의 각 개인이 이미 소유하고 있다. 이 권리들은 설명적 부분에 이미 전체로서 보유되어 있으므로, 이 원리들은 보이지 않는 손에 의해 설명될 필요가 없다. 그리고 국가가 어떻게 자신의 고유한 권리를 소유하는가에 관해서도 우리는 보이지 않는 손에 의한 설명을 제공한 것이 아니다. 이는 다행한 일이다 : 국가는 무슨 특별한 권리를 소유하지 않으므로 설명해야 할 특별한 무엇이 없기 때문이다.

로크적 자연 상태 속에서 사람들의 이기적이고 합리적인 행동이, 그 누구가 이를 염두에 두지 않더라도, 자연스럽게 여러 지역의 각각에 군림하는 하나의 보호 대행 업소를 탄생시키는 과정을 설명한 바 있다. 각 지역은 하나의 지배적 대행 업소 또는 본질적으로는 하나를 구성하는 수 개의 대행 업소의 연합체를 갖고 있다. 그리고 우리는, 어느 권리도 자기만이 소유한다 주장함이 없이도, 한 지역내에서 지배적인 업소가 어떻게 그 권리를 혼자만 차지하게 되는가를 설명했다 모든 사람이 자신에 대한 타인들의 권리 침해 행위를 금지할 권리 (마땅함이 입증되기 전에는 처벌당하지 않을 권리를 포함해서)를 소유하지만, 오직 그 지배적 보호 업소만이 타자의 승인 없이 자신의 판단에 따라 옳다 생각된 바를 집행할 능력이 있다. 이 업소의 힘 *power*은 이 업소를 옳고 그름의 심판자가 되게 하며, 이 힘이 어떤 행동이 올바르지 못한 것인가를 결정하며 이 결정에 따라 그 행동을 처벌한다. 우리의 설명은 힘이 정의 *might makes right* 라고 전제하지도 주장하지도 않는다. 그러나 어떤 금지 사항들이 정당하게 강제될 수 있는가에 관한 자신의 견해를 이 세상에서 실현시킬 수 있는 특별한 자격을 갖는 자는 힘 있는 자라고 누구도 생각하진 않는다 하더라도, 힘이 강제적 금지를 가능케 함은 사실이다.

이 사실상의 독점권에 관한 설명이, 보이지 않는 손에 의한 설명이다. 만약 국가가 (1) 권리를 실현시킬 권리, 정의의 모험적인 사적 집행 절차를 금지할 권리, 그리고 그런 절차에 판단을 내릴 수 있는 권리 등등을 갖는 기관이며, 그리고 (2) 한 지역내에서 (1)에서 언급된 권리를 행사할 수 있는 실제상 유일의 존재라면, (1)에 대해선 아니지만 (2)에 대해 보이지 않는 손에 의한 설명을 제공함으로써 우리는 국가의 존재를 부분적으로는 보이지 않는 손에 의해 설명했다고 하겠다. 더 정확히 말하면, 우리는 극소 국가의 존재를 부분적으로 보이지 않는 손에 의해 설명했다. 그러면 최소 국가 성립의 설명 방식은 무엇인가? 독점적 요소를 지닌 지배적 보호 업소는 자신의 고객에 대해 자조적 행위를 금지함으로써 자립인들에게 초래한 불리점에 대해 그들에게 보상해 줄 도덕적 의무가 있다. 그러나 이 업소는 실제로는 이 보상을 지불해 주지 못 할지도 모른다. 극소 국가를 운영하는 자들은 이를 최소 국가로 변형시켜야 할 의무가 있으나, 그들은 그러지 않을 것을 선택할 수 있다. 우리는 사람들이 일반적으로 도덕적으로 요청되는 바를 할 것이라 가정한 바 있다. 누구의 권리를 침해함이 없이 국가가 어떻게 자연 상태로부터 발생하는가에 대한 설명은 무정부주의자의 원칙주의적 반대를 논박한다. 그러나 국가가 자연 상태로부터 어떻게 발생할 것인지에 관한 설명이 왜 극소 국가가 최소 국가로 변형될 것인지에 대한 이유를 도덕적인 이유에 추가하여 밝혀 준다면, 즉 사람들이 자신들이 도덕적으로 해야 할 것을 하려는 욕망이 있다는 사실 외에 보상 공여의 동기 또는 보상이 공여되는 이유를 밝혀 주었다면, 우리는 보다 자신감을 느낄 것이다. 비도덕적 유인이나 원인이 극소 국가를 최소 국가로 변형되게 하기에 충분치 못한 경우에도, 그리고 우리의 설명이 사람들의 도덕적 동기에 계속 상당히 의존한다 해도, 우리의 설명은 사람들의 목적을 국가를 세우기 위한 그것으로 규정하진 않는다는 점을 주목해야겠다. 대신 사람들은 자신들이 특정한 사람들에게 부과한 특정의 금지 사항에 대해 그들에게 보상하고 있다고 생각한다. 해서 우리의 설명은 보이지 않는 손에 의한 설명이라고 할 수 있다.

제 6 장

국가를 위한 논변에 대한
추가 고려 사항

자연 상태로부터 최소 국가가 어떻게 합법적으로 발생하는가에 관한 우리의 상세한 논변은 이제 완결되었다. 이제는 이 논변에 대한 다양한 반대 논거들을 살피고, 이에 추가의 언급을 하며, 이를 다른 문제들과 연결시키는 일이 남았다. 우리 논변의 주류를 따르고자 하는 독자들은 바로 다음 장(제 7 장)으로 나아가도 좋겠다.

과정의 중단?

우리는 논하길, 신뢰할 수 없거나 공정치 못한 집행 절차 *enforcement procedures* 의 위험에 대한 합법적 자기 방어권을 모든 사람은 가지므로, 이들은 타인이 자신의 권리를 이들에 대해 행사하는 행위를 감독할 권리를 가지며, 이들은 자신들의 보호 대행 업소에 권한을 위임하여 자신을 대신해 이 감독권을 행사케 할 수 있다고 했다. 우리가 이 논변에 실제적 독점의 발생에 관한 우리의 논의를 결합하면, 이는 너무 많은 것을 〈입증〉하는가? 실제적 독점의 존재는 (평등한 권리의 상황 안에서) 권력의 불균형을 초래한다. 이는 일부에게는 안전의 증가를 가져다 주나 일부는 위험에 빠지게 한다; 이는 지배적 대행 업소의 고객들에게는, 즉 자신들의 대행 업소의 허락 없이는 타인들이 처벌할 수 없는 그 사람들에게는 안전의 증가를 가져다 주나, 지배적 대행 업소의 고객들에 의해 또는 대행 업소 자체에 의해 저질러지는 불의에 대해 자신을 방어할 능력이 약한 사람들은 위험에 빠뜨린다. 이 양쪽의 각각은 합법적인 자기 방어권을 소유한다 해서, 자신에게 오는 위험을 감소시킬 목적으로 타방에게 소정의 행위를 금지시킬 수 있는가? 지배적 보호 대행 업소와 이의 고객들은, 자기 방어로서, 자신들과 경쟁하는 보호 대행 업소에 타인들이 가입하는 것을 금지할 수 있는가? 경쟁 업소는 그 힘에 있어 지배적 업소를 훨씬 능가할 수 있으며, 해서 후자의 고객들을 위험케 하며 이들의 지위를 덜 안정적이게 한다. 이런 금지는 짐작컨대는 지배적 업소의 고객들에게도 과해져, 대행 업소를 바꿀 그들의 자유를 제한할 것이다. 설혹 어떤 경쟁 업소도 지배적 업소의 권한에 위협이 되지 못한다 하더라도, 개별적으로는 약한 업소들 모두가 힘을 합하여 지배적 업소에 대항하고, 그러함으로써 심각한 위협으로 대두하거나 더 강력한 집단이 될 수 있다. 지배적인 업소는 타자들이 일정 한도의 권력 이상을 취득하는 것을 금자하여, 이들이 연합하여 자신에 대적할 경우 그 합친 힘이 자신의 권력보다 클 가능성을 배제해도 좋은가? 권력의 불균형을 유지하기 위해 지배적 업소는 타자들의 권력 취득을 합법적으로 방해할 수 있는가? 유사한 질문들이 다른 쪽에서도 제기된다 : 타인들이 연합하여 보호 업소나 협회를 구성하면 이것은 자신의 안전을 위협하여 자신을 위험한 처지에 있게 한다는 점을 자연 상태에서의 개인이 예견할 경우, 그는 타인들이 그와 같이 연합하는 것을 방해할 수 있는가? 그는 타인들이 사실상의 국가 정립에 협조하는 것을 금지할 수 있는가?[1]

　대행 업소로 하여금 타인들의 자기 권리 행사 행위에 대해 판결을 내리게끔 허락하는 바로 그 자기 방어권은, 또한 각 사람들에게 허락하여 다른 모든 사람들이 보호 협회에 가입하는 것을 금지케 할 수 있는가? 만약 그 권리가 그 정도로 강하고 포괄적이라면, 국가 성립에 도덕적으로 합법적인 통로를 마련한 바로 그 권리가, 그 통로의 사용을 금지할 권리를 타인들에게 부여함으로써 국가의 근거를 무너뜨리기도 할 것이다.

　여하의 두 개인이 자연 상태에서 서로에 대해 차지할 상황은 다음의 매트릭스 I에 기술되어 있다.

〔매트릭스 I〕

개 인 II

개인 I	A′ 한 보호 협회에 가입하며, I에게 여하한 보호 협회에라도 가입케 허락한다.	B′ 한 보호 협회에 가입하며, I이 다른 보호협회에 가입하지 못하게 금지하려 시도한다.	C′ 어느 보호 협회에도 가입치 않으나, I에겐 보호 협회에 가입토록 허락한다.	D′ 어느 보호 협회에도 가입치 않으며, I이 보호 협회에 가입하는 것도 금지하려 시도한다,
A 한 보호 협회에 가입하며, II에게 여하한 보호 협회에라도 가입케 허락한다.	세력의 균형, 연방 체계, 또는 (a) I의 보호 협회가 지배적이거나 (b) II의 보호 협회가 지배적이다.	한 지역내에 한 지배적 협회 성립 ; I의 것이 기보다는 II의 것일 가능성이 크나, I의 것일 수도 있다.	I의 협회가 지배적 위치에 있다. II는 권리 행사에 있어 열세한 위치에 있다.	I의 협회가 지배적 위치에 있다. II는 권리 행사에 있어 열세한 위치에 있다.
B 한 보호 협회에 가입하며, II가 다른 보호 협회에 가입치 못하게 금지하려 시도한다.	한 지역내에 한 지배적 협회 성립 ; II의 것이기보다는 I의 것일 가능성이 크나, II의 것일 수도 있다.	세력의 균형, 연방 체계, 또는 (a) I의 보호 협회가 지배적이거나 (b) II의 보호 협회가 지배적이다.	I의 협회가 지배적 위치에 있다. II는 권리 행사에 있어 열세한 위치에 있다.	I의 협회가 지배적 위치에 있다. II는 권리 행사에 있어 열세한 위치에 있다.

C	Ⅱ의 협회가 지배적 위치에 있다. Ⅰ은 권리 행사에 있어 열세한 위치에 있다.	Ⅱ의 협회가 지배적 위치에 있다. Ⅰ은 권리 행사에 있어 열세한 위치에 있다.	양자 모두 보호 협회에 가입치 않는다. Ⅰ과 Ⅱ는 순수히 로크적인 非조직적 자연 상태에 놓여 있다.	양자 모두 보호 협회에 가입치 않는다. Ⅰ과 Ⅱ는 순수히 로크적인 非조직적 자연 상태에 놓여 있다.
어느 보호 협회에도 가입치 않으며 Ⅱ에겐 보호 협회에 가입토록 허락한다.	치에 있다.	치에 있다.		
D	Ⅱ의 협회가 지배적 위치에 있다. Ⅰ은 권리 행사에 있어 열세한 위치에 있다.	Ⅱ의 협회가 지배적 위치에 있다. Ⅰ은 권리 행사에 있어 열세한 위치에 있다.	양자 모두 보호 협회에 가입치 않는다. Ⅰ과 Ⅱ는 순수히 로크적인 非조직적 자연 상태에 놓여 있다.	양자 모두 보호 협회에 가입치 않는다. Ⅰ과 Ⅱ는 순수히 로크적인 非조직적 자연 상태에 놓여 있다.
어느 보호 협회에도 가입치 않으며 Ⅱ가 보호 협회에 가입하는 것도 금지하려 시도한다.				

한 지역내에서의 지배적인 업소의 고객이 되는 것이 안 되는 것
보다 낫다고 가정하고, 다른 사람들이 그렇지 않은 경우 그 지배적
업소의 고객이 되는 것이 낫다고 가정하면, 매트릭스 I은 매트릭스
III에 제시된 구조의 한 예이다(숫자들 사이의 간격은 너무 심각하게 받
아들일 필요가 없다).

[매트릭스 II]

개인 I	개인 II			
	A′	B′	C′	D′
A	5, 5	4, 6	10, 0	10, 0
B	6, 4	5, 5	10, 0	10. 0
C	0, 10	0, 10	x, x	x, x
D	0, 10	0, 10	x, x	x, x

I과 II가 이를 금지하는 도덕적 제약 사항을 준수하지 않는다면,
I은 B를 할 것이며 II는 B′를 할 것이다. 논변은 다음과 같다.
B(B′)는 A(A′)를 약하게 지배하고 있으며, 따라서 I은 A를 하
지 않을 것이며, II는 A′를 하지 않을 것이다.[a] C와 D (C′와 D′)
는 같으므로 우리는 이들 중 하나만 다뤄도 된다. 일반성을 상실함
이 없이 우리는 C(C′)를 다룬다. 남는 문제는 각 사람이 행위 B를
수행코자 선택할 것인지 행위 C를 수행코자 선택할 것인지 하는
것이다(우리가 고려할 필요가 있는 것은 단지 축소된 매트릭스 III인데, 여
기에서 D(D′)는 C(C′)에 흡수되고, 일방이 그의 A 행위를 해도 어느 누구
도 잃는 것이 없으므로 A와 A′는 생략된다).

[매트릭스 III]

개인 I	개인 II	
	B′	C′
B	5, 5	10, 0
C	0, 10	x, x

---

a) 결단 논리의 이론가들의 용어를 빌면, 한 행동이 다른 행동을 약하게 지배할 충
분 조건은 세상의 어떤 상태에 관계해서도 전자가 후자보다 나쁘지 않은 경우이며
그리고 세상의 어떤 상태(들)에 대해서는 전자가 더 나은 경우이다. 한 행동이
다른 행동을 강력히 지배할 충분 조건은 세상의 모든 상태에 관계해서 전자가 후
자보다 나은 경우이다.

명백한 바와 같이 $x<10$ 인 한에서(어떤 사람에 대해서 비조직적인 자연 상태에 있음이, 그 어떤 사람은 그렇지 않는 반면 자신은 지배적 보호 협회에 속해 있음보다 덜 선호되는 한에서), B는 C를 강력히 지배하며 B′는 C′를 강력히 지배한다. 그래서, 도덕적 제약 사항들이 없는 경우, 두 합리적인 개인들은 B와 B′를 행할 것이다. 만약 $x<10$ 이면, 지배의 논변 *dominance argument* 은 충분히 (B,B′)를 산출해 낸다. [2] 만약 $x>5$ 이면(가령, x 가 7이면), 우리는 〈囚人의 딜레마〉[ㄱ] 와 같은 상황에 처하게 되는데, 이 상황에서는 개별적으로는 합리적인 행위도 합동으로는 비효율적이다. 비효율적인 이유는, 이 행위가, 각 사람들이 취택 가능한 것 (7, 7)보다는 덜 선호하는 결과 (5, 5)에 이르게 하기 때문이다. [3] 일부 학자들은, 정부의 고유 기능은 수인의 딜레마적 상황에서 사람들이 지배적인 행동을 수행하는 것을 금지하는 것이라 논한다. 이 논변의 타당성이야 여하튼간에, 자연 상태적 상황에서의 어떤 사람이 이런 국가의 기능을 자기 것으로 취한다면(그리고 타인들이 A 또는 B를 수행치 못하게 금지한다면), 타인들에 대한 그의 행동은 행위 C가 아니다. 왜냐하면 그는 타인들이 그들의 지배적 행동, 즉 보호 협회에 가입하는 행동을 금지하기

ㄱ) 囚人의 딜레마 : 두 사람이 비협동적이며(즉 게임의 합의 사항들이 구속력이 없으며), 非제로섬(즉 한 사람이 얻으면 다른 한 사람이 잃는 그런 상황) 게임에 참여한 두 사람의 상황에 관한 것이다. 두 죄수가 검사 앞에 끌려와 따로따로 심문을 받는다고 해 보자. 양자는 모두가 입을 다물면 그들의 짧은 형기, 가령 1년을 살 것이고 ; 한 사람이 고백을 하고 증거를 갖다 받치면 자신은 풀려날 것이나, 타방은 무거운 형기, 가령 10년을 살 것이며 : 양자 모두 고백하면 5년의 형기를 살 것이라고, 양자 모두 알고 있다. 이런 상황에서, 서로가 서로의 이해에 무관심하다 가정할 때, 각자에게 가장 합리적인 행동, 즉 어느 누구도 고백치 않는 것은 불안정하다. 즉 각자는, 자기 자신의 이익을 더 얻기 위해서는 아니더라도, 자신을 보호하기 위해, 타방이 무엇을 하건, 고백을 할 동기를 갖게 된다. 해서 각자의 관점에서 볼 때 합리적인 결정들은, 양자 모두가 더 나쁜 처지에 있게 되는 그런 상황에 이르게 된다. (Rawls, J., *A Theory of Justice*, p.269 참조)

		제 2 의 수인	
		침 묵	고 백
제2의수인	침묵	1, 1	10, 0
	고백	0, 10	5, 5

때문이다. 이 개인, 즉 스스로 임명한 국가의 대리인은 그 경우 행위 D를 수행할까? 그는 그럴지 모른다. 그러나, 그것은 그에게 개별적으로는 최선의 것이 아닐 뿐 아니라, 연합하여 한 보호 협회를 구성하는 개인들과 대적할 때 그는 전혀 성공할 가능성이 없다. 그 이유는 그가 그들보다 더 강할 가능성은 희박하기 때문이다. 성공할 가능성이 있기 위해선, 그는 다른 사람들과 연합하여 행위(A 또는 B의 수행)하여야 하며, 따라서 그 자신을 포함한 모든 사람들을 강제하여 그들의 지배적인 행위 A 또는 B를 못 하게 하는 데에서 성공할 수 없다.

x가 5보다 큰 이 상황은, 수인의 딜레마가 지니는 통상적인 흥미 이상의 그리고 그것을 넘어선 이론적인 흥미의 대상이다. 왜냐하면 이 상황에선 무정부적 자연 상태는, 공동으로는 모든 대칭적인 상황들 중 최선의 것이며, 이 공동적으로 최선인 상황에서 벗어나는 것이 각 개인의 이익이다. 그러나 이 공동적 최선의 상황을 강제하려는 시도는 그 자체, 이로부터의 일탈이다(그리고 이 일탈은 자기 방어로서 행해지는 다른 일탈 행위들의 원인이다). 만약 $x > 5$이면, 일부인에 의해 수인의 딜레마를 피하기 위한 〈해결〉로서 제시된 국가는 해결이기보다는 불행한 결과가 될 것이다.

만약 각 개인들이 합리적으로 행위하고 도덕적 제약 사항에 의해 제한받지 않는다면, (B, B′)가 드러날 것이다. 도덕적 제약 사항들이 추가될 경우, 변화가 있다면 어떤 변화가 있을까? 도덕적인 고려점들은 타인들이 그가 원하는 무엇이든 하게 허락할 것을 요구한다고 생각될 수도 있다. 상황이 대칭적이므로 어떤 대칭적 해결이 찾아져야만 한다. 이에 대해, (B, B′)는 대칭적이며 따라서 B적인 행위를 하는 사람은 다른 사람도 마찬가지 행위를 하리라는 점을 인정할 것이라는 수상쩍은 대답이 주어질 수 있다. 그러나 타인이 마찬가지 행위를 하리란 점을 인정함은 그러하게 허락하는 것과는 다르다. B적인 행위를 수행하는 자는 (B, C′)의 해결을 강요하려 하고 있다. 그는 이런 불균형을 강요할 어떤 도덕적 권리를, 타인들에게는 자신과 같은 식으로 행위치 못하게 강제할 어떤 도덕적 권리를, 그는 소유하고 있는가? 이 강한 逆질문으로 결론이 내려졌

다고 단정하기 전에, 우리는 각 사람들이 대칭적 상황에 직면 또는는
자신이 직면한 것으로 생각하는지의 문제를 제기해야 한다. 各人들
은 타인에 대해서보다 자신에 대해서 보다 많이 안다. 각인들은 타
인의 유사한 의도에 대해서보다, 자신이 힘에 있어 지배적인 위치
에 있을 경우 타인에게 가해하지 않겠다는 자기 자신의 의도에 대
해서 보다 확신할 수 있다(액튼경 Lord Acton 말대로, 우리는 확신할
수 있는지 또는 단지 적절한 정도로 자신할 수 있는지를 물을 수도 있다).
이 비대칭성, 즉 각자는 타방의 의도에 대해서보다 자신의 의도에
대해서 보다 많이 안다는 이 비대칭성을 고려할 때,[4] 각자는 B적
인 행위를 추구하는 것이 합리적이 아닐까? 또는, 이는 개별적으
로는 합리적이므로, 이 비대칭성은 대칭성으로부터 (A, A′)의 해결
을 추론하며 (B, B′)의 해결을 거부하는 논변을 반박할 논거가 되
지 않을까? 명백한 것은 문제가 매우 복잡하다는 것이다.

　전체 상황에 초점을 맞추기보다는 B적 행동들에 관한 어떤 특별
한 것이 이들을 도덕적으로 허용 가능치 않은 것으로 하는지의 여부
를 묻는 것이 보다 해결의 가능성이 있을 것이다. 어떤 도덕적 금
지 사항이 B를 배제하는가? 만약 그렇다면, 우리는 그들이 제기
하는 위험을 이유로 해서 어떤 행동들을 금지하는 행위들——우리
가 이미 합법적인 것이라 간주한 바 있는——로부터 B 행위들을
구분해야만 한다. 타인들이 다른 보호 대행 업소에 가입함을 금지하
는 행위를, 또는 다른 업소가 그대나 그대 자신보다 더 강력하게 되
는 것을 강제로 막는 행위를, 다른 자들이 자신의 고객들을 신뢰할
만한 절차가 아닌 방법으로 처벌하지 못하게 한 업소가 금지하는 행
위(그리고 설사 그 고객들이 다른 자들에게 해를 가했고 무죄가 아니더라
도 이런 금지를 지키지 않으면 처벌하는 행위)로부터 구분하는 것은 무
엇인가? 우선 통상적으로 구분되는 경우들을 고찰해 보자.

先制攻擊

　일반적인 생각에 따르면, 어떤 상황에서는 한 국가 X는 다른 국
가 Y에 대해 선제 공격 *preemptive attack* 또는 예방 전쟁 *preventive
war* 을 시작할 수 있다; 가령, Y 자신이 X에 대해 즉각적인 공격

을 막 하려 하거나, 어떤 수준의 군비를 비축하자 곧 그런 공격을 하겠다고 포고하는 경우에는. 그러나 Y가 점점 더 강력해지고 강력해지면 X를 공격할지도 모른다는 이유에서 X가 Y에 대해 선제 공격을 할 수 있다는 주장은 일반적으로 받아들여지는 견해가 아니다. 자기 방어는 전자의 상황에선 정당화될 수 있을 듯하나 후자에선 그렇지 않다. 왜 그런가?

차이점은 단지 확률이 크냐 작으냐의 문제라는 대답이 있을 수 있다. 한 국가가 공격을 하려 할 때, 또는 어떤 수준의 준비가 갖추어지면 그러겠다 포고할 때, 그 국가가 공격하리라는 확률은 매우 높다. 반면 한 국가가 보다 큰 군사력을 갖출 때는 공격하리라는 확률은 그 정도로 높지는 않다. 그러나 두 경우의 차이점은 이런 확률의 문제가 아니다. 향후 10년 안에 Y가 X에 공격할(두번째 경우에서) 확률이 제3국의 〈전문가〉에 의해 평가되기로는 몹시 낮다 (0.5, 0.2, 0.05) 하더라도, 이 확률하에서도 Y가 최신 병기를 개발하여 이를 사용함으로써 X를 정복할 수 있으며, 반면 1에서 그 확률을 뺀 높은 확률하에서도 그러지 않을 수 있다(아마도 이 확률은 그 병기가 작동할 확률이거나, 또는 그 병기 자체가 확률적일 수 있다). 그 병기는 일주일 이내에 작동하도록 조작되어 있다; Y는 이를 사용하기로 결정했고, 계획표에 따라 준비가 되고 초읽기가 시작되었다. 이 경우 X는 자기 방어로서 그 병기가 이틀 이내에 해체되지 않으면 공격하겠다는 등등의 최후 통첩을 보내거나 또는 바로 공격할 수 있다(그리고 계획 진행들과는 달리 그 병기가 다음날 또는 즉각 사용될 수 있다면 상황은 어떻게 변할까?). 만약 Y가 룰렛을 돌려 0.025의 확률로써 전쟁의 재난이 X에게 가해질 것이라면, X는 자기 방어 행위를 할 수 있다. 그러나 두번째 경우에는 확률이 첫번째 경우와 똑같다 하더라도 X는 Y의 무장에 대해 그런 행동을 취해선 안 된다. 그러므로 문제는 단지 확률의 높고 낮음의 문제가 아니다. 확률의 크기가 아니라면 첫번째 유형의 경우와 두번째 유형의 경우의 차이점은 어디에 있는가?

차이점은, 害가 결과할 경우, 이 害는 Y가 이미 한 것에 어떻게 관계되느냐에 있다. 다양한 확률로 다양한 결과를 산출하는 어떤 행위들에 대해서는, 행위자가 어떤 결과를 생산하기 위해서 (그 행위가 수행된 연후에) 추가의 어떤 것을 그가 행할 필요가 없으며, 이런 경우 그 결과는, 결과될 경우, 그 행위자가 행하거나 야기하거나 일어나게끔 원인지웠거나 한 것이다(어떤 경우에는 타인의 추가의 행위, 가령 상관의 지시를 부하가 복종하는 행위가 필요로 될 수 있다). 그런 행위가 충분히 높은 확률로 위험스러운 〈越境 행위〉를 산출한다면, 다른 사람은 이를 금지시킬 수 있다. 다른 한편으로, 어떤 과정들은 어떤 가능한 귀결들에 이르게 할지도 모르지만, 이는 오직 이에 관여된 사람들에 의해 추가의 결정이 내려진 경우이다. 우리가 고찰하고 있는 경우들에서처럼, 과정들은 무엇을 하기에 보다 나은 위치에 사람들을 갖다 앉히고, 해서 그들이 그것을 하기로 결정할 가능성이 많게 한다. 이 과정들은 그 사람들에 의한 추가의 신중한 결정 행위를 연루하며, 월경 행위는 이 결정들(그 과정에 의해 내려질 가능성이 높아진)에 의존한다. 전자의 행동들, 즉 행위자가 더 이상의 무엇을 할 필요가 없는 행위들을 금지하는 것은 허용될 수 있으나 후자의 과정들을 금지하는 것은 허용될 수 없다.[b] 왜 그런가?

아마 관여된 원리는 다음과 같은 것이리라 : 한 행위가 잘못을 범하고자 하는 추가의 주요 결정이 없이는 무해하다면(즉, 그 행위자가 그릇된 결정을 추가로 내리지 않겠다는 불변의 태도를 취하는 경우, 그 행위는 그르지 않다면), 그 행위는 그르지 않으며 그러므로 금지될 수 없다; 그 행위가 추가의 그릇된 행위를 위한 예정된 서곡인 경우에만, 그것은 금지될 수 있다. 이와 같이 표현될 때, 이 원리는 타인들의 악행을 단지 쉽게 할 뿐 그 자체로서는 무해한 행위들——가령, 은행의 경보 장치 설계도의 출판——을 허용한다. 타인들이 악행을 하겠다고 결정하지 않을 것임이 확실하면 그 행위는 용인될 것이다.

---

b) 전자의 부류는, 그의 가능적 害가 이전 결정의 재확인을 필요로 하긴 해도 중요한 새 결정을 필수적으로 하진 않는 과정들을 시작케 하는 행동을 포함한다. 이런 행동들의 경우 금지(와 이의 위반시의 처벌) 행위와 미리 예방 행위 사이의 구별은 모호해진다. 종종 과정이 시작은 되었으나 그의 위험이 인지되기 이전에 취해진 행위는, 위험스러운 과정에 대한 금지의 위반자를 처벌하기 위한 구실인지 또는 위험의 발생을 예방키 한한 것인지 불확실할 때가 있다.

그러한 행위들 중 명백히 금지의 대상이 되는 행위들은, 악행을 용이케 하고자 하는 바로 그 목적 때문에 행해질 수 있는 그런 행위들이라 생각된다(이 경우에서도 묘하긴 하나 합법적인 이유를 가진 괴짜를 우리는 항상 상상할 수 있지 않을까?). 타인의 악행을 돕기 위해서 의도된 것임이 명백한 그런 행위들이 금지될 수 있을지의 이 문제를 우리는 피할 수 있다. 우리가 논의하고 있는 모든 행위들은 완전히 합법적이고 존중할 만한 이유 때문에 행해질 수 있으며(가령, 자기 방어), 악행이 발생하려면 행위자 자신에 의한, 악행을 범하려는 추가의 결정이 그 행위들에 추가되어야 한다.

한 엄격한 원리에 따르면, 우리는 악행을 산출하는 데에 필수적인 최종의 그릇된 결정만을 금지할 수 있다(또는 그들의 어느 것도 필수적인 한 집합의 대안들 중의 한 대안에 필수적인 최종의 행위만을). 보다 더 엄격한 원리는, 악행에 필수적인 최종의 악행적 결정이 번복될 수 있는, 그 명백히 최종적인 지점의 통과만을, 우리는 금지할 수 있다는 것이다. 다음의 원리는 금지에 보다 큰 자유 재량권을 준다(따라서 금지에 관한 한 보다 약한 원리이다) : 오직 그릇된 결정들과 이들에 근거한 행위들(또는 추가의 그릇된 결정들을 필요로 하지 않는 위험한 행동들)만을 금지하라. 그릇된 결정에 근거하지 않은 행위들을, 이들이 그릇된 결정들 및 이에 뒤따르는 그릇된 행위들의 수행을 용이케 한다든가 또는 행위자 자신이 후에 그런 행위를 수행케 할 가능성을 크게 한다는 이유에서 금지할 수는 없다. 이 약한 원리로서도 타인들이 자신들의 보호 대행 업소를 강화하거나 다른 업소에 가입하는 것을 금지하는 행위를 배제하기에 충분하므로, 우리는 여기서 어떤 원리가 적합한지를 결정할 필요가 없다(위의 보다 강한 두 원리들도 물론 이런 금지 행위를 배제할 것이다).

집단 B가 자신의 보호 대행 업소를 강화하는 과정에 다른 집단 A가 강제로 간섭하는 것을 금지하기 위해서 위의 개략적인 원리들은 적용해서는 안 된다는 반대 의견이 있을 수 있다. 그 이유는 그 과정은 특별한 것이기 때문이다; 이 과정이 성공적이면 A는 훨씬 더 약한 입장에 처하여, A가 그럴 권리가 있는 경우라도 악행을 금지 (할 수 없는 것은 아니라 하더라도)하기엔 너무 약할 수 있다. 어떤 악행이 이후에, 즉 A가 이를 효과적으로 제지할 수 없을 그때에, 저질러지리라는 것을 알면서, 그에게 이전 단계(이후 단계의 악행을 야기하는)를 금지하지 말라고 어떻게 말할 수 있는가? 만약 B의 과정의 초기 단계가 이후의 악을 유발치 않을 것이라면, 그리고 만약 B는 자신의 행위에 대한 충분한(非可害적인) 이유를 갖고 있다면, 타인들은 그 초기의 그리고 그 자체로서는 무해한 단계들에 간섭하지 말아야 한다——설사 이런 불간섭이 그들을 이후에 덜 강력한 위치에 있게 한다 할지라도——는 주장은 부조리하지 않다. 5)

우리는 보호 대행 업소가 타인들이 신뢰할 수 없고 공정치 못한 절차를 사용하여 자신의 고객들에게 정의의 처벌을 하는 것을 금지하는 행위——타인들이 다른 보호 대행 업소를 구성하지 못하게 금지하는 행위들과 같은(사람들은 전자가 정당화될 수 있으면 이 금지 행위도 정당화될 수 있지 않을까 생각하는데)——를 다른 금지 행위들로부터 구분해 주는 구분점을 우리는 발견했으며, 이는 이론적인 의의가 있는 것으로 보인다. 이 책에서의 우리의 목적을 위해선 이 구분점의 전제가 되고 이의 의의를 설명해 주는 그 이론을 제시할 필요는 없다——이에 대한 탐구는 곧바로 근본적인 질문들에로 우리를 인도하겠지만. 우리의 논변이 너무 많은 것을 〈입증〉하므로 실패작이라는, 우리가 이전에 상상한 바 있는 비판을 반박한 것으로 충분하다. 어떤 점에서 너무 많이 입증한다고 할 수 있는가 하면, 그 논변은 지배적인 보호 협회의 합법적인 발생에 대한 논거를 제시할 뿐 아니라, 이 협회가 그 누가 자신의 보호자를 다른 곳에서 구하지 못하게 강제하거나 또는 어떤 사람이 타인들로 하여금 여타의 협회에도 가입치 못하게 강제하는 행위에 대해서도 논거를 제시한다는 것이다. 그러나 우리의 논변은 후자의 행위들에는 논거를 제시하지 않으며 따라서 이 행위들을 옹호하기 위해 이용될 수 없다.

그 자체로서는 그르지 않은 행동들, 행위자가 (아직) 내리지 않은 그른 판단들에 의존하며 다른 그른 일들이 생기는 것을 단지 쉽게 하거나 그 가능성을 높게 할 뿐인 행위들의 금지를 허락지 않는 원리를 우리는 제시했다(이 언명은 강한 원리와 약한 원리들을 포함하게 하기 위해 의도적으로 애매하게 표현되었다). 이 원리는, 시도가 성공하기 위해선 그른 일을 하고자 하는 타인들의 결정이 필수적이므로, 타인들로 하여금 그른 일을 하게끔 시도하는 사람이 이의 시도에 대해 책임이 없다거나 그로 인해 처벌될 수 없다고 주장치 않는다. 왜냐하면 이 원리는 악행에로의 한 발자국이 이미 내디뎌졌는지 그리고 그것이 이제는 그 사람의 통제 밖에 있는지의 문제에 초점을 맞추기 때문이다. 타인들의 어떤 결정들이 그의 원래의 시도의 결과에 대한 책임을 제거할 수 있을지의 문제는 추가의 문제이다. 지속적인 책임을 질 제 1 차적인 후보는, 타인들로 하여금 악행을 하게끔 하려 시도하여 그들로 하여금 그러기로 결정케 하며 하여 악행을 저지르게 하는 데 성공하는(우연히가 아니라 의도한 바대로) 시도들이다(이 경우, 원래의 행위는 그 자체 그른 것이며, 따라서 위의 원리에 따르면 금지의 대상이 되지 않을까?).

대조적인 견해에 따르면, 타인들의 추가의 결정에 책임이 있지, 이들로 하여금 소정의 방식으로 행위하게 하려는 데 성공한 사람에게 있지는 않다는 것이다. 이 사람이 그 타인들을 소정의 방식으로 행위하도록 설득하거나 확신시키거나 또는 매질을 했다 해도 그들은 그렇게 행위하지 않을 수 있다는 것이다. 다음의 모델이 이 견해의 근거를 이룬다. 이 모델에 따르면, 각 행위에 대해 소정량의 책임이 존재한다: 이 양은 그 행위 때문에 과해지는 처벌의 양에 의해 측정될 수 있다. 다른 사람의 설득을 받아 무엇을 행한 자는 그 행위에 대한 全量의 처벌을 받아야 한다: 그는, 동일한 행위를 완전히 자신의 결단에 의해 한 사람만큼의 처벌을 받아야 한다. 그 행위에 대한 처벌은 전량이 소진되었으므로 이에 대한 책임도 그러하다. 다른 사람이 짊어질, 그 행위에 대한 잔여의 처벌이나 책임은 남아 있지 않다. 따라서, 이 논변은 결론짓기를, 타인들을 설득하여 어떤 행위를 하게 한 자는 그 타인들의 행위의 결과에 대해 전혀 책임을 지거나 처벌될 수 없다는 것이다. 그러나 한 행위에 대해 소정량의 책임이 있다는 이 모델의 견해는 잘못이다. 만약 두 사람이 공모하여 제 3 자를 살해하거나 가해하였을 경우, 각인이 모두 전량의 처벌을 받을 수 있다. 각인은 혼자서 행동한 사람만큼의, 가령 n 년의 징역, 처벌을 받을 수 있다. 그들에게 꼭 n/2 년의 징역을 과할 필요는 없다. 책임이란, 담긴 물의 일부가 퍼내어지면 이전보다 적은 양의 물이 남는 양동이의 물이 아니다; 소정량의 책임이나 처벌이 있어 한 사람이 그를 모두 소진하면 다른 사람에게 이전될 것이 남지 않는 것은 아니다. 책임의 형태에 관한 이 모델 또는 그림이 잘못되었으므로 다른 책임감 있는 개인을 설득하여 무엇을 하게 설득한 자는 그에 대해 처벌될 수 없다는 견해의 주요 논거는 상실된다.[6]

과정 속에서의 행위

우리는 한 보호 협회가 지배적이 될 것임을 예견한 사람마저도 타인들이 이에 가입함을 금지할 수 없다고 논한 바 있다. 그러나 어느 누구도 가입 못 하게 금지될 수는 없으나, 모두는 과정의 종국에 국가가 발생하는 것을 피하기 위해 가입치 않기를 선택하지 않을까? 무정부주의자들은 어떻게 하여 보호라는 서비스를 구매하려는 개인들의 노력이 보이지 않는 손에 의해 결국은 국가에 이르게 하는가를 인지하지 않을까? 그리고 그들은 국가가 프랑켄시타인 Frankenstein 적인 괴물로서 결국은 피에 굶주려 미친 듯이 날뛸 것이며 최소의 기능에 자신을 국한하지 않으리라는 우려에 대한 역사적인 증거와 이론적인 근거를 갖고 있기 때문에, 그들은 모두 이런 불행에로의 길을 걷지 않을 것을 현명하게 선택하지 않을까?[7] 무정부주의자들이 보기엔 국가의 발생에 관한, 보이지 않는 손에 의거한 설명은 자멸적인 예언이 아닐까?

무정부주의자들의 그런 일치된 노력이라도 국가의 형성을 막기는 힘들 것이다. 왜냐하면 각 개인들은 보호 협회에 가입함이 자신의 이익이라 생각할 것이며(다른 사람들이 가입하면 더욱 더 그럴 것이다), 그의 가입 여부는 국가의 형성 여부에 별 차이를 주지 못할 것이기 때문이다(위의 매트릭스들에서 B 행위들이 지배적이다). 하지만 특별한 동기를 가진 다른 개인들은 우리가 기술한 바대로 행동하진 않을 것이다: 가령 자신의 종교가 보호의 구매나 타인들과 협동하여 보호 협회를 설립하는 일을 허용치 않는 사람들; 여하의 다른 사람들과 협동하거나 그들을 고용하길 거부하는 염세가들; 자기 자신들의 자기 방어를 위해서도, 완력을 사용하는 여하의 단체를 지지하거나 그에 가입하길 원치 않는 평화주의자들. 우리는 국가가 자연 상태로부터 발생하리라는 주장을 제한하여, 우리가 기술한 바 있는 보이지 않는 손에 의한 과정을 훼방하는 이 특별한 경우들을 배제할 수 있어야만 하겠다. 해서 다음의 단서를 붙인다: 자기 방어로서 완력을 기꺼이 사용하고자 하며 타인들과 협동할 의사가 있으며 그들을 고용하려는 합리적인 개인들로 구성된 지역에서는, ……(국가가 발생한다).

제 5 장의 말미에서 우리는 지배적인 보호 협회가 존재하는 지역에는 국가가 존재한다고 했다. 그러한 지역에 국가 또는 시민 사회가 존재한다는 점에 로크는 동의할까? 그런 경우 그는 그것이 사회적 계약에 의해 창출된 것이라 말할까? 동일한 보호 대행 업소의 고객들은 서로에 대하여 시민 사회적 상태에 있다. 고객들과 독립인들은 서로에 대하여 자연 상태의 여느 두 사람과 정확히 동일한 권리를 소유하며, 따라서 서로에 대하여 자연 상태에 있다(*Two Treatises of Government*, Ⅱ, §87). 그러나 지배적 보호 업소의 우월한 힘 앞에서 자립인들은 굴복하며 이 업소의 고객들을 처벌키 위해 자연법의 집행자로서 행동하지 않는다(그럴 권리를 갖고 있음에도)는 사실은 그들이 그 고객들에 대하여 로크적 자연 상태에 있지 않음을 의미하지 않을까? 우리는 그들이 법률상의 자연 상태엔 있으나 사실상의 자연 상태엔 있지 않다고 말해야 하지 않을까? 로크는 특별한 뜻의 정치 또는 시민 사회의 개념을 사용하고 있으며, 이에 따르면 한 지역내의 모든 두 사람이 서로에 대하여 시민 사회적 관계에 있지 않다 하더라도 시민 사회가 존재할 수 있는 것인가? 우리는 또한 이 개념이 정치적인 흥미의 대상일 수 있기를 바란다. 한 지역내의 많은 개인들 중 단지 두 사람만이 서로에 대하여 시민 사회적 관계에 있다면, 이는 그 지역내에 시민 사회가 존재하기 위한 충분한 여건이 못 된다.[8]

우리는 한 과정을 기술한 바 있는데, 이 과정을 거쳐, 한 지역내의 개인들은 개별적으로 서로 다른 보호 대행 업소들과 계약하여 보호라는 서비스를 구매하고, 과정의 진행에 따라 하나를 제외한 모든 업소들이 소멸되거나 또는 모든 업소들이 어떤 현실적인 타결을 맺게 된다. 등등. 이 과정은, 로크가 상상한 바, 〈개인들이 타인들과 합의하여 한 공동체에 가입하고 그를 결성하는 과정〉, 〈한 공동체 내지는 정부를 구성하기 위해 합의하는 과정〉(§95), 하나의 공화국을 만들기 위해 계약하는(§99) 과정과 어느 정도로 부합하는가? 우리가 말한 과정은 전혀 한 정부나 국가를 창출하기 위한 만장일치의 합의 과정 같지는 않다. 그들 주위의 보호 대행 업소로부터 보호라는 서비스를 구매하면서, 누구도 그렇게 거창한 것을 염두에 두고 있지는 않았다. 그러나 아마도 공동의 합의, 즉 각자가 타인들도 동의하리라 생각하고 있으며 각자가 종국적으로는 이런 결과를 야기하려 의도하는 합의의 상황은 로크적 계약에 필수적은 아닐지 모른다.[9] 나 자신 〈계약 compact〉의 개념을 확장하여, 개별적으로 행동하는 개인들의 서로 상관 없는 자발적 행위들로부터 발생하는 패턴이나 사태를, 누구도 이 패턴이나 사태를 염두에 두고 있지 않았으며 이를 성취하기 위해 행위하지 않았음에도, 사회 계약 social compact에 의해 발생하는 것으로 보는 관점에 대해 별 의미를 찾지 못한다. 또는, 그 개념을 그와 같이 확장하려면, 이를 명백히하여 다른 사람들이 이의 함의에 대해 오해하지 않도록 해야 한다. 다음의 경우들도 사회 계약에 의해 발생된 것으로 간주될 수 있게끔 그렇게 계약의 개념이 확대 해석되었음을 명백히해야 한다: 특정 개인이 특정 개인과 결혼하는 또는 동거하는 사태들: 특정의 극장에서 특정 장소에 앉아 있는 한 개인의 한 도시에서의 어느 저녁 때의 소득 분배 상태: 소정 일자에 소정의 슈퍼마켓에 온 고객들과 이들의 구매 패턴 등등. 이렇게 확대된 개념이 흥미 없다고 내가 주장하는 것은 전혀 아니다. 이 확대된 개념에 부합하여 (좁은 의미의 사회 계약이 아니라) 국가가 발생할 수 있다는 사실은 진정 나에게 지대한 흥미의 대상이다.

　　여기에 제시한 견해가 다른 견해들과 혼동되어서는 안 된다. 이 견해는 보이지 않는 손이라는 구조를 지니고 있는 점에서 다른 사회 계약론과 다르다. 우리의 견해는 〈사실상의 힘이 국가의 (법적) 권리를 구성한다〉는 견해와 다음의 점에서 다르다: 우리의 견해에 따르면, 강제 집행권과 강제 집행을 감독할 권리는 독점적이며 이 두 권리는 한 사람 또는 소집단이라기보다는 모두에 의해 소유되며, 유일의 효율적인 강제 집행력과 감독권이 형성되는 과정은 누구의 권리를 침해함이 없이도 진행될 수 있다: 즉 국가는 누구의 권리도 침해되지 않는 그러한 과정을 거쳐 발생할 수 있다. 우리가 기술한 과정을 거쳐 발생한 국가는 자연 상태를 대체하여 이 자연 상태는 더 이상 존재하지 않는다 말해야 할까, 아니면 국가는 자연 상태내에 존재하며 따라서 후자와 공존할 수 있다 해야 할까? 의심할 바 없이 전자의 기술이 로크적 전통과 보다 잘 부합한다. 그러나 국가는 로크적 자연 상태로부터 매우 점차적으로 그리고 눈에 띄지 않게 발생하여 연속성을 크게 또는 근본적으로 깸이 없으므로, 우리는 로크의 다음과 같은 의심에도 불구하고 후자의 기술을 택하고 싶은 유혹을 느낀다: 〈어느 누가 자연 상태와 시민 사회는 하나이며 동일한 것이라 말하지 않는다면——이런 주장을 하는 자가 있다면 그는 내가 만난 그 어느 사람보다 더 극단적인 무정부주의자라 할 수 있는데……〉(§94).

合法性

어떤 사람들은, 아마도 정당하게, 주장하기를, 여하의 규범적 개념도 국가에 관한 설명의 일부를 구성해선 안 되며, 따라서 권리들을 강제 집행할 권리 및 금지당한 자들에게 보상을 해 준다는 단서 하에서 正義의 私的인 그리고 위험스러운 집행을 금지할 권리도 국가가 소유하진 않는다고 주장할 수 있다. 그러나 이 권리들은 각각의 모든 개인들에 의해 소유되지 않은 권리를 국가나 이들의 대리인에게 부여하는 것은 아니므로, 국가의 그런 권리들의 소유는 무해한 듯 싶다. 이는 국가에 특별한 권리를 부여하는 것이 아니며, 이는 국가의 모든 규칙 준거적인 행위가 옳다는 점을 논리적으로 수반하는 것도 아니다. 이는 또한, 국가의 대리인으로서 행위하는 사람들이 타인의 권리를 침해했을 때 처벌의 면제 특권을 소유함을 의미하지도 않는다. 이들이 대리하고 있는 公衆은 이 대리인들에게 책임 보험을 마련해 주거나 그에 대한 보장을 해 줄 수는 있다. 그러나 그렇다고 해서 그들의 책임이 다른 사람들의 그것에 비해서 감소되는 것은 아니다. 또한 보호 대행 업소들이나 여타의 다른 업소들도 유한 책임만을 지진 않을 것이다. 대행 업소가 유한 책임을 진다는 조건하에서만 거래를 하려 한다면, 이런 조건하에서도 이 업소와 자발적으로 거래하는 자들(고객들, 채권자, 고용인, 그리고 다른 업소들)은 그러한 조건을 계약에 명시할 것이다. 그러나 사람들이 비자발적으로 한 업소와 관계를 맺은 경우 그 업소의 그 사람들에 대한 책임은 제한이 없으며, 이 업소는 아마도 이 책임을 보험에 의해 커버하기를 선택할 것이다.

우리가 기술한 국가는 합법성 *legitimacy* 을 가지는가? 이 국가는 합법적으로 통치할 수 있는가? 지배적 보호 업소는 사실상의 권력을 가지고 있다; 이 업소는 누구의 권리도 침해하지 않고서 이 권력을 취득했으며 지배적 지위에 도달하였다; 이 업소는 예상한 대로 이 권력을 사용한다. 그러나 이런 사실들은 국가를 권력의 합법적인 사용자이게 하는가? 〈합법성〉이란 말을 정치 이론 안에서 사용할 때, 권력을 〈합법적으로〉 행사할 수 있다는 말은 권력을 사용할 소유권적 권리, 특별한 소유권적 권리가 있다는 말이다.[c] 그런 지배적 보호 대행 업소는 특별한 소유권적 권리를 갖고 있는가? 지배적 업소와 다른 소규모의 업소, 또는 지배적 업소와 어디에도 가입치 않은 개인들은, 다른 권리들을 행사할 그들의 권리에 있어 대등하다. 그런데 어떻게 지배적 업소는 차별적인 권리를 갖는가?

지배적 보호 업소가 지배적인 업소가 될 소유권적 권리 *entitlement* 를 갖는가의 문제를 고찰하자. 어느 저녁 그대가 가기로 선택한 레스토랑은 그대의 단골이 될 소유권적 권리를 갖는가? 우리는 그 레스토랑이 어떤 상황에서는 단골이 될 만하다 *merit* 든가 또는 응분의 자격이 있다 *deserve* 고 말하고 싶을 것이다; 그 식당의 음식은 보다 낮고 가격도 싸며 분위기도 좋고, 또 그런 여건을 만들기 위해 열심히 일하나, 그러나 그들이 그대의 고객이 될 소유권적 권리까지 소유하지 않는다.[10] 그대가 다른 곳에 간다고 해서 그들의 소유권적

---

c) 정부의 합법성의 개념을 시민들의 태도와 믿음에 의해 설명하려는 시도는, 시민들의 태도와 믿음의 정확한 내용을 설명하면서 합법성의 개념을 사용하는 난점에 빠진다 ; 원을 原圖에서보다 다소 크게 그리는 것은 그다지 어렵지 않다 : 합법적인 정부란 대부분의 이의 시민들이 합법적인 통치를 한다고 간주하는 정부이다.

권리가 침해되는 것은 아니다. 하지만 그곳에 가길 선택함으로 해서, 그대는 그 식당에 그대에게 봉사하고 청구서를 보낼 권한을 준 것이다. 그 식당은 그대에게 봉사할 그 식당일 소유권적 권리를 소유하지는 않으나 그대에게 봉사할 소유권적 권리는 갖는다. 마찬가지로 우리는 한 대행 업소가 소정의 권력을 행사할 바로 그 당사자일 권리와 그 권력을 행사할 권리를 구분해야만 한다.[11] 지배적 보호 업소의 유일한 소유권적 권리는 그렇다면 그 권력을 행사할 권리인가? 우리는 소유권적 권리의 문제들에, 자연 상태에서의 사람들의 상황을 더욱 밝혀 주는 다른 통로에 의해, 이를 수 있다.

보호 대행 업소는 특정인을 위해 또는 그 사람에 反해 행위할 수 있다. 그에 반해 행위하는 구체적인 예는, 그에 대해 어떤 사람의 권리를 집행하는 경우, 그로부터 보상금을 징수하는 경우 등등의 경우들이다. 그를 위해 행위하는 예는 타인들로부터 그를 방어하는 경우, 그의 권리를 침해한 데 대해 침해자들을 처벌하고, 그들을 강제하여 그에게 보상케 하는, 등등의 경우들이다. 자연 상태론자들의 주장에 따르면, 不義의 피해자들의 어떤 권리들은 이들에 의해서 승인될 때에만 타인들이 그 권리들을 대신 집행할 수 있고, 어떤 권리들은 그 피해자가 승인했건 안 했건간에 타인들이 집행할 수 있다. 보상금의 징수권은 첫째 종류이며, 처벌권은 둘째 종류에 속한다. 희생자가 보상금을 원치 않으면, 어느 누구도 그 대신 그를 위해서나 자신을 위해서 보상을 징수할 수 없다. 그러나 희생자가 보상받기를 원하는 경우, 왜 그 피해자가 자신의 대리인으로 임명한 자만이 보상금을 징수할 수 있는가? 분명 여러 서로 다른 사람들이 각각 가해자로부터 보상금 전액을 각각 징수한다면, 이는 그에게 부당한 요구를 하는 것이다. 그러면 누가 징수할지를 어떻게 결정할 것인가? 그 피해자를 위해 보상금 전액을 제일 먼저 징수해내는 자가 그 징수자가 될 것인가? 그러나 여러 사람들을 허락하여 경쟁적으로 제일 먼저 보상금 전액을 징수해내게 하는 것은 가해자나 피해자나 다 같이 시간과 정력 소모적인 聽聞의 과정들에 휘몰아넣을 것이나, 반면 이 중 오직 한 과정만이 실제로 보상금 취득을 결과할 것이다. 다른 대안은, 보상금 징수의 시도를 제일 먼저 한 사람에게 기회를 주고 다른 사람에게는 징수 과정에 관여치 못하게 하는 것이다. 그러나 이럴 경우, 가해자는 자신의 공모자로 하여금 남보다 먼저 보상 청구를 하게 하여(이 청구는 길고 복잡하며 아마도 끝을 보지 못할 가능성이 많은데) 다른 사람들이 그 가해자로부터 보상금을 청구치 못하게 할 수 있다.

　이론적으로는, 보상금을 징수할 (또는 징수케 타인을 승인할) 사람을 선택키 위해 여타의 자의적인 규칙을 사용할 수 있다——가령, 〈문제 지역내의 모든 사람들의 이름을 알파벳 순으로 배열하여 그의 이름이 피해자의 이름 다음에 오는 사람이 보상의 징수자가 될 것이다〉와 같은(이런 규칙은 사람들로 하여금 자신의 이름 앞에 오는 사람들에 가해하는 결과를 낳을까?). 보상금의 징수자를 피해자 자신이 선택하면, 적어도 그는 징수 과정의 결과에 대해 만족할 것을 약속할 것이고 추가의 보상금을 얻어내려 시도하지 않을 것이다. 피해자는 그 성격상 자신에게 불리한 과정을 선택했다고 믿지 않을 것이다. 만약 그리 믿게 되는 경우, 탓할 사람은 자기 자신뿐이다. 피해자가 징수 과정에 관여하고 이에 어떤 입장을 밝히는 것이 가해자에게도 이익이다. 왜냐하면 그렇지 않은 경우, 피해자는 자신이 마땅히 받아야 한다고 믿는 바의 것 중 잔여분을 얻어내기 위해 제2의 징수 과정을 개시할 것이기 때문이다. 최초의 징수 과정이 피해자 자신이 수락하고 그에 자신을 가질 수 있는 것인 경우에만——가해자의 공모자가 최초의 과정을 시작할 때는 그렇지 못하다——피해자는 보상금 이중 징수를 금하는 제약 사항에 동의하리라 기대될 수 있다. 그러나 그 징수 과정의 결과가 부당한 경우 피해자는 스스로 보상금을 다시 징수할 수 있다고 할 때, 왜 이중 징수를 해선 안 되는가? 설사 최초의 징수 과정이 피해자 자신이 승인한 것이라 하더라도, 왜 피해자는 가해자에게 이중 징수를 할 수 없는가? 피해자는, 자신이 다른 사람으로 하여금 자신에게 합당한 보상금을 징수토록 권한 위임을 하였으나 이 대리인이 합당한 보상금을 징수치 못하였으므로, 자신은 또 다른 사람을 시켜 징수케 할 권리가 있다고 말할 수 있지 않을까? 피해자가 먼저 보낸 사람이 가해자를 찾아내지 못하면 그는 제2의 사람을 보낼 수 있고, 제1

의 대리인이 가해자를 만났으나 매수당한 경우, 피해자는 제 2 의 대리인을 보낼 수 있으며, 제 1 의 대리인이 임무를 제대로 수행해 내지 못하면 제 2 의 대리인을 보낼 수 있다. 분명, 만약 피해자가 자신의 제 1 대리인이 징수코자 시도했던 것 이상의 그리고 그것 이외의 것을 얻어내기 위해 제 2 의 사람을 보낸다면, 다른 사람들은 그의 추가의 징수가 부당하다 생각할 것이고 따라서 그의 처사에 반대할 가능성이 있다. 그러나 이런 타산적인 이유 이외에 다른, 그러지 말아야 할 이유가 있는가? 통상적인 경우의 公的 사법 체계에서는 이중 징수를 금지할 이유가 있다. 필요한 것은 단 한 번의 유죄 판결이므로, 검찰이 성공할 때까지 계속 기소케 허락하는 것은 공평치 못하다. 이런 논리를 자연 상태에 적용하는 것은 공평치 못하다. 왜냐하면 이 상태에선 문제가 깨끗이 해결되지 않으며, 피해자의 대리인이나 대리 업소가 판결을 내린다 해도 이 판결이 모두에게 구속력이 있는 것은 아니기 때문이다. 검찰이 한번 성공하게 되면 유죄의 판결을 받은 자는 호소할 길이 별로 없기 때문에 공적 사법 체계에서의 검찰에 여러 번의 기회를 주어 최종적이고 구속력 있는 판결을 시도케 함은 불공평하다. 하지만, 자연 상태에서는 어떤 사람이 자신에 불리한 결정을 부당하다 할 경우, 그는 호소할 길이 있다.[12] 그러나 설사 피해자가 자신의 대리인의 결정을 수락할 만한 것으로 생각하리란 보장은 없지만, 그 결정은 어떤 알려지지 않은 제 3 자의 결정보다 더 수락할 만은 할 것이다. 해서 피해자 자신이 자신의 대리인을 선정하는 것이 문제 해결을 위한 진일보일 가능성이 보다 많다(그의 가해자도 그 결과를 받아들일 가능성이 크다). 피해자 자신이 보상금을 징수하기 위한 행위의 適所일 또 다른, 아마도 가장 중요한 이유가 있다. 그 이유는 피해자가 보상금의 채권자라는 것인데, 이는 보상금이 그에게 돌아가야 한다는 점에서뿐 아니라 가해자가 보상금을 지불할 의무를 그에게 지고 있다는 점에서이다(이들은 서로 다르다. 나는 제 3 자에게 돈을 지불하겠다고 그대에게 약속함으로써, 그 제 3 자에게 돈을 지불할 의무를 그대에게 지고 있다). 이 집행 가능한 의무의 수혜자로서 피해자는 그 의무가 어떻게 집행될지를 결정할 적합한 당사자인 듯싶다.

모두가 소유하는 처벌권

자연 상태론은, 보상금의 징수를 피해자나 그의 위임을 받은 대리인에 의해서만 수행될 수 있는 과제로 보는 데 반해, 처벌은 통상적으로 누구라도 수행할 수 있는 기능으로 본다. 이 견해가 〈일부 사람들에게는 매우 이상한 것으로 보이리라〉(§9)는 점을 로크는 인지하고 있다. 로크는 이 견해를 다음과 같이 옹호한다 : 자연 상태에서 누구도 그 기능을 행사할 권리가 없다면 자연법은 공허할 것이며, 자연 상태에서 모든 사람들은 동등한 권리를 가지므로 어느 한 사람이 그 권리를 갖는다면 모든 사람들이 그 권리를 갖는다(§7) ; 또한 범죄자는 인류 일반에 위험스러운 존재이므로, 모든 사람들이 그를 처벌할 수 있으며(§8) ; 한 국가가 자국내에서 범죄를 저지른 외국인들을 처벌하는 것은 바로 위와 같은 이유 때문이라고. 처벌할 권리는 모두가 소유한다는 주장은 우리의 상식적 직관에 反하는 것인가? 누가 어떤 큰 범죄를 타국에서 저질렀으나 그 국가가(이 국가의 정부가 그와 동맹 관계에 있거나 또는 정부 자체가 그 범법자이어서) 그 범죄에 대해 처벌하길 거부한다면, 그대가 대신 처벌하여 그 범법자에게 해를 가하는 것은 옳지 않을까? 더 나아가 우리는 그 처벌권을 다른 도덕적 근거에서 도출할 수도 있겠다 : 가령, 그 범법자의 도덕적 경계가 변화되었다는 견해와 연결하여, 보호할 권리 *right to protect* 로부터 도출할 수 있다. 우리는 또한 도덕적 금지에 대한 계약론과 같은 견해를 취하여 타인의 경계를 침범한 사람들은 자기 자신의 경계를 존중받을 권리를 일부 자기 스스로 몰수하였다고 주장할 수 있다. 이 견해에 따르면, 이미 어떤 도덕적 금지 사항들을 침해한 (그리고 그에 대해 처벌받지 않은) 사람들에게 어떤 종류의 행위를 하는 것은 도덕적인 금지 사항이 아니다. 어떤 사람이 나쁜 짓을 할 때, 타인들은 그의 경계를 넘어설 자유를 갖는다(즉 그의 경계를 넘어서지 않을 의무를 지지 않는다). 이는 일종의 보복론적 견해 *retributive view* 이다. [13] 처벌할 권리는 처벌할 자유로서 다른 사람과 함께 공유하는 것으로 해석될 수도 있고, 보다 강하게, 타인들이 전혀 간섭해서는 안 되거나 당사자만이 행사할 수 있는 그런 권리로 해석될 수 있는데, 후자로 해석될 때 처벌할 권리란 이상한 개념으로 생각될 것이다. 이 후자의 강한 해석은 불필요하다. 전자의 해석 즉 처벌할 자유란 개념은, 로크가 필요로 하는 것의 대부분을 그리고 범법자의 의무는 처벌에 반항하지 않는 것이라는 점을 추가하면, 그가 필요로 하는 것의 모두를 마련해 줄 것이다. 처벌할 권리는 보편적이라는 주장에 대한 위와 같은 논거들에 우리는 다음의 고려 사항을 추가할 수 있다 : 보상의 경우와는 달리, 처벌은 피해자를 채권자로 하지 않으며(물론 그는 가해자가 처벌되기를 가장 원하는 사람이겠으나), 따라서 처벌에 관해 그 피해자는 특별한 권한을 갖지 않는다.

개방적 처벌 *open punishment* 의 체계ㄴ)는 어떻게 운용될 것인가? 보상금의 개방적 징수가 갖는, 이전에 우리가 논의한 문제들이 모두 개방적 처벌의 경우에도 제기된다. 그리고 또 다른 난점들이 있다. 이 체계는 먼저 행위하는 자가 처벌권을 선취하는 체계가 될 것인가? 사디스트들은 경쟁적으로 먼저 처벌하려 들지 않을까? 이 가능성은 처벌자가 응분의 처벌 이상을 넘어서 처벌하지 못하게 하는 문제의 중요성을 확대하며, 이 가능성은 즐겁고 소외되지 않은 노동의 기회를 제공해 줌에도 불구하고 바람직한 것은 아닐 것이다. 개방적 처벌의 체계에서는 누구라도 자비를 베풀기로 결정할 수 있는가? 그리고 추가적 처벌의 총량이 응분의 처벌량을 넘지 않는 한에서, 다른 사람이 이 자비의 결정을 뒤엎고 처벌할 수 있는가? 가해자는 자신의 편을 시켜 자신에게 경량의 처벌을 과하게 할 수 있을까? 그런 경우 피해자는 정의가 실현되었다고 생각할 가능성이 있는가? 등등.

처벌을 아무에게나 맡겨 두는 체계가 결함이 있다면, 모든 의사가 있고 열망하는 자들 중에서 누가 처벌자가 될지를 어떻게 결정해야 할까? 그 처벌자는, 이전의 경우에서와 같이, 피해자나 피해자가 위임한 대리인이라 생각될 수 있겠다. 하지만 피해자는 피해자라는 불행하며 특별한 지위를 차지하고 있으며 보상의 채권자이

ㄴ) 한 특정의 사람 또는 기관만이 처벌할 수 있는 것이 아니라 모두에게 처벌할 권리를 부여하는 체계.

진 하나, 처벌의 채권자는 아니다. (처벌의 〈채권자〉는 마땅히 처벌받아야 하는 사람 즉 가해자이다.) 가해자는 처벌이라는 빚을 피해자에게 지고 있는 것이 아니다 ; 그가 응당 처벌받아야 함은 〈피해자를 위해서〉가 아니다. 그렇다면 왜 피해자가 처벌할 또는 처벌자가 될 특별한 권리를 갖겠는가? 피해자가 처벌할 특별한 권리를 소유하지 않는다면, 그는 그 처벌이 전혀 시행되지 않게 할 또는 자비가 베풀어지도록 결정할 어떤 특별한 권리를 소유하는가? 피해자가 처벌 방식에 도덕적으로 반대한다 하더라도, 피해자의 이런 반대에 反하여 그 누가 가해자를 처벌할 수 있는가? 어떤 간디주의자가 공격 받을 경우, 다른 사람들은 이 사람이 도덕적으로 반대하는 수단을 사용해 그를 보호할 수 있는가? 다른 사람들도 역시 피해를 받는다 ; 그런 범죄가 처벌되지 않으면 다른 사람들은 두려움과 불안감을 느낄 것이다. 피해자 당자는 범죄에 의해 가장 많이 피해받은 자라는 사실은 가해자의 처벌에 관해서 그에게 특별한 지위를 부여해야 할까? (다른 사람들은 범죄 자체에 의해서인가 또는 범죄가 처벌되지 않음으로 해서 피해를 입는가?) 만약 피해자가 죽었다면 그 특별한 지위는 그의 가장 가까운 친족에게 돌아가는가? 만약 두 사람이 살해된 경우, 이들의 가장 가까운 친족은 서로 먼저 처벌자가 되려 경쟁해야 하며, 친족의 각각은 그 살인자를 죽음으로 처벌할 권리를 갖는가? 사태가 이렇다면, 아마도 누구도 처벌할 수 있다거나 피해자만이 처벌할 권한을 갖는 것이기보다는, 해답은 모든 관여자들(즉, 모든 사람들)이 공동 조치를 취해 처벌하거나 어떤 사람에게 권한을 위임하여 처벌케 하는 것이다. 그러나 이 해결은 자연 상태 자체 안에 어떤 제도적 장치나 결정의 양식을 요청할 것이다. 우리가 이 해결을 처벌의 최종적 결정에 있어 모든 사람들이 발언권을 갖는 것으로 기술한다면, 이는 이런 유로서는 사람들이 자연 상태에서 소유했던 유일의 권리일 것이다. 이는 사람들이 개별적으로라기보다는 공동적으로 소유하는 권리(처벌에 관해 결정할 권리)가 될 것이다. 처벌할 권리가 자연 상태 속에서 행사되는 방식을 이해할 깔끔한 방식은 없는 듯이 보인다. 누가 보상금을 징수할지 그리고 누가 처벌할지에 관한 이러한 논의로부터 지배적 보호 협회의 소유권적 권리들에 관한 문제가 다시 제기된다.

지배적인 보호 협회는 많은 사람들로부터 그들의 대리자로서 그들을 위해 보상금을 징수토록 권한을 위임받았다. 이 업소는 그들을 위해 행위할 소유권적 권리를 부여받았고, 작은 업소들은 보다 적은 수의 사람들을 위해 행위할 소유권적 권리를 부여받았으며, 한 개인은 오직 자신만을 위해 행위할 소유권적 권리를 부여받았다. 보다 많은 수의 (종류에 있어서는 다른 업소의 것과 같으나) 개별적인 소유권적 권리들 *entitlements* 을 소유한다는 의미에서, 지배적 보호 업소는 보다 큰 소유권적 권리를 소유한다. 처벌할 권리가 자연 상태에서 행사되는 방식이 불명확하다는 점을 고려할 때, 몇 마디 더 말할 수 있다. 처벌할 권리를 가진 모든 사람들이 공동으로 행동해야 한다는 견해가 그럴 듯한 만큼, 그만큼 지배적인 보호 대행 업소는 처벌을 강제 집행할 최대의 소유권적 권리를 가진 것으로 간주될 수 있다(그 이유는 거의 모든 사람들이 그 업소에 권한을 위임하여 자기 대신 행동하라 했으므로). 처벌을 강제 집행함에 있어 지배적 업소는 最小數의 사람들의 행동, 처벌하려는 행동을 대체하며 선취한다. 어떠한 사적 개인의 행동도 모든 다른 사람들의 행동과 소유권적 권리를 배제할 것이나, 반면 아주 많은 사람들 자신의 대리인인 지배적인 보호 업소가 행동을 취할 때 그들은 자신들의 소유권적 권리가 행사된 것으로 생각할 것이다. 이는 지배적 보호 대행 업소 또는 국가가 일종의 특별한 합법성을 지녔다는 생각을 설명할 것이다. 이는 보다 많은 수의 소유권적 권리들을 소유하므로, 보다 큰 정도로 행동을 취할 권리를 지닌다. 그러나 이 업소가 지배적인 업소가 될 소유권적 권리를 지니는 것은 아니며, 어느 다른 자도 그렇지 않다.

우리는 어떤 것을 권력 행사의 합법적인 소재지로서 간주할 수 있게 하는 또 다른 논거를 지적해야겠다. 개인들이 자신의 보호 업소를 선택하는 행위를 조정 게임 *coordination game* 으로 간주하는 만큼 그리고 이 게임의 진행에 따라 그들이 곧 한 업소에 몰리는 이점이 있는 만큼——그 업소가 어떤 것이 될지는 그다지 중요치 않다——, 그 우연히 사람들이 몰리게 된 그 업소를 자신들의 보호를 위해 기대할 적합한 또는 적당한 업소로 그들은 생각할 수 있다. 10 대들이 잘 모이는 이웃의 한 장소를 생각해 보자. 모든 사람들이 다른 사람들이 모이는——이 다른 사람들도 자기 아닌 다른 사람들 이 그곳에 간다는 사실 때문에 모이는데——그 장소를 아는 한 그 장소가 어디가 되든 상관이 없다. 그 장소는 다른 사람들을 만나기 위해 〈갈 곳 the place to go〉이 된다. 그대가 다른 사람을 만나기 위해 다른 곳을 찾으면 성공하지 못할 가능성이 클 뿐 아니라, 다른 사람들은 그대가 그곳에 간다는 사실로부터 이익을 얻고 또 그 사 실에 의존하고 있으며, 마찬가지로 그대도 다른 사람들이 그곳에 모인다는 사실로부터 이익을 얻고 그 사실에 의존하고 있다는 것이 다. 그 장소가 만남의 장소가 될 소유권적 권리를 갖는 것은 아니 다. 가령 그 장소가 가게라면, 이의 소유주가 사람들이 서로를 자 신의 가게에서 만나게 할 소유권적 권리를 갖는 것은 아니다. 개인 들이 그곳에서 만나야만 하는 것은 아니다. 그 장소는 단지 만나는 장소일 뿐이다. 마찬가지로, 우리는 한 보호 업소가 우리를 보호할 업소가 되는 것을 상상할 수 있다. 사람들이 자신의 행동들을 조정 하고 모두를 고객으로 갖는 한 보호 업소에 수렴하려 노력하는 그 만큼, 그 과정은 완전히 보이지 않는 손에 의한 과정이라 할 수 있 다. 그리고 중간적인 경우들이 있을 것이며 이 경우들에선 일부의 사람은 그 과정을 조정 게임으로 간주하고, 이를 망각하는 다른 사 람들은 단지 국지적 신호에 반응한다. 14)

　　오직 하나의 업소만이 타인들이 그들의 믿을 만하지 못한 정의 집행 절차를 사용치 못하게 금지할 권리를 행사할 때, 이 행사는 그 업소를 사실상의 국가로 만든다. 이런 금지에 대한 우리의 논거는 무지 · 불확실성, 그리고 사람들에 대한 지식의 결여에 의존한다. 어 떤 상황에서는 어떤 사람이 소정의 행위를 했는지 알려지지 않으며 이를 발견해내는 절차들은 그 신빙도나 공정성에 있어 서로 다르 다. 완벽한 사실적 지식과 정보를 가진 세상에서는 그 누가 다른 사람이 죄 없는 자를 처벌치 못하게 금지할 권리를 합법적으로 주장 (이 권리의 유일한 소유주임을 주장함이 없이)할 수 있는가고 우리는 물 을 수 있다. 설사 사실에 관해 합의한다 해도, 소정의 행위가 얼마만큼의 처벌을 받아 마땅한지 그리고 어떤 행동들이 처벌 대상인지에 관해 이견이 있을 수 있다. 나는 이 책에서 (될 수 있는 한) 대부분의 유토피아나 무정부주의적 이론에 공통된 가정에 물음을 제기하거나 그에 초점을 맞춤이 없이 논의를 전개해 왔다. 그 가정이란 善意를 가진 모든 사람들이 수락할 만큼 명백하며, 특정 상황에 명확한 지침을 제공할 만큼 정확하고, 모든 사람들이 이것이 지시하는 바를 실현할 만큼 명료하며, 실제로 발생하는 모든 문제들을 커버할 만큼 완전한 일련의 원리들이 존재한다는 가정이다. 이런 가정을 부인하여 국가를 위한 논거를 마련하였다면, 인간성의 (그리고 도덕철학의) 미래적 발전은 그러한 합의를 낳을 것이며 따라서 국가를 위한 논거를 무너뜨리리라는 희망을 유토피아주의자나 무정부주의자에게 갖게 했을 것이다. 모든 선의의 사람들이 자유주의적 원리들에 합의할 그날은 요원한 듯하며, 그 원리들은 완전히 언명되지도 않았고, 현재 모든 자유주의자들에 의해 합의된 한 집합의 원리들도 존재하지 않는다. 가령, 순수한 저작권이 합법적인지의 문제를 살펴 보라. 일부의 자유주의자들은 그것이 합법적이 아니라 논하나, 저자들과 출판사가 책을 출판할 때에 그 계약서 안에 그 책의 승인되지 않은 복사를 금지하는 단서를 포함시키고 모든 해적판을 계약의 위반으로 고소한다면 저작권의 효과를 얻을 수 있다 주장한다 ; 그들은 어떤 사람들은 종종 책을 유실하고 다른 사람들은 이를 발견한다는 사실을 잊고 있는 듯싶다. 다른 자유주의자들은 다른 견해를 갖고 있다. [15] 특허권에 대해서도 마찬가지이다. 만약 일반론에서는 그렇게 근접해 있는 사람들이 그렇게 근본적인 점에서 이견을 갖는다면, 두 자유주의적 보호 대행 업소들은 이에 관해 투쟁할 수 있다. 한 업소는 어떤 사람이 소정의 책자를 발간하지 못하게 강력히 금지하거나 (왜냐하면 이는 저자의 재산권을 침해하므로), 그 자신 독자적으로 발명해내지 않은 발명품을 모조하지 못하게 강력히 금지하려 시도할 수 있으며, 반면 다른 업소는 이 금지 조처를 개인의 권리 침해라 하여 이에 대항해 싸울 수 있다. 무엇이 강제 집행될지에 관한 불일치는, 주저함이 없는 政府論者들은 논하기를, 국가라는 장치를 위한 또하나의 (사실에 대한 지식의 결여라는 논거에 더

하여) 논거를 제시한다. 강제 집행되어야 할 것을 종종 변화시켜야 하는 필요가 그러하듯이. 자신들이 옳다 생각하는 것을 집행하기보다는 평화를 원하는 사람들은 하나의 국가 아래 뭉칠 것이다. 그러나 물론, 사람들이 진정으로 이렇게 원한다면, 그들의 보호 대행 업소든도 싸우지 않을 것이다

예방적 억제

마지막으로 〈예방적 억류 *preventive detention*〉 또는는 〈예방적 억제 *preventive restraint*〉의 문제가, 보상의 원리와 이 원리에 따라 극소 국가가 수수료를 지불치 않는 사람들에게까지도 제공해야 하는 포괄적인 보호에 관한 제 5 장에서의 우리의 논의와 관련되는지 살펴보자. 이 예방적 억류의 개념은, 개인들이 타인들의 권리를 침해할 위험을 감소시키기 위해 개인들에게 가해지는 제한들까지 포함하도록 확대되어야 한다. 이 확대된 개념을 〈예방적 억제〉라 부르자. 이 개념에 포섭되는 행위들은 어떤 개인들로 하여금 일주일에 한 번씩 경찰에 보고케 요구하는 행위(집행 유예 때와 같이), 어떤 개인들이 어떤 시각 어떤 장소에 있지 못하게 금지하는 행위, 총기 휴대 통제법 등등이다(그러나 은행 경보 장치의 설계도 출판을 금지하는 법은 이 개념에 포섭되지 않는다). 예방적 억류는 한 개인을, 그가 저지를 어떤 범죄 때문이 아니라 그가 범죄를 저지를 확률이 평시보다 훨씬 더 높다는 예견 때문에, 감금하는 행위를 포함한다(그의 이전의 범죄 경력은 그 예견이 기초한 자료의 일부일 수 있다).

이런 예방적 제약들이 부당 *unjust* 할 수 있다면, 그것은 이 제약들이 사전에 위험스러우나 무해할 수 있는 행위들을 금지하기 때문은 아닐 것이다. 왜냐하면 정의의 사적 집행에 대한 금지 조항을 포함하는 집행 가능한 法 체계는 그 자체 예방적 논거들에 기초해 있기 때문이다. [16] 自助的인 정의의 집행을 금지하는 모든 법체계의 존재의 근거가 되는 그러한 논거들은 정의로운 *just* 법체계와 양립할 수 있다는 주장은 있을 수 없다 ; 적어도 정의로운 법체계가 존재한다고 우리가 주장하려면 그런 주장은 할 수 없다. 예방적 억제 행위를 부당한 *unjust* 것으로 비판할 근거, 그러나 모든 국가의 법

182

체계의 존재의 기초를 마련해 주는 私的 정의의 금지 행위까지 비판할 만큼 강력하지 않은 근거는 존재하는가? 정의를 논거로 해서 예방적 억제 행위들이 다른 유사한 위험 감소적인 금지 행위들, 법체계에 근본적인 금지 행위들로부터 구분될 수 있는지를 나는 알지 못한다. 우리는 아마도 이 장의 초반에서의 다음과 같은 원리들에 대한 우리의 논의의 도움을 받을 수 있겠다 : 그른 행위를 하겠다는 결정이 추가로 내려져야 하는 그러한 행동들이나 과정들을, 그른 행위를 하고자 하는 추가의 결정이 내려져야만 잘못이 발생하는 그러한 과정들로부터 구분하는 원리들. 어떤 사람들은 미래의 결정을 내릴 능력이 없고 이제는 작동되도록 장치된 기계와 같이 잘못된 행위를 수행할 것(할 가능성이 있는 것)으로 간주될 수 있는 범위 안에서 (또는 그들이 그른 행위에 반대하는 결정을 내릴 능력이 없는 것으로 간주될 수 있는 범위 안에서?), 예방적 억제는 합법적인 것으로 보일 수 있을 것이다. 불리점들이 보상된다는 단서하에서(아래를 보라), 예방적 억제는 허용되는데 그 논거는 법체계의 존재를 기초하는 것과 같은 것이다(다른 논거는 이를 불허할 수도 있다). 그러나 한 사람이 저지를 수 있는 惡(이는 두려움의 대상이다)이 그가 아직 내리지 않은 악한 일을 하고자 하는 결정에 의존한다면, 이전의 원리들은 예방적 억류나 억제를 비합법적이며 허용될 수 없는 것으로 규정할 것이다.[d]

설사 예방적 억제가 정의를 논거로 해서는 법체계의 기저를 형성하는 유사한 금지 사항들로부터 구분될 수 없다 하더라도, 그리고 위험의 가능성이 금지를 통해 간섭함을 허용할 만큼 충분히 심각하다 하더라도, 자신의 안전을 증가시키기 위해 금지하는 자들은 금지를 통해 금지당한 자들에게 (이들은 실제로는 누구도 해하지 않을 수 있다) 부과된 불리점들에 대해 이들에게 보상해야만 한다. 이 결론은 제 4 장에서의 보상의 원리에 의해 요청되는 바이고 이의 논리적 귀결이다. 사소한 금지 행위의 경우, 그런 보상은 쉽사리 이루어질

---

d) 억제자가 완전 *full* 보상을 하여(단지 부과된 불리점들에 대해서만 보상하는 것이 아니라) 억제받은 자를 억제받기 이전과 적어도 같은 높이의 무차별 곡선 위에 올려 놓는다 해도 이 견해는 성립하는가?

수 있겠다(그리고 금지가 불리점을 초래치 않은 경우에도 보상은 되어야 할 것이다). 다른 조처들, 가령 어떤 사람에게 활동에 있어 시간 제한을 한다든가 또는 그들의 행동에 특별한 제약을 가한다든지 하는 경우엔, 이는 상당한 보상을 해야 한다. 예방적 억제 조처로서 투옥된 자에게 가해진 불리점들에 대해, 공적으로 보상하기란 거의 불가능할 것이다. 매우 위험시되는 자를 위해 쾌적한 장소를, 울타리 쳐져 있고 감시되어 있긴 하나 관광 호텔, 유흥 시설 등이 갖추어져 있는 장소를 마련해 줌으로써만이 아마도 이 불리점에 대한 요구가 충족될 수 있다(우리의 이전의 논의에 따르면, 보통 사회에서의 정상적인 숙박비와 음식대를 초과하지 않는 범위내에서 그들에게 비용을 청구하는 것은 허용될 수 있겠다. 그러나 억류된 자가 자신의 평시의 수입에 비견할 만한 수입을 억류지에서 벌 수 없는 경우엔, 그런 비용의 청구는 허용되지 않는다. 왜냐하면 그 비용을 지불키 위해 그는 자신의 재원을 모두 써야 하기 때문이다). 그런 억류지는 살기에 매력적인 장소가 될 것이다 ; 많은 사람들이 이곳으로 보내지길 원할 경우, 이 억류지의 시설은 다른 사람들과 함께 정상적 사회에서 살지 못하게 금지당함으로써 초래된 불이익에 대해 그 금지당한 자에 보상하기에 적합한 것보다 더 사치스럽다고 결론내릴 수 있다.[e] 나는 여기서 그런 제도의 세부, 이론적 난점들(정상적 사회에서 추방됨으로써 일부는 다른 사람이 그러한 것보다 더 불리한 처지에 빠진다는 등의), 그리고 가능한 도덕적 반대(가령, 어떤 사람이 다른 모든 위험스러운 사람들과 함께 한 장소에서 살아야 한다는 것은, 그의 권리의 침해가 아니냐는, 그리고 생활 환경의 호화로움을 증가시켜 준다 해서 가중된 위험 부담이 보상될 것이냐는 등의). 왜냐하면 내가 쾌적한 억류지를 언급하는 이유는 이런 장소를 만들어야 함을 제안하기 위한 것이 아니라, 예방적 억류의

---

e) 오직 불리점에 대해서만 보상될 필요가 있으므로 사람들이 자의로 선택할 만한 장소보다 다소 못한 장소면 적합하리라. 그러나 공동체로부터의 억류란 상당히 큰 변화이므로 불리점의 범위를 재기란 어려울 것이다. 불리하게 됨 *to be disadvantaged* 은 다른 사람들에 비해 어떤 활동에 관해서 장애를 받음 *to be hampered* 을 의미한다면, 억류와 같이 심한 제약은 불리점에 대한 완전 *full* 보상을 필요로 할 것이다. 아마도 억류지가 매력적일 경우에만, 우리는 억류되는 자들이 이들이 안게 된 불리점들에 대한 보상을 받았다 생각할 수 있는 입장에 있을 것이다.

184

주창자들이 생각해야만 하고 기꺼이 직면해야 하며 그를 위해 비용을 지불해야만 하는 그런 것들을 보이기 위해서이다. 합법적인 경우에(만약 그런 경우가 있다면) 공중이 예방 조치로서 제약한 사람에게 제약을 통해 그에게 초래된 불리점에 대해 보상해야만 된다는 단서는 공중이 그러한 제약을 가하는 데에 상당한 견제를 하리라 생각된다. 우리는, 그러한 적합한 보상을 위한 단서를 달지 않은 어떠한 예방적 억제 조처들의 체제도 즉각 비난할 수 있다. 전 문단에서의 우리의 결론과 결합될 때, 이 주장은 예방적 억제를 합법적이게 할 여지를 별로 남기지 않는다.

  예방적 억제에 관한 어떤 견해에 대한 몇몇 반대를 간략히 논의함은 이 견해를 우리가 이전에 다른 문맥에서 다루었던 고려 사항들과 관련되게 할 것이다. 일부 사람들이 다른 사람들에게 제약을 통해 초래된 불리점에 대해 보상한다 해도, 예방적 제약을 할 수 있는가고 우리는 물을 수 있다. 예방적 제약의 체계 대신에, 다른 사람들을 제약코자 원하는 자들은 그 제약될 자를 고용하여(돈을 지불하여) 그 제약 조치를 감수해야 하지 않을까? 이런 교환은 〈비생산적 교환〉의(제 4 장을 보라) 첫째번 필요 조건을 충족시킬 것이므로, 그리고 일방(타방이 자신과 전혀 관계하지 않았을 경우보다 교환의 결과로 더 나은 처지에 있게 되지는 않은 이 일방)이 얻는 것은 단지 의도적으로 행해졌다면 금지될 월경 행위일 것을 감수할 확률의 감소이므로, 교환에서 오는 상호 이익의 분배는 시장에서 결정되어야 한다는 우리의 이전의 논변은 이 경우 타당치 않다. 그 대신 여기에서 우리는 보상을 주고 금지할 후보자를 갖는다 ; 더 강력히 표현하면 (제 4 장에서의 우리의 논의를 따라), 초래된 불리점에 대해서만 보상을 해 주고 금지할 후보자를. 둘째로, 많은 예방적 억제의 상황에서, 〈생산품 *the product*〉(즉 그가 제약됨)은 그 당사자에 의해서만 공급될 수 있다. 첫번째 판매자의 가격이 너무 높다 해서 어떤 다른 경쟁자가 나타나 그대에게 그 생산품을 팔지도 않으며 팔 수도 없다. 이런 비생산적 경우들에 있어(적어도 첫번째 필요 조건에 의해서) 독점적인 가격 책정이 왜 이익의 분배를 위해 적합한 모델로 간주될지를 알기는 어렵다. 그러나 만약 예방적 억제 조처의 목표가 타

인에 끼칠 위험의 확률을 어떤 선 아래로 끌어내리려는 것이라면
——이 전체 위험에 대해 고정된 최소량 이상의 기여를 하는 모든
위험한 자들을 억제하려는 것이기보다는——, 그들 모두를 억제하
지 않고서도 이 목표는 달성될 수 있을 것이다. 이런 상황에서 예
방적 억제 조처의 대상이 될 후보들은 서로 가격 경쟁을 할 이유를
가질 것이다. 그 이유는 그들은 시장에서 다소 덜 유리한 위치를
차지할 것이기 때문이다.

설혹 억제자들이 억제당할 자들과 자발적인 쌍무 협정에 이를
필요가 없다 하더라도, 그들은 적어도 자신들이 제약하는 자들을
보다 낮은 무차별 곡선에로 끌어내리진 말아야 하지 않을까? 왜 초
래된 불리점들에 대해서만 보상을 해야 하는가? 우리는 불리점에
대한 보상을 다음의 두 매력적인 그러나 공존할 수 없는 입장 사이
에서 결정할 수 없기 때문에 택한 절충안이라 생각할 수도 있겠다:
(1) 위험 인물은 억제될 수 있으며 따라서 그들을 제약할 권리가 있
기 때문에 보상금은 지불될 필요가 없다 ; (2) 그 사람은 제약되지
않고도 실제로는 다른 사람을 해함이 없이 살 수도 있으므로 그를
제약할 권리는 없기 때문에 완전 보상이 되어야 한다. 그러나 불리
점에 대한 보상을 하는 금지 조처라는 입장은 동등하게 매력적이며
양립 불가한 두 입장(이 중 하나가 옳으나 그 옳은 입장이 어떤 것인지
우리가 모르는) 사이의 〈차이점들의 중간을 취한〉 절충안이 아니다.
오히려 그 입장은, 그 각각이 여하간 고려되어야만 하는 두 상반되
는 고려 사항들의 (도덕적인) 벡터 合力과 일치하는 옳을 입장이라
생각된다. f)

---

f) 만약 공중이 너무 가난하여 제약되지 않으면 위험스러울 사람에게 보상할 수 없
  다면 어떨까? 自耕自給 농장의 사람들은 예방적으로 누구를 제약할 수 있는가?
  그들은 그럴 수 있다 ; 단 제약자들이 보상하려는 노력으로 충분한 것을 양도하여
  자신들의 약화된 처지(자신들의 재산 일부를 보상 금고에 집어 넣음으로 해서 약
  화된)와 제약자들의 처지(보상 후의)를 비슷하게 한다는 조건하에서만. 제약된
  자는 그래도 다소 불리한 처지에 있게 되나 다른 누구보다 더 그러한 것은 아니
  다. 한 사회가 예방적 제약 조처와 관계하여 빈한하다 impoverished 고 할 수 있
  는 충분 조건은 이 사회내의 제약자들이, 자신들 스스로 불리한 처지에 빠지지
  않고선, 자신들이 부과한 불리점에 대해 그 제약된 자들에게 보상할 수 없을 경
  우이다 ; 즉, 단지 몇몇의 사람들만이라도 그 처지에로 이동되더라도 불리하게 되

186

　이로써 最小國家의 성립에 관한 우리의 논변에 대한 반대들에 대한 검토와 그 논변에서 발전된 원리들의 다른 주제에로의 응용을 끝막음하겠다. 무정부적 상태로부터 최소 국가에 이르렀으므로, 우리의 다음 과제는 우리가 더 이상 나아가지 말아야 한다는 점을 정립하는 것이다.

는 그러한 처지에로 자신들도 이동하지 않고서는. 빈한한 社會는 억제되는 자와 억제되지 않는 자의 처지가 대등하게 될 때까지 불리점에 대해 보상해야만 한다. 여기에서의 〈대등성 *equivalence*〉의 개념은 여러 가지로 해석될 수 있다 ; 절대적인 지위에 있어 균등하게 불리하게 된다(이 해석은, 제약되지 않은 자들의 일부는 애초에 매우 높은 지위에 있을 수 있다는 사실을 고려할 때 너무 강한 해석이다) ; 균등한 간격으로 낮춰진다 ; 어떤 기준선을 근거로 하여 동일한 퍼센트로 낮춰진다. 이 복잡한 문제들에 관해 명료해지기 위해선, 이 책에서의 우리의 중요 관심사에 오직 부차적인 중요성이 허락하는 것 훨씬 이상의 본격적인 연구가 필요하다. Alan Dershowitz 는 法에 있어서 예방적 고려 사항에 관해 곧 발간될 자신의 巨作 제 2 권의 분석이 여기에서의 우리의 논의와 유사하다고 나에게 전한 바 있으므로, 독자들은 이 문제들에 관해선 그 책을 참조하기 바란다.

제 Ⅱ 부
最小國家를 넘어서서 ?

제 7 장

分配的 正義

最小國家는 정당화될 수 있는 국가로서는 가장 포괄적인 국가이다. 이보다 더 포괄적인 국가는 개인들의 권리를 침해한다. 하지만 많은 사람들이 보다 포괄적인 국가를 정당화하기 위한 논거를 제시해 왔다. 제시된 모든 논거들을 이 책의 제한된 한계내에서 검토하는 것은 불가능하다. 그러므로 나는 일반적으로 가장 무게 있고 영향력 있다고 인정되는 논변에 초점을 맞추어 정확히 어떤 점에서 그 논변이 실패했는가를 보이도록 하겠다. 이 장에서는 分配的 正義 *distributive justice* ㄱ)를 성취하는 데 필수적인 것 (또는 최선의 방도)으로서 보다 포괄적인 국가가 정당화된다는 주장을 고찰하고 다음 장에선 다양한 다른 주장들을 다루도록 하겠다.

〈分配的 正義〉란 용어는 중립적인 것이 아니다. 〈分配〉란 어휘를 들을 때, 대부분의 사람들은 어떤 기구 또는 기관이 물건들을 나누는 데 어떤 기준 또는 원리에 의존하고 있다고 추정한다. 각자의 몫을 분배하는 이 과정에서 어떤 실수가 끼어들었을 수도 있다. 따라서 再分配 *redistribution* 가 이루어져야 할지는, 적어도, 열려진 문제라 할 수 있다 : 즉 우리가 이미 서투르게나마 행한 것 (즉 분배)을 또다시 해야 하는가의 문제는. 그러나 우리의 입장은 이제 부주의한 분할을 교정하기 위한 마지막 조정을 하는, 어떤 어른으로부터 파이 조각을 받아 쥔 어린 아이의 그것이 아니다. 우리의 경우 중앙 *central* 분배, 모든 자산을 관리하는 어떤 한 사람이나 이 자

ㄱ) 협동적 생산을 통해서 산출된 재화의 공정한 분배. J. Rawls에 의해 본격적으로 논의되었음.

산이 어떻게 분배될 것인가를 합동으로 결정하는 집단도 존재하지 않는다. 각 개인이 갖는 바는 그가 다른 사람과 교환하여 또는 선물로서 그 다른 사람으로부터 얻은 바이다. 자유 세계에서는 다양한 사람들이 서로 다른 물자를 손에 쥐고 있으며 새로운 소유물은 자발적 교환과 행위로부터 발생한다. 사람들이 자신들의 배우자를 선택하는 그러한 사회에서 배우자의 분배란 있을 수 없듯이, 우리의 경우에도 몫의 분배 행위 또는 분배란 있을 수 없다. 전체적 결과란, 관여된 서로 다른 개인들이 내릴 권리가 있는바, 그 수많은 결정들의 산물이다. 〈분배〉란 어휘의 어떤 용법은, 어떤 기준에 따른 事前의 적합한 분배 행위를 함축하지 않음은 사실이다(가령, 〈확률 분배 또는 분포 *probability distribution*〉). 그렇지만, 이 장의 제목에 구애됨이 없이 분명히 중립적인 용어를 사용하는 것이 최선이겠다. 나는 해서 〈개인의 소유물 *people's holdings*〉이란 어휘를 사용하겠다. 소유물에 관해서 정의의 원리란, 정의가 소유물에 관해서 우리에게 말하는(요청하는) 바의 일부를 기술한다. 나는 우선 내가 소유물에 있어서의 정의에 관한 올바른 견해라 생각하는 바를 언명하겠고 다음 대안적 견해의 논의에 들어가겠다. [1]

제 1 절

所有權利論

소유물에서의 정의의 주제는 세 가지 소주제로 구성되어 있다. 첫번째는 소유물의 최초 취득 *the original acquisition of holdings*, 즉 소유되지 않은 것들의 私物化이다. 이는 비점유물이 어떻게 점유될 수 있는지의 문제, 비점유물이 점유되게 되는 과정 또는 과정들, 이 과정을 통해 점유될 수 있는 물건들, 특정의 과정을 통해 점유될 수 있는 것의 범위 등등의 문제를 포함한다. 이 주제에 관한 복잡한 진리를——여기서는 정형화하여 표현하지 않겠지만—— 우리는 취득에서의 정의의 원리라 부르겠다. 두번째 소주제는 한 사람으로부터 다른 사람에로의 소유물의 이전 *the transfer of holdings*

이다. 어떤 과정을 통해서 한 사람은 자신의 소유물을 다른 사람에게 이동할 수 있는가? 어떻게 하여 물건들을 이의 소유자로부터 취득할 수 있는가? 이 주제 아래서 우리는 자발적 교환, 증여와 (다른 한편으로는) 사취, 그리고 한 사회에서 고정되어 있는 관습의 세부 사항들을 논할 것이다. 이 주제에 관한 복잡한 진리(관습적 세부 사항들은 생략하고)를 우리는 移轉에서의 正義의 원리라 부르겠다(그리고 이 원리는 사람들이 이에 따라 자신의 소유물을 방기하여 無所有主 상태로 환원시키는 그런 원리들도 포함하는 것으로 우리는 가정하겠다).

세계가 전적으로 정의롭다면, 다음의 귀납적 定義가 소유물에서의 正義의 주제를 모두 커버하리라.

1. 취득에서의 正義의 원리에 따라 소유물을 취득한 자는 그 소유물에 대한 소유 권리가 있다.
2. 移轉에서의 正義의 원리에 따라 한 소유물을, 이 소유물에 대한 소유 권리가 있는 자로부터 취득한 자는 그 소유물에 대한 소유 권리가 있다.
3. 어느 누구도 1과 2의 (반복적) 적용에 의하지 않고서는 그 소유물에 대한 소유 권리가 없다.

분배적 정의의 완결된 원리는 오직 다음일 것이다 : 한 분배가 정의로울 충분 조건은 그 분배하에서 모든 사람들이 자신들이 소유하고 있는 것에 대한 소유 권리를 소유함이다.

한 분배는, 이것이 다른 정의로운 분배로부터 합법적인 경로를 통해 발생했을 때 정의롭다. 한 분배 상태에서 다른 분배 상태로 이행하는 합법적인 수단은 이전에서의 정의의 원리에 의해 규정되어 있다. 최초의 합법적인 〈이행 *moves*〉은 취득에서의 정의의 원리에 의해 규정되어 있다. [a] 정의로운 상황으로부터 정의로운 단계를 거쳐 발생하는 것은 무엇이나 그 자체도 정의롭다. 이전에서의 정의의 원리에 의해 규정된 변화의 수단은 정의를 보전한다. 추론의

---

a) 취득에서의 정의의 원리 적용은 또한 한 분배로부터 다른 분배로의 이행 부분에서도 나타날 수 있다. 사람은 현재의 無主物을 발견하여 **그것을 소유할 수 있다.** 취득은 또한, 단순화시켜, 내가 이전에 의한 이동 *transitions by transfers* 이라 말할 때 의미하는 바로 이해되어야 할 것이다.

올바른 규칙들이 진리치 보전적이며, 眞인 전제로부터 이런 규칙들의 반복적인 적용을 통해 연역된 결론 그 자체도 眞이듯이, 이전에서의 정의의 원리에 의해 규정된 바 한 상황으로부터 다른 상황으로의 이행의 수단도 正義 보전적이며 원리에 전거하여 한 정의로운 상황으로부터 반복적인 이행 과정을 거쳐 실제로 발생하는 어떤 상황도 그 자체 정의롭다. 正義 보전적 변형 과정과 진리 보전적 변형 과정 사이의 대비는 둘 사이의 유사한 관계뿐 아니라 상이한 관계도 드러낸다. 眞인 전제로부터 진리치 보전적인 방법 또는 수단에 의해 결론이 연역될 수 있었다는 사실은 그 결론이 眞임을 입증하기에 충분하다. 그러나 정의로운 상황이 정의 보전적인 방법에 의해 발생할 수 있었다는 사실은 그 상황의 정의로움을 보이기에 충분하지 않다. 도둑의 피해자가 그 도둑에게 절도물을 선물로 줄 수도 있었었다는 사실은, 그 도둑에게 자신이 불법으로 취한, 물건에 대한 소유 권리를 부여하지 않는다. ㄴ) 소유물에서의 正義는 역사적인 것이다. 이는 실제로 무엇이 일어났는가에 의존한다. 나는 나중에 이 점을 논의하겠다.

모든 현실적 상황들이 소유물에서의 정의의 두 원리, 즉 취득에서의 정의의 원리와 이전에서의 정의의 원리에 의해 생성되는 것은 아니다. 어떤 사람들은 다른 사람들의 물건을 훔치거나, 사취하거나, 또는 그들을 노예화하거나, 그들의 생산물을 수탈하거나, 그들이 살고자 하는 바대로 살지 못하게 하거나 또는 교환에서의 자유 경쟁을 방해한다. 이런 행위들의 그 어느 것도 한 상황으로부터 다른 상황으로의 이행으로서는 허락될 수 없는 양태의 이행이다. 과거의 不義의 존재는 소유물에서의 정의 아래서의 세번째 주요 주제를 제시한다 : 즉 소유물에서의 不義의 矯正 *the rectification of injustice in holdings.* 만약 과거의 불의가 현재의 소유 상태를 여러 방식으로——어떤 것은 확인할 수 있고 어떤 것은 확인할 수 없는—— 형성했다면 이제 우리는 이 불의의 상태를 시정하기 위해 무엇을 해

ㄴ) 여기서의 구분은 논리적 가능성과 역사적 실재성의 구분이다. 한 명제가 진이기 위한 조건은 진인 전제로부터 논리적 규칙들에 의한 연역 가능성이다. 그러나 정의로운 상황으로부터 정의로운 절차를 통해 발생할 수 있는 발생 가능성은 한 상황을 정의로운 것으로 만들기 위한 충분 조건이 못 된다.

야만 하는가? 불의가 저질러지기 전보다 그의 위치가 악화된 그러한 사람들에게 불의의 행사자는 어떤 채무를 지고 있는가? 우리는 그의 위치가 악화된 자의 상황을, 보상이 바로 지불되었었을 경우와 비교할 것인가? 수익자와 피해자가 불의의 행위의 직접적인 당사자가 아니라, 가령 그 당사자들의 후예라면, 문제는 어떻게 변할 것인가? 그의 소유물이 그 자체, 시정되지 않는 불의에 근거하고 있을 경우에도 그에 대한 불의를 논할 수 있는가? 우리는 불의로 점철된 과거의 역사를 청산하기 위해 어느 정도나 소급해야 하는가? 불의의 희생자가 자신들에게 대해 행해진 불의의 행위——그들의 정부를 대리자로 하는 사람들에 의해 저질러진 많은 불의의 행위를 포함한——를 시정하기 위해, 그들에게 허락될 수 있는 행위는 무엇인가? 나는 이런 문제에 대한 철저한 또는 이론적으로 정교한 논리를 알고 있지 않다.[2] 상당히 이상적으로 생각해서, 이론적인 탐구를 통해 矯正의 원리를 산출할 수 있다고 가정해 보자. 이 원리는 이전 상황과 그 상황에서 저질러진 불의(정의의 처음 두 원리와 간섭을 거부할 권리에 의해 정의된 바)에 관한 역사적 지식과 이 불의에 뒤따르는 사태의 현재까지의 추이 과정에 관한 역사적인 지식을 사용하며, 하여 한 사회내에서의 소유 상태에 관한 기술을 제공한다. 교정의 원리는, 불의가 저질러지지 않았다면 어떠했을까에 관한 최대한으로 정확한 假言的 지식을(또는 기대치와 함께 일어날 가능성에 대한 확률 분포를) 사용할 것이다. 만약 소유의 현재적 상황이 그 원리에 따라 기술된 바와 다르다면, 그 원리에 의해 기술된 바가 실현되어야만 한다.[b]

　소유물에서의 정의의 이론의 일반적인 개요를 말하자면, 이는 한 사람의 소유물은, 취득과 이전에서의 정의의 원리 또는 불의의 교

---

b) 처음 두 원리들의 위반 결과를 교정하는 원리가 (정의로운) 소유 상태에 관해 하나나 그 이상의 기술을 산출하면, 이들 중 어느 것이 구현될지에 관해 어떤 선택이 이루어져야 한다. 분배적 정의와 평등에 관한 고려 사항들, 내가 반론을 제기한 그런 유의 고려 사항들은 이 종속적인 선택에 어떤 합법적 역할을 한다. 마찬가지로 법규가 어떤 다른 경우인 자의적일 특성들을, 이 특성들이 다른 고려 사항들이 정확한 선을 명시하지 않으나 이 선은 그어져야 하므로 불가피할 때, 구현해야 할지를 결정하는 데 있어 그러한 고려 사항들에는 여지가 있을 수 있다.

정의 원리에 의해 그가 그 소유물에 대한 권리를 부여받았으면, 정당한 *just* 것이다. 만약 각인의 소유물이 정당하다면, 소유물의 전체 집합(즉 분배)도 정당하다. 이 일반적인 개요를 세부적으로 이론화하기 위해 소유물에서의 정의의 세 원리 각각의 세부를 규정해야 할 것이다. 그 세 원리란 소유물 취득의 원리, 소유물 이전의 원리, 그리고 이 두 원리 위반을 교정하는 원리이다. 그러나 나는 이 작업을 여기서 전개하진 않겠다(로크의 취득에서의 정의의 원리는 이하에서 논의된다).

歷史的 原理들과 終局結果的 原理들

소유 권리론 *entitlement theory*의 일반적 개요는 분배적 정의에 관한 다른 이론들의 성격과 결점을 보여 준다. 분배에 있어서의 正義의 소유 권리론은 역사적이다. 분배가 정의로운가는 이 분배가 어떻게 이루어졌는가에 달려 있다. 대조적으로 정의의 현재 시간 단면 *current time-slice* 원리에 따르면, 분배에 있어서의 정의는 정의로운 분배에 관한 어떤 구조적 *structural* 원리(들)에 의해 판단할 때 물자들이 어떻게 분배되어 있는가에 (즉 누가 무엇을 가졌는가에) 의해 결정된다. 공리주의자는 두 분배 상태를 비교함에 있어 어느 것이 보다 큰 양의 유용성을 갖는가 결정하고 만약 그 총량이 동일한 경우엔 보다 평등한 분배를 선택하는데, 이 선택을 위해 이 고정된 평등성의 기준을 적용하며, 이 점에서 공리주의자는 정의의 현재 시간 단면 원리를 지지할 것이다. 이는 마치 행복의 총량과 평등성의 총량 사이의 일정한 교역 계획표를 갖고 있는 자가 그러할 것과 같다. 현재 시간 단면 원리에 따르면 분배의 정의를 판단함에 있어 고려해야 할 유일한 것은 누가 무엇을 결국 갖게 되는가의 문제이다. 어느 두 분배 상태를 비교함에 있어 우리가 고려해야 할 것은 분배를 나타내는 매트릭스이다. 정의의 원리를 결정함에 있어 더 이상의 정보가 필요 없다. 구조적으로 동일한 두 분배 상태가 정의로울 수 있는 것은 이러한 정의의 원리들의 한 귀결이다(두 분배 상태가 동일한 단면도를 제시하면 이는 구조적으로 동일하다. 이 경우 서로 다른 사람들이 매트릭스내의 특정한 구역을 차지할 수 있다. 가령, 내가 열을 갖고 그대가 다섯을 갖는 분배 상태와 내가 다섯을 갖고 그대가 열을 갖는 분배 상태는 구조적으로 동일하다). 복지 경제학은 정의에 관한 현재 시간 단면의 원리를 채용한 이론이다. 주체는 분배에 관한 오직 현재의 정보만을 나타내는 매트릭스 위에서 동작하는 것으로 여겨진다. 몇몇의 통상적 조건(가령, 분배의 선택은 매트릭스의 行들을 再命名함에도 불변한다는 등의)뿐 아니라 이 점도 복지 경제학이 그의 모든 부적절한 점들을 함께 가지며 현재 시간 단면 이론이 될 것을 보장한다.

대부분의 사람들은 현재 시간 단면 원리들이 분배분에 관한 모든 것을 설명한다고 생각하지 않는다. 사람들은 한 상황의 정의를 평가함에 있어 이 상황이 구현하고 있는 분배뿐 아니라 이 분배가 어떻게 이루어졌는가를 고려함이 관계 있다고 생각한다. 몇몇 사람들이 살인범이나 戰犯으로서 징역을 살 경우, 우리는 그 사회내에서의 정의를 평가하기 위해 현재 시각에 이 사람이 무엇을 갖고 있고, 저 사람이 무엇을 갖고 있고, 그 사람이 무엇을 갖고 있는지 등만을 살펴야 한다고 말하지 않는다. 우리는 누가 무엇을 해서 처벌받아 마땅한지, 보다 적은 몫을 받아 마땅한지의 여부를 묻는 것은 한 사회내의 정의 평가와 관계 있다고 생각한다. 대부분의 사람들은 벌칙과 벌금에 관한 추가적 정보의 有關性에 동의할 것이다. 욕구의 대상이 되는 것들도 살펴 보자. 전통적 사회주의의 입장에 선 한 견해는, 노동자들은 생산품과 그들 노동의 성과에 대한 소유 권리를 소유한다는 것이다 ; 그들이 이를 벌었다 ; 분배 행위가 노동자들에게 그들이 소유 권리로 지니는 바의 것들을 주지 않으면 그 분배는 부당하다 *unjust*. 그 소유 권리 *entitlements* 는 어떤 과거 역사에 기반한다. 이런 견해를 주장하는 어느 사회주의자도 다음과 같은 입장은 듣기에 거북해할 것이다 : 실제의 분배 상태 A는 우연히 그가 원하는 바의 분배 상태 D와 구조적으로 일치하므로, A는 D에 못지않게 정의롭다 ; A의 D와의 차이점은 단지 자본의 〈기생충적 *parasitic*〉인 소유자들은 A 아래에서 노동자들이 D에서 자신들이 받을 소유 권리를 소유하는 바를 받으며, 노동자는 A 아래에서 자본가들이 D에서 받을 소유 권리가 있는 바, 즉 아주 작은 몫을 받는다는 점이다. 이 사회주의자는 벌이 *earning,*

생산, 소유 권리, 응분 *desert* 등등의 개념을 고수하며——이런 고수는 내가 보기엔 타당하다——소유의 결과적 집합의 구조만을 주목하는 현재 시간 단면 원리를 거부한다. (무엇에서 결과하는 소유물의 집합이란 말인가? 소유물들이 어떻게 생산되며 존재하게 되는가의 문제가 누가 무엇을 가져야 하는가의 문제에 전혀 영향을 주지 않는다는 견해는 타당할 수 있는 것이냐?) 사회주의자의 오류는 어떤 종류의 생산 과정을 통해 어떤 소유 권리가 발생하느냐에 관한 그의 견해에 있다.

우리는 논의되는 입장을 현재 시간 단면 원리라 말함으로써 너무 좁게 해석한다. 그러나 구조적 원리들이 현재 시간 단면의 시간적 연쇄 위에 적용되고 이 원리에 따라, 가령, 어떤 사람에게 그가 이전에 소유했던 비교적 적은 양을 상쇄시키기 위해 지금 조금 더 준다 해도 사태는 변하지 않는다. 공리주의자건 평등주의자건 또는 이 둘의 혼합 형태의 입장을 취하는 자이건, 그의 보다 근시안적인 동료들이 갖는 난점들을 물려받을 것이다. 다른 사람들이 분배를 평가함에 있어 유관하다 생각하는 정보의 일부가 과거의 매트릭스 속에 반영되어 있다는 사실도 그들에게 도움을 주지 못한다. 이제부터 우리는 분배적 정의의 그러한 비역사적 원리들——현재 시간 단면 원리들을 포함해서——을 終局結果 원리 *end-result principles* 또는 終局狀態 원리 *end-state principles* 라 부르겠다.

정의의 종국 결과 원리에 대조적으로 정의의 역사적 원리 *historical principles* 에 따르면 과거의 상황이나 사람들의 과거 행위는 사물에 대한 차별적인 소유 권리나 응분의 자격을 창조한다. 한 분배 상태로부터 구조적으로 동일한 다른 분배 상태로 이동하더라도 후자가, 그 단면도에 있어선 전자와 동일함에도, 개인들의 소유 권리나 응분의 자격을 침해하는 경우 불의가 저질러진다. 이는 실제의 역사와 맞지 않을 수도 있다.

정형화

우리가 스케치한 소유물에서의 정의에 관한 소유 권리에 입각한 원리들은 정의에 관한 역사적 원리이다. 그들의 정확한 성격을 보다 잘 이해하기 위해서 우리는 이들을 역사적 원리들의 다른 하위

198

부류로부터 구분하겠다. 가령, 도덕적 功過 또는 賞點 *moral merit*
에 따른 분배의 원리를 고려해 보자. 이 원리에 따르면 총체적 **분**
배분은 도덕적 공과에 정비례한다. 어느 누구도 도덕적 상점이 큰
사람보다 더 많은 몫을 가질 수 없다(도덕적 상점이 단지 등급 매겨
질 뿐 아니라 저울로 정확히 재어져야 한다면 보다 강력한 원리들이 제시
될 수 있다). 또는 위의 원리에서 〈도덕적 상점〉 대신에 〈사회에
대한 유용도 *usefulness to the society*〉란 기준을 대체하여 결과되는
원리를 생각해 보라. 〈도덕적 상점에 따른 분배〉나 〈사회에 대한
유용도에 따른 분배〉 대신에, 다른 차원의 것들의 무게가 동일하다
는 전제하에 〈도덕적 상점, 사회에 대한 유용도와 필요도 *need*를
계측한 총합에 따른 분배〉의 원리를 생각해 볼 수도 있다. 한 분배
의 원리가 분배 상태로 하여금 어떤 자연적 차원, 자연적 차원들의
계측된 총합, 또는 자연적 차원들ㄷ)의 사전적 서열 배열에 따라 변
화해야 한다고 명시할 경우 그 원리를 정형적 *patterned*이라 부르
자. 그리고 한 분배 상태가 정형적 원리에 부합할 경우 그 상태를
정형적이라 부르자(내가 자연적 차원——이에 대한 일반적 기준을 제시하
지 않았음은 인정하지만——을 운위하는 이유는 소유물의 어떠한 집합에 대
해서도 어떤 인위적 차원이 관여하여 그 집합의 분배 상태에 따라 변화할
수 있기 때문이다). 도덕적 賞點에 따른 분배의 원리는 정형적인 역
사적 원리이며, 이는 정형적인 분배 상태를 명시한다. 〈I.Q.에 따른
분배 원리〉는 분배의 매트릭스 속에 포함되어 있지 않는 정보를 고
려하는 정형적 원리이다. 하지만 이는 분배를 평가함에 있어 차별
적인 소유 권리를 창출하는 과거 행위를 전혀 고려하지 않는다는
점에서 비역사적이다. 이는 그의 行이 I.Q. 점수에 따라 분류된 분
배적 매트릭스만을 요구한다. 하지만 한 사회에서의 분배는 그 자
체는 단순하게 정형적은 아니면서도, 위와 같은 단순히 정형적인
분배들에 의해 구성될 수 있다. 사회의 서로 다른 각 영역은 각각
다른 정형에 따라 분배하거나 또는 정형들의 어떤 조합이 사회 전
반에 걸쳐 서로 다른 비례로 작동하고 있을 수도 있다. 소수의 정
형적 분배로부터 이런 식으로 구성된 분배(또는 이런 분배를 가진 사

ㄷ) 위에 말한 도덕적 賞點·유용도·필요성 같은 것들을 말함.

회)를 우리는 〈정형적〉이라 부르겠다. 그리고 우리는 종국 상태 원리들의 조합들에 의해 산출된 전반적인 구도들을 포함하도록, 〈定型 pattern〉의 용법을 확대하겠다.

분배적 정의에 관해 제시된 거의 모든 원리들은 정형적이다: 이 모두는 각인에게 그의 도덕적 賞點, 필요성, 한계 생산물ㄹ), 그의 열성, 또는 이상 언급된 바들의 계측된 총합에 따라 분배하라고 요구한다. 우리가 위에서 스케치한 소유 권리에 의거한 원리는 그러나 定型的이 아니다.ㄷ) 어느 자연적 차원이나 소수의 자연적 차원들의 계측된 총합이나 조합도 소유 권리에 의거한 원리에 따라 초래되는 그러한 분배 상태를 산출하지는 않는다. 일부의 사람들이 그들의 한계 생산품을 받을 때, 도박에서 돈을 딸 때, 그들의 배우자의 수입의 일부를 받을 때, 재단으로부터 증여받을 때, 이자를 받을 때, 그들의 찬미자로부터 선물을 받을 때, 그들이 갖고 있는 바를 늘릴 때, 무엇을 발견할 때 등등의 경우 결과하는 소유물의 집합은 정형적이 아닐 것이다. 두터운 정형의 실가닥이 이 집합을 관통하고 있다. 소유물에서의 상당 부분의 변이가 定型變數 pattern-variables에 의해서 설명될 것이다. 대부분의 사람들이 대부분의 경우 자신들의 소유 권리의 일부를 다른 사람들로부터 무엇을 받고 교환함으로써 그들에게 양도한다면, 많은 사람들이 소유하는 바의 상당 부분은 그들 생각에 타인이 원하는 바로 판단된 것에 따라 변할 것이

ㄹ) 한 요소의 한계 생산품 또는 한계 생산력이라 함은 다른 요소의 투입량을 고정시켜 놓고 가변 요소 1단위를 더 투입함으로써 더 생산되는 재화의 수량.

ㄷ) 우리는, 교묘한 의무적인 〈양도의 원리 principle of transfer〉를 고안해내어 정형에 이르게 함으로써 분배적 정의에 관한 정형적 견해를 소유 권리적 견해에 억지로 끼워 맞추려 할 수는 있다. 가령, 중간 이상의 수입을 갖는 자는 중간 수입 이상의 모든 것을 중간 이하의 수입을 갖는 자에게 양도하여 그의 수입 상태를 중간 지점까지(그 이상은 아니고) 끌어올려야만 한다는 식의 원리. 이런 의무적인 양도를 배제하기 위해 우리는 〈양도의 원리〉를 위한 기준을 만들 수 있으며, 또는 올바른 양도의 원리, 자유 세계에서의 양도의 원리는 그런 것이 아니라 말할 수도 있다. 후자도 옳긴 하나, 전자가 아마도 보다 나은 방도일 것이다.

다른 한편으로, 실제적 가치를 갖는 함수에 의해 측정된 것으로 개인들의 소유 권리의 상대적인 강력도를 표현하는 매트릭스의 項들을 사용함으로써 소유 권리 론을 어떤 패턴의 한 例로 보려 할 수도 있다. 그러나 설사 자연적 차원들의 제한함이 이런 함수를 배제치 못한다 해도, 결과하는 구조물은 특정 사물에 대한 소유 권리들의 체계를 포착하지 못할 것이다.

200

다. 보다 상세한 점은 한계 생산성 *marginal productivity* 의 이론에 의해 제시된다. 그러나 친척에의 선물, 자선을 위한 기부, 자손에 의 유증 등은 첫번째 발생시엔 이런 식으로 이해되어선 안 된다. 定 型의 실가닥을 무시하고, 잠시 소유 권리에 의거한 원리에 의해 실 제로 이루어진 분배 상태가 어떤 정형과도 무관하다고 가정해 보 자. 소유물들의 결과된 집합은 非定型的일 것이지만, 이는 이해 불 가능하진 않을 것이다. 왜냐하면 이는 소수의 원리를 운용함으로써 발생하는 것으로 볼 수 있기 때문이다. 이 원리들은 애초의 분배가 어떻게 일어나야 할지(소유물 취득의 원리) 그리고 분배 상태가 어떻 게 다른 상태에로 변형되야 할지(소유물 이전의 원리)를 명시한다. 소 유물의 집합이 생성되는 과정은, 이 과정에 의해 결과되는 소유물 의 집합 자체는 非定型的일 것이지만, 可知的일 것이다.

하이예크 F.A. Hayek 의 저작은, 다른 학자들보다 덜 자주, 분배 적 정의의 定型化가 요구하는 바에 초점을 맞춘다. 하이예크는 각 개인의 도덕적 賞點에 따라 각자에 분배하기에 충분할 만큼 각 개 인의 상황에 대해 우리가 알 수는 없다고 논한다(하지만 우리가 이 지 식을 보유할 수 있다면, 正義는 우리에게 그러하라고 요구할 것인가?); 그 리고 그는 더 말하기를, 〈우리가 반대하는 것은, 그것이 평등의 질 서이건 불평등의 질서이건, 의도적으로 선택된 분배의 정형을 사회 에 강요하려는 모든 시도들이다〉라고 반론을 제기한다.[3] 그러나 하 이예크는 자유로운 사회에서 도덕적 상점보다는 가치에 따른 분배, 즉 한 사람의 행위나 타인에 대한 봉사가 갖는 인지된 가치에 따른 분배가 존재할 것이라고 결론짓는다. 그는 분배적 정의의 정형적 개념을 거부함에도 불구하고, 그 자신 그가 정당화할 수 있다 생각 하는 정형을 제시한다 : 타인에게 주어진 것 중 인지되어 있는 이익 에 준해서 분배하나, 자유로운 사회는 이러한 정형을 정확히 실현 하는 사회는 아니라는 불평에 대한 여지는 남겨둔다. 이 자유 자본 주의 사회의 정형적 실가닥을 보다 정확히 표현하면 : 〈각 개인(A) 이, 자신들(B)에게 이익을 주는 그 사람들에게 이익을 줄 만한 재 원이 있는 사람들(B)에게, 얼마만큼의 이익을 주느냐에 따라, 각 개 인에게 분배한다.〉 이 정형은, 소유물의 어떤 받아들일 만한 시초의 집합이 명시되지 않으면, 또는 제도가 어느 기간 동안 운용되어 소유물의 시초의 집합이 남긴 효과를 제거해 버렸다고 생각되지 않으면, 자의적인 것으로 보일 것이다. 후자의 예를 들면, 헨리 포드 Henry Ford 로부터 거의 모든 사람들이 승용차를 샀다 해 보자. 이 경우, 그 당시 돈을 소유하고 있어 차를 산 사람들이 누구였던가는 자의적이라 가정해도, 이 가정이 포드의 소득을 수상쩍은 것으로 만들진 않을 것이다. 여하간 그가 그 소득을 갖게 된 것은 자의적이 아니다. 타인에게의 이익에 따른 분배는, 하이에크가 옳게 지적한 바대로, 자유 자본주의 사회의 한 주요 정형적 실가닥이나, 이는 단지 한 실가닥일 뿐이요, 소유 권리들(즉 유산 상속, 여하한 이유로 인한 선물, 자선 등)의 전체계를 구성하는 정형도 아니며, 한 사회가 그에 맞추어야 한다 주장해야 할 어떤 기준을 구성하지도 않는다. 비정형적이라 믿기는 바의 분배 상태를 생성하는 제도를 사람들은 오랫동안 받아들일 수 있을까?[4] 의심할 바 없이 불의라고 믿기는 바의 분배는 오랫동안 관용되지는 않을 것이다. 사람들은 자신들의 사회가 정의롭고 그리고 그렇게 보이길 원한다. 그러나 정의의 모습이 기저에 깔려 있는 생성적 원리들보다는 결과하는 정형에 있어야 하는가? 소유물에 있어서 소유 권리의 개념에 의거한 정의를 구현하고 있는 사회의 구성원들이 이 입장(원리보다 정형에서 정의의 모습을 찾는 것)을 수락 불가한 것으로 보리라고 결론내릴 수 있는 입장에 우리가 있진 않다. 하지만, 다음은 인정되어야 한다 : 자신의 소유물의 어떤 것을 타인에게 양도하는 사람들의 이유가 비합리적이고 자의적이라면, 이는 매우 섭기 불안한 일일 것이다(어떤 無作爲的 장치를 사용하여 사람들이 어떤 소유물을 양도할 것인가를 항상 결정한다고 가정해 보라). 대부분의 소유물 양도가 소유 권리의 체계 하에선 어떤 이유에 의거해 이루어진다면, 이런 체계의 정의를 지지함이 우리의 마음을 보다 편안하게 할 것이다. 이는 꼭 모든 사람들이 그들이 받은 소유물을 마땅히 받을 만하다는 것을 의미하진 않는다. 이는 단지 어떤 사람이 이 사람이 아니라 저 사람에게 자신의 소유물을 양도하는 데는 목적이 있음을 의미하며, 양도자가 자신이 무엇을 얻고 있다 생각하는지, 자신이 어떤 명분에 봉사하고 있다 생각하는지, 어떤 목표를 성취하는 데 그가 일조를 가하고 있는지를 우리는 일반적으로 알 수 있음을 의미할 뿐이다. 자본주의 사회에서는 사람들은 종종 타인들이 그들에게 인지된 바 얼마의 이익을 주는가에 따라서 그 타인들에게 소유물을 양도하므로, 개인적인 거래와 양도에 의해 구성된 조직은 전반적으로 합리적이며 可知的이다.[d] (사랑하는 자에게의 선물, 자손에의 유증, 곤궁한 자에 대한 자선 역시 이 구조의 비자의적 구성 요소이다.) 타인에게의 이익에 따른 분배의 굵은 실가닥을 강조함에 있어 하이예크는 많은 양도 행위의 목적을 보여 주며, 그럼으로써 권리 양도의 체계가 단지 무목적적으로 자신의 톱니바퀴를 움직여 가고 있지 않음을 보여 준다. 소유 권리들의 체계는, 개인간의 거래들이 갖는 개인적 목표들에 의해 구성될 때 방어될 수 있다. 초개인적인 목표가 필요하지도 않고 분배의 징형이 요구되지도 않는다.

분배적 정의의 이론의 과제가 〈그의 ～에 따라서 각자에게〉라는 구절의 여백을 메꾸는 것이라 생각함은 이미 정형이 있음을 전제하는 것이다 ; 〈그의 ～에 따라서 각자로부터〉라는 구절을 따로 취급함은 생산과 분배를, 두 분리된 그리고 독립된 주제로 취급하는 것이다. 소유 권리론에 따르면 이들은 두 분리된 질문들이 아니다. 무엇을 만들거나 이 과정에서 사용된 모든 다른 소유된 재원을 구입했거나 이를 얻기 위해 계약을 체결한(이 협조적 요소들을 위해 자기 소유물의 일부를 양도함으로써) 사람은 누구나 이에 대한 권리가 있다. 문제되는 상황은 무엇이 만들어지고 이 만들어진 것을 누가 갖느냐의 문제는 별도인 그런 상황이 아니다. 사물들은 이미 사람들에 귀

---

d) 큰 경제적 誘因들이 제공됨으로써, 다른 사람들이 많은 시간과 정력을 들여 우리가 기꺼이 돈을 지불할 그 어떤 것을 우리에게 제공함으로써 우리에게 봉사할 것인가를 궁리케 되므로, 우리는 분명 이익을 보고 있다. 자기 자신의 삶에만 관심을 갖는 도로우 Thoreau와 같은 개인주의자들이 아니라, 다른 사람들에 봉사하고 그들을 고객으로 끄는 데 열중하는 사람들에게 가장 많은 보상을 주고 그들을 고취하므로, 자본주의는 비판되야 하지 않겠는가고 묻는 것은 단순히 역설을 좋아하는 수작은 아니다. 그러나 자본주의를 비판하기 위해서 기업가들이 최선의 인간 유형이라 생각할 필요는 없다(나는 여기서 기업가에 대한 일반인들의 비난에 가담코자 하는 것도 아니다). 최선의 사람이 최대의 것을 가져야 한다고 생각하는 사람들은 자신들의 동료를 설득하여 그들의 자산을 그 원리에 따라 양도케 할 수 있다.

속되어 이 세상에 존재하게 되고, 이 사람들은 그 사물들에 대한 소유 권리들을 갖는다. 소유물에서의 정의에 관한 역사적인 소유 권리의 관점에서 보면, 〈그의 ∼에 따라서 각자에게〉라는 구절을 완결시키려 새로이 시작하는 사람들은, 마치 사물들이 無所處에서 無로부터 튀어나온 것처럼 취급하는 것이다. 정의의 완전한 이론은 이 한계적 경우도 커버할지 모른다. 아마도 이 경우에 분배적 정의에 관한 통상적 견해는 유용하게 쓰일 것이다.[5]

통상적 형식의 격언들이 견고히 확립되어 있으니, 우리는 소유 권리에 의거한 견해를 경쟁자로서 제시해야 할 것이다. 取得 *acquisition* 과 矯正 *rectification* 을 무시한다면, 우리는 다음과 같이 말할 수 있겠다 :

각인이 하길 선택하는 바에 따라 각인으로부터 각인에게, 그가 그 자신을 위해 (타인과의 계약에 의한 도움을 받아) 만든 것 그리고 타인들이 그를 위해 하길 선택하는 바의 것, 그리고 그들에게 (이 격언에 준거해) 이전에 주어졌으나 아직 소비되지 않았거나 양도되지 않은 것 중에서 그들이 그에게 주길 선택하는 것에 따라서.

이것이 슬로건으로서는 결점이 있음을, 식별력 있는 독자는 알아차렸을 것이다. 해서 한 요약적 어구 그리고 대단히 간략한 어구로서 (독자적인 의미를 지닌 격언으로서가 아니라) 우리는 다음의 명제를 제시한다 :

그들이 선택하는 바에 따라 각자로부터, 그들이 선택된 바에 따라 각자에게.

자유가 정형을 뒤집어놓는 방식

분배적 정의에 관한 다른 견해들의 지지자들이 어떻게 소유물에 있어서 정의에 관한 소유 권리의 입장을 거부할 수 있을지는 명백하지 않다. 왜냐하면 소유 권리에 의거치 않는 견해들 중 하나에 의해 선호되는 분배 상태가 실현되었다고 가정해 보자. 이것이 그대가 선호하는 상태라 가정하고, 이 상태를 D_1 이라 하자 ; 이 상태에서 모든 사람이 균등한 몫을 가질 수도 있고, 분배 몫은 그대가 귀히 여기는 어떤 차원에 따라 변할 수도 있다. 이제 챔벌린 Wilt Chamberlain□)이 입장 수입을 크게 올릴 수 있는 인기 선수여서 여러 농구팀들이 서로 스카웃하려 한다고 가정해 보자(또 계약은 일년간이며, 선수들은 자유로이 계약 교섭을 할 수 있다 가정해 보자). 그는 한 팀과 다음과 같은 계약을 체결한다 : 매 홈 게임의 경우 매 입장권 가격에서 25센트가 그의 몫이다(그가 구단주들을 속여먹고 있는지의 여부는 무시하기로 하자──각자는 자신들을 보살필 것이니까). 경기 시즌이 시작되어 사람들은 챔벌린이 속한 팀의 경기를 즐겁게 관전한다; 그들은 입장권을 사며 매번 입장료 중 25센트를 챔벌린의 이름이 붙어 있는 별도의 상자 속에 집어 넣는다 ; 그들은 그의 경기를 흥분하며 구경한다 ; 이 구경은 입장료 전부를 그에게 주어도 아깝지 않은 것이다. 한 시즌에 일백만 명의 관객이 그의 홈 게임을 관전하며 따라서 챔벌린은 미국인 평균 수입보다 훨씬 많을 뿐 아니라 그 어느 누구의 수입보다도 많은 금액인 25만 달라의 수입을 얻게 되었다고 가정하자. 그는 이 수입에 대한 소유 권리가 있는가? 이 새로운 분배 상태 D_2 는 不義 *unjust* 한가? 관객의 각각이 D_1 에서 소유하고 있던 재산을 마음대로 할 권리가 있음은 의심의 여지가 없다. 왜냐하면 그 분배 상태(그대가 선호하는 바)는 우리 논의의 목적을 위해 받아들일 만한 것으로 가정한 바의 것이기 때문이다. 이들의 각각은 자신들의 돈 중 25센트를 챔벌린에게 줄 것을 선택했다. 그들은 이 돈을 영화 구경하는 데, 또는 캔디를 사는 데, 또는 『디센트 *Dissent*』나 『몬틀리 리뷰 *Montly Review*』 잡지를 사는 데 사용할 수도 있었다. 그러나 그들은, 적어도 그들 중 일백만 명은 그의 농구 경기를 구경하는 대가로 그 돈을 챔벌린에게 주는 데 합의했다. 만약 D_1 이 정의로운 분배라면 그리고 사람들이 D_1 에서 그들에게 주어진 몫의 일부를 양도함으로써 D_1 으로부터 D_2 로 자발적으로 이행했다면 D_2 역시 정의롭지 않을까? 만약 사람들이 자신들이 (D_1 하에서) 소유 권리를 갖고 있는 바의 그 재산을 처분할 소유 권리가 있다면, 이 권리는 이 재산을 챔벌린에게 줄, 또는 무

──────────

□) 미국 인기 제1의 농구 선수.

엇과 교환할 권리도 포함하지 않는가? 어느 다른 사람이 정의를 구실삼아 불평할 수 있을까? 다른 모든 사람은 이미 D_1에서 각자의 합법적인 몫을 소유한다. D_1의 상태에선 어떤 한 사람이 갖는 것으로서, 다른 어떤 한 사람이 정의를 핑계로 이에 이의를 제기할 것이 존재치 않는다. 누가 무엇을 챔벌린에게 양도한 연후에도 제3자들은 아직 그들의 합법적 몫을 가지고 있다 ; 그들의 몫은 변한 바 없다. 두 사람 사이의 양도가, 어떤 과정을 통하여 양도된 것의 일부에 대한 분배적 정의의 합법적 주장을, 양도 이전에는 타인의 소유물의 어떤 부분에도 정의의 권리 주장을 하지 않았던 제3자에 의한 합법적 주장을 발생시킬 수 있는가?[e] 제기될 반론들이 이 경우엔 무관한 것으로 못박기 위해, 사회주의적 사회에서 일어나는 교환 행위를 상상할 수 있겠다. 일과로서의 농구 게임을 한 후 또는 다른 어떤 일과를 마친 후, 챔벌린이 추가의 돈을 벌기 위해 오버 타임으로 일할 것을 결정한다. 또는 오버타임으로 일하는 자가, 사람들이 좋아하는 어떤 요술사라도 좋다.

사람들의 기본적 욕구가 충족되었다고 전제되는 그런 사회에서 왜 어떤 사람들은 오버타임으로 일할까? 아마도 그들은 기본적 욕구 사항들과는 다른 것들을 갖고 싶어하기 때문일 것이다. 나는

---

e) 양도는 제3자에게 도구적인 효과를 발휘하여 그에게 주어질 수 있는 선택지를 변화시키지 않을까? (그러나 만약 교환의 두 당사자가 독립적으로도 자신의 소유물들을 이런 식으로 사용했을 것이라면 어떨까?) 나는 이 질문을 아래에서 다룬다. 그러나 주목할 것은, 이 질문이 양도 가능하며 궁극적인 즉 본래적이며 非도구적인 善들(말하자면, 순수한 유용성 체험)의 분배를 시인하고 있다는 점이다. 또 양도는 제3자의 처지를 다른 사람과 비교할 때 약화시키므로, 이는 그 제3자를 보다 시기심을 느끼게 할 수 있다는 반론이 있을 수 있다. 나는 이것이 어떻게 정의의 주장을 끌어들이는 것으로 생각될 수 있는지 이해할 수 없다. 시기심에 관해서는 제8장을 보라.

이 장이 여기에서나 다른 곳에서나 순수히 절차적 정의의 요소들을 포함하는 이론은 내가 말하는 바를 수락할 만하다 생각할 것이다 ; 단, 배경적 제도들이 존재하여 분배분에 대한 어떤 조건들의 충족을 확실하게 한다면. 그러나 이 제도들은 그 자체 사람들의 (비공격적인) 자발적 행동들의 총합 또는 보이지 않는 손에 의한 결과가 아니라면, 그들이 과하는 제약 사항들은 정당화되어야 한다. 어느 지점에서도 우리의 논변은 최소의 야경 국가의, 살인·폭행·절도·사기 등등으로부터 사람들을 보호하는 기능에 국한된 국가의 그것들보다 더 포괄적인 배경적 제도들의 존재를 가정하지 않는다.

(내 책을 소유함으로써) 내가 읽는 책에 마음대로 생각을 적어 넣고 싶으며, 어느 때고 뒤적일 수 있게 내 곁에 두고 싶다. 나의 뒷뜰에 국립 도서관을 갖고 있다면, 이는 매우 기분좋고 편리하리라. 어느 사회도, 이의 구성원들이 자신의 통례적 할당분(D_1에서의)의 일부로서 그러한 것들을 갖고 싶다 해서 이들 각각에게 그런 것들을 제공하진 않으리라 생각된다. 이렇게 볼 때, 사람들은 그들이 원하는 가외의 것 없이 지내야만 하든가, 아니면 이들을 얻기 위해 가외의 일을 하도록 허락되어야 한다. 어떤 근거에서, 결과할 불평등한 요소들을 금지할 수 있는가? 또한 소규모의 공장들이, 금지되지 않으면, 생겨나리라는 점을 인지하라. 나는 나의 사유물(D_1에서 할당된)의 일부를 녹여서 어떤 기계를 만들어낸다. 나는 그대와 다른 사람들에게 일 주일에 한 번씩 철학 강의를 베풀어 주고 그 대신 그대들로 하여금 나의 기계를 동작시켜 어떤 물건을 생산해내고 나는 이를 다른 무엇과 교환한다는 등등 (이 기계에 넣을 재료들은 D_1에서 이들을 소유하고 있던 사람들이 나의 강의를 듣는 대가로 나에게 줄 것이다). 각 사람들은 D_1에서의 각자의 할당분 이상 그리고 그 이외의 것들을 얻는 데 참여할 수 있다. 어떤 사람들은 심지어 사회주의적 공장에서의 그들의 직업을 버리고 이 민간 부문 *private sector* 에서 풀타임으로 일하길 원할지도 모른다. 이 문제들에 관해선 다음 장에서 좀 더 이야기하겠다. 여기서는 단지, 사회주의 국가가 사회주의적 분배인 D_1 아래에서 각 사람들에게 주어진 재산의 일부를 그들 마음대로 사용함을 금지하지 않은 경우, 사회주의 국가에서도 사유 재산——심지어 생산 수단에 있어서도——이 어떻게 발생할 수 있는가를 지적하는 데 그치겠다.[6] 사회주의 국가는 상호 합의된 성인들 사이의 자본주의적 행위도 금지해야만 할 것이다.

챔벌린의 경우 및 사회주의적 사회에서의 기업가의 경우가 예시하는 일반적인 요점은 정의에 관한 종국 상태적 원리나 분배적 정형의 원리는 사회 구성원들의 일상 생활에 대한 끊임없는 관여 없이는 실현될 수 없다는 것이다. 어떠한 선호된 정형도, 다양한 방식으로 행위하길 선택하는 사람들에 의해, 위의 원리에 의해 선호되지 않는 정형으로 변모될 것이다 ; 가령, 다른 사람들과 상품과 봉사를 교환하는 사람들에 의해, 즉 선호된 분배의 정형하에서 자신들이 **소유 권리**를 가진 바의 것들을 타인에게 양도하려는 사람들에 의해서. 한 정형을 유지하기 위해, 사람들이 그들이 원하는 바대로 재산을 양도하는 행위를 금지할 목적으로 우리는 끊임없이 간섭해야만 하든가, 또는 어떤 사람들(A)이 여하한 이유에서 다른 사람들(B)에게 양도하길 선택한 바의 재산을 그들(B)로부터 압류하기 위해 끊임없이(또는 주기적으로) 간섭해야만 한다(그러나 사람들이 다른 사람들이 그들에게 자발적으로 양도한 재산을 일정 기간까지만 보유할 수 있을 것이라면, 왜 얼마 동안의 기간이건 대체 그 기간 동안 그 재산을 보유하게 하는가? 왜 즉각적으로 몰수하지 않는가?). 다음의 반문이 있을 수 있겠다 : 모든 사람들은 그 정형을 파괴할 행위를 삼가하길 자발적으로 선택할 것이라고. 이는 다음의 비현실적인 전제를 하고 있다 : (1) 모두가 그 정형을 유지하길 무엇보다도 원한다(원치 않는 자들은 〈재교육을 받거나〉〈자아 비판〉을 감수해야만 하는가?) ; (2) 각자는 그 자신의 행동과 타인들이 수행하고 있는 행위들에 관해 충분한 정보를 얻을 수 있어 어떤 행위가 그 정형을 파괴시킬지 발견할 수 있다 ; (3) 그리고 광범위한 분야의 그리고 다양한 사람들이 그들의 행위를 조정하여 그 정형에 꼭 맞출 수 있다. 이를, 시장이 널리 흩어져 있는 정보를 전달하며 이의 가치를 가격을 통해 반영하며 그리고 사람들의 활동을 조정하면서, 이 시장이 사람들의 욕망 사항들에 대해 중립적인 방식과 비교하라.

개인들은 자발적인 행위를 통해 자신들이 정형적(또는 종국 상태적) 원리에 따라 나눠 받은 자신들의 몫의 일부를 양도하므로, 모든 정형적 원리는 방해받기 쉽다고 말하는 것은 다소 사태를 과장하는 것이리라. 왜냐하면 아마도 어떤 아주 약한 정형이라면 그와 같이 방해받지 않을지도 모르기 때문이다. [f] 여하한 평등주의적 구성 요소

---

[f] 분배 상태가 단지 파레토 최적 *Pareto-optimal* 이길 요청하는 정형적 원리는 안정적인가? 한 사람이 다른 사람에게 선물을 주거나 유증을 하여 후자가 이를 제 3자와 교환하여 상호 이익을 볼 수 있다. 그러나 제 2 자가 이런 교환을 하기 전에는 파레토 최적 상태가 존재치 않는다. 안정된 정형은 추가의 조건 C를 만족시키는 파레토 최적인 지위들 가운데서 그 정형을 선택하는 원리에 의해서 제시되는가? 反例가 있을 수 없는 것처럼 보인다. 왜냐하면 어떤 상황에서 발생한

를 지닌 여하한 분배적 정형도 시간 경과에 따라 개인의 자발적인 행위에 의해 전복 가능하다 ; 분배적 정의의 핵심을 나타내는 것으로 실제 제시되었을 만큼 충분한 내용을 가진 모든 정형적 조건이 그러한 것처럼. 하지만 어떤 미약한 조건이나 정형이 이런 식으론 불안정하지 않을 가능성이 있다고 할 때, 논의되는 바 흥미 있고 내용 있는 종류의 정형들에 관한 기술을 명백히 공식화하고 그 정형들의 불안정성에 관한 定理를 입증하는 것이 보다 좋을 것이다. 정형화가 미약하면 할수록 소유 권리들의 체계 자체가 이를 만족시킬 가능성이 많으므로, 그럴 듯한 추측은 모든 定型化는 불안정하거나 또는 소유 권리들의 체계에 의해 만족된다는 것이다.

센의 논변

우리의 결론들은, 센 Amartya K. Sen 이 최근에 제시한 일반적 논변에 의해서 강화된다.[7] 개인적 권리란 두 개의 대안 중 어느 것이 사회적인 序列化에서 보다 높은 서열을 차지해야 할 것인가를 선택할 권리로 해석된다고 가정해 보자. 여기에, 한 대안이 다른 것에 비해 만장일치로 선호된다면, 이는 사회적 서열에서 보다 높은 위치를 차지한다는 내용의 약한 조건을 추가하라. 위와 같이 해석된 개인적 권리를 소지한 서로 다른 두 개인이 서로 다른 쌍들의 대안들(어떤 대안도 두 쌍 이상에 공통적이 아니다)ㅂ)을 앞에 놓고 있다 할 때, 이 경우 그 개인들에 의한 대안들의 어떤 가능한 選好度 서열에 대해서, 線型的인 사회적 서열화 *linear social ordering* 는 존재하지 않는다. 왜냐하면 한 사람 A는 (X, Y)를 놓고 결정할

자발적 교환은 첫번째 상황이 파레토 최적은 아니었다고 보일 것이므로 (이 마지막 주장은 유증의 경우엔 그럴 듯하지 못하다는 점은 무시하라). 그러나 원리들은 시간의 경과에 따라 충족되어야 하며, 이 경과중에 새로운 가능성들이 발생한다. 한때 파레토 최적의 기준을 만족시켰던 분배는 어떤 새로운 가능성이 발생할 때는(챔벌린이 자라서 선수가 될 때) 그렇지 못할 수 있다. 그리고 사람들의 활동은 그때 새로운 파레토 최적인 위치로 움직여 갈 것이나 이 새로운 것은 조건 C를 만족시킬 필요가 없다. 지속적인 간섭은 C의 지속적인 충족을 확보하기 위해 필요로 된다. (한 정형이 어떤 보이지 않는 손에 의한 과정에 의해 유지되어, 이 과정은 정형으로부터의 일탈이 발생할 때는 분배를 정형에 맞는 평형 상태에로 되돌아가게 할 수 있는 이론적 가능성은 논구되어야 한다.)

ㅂ) 즉 (a or b), (a or c)와 같은 경우는 제외된다.

권리가 있고 B는 (Z, W)를 놓고 결정할 권리가 있다 가정해 보자;
그리고 그들의 개인적 선호가 다음과 같다(그리고 다른 개인이 없다)
가정해 보자. 개인 A는 W, X, Y, Z의 순으로 좋아하고, 개인 B는
Y, Z, W, X의 순으로 좋아한다. 만장일치의 조건에 의해, 사회적
서열화에 있어서 W는 X에 비해 선호되고(모든 개인이 X보다 W를
선호하므로), Y는 Z에 비해 선호된다(모든 개인이 Z보다 Y를 선호하
므로). 또한 사회적 서열화에 있어, X는 Y에 비해 선호되는데, 이
는 이 두 대안 중에서 선택할 수 있는 A의 권리에 의해서이다. 이
세 쌍의 二連的 서열 *binary ranking*ㅅ)을 결합하면 우리는 사회적
서열화에 있어 다음 순서의 서열을 갖는다 : W, X, Y, Z. 하지만 B
의 선택의 권리에 의하면, 사회적 서열화에서 Z는 W에 비해 선호
되어야만 한다. 이 모든 조건들을 충족시키는 이행적 *transitive* 사
회적 서열화란 존재하지 않으며, 따라서 사회적 서열화는 非線型的
이다. 여기까지는 센의 논변이다.

문제는 여러 대안들 중 선택할 한 개인의 권리를, 한 사회적 서
열화 안에서 이 대안들의 상대적 서열을 결정할 권리로 취급하는
데서 발생한다. 개인들로 하여금 대안적 쌍들 *pairs* 을 서열 매기게
하여, (그 서열화된 각 쌍들의) 개별적 대안들을 다시 따로 서열 매기는
방식도 더 나을 것이 없다 ; 개인들이 쌍들을 등급매긴 결과는 각
개인들이 선호한 것들을 융합하는 어떤 방법을 사용하여 쌍들의 사
회적 서열화를 산출하게 한다 ; 그리고 그 사회적 서열화에서 가장
높은 등급을 받는 쌍의 두 대안들 사이에서의 선택은, 이 쌍의 두
대안 사이에서의 결정권을 가진 개인에 의해서 이루어진다. 이 체
제 역시 모든 사람들이 어떤 한 대안을 선호하는데도, 다른 대안
이 선택될 수 있는 상황을 결과할 수 있다 ; 가령, (X, Y)가 쌍들의
사회적 서열화에 있어 최고 등급을 받은 쌍이라 가정할 때, A를 포
함한 모든 사람들이 X에 비해 W를 선호할지라도, A는 Y에 비해
X를 선택한다. ㅇ) (개인 A에게 주어진 선택은 오직 X와 Y 사이에서이

ㅅ) 방금 위의 (W, X), (Y, Z), (X, Y) 각 쌍들 사이에서의 서열.

ㅇ) 가장 선호하는 쌍을 먼저 서열화한 다음, 이 쌍의 두 대안들 중 하나를 선택해
   야 하므로 이런 경우가 발생할 수 있다. 즉 W가 모든 사람들이 개별적으로 선

다).

개인적 권리에 관한 보다 합당한 견해는 다음과 같다. 개인적 권리들은 共可能的 *co-possible* 이다 ; 각 개인은 그가 선택하는 바대로 그의 권리를 행사할 수 있다. 이 권리들의 행사는 세계의 어떤 특성들을 고정시킨다. 이 고정된 특성들의 제약 범위내에서, 사회적 서열화를 기초로 한 사회적 선택의 메커니즘에 의해 선택이 이루어질 수 있다(선택의 여지가 있기나 하다면!). 권리들은 사회적 서열을 결정하지 않고, 대신 어떤 대안들은 제외하고 어떤 것들은 고정시키고 등등의 것을 함으로써, 사회적 선택이 허락될 수 있는 범위를 제공하는 그러한 제약 사항들을 결정한다. (내가 뉴욕 또는 매서추세츠주에 살 것을 선택할 권리를 갖고 있으며 내가 매서추세츠주에 살기를 선택한다면, 뉴욕에서의 주거를 포함하는 대안들은 사회적 서열화에서 고려되기에 적합한 것들은 아니다.) 그 누구의 권리와는 별개로 모든 가능한 대안들이 제 1 등급을 받는다 해도 상황은 변하지 않는다 : 왜냐하면 이 경우 어느 누가 그의 권리를 행사하더라도 제외되지 않는 대안이 시행될 것이므로. 권리들은 사회적 서열에서 한 대안의 위치 또는 두 대안의 상대적 위치를 결정하지 않는다. 권리들은 사회적 서열화가 산출하는 선택을 제약하기 위해 사회적 서열화에 영향을 미친다 *operate upon.*

소유물에 대한 소유 권리들이 이를 처분할 권리라면, 사회적 선택은 사람들이 선택하는 이 권리들의 행사 방식이라는 제약 사항들 범위내에서 이루어져야만 한다. 만약 여하한 定型化 *patterning* 가 합법적이라면 이는 사회적 선택의 영역내에 속하는 것이며, 따라서 개인들의 권리에 의해 제약된다. 아니면 어떻게 달리 센의 결과를 수습할 수 있는가? 우선 사회적인 서열을 매기고 이의 제약 사항 안에서 권리가 행사되게 하는 대안은 전혀 대안이 아니다. 왜 그냥 최상 등급의 대안을 선택하고 권리에 관해선 잊어버리는 길을 택하지 않는가? 만약 이 최상 등급의 대안 자체가 개인적 선택의 여지를 남겨 둔다면(그리고 이 여지에 선택의 〈권리〉가 있을 수 있다면),

호하는 것임에도, 가장 선호되는 쌍의 일부가 아니므로 두번째의 선택에서 제외될 수 있다.

이 선택이 최상 등급의 대안을 다른 대안으로 변형하게 하는 것을
막을 무엇이 있어야만 한다. 이렇게 해서 센의 논변은, 정형화가
개인들의 행동과 선택에 대한 지속적인 간섭을 요청한다는 결과에
로 다시 우리를 인도한다.[8]

再分配와 財産權

　외견상으로는 정형적 원리들은 사람들이 어떤 선호된 분배적 정형
D_1하에서 그 소유 권리를 갖는 *entitled* 또는 나눠 받은 그 자산을 자
기 자신을 위해, 타인들을 위해서가 아니라, 사용함을 선택하게 허
락한다. 왜냐하면 만약 여러 사람들의 각각이 자신의 D_1에서의 자산
의 일부를 다른 한 사람에게 쓰면, 그 다른 사람은 자신의 D_1에서의
몫보다 많은 것을 갖게 될 것이고 하여 그 선호된 분배적 정형은
교란된다. 한 분배적 정형의 유지 행위는 과도한 개인주의이다！
정형적 분배의 원리들은 소유 권리의 원리들이 주는 바의 것을 사
람들에게 주지 않는다──단지 보다 나은 분배가 있길 바랄 뿐. 즉
그 원리들은 개인들이 갖고 있는 바의 처분 방법을 선택할 권리를
주지 않으며, 타인의 지위 향상(그 자체를 위해서나 또는 자신의 목적을
위한 수단으로서나)을 포함하는 목표를 추구할 권리를 주지 않는다.
이런 견해에 따르면, 가족 제도란 우리를 당황케 하는 것이다. 왜
냐하면 가족내에서 그 선호된 분배의 정형을 뒤엎는 양도 행위가 이
루어지기 때문이다. 해서 가족 전체가 한 단위로서 분배의 대상 즉
매트릭스의 列 점유자가 되거나(그러나 어떤 근거에서？) 가족 구성원
들 사이의 사랑은 금지되어야 한다. 겸하여 급진주의자들의 가족
제도에 대한 반대 감정 양립적 입장이 지적되어야 한다. 그들은 가족
사이에서의 사랑을 사회내 사랑의 모델로 삼아 사회의 성원들은 경
쟁적으로 서로를 사랑하고 이 모델은 전사회에 확대되어야 할 것
으로 간주하는 한편, 이는 숨막히게 하는 제도이므로 파괴되어야 할
것으로 그리고 급진적 목표 성취에 방해되는 편협한 관심의 초점으
로 그들은 매도한다. 가족 내부에서나 적합한 사랑과 배려의 관
계들, 자발적으로 발생하는 이 관계들을, 보다 넓은 사회 전반에
걸쳐 존재하도록 강요함이 타당하지 않음을 재론할 필요가 있을

212

까?[g] 곁들여 말할 것은, 사랑이란 정의와 마찬가지로 실제 일어난 바에 의존한다는 점에서 역사적인 다른 관계의 한 흥미 있는 예이다. 한 성인은 다른 성인을 이 후자의 성격 때문에 사랑하게 될 수 있다. 그러나 사랑의 대상이 되는 것은 그 사람이지 그의 성격은 아니다.[9] 사람은 동일한 성격을 가진 다른 사람에게——설혹 이 사람이 이 성격면에서 더 나을 수 있다 하더라도——이전될 수 있는 것이 아니다. 그리고 사랑은 사랑을 불러일으킨 그 성격의 변화도 견디어낸다. 사람은 그가 실제 만난 특정의 사람을 사랑한다. 왜 사랑이 역사적이며, 성격이 아니라 사람에 귀속되는지의 문제는 흥미 있으며 우리를 당황케 하는 질문이다.

분배적 정의에 관한 정형적 원리들의 주창자들은, 누가 소유물을 받아야 할 것인가를 결정하기 위한 기준에 초점을 맞춘다 ; 그들은 누가 무엇을 받아야만 하는 그 이유들과 소유물의 전체상을 고려한다. 주는 것이 받는 것보다 좋건 나쁘건, 정형적 원리의 주창자들은 주는 행위를 완전히 무시한다. 재화·수입 등등의 분배를 숙고함에 있어 그들의 이론은 受取者 正義의 이론이다. 그들은 한 사람이 가질 수 있는, 누구에게 무엇을 줄 권리를 완전히 무시한다. 각 참여자들이 동시에 수여자이며 수취자인 교환에 있어 정의의 정형적 원리는 오직 수취자의 역할과 그의 권리라 생각되는 것에만 초점을 맞춘다. 해서 논의는 사람들이 상속받을 권리를 갖는가(가져야 하는가)에——사람들이 유증할 권리를 갖는가(가져야 하는가) 또는 소유할 권리를 가진 자가 자신들 대신 자신의 소유물을 소유할 자를 선택할 권리를 갖는가의 문제보다——초점이 맞추어지는 경향이 있다. 분배적 정의의 통상적 이론들이 왜 수취자 지향적인지는 설명할 수

---

g) 우리가 이 장의 후반에서 다룰 롤즈의 차등의 원리 *difference principle*가 엄격하다는 한 증거는, 서로를 사랑하는 개인들의 모임인 가족내에서도 이 원리가 규제적 원리로 역할하기에 적합치 않다는 것이다. 가족은 자신의 재원을 가장 불우하며 가장 재주가 적은 아이에게 다 바쳐야 하며, 다른 아이들은 뒷전에 두거나 아니면 오직 이들이 평생토록 그 가장 불우한 동기의 위치를 극대화한다는 조건에서만 이들의 교육과 성장에 재원을 투여해야 하는가? 분명 그렇지 않다. 그렇다면 이 원리가 어떻게 보다 넓은 사회에서 집행하기에 적합한 원리로 고려라도 될 수 있는가? (나는 롤즈의 응답으로 생각되는 바를 아래에서 논의한다. 즉 어떤 원리들은 거시적 차원에선 적용되나 미시적 상황에선 적용되지 않는다는.)

없다. 수여자와 양도자 그리고 그들의 권리를 무시하는 것은 생산자와 그들의 소유 권리를 무시하는 것과 같은 종류의 것이다. 그러나 왜 이 모든 것들이 무시되는가?

분배적 정의에 관한 정형적 원리들은 재분배 행위를 필연적이게 한다. 자유롭게 성립된 소유물의 어느 실제적 집합도 일정의 주어진 정형에 맞아들어갈 가능성은 적다. 그리고 이 집합이, 사람들이 교환하고 부여함에 따라 그 정형에 지속적으로 맞아들어갈 가능성은 제로이다. 소유 권리론의 시점에서 볼 때 재분배는, 실제 개인들의 권리의 침해를 포함하므로, 정말로 심각한 문제이다(不正義의 矯正의 원리에 따라 생기는 재분배는 예외이다). 다른 이론의 시점에서 보아도 역시 심각한 문제이다.

근로 소득에 대한 과세는 강제 노동과 동등한 것이다.[h] 일부의 사람들은 이 주장이 명백한 진리라 생각한다 ; n 시간분의 소득을 (세금으로) 취하는 것은 그 노동자로부터 n 시간을 빼앗는 것과 같다. 이는 마치 그 사람으로 하여금 다른 사람을 위해 n 시간 일하게 하는 것과 같다. 다른 일부의 사람들은 이 주장이 황당하다 생각한다. 그러나 심지어 이들도, 이들이 강제 노동에 반대한다면, 히피 실업자들로 하여금 곤궁한 자들을 위해 일하도록 강요하는 데에는 반대할 것이다.[i] 그리고 그들은 또한 모든 개인들에게 곤궁한 자들을 위해 매주 5 시간씩 가외로 일하도록 강제하는 것에도 반대할 것이다. 그러나 세금으로 5 시간분의 임금을 취하는 제도는, 5 시간씩 일하게 강제하는 제도와 같은 것으로 그들에게 보이지는 않는다. 왜냐하면 이 제도는, 강제된 개인에게 명시된 특정의 노동을

---

h) 내가 아래 제시하는 논변이 그러한 과세가 강제 노동임을 보이는지 확실치 않다. 해서 〈동등하다 *on a par with*〉는 말은 〈같은 종류이다 *is one kind of*〉를 의미한다. 또는 달리 말하면, 나의 논변이 그러한 과세와 강제 노동 사이의 큰 유사성을 강조한다 해도 좋다. 그러한 과세를 강제 노동에 비추어 생각하는 것은 그럴 듯하며 많은 것을 밝혀 준다. 이 후자의 접근은 John Wisdom 이 형이상학적 주장을 본 방식을 생각나게 할 것이다.

i) 여기서나 또는 다른 곳에서 내가 모호하게 곤궁 또는 필요 *needs* 를 언급했다 해서 별 문제될 것은 없다. 나는 매번 이를 포함하는 정의의 기준을 거부하길 계속할 것이므로. 그러나 이 개념이 어떤 것에 의존할 것이라면 이 개념을 보다 세밀히 검토할 수 있겠다. 회의적인 견해로 보려면 다음을 보라. K. Minogue, *The Liberal Mind*, (New York: 1963), pp. 103~12.

강요하여 과세를 대체하는 경우보다, 다양한 행동의 선택 가능성을 제공한다. (그러나 우리는 강제 노동 제도의 등급을 상상할 수 있다. 가령 한 특정의 행위를 요구하는 제도, 두 행위 사이의 선택, 세 행위 사이의 선택의 여지를 주는 제도 등등.) 더 나아가서, 사람들은 기본적 욕구에 필요한 양 이상의 모든 것에 대한 比例稅 *proportional tax* 와 같은 요소를 가진 제도를 구상한다. 이 경우 개인은 고정량의 가외의 시간을 강제로 일할 필요가 없으므로, 그리고 그는 자신의 기본적 욕구를 커버하기에 충분한 만큼만 벌음으로써 세금을 완전히 피할 수 있으므로, 어떤 사람들은 이 제도는 일부 개인들은 가외로 일하도록 강제하지 않는다고 생각할 수 있다. 이 일부 사람들은 또한 자신들에게 주어진 대안들이 상당한 정도로 더 나쁠 경우는 언제나 그들은 무엇을 하도록 강제되고 있다 믿고 있는데, 이런 견해의 소지자로서는 위의 강제에 관한 견해는 전혀 의외의 것이다. 하지만 두 견해 모두 옳지 않다. 다른 사람들이 공격을 금지하는 측면적 제약 사항을 위반하고, 고의적으로 개입하여 대안들을 제한——이 경우엔 세금의 납부나 또는 (추측컨대 더 나쁜 대안이라 생각되는 바) 한계적 생존이라는 두 대안으로 제한——하려고 힘으로써 위협한다는 사실은, 과세를 강제 노동화하는 것이며, 이 사실은 과세를 강제 행위가 아닌 바 제한된 선택의 다른 경우들로부터 구분한다.[10]

자신의 기본적 욕구 충족에 필요한 것 이상의 수입을 벌기 위해 가외로 일하길 선택하는 사람은, 여가나 그가 일하지 않는 시간에 수행할 수 있는 활동보다는 가외의 재화나 서비스를 선호한다 ; 반면 가외로 일하지 않길 선택한 사람은 가외로 일함으로써 그가 얻을 수 있는 가외의 재화나 서비스보다는 여가의 활동을 선호한다. 이런 경우, 稅制가 한 사람의 여가의 일부를 취하여 곤궁한 자를 위해 원용(강제 노동)함이 비합법적이라면, 稅制가 한 사람의 재화의 일부를 취하여 그렇게 사용함은 어떻게 합법적일 수 있는가? 자신의 행복을 위해 어떤 물질적 재화나 서비스를 요구하는 사람과, 자신의 선호나 욕망이 그의 행복을 위해서 그러한 재화를 필요로 하진 않는 사람을 왜 우리는 달리 취급해야 하는가? 영화를 선호하는 (그래서 입장권 사기 위해 가외로 일해야 하는) 사람은 곤궁한 자를 돕도록 소집되어야 하고, 노을의 관조를 선호하는 (그래서 가외의 돈을 벌 필요가 없는) 사람은 왜 그렇지 않은가? 재분배론자들은 가외의 노동 없이도 자신의 쾌락을 쉽사리 성취할 수 있는 자는 무시하길 선택하나, 반면 자신의 쾌락을 취하기 위해 일해야 하는 그 가련한 불운아들에게는 설상가상의 짐을 얹어 주고 있다는 사실은 놀랍지 않은가? 무슨 대책이 있어야 한다면 그 逆의 대책이 있어야 한다. 왜 비물질적 비소비적 욕망의 소유자는 방해받지 않고 그가 원하는 바를 취할 수 있으나, 그의 쾌락이나 욕망이 물질적인 것을 요구하고 해서 가외로 일해야 하는(그래서 자신의 활동들을 값있게 생각하여 그에게 돈을 지불할 사람이면 누구에게나 봉사하는) 사람은 그가 실현할 수 있는 것에 있어 제약되어야 하는가? 아마도 원리적인 차이는 없겠다. 아마도 어떤 사람들은, 대답은 행정적 편의의 문제와 관련된다 생각할 것이다. (이 질문들과 주제들은, 곤궁한 자들에 봉사하는 강제 노동이나 종국 상태의 정형을 실현시키기 위한 강제 노동은 괜찮다 생각하는 사람들을 불안케 하지 않을 것이다.) 보다 완전한 논의에서라면 우리는 이자, 사업가의 이익의 문제 등등을 포함하도록 우리의 논의를 확장해야 할(확장하길 원할) 것이다. 이 확장이 실현될지에 회의적이고, 따라서 근로 소득에 대한 과세에서 선을 긋는 사람들은, 분배적 정의에 관한 다소 복잡한 정형적인 역사적 원리를 언명해야만 할 것이다. 왜냐하면 종국 상태적 원리는 수입원의 종류를 여하히도 구분하지 않기 때문이다. 현재로선 종국 상태 원리들로부터 벗어나고, 그리고 다양한 정형적 원리들이 이윤·이자 등등의 근거나 비합법성 또는 낮은 정도의 비합법성에 관한 특정 견해에 어떻게 의존되어 있는가를, 어떤 특정의 견해가 오류일 수 있는가를 명확히 하는 것으로 충분하다.

　법적으로 제도화된 종국 상태의 한 정형은 타인에 대한 어떤 종류의 권리를 개인에게 주는가? X에 대한 재산권 개념의 핵심은, 이와 관계하여 이 개념의 다른 부분이 설명되어야 할 그 핵심은, X를 가지고 무엇을 할 것인가를 결정할 권리이다; X에 관한 제약된 선택지들의 집합 중에서 무엇이 실현되어지거나 시도되어질지를 결정할 권리.[11] 제약들은 그 사회내에서 작동하고 있는 다른 원리들

이나 법에 의해 정립된다 ; 우리 이론에 따르면, (최소 국가하에서) 사
람들이 소유하는 로크적 권리에 의해서. 내 칼에 대한 나의 재산권
은 내가 원하는 곳에 이를 놓아 두게 허락하나 그대 장롱 속에 놓
아 두게는 허락지 않는다. 나는 칼에 관계된 수락할 만한 선택지
중 어떤 것이 실현되어야 할지를 선택할 수 있다. 재산의 개념을
이렇게 이해할 때, 우리는 왜 초기의 이론가들이 사람들은 그 자신
과 자신들의 노동에 대한 재산권을 갖는다고 말했는지를 이해할 수
있다. 그들은 각 개인이 그 자신과 그 자신이 할 활동을 어떻게 할
지를 결정할 권리를 소유하는 것으로, 그리고 그가 한 것으로부터
의 이익을 거두어들일 권리를 소유하는 것으로 보았다.

　제약된 선택지들의 집합에서 실현되어야 할 선택지를 선택하는 이
권리는 개인에 의해 소유될 수도 있고 또는 합동의 결정에 이르기
위한 어떤 절차를 갖춘 한 집단에 의해서 소유될 수도 있다. 또는
이 권리는 왔다 갔다 하여 일년 동안은 X를 어떻게 할지 내가 결정
하고 다음해는 그대가 할 수 있다(X를 파괴할 수 있는 선택지는 제외하
고). 또는 동일 기간내에 X에 관한 어떤 유형의 결정은 내가, 다른
유형의 결정은 그대가 내릴 수 있다, 등등. 우리는 선택의 대상이
될 선택지들의 집합에 가해질 제약 사항들의 유형들과 결정권이 소
유되고 분배되고 병합될 수 있는 방식의 유형들을 분류할 적합하고
결실 있으며 분석적인 장치를 갖고 있지 않다. 재산에 관한 이론은
무엇보다도 제약 사항들과 결정 양식의 분류를 포함할 것이며, 소
수의 원리들로부터 제약 사항들과 결정 양식의 일정한 결합에서 오
는 결과 *consequences* 들과 효과들에 관한 흥미 있는 많은 언명들이
뒤따를 것이다.

　분배적 정의에 관한 종국 상태 원리들이 사회의 사법 구조 속에
구현될 때, 대부분의 정형적 원리들이 그러한 것처럼, 그 원리들은
시민 각인에게 전사회적 생산물의 일부에 대한, 강제 실행 가능한 要
求權 *claims* 을 부여한다 : 즉 개별적으로 그리고 합동으로 생산된
것들의 총합의 일부에 대한. 이 전체 생산물은, 타인들이 절약하여
만들어낸 생산 수단을 다른 개인들이 사용하여 노동함으로써, 즉
사람들이 생산을 조직화하거나 새로운 사물들을 또는 사물들을 새

로운 방식으로 생산할 수단을 창출함으로써 생산된다. 정형적 분배
의 원리는 각 개인에게 바로 이 일단의 개인적 활동들에 의거해 강
제 실행 가능한 要求權을 부여한다. 각 개인은 타 개인들의 활동들
과 생산물에 대해 要求權을 갖는데, 이는 그 타 개인들이 이 요구
권을 발생시킨 특정의 관계 속에 있는지의 여부 그리고 그들이 자
선 또는 다른 무엇과의 교환을 통해 자발적으로 이 요구를 떠맡았
는지와는 별개로 그러하다.

그것이 임금에 대한 과세 또는는 일정액 이상의 임금에 대한 과세
또는 이윤의 점유를 통해서 이루어지건 또는 커다란 사회적 항아리
가 있어 어디에서 무엇이 오고 어디에로 무엇이 가는지 모르는 그런
식으로 이루어지건, 분배적 정의에 관한 정형적 원리들은 타인들의
행동들을 專有한다. 어떤 사람의 노동의 결과를 점유함은, 그로부
터 시간을 점유하고 그로 하여금 여러 다양한 활동을 수행케 지시함
과 동일하다. 사람들이 그대에게 어떤 일을 일정 시간 동안 하라고
또는 보상 없이 어떤 일을 하라고 강제할 경우, 그들은 그대가 무엇
을 해야 할지를 그리고 그대의 결정과는 관계 없이 그대의 일이 어
떤 목적에 봉사할지를 결정한다. 그들이 그대로부터 이 결정권을 뺏
아 가는 이 과정은, 그들을 그대라는 인격의 共有者로 만든다 ; 이는
그들에게 그대에 대한 재산권을 준다. 마치 동물 또는 무생물체에
대한 권리에 따른 그러한 부분적 통제권과 결정권의 소유는 그것들
에 대한 재산권의 소유인 것처럼.

분배적 정의에 관한 종국 상태적 원리들과 대부분의 정형적 원리
들은 타인들에 의한 사람들 및 그들의 행동 그리고 노동에 대한 부
분적 소유권을 제도화한다. 이 원리들은 고전적 자유주의자들이 말
한 바 자기 소유권 self-ownership 의 개념으로부터 타인에 대한 부
분적 재산권ㅈ)의 개념으로의 변화를 포함한다.

이와 같은 고려점들은 정의에 관한 종국 상태적 그리고 다른 정
형적 원리들로 하여금, 선택된 정형을 성취하기 위해 필수적인 행
동들 그 자체가 도덕적 측면 제약 사항들을 위반하지 않는가의 문

ㅈ) 집이나 돈을 재산으로 소유하듯이, 타인의 신체나 그의 노동을 재산으로 소유할
　권리.

제에 직면케 한다. 행동들엔 도덕적 측면 제약 사항이 따른다는 입
장을, 즉 모든 도덕적 고려 사항들이 성취되어야 할 종국 상태의
일부로 짜넣어질 수는 없다는 입장(제3장, pp. 51~53을 보라)을 취하
는 견해는, 이의 어떤 목표들은 도덕적으로 허용되며 가능한, 여하
한 수단에 의해서도 성취될 수 없을 수 있다는 가능성에 직면해야
만 한다. 소유물의 생성을 위한 정의의 원리들로부터 일탈하는 사
회에서 소유 권리론자들은 그러한 갈등에 직면할 것인데, 이렇게 직
면키 위한 필요 충분 조건은 원리들을 실현하는 데 동원할 수 있는
행동들 자체가 일부의 도덕적 제약 사항을 위반할 때이다. 정의의
처음 두 원리들(취득과 양도에 있어서의)로부터의 일탈은 사람들의 권
리를 침해하려는 타인의 직접적이고 공격적인 간섭을 포함하므로,
그리고 도덕적 제약 사항은 이러한 경우 방어적 또는 보복적 행동
을 배제하지 않을 것이므로 소유 권리론자의 문제는 별로 심각할
가능성이 없을 것이다. 그리고 스스로는 그 두 원리들을 위반하지
않은 사람들에게 矯正의 원리를 적용함에 있어 소유 권리론자가 겪는
어려움은, 그것이 무엇이건간에, 상호 충돌적인 고려 사항들을 조
정하여 교정의 원리 자체를 올바로 공식화하려는 데서 오는 어려움
이다 ; 그는 그 원리를 적용함에 있어 도덕적 측면 제약 사항들을
위반하지 않을 것이다. 정의에 관한 정형적 개념의 제안자들은 그
러나 둘 사이의 정면 충돌(이 둘 모두가 그들이 귀히 여기는 것이라면 이
충돌은 심각한 고통을 수반하는 것이다)에 종종 직면하게 될 것인데,
이 둘이란 개인들이 어떻게 취급되어야 할 것인가에 대한 도덕적 측
면 제약 사항들과 실현되어야만 하는 어떤 종국 상태나 또는 다른
정형을 제시하는 그들의 정형적 정의의 개념이다.

　어떤 종국 상태나 정형적 분배의 원리를 제도화한 국가로부터 개
인은 이민할 수 있는가? 어떤 이론에 대해선(가령 하이에크의 이론)
이민은 별 이론적 문제를 제기하지 않는다. 그러나 다른 이론에게
는 골치거리를 제공한다. 극빈자를 돕기 위한 최소의 사회적 대책
을 사회적 의무화한 나라를 생각해 보자(또는 가장 못사는 집단의 위
치를 최대로 개선시킬 사회적 조직을 가진 국가차)를 생각해 보자). 어느

　차) Nozick은 여기서 Rawls의 正義의 제2원리를 염두에 두고 있음.

누구도 이 계획에의 불참을 선택할 수 없다. (누구도 〈다른 사람에게 기부하게끔 나를 강요하지 말라. 그리고 내가 곤궁에 빠지더라도 이 의무 제도를 통해 나를 돕지 말라〉고 말할 수 없다.) 어떤 생활 수준 이상의 모든 사람들은 빈한한 자를 돕는 데 기여하도록 강제된다. 그러나 이 나라로부터의 이민이 허락된다면, 누구라도 의무적인 사회적 봉사 제도는 없으나 다른 면에서는 동일한 (또는 가능한 한 동일한) 다른 나라로 이민할 수 있을 것이다. 이러한 경우 사람들이 떠나는 유일한 동기는 사회 봉사제의 의무를 피하기 위한 것일 것이다. 그리고 그가 떠나면 그의 애초의 국가의 빈곤 계급은 그로부터 어떤 (의무적인) 도움도 받지 않을 것이다. 어떤 논거에서 그 사람의 이민은 허락되나, 그 국가내에 머무르며 의무적 사회 봉사에 불참하는 것은 금지되는가? 빈곤층을 위한 봉사가 우선적인 중요성을 지닌다면, 이는 분명 국내 거주적 불참은 허락되지 않는다. 그러나 이 우선성은 또한 국외 이민도 허락지 않는다. (이는, 또한 의무적 사회 봉사 제도가 없는 나라에서 사는 사람을 유괴하여 그대 나라의 빈곤층을 위해 기여하도록 강제하는 것을, 어느 정도까지는 허락할 것인가?) 아마도 단지 어떤 사회적 제도를 피하기 위한 이민은 허락하나 국내에 거주하면서 이를 거부함은 허락지 않는 입장의 결정적인 논거는, 한 국가내에서의 동포애 또는 형제애적 감정에 대한 관심이다. 〈기여하지 않는 자, 기여할 만큼 타인에 대한 관심이 없는 자가 여기에 살기를 우리는 원하지 않는다.〉이 관심은, 이 경우엔 강제된 봉사는 봉사자와 피봉사자 사이의 형제애를 불러일으키는 경향이 있다는 견해(또는 단지 누가 자발적으로 봉사하지 않는다는 인식이 非형태에의 감정을 불러일으킨다는 견해)와 결부되어야만 할 것이다.

取得에 관한 로크의 이론

정의에 관한 제 이론들을 상세히 검토하기 전에 우리는 소유 권리론의 구조에 다소의 복잡성을 이끌어들여야겠다. 이는 취득에서의 정의의 원리를 명시하려는 로크의 시도를 살펴봄으로써 가장 잘 성취될 수 있다. 로크는 無所有主의 대상에 대한 재산권은, 누가 그것에 자신의 노동을 섞음으로써 발생하는 것으로 보았다. 이 견

해는 많은 질문들을 야기한다. 노동이 섞여질 수 있는 것들의 경계
는 무엇인가? 한 우주인이 私人으로서 화성에 택지를 조성한 경
우, 그는 전 화성에 노동을 가한 것인가(해서 그는 전 화성을 소유하게
되는가), 단지 우주의 거주자 없는 지역 전부인가, 아니면 단지 특
정의 조그마한 터인가? 마지막의 경우, 행위 또는 노동은 어떤 터
를 소유권에 귀속되게 하는가? 한 행위가 그 지역에서의 엔트로피
entropy ㅋ)를 감소시키는 그러한 최소한의 (그리고 가능적으로 멀어져
있는) 지역만을? 처녀지가(생태학적 탐사의 목적을 위한 고공 비행에 의
해) 로크적 과정을 통해 소유권에 귀속될 수 있는가? 한 지역 주
위에 울타리를 치는 행위는, 짐작컨대, 울타리친 자를 그 울타리만
(그리고 그 울타리 밑 바로 밑의 땅)의 소유주로 만들 것이다.

　한 사람이 무엇에 노동을 가하는 행위가 왜 그를 그 무엇의 소유
주이게 하는가? 그 이유는, 아마도 그 사람이 그 자신의 노동을
소유하고 있으며 그래서 그가 소유한 것에 의해 침투된, 이전에 소
유주가 없는 것이었던 것을 소유하게 하기 때문일지 모르겠다. 소
유권이 나머지에 스며들어간다. 그러나 내가 소유한 바를 내가 소
유하지 않은 바와 섞음이, 왜 내가 소유하지 않은 바의 취득이라기
보다 내가 소유한 바의 상실이 아닌가? 내가 한 깡통의 토마토 쥬
스를 소유하고 있어 이를 바다에 부어 그 입자들(내가 추적할 수 있
도록 방사선이 쬐어진)이 바다 전체에 골고루 퍼지게 한다면, 나는 이
행위를 통해 바다를 소유하게 되는가, 아니면 어리석게도 나의 토
마토 쥬스를 허비한 것인가? 아마도 로크의 아이디어는, 그게 아
니라, 무엇에 노동을 가함이 그 무엇을 개선시키며 이를 보다 가
치 있는 것으로 만든다는 것일지 모르겠다. 그리고 자신이 그의 가
치를 창출한 바의 것은 누구나 그것을 소유할 권리가 있다. (이 점
을 강화하는 것은 아마도 노동이 즐거운 것은 아니다라는 견해이다. 누가
물건들을 힘들지 않게 만들었다면——『노랑색 잠수함 *The Yellow Subma-*
rine』의 주인공들이 잠수함의 항적을 따라 꽃을 흩뿌리듯이——, 그들은 그
것들을 만드는 데 전혀 비용이 들지 않았으므로 그들의 생산물에 대해 보다

　ㅋ) 열역학에 있어서의 상태 함수의 하나로, 한 체계내에서의 우연성·혼란·무질서
　　의 단위.

미약한 권리권을 소유하는가?) 어떤 것은 노동을 가할 경우 그것이 덜 가치 있는 것이 될 수 있다는 사실은 눈감아 두자(가령 그대가 발견한 流木에 핑크빛 에나멜 페인트를 칠할 경우처럼). 왜 소유 권리는 한 사람의 노동이 생산해낸 부가 가치 *added value* 에뿐 아니라 대상 전체에까지 확장되어야 하는가? (이러한 가치에의 의존은 소유권의 범위를 정하는 데 도움이 될 수도 있겠다. 가령 위의 엔트로피 기준에서 〈엔트로피를 감소시키는〉이란 어구 대신 〈~의 가치를 증대시키는〉이라는 어구를 넣으라.) 어떤 실행할 만한 또는 논리적으로 일관된 부가 가치 재산제도 고안된 바 없으며 그러한 제도는 생각컨대 헨리 조지 Henry George 의 이론ㅌ)과 같은 반대에 부딪치리라 생각된다.

개선될 수 있는 無所有主의 사물의 수가 제한되어 있다면, 한 사물의 개선 행위는 그에 대한 완전한 소유권을 부여한다는 생각은 타당치 못할 것이다. 왜냐하면 한 사물이 한 사람의 소유권에 귀속될 때 다른 모든 사람들의 상황도 변하기 때문이다. 이전에 그들은 그 사물을 자유로이 (호펠드 Hohfeld 적 의미에서) 사용할 수 있었던 반면 그들은 이제 더 이상 그럴 수 없다. 타인의 상황의 변화 (이전엔 소유되지 않았던 사물을 사용할 자유가 제거됨으로써 생기는)는 꼭 그들 상황의 악화를 의미하진 않는다. 만약 내가 코니 아일랜드의 모래 한 톨을 사유화하면 다른 사람들은 그 한 톨의 모래를 그들이 원하는 대로 처리할 수 없다. 그러나 그들이 사유화할 수 있는 모래알들이 무수히 남아 있다. 모래알을 원치 않는다면, 다른 많은 것들이 방치된 채 남아 있다. 다른 한편으로는, 내가 사유화한 모래알로 할 바의 것들은 타인의 위치를 향상시켜 그 모래알을 사용할 자유를 상실시킨 데 대한 보상을 할 수도 있다. 결정적인 요점은 無所有主의 사물의 사유화가 타인의 상황을 악화시키는지의 여부이다.

〈충분한 양의 그리고 똑같이 좋은 질의 것들이 다른 사람들을 위해 남아 있어야 한다〉는 로크의 단서 (§27)는 타인의 상황이 악화되지 않을 것을 확실히하기 위한 것이다. (만약 이 단서가 지켜질 경우,

---

ㅌ) H. George (1839~1897) : 미국 경제학자·개혁가로 단일 세제 *single-tax* 운동의 기초자로 알려져 있음.

허비하지 말라는 그의 추가의 조건은 필요할까?) 사람들은 이 단서가 과거에 타당한 적은 있었으나 이제 더 이상 그렇지 않다고 종종 주장한다. 그러나 이 단서가 더 이상 타당하지 않다면, 이는 과거에 타당한 적도 없다(왜냐하면 타당한 경우 항구적 그리고 유증 가능한 재산권이 발생하므로). 충분한 양 그리고 동등한 질의 것이 남아 있지 않은 상태에서 제일 먼저 사유화하려는 사람 Z를 생각해 보자. 마지막으로 사유화한 사람 Y는 Z를, 이전에 Z가 소유했던 바 사물에 행동을 가할 수 있는 자유가 이제는 없는 상태에 남겨 두었으며, 해서 Z의 상황을 악화시켰다. 그리하여 Y의 사유화는 로크의 단서에 따르면 허락되지 않는다. 그러므로 마지막에서 두번째로 사유화한 사람 X는 Y를 보다 악화된 상황에 있게 했다. 왜냐하면 X의 행위는 사유화의 허락을 종식시켰기 때문이다. 그러므로 Y의 사유화도 허락될 수 없었다. 그렇다면 끝에서 세번째로 사유화한 자 W는 사유화의 허락을 종식시켰으며, 이는 X의 위치를 악화시켰으므로, W의 사유화 역시 허락 가능하지 않았다. 이와 같이 해서 우리는 처음으로 항구적 재산권을 사유화한 사람 A에까지 거슬러올라갈 수 있다.

  그렇지만 이 논변은 너무 빨리 진행되었다. 한 사람은 다른 사람의 사유화에 의해 두 방식으로 그 처지가 악화될 수 있다. 첫번째는 특정의 사유화에 의해 그는 자신의 상황을 개선할 기회를 상실함으로써요, 두번째는 그가 이전에 사용할 수 있었던 것을 (사유화함이 없이) 자유로이 사용할 수 없게 됨으로써이다. 사유화에 의해 타인의 처지가 악화되어서는 안 된다는 엄격한 요구 조건은 두번째뿐 아니라, 기회의 감소를 상쇄하는 바가 없으면 첫번째도 배제할 것이다. 보다 약한 조건은 두번째만을 배제할 것이다. 약한 조건이 요구될 경우, 우리는 위의 논변에서처럼 Z에서 A로 단숨에 거슬러올라갈 수 없다. 왜냐하면 Z는 더 이상 사유화할 순 없으나, 이전처럼 그가 사용할 것이 다소 남아 있기 때문이다. 이 경우 Y의 사유화는 약한 로크적 조건을 위반하지 않는다. (사람들이 자유로이 쓸 수 있는 것의 양이 보다 적음으로 해서 사용자들은 불편함·혼잡 등등을 겪을 수 있으며 이렇게 해서, 사유화의 행위가 이전 지점에까지 가기 훨씬 전에 중지되지 않으면, 타인의 상황이 악화될 수도 있다.) 약한 조건이 충족되었다고 해서 누구도 합법적으로 불평을 할 수 없느냐는 문제는 더 논의를 필요로 한다. 하지만 이는 엄격한 단서가 붙는 경우에서보다 덜 명확하므로, 로크는 〈충분한 양의 그리고 등등한 질의〉라는 조항에서 이 엄격한 단서를 의미했을 가능성이 있으며, 그가 허비하지 말라는 조건을 붙인 것은 그로부터 논변이 단숨에 거슬러올라갈 수 있는 그 종점을 미루어 놓기 위해서였다.

사유화를 할 수 없는 (무소유주의 것으로서는 접근할 수 있는 유용한 것이 더 이상 없기 때문에) 사람들의 상황은 사유화나 항구적인 재산을 허용하는 체계에 의해 악화되는가? 이 지점에서 우리는 사유 재산제를 밑받침하는, 우리가 익히 아는 다양한 사회적 고려 사항들을 살려야겠다 : 이는, 생산 수단을 가장 효과적으로(유익하게) 사용할 수 있는 사람의 손에 쥐어 줌으로써, 사회내의 생산물을 증대시킨다 ; 자원을 분리된 개인들이 관리하므로 새로운 아이디어를 가진 자로 하여금 시험해 보도록 설득시켜야만 할 한 사람이나 소수 집단이 없기 때문에 실험이 권장된다 ; 사유 재산제는 사람들로 하여금 자신들이 어떤 정형이나 유형의 위험을 지길 원하는지 결정할 수 있게 하며, 하여 위험 부담의 전문화가 이룩된다;ㅍ) 사유 재산제는 일부 사람들로 하여금 앞으로의 시장을 위해 자원의 현재 소비를 삼가게 함으로써 앞으로 올 사람들을 보호한다 ; 사유 재산제는 인기 없는 사람들에게 대체적 고용의 기회를 마련해 주어, 이들은 자신들을 고용하도록 한 사람 또는 소수 관리 집단을 설득하지 않아도 된다, 등등. 이러한 고려점들은 로크의 이론에 가세하여, 재산권의 공리주의적 정당화로서가 아니라, 재산의 사유화는 〈충분한 양의 그리고 동질의 것이 남을 것〉이라는 단서 배후의 취지를 충족시킨다는 주장을 밑받침한다. 이 고려점들은, 이 단서가 위반되므로 사유 재산에 대한 어떠한 자연적 권리도 로크적 과정에 의해 발생할 수 없다는 주장을 논박하는 데 기여한다. 이 단서가 충족된다는 것을 보이기 위한 그러한 논변을 전개하는 데에서의 어려움은 비

ㅍ) A는 운송업을 하며 이에 따르는 위험을 부담하며, B는 농사를 짓고 이에 따른 위험 부담을 하는 등의 직업의 전문화를 지칭.

교를 위해 적합한 하한선을 결정하는 데 있다. 로크적 사유화는
어떠한 경우보다 사람들이 더 악화된 처지에 있게 하지 않는가?[12]
상한선을 결정하는 이 문제는 우리가 여기에서 할 수 있는 것보다
더 세부적인 탐구를 필요로 한다. 사유화와 하한선의 위치에 관한
서로 다른 이론들에 대해 어느 정도의 여지가 있는가를 알기 위해
선 시초의 사유화의 일반적인 경제적 중요성에 대한 평가가 있는
것이 바람직할 것이다. 아마도 이 중요성은 변형되지 않은 원료와
주어진 자원들, 즉 주로 개선되지 않은 땅의 가치를 나타나는 地代
수입과 본래 장소에 있는 원료의 가격에 기초한 (인간의 행동에 기반
하기보다는) 모든 수입의 백분률에 의해, 그리고 과거의 그러한 수입
을 나타내는 현재 축적된 부의 백분률에 의해 측정될 수 있다.[j]

　우리가 유의해야 할 점은 재산권이 어떻게 합법적으로 발생하는
가에 관한 이론을 필요로 하는 자는 사유 재산제를 옹호하는 사람
뿐이 아니라는 것이다. 공동 재산제를 믿는 사람들도, 가령, 한 지
역에 사는 한 집단의 사람들이 공동으로 그 지역이나 또는 이 지역
의 광물 자원을 소유한다고 믿는 사람들도 역시 어떻게 그런 재산
권이 발생하는가에 관한 이론을 마련해야만 한다. 그들은 왜 그곳
에 사는 사람들이 그 땅과 자원의 처리 방식에 관해 결정할 권리를
가지며 다른 사람들은 그 땅과 자원에 대해서 그런 권리를 갖지 않
는가를 설명해야 한다.

단　서

　사유화에 관한 로크의 특정 이론이 석명되어 다양한 문제점들을
처리해낼 수 있건 없건, 나는 취득에서의 정의에 관한 어떠한 적합
한 이론도 우리가 로크에게 귀속시켰던 두 단서 중 약한 것과 비슷
한 단서를 포함할 것이라고 전제한다. 이전엔 무소유주의 사물에
대한 항구적이며 상속 가능한 재산권을 정상적으로는 발생시키는

---

j) 나는 아직 정확한 추정책을 본 적이 없다. David Friedman, *The Machinery of
　Freedom*, (N.Y., 1973), pp. xiv, xv. 이 책은 이 문제를 논하면서 미국의 국
　민 소득의 5%를 언급된 처음 두 요소의 상한선으로 제시한다. 그러나 그는 과거
　의 그런 수입에 기초한 현재 富의 퍼센트를 추정하려 하지 않는다. (〈기초해 있
　다〉는 모호한 개념은 단지 이 주제가 논구되어야 함을 지시한다.)

과정이라도, 만약 다른 사람들의 처지가 그 사물을 사용할 자유를
더 이상 소유하지 못함으로 해서 더 악화되는 경우, 그런 재산권을
발생시키지 않을 것이다. 중요한 것은 타인의 상태 악화의 이 특정
한 양식을 명시하는 일이다 : 왜냐하면 그 단서는 다른 양식들을 포
괄하지 않으므로. 이는 사유화할 기회가 보다 제한됨으로써 (위의 보
다 엄격한 조건에 대응하는 첫번째 방식) 생기는 악화는 포함하지 않으
며, 이는 판매자가 파는 것을 생산하기 위해 원료를 사유화하여 그
와의 경쟁 상태에 들어갈 경우에 내가 그의 입장을 어떻게 〈악화시
키는가〉의 문제는 포함하지 않는다. 한 사람의 사유화는 다른 경우
라면 그 단서를 위반할 것이나, 그가 발생하는 손해에 대해 다른
사람들에게 보상함으로써 그 다른 사람들의 상황이 악화되지 않는
다면 그는 사유화할 수 있다. 그가 이 다른 사람들에게 보상해 주
지 않는다면, 그의 사유화는 취득에서의 정의의 원리라는 단서를
위반할 것이요, 비합법적인 것이 될 것이다.[1] 이 로크의 단서를 편
입시킨 사유화의 이론은, 어떤 사람이 생존을 위한 필수적인 물자
의 전수급량을 사유화할 경우들(이 단서를 결여한 이론에 대한 반론이
되는)을 올바르게 다룰 것이다.[m]

---

1) Fourier는 주장하길, 문명의 과정이 사회 구성원들로부터 어떤 자유들(열매를 따
   고, 목장을 일구고, 사냥하는 자유들)을 빼앗아 갔으므로 사회적으로 보장되는 최
   소한의 공여는 이 손실에 대한 보상으로서 정당화된다고 한다(A. Gray, *The
   Socialist Tradition*, New York, 1968, p. 188). 그러나 이는 너무 강한 주장
   이다. 이 보상은 문명의 과정이 순손실을 가져다 준 그 사람들, 문명의 이익이
   이 특정의 권리의 손실을 상해하지 않는 그런 사람들에게 주어져야 할 것이다.
m) 가령, 어떤 사람이 사막에 있는 유일한 오아시스에 다른 사람들보다 먼저 와서
   이를 전부 사유화하는 경우. H. Rashdall, "The Philosophical Theory of Pro-
   perty," in *Property, its Duties and Rights* (London, 1915)를 보라.
   　우리는 Ayn Rand의 재산권론을 주목해야 한다("Man's Rights," *The Virtue
   of Selfishness*, N.Y., 1964, p. 94). 그는 여기서 사람들은 살기 위해 물자를 필
   요로 하므로 재산권은 살 권리 *the right to live*로부터 나온다고 주장한다. 그
   러나 살 권리는 살기 위해 우리가 필요로 하는 것에 대한 권리가 아니다. 다른
   사람들이 이 다른 것들에 대한 권리를 가질 수도 있다(이 책의 제3장 참조). 가
   껏해야, 살 권리란 타인의 권리를 해하지 않는 범위 안에서 살기 위해 우리가 필
   요로 하는 것을 소유하거나 그를 추구할 권리이다. 물질적인 것과 관계해서는,
   문제는 이의 소유가 다른 사람들의 여하한 권리로 침해치 않느냐는 것이다(모든
   소유되지 않은 것들의 사유화는 그럴까? Rashdall의 예에서 오아시스의 사유화
   는 그럴까?). (로크의 단서와 같은) 특별한 고려 사항들이 물질적 재산의 경우
   에 고려되므로, 우리는 살 권리(위에서와 같이 수정된)의 개념을 적용하기 전에

취득에서의 정의의 원리의 일부로서 이 단서를 포함하는 이론은, 양도에서의 정의에 관한 보다 복잡한 이론을 포함할 것이다. 사유화 *appropriation*에 관한 이 단서에 대한 고려는 추후의 행동에 영향을 준다. 어떤 물자의 전량을 사유화함이 로크적 단서를 위반한다면, 그 물자의 일부를 사유화하고 나머지는 다른 식으로 로크적 단서를 위반함이 없이 이를 취득한 사람으로부터 구매한다 해도 역시 그 단서를 위반하는 것이다. 만약 그 단서가 누가 세상에 있는 마실 수 있는 물을 모두 사유화함을 불허한다면, 이는 그가 그 모두를 구매함도 불허한다(보다 약하나 복잡하게 표현하면, 이 단서는 그가 그 물에 대해 일정 가격을 매김을 불허한다). 이 단서는 결코(거의?) 효력을 발생하지 않을 것이다. 한 사람이 다른 사람들이 원하는 희소 물자를 많이 취득하면 할수록 나머지 부분의 가격은 높이 올라갈 것이고 따라서 그가 모두를 취득하기는 더욱 어려워질 것이다. 하지만 우리는 적어도 다음과 같은 사태가 발생하리라 상상할 수 있다 : 한 사람(A)이 한 물자를 소유한 서로 독립된 여러 소유주(B)에게 동시에 비밀의 구매 제의를 하고 각 소유주들은 그(B)가 다른 소유주들로부터 그 물자를 쉽사리 구입할 수 있으리라는 가정하에 자기의 소유분을 판다 ; 또는 어떤 자연적 재난이 생겨 한 사람의 소유분만을 제외하곤 모든 것을 파괴시킨다. 물자 전량이 처음부터 한 사람에 의해 사유화되게 허락될 수는 없다. 그가 그 물자 모두를 후에 취득한다고 해서 그의 시초의 사유화가 그 단서를 위반한 것으로 입증되는 것은 아니다. (Z에서 A로 단숨에 거슬러올라가려 한 위의 논변과 비슷한 逆논변에 의해서도.) 로크의 단서를 위반하는 것은 시초의 사유화 플러스 이후의 양도 행위와 행동들의 조합이다.

그 자신의 소유물에 대한 각 소유주의 권리는 사유화에 관한 로크적 단서의 역사적 음영을 포함한다. 이는 로크적 단서를 위반하는 집단체에게 그의 소유물을 양도함을 배제하며, 다른 사람들도 협동하여 또는 독자적으로 자신의 소유물을 특정 방식으로 사용하여 타인들의 처지를 그들의 하한선상의 처지보다 악화시킴으로써

우선 재산권의 이론을 필요로 한다. 그러므로 살 권리는 재산권의 이론의 근거가 되지 못한다.

그 단서를 위반함을 배제한다. 한 사람의 소유권이 로크적 단서와 충돌함이 일단 알려지면, 그 자신의 〈재산〉(더 이상 무제약적으로 그의 재산이라 간주하기 어려운 것) 처분 방식에 엄격한 한계가 가해질 것이다. 이렇게 볼 때 어떤 사람도 사막에 있는 유일한 우물을 사유화하여 그가 원하는 가격을 매길 수 없다. 그가 설사 이미 이를 소유하고 있거나 또는 그의 것을 제외한 사막의 모든 우물이 말라 버리는 경우에도, 그는 그가 원하는 바대로 물값을 요구할 수 없다. 이 불행한 상황은, 인정컨대 그의 잘못은 아니나 로크적 단서를 발효케 하여 그의 재산권을 제약한다. [n] 유사하게, 부근 해상의 유일한 섬을 소유한 자의 그 섬에 대한 재산권은, 난파선의 선원들을 그의 섬으로부터 침입자라 규정하여 쫓아 버릴 권리를 의미하진 않는다. 왜냐하면 그런 행위는 로크적 단서를 위반할 것이기 때문이다.

주의할 점은 이 이론은 소유주들이 이 권리들을 소유한다고 말하지 않고 이 권리들은 어떤 재난을 피하기 위해 무시된다고 말하는 점이다. (무시된 권리들은 사라지지 않는다. 그들은 지금 논의되는 경우들에선 결여되어 있는 유의 흔적을 남긴다.)[13] 그러한 외적인(그리고 임시 방편적인?) 무시 *overriding* 란 존재하지 않는다. 재산론, 그리고 이의 일부로서 취득과 사유화의 이론에 내적인 고려 사항들이 그와 같은 경우들을 다루기 위한 방안을 제시한다. 그러나 그 결과는 재난에 관한 어떤 조건과 同延的일 수 있다. 왜냐하면 비교를 위한 하한선은, 사적인 전유화를 허용하는 사회의 생산성에 비교하여, 매우 낮으므로 로크적 단서가 위반되었는가의 문제는 오직 재난의(또는 사막·섬의) 상황에서만 제기되기 때문이다.

타인들이 자신의 생존을 위해 필수적인 사물들의 전체를 어떤 자가 소유한다는 사실은, 그의 사유화가 즉각 또는 차후에 어떤 사람들을 하한선보다 더 나쁜 상황에 남겨 두었음을 수반하진 않는다. 어떤 질병을 효과적으로 치료할 수 있는 새로운 물질을 합성해내어

---

n) 그의 우물이 말라 버리지 않는다면, 그리고 그것이 그가 마련한 특별 예방 조치 때문이라면, 상황이 다르다. 우리의 논의를 하이예크의 논의 (*The Constitution of Liberty*, p. 136)와 R. Hamowy 의 논의("Hayek's Concept of Freedom: A Critique," *New Individualist Review*, Apr. 1961, pp. 28~31)와 비교해 보자.

그 물질을 자신이 제시하는 조건에 의해서만 팔려 하는 약학자는, 다른 사람들로부터 자신이 사유화한(해서 그 새 물질을 만들어낸) 원료를 박탈한 것도 아니며 따라서 그들의 처지를 악화시킨 것도 아니다. 다른 사람들은 그가 사유화한 그 동일한 원료를 쉽사리 소유할 수 있다 ; 그 학자의 사유화 또는 화학 물질의 구매 행위는 그 화학 물질을 희소하게 함으로써 로크적 단서를 침해하지 않았다. 누가 그 약학자로부터 그 합성 물질을 전량 구입한다 해도 그 단서는 위반되지 않는다. 그 약학자가 쉽사리 얻을 수 있는 화학 약품을 사용하여 새 약품을 합성해냈다는 사실이 로크적 단서를 위반하지 않음은, 특정의 수술을 시행할 능력이 있는 유일의 의사가 생존하고 일할 에너지를 보충하기 위해 쉽사리 얻을 수 있는 음식을 먹는다는 사실이 그러하지 않음과 같다. 이는 로크적 단서가 〈종국 상태〉 원리가 아님을 보여 준다. 이는 사유화의 행위가 타인에 영향을 주는 한 특정의 방식에 초점을 맞추지, 결과하는 상황의 구조에 맞추진 않는다. [14)

공공의 물자 전부를 취하는 사람과 쉽사리 얻을 수 있는 원료로부터 무엇을 만들어 전부 소유하고 있는 사람의 중간 위치에 있는 사람으로, 다른 사람으로부터 무엇을 박탈하지 않는 방식으로 그 무엇의 전량을 사유화하는 사람을 생각할 수 있다. 가령, 어떤 사람이 외진 곳에서 새로운 물질을 발견했다고 해 보자. 그는 이 물질이 어떤 질병을 효과적으로 치료함을 발견하고 이 물질 전량을 사유화한다. 그는 타인의 처지를 악화시키지 않는다. 그가 이를 발견하지 않았다면 누구도 이를 알지 못할 것이며 따라서 다른 사람들은 이것 없이 지낼 것이다. 그러나 시간이 지남에 따라 다른 사람들이 이 물질을 발견할 가능성이 짙어진다. 이 사실에 근거해서 그 물질에 대한 그의 재산권에 제한을 가해 타인들이 그들의 하한선 아래의 처지에 떨어지지 않게 할 수도 있을 것이다 ; 가령, 그 재산권의 상속이 제한될 수 있다. 한 사람(A)이 다른 사람(B)으로부터 B가 다른 경우라면 소유했을 어떤 것을 박탈함으로써 B의 위치를 악화시킨다는 점은 특허권의 경우도 밝혀 주는 바이다. 발명가의 특허권은 그가 아니었으면 존재하지 않았을 한 물건을 타인들로부터 박탈하는 것이 아니다. 그러나 특허권은 그 물건을 독자적으로 발명해내는 다른 사람들에 대해선 이(박탈의) 효과를 갖는다. 그러므로 이 독립적인 발명가들은, 자신의 발명이 독자적임을 입증해야 할 책임은 그들에게 지고 있겠으나, 그들 자신의 발명품은 그들이 원하는 바대로 (이를 타인들에게 파는 것까지 포함해서) 이용하지 못하게 금지되어선 안 된다. 더 나아가서, 발명자가 알려질 때 (특허 출원을 함으로써) 이는 실제로 독자적인 발명이 이루어질 가능성을 대폭적으로 감소시킨다. 한 발명품의 존재를 아는 사람은 통상 이를 다시 발명하려 시도하지 않을 것이며, 독립적인 발견의 개념이란, 기껏해야, 모호한 개념이기 때문이다. 그러나 원래의 발명이 없다 할 경우 추후에 언젠가 누구 다른 사람이 그 발명품을 고안하리라 가정할 수 있다. 이 가정에 따르면, 우리는 특허권의 유효 기간에 제한을 가해야 하며, 이 기간의 길이는 다른 사람들이 그 발명품의 소식을 접하지 못하고서 독자적으로 발명하기까지 걸리는 대략의 시간에 준하여 결정한다.

시장 체계의 자유로운 운용이 로크적 단서와 충돌하지 않으리라 나는 믿는다. (어떻게 보호 대행 업소가 지배적이 되며 실제적인 독점 업소가 되는가에 관한 제Ⅰ부에서의 우리의 설명에 결정적인 점은, 다른 업소들과의 경쟁뿐 아니라 갈등의 상황에서 이 지배 업소는 힘을 발휘한다는 사실임을 상기하라. 비슷한 이야기를 다른 종류의 사업체에 대해서도 할 수 있다.) 만약 이 점이 옳다면, 그 단서는 보호 대행 업소들의 활동에 있어 그다지 중요한 역할을 발휘하지 않을 것이며 미래의 국가 행동에 대해 중요한 기회를 제공하지도 않을 것이다. 진정, 이전의 비합법적인 국가 행동이 아니었다면, 사람들은 그 단서가 위반될 가능성을 다른 어느 논리적 가능성보다 더 흥미 있는 것으로 생각하지 않을 것이다. (여기에서 나는 경험적 역사적 주장을 하고 있다. 이 점에 동의하지 않는 사람들이 그러한 것처럼.) 이렇게 해서, 우리는 로크적 단서에 의해 도입된 소유 권리 이론 *entitlement theory* 내에 존재하는 복잡성을 간단히 살펴본 것으로 한다.

제 2 절

롤즈의 이론

우리는 분배적 정의에 관한 최근 존 롤즈 John Rawls ㅎ)의 기여를 좀 자세히 살펴봄으로써 그에 관한 우리의 논의를 보다 분명히할 수 있다. 『正義의 理論 *A Theory of Justice*』[15)]은 정치 및 도덕 철학 분야의 강력하고, 심오하며, 정교하고, 광범위한 주제를 다루고 있으며, 체계적인 저술이고, 밀 J.S. Mill 의 저작들(그때라도 있었다면) 이래로 우리는 이 분야에서 이에 비견하는 저서를 보지 못했다. 이 책은 계몽적인 아이디어들의 샘으로서 이 아이디어들은 통합되어 아름다운 전체를 형성하고 있다. 우리가 발전시킨 고려 사항들과 구분들은, 롤즈 자신의 거장답게 전개된 견해에 의해 조명될 것이며 또 그를 조명하는 데 도움을 줄 것이다. 롤즈의 체계적인 비전과 씨름을 하고 난 연후에 설득되지 못한 사람들까지도 이를 면밀히 연구함으로써 많은 것을 배울 것이다. 오류(또는 오류로 생각되는 것)와 결전함으로써 자신의 견해를 날카로이할 수 있다는 밀의 이야기만을 염두에 두고 하는 말이 아니다. 롤즈의 책을 읽고서 많은 것(아마도 변형된)들을 받아들여 자신의 견해를 심오히하지 않기란 불가능하다. 그리고 그의 책을 끝마치면 한 도덕 이론이 무엇을 하려 하며 통합하려 시도할 수 있을지에 관해 그리고 하나의 전체적인 이론이 얼마나 아름다울 수 있는가에 관해 새롭고 영감적인 비전을 갖지 않을 수 없다. 내가 여기서 롤즈와의 의견의 차이점에만 집중하는 이유는 단지 나의 독자들이 그 책의 많은 장점들을 스스로 발견했으리라 자신하기 때문이다.

사회적 協同

나는 정의의 원리들의 역할을 살펴봄으로써 논의를 시작하겠다. 생각

ㅎ) J. Rawls: 미국 하바드 대학의 철학교수로 *A Theory of Justice* 란 정의 문제에 관한 명저를 내었음(이 책은 『사회정의론』이란 제목으로 황경식 교수에 의해 번역 출간되었음. 1979, 서광사)

을 고정시키기 위해, 한 사회가 어느 정도는 자족적인 사람들의 협동체이며, 이 사람들은 상호간의 관계에 있어 어떤 행위의 규칙들이 구속력이 있음을 인지하고, 이들은 대부분의 경우 이 규칙들에 준거하여 행위한다 가정해 보자. 더 나아가 이 규칙들은 협동의 체계를 명시하며, 이 체계는 이에 참여한 사람들의 善을 증진하기 위해 마련된 것이다. 이 경우 그 사회는 상호 이익을 위한 협동적 사업이긴 하지만, 이는, 전형적으로, 利害의 동일성에 의해서뿐 아니라 이의 상충에 의해 특징지워진다. 이해의 동일성이 있는 이유는, 사회적 협동은 각자가 스스로의 노력만으로 살아갈 때보다 더 나은 삶을 모두에게 가능하게 해 주기 때문이다. 이해의 상충이 있는 이유는, 사람들은 자신들의 목적을 추구하기 위해 보다 작은 것보다는 큰 몫을 선호하므로, 그들의 협동에 의해 생산된, 보다 큰 이익이 어떻게 분배되는가에 무관심하지 않기 때문이다. 이 이익의 분배를 결정할 다양한 사회적 제도들 가운데에서의 선택을 위해, 그리고 적정의 분배분에 관한 합의의 인준을 위해서 원리들의 한 집합이 요청된다. 이 원리들이 사회적 정의의 원리들이다. 이들은 사회의 기본적 기구에 있어서의 권리들과 의무들을 할당하는 한 방식을 제공하며, 사회적 협동에서 발생하는 이익들과 부담거리들의 적절한 분배를 규정한다. [16]

n 명의 개인들이 있고 이들은 협동하지 않고 그들 자신의 노력만에 의해서 살아간다고 상상해 보자. 각인 i 는 급료·보수·수입 등등으로 S_i 를 받는다. 각 개인이 독자적으로 활동함으로써 얻는 것의 총합 S 는

$$S = \sum_{1=i}^{n} S_i$$

이다. 협동함으로써 그들은 보다 큰 총합 T 를 얻을 수 있다. 롤즈에 따르면, 분배적 사회 정의의 문제는 이 협동의 이익이 어떻게 분배 또는 할당되어야 할 것인가의 문제이다. 이 문제는 다음 두 방식으로 이해될 수 있다 : 총합 T 가 어떻게 할당되어야 할 것인가 ; 또는 사회적 협동에서 기인하는 증가분, 즉 사회적 협동의 이익인 $T-S$ 가 어떻게 할당되어야 할 것인가? 후자의 이해는 각 개인 i 가 T 의 하위 총합 S 로부터 자기 몫 S_i 를 받는다는 점을 전제한다. 문제에 대한 위 두 방식의 이해는 서로 다르다. S 의 비협

232

동적 분배(각 i 가 Si 를 갖는)와 결합될 때, 두번째 해석하에서의 〈공정하게 보이는〉 T—S 의 분배는, 〈공정하게 보이는〉 T 의 분배(첫번째 해석)를 산출하지 않는다. 다른 한편으로 공정하게 보이는 T 의 분배는 특정 개인 i 에게 그의 몫 Si 보다 적은 것을 줄 수 있다(첫번째 해석에 따른 문제에 대한 대답에 $Ti \geq Si$ ——여기서 Ti 는 i 번째 개인이 가질 T 의 몫이다——라는 제약을 가한다 해도 이는 위의 가능성을 배제 않을 것이다). 롤즈는 이 두 해석을 구분하지 않고 그의 관심사가 첫번째 즉 어떻게 총합 T 가 분배되어야 하는가의 문제인 것 같은 인상을 준다. 첫번째 주제에 초점 맞추는 것이 타당함을 보이기 위해 다음과 같은 주장이 있을 수 있다 : 사회적 협동은 굉장한 이익을 산출하므로, 비협동적 분배분 Si 는 여하한 협동적 분배분 Ti 에 비해 몹시 적어 사회적 정의의 문제를 논의함에 있어 무시될 수 있다고. 하지만 이는, 분명 상호 협동을 시작하는 사람들이 협동의 이익을 분배하는 문제를 이해하기로 합의한 방식이 아님을 주목해야 한다.

왜 사회적인 협동이 분배적 정의의 문제를 창출하는가? 사회적 협동이 전혀 없다면, 즉 각인이 그 자신의 노력에 의해서만 자신의 몫을 차지한다면, 정의의 문제나 정의의 이론에 대한 필요는 존재하지 않을까? 롤즈가 그러리라 생각되는 바처럼, 우리도 이 상황이 분배적 정의의 문제를 제기하지 않는다 생각한다면, 사회적 협동에 관한 어떤 사실로 해서 정의에 관한 이러한 문제들이 부각되는가? 사회적 협동의 어떤 측면이 정의의 문제들을 발생시키는가? 사회적 협동이 있을 경우에만 상충되는 권리 주장이 있으리라고는 말할 수 없다. 즉 독자적으로 생산하고 자활하는(적어도 처음에는) 개인들은 서로에 대해서 정의의 권리 주장 *claims of justice* 을 하지 않으리라 말할 수 없다. 10명의 로빈슨 크루소가 있어 서로 다른 섬에서 2년 동안 홀로 일한 연후에 서로의 존재를 발견하고 20 년 전에 남겨진 무전기를 통해 서로의 재산 상태에 관해 알게 되었다고 가정할 경우, 한 섬에서 다른 섬으로의 물자의 이동이 가능하다면, 그들은 서로에 대한 권리권 주장을 할 수 있지 않을까?[17] 최소의 재산을 가진 자는 곤핍을 근거로 해서, 또는 자신의 섬은 자연 자원이 부족하다는 이유로 해서, 또는 자신은 생래적으로 자활력이 가장 약하다는 근거에서 권리 주장을 하지 않을까? 그는 그가 그같이 적은 것을 가져야 하고 곤핍에 시달리고 또는 굶기까지 해야 함은 공정치 못하다 주장하면서, 正義는 다른 사람들이 자신에게 조금씩 보태 주어야 할 것을 요구한다고 말하지 않을 것인가? 그는 계속하여 말하길, 각 개인이 갖는 비협동적 몫의 차이는 천부적 능력의 차이에서 오나 이 차이는 응분의 것이 아니라고, 그리고 정의의 과제는 이 자의적 사실들과 불평등한 요소들을 교정함이라고 주장할 수도 있다. 중요한 것은, 누구도 사회적 협동이 결여된 상황에서 그러한 권리 주장을 하지 않을 것이라는 점보다는, 설혹 한다 해도 그러한 주장은 분명 취할 만하지 않다는 점이다. 그러나 왜 그 주장은 분명 취할 만하지 않은가? 사회적 협동이 없는 사회에서 각 개인들은 타인의 도움 없이 자신의 노력에 의해 얻은 바를 받을 응분의 자격이 있다고, 또는 달리 말하면, 다른 누구도 이 소유에 반대하는 정의의 권리 주장을 할 수 없다고 말할 수 있겠다. 이런 상황에선 누가 무엇에 대한 권리가 있는지는 투명할 정도로 명백하므로, 정의의 이론은 필요치 않다. 이 견해에 따르면, 사회적 협동은 물의 혼탁화를 야기하며 이는 누가 무엇에 대한 권리가 있는지를 불분명하게 또는 불확정적이게 한다. 이 비협동적 상황엔 어떤 정의의 이론도 적용되지 않는다고 말하기보다는(비협동적 상황에서 한 사람이 다른 사람의 생산품을 훔친다면 이는 不義하다 할 수 있지 않을까?), 나는 이것이 정의의 올바른 이론, 즉 소유 권리론이 적용될 명백한 경우라 말하겠다.

사회적 협동은 상황을 어떻게 변화시켜, 비협동적 경우에 적용되는 그 동일한 소유 권리에 기반한 원리들이 협동적 경우에는 적용 불가하며 부적합한 것이 되는가? 협동하는 독립적 개인들이 기여한 바를 밝혀낼 수 없기 때문이라고, 즉 모든 것들은 모든 사람의 공동 노력의 소산이기 때문이라고 말할 수 있다. 이 공동 생산품에 대해 또는 이의 어느 부분에 대해서라도 각 사람들은 동일한 강도의 권리 주장을 함직하다. 모든 사람들이 동일하게 유효한 권리권 *claims* 을 지니며 또는 적어도 누구도 다른 누구에 비해 뚜렷이 보다 강한 권리권을 갖지 않는다. 여하한 방식으로든 (이런 식의 사고 방식은 계속 주장하길), 공동의 사회적 협동의 생산물 전량을(이에 대해 개별적인 소유 권리들은 차별적으로 적용되지 않는다) 어떻게 분배해야 할 것인가가 결정되어야만 한다. 이것이 분배적 정의의 문제이다.

개인들의 소유 권리들은 협동에 의해 생산된 물건의 부분들에 적용되지 않는가? 우선, 사회적 협동은 분업, 전문화, 비교 우위, 교환에 기반해 있다; 즉 각인은 그가 받은 投入分의 일부를 변형시키기 위해 홀로 일하는 한편, 타인들과 계약을 맺어 그들로 하여 이를 더욱 변형시키고 이를 운반하여 그의 궁극적 소비자에 이르게 한다 가정해 보자. 사람들은 사물을 만들어내는 데에 협동은 하나 독자적으로 일한다; 각인이 소규모 공장이다. [18] 각 사람의 생산품은 쉽사리 알아 볼 수 있고, 교환 행위는 공개 시장에서 이루어져 가격은 경쟁하에서 그리고 정보의 제약하에서 결정된다. 이와 같은 체계의 사회 협동에서 정의의 이론의 과제는 무엇인가? 결과하는 소유 상태는, 교환이 이루어지는 교환 비율 또는 가격에 의존하며, 따라서 정의의 이론은 〈공정한 가격 *fair prices*〉을 위한 기준을 마련하는 것이라 말해질 수 있다. 지금 정당한 *just* 가격의 이론들이 갖는 복잡성을 논의할 계제는 아니다. 여기서 왜 이런 문제들이 대체 제기되어야 하는가를 알기도 힘들다. 사람들은, 어떠한 타방과 그리고 그 어떤 상호 수락할 수 있는 비율 또는 가격에서 거래할 그들의 자유에 제한받음이 없이, 타인들과 교환하며 소유 권리를 양도하길 선택하고 있다. [19] 왜 그러한 연쇄적인 사회 협동ㅏ)——사람들의 자발적인 교환에 의해 연결된——이 물건들의 분배 방식에 관한 특별한 문제를 제기하는가? 왜 소유물들의 적합한(부적합하지 않은) 집합이, 상호 동의된 교환 행위의 이 과정——사람들은 이 과정을 통해 자신들이 주거나 소유할 권리가 있는 것들을 타인들에게 주고자 선택하는데——을 통해서 실제로 발생하는 바로 그것이지 않은가?

이제 우리는 사람들이 독자적으로 일하며 협동은 오직 자발적 교환에 의해 연쇄적으로만 한다는 가정을 버리고, 대신 사람들이 무

ㅏ) 같은 일을 함께 하는 협동이 아니라, 서로 다른 전문적인 일을 맡아하는 협동.

엇을 생산하기 위해 협동하여 일한다고 가정해 보자. 이런 경우 참여자 각각의 기여분을 가려내는 것은 불가능한가? 여기서의 문제는 한계 생산성의 이론이 공정한 또는 정당한 몫에 관한 적합한 이론이냐는 것이 아니라 인지 가능한 한계 생산품에 관한 어떤 논리 일관된 개념이 존재하느냐의 문제이다. 롤즈의 이론이 적정한 정도로 쓸 만한 그런 개념이 존재하지 않는다는 강한 주장에 근거하고 있진 않은 듯싶다. 여하간 우리는 다시 한번 상당히 높은 빈도의 쌍무적 교환 행위가 발생하는 상황에 이르게 된다 : 자원의 소유주들은 자신들의 자원의 용도에 관해 기업가들과 별도의 합의에 이르고, 기업가들은 개별적 노동자들과 합의에 이르고, 또는 일단의 노동자들이 서로간의 어떤 합의에 이른 다음 이 협동적 합의 내용을 기업가에게 제시하고 등등. 사람들은 사건들의 소유물이나 노동을 공개 시장에서 양도하며 그 교환 비율(가격)은 통상의 방식으로 결정한다. 한계 생산성론이 웬만큼 적합하다면, 사람들은 이 소유물의 자발적 양도 과정에서 대략 그들의 한계 생산품들을 받게 될 것이다. [o]

한계 생산품의 개념은 매우 비효율적이어서, 실제의 협동 생산의 상황에서의 요인들 *factors* 의 한계 생산품들은, 그 요인들의 구매자

---

o) 이의 수취는 그 사람이 존재케 원인지운 것 또는 생산한 것의 등가물을 수취하는 것과 같지 않다. 요인 F_2 에 대한 한 단위의 F_1 의 한계 생산물은 假言的 *subjunctive* 개념이다. 이는 가장 효율적으로(요인들의 가장 효율적인 사용법을 알아내는 데 드는 여러 비용들에 대해 신중하다 할 때, 알려져 있는 가장 효율적인 방식으로) 사용된 $F_1, \cdots, F_n$ 의 전체 생산품과 한 단위 적은 F_1 과 함께 $F_2, \cdots, F_n$ 을 가장 효율적으로 사용할 때의 전체 생산품 사이의 차이였다. 그러나 한 단위 적은 F_1 과 함께 $F_2, \cdots, F_n$ 의 가장 효율적인 두 사용 방법(하나는 추가의 F_1 한 단위를 더하는 것이고, 다른 것은 이것 없이)은 그들을 다르게 사용한다. F_1 들의 (다른 요인들에 대한) 한계 생산품은——즉 모든 사람들이 추가의 F_1 한 단위에 대해 합리적으로 지불할 것은——이것이 $F_2, \cdots, F_n$ 과 결합하여 결과시킨 것이 아니라, 오히려 이것이 만들어내는 차이, 이 단위의 F_1 이 없었고 나머지 요소들이 이의 부재를 메꾸기 위해 조직되었을 때 생기는 차이일 것이다. 이렇게 해서 한계 생산성 이론은 실제 생산된 생산품의 이론, 즉 그의 인과적 계보가 그 단위의 요인을 포착하는 그런 사물들에 관한 이론이라기보다는 한 요인의 존재에 의해 생겨나는 차이(가언적으로 정의된)에 관한 이론으로 보아야 한다. 만약 이런 견해가 정의와 연결된다면, 이는 소유 권리론과 가장 잘 부합할 것이다.

또는 고용자들에 의해 인지될 수 없다면 요인들(가령, 생산에 참여한 노동자)에게 결과로서 오는 분배는 한계 생산품에 준하여 정형적이진 않을 것이다. 한계 생산성의 이론을, 적용되는 경우엔, 정의에 관한 정형적 이론의 하나로 보는 사람은, 협동 생산의 그러한 상황과 비결정적인 한계 생산품은 어떤 정의의 이론이 개입하여 적절한 교환 비율을 결정할 기회를 제공한다 생각할지 모른다. 그러나 소유 권리자는 당사자의 자발적 교환으로부터 결과하는 그 어떤 분배도 받아들일 만한 것으로 생각할 것이다. [p] 한계 생산성 이론의 실행 가능성에 관한 문제들은 복잡하다. [20] 여기서는 단지 다음 사항만을 지적하자 : 자원의 소유자들은 한계 생산품에로 집중하고자 하는 강한 개인적 유인을 갖고 있으며, 시장의 강력한 압력은 이러한 결과를 생산하는 경향이 있다. 생산 요인의 고용자들은 자신들이 무엇을 하는지도 모르고, 자신들이 값있게 여기는 소유물들을 비합리적이고 자의적인 방식으로 타인에게 양도하는 얼뜨기들이 아니다. 진정, 불평등성에 관한 롤즈의 입장은 협동 생산에 대한 개별적인 기여들이 적어도 어느 정도는 분리 가능하길 요구한다. 왜냐하면 롤즈는 자신의 기본 입장을 다소 벗어나 논하기를, 불평등한 요소들이 정당화되기 위한 충분 조건은 이 요소들이 한 사회내에서 가장 못사는 집단 *the worst-off group* 의 위치를 향상하는 데 기여하는 경우, 즉 그 불평등한 점들이 없이는 그 가장 못사는 집단이 더욱 못살게 될 경우라고 말하기 때문이다. 이 유용한 불평등성은, 적어도 부분적으로는, 어떤 사람들로 하여금 다양한 활동들을 수행하게끔 또는 모든 사람들이 동등하게 잘할 수는 없는 그런 역할을 수행하게끔 하기 위한 유인을 마련해야 한다는 필요성에 그 뿌리를 두고 있다. (불평등한 요소들이 모든 사람들이 똑같이 살할 수 있는 직업을 채우기 위해 필요하다거나 또는 기술을 거의 필요로 하지 않는 가장 단조롭고 지루한 직업이, 최고의 수입을 올려야 한다고 롤즈가 상상하고 있는 것은 아니다.) 그러나 누구에게 그 유인 또는 장려금 *incentive* 을 지불해야

---

p) 자본가와 노동자 사이의 교환 관계에 관한 마르크스의 분석이, 자발적 교환으로부터 결과하는 소유물의 집합이 합법적이라는 견해를 논파한다고 믿는 독자들은, 또는 그러한 교환을 〈자발적 *voluntary*〉이라 규정하는 것은 왜곡이라 규정하는 독자들은 제 8 장을 보라.

하는가? 어떤 활동의 어떤 수행자에게? 어떤 사람들에게 그들의 생산 활동을 수행케 하기 위해 장려금을 지불하는 것이 필요한 경우엔, 그로부터 개인적 기여를 분리해낼 수 없는 그런 협동적 사회 생산품은 논의되지 않는다. 만약 생산품이 완전 협동 생산품일 경우, 그 가외의 장려금이 결정적 역할을 한 개인들에게 가는지는 알려질 수 없을 것이다. 그리고 이 동기 유발된 개인들에 의해 생산된 추가의 생산물이, 장려금으로 그들에게 주어진 비용보다 큰지의 여부도 알려질 수 없다. 해서 장려금의 제공이 효율적이었는지의 여부, 이것이 순이익을 낳았는지 순손실을 낳았는지의 여부는 알려질 수 없다. 그러나 정당화될 수 있는 불평등성에 관한 롤즈의 논의는 이 같은 것들이 알려질 수 있음을 전제로 한다. 그리고 그래서 협동 생산품의 비분할적이고 비할당적인 성격에 관해 있을 수 있는 것으로 우리가 상상한 주장은 해소되는 것으로 보여지며, 하여 사회적 협동은, 여타의 경우엔 존재하지 않으며 신비스럽진 않으나 불명확한 분배적 정의의 특수한 문제들을 제기한다는 견해를 지지하는 이유들만을 남긴다.

협동의 조건들과 차등의 원칙

사회적 협동의 분배분과의 관계의 문제에 관한 롤즈의 또 다른 입장은 우리로 하여 그의 실제의 논의와 씨름하게 한다. 롤즈는 합리적이며 상호 이해 관계가 없는 사람들이 어떤 상황에서, 또는 그가 이 상황의 특성으로 기술한 것과는 다른 자신들의 특성들로부터 벗어나 서로 만난다 상상한다. 롤즈가 〈원초적 입장 the original position〉이라 부르는 이 선택의 가정적 상황에서, 사람들은 자신들의 제도들에 대한 모든 이후의 비판과 수정을 규제할 正義觀의 제 1 원리들을 선택한다. 이 선택을 하는 과정에서 누구도 사회 안에서의 자신의 위치, 자신의 계급이나 사회적 지위, 자신의 자연적 재능과 능력, 자신의 신체적 힘, 지능 등등을 모른다.

정의의 원리들은 無知의 베일 뒤에서 선택된다. 이 조건은, 원리들의 선택에 있어 어느 누구도 자연적 우연 또는 사회적 상황의 우발적 요인의

238

결과에 의해 유리하거나 불리하게 되지 않도록 한다. 모든 사람들이 유사한 상황에 있으며 누구도 자신의 특정 조건에 유리하도록 원리들을 설계할 수 없으므로 정의의 원리들은 공정한 합의와 약정의 결과이다. [21]

원초적 입장에서 사람들은 무엇에 합의할 것인가?

원초적 상황에서 사람들은 두 원리들을 선택할 것이다. 첫번째는 기본적 권리와 의무들의 배당에 있어 평등을 요청하며, 두번째는 사회 경제적 불평등성, 예를 들면, 富와 권능 *authority* 에서의 불평등성은 오직 이것이 모든 사람들에게, 그리고 특히 사회에서 가장 불리한 처지의 사람들 *the least advantaged members* 에게 보상적 이익을 결과할 경우에만 정당하다 *just*. 이 원리들은, 일부의 고난이 사회 전체로서 보다 큰 이익에 의해 상쇄된다는 근거에서 제도들을 정당화하는 행위를 배제한다. 이런 정당화는 편리할진 모르나, 다른 사람들이 번성하기 위해 일부가 희생되어야 한다는 것은 不義하다. 소수가 보다 큰 이익을 얻어, 이에 의해 그다지 다행한 처지에 있지 않은 사람들의 처지가 향상된다면, 그 소수의 보다 큰 이익은 不義하다 *injustice* 고 할 수 없다. 직관적인 아이디어는 모든 사람들의 복지가, 그것 없이는 누구도 만족할 만한 삶을 영위할 수 없는 바인 협동의 체제에 의존하므로, 이익의 분할은 이 협동에 참여하는 모든 사람들——보다 나쁜 처지에 있는 사람들까지 포함해서——의 기꺼운 협동을 이끌어내도록 그렇게 이루어져야 한다는 것이다. 허나 이는 합리적인 조건이 제시될 때에만 이루어질 수 있다. 위에 언급한 두 원리들은 다음을 위한 공정한 합의라 생각된다 : 즉 보다 자질이 뛰어나거나 그의 사회적 위치에 있어 복받은——이 둘 모두 응분의 *deserve* 것이라 할 수는 없는데——사람들이 이를 기반으로 해서 어떤 실행 가능한 체제가 모두의 복지를 위한 필요 조건일 경우, 타인들의 기꺼운 협동을 이끌어낼 수 있다. [22]

롤즈가 차등의 원리 *the difference principle* 라 부르는 이 두번째 원리에 따르면, 제도적 구조는, 이 구조하에서 가장 불우한 집단이 여하의 다른 제도적 구조하에서 가장 불우한 집단이 (두 서로 다른 제도적 구조하에서 가장 불우한 집단이 똑같은 집단일 필요는 없다) 살 만큼은 적어도 잘 살도록, 그렇게 설계되어야 한다. 정의의 원리들을 진지하게 선택함에 있어 원초적 입장에 있는 사람들이 最小極大의 정책 *minimax policy* 을 따른다면, 롤즈는 논하길, 사람들은 차등의 원리를 선택하리라는 것이다. 여기에서 우리의 관심사는 롤즈가 기술한 상황에서 사람들이 실제로 최소극대화할 것이며, 실제로 롤즈가 명시한 그 특정의 원리들을 선택할 것인가의 문제가 아니다. 하지만 우리는 왜 원초적 입장에서 사람들이 개인들보다는 집단에 초점을 맞추는 원리를 선택할 것인가를 물어야 한다. 최소극대 원리의 적용은 원초적 상황에서의 각 사람들로 하여금 가장 불우한 개인의 처지를 극대화함을 선택하게 하지 않을까? 확실히 이 원리는 사회적 제도들의 평가에 관한 문제를 가장 불행한 자들이 어떻게 살아 나가는가의 문제로 환원한다. 그러나 초점을 집단 또는 대표적 개인들에로 이전시킴으로써 이를 피하려는 것은 편의적 논법인 듯하며 개인적 입장에 있는 자들에 대해선 동기 유발이 불충분한 듯이 보이는 것이다. [23] 왜 우울증 환자들이나 알콜 중독자들이나 반신불수자들의 집단은 제외되는가?

만약 차등의 원리가 어떤 제도적 구조 J 에 의해 충족되지 않는 경우, 위 원리를 충족시키는 다른 제도적 구조 I 하에서보다 어떤 집단 G 는 J 하에서 더 나쁜 처지에 있게 된다. 만약 다른 집단 F 가 I 하에서보다 J 하에서 보다 더 나은 처지에 있다면, 이는 다음과 같이 말할 충분한 조건이 되는가: 〈J 하에서, 어떤 사람들은 다른 사람들이 번성하도록 하기 위해, 보다 적은 것을 갖는다〉고? (여기에서 우리가 염두에 두고 있는 것은 G 는 F 를 번성하게 하기 위해 보다 적은 것을 갖는다는 것이다. 우리는 또한 I 에 관해서도 똑같은 말을 할 수 있을까? G 를 번성하게 하기 위해 F 는 I 하에서 보다 적은 것을 갖는가?) 한 사회 안에서 다음의 상황이 발생한다고 가정해 보자:

1. 집단 G 는 A 의 量을, 집단 F 는 B 의 量을 가지며 B 는 F 보다 크다. 또한 사회 여건을 다르게 배열하여 G 가 A 보다 많이, 그리고 F 는 B 보다 적은 것을 갖게 할 수 있다. (이 다른 배열은 일부의 소유물들을 F 로부터 G 에로 이전시키는 어떤 메카니즘을 포함할 수도 있다).

이는 다음을 말할 충분한 근거가 되는가?

240

2. G는 F가 잘살기 때문에 못산다. G는 F를 잘살게 하기 위해 못
   사는 것이다. F가 잘삶은 G를 못살게 만든다. G는 F가 잘살므로
   못사는 것이다. G는 F의 생활 수준 때문에 더 잘살지 못한다.

   위 질문에 긍정의 답을 할 수 있다면, 2의 언명들이 진리임은 G
가 F보다 못한 처지에 있음에 의존하는가? 불우한 집단 G로부터
소유물을 F에로 이전시켜 G를 더욱 불우하게 하는 제도적 구조 K
가 가능하다. K의 가능성은, J하에선 G의 생활 수준 때문에 F
가 더 잘살지 못한다는 주장을 眞이게 하는가?
   정상적으로는 우리는 가정문(1에서와 같은)의 진리가 인과에 관한
어떤 직설문(2에서와 같은)의 진리를 위해 충분하다 생각하진 않는
다. 내가 애초의 거북함을 극복할 수 있다면, 그리고 그대가 나의
헌신적인 노예가 되길 선택한다면 이는 나의 삶을 여러 가지 방식
으로 개선할 것이다. 나의 현재 상태의 원인은 그대가 나의 노예
가 되지 않았음인가? 그대가 보다 가난한 자의 노예가 됨은 그의
운명을 개선할 것이고 그대의 생활은 악화될 것이므로, 우리는 그
가난한 자는 그대가 현재와 같은 생활 수준을 유지하기 때문에 못
산다고, 그대가 번성케 하기 위해 그가 보다 적은 것을 갖고 있다
고 말해야 할 것인가? 다음의 전제로부터

   3. P가 행위 A를 수행할 양이면, Q는 상황 S에 있지 않을 것이다.

우리는 다음의 결론

   4. P가 A를 수행하지 않음은 Q가 상황 S에 있음에 대한 원인이며,
   P가 A를 행하지 않음은 Q로 하여금 S에 있게 한다.

를 이끌기 위한 필요 조건은 우리가 다음의 명제

   5. P는 행위 A를 해야만 한다. 또는 P는 행위 A를 수행해야 할 의무
   *duty*가 있다. 또는 P는 행위 A를 행할 **책임** *obligation*이 있다 등
   등[24]

도 역시 믿을 경우이다. 이같이 볼 때, 이 경우 3으로부터 4로의 추론은 5를 전제한다 *presuppose*. 우리는 5에 이르기 위해 단번에 3에서 4에로 논변을 전개해 나갈 수 없다. 특정 상황에서 일부의 사람들은 타인들이 번성하게 하기 위해 보다 적은 것을 갖고 있다는 言明은, 종종 이 언명이 그 지지 근거로 제시되는 바, 그런 상황이나 제도적 구조에 대한 평가 바로 그것에 기반하고 있다. 이 평가는 단지 가정법(가령, 1 또는 3)으로부터 뒤따르지 않으므로, 이 평가를 위한 독립적인 논변이 제시되어야 한다. [q]

우리가 본 바와 같이 롤즈는 다음을 주장한다:

……모든 사람들의 복지가 그것 없이는 누구도 만족할 만한 삶을 영위할 수 없는 바의 협동의 체제에 의존하므로, 이익의 분할은 이 협동에 참여하는 모든 사람들——보다 나쁜 처지에 있는 사람들까지 포함해서——의 기꺼운 협동을 이끌어내도록 그렇게 이루어져야 한다는 것이다. 허나 이는 합리적인 조건이 제시될 때에만 이루어질 수 있다. 위에 언급한 두 원리들은 다음을 위한 공정한 합의라 생각된다: 즉 보다 자질이 뛰어나거나 그의 사회적 지위에 있어 복받은……사람들이, 이를 기반으로 해서, 어떤 실행 가능한 체제가 모두의 복지를 위한 필요 조건일 경우, 타인들의 협동을 이끌어낼 수 있기 위한. [25]

의심할 바 없이 差等의 원리는 자질에 있어 뛰어나지 않은 사람들로 하여금 기꺼이 협동하게 할 계약 조건들을 제시한다. (보다 나은 계약 조건을 그들 자신이 제안할 수 있는가?) 그러나 이는 자질이 뛰어나지 못한 사람들이 타인의 기꺼운 협동을 기대할 수 있는 기반이 될 수 있을 것인가? 사회적 협동의 이득의 존재에 관해선, 상황은 대칭적이다. 뛰어난 자질의 사람들은 뛰어나지 못한 자질의 사람들과 협동함으로써 소득을 얻고, 그리고 뛰어나지 못한 자질의 사람들은 뛰어난 자질의 사람들과 협동함으로써 소득을 얻는다. 그

---

[q] 하지만 롤즈는 2와 1을, 그리고 4와 3을 명료하게 구별하지 않는다. 나는 롤즈가 비합법적으로 후자의 가정법으로부터 전자의 직설법으로 미끄러져 간다고 주장하지 않는다. 그렇다 하더라도, 그 오류는 지적될 만한 가치가 있다. 왜냐하면 이는 섣사리 저질러지는 오류이기 때문이다. 그리고 이는 우리가 논박하는 입장들을 떠받치고 있는 듯싶다.

러나 차등의 원리는 이 두 부류의 사람들 사이에서 중립적이 아니다. 그러면 어디에서 이 비중립성, 이 비대칭성은 연유하는가?

아마도, 각자가 사회적 협동으로부터 얼마만큼의 득을 보는가 묻는다면, 위의 대칭성은 깨어질 것이다. 이 질문은 두 가지로 이해될 수 있다. 비협동적 체제하에서의 각자의 개인적 소유분과 비교할 때, 사람들은 사회적 협동으로부터 얼마큼의 이익을 보는가? 즉 각 개인 i에 대해 $Ti-Si$는 얼마큼의 양인가? 또는, 달리 이해할 경우, 비협동의 경우와 비교해서가 아니라 보다 제한적 협동과 비교해서, 각 개인은 일반적인 사회적 협동으로부터 얼마큼의 득을 보는가? 일반적인 사회적 협동에 관한 한, 후자가 보다 적합한 질문이다. 왜냐하면 일반적인 사회적 협동의 이익이 소유되어지는 방식을 지배하는 원리들에 관해 합의에 이르지 못하더라도, 만약 어떤 다른 유익한 협동의 체제가 있어 모든 사람들은 아니더라도 일부가 참여하여 그 참여자들이 합의에 이를수 있다면, 모든 사람들이 비협동적 상황에 머물러 있지는 않을 것이기 때문이다. 이 사람들은 이보다 제한된 협동적 체제에 참여할 것이다. 뛰어난 자질의 사람과 뛰어나지 못한 사람들의 협동이 주는 이익에 초점을 맞추기 위해 우리는 분할된 사회적 협동의 덜 포괄적인 체제를 상상해야만 하는데, 이 체제란 자질 있는 자가 그들끼리만 협동하고, 자질 없는 자가 그들끼리만 협동하며, 이 두 부류간의 상호 협동은 없는 그러한 체제이다. 양 집단의 구성원들은 자신들이 속한 집단 내에서의 내적 협동으로부터 득을 보고 전혀 아무런 협동이 없을 경우보다 큰 몫의 것을 얻는다. 개인은 자질 있는 자와 자질 없는 자 사이의 포괄적 협동의 보다 광범위한 체제로부터 이익을 얻는데, 이 이익의 범위는 이 광범위한 협동에서 생산된 증액분 중 그의 몫이다. 즉 제한된 집단 내적(집단들 상호간의 것이 아니라) 협동하에서의 그의 몫을, 일반적 협동의 체제하에서의 그의 몫으로부터 뺀 차이이다(단순한 기준을 들면). 일반적 협동으로부터의 중간의 증액소득이 (제한된 집단 내적 협동에서와 비교해서) 한 집단에서보다 다른 집단에서 보다 크면, 일반적 general 협동은 자질 있는 집단 또는 자질 없는 집단에게 보다 이익이 된다.

집단들의 중간의 증액 소득들 사이에 불평등함이 존재하는지, 그리고 그렇다면 어느 쪽으로 기우는지에 관해 우리는 생각해 볼 수 있다. 보다 자질 있는 집단이 타인들에게 상당한 경제적 이득을 가져다 줄 어떤 것들을, 가령, 새로운 발명이나 생산 방식에 관한 새로운 아이디어나 사물 처리 방식, 경제적 작업을 행하는 기술 등등을 성취할 줄 아는 사람들을 포함하는 경우,[r] 다음과 같은 결론을 내리지 않을 수 없다: 덜 자질 있는 자들이 보다 자질 있는 자들보다 일반적 협동 체제에서 보다 많은 것을 얻는다고. 이 결론으로부터 무엇이 뒤따르는가? 나는 보다 자질 있는 자들이, 이들이 일반적인 사회 협동의 소유 권리 *entitlement* 의 체제하에서 얻는 것보다 더 많은 것을 얻어야 한다고 함축하는 것은 아니다.[s] 위의 결론에서

---

r) 그들이 선천적으로 보다 자질 있을 필요는 없다. 롤즈의 문맥에서 〈보다 자질 있다 *better endowed*〉는 말은 단지 다음을 의미한다: 보다 많은 경제적 가치를 산출하며, 이를 할 능력이 있고 높은 한계 생산품을 가진다 등등. (여기에서 예견할 수 없는 요인들이 하는 역할은 사람들을 사전에 두 그룹으로 나누는 문제를 복잡하게 한다.) 본문에서 롤즈를 따라 사람들을 〈보다 더〉 그리고 〈보다 덜〉 자질 있는 (또는 〈자질 있는〉 그리고 〈자질 없는〉) 집단으로 나누는 이유는, 단지 롤즈가 자신의 이론을 위해 끌어들인 논리를 비판하기 위해서이다. 소유권적 권리론은 이 구분이 중요하다든가 또는 하다못해 가능한 것이라든가 하는 식의 가정이나 또는 엘리트적 전제에 의존하지 않는다.

소유권적 권리론자는 〈각자에게, 각자가 타고난 자질에 따라서〉라는 정형적 원리를 받아들이지 않으므로, 다음을 섭사리 시인할 수 있다: 자질의 발휘가 시장에 내놓는 것은 타인들의 자질, 타인들이 자신의 자질을 발휘하는 방식, 구매자가 시장에서 표현한 욕구들. 그가 대체물로 제시한 것, 타인들이 그의 것과 바꿀 것, 타인들의 무수히 많은 선택과 행동들의 결과인 다른 상황들에 의존한다. 마찬가지로, 노동의 한계 생산품이 의존하는 사회적 요인들에 관해 롤즈가 끌어들인 유사한 고려 사항들(*A Theory of Justice*, p. 308)은 소유권적 권리론자를 당황케 하지 않을 것이다——한계 생산품에 준한 분배의 정형적 원리의 제안자가 제시한 논리는 논파할지 모르지만.

s) 그들이 자신들과 서로를 알 수 있다면, 그들이 한 그룹을 형성하여 다른 사람들과 흥정함으로써 보다 큰 몫을 얻어내려 시도할 수도 있다. 많은 수의 사람들이 연루되어 있으며, 유인이 주어져 일부 보다 자질 있는 자들이 대오에서 탈피하여 보다 덜 자질 있는 자들과 독자적인 협정에 이를 수 있으므로, 보다 자질 있는 자들의 그러한 연합이 탈피자에게 제재 조치를 가할 수 없으면 이 연합은 해체될 것이다. 연합내에 남아 있는 보다 자질 있는 자들은 보이코트를 제재 조치로서 취할 수 있으며 탈피자와 협조하길 거부할 수 있다. 이 연합을 깨뜨리기 위해선, 덜 자질 있는 자들은 일부의 보다 자질 있는 자들에게 충분한 유인을 제공해야만(제공할 수 있어야만) 할 것이고, 해서 이 후자의 탈퇴한 사람들이 다른 보다 자질 있는 사람들과 협동할 수 있음으로 해서 생기는 손실을 보상할 수 있어야 한다.

뒤따르는 것은 공정성의 미명하에 자발적인 사회 협동(과 이로부터
발생하는 소유 상태)에 제약 사항을 과하여 이 일반적 협동에서 이미
최대의 이익을 얻는 자들이 더욱 큰 이익을 얻게 하는 데 대한 깊
은 의아심이다！

　롤즈는 덜 자질 있는 자가 다음의 것과 같은 말을 하는 것을 우
리에게 상상하도록 할 것이다：〈보게, 재주 있는 사람들아, 그대들
은 우리와 협동함으로써 이익을 얻는다. 그대들이 우리의 협동을
원한다면, 그대들은 합리적인 계약 조건을 받아들여야만 할 것이다.
우리는 다음 조건을 제시한다. 우리는 우리가 가능한 한 많은 것
을 얻는 경우에만, 그대들과 협동할 것이다. 즉, 우리 협동의 조건
은, 우리에게 보다 많은 것을 주기 위해 그것이 시험될 경우, 우리
는 결국 보다 적은 것을 받게 되는 바의 그런 최대의 몫을 보장해
주어야 한다.〉제안된 이 계약 조건이 얼마나 관대한 것인가는, 보
다 자질 있는 자들이 거의 대칭적이나 반대 내용의 제안을 함도 상
상함으로써 알 수 있다.〈보게, 재주 없는 사람들아, 그대들은 우리
와 협동함으로써 이익을 얻는다. 그대들이 우리의 협동을 원한다면
그대들은 합리적인 조건을 받아들여야만 할 것이다. 우리는 다음의
조건들을 제시한다：우리는 우리가 가능한 한 많은 것을 얻는 한 그
대들과 협동하겠다. 즉 우리 협동의 조건은, 우리에게 보다 많은
것을 주기 위해 그것이 시험될 경우, 우리는 결국 보다 적은 것을
받게 되는 바의 그런 최대의 몫을 보장해 주어야 한다.〉만약 이
계약 조건들이 실제 그런 것처럼 과도하게 생각된다면, 왜 자질 없
는 자들에 의해 제안된 그 조건들은 그와 같이 생각되지 않는가？
어느 누가 이 조건을 노골적으로 제안할 배짱이 있다 가정할 때,
왜 자질 있는 자는 이 후자의 제안을 고려의 가치가 없는 것으로
취급해야 하는가？

　롤즈는 보다 덜 자질 있는 사람들이 왜 보다 적게 받는 데 대해

아마도 전자는 어떤 사람에게 돈을 지불하여 후자가 상당한 수의 탈피자들과 함
께 탈피토록 할 것이고, 애초의 연합이 자신으로부터 탈피하려는 개인들에게 특
별 제안을 하여 그 수를 줄이려 할 것이다. 문제는 복잡한 것이며, 이 복잡성은
(롤즈의 분류적 용어에도 불구하고) 사람들의 자질들 사이에는 명료한 구분됨이
없다는 사실에 의해 가중된다.

불평해선 안 되는가를 설명하는 데 많은 주의를 기울인다. 간단히
말해서, 그의 설명은 다음과 같다: 불평등함이 자질 없는 사람들의
이익에 기여하므로, 이들은 이에 대해 불평해선 안 된다. 이들은 평
등한 체제하에서보다 불평등한 체제에서 보다 많은 것을 받는다.
(그들 밑에 다른 사람들을 위치시키는 다른 불평등한 체제에서 그들은 더욱
많은 것을 받을 수도 있지만.) 그러나 롤즈는 보다 자질 있는 사람들
이 그 계약 조건을 만족할 만한 것으로 발견할지 또는 발견해야 하
는지의 문제를 오직 다음의 인용문에서만 다룬다. 여기에서 A와 B
는 두 대표적 개인이며 A가 보다 자질 있는 자이다.

어려운 점은 A가 불평할 근거가 없음을 보이는 것이다. 그가 보다 많은
것을 가짐은 B에게 어느 정도의 손실을 결과하므로, 아마도 그는 그가
가질 수 있는 것보다 적은 것을 갖도록 요구될 것이다. 이제 그러면 보다
혜택받은 자에게 무슨 말을 할 수 있을까? 우선, 각자의 복지는, 그것
없이는 누구도 만족할 만한 삶을 영위할 수 없는 바인, 사회적 협동의 체
제에 의존함은 명백하다. 둘째로, 우리가 모두의 기꺼운 협동을 요청할
수 있기 위한 필요 조건은 체제의 계약 조건들이 합리적일 경우이다. 그렇
다면, 차등의 원리는, 그에 기반하여 자질 있는 또는 사회적 여건이 좋은
자들이, 어떤 실행 가능한 사회적 장치가 모두의 善을 위한 필수적 조건
일 경우, 타인들의 그들과의 협동을 기대할 수 있는 바의 공정한 기반인
듯이 보인다. [26]

보다 혜택받은 자들에게 말할 수 있는 것으로 롤즈가 상상하는 것
은, 이들이 불행할 근거가 없음을 보이지 않으며 그들이 할 수 있
는 불평의 무게를 전혀 경감시키지도 않는다. 모두의 복지가 그것
없이는 누구도 만족스러운 삶을 영위할 수 없는 사회적 협동에 의
존한다는 말은, 어떤 사람이 여하한 다른 원리——가장 혜택받은
자의 처지를 극대화하는 원리를 포함하여——를 제안하면서 불운한
자들에게 할 수 있는 주장이다. 모두의 기꺼운 협동을 요청할 수
있기 위한 필요 조건은 협동 체제의 계약 조건들이 합리적인 경우
라는 사실에 관해서도 유사한 말을 할 수 있다. 문제는, 어떤 계약
조건들이 합리적일 것이냐는 것이다. 보다 혜택받은 자들에게 말할

246

수 있는 것으로 롤즈가 상상한 것은 단지 자신의 문제를 설정했을 뿐이다; 이는, 그가 제안한 차등의 원리를, 우리가 방금 상정한 바 가장 혜택받은 자가 제안할 법한 거의 대칭적인 반대 제안이나 또는 여타의 다른 제안들로부터 구분할 기준이 되지 않는다. 이렇게 볼 때, 〈그렇다면 차등의 원리는 그에 기반하여 자질 있는 또는 그의 사회적 여건이 좋은 자들이, 어떤 실행 가능한 사회적 장치가 모두의 善을 위한 필수 조건일 경우, 타인들의 그들과의 협동을 기대할 수 있는 바의 공정한 기반인 듯이 보인다〉라는 위 인용문의 한 구절에서 〈그렇다면〉이란 접속사의 존재는 당황감을 안겨 준다. 롤즈의 제안(차등의 원리)과 여타의 제안에 대해 위 구절 앞의 문장들은 중립적이었으므로, 차등의 원리는 협동을 위한 공정한 기반을 제시한다는 결론은, 뒤따르지 않는다. 롤즈는 단지 합리적으로 생각되는 바를 반복하고 있을 뿐이며, 이는 그를 합리적인 것으로 생각하지 않는 사람들에게는 설득력 있는 대답이라 할 수 없다.[t] 롤

---

t) 나는 여기서 롤즈의 논의가 자신들이 보다 더 또는 덜 자질 있음을 아는 개인들에 관한 것으로 취급했다. 다른 한편으로 우리는 이런 고려 사항들이 원초적 상황에 있는 어떤 사람에 의해 숙고된다고 상상할 수 있다(〈만약 내가 보다 더 자질 있음이 밝혀진다면, 그러면……; 만약 내가 보다 덜 자질 있음이 밝혀진다면, 그러면……〉). 그러나 이런 해석은 타당치 않다. 왜 구태여 롤즈는 〈두 원리들은 ……자신들의 사회적 지위에 있어 보다 더 자질 있는 자 또는 재수 좋은 자들이 타인들의 기꺼운 협동을 기대할 수 있는 기반이 되는 공정한 합의로 생각된다〉(*A Theory of Justice* p. 15)고 말할 것인가? 어느 때 누가 그런 기대를 하는가? 이 기대는 원초적 상황에 있는 자에 의해 숙고될 가정법으로 어떻게 번역되어야 하는가? 마찬가지로 롤즈의 다음의 말에 관해서도 질문들이 제기된다. 〈난점은 A가 불평할 근거가 없음을 보이는 것이다. 아마도 그는, 자신이 보다 많은 것을 가짐이 B에게 어떤 손실을 초래하므로 그는 자신이 가질 수 있는 것보다 더 적은 것을 갖도록 요구된다. 그러면 보다 혜택받은 자에게 어떤 말을 할 수 있을까?……차등의 원리는 보다 자질 있는 자들이…… 타인들이 자신에 협조하길 기대할 수 있는 기반으로 생각된다……〉(*A Theory of Justice*, p. 103. 상점은 팔자가 한 것임). 우리는 이 말을 다음과 같이 이해해야 할까? 자신이 보다 자질 있는 자들 중의 하나임이 밝혀질 가능성을 생각하면서, 원초적 입장에 있는 자는 자신에게 무어라 말해야 할지 궁금해 한다고? 그리고 그때 그는 그 경우, 자신이 보다 자질 있는 자일 가능성을 고려하고 있음에도 그리고 그리 고려하고 있는 중에도, 차등의 원리가 협동을 위한 공정한 기반으로 생각된다고 말하는가? 또는 그는 그때, 자신이 보다 자질 있는 자임을 후에 안다 하더라도 그리고 그리 알 때도 차등의 원리가 그 나중에도 협동을 위한 공정한 기반으로 자신에게 생각된다고 말하는가? 그리고 그가 불평할 수 있을 때가 언제라고 우리는 상상해

즈는, 보다 혜택받은 자 A가, 다른 사람 B로 하여금 다른 경우에
서보다 더 많은 것을 갖게 하기 위해, 보다 적은 것을 갖도록 요구
받는 데 대해 불평할 근거가 없음을 입증하지 못했다. 그리고 A는
실제로 불평할 근거를 가지므로 롤즈는 이를 입증할 수 없다. 그렇
지 않은가?

원초적 입장과 終局結果 원리들

덜 자질 있는 사람들에 의해 제안된 이 조건들이 공정하다는 발
상은 어찌하여 가능하였는가? 누구도 그의 어느 부분에 대해서도

야 하는가? 원초적 입장에 있을 때는 아니다. 왜냐하면 이때 그는 차등의 원리
에 동의하고 있으므로 원초적 입장에서 결정하는 과정에서도 그는 자신이 이후에
불평하지 않을까 우려하지 않는다. 왜냐하면, 그는 자신이 원초적 입장에서 곧
합리적으로 선택하게 될 그 어떤 원리의 결과에 대해서도 이에 대해 이후에 불평
할 이유를 갖지 않을 것임을 자신은 알고 있기 때문이다. 우리는 그가 자신에게
불평한다 상상해야 할까? 그러면 이후의 여하한 불평에 대한 대답은, 〈그대는 그
원리에 동의했다(또는 그대는 원초적 입장에 그와 같이 놓였다면 그 원리에 동의했
었을 것이다)〉라는 것이 아닐까? 롤즈가 여기서 우려하고 있는 〈난립〉이란 대체
무엇인가? 이 난립을 원초적 입장에 끼워넣으려는 노력은 전혀 이해할 수 없다.
원초적 입장에서 개인들이 합리적이고 자기 이익 추구적인 계산을 하고 있는 중에
이 사람들이 〈공정한 합의〉(§3) 또는 〈공정한 기반〉(p. 103)이니 하는 것에 대
한 생각이나 대체 할 수 있는가? 이 원초적 입장의 사람들은 특정의 도덕적 개
념도 알지도 못하고 설사 안다 해도 이를 사용하지 않아야 하지 않는가?
  나는, 보다 더 자질 있는 자들과 덜 그러한 자들 사이의 협동의 조건에 관한 문제
들을 롤즈가 논의하는 방식을 원초적 입장의 구조와 이의 전체상에 편입시킬 수 있
는 논리 일관된 방도를 찾을 수가 없다. 그러므로 나는, 롤즈가 원초적 상황 밖에
있는 개인들보다 자질 있는 개인들이나 자신의 독자들에게 말하고 있으며, 이들
에게 자신이 원초적 상황에서 추출해 낸 차등의 원리가 공정함을 확신시키려 하
고 있다 간주하겠다. 불평등한 사회내의 가장 못사는 집단의 한 개인에게 롤즈
가 사회적 질서를 정당화하는 방식을 비교하면, 유익하다. 롤즈는 그 사람에게
불평등한 요소는 그의 이익이 될 것이라 말하고자 한다. 자신의 처지를 아는 자
에게 다음과 같이 그는 말한다. 〈사회 질서는 모든 사람에게, 특히 가장 덜 혜택
받은 자들에게 정당화된다〉(p. 103). 롤즈는 〈그대는 도박을 한 것이며 그 결과
돈을 잃었다〉라든지 또는 〈그대는 그때 원초적 입장에 있을 때 그것을 택했다〉라
는 식의 말을 하려 하지 않는다. 그는 단지 원초적 입장에 있는 사람에게 말하려
하지도 않는다. 그는 또한 원초적 입장과는 별개로 불평등한 사회 속에서 자신의
열등한 처지를 아는 사람을 확신시킬 논리도 원한다. 〈그대는 나를 반성케 하기
위해 보다 적은 것을 갖고 있다〉는 말은 자신의 열등한 처지를 아는 자를 설득치
못할 것이며, 롤즈가 이를 거절한 것은 옳은 일이다——우리가 그 의미를 알 수
있다면, 원초적 입장의 어떤 사람에 대한 이의 가정법적 類似文은 전혀 무의미하
진 않을 것이지만.

권리권 *claim*을 갖지 않는 사회적인 파이 덩어리를 생각해 보자. 즉 어느 누구도 다른 사람보다 더 큰 권리권을 갖지 않는다; 허나 이것이 어떻게 분할될 것인가에 관해 만장일치의 합의가 있어야만 한다. 의심할 바 없이, 위협과 저항을 제외하면 평등한 분배가 제안될 것이며 이는 그럴 듯한 해결로 생각될 것이다(이는 셸링 Schelling 적 의미의 초점 해결 *a focal point solution*이다). 만약 여하히해서 파이의 크기가 정해지지 않았고 평등한 분배를 하면 여하히해서 다른 경우보다 작은 크기의 파이를 얻게 된다는 것을 사람들이 인지하고 있다 가정할 때, 사람들은 최소 분배분의 크기를 증대시킬 불평등한 분배에 합의할 것이다. 그러나 실제적 상황에선 이러한 인지는, 파이의 부분들에 대한 차별적 권리권에 관해 무엇인가를 보여 주지 않는가? 파이를 보다 크게 만든 사람은 누구인가, 보다 큰 몫을 받으면 크게 만들 것이나 평등 분배의 체제하에서 남과 똑같은 몫을 받으면 그렇지 않을 사람은 누구일까? 어느 누구에게 장려금이 지급되어 이 파이를 보다 크게 만들 것인가? (여기서는 각자의 기여도가 분리될 수 없을 정도로 엉켜 있는 협동 생산품의 문제는 없다. 누구에게 장려금이 지급될지, 또는 업적이 있은 연후에 누구에게 상여금이 지급될지는 알려져 있다.) 왜 이 확인할 수 있는 차별적 기여가 차별적인 소유 권리에로 이르지 않는가?

만약 사물들이 만나 *manna* 처럼 하늘에서 떨어지고, 누구도 이의 어느 부분에 대해서 어떤 특별한 소유 권리를 가지지 않고, 모두가 특정의 분배 방식에 합의하지 않는 한 만나가 하늘로부터 떨어지지 않으며, 그리고 여하히하여 그 만나의 양이 분배 방식에 따라 변한다고 가정한다면, 특별히 큰 몫을 얻기 위해 위협을 하거나 떼를 쓸 위치에 있지 않은 사람들은 분배의 규칙으로서 차등의 원리에 합의하리라는 주장은 그럴 듯하다. 그러나 위의 상상적 상황은 사람들이 생산한 사물들을 분배할 방식에 관해 숙고하기 위한 적합한 모델이라 할 수 있을까? 차별적인 소유 권리가 존재하는 상황에서도 이것이 존재하지 않는 상황에서와 같이 동일한 결과가 초래되어야 한다고 생각하는 이유는 무엇인가? 자신들이나 자신들의 이력에 관해서 아무 것도 모르는 합리적인 사람들이 합의할 것을 토대로 하여 분배적 정의의 원리들을 정돈시키는 절차는, 정의의 종국 상태 원리 *end-state principles of justice* 들이 근본적인 것으로 간주되게 할 것을 보장한다. 공리주의자들이 그들의 종국 상태 원리로부터 개인의 권리, 무죄한 자의 처벌 금지 등등을 이끌어 내듯이, 어떤 정의의 역사적 원리들을 종국 상태 원리들로부터 이끌어낼 수도 있겠다. 아마도 이러한 논변이 심지어 소유 권리에 준거한 원리들을 밑받침하기 위해서도 구성될 수 있겠다. 그러나 롤즈의 원초적 입장에의 참여자들은 처음부터 역사적 원리에 합의할 것 같진 않다. 왜냐하면 누가 무엇을 가질지를 결정하기 위해 무지의 베일 뒤에서 만나며 사람들이 갖는 특별한 소유 권리들에 관해서 아무 것도 모르는 사람들은, 분배되어야 할 것을 마치 하늘에서 떨어진 만나로 생각할 것이다.

한 무리의 학생들이 있어 일년간 공부한 후 시험을 보고 0에서 100까지의 점수를 받았으나, 그들은 아직 자신의 점수를 모른다 상상해 보자. 그들은 이제 소집되어 누가 어떤 점수를 받았는지 전혀 모른 채 자신들 사이에서 점수를 할당하여 할당된 점수의 **총합**이 일정 수(이는 그들이 실제로 교사로부터 받은 점수들의 총합에 의해 결정된다)에 이르게 하라는 요청을 받았다. 우선, 그들은 점수들의 특정의 분배 상태를 공동으로 결정해야 한다고 가정하자. 그들은 모임에 참석한 각자의 신원을 확인한 후 특정의 점수를 그들에게 주어야 한다. 이 경우 서로를 위협할 수 있는 그들의 능력에 충분한 제약을 가할 경우, 그들은 아마도 서로 동일한 점수를, 즉 전체 점수를 참석인들의 수로 나누어 얻어진 수치를 분배하는 데 합의할 것이다. 분명 그들은 실제로 받은 그 점수의 집합을 우연히 발견하게 되진 않을 것이다. 다음, 그들 모임 장소의 게시판에 〈**소유 권리**〉라 제목붙인 공고문이 붙어 각자의 이름과 교사가 실제로 그들에게 준 성적이 게재된다 가정해 보자. 하지만 이 특정의 분배 상태(실제 시험 결과에 의해 결정된)는 성적이 나쁜 자들에 의해서는 동의하지 않을 것이다. 그들이 설혹 〈소유 권리 *entitlement*〉가 무엇을 의미하는지 모른다고 가정해도 (롤즈의 원초적 상황에서의 계산에 있어 도덕적 요소의 결여를 나타내기 위해, 우리는 아마 그들이 모른다고 가정해야 할

250

것이다), 왜 그들은 교사의 분배에 동의해야만 하는가? 이 분배에 동의해야 할 그 어떤 이기주의적 이유를 그들은 갖고 있는가?

다음 그들이 성적의 특정한 분배가 아니라 성적의 분배를 지배하는 일반적 원리에 만장일치로 합의해야 한다고 가정해 보자. 어떤 원리가 선택될 것인가? 각자에게 동일한 성적을 주는 평등의 원리 *the equality principle*가 가장 가능성이 크다. 그리고 만약 전체 수치가 그들이 이를 어떻게 분배하느냐에 따라, 즉 누가 어떤 점수를 갖느냐에 따라 달라지고, 그리고 그들 서로가 경쟁하는 것이 아니라 하더라도 보다 높은 점수가 바람직하다(가령 각자는 다른 집단의 구성원들과 어떤 직위 때문에 경쟁한다 가정하자)고 할 경우, 최저의 점수를 극대화하도록 그렇게 성적을 분배할 원리가 적합한 것으로 보일지도 모르겠다. 이 사람들은 非終局狀態的이며 역사적인 분배의 원리에, 즉 자격 있고 불편 부당한 관측자가 그들의 시험을 평가한 바대로 사람들에게 성적을 주라는 원리에 합의할 것인가?[u] 결정에 참여하는 모든 사람들이 이 역사적 원리에 의해 산출되는 특정의 분배 상태를 알 경우, 이들은 이 원리에 합의하지 않을 것이다. 왜냐하면 그 경우 상황은 먼젓번의 상황 즉 그들이 특정의 분배 상태를 결정하는 상황과 같은 것인데, 이 상황에선 사람들이 소유 권리에 따른 분배에 동의하지 않을 것임을 우리는 이미 본 바 있다. 그러면 이 역사적 원리에 의해 실제로 산출되는 특정의 분배 상태를 사람들이 모른다 가정하자. 이 역사적 원리가 정의롭게 또는 공정하게 보인다는 이유에서 그들이 이 원리를 선택하게끔 인도될 수는 없다. 왜냐하면 원초적 입장에서는 그와 같은 개념들(정의·공정 등)은 고려의 대상이 되지 않으므로(그렇지 않다면 사람들은 현재 상황에서처럼 정의가 요구하는 것이 무엇인가에 관해 논란을 벌일 것이다) 각자

---

[u] 나는 모든 교사들이 그러하다거나 대학에서의 학습이 등급매겨져야 한다고 가정하려는 것은 아니다. 내가 필요로 하는 것은 단지 원초적 입장에서의 결정 과정을 검토하기 위한 소유 권리의 예, 그 세부를 독자들이 잘 알고 있는 예이다. 이를 계속 시행함이 어떤 사회적 궁극적인 목적에 봉사하는지의 문제와 엉켜 있으므로 완전한 예는 아니나, 등급매기는 행위는 단순한 예이다. 우리는 방금 지적된 복잡성을 무시하겠다. 그 이유는 등급매김이 그 사회적 목적들에 효과적으로 기여한다는 근거에서 역사적 원리를 사람들이 선택한다는 사실은 그들의 근본적인 관심과 근본적인 원리들은 종국 상태적인 것임을 보여 준다.

는 계산을 하여 이 분배의 역사적 원리를 받아들이는 것이 그에게 이익이 될 것인가를 결정한다. 역사적 원리에 따르면, 성적은 타고난 능력과 계발된 지성, 각자가 얼마나 열심히 공부하였는가, 그리고 우연 등등, 원초적 입장에서 사람들이 그에 관해 전혀 알지 못하는 요소들에 달려 있다(어느 누가 자신은 원리들에 관한 추리 능력이 좋으므로, 자신은 지적으로 자질이 풍부한 자임에 틀림없다 생각하는 것은 위험스러운 일일 것이다. 현란한 논변을 혼자의 머리 속으로는 구사하고 있으면서도, 이를 전략적인 이유 때문에 감추고 있는 자가 있을지도 모르지 않겠는가?) 원초적 입장에서 각 사람은 위의 다양한 차원에 준하여 자신의 위치에 일종의 확률 분포의 배당과 같은 것을 행할 것이다. 각인의 확률 계산이 다른 여타의 원리들에 우선하여 역사적 소유 권리에 의거한 원리를 선택케 할 것 같지는 않다. 逆-소유 권리라 부를 수 있는 원리를 고려해 보자. 이 원리에 따르면 우리는 역사적인 소유 권리들의 목록을 그 크기에 따라 작성하고 최대의 것을 가장 적은 것에 대한 소유 권리가 있는 자에게, 두번째 최대의 것을 두번째 최소의 것에 대한 소유 권리가 있는 자에게, 등등의 식으로 분배해야 한다.²⁷⁾ 롤즈의 원초적 입장에 있는 이기적 개인들의 어떠한 확률 계산도 이들로 하여금, 그들 자신이 私利에 관한 한, 소유 권리에 의거한 원리와 逆-소유 권리에 의거한 원리를 동일한 것으로 간주하게끔 할 것이다(어떤 식의 계산이 그들로 하여금 한 원리가 다른 원리보다 우월하다 생각케 하겠는가?). 그들의 계산은 그들로 하여금 소유 권리에 의거한 원리를 선택하게 하진 않을 것이다.

원초적 입장에서 無知의 베일을 쓰고 원리들을 선택·결정하는 사람들이 직면하는 결단의 문제는, 그들을 분배에 관한 종국 상태적 원리에 제한시킨다. 이기적 개인은, 여하한 非종국 상태적 원리라도, 이 원리가 그들을 위해 어떻게 운용될 것인가에 기초하여 이 원리를 평가한다. 어떤 원리에 관한 그들의 계산도, 이 원리하에서 자신들이 무엇을 얻을 것인가에 초점이 맞추어져 있다. (이 계산은 그들이 이제 행해야 할 노동을 고려에 넣는데, 이 노동은 이미 가해진 노동의 투자 비용으로서밖에는 채점의 例에 나타나지 않는다.) 해서 어느 원리에 대해서도, 원초적 입장에 있는 자는 이 원리가 산출하는 재화의 분배 상태 D, 또는 이 원리가 산출할 수 있는 분배 상태 $D_1, \cdots, D_n$에 대한 확률 분포에 집중하며 그리고 각 분포 상태 Di에서 자신이 차지할 위치들의 각각에 대한 확률에 집중한다. 그가 개인적으로 확률을 계산하는 대신 결단 이론가들이 논의하는 유의 결단 규칙을 사용한다 해도 논거는 변하지 않는다. 이 계산에서 원리가 하는 유일한 역할은 재화의 한 분배 상태를 산출하는 것 또는 재화의 여러 분배 상태들에 관한 확률 분포를 산출하는 것이다. 상이한 원리들은 이들이 산출하는 여러 상이한 분배 상태들의 비교에 의해서만 비교된다. 이렇게 해서 그 원리는 무대에서 사라지고, 각각의 이기적인 개인들이 상이한 종국 상태적 분배 상태들 사이에서 선택을 한다. 원초적 입장에서 사람들은 (원리에 의존함이 없이) 직접 하나의 종국 상태적 분배 상태에 합의하거나 한 원리에 합의한다. 그들이 원리에 합의하는 경우 이는 오로지 종국 상태적 분배 상태들에 관한 고려 사항들을 기초로 해서이다. 그들이 합의하는 근본적인 원리들은, 그들이 모여서 합의할 수 있는 바의 그 원리들은, 종국 상태적 원리들이어야만 한다.

롤즈의 구조는 분배적 정의에 관한 소유 권리적 또는 역사적 개념을 산출할 수 없다. 롤즈의 절차에 의해서 산출된 정의에 관한 종국 상태적 원리들은, 사실에 관한 정보와 결합하여, 정의에 관한 非소유 권리적 견해에 속하는 파생적 원리들로서의 역사적-소유 권리의 원리들 historical-entitlement principles 을 유도하려는 시도에서 사용될 수 있을지 모르겠다.[28] 이러한 시도가 어떻게 역사적-소유권리의 원리들의 특정의 包旋體 convolution 를 유도해내고 설명할 수 있을지를 알 수 있기는 힘들다. 그리고 종국 상태적 원리로부터 취득·양도·교정의 원리들과 이들의 근사치를 유도하려는 것은, 정의의 통상적 원칙들(또는 이들의 근사치들)을 유도하려는 시도에서 공리주의자들이 행하는 곡해 행위와 유사하다; 그들은 욕구되는 특정의 결과를 산출치 않고 그들이 성취하려는 종류의 결과에 대한 그릇된 이유만을 산출한다. 역사적-소유 권리의 원리들이 근본적이라면, 롤즈의 구조는 기껏해야 이 원리들의 근사치를 산출할 것이다. 이는 그들에 대한 잘못된 이유를 댈 것이고 이것이 유도해낸 결과는 종종 정확히 올바른 원리들과 상충할 것이다. 롤즈의 원초적 입장에서 개인들이 원리들을 선택하는 전 과정은 어느 역사적-소유 권리에 의거한 정의관도 옳지 않음을 전제한다.

나의 논변에 대해 다음과 같은 반론이 있을 수 있다: 롤즈의 절차는 정의에 관한 모든 사실들을 정립 *establish* 하기 위한 것이며 그의 이론에 의해 제공되지 않은 독립된 개념으로서의 소유 권리란 개념은 존재하지 않으며 따라서 그의 이론을 비판하는 데 사용될 수 없다고. 그러나 우리가 롤즈의 구조를 비판할 기초로서 필요한 것은 어떤 특정의 발전된 역사적-소유 권리론이 아니다. 만약 그러한 근본적 역사적-소유 권리의 견해의 어느 것이라도 옳다면, 롤즈의 이론은 옳지 않다. 해서 우리는 롤즈가 제시하는 특정의 이론에 대해 그리고 그 이론이 틀림없이 산출하는 유형의 원리들에 대해, 그의 이론과 원리에 대한 대안으로서 먼저 어떤 특정의 역사적-소유 권리적 이론을 완전하게 정형화함이 없이도, 이런 구조적 비판을 할 수 있다. 어떠한 적합한 역사적 소유 권리의 이론도 얻어질 수 없으리라고 우리가 확신하지 않는 한, 우리가 롤즈의 이론을 받아들이고 문제를 無知의 베일 뒤에서 합리적이고 이기적인 개인들이 어떤 원리들을 선택할 것인가의 문제로 이해하는 그의 해석 방식을 받아들인다면, 우리는 무분별한 짓을 하는 것이다.

롤즈의 구조는 역사적 또는 소유 권리적 정의관을 산출치 않으므로, 이 구조로 하여금 그를 산출치 못하게 하는 그 구조의 어떤 특성이 있을 것이다. 우리는 그 특정의 특성에 초점을 맞추고, 이 특성이 롤즈의 구조로 하여금 원리적으로 소유 권리적 또는 역사적 정의관을 산출치 못하게 한다고 말하는 일 이외의 것을 한 바 있는가? 우리가 이런 비판을 했다면, 이는 전혀 타당치 못할 것이다. 왜냐하면 이런 의미에서라면, 우리는 그의 구조는 이것이 실제 산출하는 것 이외의 정의관은 산출할 수 없다고 말해야 할 것이기 때문이다. 우리의 비판은 이보다 깊이 있는 것이다. (그리고 나는 이 점이 독자들에게 명백하기 바란다.) 그러나 깊이에 대한 요구되는 기준을 정형화하기란 어려운 일이다. 우리의 비전이 절름발이로 보이는 것을 막기 위해 다음의 점을 추가하자. 소유 권리적 정의관에의 합의를 배제함에 있어 가장 두드러진 특성인 바, 無知의 베일의 기저에 깔려 있는 근본적인 생각은, 롤즈에 따르면, 일부의 사람들이 원리들을 자신들에게 유리하게 재단함을, 즉 그의 특정 상황에 유리하게 원리들을 설계함을 막자는 것이다. 그러나 무지의 베일은 단지 이 역할만을 행하는 것이 아니다. 이는 도덕성의 어떤 형식적 조건들을 반영하는 상황에서 결정하도록 제약되어 있는, 無知하며 무도덕적인 *nonmoral* ㅑ) 개인들의 합리적인 계산에 소유 권리적 고려 사항들의 그림자조차 개입치 못하게 한다. ㅕ) 아마도 롤즈와 유사한 식의 구조에서, 무지의 베일보다 약한 어떤 조건이 제시되어 그 원리들의 예외적 재단 가능성을 배제할 수 있거나, 또는 선택 상황의 어떤 다른 〈구조적으로 보이는 *structural looking*〉 특성이 소유 권리적 고려 사항들을 반영하도록 정형화될 수도 있겠다. 그러나 있는 그대로로서는 원초적 입장에 있는 사람들의 상황에는 소유 권리적 고려 사항들의 여하한 모습도 반영되어 있지 않다. 이러한 고려 사항들은 심지어 무시되어야 할 것으로 또는 다른 것의 중요성을 감안하여 양보되어야 할 것으로도 언급이 되어 있지 않다. 원초적 입장에 선 사람들의 상황의 구조엔 소유 권리적 원리들이 희미하게나마로 비추어져 있지 않으므로 이 원리들이 선택될 여지란 전혀 없다. 그리고 롤즈의 구조는 원리적으로 그 원리들을 산출할 수 없다. 물론 이는 소유 권리적 원리(또는 〈자연적 자유권 *natural liberty* 의 원리〉)의 이름이 원초적 입장에 있는 사람들에 의해 고려될 원리들의 명단의 한 항목으로 쓰여질 수 없다는 이야기는 아니다. 롤즈는 심지어 이러기조차 하지 않았는데, 이는 아마 이 원리를 그 입

ㅑ) 〈부도덕하다〉는 것이 아니라 〈도덕적인 고려를 하지 않는〉의 뜻.

ㅕ) 일부 사람들은 소유 권리적 원리들이 도덕적으로 부당한 방식으로 재단되었다 생각하여, 무지의 베일이 표명된 목적 이상의 것을 행한다는 나의 주장을 반박할 것이다. 원리들을 특별히 재단함은 그 원리들은 한 사람 자신의 이익을 위해 부당하게 *unfairly* 재단함이며, 바로 소유 권리적 원리의 공정성이 문제이므로, 무엇이 선결 문제 요구의 오류를 범하는지는 알기 어렵다. 무지의 베일에 대한 나의 비판인가 아니면 내가 여기서 상정하고 있는, 나의 비판에 대한 방어인가?

장에서 고려해야 할 것으로 포함하는 것이 의미 없음이 명약관화했기 때문일 것이다.

巨視와 微視

우리는 이전에 독립된 개념으로서 소유 권리란 개념이 성립하지 않을지 모른다는 주장을 언급한 바 있다. 이는 자신이 정형화한 원리들은 오직 사회의 근본적인 巨視構造 *macrostructure*에만 적용된다는, 그리고 이들 원리들에 대한 어떠한 微視的 反例 *micro counterexample*도 허용될 수 없다는 롤즈의 주장과 연결된다. 차등의 원리는 표면상 불공정하다 *unfair* (원초적 입장에서 결정하는 사람들 누구에게도 이 점은 관심사가 아니겠으나); 그리고 쉽사리 들어가 다룰 수 있는 소규모의 상황에 초점을 맞춘, 광범하게 걸친 반례들이 제시될 수 있다. 그러나 롤즈는 차등의 원칙이 모든 상황에 적용된다 주장하진 않았다; 이는 오직 사회의 기본 구조에만 적용된다. 허나 우리는 그것이 기본 구조에 적용될지의 여부를 어떻게 결정할 것인가? 사회의 전체 구조의 正義性에 대한 우리의 직관력과 판단력에 대해 우리는 큰 자신감을 가질 수 없으므로, 우리가 확실히 파악할 수 있는 미시 상황에 초점을 맞춤으로써 우리는 우리의 판단력을 보충할 수 있겠다. 많은 경우 롤즈가 〈숙고적 평행 상태 *reflective equilibrium*〉라 부르는 상태에 이르는 과정의 중요한 일부는 사고 실험들로 구성되어 있는데, 이 실험에서 우리는 가정적인 미시 상황에서 원리들을 시험해 볼 수 있다. 우리의 숙고된 판단에서 그 원리들이 이 상황에 적용되지 않으면 그들은 보편적으로 적용될 수 없다. 그리고 정의의 올바른 원리들은 보편적으로 적용 가능하므로 미시 상황에서 채용될 수 없는 원리들은 올바를 수 없다 생각할 수 있다. 여하간 플라톤 이래로 그것은 우리의 전통이었다. 원리들은 큰 규모에서 그리고 작은 규모에서 실험될 수 있다. 플라톤은 큰 글자로 씌어질 때 원리들은 식별하기 쉽다 생각했다. ㄱ) 다른 사람들은 그 반대로 생각할 수도 있다.

ㄱ) 플라톤은 영혼(계시 세계)을 규제하는 원리가 국가(거시 세계)를 규제하는 원리와 같다 생각했음. 그의 『공화국』 참조.

256

롤즈는 하지만 서로 다른 원리들이 거시적 문맥과 미시적 문맥에, 사회의 기본 구조에 그리고 우리가 참여하여 이해할 수 있는 상황에 적용되는 것처럼 논의를 전개한다. 정의의 원리들은 이런 식으로 드러나 *emergent* 오직 최대의 사회적 구조에만 적용되고 그의 부분들엔 적용되지 않는가? 아마도 사회의 어느 부분도 정의롭지 못하나 그의 전체 구조는 정의로울 수 있는 가능성을 생각할 수 있겠고, 그 이유로 사회 각 부분의 不義 *injustice*가 여하한 방식으로 상쇄되거나 상호 작용하여 사회 전체의 불의가 결국은 상쇄되거나 무화된다고 주장할 수 있을지 모르겠다. 한 부분은, 존재하는 다른 不義를 상쇄해야 한다는 상정된 과제를 이것이 수행치 못함은 별개로 하더라도, 정의의 가장 근본적인 원리를 충족시키면서도 그럼에도 명백히 不義할 수 있는가? 만약 그 부분이 특별한 영역을 포함한다면 아마도 그럴 수 있으리라. 그러나 통상적이며 일상적인 매일의 부분은, 특별히 유별난 특성을 소유하지 않는 한 정의의 근본 원리들을 충족시킬 때, 정의로운 것으로 간주되어야 한다. 그렇지 않으면 특별한 설명이 제공되어야만 한다. 원리들이 단지 근본적인 구조에 적용되므로 미시적 반례들은 반증이 되지 못한다고 말하는 것으로 충분치 못하다. 미시적 경우가 소유하지 못한 기본 구조의 어떤 특성들 때문에 특별한 도덕의 원리들은 그 기본 구조에 적용되고 다른 경우엔 적용되지 않는가?

복합적인 전체의 직관적인 정의에만 초점을 맞추어 논의를 진행하는 것은 특별한 불리점들을 갖고 있다. 왜냐하면 복합적인 전체는 자세히 검토하기가 쉽지 않기 때문이다. 우리는 논의와 연관성이 있는 모든 것들을 쉽사리 추적할 수 없다. 전 사회의 정의는 그 사회가 수개의 서로 다른 원리들을 충족시킴에 달려 있을 수 있다. 개별적으로는 설득력이 있을지 모르나 (그들이 광범하게 걸친 특정의 미시적 경우에 적용됨을 보라), 이 원리들은 함께 결합이 될 때 놀라운 결과를 산출할 수도 있다. 즉 우리는 어떤 그리고 오직 어떤 형태의 제도만이 그 모든 원리들을 만족시키는가에 대해 놀랄 수도 있다. (무엇이 그리고 무엇만이 서로 다르고 개별적으로는 설득력 있는, 적합성을 위한 수개의 조건들을 만족시키는가를 발견하게 될 때의 놀라움과 비교하라. 그리고 그러한 발견이 얼마나 계발적인지를 보라.) 또는 아마도 대문자로 씌어져야 할 것은 하나의 단순한 원리이고 그것이 그리 씌어질 때의 인상은 처음에는 매우 놀랄지 모르겠다. 나는 새로운 원리들이, 대문자로 씌어질 때 드러난다고 주장하는 것이 아니라 이미 존재하는 미시적 원리들이 대문자로 씌어질 때 충족되어진다는 사실이 놀라울 수 있다고 주장하는 것이다. 이러한 경우 우리는 전체에 관한 우리의 판단을 유일의 또는 주요 데이타로 삼아서라도 우리의 원리들을 검토해서는 안 된다. 어떤 복합적 전체에 관한 우리의 직관적인 판단을 바꾸는 주요 방도의 하나는 미시적 차원에 확고히 근거해 있는 원리들의 보다 큰 차원에서의 종종 놀라운 함축을 봄으로써이다. 유사하게 우리의 판단들이 잘못되었음을 발견함은 분명 미시적 차원에 근거를 잡고 있는 원리들을 엄격히 적용함으로써 그 판단들을 전복시킴을 포함한다. 이러한 이유들로 해서 원리들의 미시적 시험을 배제시킴으로써 이들을 보호하려는 것은 바람직하지 못하다.

근본적 원리들에 대한 미시적 시험을 도외시할 이유로서 내가 생각할 수 있는 유일한 것은 미시 상황들은 그 자신의 일부로서 특정의 소유 권리를 갖고 있다는 점이다. 이런 논변은 계속 주장하길, 고려의 대상이 되는 근본적인 원리들은 물론, 그러한 소유 권리들보다 더 깊은 차원에서 동작할 것이므로, 이 소유 권리들과 충돌할 것이라는 것이다. 그 원리들은 그러한 소유 권리론의 기저를 형성하는 그 차원에서 작용할 것이므로 소유 권리를 포함하는 어떤 미시 상황도 이 근본 원리들을 시험할 例로서 제시될 수 없다는 것이다. 이 추론은 다음의 점을 가정함을 주목하라: 즉 어떠한 근본적인 소유 권리적 견해도 옳지 않다고 롤즈의 절차는 가정함을, 어떠한 소유 권리도 그리 깊이까지는 효력을 발생할 수 없는 그런 깊은 차원이 있음을 롤즈의 절차가 전제함을.

모든 소유 권리들은 상대적으로 표피적인 차원에로 이관될 수 있는가? 가령, 그들 자신의 몸에 대한 사람들의 소유 권리는 그럴 수 있을까? 가장 불우한 자의 위치를 극대화하라는 원리의 적용은, 신체적 부분들의 강제적인 재분배를 필요로 할 수도 있으며 (그대는 오랫동안 視力을 향유해 왔으므로 이제 그대의 한쪽 눈——또는 심지어 두 눈 다——은 다른 사람에게 이식되어야 한다〉), 또는 일부의 사람들을 제 수명보다 일찍 죽여 다른 경우라면 젊은 나이에 죽을 수도 있는 다른 사람들의 생명을 구하는 데 필요한 부분을 확보하기 위해 그들의 몸을 사용함을, 요구할 수도 있다.[29] 이런 극단적인 경우를 反論으로 제시하는 것은 다소 히스테리컬하게 보일 수도 있다. 그러나 롤즈가 거시적 반례들을 금지하였으므로 우리는 그런 극단적인 예들을 든 것이다. 미시적 경우에서의 모든 소유 권리들이 표피적인 것으로 이해될 수는 없으며, 따라서 제시된 원리들을 실제 시험하기엔 비합법적인 것으로 이해되어서도 안 된다는 사실은, 우리가 명명백백히 사회적으로나 또는 제도적으로 기초되어 있지 않은 그러한 권리들이나 소유 권리들에 초점을 맞출 때에야만 확실해진다. 어떠한 근거에서 그러한 극단적인 경우들——그의 세부는 잔인한 상상력의 소유자에게 묘사토록 맡기겠지만——은 허용될 수 없는가? 어떤 근거에서 정의의 근본적인 원리들은 오직 사회의 근본적인 제도의 구조에만 적용되어야 하는가? (그리고 우리는 신체의 부분들이나 인간 생명의 종식에 관한 그러한 재분배적 행위를 한 사회의 근본적인 구조로 만들 수도 있지 않을까?)

롤즈의 이론이 역사적-소유 권리적 정의관과 양립 불가하다는 이유에서 그의 이론을 우리가 비판하는 것은 아이러니이다. 왜냐하면 롤즈의 이론도 결과와 함께 (추상적이긴 하나) 과정을 기술하고 있기 때문이다. 그는 자신의 정의의 두 원리들을 수반하는 다른 전제들로부터 자신의 원리들을 직접적으로 연역하진 않았다. 롤즈 논변의 연역적인 정형화는 메타 언명들 *metastatements*, 즉 원리들에 관한 언명들을 포함할 것이다: 가령, 어떤 상황에서 개인들에 의해 합의된 어떤 원리도 옳다는 등의. 그 상황에서 개인들은 원리 P에 합의할 것이라는 논변과 결합시킬 때 우리는 P가 옳다는 명제를 연역해 낼 수 있고, 그런 다음 P를 연역해 낼 수 있다. 논변 (a)의 어떤 단계에서 〈P〉는 따옴표 속에 있을 것이고 이 따옴표는 논변 a를, P의 眞을 입증하기 위한 직접 연역의 논변 (b)와 구분한다. 직접 연역의 논변 대신에 상황과 과정이 명시되며 이 상황과 과정으로부

터 드러날 어떤 원리들도 정의의 원리들을 구성하는 것으로 간주된
다. ㅋ) (여기서 나는 유도해 내고자 하는 정의의 원리들과 명시되는 시초의
상황 사이의 복잡한 상호 작용은 무시한다.) 소유 권리론자에게 있어서
합법적인 과정(양도의 원리에 의해 명시된)으로부터 드러나는 어떠한
집합의 소유 상태도 정의롭듯이, 롤즈에게 있어서도 원초적 입장
으로부터 만장일치적 합의라는 제약적 과정을 거쳐 드러나는 어떠
한 집합의 원리들도 정의의 올바른 원리들의 집합이다. 각 이론은
출발점과 변형의 과정들을 명시하며 각 이론은 결과되는 것을 그
것이 무엇이건 받아들인다. 각각의 이론에 따르면, 결과되는 것은
무엇이나 그것의 족보, 즉 그것의 역사 때문에 받아들여져야 한
다. 한 과정을 도입하는 어떤 이론도, 그 자체는 한 과정의 결과라
는 사실에 의해 정당화되지 않는 어떤 것을, 즉 그 과정의 근본적
인 優先性을 논하는 일반적인 언명들이나 또는 그 과정 자체를 시
작으로 삼아야 한다(그렇지 않으면 그 이론은 무한 후퇴의 오류에 빠진
다). 소유 권리론과 롤즈의 이론은 과정을 도입한다. 소유 권리론은
한 집합의 소유 상태를 생성키 위한 과정을 명시한다. 이 과정의 기
저를 구성하는 세 정의의 원리들(취득·양도, 그리고 교정에 있어서의)
은 이 과정을 주제로 하므로 그 자체는 분배적 정의에 관한 종국 상
태적 원리라기보다는 과정적 원리들이다. 그들은 진행되는 과정을
명시할 뿐 그 과정의 결과가 어떠해야 하는지를 규정하지도, 그 과
정이 충족시켜야 할 어떤 외적인 정형적 *patterned* 기준을 제공하지
도 않는다. 롤즈의 이론도 정의의 원리들을 생성하기 위한 한 과정
을 도입한다. 이 과정의 일부는 원초적 입장에 있는 사람들이 무지
의 베일 뒤에서 정의의 원리들에 합의하는 행위이다. 롤즈에 따르
면 이 과정 P로부터 드러나는 어떤 원리들도 정의의 원리들이다.
그러나, 우리가 이미 논한 바와 같이, 정의의 원리들을 생성하기
위한 이 과정 P는, 그 자체 정의의 근본적 원리들로서의 과정적 원
리들을 생성할 수는 없다. P는 종국 상태를 생성하거나 이를 위한
원리들을 생성해야만 한다. 롤즈의 이론 안에서 차등의 원리는 진

───────────

ㅋ) 롤즈를 염두에 두고 있음. 롤즈에 있어 정의의 두 원리들은 그가 기술한 원초적
    상황에서 우러나는 원리들이다.

행 중이며 지속적인 제도적 과정(이 원리하에서의 제도적 기대치에 기반하여 파생된 소유 권리들을 포함하는 과정)에 적용되도록 되어 있지만, 이 원리는 현재적 *current* 시간 단면 원리가 아니라 종국 결과적 원리이다. 차등의 원리는 진행중인 과정이 어떤 결과를 맺어야 할지를 규정하고 이 과정이 준거해야 할 외적인 정형적 기준을 제시한다. 이 기준의 시험을 통과하지 못하는 여하한 과정도 거부된다. 한 원리가 진행중인 제도적 과정을 규제한다는 사실만으로는 그 원리를 과정적 원리이게 하지 않는다. 만약 그렇다면, 공리주의적 원리도 종국 결과적 원리라기보다 과정적 원리라 해야 할 것이나, 이것은 종국 결과적 원리이다.

이와 같이 볼 때 롤즈 이론의 구조는 딜레마에 빠진다. 과정들이 거대하면, 롤즈의 이론은 과정적 정의의 원리들을 산출하지 못하는 고로 결함이 있다. 반면 과정들이 그다지 거대하지 않다면, 원리들에 이르기 위한 롤즈의 과정 P에 의해 산출된 원리에 대해 충분한 밑받침이 제시되지 않았다. 계약론적 논변은 어떤 과정으로부터 드러나는 어떠한 것도 정의롭다는 전제를 구현하고 있다. 이 근본적 전제의 타당성 여부에 계약론적 논변의 타당성이 달려 있다. 그러면 어떤 계약론적 논변의 구조도 다음과 같이, 즉 과정적 원리로 하여금 한 사회의 제도들을 판단하는 기준이 되는 분배적 정의의 그 원리들을 미리 배제하도록 그렇게 구성되어서는 안 된다. 어떤 구조의 계약론적 논변도, 이 논변의 결과가 이 논변이 의존하는 바인 그 전제들과 같은 종류의 것이지 못하게 해서는 안 된다.[30] 과정들이 한 이론을 기초하기에 충분히 좋은 것이라면, 그들은 그 이론의 가능적 결과가 되기에 충분히 좋은 것이다. 우리는 양자 모두를 가질 순 없다.

차등의 원리는 특별히 강한 종류의 정형적 종국 상태적 원리임을 우리는 주목해야 한다. 한 분배의 원리가 정의로운 것으로 판단하는 분배 상태로부터, 일부의 사람들과 그들의 분배분을 (상상으로) 삭제함으로써, 그 동일한 원리에 따르면 불의한 *unjust* 분배 상태가 얻어질 수 있다면, 우리는 그 분배의 원리를 유기적 *organic* 이라 부르자. 유기적 원리들은 전면적 정형 *overall pattern* 에 의존하는 특성들에 초점을 맞춘다. 이와 대조하여, 〈각자에게, 특정의 자연적 차원 D에서의 그의 점수에 따라서〉라는 형태의 정형적 원리들은 유기적 원리들이 아니다. 만약 한 분배 상태가 이 원리를 만족시킨다면, 일부의 사람들과 그들의 소유물들이 삭제된다고 해도 그 분배 상태는 계속 그러할 것이다. 왜냐하면 이 삭제는 잔존자들의 소유물의 비율이나 차원 D에서의 그들의 점수의 비율에 영향을 주지 않을 것이기 때문이다. 이 변화되지 않은 비율들은 동일할 것이며 따라서 그 원리를 계속 만족시킬 것이다.

차등의 원칙은 유기적이다. 만약 가장 불우한 집단과 그들의 소유 상태가 한 상황으로부터 삭제된다면, 결과하는 상황이나 분배 상태가 이 새로운 상황에서 가장 불우한 새 집단의 위치를 극대화하리라는 보장이 없다. 아마도 이 가장 불우한 새 집단은, 가장 잘 사는 집단이 훨씬 덜 갖는다면(이 가장 잘사는 집단으로부터 이전의 가장 불우한 집단에로 소유물을 이전할 방도는 없었지만), 보다 많은 것을 가질 수 있을지 모르겠다. [w]

삭제의 조건(개인들과 그들의 소유 상태를 삭제해도 분배 상태는 정의로와야 한다는)을 만족시키지 못함은 유기적 원리들의 특성이다. 다음의 추가의 조건도 고려해 보자: 두 분배 상태(서로 다른 개인들을 원소로 하는 집합들을 대상으로 한)가 정의로우면 이 두 정의로운 분배 상태의 결합으로 구성된 분배 상태도 정의롭다는 조건을(지구상의 분배 상태가 정의롭고 멀리 있는 다른 별에서의 분배 상태가 정의로우면, 이들의 조합적 분배 상태도 정의롭다). 〈각자에게, 자연적 차원 D에서의 그의 점수에 따라서〉란 형식의 분배의 원리들은 이 조건을 위반하며, 따라서 이들은 非集合的 *nonaggregative* 이다. 왜냐하면 각 집단에서 몫들의 모든 비율들은 D에서의 점수의 비율들에 부합하지만, 이 비율들은 두 집단 사이에서도 부합될 필요는 없다. [x] 소유

262

물에 있어서의 소유 권리적 정의의 원리는 삭제의 조건과 이 추가의 조건을 만족시킨다. 즉 소유 권리적 원리는 비유기적이며 집합적이다.

차등의 원리의 제 속성에 관한 논의를 마감하기 전에, 흥미는 있으나 내 생각으로는 잘못되었다 생각되는 토마스 스캔론 Thomas Scanlon 의 추측, 즉 〈차등의 원리와 구분되고, 이 원리와 엄격한 평등성의 원리의 중간 지점에 있는 것으로서 그럴싸한 원리는 없다〉[31] 는 추측을 살펴보아야겠다. 절대적인 평등주의가 아닌 평등주의의 어떠한 그럴 듯한 형태도, 가장 불우한 집단에 조금의 이익이라도 가져다 주기 위해 큰 불평등적 요소들을 배제하지 않음은 어떻게 가능한가? 평등주의자에게는 불평등성은 비용, 즉 마이너스적 요소이다. 엄격한 평등주의자는 여하한 형태의 불평등성도 허용하지 않는다. 그는 불평등이라는 비용이 無限히 크다 생각한다. 차등의 원리는 가장 불우한 집단에게 아무리 작더라도 이익이 있으면 여하한 액수라도 이 비용의 발생을 허락한다. 이 원리는 불평등성을 심각한 비용으로 취급하지 않는다. 나의 코멘트를 위와 같이 표현한 것은 다음의 원리——**평등주의적 일반 원리 I** *Egalitarian General Principle I*을 생각나게 하기 위한 것이다: 불평등성은 오직 이의 이익이 이의 비용을 능가할 경우에만 정당화된다. 롤즈를 좇아서, 그 불평등성이 주는 이익이 오직 가장 불우한 집단의 사람들에게만 간다고 가정하자. 우리는 어떻게 그 불평등성이라는 비용을 측정하여 이를 그 이익과 비교할 수 있을까? 비용은 그 사회내에 존재하는 불평등의 총량을 나타내야 한다. 가장 잘사는 집단의 대표자의 처지와 가장 못사는 집단의 대표자의 처지 사이의 차이를, 한 특정 체계내에서의 불평등의 척도로서 (따라서 이 체계의 비용으로서) 삼아 보자. 체계 X 하에서 가장 못사는 집단의 대표자의 몫을 X_W 라 하고, X 하에서 가장 잘사는 집단의 대표자의 몫을 X_B 라 하자. E

의 반을, 그러나 그들의 몫의 두 배로 갖고, 첫번째 집단내에서 어느 개인의 점수와 몫 사이의 비례는 다른 어느 개인의 점수와 몫 사이의 비례와 똑같다고 해 보자. 그렇다면 두번째 집단에서도 어느 한 개인의 점수와 몫 사이의 비례는 어느 다른 개인의 점수와 몫 사이의 비례와 똑같다. 그러나 두 집단 사이에서 이 비례의 동일성은 성립하지 않을 것이다.

를 평등성의 효율적인 체계(모든 사람들이 다른 어떤 동일한 체계에서 갖는 것보다 적은 양을 갖지 않는 체계)라 하자($E_B=E_W$). 해서 우리는 **평등주의적 일반 원리 I의 제1 명세**를 얻는다(다른 명세 방식은 불평등의 다른 척도를 사용할 것이다): 불평등한 체계 U는 $U_B-U_W>U_W-E_W$인 경우 정당화되지 않는다(아니면 이 관계는 $\geqq$이어야 하는가?). 불평등성은 이것이 가장 불우한 집단에 주는 이익(U_W-E_W)이 이 불평등성의 비용(U_B-U_W)보다 큰 (또는 동일한?) 경우에만 정당화된다. (이 명세는 양적 측정과 개인간의 비교를 전제한다.) 이는 평등주의자가 매력적으로 생각할 수 있는 중간적 입장이며, 차등의 원리보다 더 강한 평등주의적 원리이다.

엄격한 평등주의는 아니나 보다(위의 형식보다) 철저한 평등주의적 원리가 존재하며, 이는 윤리적인 문제를 위한 단순한 費用效果分析 *cost-benefit*적 원리를 거부케 하는 이유들과 비슷한 논거에 의해 밑받침된다.[32] 이 원리를 **평등주의적 일반 원리 II**라 부르자: 불평등한 체계 U는 a) 그의 이익이 그의 비용을 능가하고, 그리고 b) 보다 적은 불평등성을 갖는 다른 불평등한 체계 S로서, S의 이익과 비교하여 U가 주는 여분의 이익이 S의 대가와 비교하여 U가 치르는 여분의 대가를 능가하는, 그러한 체계 S가 존재하지 않는 경우에만 정당화된다. 이전과 같이 X_B-X_W로 한 체계 X 내에서의 불평등의 대가로 취급할 때 우리는 다음과 같은 평등주의적 일반 원리 II의 제1 명세를 얻는다: 불평등 체계 U는

  a) $U_W-E_W>U_B-U_W$

이고 그리고

  b) 다음, 즉

  $S_B-S_W<U_B-U_W$ 와

  $U_W-S_W\leqq(U_B-U_W)-(S_B-S_W)$

를 만족시키는 체계 S가 없을 때에만 정당화된다. 여기서 바로 위의 기호화된 b)는 다음과 같다: U보다 더 적은 불평등성을 가진 체계로서 이 S의 이익에 비교하여 U의 여분의 이익이 U의 여분의 대가보다 적거나 같은 그러한 체계 S는 존재하지 않는다.

평등주의적 입장들 중 그 철저성이 약한 입장에서 강한 입장의 순

으로 나열하면, 차등의 원리, 평등주의적 일반 원리 I의 제1 명세, 평등주의적 일반 원리 II의 제1 명세, 그리고 엄격한 평등성의 원리(E를 택하라)의 순이다. 확실히 평등주의자는 차등의 원리보다는 가운데 두 원리를 보다 매력적으로 생각할 것이다. (그러한 평등주의자는 원초적 입장의 구조나 그 입장에 있는 사람들의 특성의 무엇을 변화시키면 그 두 중간의 원리들이 선택될 수 있는지를 고려하고자 할 것이다.) 물론 나 자신 이들 평등주의적 원리들이 옳다고 제안하는 것은 아니다. 그러나 이들에 대한 고려는 차등의 원리가 정확히 어느 정도나 평등주의적인가를 조명하는 데 도움을 주며, 이 원리가 엄격한 평등성의 원칙말고는 가장 평등주의적이면서 그럴 듯한 원리라는 주장이 합당치 않음을 보이는 데 도움을 준다. (그러나 아마도 스캔론이 의미한 바는 더 이상 철저한 평등주의적 원리는 불평등에 비용을 돌려야만 하나 무엇이 우리로 하여 정확한 비용을 매기게 할지에 관한 이론적 정당화가 아직 주어지지 않았다는 말일지도 모르겠다.)

롤즈의 원초적 입장으로부터 훨씬(차등의 원리보다) 더 평등주의적 원리가 얻어질 수 있는 한 방식을 우리는 언급해야겠다. 롤즈는 상상하기를, 합리적이며 이기적인 사람들이 무지의 베일 뒤에서 그들의 제도를 지배할 원리들을 선택한다는 것이다. 그는 그의 저서의 제III부에서 계속 상상하여 말하기를, 이 원리들을 구현한 사회에서 성장할 때 사람들은 그 성장 과정으로 인하여 正義感 *a sense of justice* 과 특정의 심리를 발전시킨다는 것이다(가령, 타인에 대한 태도 등등). 이를 논변의 제1단계라 하자. 논변의 제2단계는 제2단계의 사회가 제1단계에서 명시된 원리들에 따른 결과인 그 (정의감 있는) 사람들을 원초적 입장에 위치시키는 것이다. 이 제2단계의 원초적 입장은 제1단계의 결과로서의, 위에 말한 심리와 정의감을 가진 개인들을——단지 합리적이고 이기적인 개인들이기보다는——포함한다. 이제 이 사람들은 자신들이 살게 될 사회를 지배할 원리들을 선택한다. 제2단계에서 이들이 선택하는 원리들은 제1단계에서 다른 사람들에 의해 선택된 그 원리들과 같은 것일까? 그렇지 않다면, 제2단계의 원리들을 구현하는 사회 속에서 성장한 사람들을 상상하고, 그들이 어떤 심리를 발전시킬지 결정하고, 제2

단계의 산물인 이 개인들을 제 3 단계의 원초적 입장에 위치시켜 이전과 같은 과정을 반복해 보라. 우리는, 다음과 같은 조건하에서, 반복적인 원초적 입장은 특정의 원리 P를 산출한다고 말할 것이다: 즉 1) P가 선택되는 제 n 단계의 원초적 입장이 있고, 이 P가 단계 $n+1$의 원초적 입장에서도 선택된다면, 또는 2) 매번 새로운 단계의 원초적 입장에서 새로운 원리들이 선택되는 경우, 이 원리들은 한계점에서 P에 수렴한다면, 그렇지 않으면, 어떤 특정의 원리들도 반복적인 원초적 입장에 의해 산출되지 않는다. 예를 들면, 원초적 입장의 계기적인 단계들은 두 집합의 원리들 사이에서 오갈 것이다.

롤즈의 두 원리들은 실제로 반복된 원초적 입장에 의해 산출되는가? 즉 단계 2에서 롤즈가 자신이 제시한 두 정의의 원리의 작동의 결과로서 야기되는 것으로 기술한 심리의 소유자들 자신이 원초적 입장에 놓일 경우, 바로 그 원리들을 선택할 것인가? 그렇다면 이는 롤즈의 결과를 강화할 것이다. 그렇지 않다면, 우리는 원초적 입장에 의해 여하한 원리들이 산출될지의 문제, 어떤 단계에서 그들이 산출될는지(또는 그들이 한계점에서 산출되는지), 그리고 정확히 그 산출되는 원리들의 내용이 무엇인지의 문제에 직면하게 된다. 나의 논변에도 불구하고, 롤즈적 뼈대 안에서 논하길 선택하는 사람들에겐 이는 흥미있는 연구 분야로 생각될 것이다.

자연적 자산과 자의성

롤즈는 그가 자연적 자유 *natural liberty* 의 체계라 부르는 것을 논하는 부분에서 소유 권리적 체계 비슷한 것을 논한다.

자연적 자유의 체계는 효율적인 분배를 대략 다음과 같이 선택한다. 경제 이론으로부터 우리는 다음과 같은 사실을 안다고 가정해 보자: 경쟁적 시장 경제를 정의하는 표준적 전제들 아래에서 수입과 富가 효율적으로 분배될 것이라는 점 ; 그리고 여하한 기간 동안에 결과하는 특정의 효율적인 분배는, 자산의 원초적 분배 상태, 즉 수입과 부 그리고 자연적 재능과 능력의 원초적 분배 상태에 의해 결정된다는 점을. 이 각각의 원초적 분배 상태가 주어질 때, 일정의 효율적 결과가 귀결하게 된다. 해서 우리가 그 결과를 단지 효율적일 뿐 아니라 정의로운 것으로 받아들이고자 한다면, 우리는 여하한 기간에 걸쳐 그 자산의 원초적 분배가 결정되는 그 근거를 받아들여야만 한다.

자연적 자유의 체계에서는 그 원초적 분배 상태는 재능에 따라 개방된 경력이라는 개념에 내포되어 있는 협정들에 의해 규제된다. 이 협정들은 (제 1 원리ㄴ)에 의해 명시된) 평등한 자유와 자유 시장 경제를 배경으로 전제한다. 이들은 다음과 같은 내용의 기회의 형식적 균등을 요청한다: 모든 사람들은 모든 유리한 사회적 지위들에 대한 기회에 있어 적어도 법률적으로는 동일한 권리를 소유한다. 그러나 요청되는 배경적 제도들을 보전하기 위해 필요한 경우를 제외하고는, 사회적 조건들의 평등성이나 유사성을 보전하려는 노력이 없으므로, 여하한 기간 동안에서의 자산의 원초적 분배 상태는 자연적 그리고 사회적 우연성들에 의해 강한 영향을 받는다. 수입과 부의 현존하는 분배 상태는 말하자면 자연적 자산, 즉 자연적 재능과 능력들의 이전 분배 상태의 누적적 효과이며, 이것이 누적적인 것은 그들이 계발될 수도 또는 실현되지 않을 수도 있고 그리고 그들의 발휘가 사회적 상황과 사고와 행운과 같은 우연성들에 의해 어떤 기간에 걸쳐 유리하게 또는 불리하게 영향을 받을 수 있기 때문이다. 직관적으로 생각해서, 자연적 자유의 체계의 가장 명백한 不義는, 이는 도덕적 관점에서 보면 몹시 자의적인 이 요소들에 의해 분배의 몫이 부당하게 영향받도록 허용한다는 점이다.[33]

여기에서 우리는 롤즈가 자연적 자유의 체계를 거부하는 이유를 본다 : 이는 도덕적 관점에서 보면 몹시 자의적인 *arbitrary* 요소들에 의해 分配의 몫이 부당하게 영향받도록 〈허용한다.〉 그 요소들이란, 〈자연적 재능과 능력들의 이전 분배 상태…… 즉 계발될 수도 실현되지 않을 수도 있고 그리고 그들의 발휘가 사회적 상황과 사고와 행운과 같은 우연성들에 의해 어떤 기간에 걸쳐 유리하게 또는 불리하게 영향을 받을 수 있는 것으로서의 자연적 재능과 능력들의 이전 분배 상태……〉이다. 여기에서 어떻게 개인들이 자신들이 자연적 자산을 계발시키길 선택했었는지에 관해 전혀 언급이

ㄴ) 〈모든 사람들은 다른 사람들의 유사한 자유와 양립할 수 있는 것으로서 가장 광범위한 기본적 자유에 대해 동등한 권리를 갖는다〉는 원리.

없다는 점을 주목하라. 왜 이 점이 간단하게 생략되었는가? 아마도 그러한 선택은 한 개인의 통제 밖에 있는 요소들의 산물로, 따라서 〈도덕적 관점에서 보면 자의적인〉것으로 간주되었기 때문이다. 〈한 개인은, 자신으로 하여금 자신의 능력을 계발하려는 노력을 할 수 있게 하는 그 탁월한 성격을 응당히 가질 만하다 *deserve* 는 주장도 동등하게 논쟁의 대상이 된다. 왜냐하면 그의 성격의 상당한 부분은 행복한 가정과 운좋은 사회적 여건에 의존하며 이들은 그 자신의 행위의 결과가 아니다.〉34) (여기에 전제되어 있는 것은 성격과 이의 행위와의 관계에 대한 어떤 견해인가?) 〈자연적 자질의 원초적 부여와 이들의 성장과 발육의 우연성들은 도덕적 관점에서 볼 때 **자의적이며**, ……한 개인이 할 용의가 있는 노력은 그의 자연적 능력과 기술 그리고 그에게 주어진 수단들에 의해 영향을 받는다. 보다 나은 자질의 소유자들은 모든 다른 상황이 같다 할 때 의식적인 노력을 할 가능성을 보다 많이 갖고 있다.〉35) 이런 식의 논변은 단지 한 개인에 관한 주목할 만한 모든 것들을 완전히 어떤 〈외적인〉 요인들에 귀속시킴으로써만, 그 개인의 자율적인 선택과 행위들(그리고 그의 결과들)의 도입을 봉쇄하는 데 성공할 수 있다. 한 개인의 자율성과 그의 행위에 대한 그의 우선적인 책임을 이와 같이 더럽히는 것은 자율적인 존재의 존귀함과 자존감을 밑받침하고자 하는 이론으로서는 위험스러운 노선이다: 특히 개인들의 선택 능력에 많은 것을(善의 이론을 포함하여) 기초시키는 이론으로서는. 우리는 다음에 대해 의아심을 품게 된다; 롤즈의 이론이 전제하고 의존해 있는 고양되지 않는 인간의 모습이 그 이론이 도달하고 구현하고자 하는 인간의 권위에 대한 견해와 복합될 수 있는지를.

　자연적 자유의 체계를 거부하는 롤즈의 이유를 살피기 전에 우리는 원초적 입장에 있는 사람들의 상황을 주목해야겠다. 자연적 자유의 체계는 (롤즈에 따르면) 그들이 받아들이는 원리에 대한 한 해석이며, 사회적 경제적 불평등성은, 이들이 적정한 정도로 모든 사람들의 이익이 될 것이 예견되고 모두에게 개방된 직위와 직책 등과 결부되어 있는 한에서, 허용된다. 원초적 입장에 있는 사람들이 이 원리의 여러 다양한 해석들을 모두 명백하게 고려하고 그 중

에서 선택할지의 문제를 롤즈는 불명확하게 남겨 두었다——그러리
라는 것이 가장 합당한 해석으로 생각되지만(원초적 입장에서 고려되
는 정의관들을 열거한 124페이지에 있는 롤즈의 차트는 자연적 자유의 체
계를 포함하지 않았다). 확실한 것은 그들이 하나의 해석, 즉 차등의
원리를 명백하게 고려한다는 것이다. 롤즈는 원초적 입장에서 자연
적 자유의 체계를 고려하는 사람들이 왜 이를 거부할지의 이유를
언명하지 않는다. 이 체계가 결과하는 분배 상태가 도덕적으로 자
의적인 자연적 자산의 분배 상태에 의존하게 한다는 것이 그들의 이
유일 수는 없다. 이전에 본 바와 같이, 우리가 가정해야만 하는 것
은, 원초적 입장의 사람들이 이기적으로 계산할 때 그들로 하여금
소유 권리적 원리를 채용케 하지 않는다(그리고 그렇게 할 수도 없다)
는 점이다. 그러나 우리와 롤즈는 우리의 평가를 서로 다른 고려
사항들에 기초시킨다.

  소유에 있어 각자의 몫이 자연적 자산에 의해 영향받도록 허락하
는 데에 대한 그의 부정적인 반성적 평가를 구현하고 실현하도록,
그렇게 롤즈는 원초적 입장과 이의 선택 상황을 명백하게 구축하였
다. 〈자연적 자질의 우연성과 사회적 상황의 우발성을 무효화할 그
런 정의관을 추구하고자 우리가 일단 결정하면……. 〉[36] (롤즈는 자연
적 자질의 우연성과 사회적 상황의 우발성을 무효화한다는 이 주제를 여러
곳에서 언급하고 있다.) 이러한 추구는 롤즈의 이론 형성에 결정적인
역할을 하며 원초적 입장의 골격 기술의 기저가 되어 있다. 자연적
으로 부여된 자질을 마땅히 받을 자격이 있었던 사람들이 롤즈의 원
초적 입장에 놓이면 달리 선택했을 것이라는 것이 아니라, 오히려
추측컨대는, 그런 사람들에 대해서 롤즈는 그들 상호의 관계를 지
배하는 정의의 원리들이 그들이 원초적 입장에 놓이면 선택했을 것
에 의해 결정된다고 생각진 않으리라는 것이다. 롤즈 이론 구성의
얼마나 많은 것이 이러한 근거에 의존해 있는가를 상기하는 것은
유용할 것이다. 예를 들면, 롤즈는 논하길, 어떤 평등주의적 요구
의 동기는 시기 *envy* 가 아니라 그 요구들이 정의의 두 원리들과 합
치하기 때문에 즉 불의에 대한 분노 때문에라는 것이다.[37] 롤즈가
인정하고 있는 바와 같이,[38] 이 논변은 (롤즈의 정의의 두 원리들을

산출하는), 원초적 입장을 밑받침하는 바로 그 고려 사항들 자신이 시기를 구현하고 있거나 이에 기초하고 있을 경우, 무너질 수 있다. 해서 롤즈가 왜 다른 정의관을 거부하는가를 이해하고 그의 소유 권리관에 대한 비판이 얼마나 강력한 것인가를 평가하기 위해서뿐 아니라, 그의 이론에 내재적인 이유들 때문에도, 우리는 정의관은 사회적 여건과 자연적 자산에서의 차이점들(그리고 이들이 결과시키는 사회적 여건에서의 차이점들)을 무효화하도록 그렇게 마련되어야 한다 는 롤즈적 요청의 근거를 탐구해 볼 필요를 느낀다.

왜 소유 상태는 부분적으로도 자연적 자산에 의존해선 안 되는 가? (이는 또한 이 자산이 어떻게 발전되는가 그리고 어떻게 사용되는가 에 의존할 것이다.) 롤즈의 대답은 이 천부의 재능과 자산은 응분의 것이 아니므로 *being undeserved* 〈도덕적 관점에서 보면 자의적〉이 라는 것이다. 이 대답의 우리 질문과의 연관성은 두 가지로 이해될 수 있다: 이는 자연적 차이의 분배에 대한 영향은 無化되어야만 한 다는 점을 정립하기 위한 논변의 일부일 수 있으며 나는 이 논변을 적극적 논변이라 부르겠다; 또는 이는 자연적 차이의 분배에 대한 영향은 無化되어선 안 된다는 있을 수 있는 반대 논변을 논박하기 위한 논변의 일부일 수 있으며 나는 이 논변을 소극적 논변이라 부 르겠다. 적극적 논변은 자연적 차이의 분배에 대한 영향은 無化되 어야 함을 입증하려 시도함에 반해, 소극적 논변은 그 차이들은 無 化되어선 안 됨을 입증하려는 한 논변만을 논박하는 것이므로 그 차이들이 無化되어선 안 된다는 입장이 다른 논변에 의해 입증될 수 있는 가능성을 남겨 준다. (롤즈의 대답을 소극적 논변으로 이해할 때, 자연적 차이들의 분배에 대한 영향이 無化되어야 할지의 문제는 도덕적 無 關心 *indifference* 의 문제ㅛ)일 가능성이 있다. 무엇이 이루어져야만 한다 말하는 것과 무엇이 이루어져서는 안 되는 것은 아니다라고 말하는 것의 차 이ㅜ)를 주목하라.)

ㅛ) 즉, 도덕적으로는 관심의 대상이 되지 않는 문제.
ㅜ) 전자는 적극적으로 무엇을 함이 당위라 주장하는 것이고, 후자는 무엇을 함 또
   는 하지 않음이 당위일 수도 아닐 수도 있다는 식의 무관심한 태도 표명이다.

270

적극적 논변

이제 적극적 논변부터 시작하자. 자연적 자산에서의 차이로부터 연유하는 소유 상태에서의 차이는 無化되어야만 한다는 주장을 정립하려는 논변에서, 자연적 자질의 차이는 도덕적 관점에서 보면 자의적이라는 주장은, 어떤 역할을 담당하는가? 우리는 네 개의 가능한 논변들을 검토할 것이다. 첫번째 (A)는 다음과 같다:

1. 누구에게든 자신이 가지고 있는 소유물들은 도덕적으로 應分의 *morally deserve* 것이어야 한다. 사람들은 자신들이 응당 받을 만하지 않은 것들은 소유해선 안 된다.
2. 사람들의 자연적 자산은 그들이 도덕적으로 응당 받아야 할 것이 아니다.
3. 한 개인이 소유한 X가 부분적으로 그가 가진 Y를 결정하며 그의 X가 (도덕적으로) 응분의 것이 아니라면, 그의 Y도 그러하다.

그러므로,

4. 사람들의 소유물들은 그들의 자연적 자산에 의해서 부분적으로라도 결정되어선 안 된다.

이 논변은 유사한 그러나 보다 복잡한 다른 논변의 대용물 노릇을 할 것이다.[39] 그러나 롤즈는 도덕적 應分 *moral desert*에 따른 분배를 명백하게 그리고 강조하면서 거부한다.

상식적인 입장은 收入과 富 그리고 일반적으로 삶에 있어 좋은 것들이 도덕적 응분에 준해 분배되어야 한다고 생각하는 경향이 있다. 正義란 德에 따른 행복ㅠ)이다. 이 理想이 완전하게 이루어질 수 없음은 인지되는 바이긴 하나, 이는 분배적 정의에 대한 〔상식에 따르면〕 적절한 견해——적어도 일견해서 명백한 원리로서는——라 여겨지며 사회는 상황이 허락하는 한 이를 실현하려 노력해야 한다는 것이다. 공정으로서의 정의 *jus-*

ㅠ) 정의로운 사회란, 곧 유덕한 자가 행복한 자인 사회란 말로, 아리스토텔레스는 유덕함은 행복의 필요 조건은 되나 이의 충분 조건은 못 된다고 지적한 바 있다.

tice as fairness 는 그러나 이를 거부한다. 그러한 원리는 원초적 입장에
서 선택되지 않을 것이다. [40]

그러므로 롤즈는 논변 A의 제 1 전제와 같은 것을 받아들일 수
없는 것이므로, 이 논변의 어떠한 형태의 변형도, 자연적 자산에
있어서의 차이들, 즉 응분의 것이 아닌 *undeserved* 차이들에서 연유
해서는 안 된다는 그의 주장의 논거가 될 수 없다. 롤즈는 전제 1
을 거부할 뿐 아니라, 그의 이론은 1과 同延的이 아니다. 그는 誘
因의 제공이 가장 불우한 자들의 운명을 향상시킨다는 조건하에서
그런 제공에 찬성하며, 이 유인들을 사람들이 받아들이고 보다 큰
몫을 차지하게 되는 것은 종종 그들의 자연적 자질 때문이다. 우리
는 이전에 소유물에서의 정의에 관한 소유 권리적 정의관은 정형적
patterned 정의관이 아니므로 도덕적 응분에 따른 분배를 받아들이
지 않음을 지적한 바 있다. 어느 누구도 자신이 소유 권리를 갖는
entitled 그 어떠한 소유물이라도 어느 누구에게 줄 수 있으며, 이
는 그 수취자가 도덕적으로 봐서 수취자가 될 응분의 자격이 있는
가의 문제와는 별개이다. 각자에게 합법적으로 그에게 양도된 바 있
는 합법적 소유 권리들에 따라 주라는 원리는 정형적 원리가 아니
다.

논변 A와 이의 첫번째 전제가 거부될 때, 적극적 논변을 어떻게
구성해야 할지는 명백하지 않다. 다음의 논변 B를 살펴 보자:

1. 소유물들은 도덕적 관점에서 볼 때 자의적이 아닌 어떤 整型 *pattern*
   에 따라 분배되어야만 한다.
2. 사람들이 서로 다른 자연적 자질을 소유함은 도덕적 관점에서 보면
   자의적이다.

그러므로,

3. 소유물들은 자연적 자산에 준해 분배되어선 안 된다.

그러나 자연적 자산에서의 차이들은, 도덕적 관점에서 볼 때 자
의적이 아니며 그리고 명백히 분배의 문제에 어떤 도덕적인 연관성

272

을 가질 수 있는 차이점들과 상호 연관되어 있을 수 있다. 가령 하이예크는 논하기를, 자본주의하에서의 분배는 일반적으로 타인에 대한 인지된 봉사에 준거하여 이루어진다고 한다. 자연적 자산에서의 차이들은 타인에게 봉사할 능력의 차이를 초래할 것이므로 분배 상태에서의 차이는 자연적 자산에서의 차이와 어떤 상관 관계에 있을 것이다; 그 체계의 원리는 자연적 자산에 따른 분배가 아니다. 그러나 그 체계의 원리가 타인에 대한 인지된 봉사에 준거한 분배일 경우 자연적 자산에서의 차이는 소유물에서의 차이에 이르게 할 것이다. 만약 결론 3이 이 가능성을 배제하도록 그렇게 그 외연에 있어 해석되어야 한다면, 이 점은 명백히 언명되어야 한다. 그러나 도덕적 관점에서 보면 자의적인 것과 대략 同延的이라 기술될 수 있는 모든 정형은 그 자체도 도덕적 관점에서 보면 자의적이라는 전제를 추가하는 것은 너무 강한 조처일 것이다. 왜냐하면 이런 조처는 모든 정형이 도덕적 관점에서 보면 자의적이라는 결과에 이르게 될 것이기 때문이다. 아마도 결정적으로 피해야 할 것은 단지 동연성 *coextensiveness* 이 아니라, 어떤 도덕적으로는 자의적인 특성들이 분배 몫에 차이를 초래케 하는 사태일 것이다. 이 점을 고려하여 다음의 논변 C를 살펴 보자:

1. 소유물들은 도덕적 관점에서 보면 자의적이 아닌 어떤 정형에 따라 분배되어야만 한다.
2. 개인들이 서로 다른 자연적 자산을 갖고 있다는 사실은 도덕적 관점에서 보면 자의적이다.
3. 한 정형이 왜 소유물에서의 차이들을 포함하느냐에 대한 설명의 일부가 사람들에서의 다른 차이들이 소유물에서의 이 차이들을 초래한다는 것이고, 이 다른 차이들이 도덕적 관점에서 보면 자의적인 경우, 그 정형 역시 도덕적 관점에서 보면 자의적이다.

그러므로,

4. 자연적 자산에서의 차이들은 소유물에서의 사람들 사이의 차이를 초래해선 안 된다.

이 논변의 전제 3은 한 정형의 기저를 형성하는 어떠한 도덕적 자의성도 그 정형을 오염시켜 이 역시 도덕적으로 자의적이게 한다는 주장이다. 그러나 어떤 정형도——롤즈에 의해 제안된 정형도 포함하여——이 정형이 어떻게 발생하였는가에 관한 설명의 일부로서 어떤 도덕적으로 자의적인 사실들을 포함할 것이다. 차등의 원리는, 실행될 때, 어떤 사람들에게 다른 사람들에게보다 큰 분배의 몫을 준다; 어떤 사람들이 이 큰 몫을 갖느냐의 문제는 적어도 부분적으로는 이 사람들과 다른 사람들 사이의 차이들에 도덕적 관점에서 보면 자의적인 차이들(자의적인 이유는, 특별한 자연적 자산을 가진 사람들에겐, 이 자산을 어떤 방식으로 사용하게 하기 위한 誘因으로서, 보다 큰 몫이 제공될 것이기 때문이다)에 의존할 것이다. 아마도 롤즈는, 전제 3과 유사하나, 그 자신의 견해는 제외하지 않고 그가 제외하길 원하는 바의 것만을 제외할 수 있는 그러한 전제를 구성할 수도 있다. 그러나 결과하는 논변은 한 집합의 소유물들은 어떤 정형을 실현해야 한다는 것을 전제할 것이다.

왜 한 집합의 소유물들이 일정 정형을 갖고 있어야 하는가? 정형화는 우리가 소유 권리론을 제안하면서 본 바와 같이 정의의 이론에 본유적인 것은 아니다. 소유 권리론은 한 집합의 소유물이 실현하는 그 정형이기보다는 소유물의 집합들을 발생시키는 기저적 원리들에 관한 이론이다. 이 기저적 원리들에 관한 이론이 다른 영역들로부터 모아 온 다양한 고려 사항들의 단순한 집단이 아니라 분배적 정의의 한 독립적인 이론임이 부인된다면, 문제는 독립된 이론을 요청하는 분배적 정의의 독립된 주제가 있느냐는 문제가 된다.

이전에 언급한 하늘로부터 떨어지는 만나의 모델에 따르면 정형을 추구해야 할 보다 설득력 있는 이유가 있을 수 있겠다. 그러나 사물들은 이미 소유된 것으로서(또는 그들이 어떻게 소유될 것인가에 관한 합의가 이미 이루어진 상태에서) 존재하게 되므로, 무소유주의 사물들이 소유될 때 부합해야 할 어떤 정형을 추구할 필요가 없다. 그리고 소유물들이 실제로 존재하게 되는 또는 형성되는 과정 그 자체는 어떠한 특정의 정형도 실현할 필요가 없으므로 어떤 정형이 결과하길 기대할 이유도 없다. 상황은 다음과 같이 질문을 하기에

274

적합한 상황이 아니다: 〈여하간 이것들은 어떻게 될 것인가? 이것
들을 우리는 어떻게 처리할 것인가?〉라고. 하늘에서 만나가 떨어지
지 않는 세계, 즉 사물들이 사람들에 의해 만들어지고 생산되고 변
형되어야만 하는 세계에선 분배의 이론을 필요로 하는 독립된 분배
의 과정이 존재치 않는다. 독자들은 대략 다음과 같은 우리의 이전
의 논변을 기억할 것이다: 특정의 정형을 구현하고 있는 소유물들의
여하한 집합도, 이 정형하에서 소유물들을 소지하고 있는 개인들
의 자발적인 교환·증여 등에 의해 이 정형에 부합하지 않는 소유
물의 다른 집합에도 변형될 수 있다는. 소유물들이 정형적이어야만
한다는 견해는, 이 견해가 사람들은 자신들이 합법적으로 소지하고
있는 것을 가지고도 그 정형을 파괴하는 행위를 선택할 수 없다는
주장을 논리적으로 동반함이 보여질 때, 설득력이 약한 것으로 보
여질 것이다.

　정형적 정의관에 이르는 통로가 또 하나 있으며 아마도 우리는
이를 언급해야 할 것이다. 도덕적으로 합법적인 각각의 사실들에
이들이 도덕적으로 합법적임을 보이는 〈통합된 *unified*〉 설명이 주
어지고, 連接 사실들 *conjunctions* 이 도덕적으로 합법적인 것들로서
설명되어야 할 사실들의 영역에 속한다고 가정하자. p와 q가 각각
도덕적으로 합법적인 사실들이고 P와 Q가 각각 이 사실들이 도덕
적으로 합법적임을 보이는 설명이라 할 경우, $p \wedge q$ 역시 도덕적으
로 합법적이라 설명되어져야 하나, $P \wedge Q$가 〈통합된〉 설명이 되지
못하고 단지 서로 다른 설명의 단순한 連接文에 불과한 경우, 어떤
추가의 설명이 요청될 것이다. 이를 소유 관계에 적용해 보자. 내가
나의 소유물을 갖고 그대가 그대의 소유물을 갖는 데 대한 합법성
을 보이는 독립적인 소유 권리적 설명들이 주어질 수 있다고 가정해
보자. 이때 다음의 질문을 할 수 있다: 〈나는 내가 소유한 바를 소
유하고 그리고 그대는 그대가 소유한 바를 소유하는 것이 왜 합법
적인가, 이 연접 사실과 그리고 이 속에 포함되어 있는 모든 관계
들은 어찌하여 합법적인가?〉고. 두 독립된 설명의 연접이 이 연접
사실(이의 합법성은 이를 구성하는 부분들의 합법성에 의해 구성되는 것으
로 겨겨지지 않는다)의 합법성을 총합된 방식으로 설명하는 것으로

생각되지 않는다면, 분배에 관한 어떤 정형적 원리들이 이의 합법성을 보이기 위해, 그리고 소유물의 비단위적 *nonunit* 집합을 합법화하기 위해 필요한 것으로 보일 것이다.

특정 사실들에 대한 과학적 설명에 있어서 통상의 관습은, 설명된 사실들의 어떤 연접을 독립된 설명을 필요로 하는 것으로 보는 것이 아니고, 이는 그 연접된 사실들에 대한 설명들의 연접에 의해 설명되는 것으로 간주하는 것이다. (만약 E_1이 e_1를 설명하고 E_2가 e_2를 설명한다면 $E_1 \wedge E_2$는 $e_1 \wedge e_2$를 설명한다.) 어느 두 연접구와 어느 n位 연접문이라도 어떤 통합적 방식에 의해 (단지 독립적이며 異類的인 설명의 연접에 의해서가 아니라) 설명되어야만 한다고 우리가 요청한다면, 우리는 대부분의 통상적 설명들을 물리치고 독립된 사실들로 보이는 바를 설명할 기저적인 정형을 추구해야만 하게 될 것이다. (과학자들은 물론 외견상으로는 분리된 사실들로 보이는 것에 대해 통합적 설명을 종종 제공한다.) 여하한 두 분리된 사실들을 합법적으로 분리시킬 수 있는 것으로, 즉 분리된 설명들이 주어지며 이 설명들의 연접이 이들 사실들의 설명에 있을 수 있는 전부의 설명인 그러한 사실들로 취급하길 거절할 때 결과하는 흥미로운 논리적 귀결을 탐구함은 가치 있는 일일 것이다. 우리가 모든 연접 사실들에 대해 통합된 설명을 요구한다면, 세계에 관한 우리의 이론들은 어떠한 모습일까? 편집광들이 갖는 세계관의 補外法的 *extrapolation* 모습일 것이다. 이러한 세계관은 우리의 정상적인 견해와 근본적으로 다르다. (예컨대 마리후아나를 피운 다음 가끔 내게 나타나는 방식 같은 것.) 연접 사실들의 설명의 적합성에 대한 한 단순한 조건이 이에 이르게 한다는 사실은 처음엔 놀라운 사실이며, 이런 놀라움은 그러한 적합성의 조건을 필연코 철저하게 그리고 전체적으로 정형화된 세계관에 이르게 한다는 것을 자각할 때까지 사라지지 않는다.

도덕적으로 합법적이며 분리된 사실들의 연결들이 갖는 도덕적 합법성에 대한 설명들의 적합성을 위해 충족시켜야 할 유사한 조건은, 소유물들의 집합들은 전반적인 정형을 보이고 있어야 한다고 요구하는 견해에 이르게 할 것이다. 적합성의 그러한 원리를 부과하기 위한 설득력 있는 논변이 있을 것 같지는 않다. 일부 사람들은

그러한 통합된 시야가 오직 한 영역에서만 가능하다 생각할 수 있
다. 가령, 소유물들의 집합들에 관한 도덕적 영역에선 가능하나 일
상의 도덕 외적 설명의 영역에선 가능하지 않다든가, 또는 그 반대
일 수 있다. 도덕 외적 사실들을 설명하는 경우에서 극복해야 할 도
전은, 그러한 통합된 이론을 제출하는 것일 것이다. 제출된 한 이
론이 새로운 고려 사항들을 도입하나 이전의 주어진 사실들의 결합
체 이외에는 다른 새로운 사실을 설명하지 않는다면, 이를 받아들
여야 할지의 문제는 대답하기 어려운 것일 것이고, 이는 대략 우리
가 이전의 사실들을 바라보는 그 새로운 방식이 그의 설명력에 있
어 얼마나 효과적인가의 문제에 달려 있다. 다양한 사실들의 도덕
적 합법성을 보이는 도덕적 설명의 경우에 있어선 사정이 다소 다
르다. 우선, 내 생각으로는 통합적 설명이 적합하며 필요하다고 생
각할 만한 이유가 이 경우엔 훨씬 더 적다. 소유 상태를 생성하는
데 기저가 되는 원리들이 서로 다른 설명들에서 동일한 경우 제공
되는 그런 설명의 총합성보다 더 강한 정도의 설명적 총합성에 대
한 필요는, 보다 더 적다. (자신이 순수 절차적 정의라 부르는 요소를 포함
하는 롤즈의 이론은, 연접 사실의 설명의 적합성에 관한 강한 조건을 만족
시키지 않으며, 이러한 조건이 만족될 수 없다는 사실을 논리적으로 수반한
다.) 두번째로, 도덕적 설명의 경우에서 통합적 설명에 대한 요구는
〈도덕적 사실들〉을 설명되어야 할 것으로 형성할 위험성이 과학적
설명의 경우에서보다 크다. (〈연접된 사실들 모두를 산출할 통합된 정형
적인 설명이 존재하지 않으므로 그들은 모두 사실일 수는 없다〉고 주장할 수
있다.) 따라서 그와 같이 심각하게 예비된 사실들에 대해 통일적 설
명을 발견하는 데 성공한다 해도, 이 설명적 이론이 얼마나 잘 밑
받침되어 있는가는 명확하지 않은 것으로 남는다.

　이제 나는 우리의 적극적 논변들——분배의 몫은 자연적 자산에
의존해선 안 된다는 결론을 자연적 자산의 분배 상태는 도덕적으로
자의적이라는 전제로부터 유도하려는 논변들——의 마지막 것에로
논의를 돌리겠다. 이 논변은 평등성 *equality* 의 개념에 초점을 맞추
고 있다. 롤즈 논변의 상당 부분이 평등 분배로부터의 특정한 일탈
(즉 차등의 원리)이 정당하다는, 또는 받아들일 수 있다는 것을 보이

려는 것이므로 평등성을 핵심으로 하는 그의 기저적 논변을 재구성함은 계발적일 것이다. 이 논변에 따르면, 사람들 사이의 차이들은, 이들을 밑받침하는 도덕적 논변이 없는 경우엔, 도덕적 관점에서 볼 때 자의적이다. 그러한 차이들의 모두가 도덕적으로 반대할 만하진 않다. 그러한 (사람들 사이의 차이를 밑받침하는 도덕적) 논변이 없다는 사실은, 그 밑받침되어야 할 차이들이, 이들이 있어야만 함을 입증하는 도덕적 이유들이 없는 경우, 있어서는 안 된다고 우리가 믿는 바의 그러한 차이들인 경우에만 중요한 것으로 보일 것이다. 말하자면, 도덕적 이유에 의해서 무시되어질 수 있는 (또는 이는 단지 중화될 수 있는가?) 어떤 차이들에 반대하는 가정이 존재한다: 충분한 무게를 갖는 그러한 도덕적 이유가 결여된 경우엔, 평등성이 이루어져야만 한다. 해서 우리는 다음의 논변 D를 갖는다:

1. 소유물들은 균등 *equal* 해야 한다. 왜 이들이 불공평 *unequal* 해야만 하는가에 대한 (묵직한) 도덕적 이유가 존재하지 않는 한.
2. 사람들의 다른 사람들과의 자연적 자산에서의 차이들은 그들 응분의 것 *deserve* 이 아니다. 사람들이 자연적 자산에서 달라야만 할 도덕적 이유가 없다.
3. 사람들이 자연적 자질에서 달라야 할 도덕적 이유가 없다면, 그들이 이 점에서 실제로 다르다는 사실은 다른 면에서(가령, 소유물에 있어) 그들이 달라야만 할 도덕적 이유를 제공하지도, 제공할 수도 없다.

그러므로,

4. 자연적 자산에서의 사람들 사이의 차이는 왜 소유물들이 불공평 *unequal* 해야만 하는가에 대한 이유가 못 된다.
5. 사람들의 소유물이 불공평해야 한다는 데 대한 어떤 다른 도덕적 이유(가령, 롤즈가 말하는 바 가장 불우한 자의 지위를 높인다든가 하는)가 없는 한, 사람들의 소유물들은 균등해야 한다.

제 3 전제와 비슷한 언명이 곧 우리의 논의의 대상이 될 것이다. 여기서는 제 1 전제, 즉 평등성의 전제에 집중하자. 평등성으로부터 일탈을 허용할 특별한 도덕적 이유가 없는 한, 왜 사람들의 소유물들은 균등해야 하는가? (소유물들에 있어 특정의 정형이 있어야 한다고 생각해야 할 이유가 무엇이냐?) 평등성이 왜 한 체계의 안정태 *rest* (또는 직선 진행적 운동)이며, 이로부터의 일탈은 오직 도덕적 힘에 의해서만 야기될 수 있는가? 평등성을 위한 많은 소위 〈논변들〉은, 사람들 사이의 차이들은 자의적이며 차이가 존재하려면 정당화되어야 한다고 단지 주장할 뿐이다. 종종 학자들은 평등성을 선호하는 가정을 다음과 같은 식으로 표명한다: 〈사람들을 대접함에 있어서의 차별은 그 정당한 근거가 있어야 한다.〉[41] 이러한 유의 가정에 대해 가장 유리한 상황은, 한 사람의 개인(또는 한 집단)이 있어 그가 원하는 바 또는 그의 변덕이 이끄는 대로 다른 사람들을 대접할 권리나 소유 권리 없이 모든 사람들을 대접하는 그러한 상황이다. 그러나 내가 이 극장 대신 저 극장을 가는 경우, 나는 그 두 극장주를 달리 대접하는 데 대해 정당화해야 하는가? 내가 그냥 그 중 한 극장에 가고 싶었다는 사실만으로 족하지 않을까? 차별 대우는 그 정당한 근거가 있어야 한다는 주장은 현대의 정부들의 입장과 부합한다. 현대 정부는 제멋대로 사람을 대접할 소유 권리가 없으므로 모든 사람들을 똑같이 대접하는 중앙화된 과정이다. 자유 세계에서의 분배의 주요 부분은 그러나 정부의 행동을 통해 이루어지지 않으며, 개인들간의 국지적 교환의 결과를 뒤엎지 못함은 〈국가 행위 *state action*〉를 구성하지 않는다. 대접을 하는 한 존재가 없을 때, 그리고 모두가 자신들이 원하는 바대로 자신들의 소유물을 처분할 권리를 가질 때, 차별 대우는 그 정당한 근거가 있어야만 한다는 원칙이 왜 폭넓게 적용될 것으로 생각되어야 하는지의 이유는 명확치 않다. 사람들 사이의 차이들이 왜 그 정당한 근거를 가져야 하는가? 왜 변화될 수 있고 고쳐질 수 있고 보상될 수 있는 모든 불평등성을 우리가 변화시키고 고치고 보상해야만 한다고 생각하는가? 아마도 이 지점이 사회적 협동의 개념이 개입할 곳인 듯싶다: 모든 **사람들 사이에서** (말하자면 제 1 차적 재화—) 또는 사람들이 좋아하는 것들에 있어서) 평등성이 있어야 한다는 것은 아니나, 함께 협

—) 롤즈의 사회의 1차적 재화의 예들은, 권리들, 자유들, 권한, 기회, 수입, 부 등이다.

동하는 사람들 사이에선 평등성이 존재해야 할지 모르겠다. 그러나 이 입장을 위한 논변이 무엇이 될지 확실치 않다. 분명 협동하는 모든 사람들이 그들 상호 협동의 조건으로서 이 입장에 명백하게 합의하는 것은 아니다. 그리고 이 입장의 수락은 잘사는 사람들의 집단이, 자신들 중 누구보다도 못사는 사람들의 집단과 협동하기를 또는 자기 집단의 그 누구도 후자의 집단과 협동하는 것을, 허락하 길 거부하게 할 불행한 誘因을 제공할 것이다. 왜냐하면 그러한 사 회적 협동의 착수는 못사는 자들에게는 이익이 될진 모르나, 이는 두 집단 사이에 단순히 추정적인 평등성의 관계를 창출함으로써 잘 사는 집단의 지위를 상당히 악화시킨다. 다음 장에서 나는 평등성 을 위한 최근의 논변 중 주요한 논변을 검토하여 이것이 성공적이 못 됨을 보이겠다. 여기서 우리가 주목해야 할 점은, 단지 논변 D 가 자연적 자질은 응분의 것이 아니라는 전제와 분배의 몫에 관한 어떤 결론 사이에 다리 놨던 관계는, 평등성을 규범 *norm*——오직 도덕적인 이유가 있을 경우에만 그로부터 일탈할 수 있는——으로 가정한다는 점이다. 해서 논변 D 자체는 평등성에 관한 그러한 결 론을 정립하지 못한다.

소극적 논변

사람들의 자연적 자산은 그들 응분의 것이 아니라는 주장과 소유 물에서의 차이는 자연적 자산의 차이에 기초해서는 안 된다는 결론 을 연결시킬 적극적 논변을 우리는 찾지 못했으므로, 이미 우리가 소극적 논변이라 부른 것에로 눈을 돌리자. 이 논변은 롤즈의 견해 에 대해 있을 수 있는 반대 논변을 물리치기 위해, 사람들이 자연 적 자산은 그들 응분의 것이 아니다라는 주장을 사용한다. (평등성의 논변 D가 수락할 만하다면, 가능적 반대 논변을 물리치는 소극적 작업은, 평등성의 전제가 특정의 경우엔 다른 것에 우선적으로 성립함을 보이는 적 극적 작업의 일부를 형성할 것이다.) 롤즈에 대한 다음의 가능적 반대 논변을 살펴보자:

1. 사람들의 자연적 자산은 그들 응분의 것이다 *deserve*.

2. 사람들이 X를 응당 받을 만하다면, 그들은 X로부터 유출되는 모든 Y도 응당 받을 만하다.

3. 사람들의 소유물들은 그들의 자연적 자산에서 유출되는 것이다.

그러므로,

4. 사람들은 그들의 소유물을 응당 받을 만하다.

5. 사람들이 무엇을 응당 받을 만하다면, 그들은 그것을 가져야만 한다 (그리고 이 결론은 그것에 관해 있을 수 있는 어떠한 평등성의 전제에 우선한다).

롤즈는 그의 입장에 대한 이 반대 논변을 물리칠 것인데, 이는 이의 제 1 전제를 부인함으로써일 것이다. 해서 우리는 자연적 자산의 분배는 자의적이라는 주장과 분배의 몫은 자연적 자산에 의존해선 안 된다는 언명 사이에 어떤 관계를 볼 수 있다. 그러나 우리는 이 관계에 큰 비중을 줄 수 없다. 비슷한 유의 다른 반대 논변이 있기 때문이다. 가령 다음과 같이 시작하는 논변 F를 살펴보자:

1. 만약 사람들이 X를 소유하고 있고(그들이 이를 마땅히 가질 만한지 와는 상관 없이) 그들의 X의 소유가 다른 어느 누구의 X에 대한 (로크적) 권리나 이에 대한 소유 권리를 침해하지 않으며 그리고 Y가, 그 자체로서는 다른 누구의 (로크적) 권리나 소유 권리를 침해하지 않는 과정을 거쳐 유출(발생)할 경우,^{y)} 그 개인은 Y에 대한 소유 권리를 갖는다.

2. 개인들의 그들의 자연적 자산의 소유는 다른 누구의 (로크적) 권리나

---

y) 우리는 이 과정에 관한 다음 사실을 추가함으로써 前件을 강화할 수 있다: 이 과정은 그 사람이 X에 대한 소유 권리가 있다면 Y에 대한 소유 권리를 창조할 그 런 종류의 것이다. 내가 말하는 〈로크적〉 권리와 소유 권리들은 최소 국가에서 인 정되어야 할, 폭력・사기 등등으로부터 자신을 방어할 그런 권리들(제 I 부에서 논의된)이다. 나는 이들이 사람들이 소유하는 유일의(그들이 특별히 취득한 것을 제외하고는) 권리들이라 믿으므로, 로크적 권리로서 명세서를 제시할 필요를 느 끼지 않았다. 어떤 사람은 즉 타인들의 **노동**의 결실에 어떤 권리를 갖는다 믿는 사람은 첫째 전제의 진리로 표명된 바대로는 믿지 않을 것이다. 만약 로크적 명 세서가 포함되지 않았다면, 그는 1의 진리를 인정하나 반면 2나 이후의 단계의 진리는 인정치 않을 것이다.

소유 권리를 침해하지 않는다.

논변 F는 이런 식으로 해서 개인들이, 그들이 만든 것, 그들 노동의 산물들, 다른 사람들이 그들에게 준 것이나 또는 교환한 것들에 대한 소유 권리를 갖는다고 논변한다. 가령, 한 개인은 Y(가령, 자신이 그린 그림을 소유할 권리, 『정의의 한 이론』이란 책을 써서 얻는 찬사, 등등)를 버는 과정에서 자신이 이용한 것들(그 자신의 자연적 자산을 포함해서)마저도 그 자신이 노력하여 번 경우 또는 응당 받을 만한 경우에만, 그가 Y를 번 것이라는 주장은 맞지 않는 주장이다. 그가 이용하는 것의 일부를 그는 단지 소유할 수 있다——그 소유가 불법적으로 이루어지지만 않았다면. 응분 *desert* 의 기초 그 자체가 처음부터 응분의 *deserved* 것일 필요는 없다.

마침내 우리는 응분에 관한 이러한 언명들을 소유 권리에 관한 언명들과 비교할 수 있다. 그리고 사람들은 그들의 자연적 자산을 마땅히 받을 만하다고 말할 수는 없어도 그에 대한 소유 권리를 소유한다고 우리가 기술할 수 있고 이 기술이 타당하다면, E의 논변에서 〈받을 만한〉이란 어구를 〈~에 대한 소유 권리를 가진〉이란 어구로 대체하여 얻는 E에 유사한 논변 G가 성립할 것이다. 이 논변은 수락할 만한 것이고 다음과 같다 :

1. 개인들은 그들의 자연적 자산에 대한 소유 권리를 갖는다.
2. 개인들은 어떤 것에 대한 소유 권리가 있는 경우 (특정의 명시된 과정을 거쳐), 이로부터 유출되는 그 어떤 것에 대해서도 그들은 소유 권리를 갖는다.
3. 개인들의 소유물들은 그들의 자연적 자산으로부터 유출된다.

그러므로,

4. 사람들은 그들의 소유물들에 대한 소유 권리를 갖는다.
5. 사람들이 무엇에 대한 소유 권리를 갖는 경우 그들은 이를 가져야만 한다(그리고 이는 소유물에 관해 있을 수 있는 평등성의 여하한 전제에 우선한다).

개인들의 자연적 자산들이 도덕적 관점에서 볼 때 자의적이건 아니건 여하간에, 그 개인들은 그들에 대한 소유 권리를 지니며, 이로부터 유출되는 것에 대해서도 그러하다. 2)

차등의 원리를 엄격히 적용할 때, 우리가 이미 본 바와 같이, 재분배적 이론이 보통 산출하는 것보다 훨씬 더 강한 타인에 대한 재산권 1)을 인정해야 하는 결과를 야기하는데, 자신의 자연적 자산에 대한 개인들의 소유 권리의 인정(논변 G의 제 1 전제)은 이러한 결과를 피하는 데 필요한 것으로 생각된다. 롤즈도 그 자신 이러한 결과를 피했다 생각하는데, 42) 그 논거는, 그의 원초적 입장에서 개인들은 자유의 원리 *the principle of liberty* 가, 경제적인 복지뿐 아니라 건강·수명 등등에 적용될 때, 차등의 원리에 대해 사전적 우위성가)을 갖는다고 보기 때문이라는 것이다. (그러나 위의 각주 29)를 보라.)

우리는 어떤 설득력 있는 논변도, 자연적 자산의 차이들에서 연유하는 소유물의 차이들은 제거되거나 극소화되어야 한다는 견해를 정립(또는 정립에 기여)하지 못함을 보았다. 개인들의 자연적 자산은 도덕적 관점에서 볼 때 자의적이라는 입장은 달리 가령, 원초적 입장의 어떤 形成을 정당화하는 데 이용될 수 있을까? 분명한 것은, 만약 이 행정이 자연적 자산의 차이에서 기인하는 소유물의 차이를 無化하기 위한 것이라면, 우리는 이 목표를 위한 한 논변을 필요로 할 것이며, 해서 우리는 소유물에서의 그러한 차이는 無化되어야만

---

z) 도덕적 의의가 있는 어떤 것도 자의적인 것으로부터 유출될 수 없다면, 어느 특정 개인의 존재도 도덕적 의의를 가질 수 없을 것이다. 왜냐하면 수없이 많은 정자 중의 어느 것이 난자를 만나느냐는 것은 (우리가 아는 한) 도덕적 관점에서 보면 자의적이기 때문이다. 이와 관계하여 또 다른, 다소 모호한 논평을, 롤즈 입장의 기본 정신에(그가 표현한 것보다는) 관해 말해야겠다. 존재하는 각인은 한 과정의 산물인데, 이 과정에선 난자와 만나는 정자가 난자와 만나지 못한 수백만의 다른 정자에 비해 보다 응분의 자격을 갖진 않는다. 우리는 그 과정이 롤즈의 기준에 따라 〈보다 공정하길〉 원할 수 있는가 해서 그 과정 속의 모든 〈불평등한 요소들〉이 교정되길 원할 수 있는가? 우리는 우리를 존재케 한 바로 그런 유의 과정을 도덕적으로 비난하는 여타의 원리에도 그러므로 우리 존재 자체의 합법성을 파괴시킬 그 어떤 원리에도 두려움을 느껴야 한다.

1) 타인에 대한 재산권 *property rights in other persons*: 타인의 노동, 심지어 그의 신체까지 자기 재산의 일부로 간주할 수 있는 권리.

가) 이런 우위성을 가진 원리는 그렇지 못한 원리에 대해 절대적인 비중을 지니며 예외 없이 성립한다.

한다는 결론에 이르는 길을 찾으려는 우리의 비성공적인 시도에로 다시 되돌아가게 되는 것이다. 그 대신 그 형성은 원초적 상황에의 참여자들로 하여금 자신들의 천부적 자질을 모르게 함으로써 발생할 수 있을지 모르겠다. 이와 같이 해서 천부적 자질은 도덕적 관점에서 보면 자의적이란 사실은 무지의 베일을 드리우고 이를 정당화하는 데 도움이 될 것이다. 그러나 왜 천부적 자질에 대한 인식이 원초적 입장에서 배제되어야 하는가? 짐작컨대 그 근저의 이유는 어떤 특정의 특성들이 도덕적 관점에서 보면 자의적일 경우, 원초적 입장에 있는 개인들은 자신들이 이들을 소유하고 있음을 몰라야 한다는 것이리라. 그러나 이는 개인들이 그들 자신에 관해 아무 것도 몰라야 한다는 주장과 같다. 왜냐하면 그들이 가진 제 특성들 (이성적 능력, 선택을 할 능력, 3일 이상 살 수 있다는 사실, 기억력의 소유, 자신들과 같은 유기체들과 교통할 수 있는 능력)의 각각은 그들을 탄생시킨 정자와 난자가 특정의 유전 물질을 지니고 있다는 사실에 기초해 있기 때문이다. 그 특정의 난자와 정자가 특정의 유기화합물(즉 사향쥐나 나무의 그것이 아니라 인간의 유전인자)을 포함하고 있다는 물리적 사실은 도덕적 관점에서 볼 때 자의적이다. 이는 도덕적 관점에서 보면, 사고 *accident* 이다. 하지만 원초적 입장의 개인들은 그들이 지닌 속성의 일부는 알아야만 한다.

  이성적 능력 등등이 도덕적으로 자의적인 사실로부터 발생한다는 이유만으로 이들 특성에 대한 인식을 원초적 입장에서 배제시켜야 한다고 우리가 제안한 것은 너무 성급한 일일지도 모르겠다. 왜냐하면 이 특성들도 도덕적 의의를 지니기 때문이다; 즉 도덕적 사실들이 이에 의존해 있거나 이로부터 발생한다. 여기에서 우리는 한 사실이 도덕적 관점에서 볼 때 자의적이라는 주장의 애매성을 볼 수 있다. 이 언명은 그 사실이 왜 사실이어야만 하는가에 대한 도덕적 이유가 없다는 의미로 해석될 수도 있고, 또는 그 사실이 사실임은 그 자체 도덕적 의의를 갖지 않으며 도덕적 사태에 영향을 주지도 않는다는 의미로 해석될 수도 있다. 이성, 선택을 할 수 있는 능력 등등은 이 두번째 의미에서 자의적이진 않다. 그러나 이런 이유로 해서 그들이 원초적 입장에서 배제되지 않는 경우, 문제는

자연적 자산——롤즈는 이에 대한 인식은 원초적 입장에서 배제하
길 원한다——도 이 두번째 의미에선 도덕적으로 자의적이라 말할
수 없다. 여하간, 현재의 논의의 대상은 도덕적인 소유 권리들은 그
러한(롤즈가 자의적이라고 주장하는) 사실들로부터 발생하거나 또는
부분적으로 기초되어 있어도 좋다는 소유 권리론의 주장이다. 해서
자연적 자산의 차이들에 기인한 소유 상태의 차이들은 無化되어야
만 한다는 주장을 밑받침하는 논변이 없으므로, 원초적 입장에 관
한 그 무엇이, 자연적 자산에서의 차이점들은 도덕적 관점에서 보
면 자의적이라는 애매한 주장에, 어떻게 기초될 수 있는지는 명료
치 않다.

共有資産

　롤즈의 견해는, 모든 사람들은 자신의 천부적 자질에 대해 개별적
권리권을 행사할 수 있는 것이 아니라 모든 사람들이 (일종의 합동
자금과 같이) 자연적 자산의 전체에 대해 어떤 소유 권리 또는 권리
권을 소유한다는 것으로 보인다. 자연적 능력들의 분배는 〈공유 자
산 collective asset〉으로 그는 간주한다. [43]

　그렇다면 차등의 원리는 실제에 있어 자연적 재능들의 분배를 공동의
자산으로 여기고 이 분배가 어떤 결과를 낳건간에 이의 이익들은 공유한
다는 합의를 표현함을 우리는 알 수 있다. 자연의 혜택을 받은 자들은 그
들이 누구이건간에 혜택받지 못한 자들의 처지를 향상시킨다는 조건하에
서만 자신의 행운으로부터 이익을 취할 수 있다……. 다른 사람보다 뛰어
난 자연적 능력은 누구에게도 응분의 것이 아니며 누구도 사회내에서 다
른 사람에 비해 유리한 출발점을 부여받을 만한 生前의 공적을 쌓은 것은
아니다. 그러나 그렇다고 해서 우리는 그러한 차이들을 제거해야 한다는
것은 아니다. 이들을 처리할 다른 방도가 있다. 이와 같은 자연적 우연
성들이 가장 불우한 자들의 善을 위해 작용하도록 그렇게 (사회의) 기본적
구조를 짜는 것이다. [44]

　사람들은 자연적 재능을 공유 자산으로 간주하는 방식에 있어 견
해를 달리할 것이다. 어떤 사람들은, 롤즈의 공리주의에 대한 비판

을 되풀이하여, [45] 이 입장(즉, 롤즈의 입장)은 〈개인들 사이의 구분을 진지하게 받아들이지 않는다〉고 불평하며, 칸트를 여하히 재구성하더라도 개인들의 능력과 재능을 다른 사람들을 위한 자원으로 간주하는 것이 적합할 것인지에 관해 의아히 생각할 것이다. 〈정의의 두 원리들은…… 사람들을 서로의 복지를 위한 수단으로 취급하려는 경향마저도 배제한다.〉[46] 그러나 이런 배제는, 우리가 사람들 자신과 이들의 재능·자질·능력, 특별한 성격 등과의 차이를 아주 선명히 그을 수 있을 경우에만 가능하다. 그러한 구분이 그와 같이 그어질 때 수미일관한 인간관이 대체 성립할 수 있을지는 문제로 남는다. 그와 같이 정화된 우리 내부의 인격은 수단으로 취급되지 않는다고 해서, 특정 특질들로 두터이 감싸여 있는 우리들이 즐거워해야 할 이유가 어디에 있는지도 확실하지 않다.

개인들의 재능과 능력은 자유로운 공동체의 재산이다; 공동체내의 다른 (재능을 소유하지 않은) 사람들은 이들이 있음으로 해서 이익을 얻고 이들이 다른 곳이 아니라 그곳에 있기 때문에 더 잘산다. 삶은, 장기적 안목에서 볼 때, 보다 뛰어난 능력이나 노력 때문에 일부가 보다 많은 것을 얻게 되면 다른 사람들은 그만큼 잃게 되는 그러한 총액 불변 *constant-sum* 의 게임이 아니다. 자유로운 사회에선 개인들의 재능은 자신들뿐만 아니라 타인들에게도 이익이 된다. 개인들의 자연적 자산을 공유 자산으로 취급함이 정당화된다 생각될 수 있는 것은 그보다(자유 사회에서 통상 있을 수 있는 것보다) 더 큰 타인에의 이익을 추출할 수 있는 때인가? 무엇이 이런 추출을 정당화하는가?

다른 사람들보다 뛰어난 자연적 능력은 누구에게도 응분의 것이 아니며, 누구도 사회내에서 다른 사람에 비해 유리한 출발점을 부여받을 만한 生前의 공적을 쌓은 것은 아니다. 그러나 그렇다고 해서 우리는 그러한 차이들을 제거해야 한다는 것은 아니다. 이들은 처리할 다른 방도가 있다. 이와 같은 자연적 우연성들이 가장 불우한 자들의 善을 위해 작용하도록 그렇게 (사회의) 기본적 구조를 짜는 것이다. [47]

그리고 〈이들은 처리할 다른 방도가〉 없다면 어떻게 할 것인가?

그런 경우엔 우리는 그 차이들을 제거해야 하는가? 자연적 자산의
경우에 정확히 어떤 대책을 세워야 하는가? 개인들의 자질이나 재능
이 다른 사람들을 위해 봉사하도록 멍에지울 수 없다면, 이 예외적
인 자질과 재능을 제거하기 위해 또는 이들이 그 소유자 자신의 이
익이나 그가 선택하는 다른 사람의 이익을 위해 그 자질과 재능을
사용하는 것을 금지하기 위해 어떤 조처가 취해질 것이며, 이는,
이런 조처가 자기 자신들의 이익을 위해 타인의 재능이나 능력을
여하한 이유로 하여 멍에지울 수 없는 사람들의 절대적 지위를 향
상하지 못할 것이라 해도, 그러한가? 시기 *envy* 가 이러한 정의관
의 기저에 놓여 있어 이의 핵심적 개념의 일부를 구성하고 있다 주
장함은 너무 과한 주장일까? [a']

우리는 소유물에 있어서의 소유 권리에 의거한 우리의 정의관이
분배적 정의의 다른 견해——심오하고 우아한 롤즈의 이론——와
관계되는 바를 이끌어냄으로써, 전자가 내포하는 바에 대한 우리

---

a') 롤즈가 원초적 상황에서의 자유에 대해 주장하는 사전적 우위성은, 차등의 원리
가 자질과 능력에 대한 人頭稅를 부과하는 것을 막을 것인가? 롤즈는 〈공동 자
산〉, 〈공유 자산〉을 운위함으로써 인두세의 합법성을 암시한다. 자신들의 자질과
능력을 제대로 활용치 않는 사람들은 공공의 자산을 오용하는 것이다(유용한다
해야 할까?). 롤즈는 그런 어휘들을 사용함으로써 그런 극단적인 추론을 하려는
것은 아닐 것이다. 그러나 원초적 입장의 사람들이 왜 그런 강한 해석을 받아들
이지 않을지에 관해 그는 좀 더 이야기해야 한다. 자유의 개념은, 인두세는 불허
하나 다른 세금 체제는 허용하기 위해선 부연 설명되어야 한다. 자질과 능력들은
인두세 없이도 멍에지워질 수 있다. 그리고 〈멍에지운다 *harnessing*〉는 어휘는
적합한 용어이다——말은 움직일 필요가 없지만 마차를 끌어야 할 때는 멍에지워
져야 한다.
　시기에 관계해서, 차등의 원리는, A가 10을 갖고 B가 5를 갖는 상황과 A
가 8을 갖고 B가 5를 갖는 상황 사이의 선택에 적용될 때, 후자를 선호할 것이
다. 해서, 롤즈 자신의 입장(pp. 79~80)에도 불구하고, 차등의 원리는 파레토 최
적이나 보다 불평등한 분배 상태보다는 現狀을 선호한다는 점에서 비효율적이다.
이 비효율성은 단순한 차등의 원리를 비틀거리는 *staggered* 차등의 원리로 수정
함으로써 제지될 수 있다. 이 후자에 따르면, 가장 못사는 집단의 위치를 최대
극소화해야 하며, 이런 제약에 종속하여 다음으로 못사는 집단의 위치를 최대극
소화해야 한다. 이 점은 A.K. Sen, *Collective Choice and Social Welfare*,
p. 138, note 에 의해 지적되었고 롤즈(p. 83)에 의해 인지되었다. 그러나 이런 원
리는 롤즈가 말하는 종류의 평등성을 구현하지 않는다. 그렇다면 어떻게 롤즈는
그 비틀거리는 차등의 원리에 특수한 불평등성을 가장 못사는 집단의 사람에게
정당화할 수 있는가? 아마도 이런 문제들이 롤즈가 이 원리를 받아들일지의 여
부를 불분명하게 한다(p. 83 을 보라).

의 이해를 날카로이하였고 그러는 과정에서 우리의 정의관을 롤즈의 이론을 면밀히 검토하기 위해 사용하였다. 나의 생각으로는 우리는 또한 롤즈 이론에 깊이 내재해 있는 부적합한 점들도 면밀히 검토했다고 본다. 한 이론은 이의 일부나 단 하나의 특성에 초점을 맞춤으로써는 적절히 평가될 수 없다는, 그리고 그 이론은 전체로서 평가되어야 하며 완전한 이론이란 기대될 수 없다는 롤즈의 반복된 지적을 잊지 않고 있다. 그러나 우리는 롤즈 이론의 중요한 부분과 이 이론의 기저에 있는 결정적인 가정들을 검토하였다. 나는 소유물에 있어서의 소유 권리에 의거한 정의관에 대한 나의 논의가 매우 소묘적이란 점을 다른 누구보다도 잘 인지하고 있다. 그러나 롤즈가 공리주의를 반박할 수 있기 위해서 완전한 대안적 이론을 필요로 하지 않았던 것처럼, 의심할 바 없이 공리주의에 비해 많이 진전된 롤즈의 이론을 반박하기 위해 나는 완전한 대안적 이론을 정립해 놓아야 한다 생각하지 않는다. 보다 나은 이론에로 진전해 나아가기 위해 우리에게 필요하다고 할 수 있는 바는 그럴 듯한 대안적 견해의 소묘화, 존재하는 최선의 그리고 치밀한 이론의 부적합성들을 전혀 다른 전망대에서 강조하여 보여 줄 수 있는 그런 소묘화 이상의 것이 아니다. 다른 많은 것에서와 같이 이 점에서도 우리는 롤즈로부터 배운다.

　우리가 이 장에서 분배적 정의에 대한 탐구를 시작한 목적은, 最小國家보다 더 포괄적인 국가가 분배적 정의를 성취하기 위해 필요하다거나 그를 위한 가장 적합한 도구라는 근거에서 정당화될 수 있다는 주장을 검토하기 위한 것이었다. 우리가 제시한 소유물에 있어서의 소유 권리에 의거한 정의관에 따르면, 분배적 정의의 처음 두 원리들, 즉 취득과 양도의 원리들은 그러한 보다 포괄적인 국가를 정당화하지 않는다. 한 소유물의 분배 상태가 적절하게 생성되는 경우, 분배적 정의에 기초한 어떤 논변도 보다 포괄적인 국가를 옹호하지 않는다. [48] (로크적 단서도 보다 포괄적인 국가를 위한 평계를 실제로는 마련해 주지 않는다고 우리는 주장한 바 있다.) 그러나 만약 이 원리들이 침해될 때 矯正의 원리가 기능을 발휘하기 시작한다. 아마도 가장 좋은 입장은, 분배적 정의의 정형적 원리들의 일부를, 不義 *injustice* 矯正의 원리를 적용하여 산출되는 일반적 결과를 概算하려는 주먹구구식의 규칙으로 간주하는 것일 것이다. 가령, 역사적인 정보를 많이 결여하고 있고, 1) 불의의 피해자들이 불의를 당하지 않았을 경우보다 일반적으로 더 못산다 가정하고 2) 한 사회내에서 가장 못사는 집단의 일원이 가장 심각한 불의의 피해자 또는 피해자의 자손일 확률을 가장 높이 갖고 있으며, 따라서 그 불의로부터 이익을 본 자들이 (이들을 잘사는 자들이라 가정하자——종종 가해자들은 가장 못사는 집단의 다른 사람들일 경우가 있지만) 이들에 대해 보상의 의무를 지고 있다 가정할 때, 그 불의를 교정할 대략의 주먹구구식의 규칙은 다음과 같다: 한 사회내에서 결국은 가장 못사는 집단이 될 그 집단의 지위를 극대화하도록 그렇게 사회를 조직하라. 이 특정의 예는 설득력이 있을지도 모르겠다. 그러나 각 사회에 있어 중요한 질문은 다음의 것이다: 그의 특정의 역사가 주어질 때, 그 사회에서 교정의 원리를 치밀하게 적용할 때 산출되는 결과를 가장 잘 概算할 수 있는 개략의 주먹구구식의 규칙은 무엇일까? 이 문제는 매우 복잡한 것이며 따라서 교정의 원리를 철저히 검토할 계제에 다루는 것이 최선이다. 특정의 구체적 사회에 적용되는 그러한 검토가 이루어지지 않았으므로, 양도 지불의 한 특정의 체제가 불의의 교정에 관한 고려 사항들에 의해 정당화될 수 없음이 명백하지 않는 한, 우리는 여기에 제시된 이론과 분석을 이용해 그 체제를 비난할 수 없다. 우리의 죄에 대한 벌로서 사회주의를 도입하는 것은 너무 과하다 할 수 있겠지만 (인류 역사에서 저질러진) 과거의 불의들은 너무 심각하여 우리는 이를 교정하기 위해 단기적으로 볼 때는 보다 포괄적인 국가를 필요로 할지도 모른다.

제 8 장
平等·猜忌·搾取·기타

평 등

　물질적 조건의 보다 높은 평등성을 성취하기 위해 사회적 제도들을 개조하는 행위의 합법성은 종종 당연한 것으로 전제되긴 하였으나, 논변에 의해 밑받침된 경우는 드물다. 학자들은 지적하길, 한 나라의 전체 인구의 n%에 속하는 최부유층이 그 나라 전체 부의 n% 이상을 소유하고 있고 n%의 최빈곤층이 n% 이하의 부를 소유하고 있으며 ; 최빈곤층으로부터 최상부의 n%가 소유한 부에 이르기 위해서는 우리는 최하부의 p%(여기서 p의 수치는 n보다 훨씬 크다)를 보아야 한다는 등등의 말을 한다. 그 다음 그들은 바로 이 불평등한 사태가 어떻게 개조되어야 할지를 논한다. 소유물들에 있어서의 정의의 소유 권리론에 따르면, 우리는 단지 분배의 단면도나 위와 같은 사실들에 대한 관찰만으로 바로 국가가 이 상황을 개조하기 위해 무엇을 해야 할지에 대한 결론을 내릴 수 없다. 그 결정은 이 결과들(분배 상태에 관한 사실들)이 어떻게 초래되었는가의 문제에 달려 있다. 이러한 결과들을 초래한 과정들의 일부는 합법적이며, 다양한 관여자들은 그들 각각의 소유물에 대한 소유 권리를 갖는다. 이 분배에 관한 사실들이 합법적인 과정을 거쳐 발생했다면 그 사실들 자체도 합법적이다. 이는 물론 그들이 변화될 수도 있음을 의미하며 이 변화의 단서는 이 변화가 개인들의 소유 권리들을 침해하지 않는다는 조건하에서이다. 어떤 특정의 종국 상태적 정형을 선호하는 사람은 누구라도 그 자신의 전부 또는 일부의 소유물들을 양도하여 그들이 원하는 정형에 보다 가깝게 (적어도 일시적으로라도) 현실을 바꿀 수 있다.

소유물에서의 소유 권리에 의거한 정의관은 평등이나 여하한 다른 전반적인 종국 상태나 정형을 선호하는 가정을 하지 않는다. 평등의 개념은 어느 정의론에서도 그 일부가 되어야 한다는 입장은 당연한 것으로 단지 전제되어서는 안 된다. 놀랍게도 평등을 지지하는 논변으로서, 소유물에서의 정의에 관한 비전면적·비정형적 *non-global and nonpatterned* 견해를 밑받침하는 논거를 논박할 만한 논변은 거의 없다.[1] (그러나 평등을 지지하는 논거 없는 주장은 많다.) 나는 최근에 철학자들이 가장 많은 관심을 표명한 논변을 살려 보겠다. 이는 버나드 윌리엄즈 Bernard Williams 가 그의 논문 「平等의 理念 The Idea of Equality」에서 제시한 것이다.[2] (의심할 바 없이, 많은 독자들은 모든 것은 어떤 다른 논변에 달려 있다고 생각할 것이다. 나는 그 논변이 정확히 그리고 자세하게 개진되는 것을 보고 싶다.)

예방 의학을 별도로 할 때, 의료 혜택의 분배에 대한 올바른 논거는 건강하지 못함이다 *ill health*: 이는 필연적 진리이다. 그런데 아주 많은 사회에서 불건강은 치료를 받기 위한 필수 조건이긴 하나 충분 조건은 아니다. 왜냐하면 그러한 치료는 돈이 들고 다른 사람들 모두가 그 돈을 소유하고 있지 않으며 따라서 충분한 돈의 소유는 사실상 실제로 치료를 받기 위한 추가의 필수적 조건이 되기 때문이다.……우리가 가령 富가 의료 혜택을 받기 위한 추가의 조건이 되는 그러한 상황에 마주칠 때, 우리는 다시 한번 평등과 불평등의 개념을 적용할 수 있다. 내 말의 의미는 건강함과 아픔 사이의 불평등이 아니라 부유한 병자와 가난한 병자 사이의 불평등을 말한다. 왜냐하면, 필요 *needs* 가 치료의 근거임에도, 똑같은 필요를 느끼는 양자가 동일한 치료를 받지 못하는 상황에 우리는 단적으로 직면하게 되기 때문이다. 이는 不條理 *irrational* 한 사태이다……. 이는 理性 *reason* 이 불충분하게 작동하고 있는 상황이며 이는 이성들에 의해, 따라서 이성 자신에 의해 불충분하게 통제되어 있는 상황이다.[3]

윌리엄즈의 논지는, 한 활동에 관한 여러 다른 기술들 중 그 활동의 〈內的 목표 internal goal〉를 포함하는 한 기술이 존재하는 경우, 그 행위의 수행을 위한 또는 그 활동이 희귀하다면 이의 할당을 위한 유일의 올바른 논거가 그 내적 목표의 성취와 연관되어 있음은 필연적인 진리라는 것인 듯싶다. 만약 이 활동이 타인들에 대해 행해진다면 이 활동을 분배하기 위한 유일의 올바른 기준은 그들의 필요 *need* 이다. 해서 의료 혜택의 분배를 위한 유일의 적절한 기준은 의료의 필요성임은 필연적 진리라고 윌리엄즈는 말하고 있는 것이다. 그렇다면, 추측컨대, 이발이라는 봉사 활동의 분배를 위한 유일의 적절한 기준은 이발에 대한 필요성이라 할 수 있다. 그러나 왜 한 행위의 내적 목표가, 가령, 그 활동을 수행함에 있어서의 그 수행자의 특정의 목적에 우선해야만 하는가? (한 활동이 서로 다른 내적 목표를 가진 두 서로 다른 활동으로 나뉠 수 있는가의 문제는 무시하자.) 만약 혹자가 여러 다양한 사람들과 이야기하길 좋아해서 이발사가 되었다면 그가 자신의 봉사를 그가 가장 이야기하기 좋아하는 사람에게 할당한다면 그는 不義의 행위를 범하는 것인가? 또는 그가 학자금을 벌기 위해 이발사가 되었다면 그는 팁을 잘 주는 사람들의 머리만 깎아도 괜찮은가? 왜 이발사는, 타인과 관여되는 내적 목표를 지니지 않는 그런 행위의 수행자들과 정확히 똑같은 기준을, 그의 서비스를 할당하는 데에 사용해선 안 되는가? 정원사는 그를 가장 필요로 하는 사람들의 잔디밭만을 깎아야 하는가?

　의사의 경우에 상황은 어떻게 다른가? 왜 그의 활동은 의료 혜택이라는 내적 목표를 매개로 해서 할당되어야만 하는가? (만약 부족 현상이 없다면, 그때엔 일부의 활동은 다른 기준을 매개로 해서도 할당될 수 있는가?) 그가 그러할 필요는 없다. 그가 의료 기술을 갖고 있다는 단지 그 사실로 해서 그가 사회가 바라는 할당의 비용을 부담해야 할 이유, 의료업이 처한 특수한 상황하에서 그가 자신의 목표를 추구할 소유 권리가 다른 누구보다 적어야 할 이유는 없다. 그러므로 사회 제도를 변경시켜 의사들로 하여금, 그 자신의 목표를 추구하면서, 필요에 따라 의료 혜택을 할당하도록 해야 할 책임은 사회에 있다. 가령 사회는 그렇게 하는 데 대해 의사에게 돈을 지불한다. 그러나 왜 사회는 그래야만 하는가? (사회는 이발사에 대해서도 그래야 하는가?) 가능한 대답은 의료 혜택은 중요한 것이며 사람들이 이를 몹시 필요로 한다는 것일 수 있다. 농사일은 의술과는

달리 타인에 관여하는 내적 목표를 갖지 않지만 위의 말은 농사일
에도 타당하다. 윌리엄즈의 논변의 껍질을 벗겨내면, 남는 것은 사
회는(즉 어떤 조직적인 방식으로 함께 활동하는 우리의 각자은) 그의 구
성원 모두의 중요한 필수적 욕구 *needs*에 대책을 마련해 주어야 한
다는 주장이다. 이 주장은 물론 이전에도 여러 번 언명되었다. 그
러나 보기와는 달리 윌리엄즈는 이를 밑받침하는 논변을 제시하지
않았다.[a] 다른 학자들과 마찬가지로 윌리엄즈도 단지 할당 *allocation*
의 문제에만 관심을 기울인다. 그는 할당되고 분배되어야 할 물건
들이나 활동들이 어디에서 오는가의 문제는 무시한다. 결과적으로,
그들이 이들에 대한 소유 권리를 소유한 사람들과 이미 결부되어
(이 점이 개인들의 행위인 바 봉사적 활동에 대해서 사실임은 확실하다) 있
는지의 여부를 검토하지 않는다. 이런 봉사적 활동의 경우엔 활동
수행자가 스스로 누구에게 그 봉사를 베풀어 줄지 그리고 어떤 근
거에서 그러할지의 문제도 스스로 결정할 수 있다.

기회의 균등

   기회 균등은 많은 학자들에게, 너무 약한 입장이라서 문제되는
일은 있어도, 최소한의 평등주의적 목표로 간주된다. (가족의 존재가
이 목표의 완전한 성취를 방해함을 많은 학자는 보아 왔다.) 이런 평등성
을 성취하고자 하는 시도는 두 가지로 이루어질 수 있다 : 많은 기
회가 주어진 자들의 처지를 직접 악화시킴에 의해 ; 또는 보다 적
은 기회가 주어진 자들의 상황을 개선함에 의해. 후자는 자원의 사
용을 요청하며 따라서 이것도 일부인들의 처지를 악화시킨다. 즉 일
부의 사람들의 처지를 향상하기 위해 다른 일부인들의 소유물을 가

---

   a) 우리는, 어떤 활동들은 필연적으로 어떤 목표를 포함한다는 본질주의적 입장을
   논하지 않고 윌리엄즈의 견해를 논의했다. 그 대신 우리는 그 목표들은 활동들에
   관한 기술들 *descriptions*에 결부시켰다. 왜냐하면 본질주의적 문제들은 단지 논
   의를 모호하게 할 뿐이며 한 활동을 할당하는 유일의 올바른 근거는 그 행위의
   본질주의적 목표인가의 문제에 대답해 주지 않는다. 이런 본질주의적 주장을 하
   는 동기는 누가 다음과 같이 말하는 것을 피하기 위해서일 것이다. 〈돌팔이의사
   질〉도 의사의 치료와 같은 종류의 활동일 수 있다——단 이것의 목표는 그 돌팔
   이에게 돈을 벌어 주는 것이다. 윌리엄즈는 왜 돌팔이의사의 서비스가 필요에 따
   라 할당되어야 하는지에 대한 이유를 제시했는가 ?

져와야 한다. 그러나 어떤 사람들이 소유 권리를 가지는 그 소유
물들은, 설혹 그 목적이 타인을 위한 기회 균등의 실현이라 하더라
도, 점유될 수 없다. 마술의 지팡이가 없는 한 기회의 균등을 실현
할 유일의 방도는 각 사람들을 설득하여 그들 재산의 일부를 이 목
적 성취를 위해 바치게 하는 것이다.

경주는 종종 기회 균등에 관한 논의에서 모델로 사용된다. 일부
가 다른 일부보다 결승선에 가까운 지점에서 출발하는 그런 경주는
공정치 못하다. 마찬가지로 일부가 무거운 짐을 갖고 달려야 한다
거나, 그들의 운동화에 자갈을 넣고 달려야 하는 경주도 그러하다.
그러나 삶은 어느 누가 내놓은 상을 타기 위해 경쟁하는 경주가 아
니다. 삶이란 모두가 함께 뛰는 통합된 경기가 아니며, 빠르기를
심판하는 누가 존재하는 것도 아니다. 삶에서 우리가 보는 것은 서
로 다른 사람들이 독점적으로 서로 다른 것들을 다른 사람들에게 주
는 행위이다. 주는 사람들은, 즉 우리의 각각은 응분 *desert* 이라든
가 우리가 겪어야 하는 장애물에 관해 통상적으로는 큰 관심을 기
울이지 않는다. 우리에게는 단지 우리가 무엇을 실제로 얻는가가
중요하다. 어느 중앙 집중적 과정도 사람들이 자기가 소유한 기회
의 사용에 관해 판단하지 않으며, 사회적 협동과 교환의 제 과정들
도 이 판단을 위한 것은 아니다.

기회의 불균형의 어떤 것은 불공정 *unfair* 하게 보일 이유가 있다
——어떤 사람은 모든 기회를 가질 수 없다——(이는 모두 똑같은 처
지에 있다 해도 사실이다)는 점에서 단지 불행한 그런 불균등을 언급
하고 있는 것이 아니다. 종종 우리는 한 소유물을 양도할 소유 권리
가 있다 해도 이를 특정의 사람에게 양도할 특별한 욕구를 느끼지
못할 경우가 있다. 이는 자손에의 유산 상속, 특정인에의 선물과
대조된다. 우리는 어떤 조건을 만족시키는 사람(가령, 우리와 어떤 재
화나 서비스를 교환하는 자, 어떤 일을 할 수 있는 자, 어떤 액수의 봉급을
지불할 수 있는 자)에게 소유물을 양도하길 선택하며, 그러한 조건을
충족시키는 사람이라면 그 누구에게라도 양도할 의사가 있을 것이
다. 이 경우, 양도자가 제시한 조건을 충족시킬 기회를 적게 가진
자보다는 많이 가진 자가 그 물건을 양도받는다는 것은 불공정하지

않을까? 양도자는 수취자가 어떤 일정의 조건을 충족시키기만 하면 그 수취자가 누구인가에 관심이 없으므로, 그러한 상황에서 수취자가 될 기회의 균등성은 양도자의 소유 권리를 침해하지 않을 것이다. 이는 또한 보다 큰 기회를 가진 자의 소유 권리로 침해하지 않을 것이다. 그는 그가 가진 것에 대한 소유 권리도 소유하나 그것이 타인이 가진 것보다 더 많아야 한다는 권리 주장은 할 수 없다. 보다 적은 기회의 소유자가 동등한 기회를 갖는 것은 더 좋지 않을까? 만약 우리가 타인의 소유 권리를 침해함이 없이 균등한 기회를 제공할 수 있다면, 우리는 그리 해야 하지 않을까? 그것이 보다 公正하지 않을까? 만약 보다 공정하다면, 자원을 확보하여 보다 적은 기회의 소유자들의 지위를 높여 보다 평등한 경쟁적 위치에로 올리기 위한 목적을 일부인들의 소유 권리에 우선한 것으로 취급하는 것도, 역시 이러한 공정성에 의해 정당화될 수 있는가?

그 과정은 다음과 같은 점에서 경쟁적이다. 보다 큰 기회를 가진 자가 존재하지 않는다면, 양도자는 보다 적은 기회를 가진 자와 거래할 것이고 후자는 이런 조건에선 거래의 최적 상대이다. 이는 서로 단절되어 있으나 유사한 존재들이, 서로 다른 혹성에 살며 서로 다른 어려움에 부딪치고 그들 삶의 다양한 목적을 실현할 서로 다른 기회를 갖는 그러한 상황과 다르다. 이 경우엔 한 존재의 상태는 다른 존재의 상태에 영향을 주지 않는다 ; 조건 나쁜 혹성의 자연 조건이 실제보다 좋았다면 더 좋을 것(그리고 조건 좋은 혹성의 자연 조건이 현재보다 더 좋았다면 더 좋을 것)이지만, 그렇다고 해서 이것이 더 공정한 것은 아닐 것이다. 이는 또한 한 개인이, 그럴 수 있는데도, 타인의 처지를 향상시키길 선택하지 않는 경우와 다르다. 우리의 관심이 되는 그 상황에서는, 보다 나은 기회를 가진 특정의 개인이 존재하지 않는다면, 보다 적은 기회를 가진 다른 개인이 이득을 본다. 이렇게 볼 때, 보다 나은 기회를 가진 자는 단지 더 잘 사는 자, 남 돕기를 선택하지 않는 자가 아니라, 보다 적은 기회를 가진 자가 더 잘 살게 되는 것을 막고 방해하는 자로 간주될 수 있다.[4] 교환 행위에 있어 보다 매력적인(보다 경쟁적인) 상대가 됨으로써 교환의 다른 경쟁자를 방해하는 행위는 타인의 처지를 직접,

가령 그의 물건을 훔침으로써, 악화시키는 행위와는 다르다. 그렇
다 해도 보다 적은 기회의 소유자는 타인, 즉 보다 나은 기회를 받
을 응분의 자격이 없는 타인에 의해 그와 같이 방해받는 데 대해 정
당한 불평을 할 수 있지 않을까? (제 3 자——가령, 보다 적은 기회의
소유자보다 더 불운한 자——가 그에 대해 유사한 불평을 할 수 있다는 점
은 무시하자.)

위 두 문단의 질문들(이는 내가 던진 질문들이다)의 설득력을 인정
하긴 하나, 나는 이들이 철저한 소유 권리적 정의관을 전복시킨다
고 생각하지는 않는다. 나의 아내가 다른 구혼자(내가 없었다면 내 아
내가 결혼했을)를 거절한 이유가 부분적으로는 내 어떤 노력의 대가
가 아닌 바 나의 날카로운 지성과 멋있는 용모(나의 붙임성 있는 품
성은 말할 것도 없고) 때문이라면, 그 거절당한 구혼자는 지성과 용
모에 있어 불공평성에 대해 합법적인 불평을 할 수 있을까? 내가 이
렇게 해서 그 구혼자가 아름다운 여인의 결혼 승낙을 얻어내는 데 방
해가 되었다 해서, 이는 타인들로부터 돈을 거두어 그의 성형수술이
나 지성 훈련을 위한 경비로 지불한다거나, 내가 갖지 못한 멋있는
특성을 발전시켜 피선택의 기회에 있어 그를 나와 대등한 입장에
서게 하기 위해 돈을 지불하는 행위를 정당화하는가? (나는 여기에
서 기회를 균등하게 만들기 위해 보다 나은 기회를 가진 자의 상황을 악화
시키는 것——가령 그의 용모를 흉하게 만든다든가, 마약을 주사한다든가
또는 그의 주변을 시끄럽게 하여 그가 그의 지성을 충분히 발휘치 못하게 함
에 의해——은 허락될 수 없음을 당연한 것으로 전제한다.)[5] 그러한 결과
는 논리적으로 뒤따르지 않는다. (누구에 대하여 그 거절당한 구혼자는
합법적인 불만을 표할 것이며 어떤 근거에서 그럴 것인가?) 기회의 차이
가, 사람들이 자신들이 원하는 대로 행위하거나 또는 자신들의 소
유 권리를 양도함으로써 누적된 효과로부터 발생한 것이라 해도 사
태는 변하지 않는다. 문제는, 그러한 제 3 자적 방해 효과가 있다고
주장될 수 없는 소비재의 경우는, 더욱 쉬워진다. 한 어린이가 수
영장을 갖춘 집에서 태어나 이를 매일 사용한다는 사실은, 그가 그
렇지 못한 아이에 비해 그 혜택을 받을 응분의 이유 *deserve* 가 없다
는 이유로 해서 불공평하다고 해야 할까? 이러한 상황은 금지되어

296

야 하는가? 그렇다면 유증에 의해 수영장을 어른에게 양도하는 데
에 대한 반대는 왜 있는가?

　기회의 균등, 생명, 이런 권리의 행사 등과 같은 다양한 사물들
에의 권리를 모든 사람들이 갖고 있다는 데에 대한 주요 반대는, 이
권리들이 사물들과 행위들의 하부 구조를 요청하며, 다른 사람들도
이들에 대한 권리와 소유 권리를 가질 수 있다는 점이다. 어떤 것
에 대한 권리의 실현이 다른 사람들이 권리나 소유 권리를 갖고 있
는 그런 행위나 사물들의 사용을 필요로 한다면, 누구도 그 권리를
주장할 수 없다.[6] 특정 사물(그 연필, 그 신체 등등)에 대한 다른 사
람들의 권리 및 소유 권리와 그들이 이런 권리 및 소유 권리를 행사
하길 선택하는 방식은 개인들의 외적 환경과 그가 사용 가능한 수
단을 결정한다. 만약 한 개인의 목표가 다른 사람이 권리를 가진
수단의 사용을 필요로 할 경우, 그는 그들의 자발적인 협동을 요청
해야 한다. 그가 소유한 것을 어떻게 사용할 것인가를 결정할 그
자신의 권리를 행사하는 것조차도 스스로가 그에 대한 권리를 취득
해야만 하는 다른 수단, 가령 그를 생존케 할 음식을 필요로 한다.
따라서 그는 다른 사람들의 협조를 얻기 위해 포괄적인 타결안을
마련해야 한다.

　특정의 사람들에 의해 소유된 특정의 사물들에 대한 특정의 권리
가 존재하며, 만약 그대와 다른 사람들이 합의에 이를 수단을 획득
할 수 있다면, 그들과 합의에 이를 특정의 권리가 존재한다. (누구에
게도, 그대가 다른 사람들과 합의에 이를 수 있게끔 전화기를 빌려 줄 이유
는 없다.) 어떠한 권리도 특정 권리들의 이 하부 구조와 상충되어서
는 존재할 수 없다. 한 목적을 이루기 위한 깔끔히 윤곽지워진 어
떠한 권리도 이 하부 구조와의 상충을 피할 수 없으므로, 그러한
권리는 존재하지 않는다. 사물들에 대한 특정의 권리들이 권리의
공간을 채우고 있어 어떤 물질적 조건에 있어야 한다는 일반적 권
리 *general rights* 의 여지를 남겨두지 않는다. 逆理論은 그러한 보
편적으로 소유된 바 목적을 성취하거나 어떤 물질적 조건을 갖출
일반적 〈권리〉를 그의 하부 구조에로 위치시켜 모든 다른 것들을 결
정하게끔 할 것이다. 나의 지식으로는 이러한 〈逆〉이론을 표명하려

는 진지한 시도가 이루어진 바 없다.

自尊과 猜忌

평등성은 자존과 연결될 수 있을 듯하다.[7] 시기하는 자는, 그가 다른 사람이 소유한 바(가령, 재능 등)를 소유할 수 있는 경우, 그 다른 사람도 그것을 소유하지 않기를 바란다. 시기하는 자는 타인이 그것을 가지나 자신은 그것을 못 갖는 것보다는 그 누구도 그것을 갖지 않기를 바라는 자이다.[b]

---

b) 그대와 다른 사람의 어떤 종류의 물건이나 속성 소유에 있어, 다음의 4가지 가능성이 있다 :

다른 사람	그대
1. 소 유	소 유
2. 소 유	결 여
3. 결 여	소 유
4. 결 여	결 여

그대가 2에 대해 4를 선호하며 4보다는 3을 선호하면, 그대는 (그와 그 종류의 물건이나 속성에 관계하여 ; 이하에서 이 괄호 안의 구절 생략) 시기심을 느낀다 *envious*. 그대가 2보다는 1을 선호하나 3과 4 사이에서 별 차이를 느끼지 않으면, 그대는 질투하는 *jealous* 것이다. 근본적인 아이디어는 그가 그것을 갖고 있으므로 그대가 그것을 갖고 싶다면, 그대는 질투심을 느낀다 말할 수 있다는 것이다. 보다 약한 조건에 따르면, 그가 그것을 가졌으므로 그대가 그것을 더 많이 갖고자 하면 그대는 질투를 느끼고 있는 것이다 : 즉, 그대가 4에 대해 3을 선호하는 정도보다 더 강하게 그에 대해 1을 선호하면. 마찬가지로 우리는 시기에 대해서도 덜 강한 조건을 제시할 수 있다. 매우 강한 시기심을 갖는 사람은, 자신이 그 사물을 소유치 않고 있으면 타방도 그것을 갖지 않길 원한다. 부분적으로 시기하는 사람은 자신이 그것을 소유치 못하는데 타방이 그것을 가져도 기꺼운 마음이나, 이러한 상황보다는 자신도 그것을 갖고 타방도 그것을 갖는 그런 상황을 선호한다 ; 즉 그는 3에 대해 1을 선호하는 정도보다 낮은 정도로 4에 대해 2를 선호한다. 그대가 1보다는 3을 그리고 4보다는 3을 선호하면, 그대는 아까와하는 *begrudging* 것이다. 그대가 1보다는 4를, 그리고 4보다는 3을 선호한다면 그대는 심술궂은 *spiteful* 것이다. 그대가 1과 4의 차이를 느끼진 않으나 4보다는 3을 선호한다면, 그대는 경쟁심이 있다 *competitive*.

경쟁적인 사람은 아까움을 느낀다. 심술궂은 사람도 아까움을 느낀다. 시기하나 질투(약한 조건이 제시한 의미로)하지는 않는 사람이 있을 수 있다. 모든 질투하는 사람들은 시기한다는 점은 公理는 아니나 그럴싸한 심리학적 추정이다. 그리고 분명히 심술궂은 사람은 시기한다는 점은 심리학적 법칙이다.

롤즈가 한, 유사한 그러나 다소 다른 구분과 비교하라(*A Theory of Justice*, §80). 롤즈의 시기에 대한 정의는 우리의 것보다 강하다. 우리는 다음과 같이 해서 그의 것과 비슷한 것을 제시할 수 있다 : $i(X)$가 어떤 X에 대한 위와 같은 매트릭스의 i번째 列이라 하고 $i(Y)$를 어떤 셋 Y에 대한 매트릭스의 i번째 列

사람들은 시기가 평등주의의 기저를 이룬다고 종종 주장해 왔다. 다른 사람들은 평등주의의 원리들은 독자적으로 정당화되므로 평등 주의자에게 불명예스러운 심리를 갖다 붙일 필요가 없다고, 그리고 그는 단지 올바른 삶의 원리들이 실현되길 바랄 뿐이라고 대답하곤 했다. 사람들이 자신들의 감정을 합리화하기 위해 발휘하는 교묘성 과 평등이 그 자체로서 가치라는 입장을 위한 논변들을 발견하기 가 몹시 어려움을 고려할 때, 양보해 말해도, 이 응답은 입증되지 않 는 것이다. (이는, 사람들이 일단 평등주의적 원리를 받아들이면 그들은 이 일반적 원리의 적용으로서 자신들의 처지를 악화시키는 데 지지를 표할 것 이라는 사실에 의해서도 입증되지 않는다.)

이 자리에서 나는 시기라는 감정의 기묘함 *strangeness* 에 논의를 집중하겠다. 왜 어떤 사람들은 다른 사람들이 잘 살고 복됨에 기뻐 하기보다는 자신들보다 못되기를 원하는가? 왜 그냥 대범하게 넘 겨 버리지 못하는가? 다음과 같은 식의 해답이 그럴 듯해 보인다 : 두 사람 x, y가 있어 x가 H의 점수를 가진 y보다 어떤 차원에서 점수가 낮다 해 보자. 이 경우 y가 x보다 더 높은 점수를 따는 것 이 x의 자존심을 위협하거나 손상시키고 어떤 중요한 방식으로 x 로 하여금 y보다 열등하게 느끼도록 만드는 그런 경우에, x는 y 가 H보다 적은 점수를 따길 원한다. 타인의 행위들이나 특성들이 어떻게 자신의 자존심에 영향을 주는가? 나의 자존심, 나 자신의 가치 등등은 오직 나에 관한 사실들에만 달려 있어야 하지 않을까? 내가 평가하고 있는 대상이 나라면 어떻게 다른 사람에 관한 사실 들이 이 평가에서 역할을 할 수 있는가? 그 대답은 물론 우리가 무 엇을 얼마나 잘 하는가는 우리의 솜씨를 다른 사람들의 그것과 그리 고 다른 사람들이 할 수 있는 것과 비교함에 의해 평가되기 때문이

이라 하자. 그대가 2(X)와 1(Y)보다는 4(X)와 4(Y)를 선호한다면, 그대는 롤즈의 강한 의미로 시기하는 것이다 : 즉, 타방이 X와 Y를 모두 가지나 그대는 단지 Y만을 갖는 상황보다는 그대나 타방 누구도 X나 Y를 갖지 않는 상황을 선 호하면. 그대는 그 차이를 없애기 위해 무엇을 포기할 용의가 있는 것이다. 롤즈 의 〈질투하는〉 그리고 〈아까와하는〉이란 어휘는 우리의 〈아까와하는〉의 뜻이며, 우리의 〈질투하는〉에 대응하는 어휘를 그는 갖고 있지 않다. 여기에서의 우리의 심술에 대한 정의는 그의 것보다 강하다. 그는 우리의 〈경쟁적〉이란 어휘에 대응 하는 것을 갖고 있지 않다.

다. 외진 산골에 사는 어떤 한 사람은 150 번의 농구 슛을 해서 15
번을 골인시킬 수 있으나 다른 사람들은 오직 1 번 골인시킬 수 있
다 해 보자. 그는 (다른 사람들도 마찬가지로) 스스로가 농구를 잘 한
다 생각할 것이다. 어느날 제리 웨스트 Jerry West 가 나타난다. 또
는 한 수학자가 매우 열심히 연구하여 종종 흥미 있는 추정을 해내고
공리를 멋있게 증명한다. 그 다음 그는 일단의 수학의 명수들을 발
견한다. 그는 어떤 공리를 추정해내고 그들은 이들을 재빨리 논증
하거나 논파한다(처치 Church 의 공리ㄱ) 때문에 항상 그럴 수는 없지만).
그들은 이를 매우 우아한 논증을 구성하여 행하며 그들 자신들도
매우 심오한 공리를 생각해낸다 등등.

이를 각각의 경우에 있어 그 사람은 자신이 결국은 그 일들에 아
주 뛰어나거나 능숙한 것은 아니었다고 결론지을 것이다. 무엇을 잘
하는가에 대한 기준은 타인이 그것을 얼마나 잘 하는가와 별개로는
존재하지 않는다. 공산주의 사회에서 인간은 어떻게 살 것인가를 기
술하면서 트로츠키 Leon Trotsky 는 그의 책『문학과 혁명 *Literature
and Revolution*』에서 말하길 :

　사람들은 말할 수 없을 정도로 보다 강하고 현명하고 섬세해질 것이다.
　그의 신체는 보다 조화로와질 것이며 그의 동작은 보다 율동적일 것이며
　그의 목소리는 보다 음악적일 것이다. 삶의 형태는 역동적으로 극적일 것
　이다. 인간의 평균적 유형은 아리스토텔레스, 괴테, 마르크스의 경지에
　이를 것이며 이 능선 위로 새로운 고봉들이 솟아날 것이다.

만약 이런 때가 도래한다 하더라도, 겨우 아리스토텔레스, 괴테,
마르크스의 수준밖에는 미치지 못하는 평균의 일상인은 스스로가
그 활동들(시·철학·경제)에 능숙하다고 생각할까? 그도 자존심의
문제를 안게 될 것이다. 위의 농구 선수나 수학자의 처지에 있는 사
람은, 타인들이 자신들이 지닌 재능을 결하고 있거나 적어도 자신들
앞에선 그들의 재능을 보이지 않길 바랄 것이며, 그럼으로써 그들
의 자존심은 손상되지 않을 것이며 고양될 것이다.

ㄱ) 한 문장(이 경우 공리)이 다른 문장들로부터 논리적으로 유도될 수 있는지의 여
　부를 결정할 수 있는 단계적인 절차가 없다는 공리.

이는 수입에 있어서의 불평등, 또는 한 회사내에서의 권력 있는 지위, 또는 사업가의 그의 고용인과 비교된 지위가 왜 그리 사람들의 마음에 상처를 주는가에 대한 한 가능한 설명일 것이다. 이는 그 우월한 지위가 응분의 것이 아니라는 느낌에서 기인하는 것이 아니라 그것이 응분의 것이고 노력의 결과라는 느낌에서 기인한다. 어떤 다른 사람이 보다 많은 것을 성취했고 더 높은 지위에 올랐다는 사실에 대한 인식은, 자신의 자존심을 상하게 하며, 자신의 인간으로서의 가치가 그 이전보다 덜한 것으로 느끼게 한다. 이전에 노동자였던 사람에 의해 최근에 설립된 공장의 노동자들은 다음의 질문에 항시 직면할 것이다 : 왜 내가 주인이 아닌가? 왜 나는 겨우 노동자인가? 우리는 그 우월한 자와 매일 대면하지만 않는다면, 그가 우리보다 낫다는 사실에 대한 인식을 보다 쉽사리 무시할 수 있을 것이다. 내 얘기의 요점은, 타인의 우월성이 응분의 것이라는 사실에 달려 있지 않다. 그대보다 춤을 잘 추는 자가 있다는 사실은 춤에 관한 그대 자신의 스스로에 대한 평가에 영향을 줄 것이며, 이는 그의 춤 실력의 많은 부분이 응분의 것이 아닌 자연적 자질에 의존한다고 그대가 생각하더라도 그렇다.

이러한 고려 사항들을 구현하고 있는 것으로서 (심리설에 대한 기여로서가 아니라) 다음의 단순한 모델을 생각해 보자. 사람들이 그에 따라 서로 차이가 나는 차원들 또는 차원적 속성들 $D_1, \cdots, D_n$ 가 있다. 이 속성들을 개인들은 가치 있는 것으로 간주한다. 사람들은 그들이 어떤 차원에 관해 자신들이 가치 있는가에 관해 서로 다른 견해를 갖고 있다. 그리고 그들은 가치 있는 것으로 간주함에 있어 그들이 합의한 차원들에 주는 (제로 아닌) 비중에 관하여 서로 다르다. 각 개인에 대하여 각 차원에 따라 그의 객관적인 위치를 나타내는 사실적 프로필이 존재할 것이다. 가령 농구 실력의 차원에 있어 〈통상적으로 20피트 떨어진 곳에서 100번 던져 ~점을 딸 수 있는 능력이 있는〉이라는 차원에 관한 기술이 있을 수 있고, 한 개인의 점수는 20, 34, 또는 67일 것이다.

예를 단순하게 하기 위해, 자신의 사실적 단면에 관한 한 개인의 소견이 상당히 정확하다 가정하자. 이 개인이 자신의 사실적 프로

필에 의거한 그 자신의 점수를 어떻게 평가하는가를 나타내는 평가적 프로필 *evaluative profile*이 존재할 것이다. 각 차원에 대한 스스로의 평가를 나타내는 평가적 등급들(가령, 수·우·미·양·가)이 존재할 것이다. 이 개별적인 평가들, 즉 한 개인이 자신의 사실적 프로필로부터 구체적 평가에 어떻게 이르는가의 문제는, 다른 유사한 존재들(〈비교 집단 *reference group*〉)의 사실적 프로필에 관한 그의 사실적 소견, 그리고 어린이·성인 등등으로서의 그에게 부여된 목표에 의존한다. 이 모두는 그의 야심의 수준을 형성하며, 이 야심 자체도 대략 명시할 수 있는 방식으로 변화한다. 각 개인은 자신에 대한 전반적인 평가를 할 것이며, 가장 단순한 경우엔 이는 자신의 평가적 프로필과 차원들에 대한 그의 채점에만 의존한다. 이것이 어떻게 이에 의존하는가는 개인에 따라 다르다. 어떤 사람들은 모든 차원들에 걸친 자신들의 점수의 총합을 고려 대상으로 할 것이며, 어떤 사람들은 어떤 웬만큼 중요한 차원에서 자신들이 잘 하면 그것으로 됐다고 생각할 것이며, 또 다른 사람들은 중요한 차원의 어느 한 곳에서라도 자신들이 잘 하지 못하면 자신들이 형편없다고 생각할 것이다.

한 사회내에서 어떤 차원들은 매우 중요하다고 사람들이 일반적으로 동의하며, 이 차원들에 관해 사람들 사이의 차이가 있고, 어떤 기관이 공개적으로 이 중요한 차원에 관한 사람들의 점수에 따라 사람들을 분류할 경우, 낮은 점수의 사람들은 높은 점수의 사람들보다 열등하게 느낄 것이다. 즉 그들은 인간으로서 열등하게 느낄 것이다. (해서 열등한 사람은 자신들이 열등한 사람이라 생각하게 될 수도 있다)ㄴ) 그러한 열등감을 해소시키기 위해, 사회를 변화시켜 사람들을 구분하는 데 사용되는 그러한 차원들의 중요성을 격하시키거나 또는 사람들로 하여금 이런 차원들에서의 그들의 공개적인 발휘를 못하게 하거나 다른 사람들이 그 차원들에 있어 어떤 점수를 얻는가를 알지 못하게 할 수도 있다.ㄷ)

ㄴ) 즉, 한 측면에서만 열등한 것이 아니라, 사람으로서 열등하다고 느낄 수 있다.
ㄷ) 한 사회의 가장 중요한 차원이, 이 사회의 구성원들이 그 차원에서 어떤 위치를 차지하고 있는지 직접적으로는 결정될 수 없으므로, 발견 불가하다고 모두가 합의

만약 사람들이 어떤 차원에서 신통치 못하므로 그들이 열등감을 느낀다면, 그 차원의 중요성이 격하되거나 그 차원에서의 사람들의 점수가 평준화되는 경우, 사람들은 더 이상 열등감을 느끼지 않으리라는 것은 명백하다고 생각될 수도 있다 (《물론이다!》). 그들이 열등감을 느끼게 하는 바로 그 이유들이 제거되었다. 그러나 다른 차원들이 예전의 것을 대신하여 들어서서 (다른 사람들에게) 동일한 효과를 야기시킬 가능성이 짙다. 한 차원, 가령 富의 중요성을 격하시킨 다음 사회가 어떤 다른 차원, 가령 심미안, 미적인 특질, 지능, 뛰어난 운동 신경, 우아한 용모, 타인과의 공감의 능력, 오르가즘의 질 등이 가장 중요하다는 점에 일반적으로 합의한다면, 결국 동일한 현상이 반복될 것이다.[8]

사람들은 일반적으로 자신들이 타인들과 차이를 갖는 가장 중요한 차원에서 자신들이 어떤 위치에 있는가에 따라 스스로를 평가한다. 사람들은 스스로를 동물들에 견주면서 이들이 갖지 못한 인간 공통의 능력을 이유로 하여 자존심을 갖는 것이 아니다. (《나는 상당히 괜찮은 편이야, 나는 다른 손가락들과 마주 보게 할 수 있는 엄지를 가졌고ㄷ) 언어를 사용할 수 있으니까.》) 사람들은 자신들이 정치 지도자를 뽑을 권리를 가졌다는 사실 때문에 자존심을 갖거나 이를 견지하는 것도 아니다. (참정권이 제한되었을 때는 사정이 달랐겠지만.) 역사상의 많은 다른 사회에서는 사정이 달랐겠으나, 오늘날 미국 시민들이 스스로의 가치를 느끼는 것은 그들이 읽고 쓸 수 있기 때문인 것은 아니다. 모든 사람들이 또는 거의 모든 사람들이 어떤 것 또는 어떤 속성을 갖고 있을 때, 그것은 자존심의 기초가 되지 않는다. 자부심 또는 자존심은 차별적인 특성들 *differentiating characteristics*에 기초하고 있으며, 이런 이유로 자부심이 자부심 *selfes-*

한다면, 그 차원에서 한 사람의 점수는 다른 차원, 서로의 상대적인 위치가 결정될 수 있는 그 다른 차원에서의 그의 점수와 상관 관계에 있다 믿을 것이다(後光效果). 해서 神의 은총의 현존이 가장 중요한 차원이라 믿는 사람들은 다른 세속적이며 발견 가능한 사실들이(가령, 세속적인 성공) 그것의 존재를 지시한다 믿을 것이다.

ㄷ) 이 사실은 인간이 손으로 물건을 잡을 수 있는 가능성과 관련되고 궁극적으로는 도구의 사용과 관련될 수 있음.

*teem*인 것이다. 그리고 참고 집단을 논하는 사회학자들이 즐겨 지적하는 바와 같이 (비교되는) 타인들은 변화한다. 명문 대학의 일학년 생들은 그런 학교에 다닌다는 사실에서 자부심을 느낄 것이다. 이런 느낌은 그들이 입학 허가서를 받은 후부터 입학시까지 특히 더 강화된다. 그러나 그들이 만나는 모든 사람들이 비슷한 입장에 있을 경우엔 그런 명문교에 간다는 사실은 더 이상 자부심의 근거가 되지 않는다——아마도 그들이 방학을 맞아 귀향하여 (또는 단지 공상 속에서) 자기 학교에 재학하지 않는 사람들에게 갈 때를 제외하고는.

제한된 능력 때문에, 타인들이 중요한 것으로 간주하는 모든 차원에서 다른 모든 사람들보다 낮은 점수를 얻은 (그리고 중요하다거나 가치 있다고 생각될 수 있는 어떤 차원에서도 남보다 나은 점수를 얻지 못한) 한 개인을 생각해 보자. 그리고 그대가 이 사람의 자존심을 어떻게 고양시킬지 생각해 보라. 그대는 아마 그에게 그의 절대 점수는 낮지만 그의 제한된 능력을 고려할 때 잘한 것이라 말할 것이다. 그는 대부분의 사람들보다 자신의 제한된 능력을 보다 높은 비율로 구현하였으며, 다른 사람들보다 그의 잠재력의 큰 부분을 실현시켰다. 그의 출발점, 그가 가진 것을 고려할 때 그는 많은 것을 성취했다. 이런 말들은 타인들에 비해서 그가 잘 하는 다른 중요한(메타) 차원을 언급하고 있으며, 그럼으로써 비교적 평가를 재도입하고 있는 것이다. [d]

---

d) 중요한 차원으로서 이를 기준으로 하여 자신을 비교적으로 평가함이 적절치 않은 그런 차원이 존재하는가? Timothy Leary 의 다음 발언을 살펴 보라 :〈현재 살아 있는 자 중에서 가장 성스럽고, 가장 현명하며, 가장 지혜로운 자가 되는 것이 나의 야심이다. 나를 과대망상증에 걸렸다 생각할지 모른다. 그러나 나는 왜 그리 생각해야 하는지 이유를 모르겠다. 나는 왜……이 세상의 모든 사람들이 그런 야심을 가져선 안 되는지 이유를 모르겠다. 우리는 무엇이 되려 노력해야 하는가? 이사장, 또는 학과장, 또는 이것 저것의 소유자?〉 *The Politics of Ecstasy* (N.Y., 1968), p.218. 분명 될 수 있는 한 성스럽고 현명하며, 유익한 자가 되기 원한다는 데에는 별 이의가 없다. 그러나 살아 있는 사람들 중에서 가장 성스럽고, 현명하며, 가장 유익한 자가 되겠다는 생각은 기괴한 생각이다. 마찬가지로, 우리는 가능한 한 (동양적 의미에서) 覺한 자가 되길 원할 수 있다. 그러나 이 세상에서 가장 깨어난 사람이 되길 원한다는 생각은 기괴하다. 우리가 자신이 깬 정도를 어떻게 평가하는가는 오직 다른 사람들이 어떤가에 달려 있다. 이 점은, 절대적으로 가장 중요한 것은 그런 비교적 평가의 대상이 되지 않음을 암시한다. 그렇다면 본문의 비교 이론은 보편적인 타당성을 갖진 않는다. 그러나 예외적인 것들의 성격을 고려할 때, 이 사실은 제한된 사회학적 관심의

304

이런 점들은 자존심을 평준화하고 자존심이 중요한 방식으로 기초로 삼고 있는 그 특정의 우연적 차원에서의 각 개인들의 위치를 평준화시킴으로써 시기심을 감소시킬 수 있는 기회에 대해서 우리로 하여금 다소 회의적이게 한다. 다른 사람이 그것을 갖고 있음으로 해서 시기심을 일으킬 다양한 속성들을 생각해 보면, 우리는 차별적인 자존심의 가능성이 광대함을 알게 될 것이다. 이제 공산주의 사회에서는 모든 사람들이 아리스토텔레스, 괴테, 마르크스의 수준에 도달하리라는 트로츠키의 말을 상기해 보자. 이 트로츠키의 능선으로부터 새로운 봉우리들이 솟아날 것이다. 그 능선에 있다는 사실은, 언어를 사용할 수 있는 능력이나 물건들을 잡기 위해 손을 사용할 수 있다는 사실이 그렇지 않듯이, 모두에게 자부심이나 자신의 가치에 대한 느낌을 주지 않을 것이다. 어떤 자연적이고 단순한 가정은 심지어 시기심 보존의 원리에 이르기까지 한다. 그리고 만약 차원들의 수가 무제한하지 않으며 차이점들을 제거하기 위한 대폭적인 진전이 이루어지면, 사람들은 차별적인 차원의 수가 줄어듦에 따라 시기심이 더욱 강해지지 않을까 걱정할 것이다. 왜냐하면 차별적인 차원의 수가 적은 경우, 많은 사람들은 그들이 어느 차원에서도 잘 하지 못함을 발견할 것이다. 여러 개의 독자적으로 변화하는 정상 분포들의 측량된 총합 자체는 정상적일지라도, 만약 각 개인(각 차원에서의 자신의 점수를 아는)이 그 차원들에 다른 사람들과는 다른 방식으로 비중치를 둔다면, 설혹 각 차원에서의 점수들이 정상적으로 분포되었더라도, 서로 다른 개인들이 서로 다르게 비중치를 준 모든 조합들의 전체 총합 자체는 정상 분포일 필요는 없다. 모든 사람들은 자신이 부여한 비중치를 기준으로 해서 분포 상태를 볼 것이므로 그들의 각각은 스스로가 분포의 (심지어 정상 분포의) 상한선에 있는 것으로 생각할 수도 있다. 차원들의 수가 적으면 적을수록, 사람들은 자신이 높은 점수를 딴 차원에 보다 높은 비중치를 부여하여 각자 나름대로의 측정 방식에 의해 자존심의 기

대상일 것이다(개인적으로는 큰 관심의 대상이지만). 또한 자신을 비교적으로 평가하지 않는 사람들은 자신의 자존심을 부양키 위해 어떤 차원에서의 평준화를 필요로 하지 않을 것이다.

초를 성공적으로 마련할 기회를 점점 더 상실한다. (이는 시기심이, 오직 모든 차이점들을 일거에 제거함으로써만, 감소될 수 있음을 보인다.)

　시기심이 우리의 논의가 시사한 것보다 다루기 쉬운 것이라 하더라도, 사람들이 자신의 처지를 앎으로써 느끼는 시기심과 불행감을 감소시키기 위해 타인의 처지를 악화시키기 위해 관여하는 것은 이론의 여지가 있다. 이러한 정책은 마치 한 행위(가령, 흑인과 백인 부부가 손을 잡고 걷는 등의)가 이루어짐을 단지 알고 있음이 타인들을 불행하게 하므로 그 행위를 금지해야 한다는 논리와 비슷하다(제10장을 보라). 두 경우 모두 동일한 종류의 外部性 *externality* 이 관여되어 있다. 한 사회가 그 구성원들 사이의 자부심에 있어서의 광범한 차이를 피하기 위한 최선의 방법은, 구성원들이 여러 차원들에 대해 동일하게 비중치를 부여하지 않는 것이다 ; 대신 차원들과 비중치 측정의 서로 다른 목록을 다양하게 작성케 하는 것이다. 이는 다른 일부의 사람들 역시 중요시여기며 자신이 웬만큼 잘하는 그러한 차원을 각 개인이 발견할 기회를 증가시킨다. 그리고 이러한 기회의 증가는 스스로에 대해 괴팍스럽지 않으면서도 호의적인 평가를 내릴 수 있게 한다. 공통적 사회적 척도 *social weighting* 의 그러한 분화는 어떤 차원을 중요치 않은 것으로서 배제시키려는 어떤 중앙 집중적 노력에 의해 성취되지는 않는다. 그런 노력이 중앙 집중적이면 일수록 그리고 광범위하게 지지되면 될수록, 이 노력에 대한 기여는, 사람들의 자부심이 기초하게 될 공통적으로 합의된 차원으로, 사람들의 전면에 점점 가까이 다가설 것이다.

의미 있는 작업

　작업 체계하에서의 종속적인 위치는 다음과 같은 사회·심리학적 법칙이나 또는 근본적인 일반화에 준거하여 자존심에 악영향을 준다는 주장이 있다 : 그대 자신에 의해 선택되지 않은 타인에 의해 자주 지시받고 그의 권위하에 있는 기간이 오래될 때 이는 그대의 자존심을 저하시키고 그대에게 열등감을 느끼게 한다 ; 반면 이런 상관들을 민주적으로 선출하는 과정에서, 그리고 계속적으로 조언하는 과정에서, 그들의 결정에 찬·반 투표를 함에 있어, 그대가 어떤 역할을 한다면 이런 열등 의식은 피할 수 있다.

그러나 교향악단의 단원들은 자신들의 지휘자에 의해 계속 지휘를 받으며(종종 변덕스럽고 자의적이며 기분내키는 대로의 지휘를) 그의 작품에 대한 전반적인 해석에 관해 자문의 대상이 되지 않는다. 그럼에도 그들은 높은 자존심을 보유하고 있으며 자신들이 열등한 존재라는 느낌을 갖지 않는다. 군대의 훈련병들 역시 끊임없이 지시를 받으며 옷을 어떻게 입어야 할지 그들의 사물함 속에 무엇을 보관할지 등에 관해 잔소리를 듣지만, 그들은 자신들이 열등한 존재라고 느끼게 되지 않는다. 공장에서의 사회주의 노동 조직 요원들도 동일한 지시를 받으며 다른 사람들과 동일한 권위에 종속되어 있으나, 그들은 자신들의 자존심을 상실하지 않는다. 조직체의 상부에 있는 사람들도 많은 경우 지시를 받으나 열등감을 느끼지 않는다. 〈종속된 지위에서 지시를 받는 것은 자존심을 손상케 한다〉는 일반화에 대한 이와 같은 많은 예외에 비추어 볼 때, 낮은 자존심의 종속자들이 애초부터 자존심이 낮았을 가능성이나, 그들이 그들의 지위 때문에 어쩔 수 없이 그들 삶의 사실들에 직면해야 했고 그들 자신의 고유한 인격으로서의 가치에 대한 스스로의 평가는 무엇에 기초해야 하는가의 문제에 관해, 그 대답을 쉽사리 얻지 못한 채, 숙고해야 했을 가능성을 고려해야 한다. 그들은, 특히 그들에게 지시를 내리는 상관들의 그러할 권리가 단지 어떤 개인적 우월성에 기초했다 믿을 경우, 더욱 그 물음에 대한 대답을 쉽게 찾지 못할 것이다. 소유 권리론 *the entitlement theory*에 따르면 물론 상황은 이렇지 않다. 사람들은 자신들의 자산과 타인들이 어떤 조건으로 이 자신의 자산을 사용할 수 있는지 등등에 관해, 그들 자신의 훌륭한 특질을 사용함이 없이도, 결정할 수 있는 권리가 있다 ; 이런 권리들은 그들에게 양도되었을 수도 있다. 차별적인 자존심에 대한 우려를 갖는 독자들은 아마도 소유 권리론이 보다 잘 알려지게끔 도와야 할 것이며 그럼으로써 낮은 자존심의 한 근거를 배제토록 해야 할 것이다. 물론 이는 그런 근거 모두를 제거하진 않는다. 종종 한 개인의 소유 권리들은 분명히 그 자신의 특성들과 이전의 활동들로부터 우러나올 것이며, 이런 경우, 비교란, 직면하기에 즐거운 것은 아닐 것이다.

　종종 의미 있고 만족스러운 작업 *meaningful and satisfying work*의 문제가 자존심에 대한 논의 중에 언급된다. 의미 있고 만족스런 일은 다음을 포함한다고 말해진다 : (1) 자신의 재능과 능력을 발휘하고, 독립적이며 주도적인 행위와 스스로의 방향 정립을 필요로 하는 (그리고 그러므로 지루하고 반복적인 일이 아닌) 상황과 도전에 대면할 수 있는 기회 ; (2) 관여된 개인이 가치 있다고 생각하는 활동 ; (3) 어떤 전반적인 목표의 성취에 있어 자신의 활동이 담당하는 역할에 대한 자신의 이해 ; (4) 이런 이해로 해서 자신이 자신의 활동에 관해 결정함에 있어 자신이 그 속에서 활동하는 바의 보다 큰 과정에 관한 어떤 것을 고려에 넣을 수 있는 능력. 사람들은 말하기를, 이러한 개인은 자신이 하고 있는 것 그리고 이를 잘하고 있음에 자부심을 느끼며 자신이 가치 있는 기여를 하므로 가치 있는 인간이라 느낄 수 있다는 것이다. 더 나아가, 사람들은 말하기를 그런 종류의 일이 그 자체로서 바람직하며 생산적임은 별개로 하더라도, 다른 종류의 일을 행함은 개인들을 무력하게 하며, 그들을 그들 삶의 모든 분야에 있어 보다 덜 충족된 인간이게 한다는 것이다.

　규범 사회학 *normative sociology*, 즉 문제들의 원인들이 무엇이어야만 하는가에 관한 연구는 우리 모두를 흥미진진하게 한다. 만약 X가 나쁘고 역시 나쁜 Y가 어떤 그럴 듯한 이론에 의해 X에 결부되면 둘 중 하나가 다른 하나의 원인이라는 결론을 거부하긴 매우 힘들다. 우리는 한 나쁜 것이 다른 것의 원인이길 원한다. 만약 사람들이 의미 있는 일을 해야만 하고, 사람들이 그러하길 우리가 원하며,[9] 우리가 어떤 이론에 의해 의미 있는 일의 결여(이는 나쁜 것인데)를 어떤 다른 나쁜 것(일반적으로 주도적 행위의 결여, 수동적이며 한가로운 활동, 등등)과 결부시킬 수 있다면, 우리는 즐거이 전자의 악은 후자의 악의 원인이 된다는 결론에로 비약한다. 이 후자의 나쁜 것들은 물론 다른 이유 때문에 존재할 수 있다 ; 그리고 직업의 선택이 가능한 경우 그 상관 관계는 실은 독립적 활동에 있어 저조성을 보이는 성향의 사람들이 바로 다음 유의 사람, 즉 독립적인 발전의 기회가 별로 없는 어떤 직업을 취하여 그에 안주하고자 가장 원하는 사람들이라는 사실에 기인할 수도 있다.

작업의 분화, 기계적 활동, 활동의 세부를 자세히 명시하여 독립적인 주도력의 발휘를 위한 여지를 별로 남겨 놓지 않은 것 등은 자본주의적 생산 방식에만 고유한 문제들이 아니라, 산업 사회 일반의 문제들이라는 점은 종종 지적된 바 있다. 노동자들의 의미 있는 일에 대한 욕구에 자본주의는 어떻게 반응하며 반응할 수 있을까? 작업이 보다 의미 있는 것이 되도록 재배열될 때 공장 노동자들의 생산성이 향상된다면 이윤을 추구하는 개별적 공장주들은 생산 과정을 재조직할 것이다. 그러한 의미 있는 방식으로의 分業하에서 노동자들의 생산성이 불변한다면 노동자들을 끌기 위해 경쟁하는 과정에서 공장주들은 그들의 작업 조직을 변경시킬 것이다.

해서 흥미 있는 유일의 고려 대상은 공장 작업의 분업을 의미 있는 방식으로 행함, 노동의 교대 등등이 덜 의미 있는 분업 때보다 덜 효율적일(시장성을 기준으로 해서) 경우이다. 이 감소된 효율성은 세 가지 방식(또는 이들의 조합)으로 견뎌낼 수 있다. 첫째, 공장의 노동자들 자신들이 의미 있는 일을 원할 수 있다. 의미 있는 일은 이에 관한 이론가들이 부여하는 모든 장점들을 지니고 있으며, 노동자들은 이를 인지하고 있고, 해서 그들은 의미 있게 분화된 작업을 하기 위해 무엇을(가령, 임금의 일부를) 포기할 의사가 있다. 그들은 보다 낮은 임금을 받고 일하지만 그들의 전체 고용 계약(저임금 플러스 의미 있는 일이 주는 만족감)을 고임금 플러스 의미 없는 일보다 바람직한 것으로 간주한다. 그들은 임금의 일부와 그들 작업의 의미감의 증대, 자부심의 증대 등등과 교환한다. 많은 사람들이 아주 유사하게 행위한다 ; 그들은 기대되는 미래의 금전적 소득에 의거해서만 자신들의 직업을 취하진 않는다. 그들은 친교의 기회, 개인적인 발전의 기회, 흥미 여부, 직업의 안정성, 일이 고된지의 여부, 자유 시간의 양 등등을 고려한다. (많은 대학 교수들은 일반 기업체에 가면 보다 많은 돈을 벌 수 있다. 대학의 사무 직원들은 긴장감을 덜 느끼며 자신들의 판단으로는 보다 흥미 있는 작업 환경을 위해 기업체의 높은 임금을 포기한다. 다른 많은 예들을 우리는 인용할 수 있다.) 모든 사람들이 동일한 것들을 원하거나 동일한 정도로 절실히 원하는 것은 아니다. 그들은 직업이 주는 전반적인 이익들을 기초로 해서 여러 직업 중에서 하나를 선택한다. 유사하게, 다른 식의 작업 조직에 중요성을 느끼는 노동자들은 이를 얻기 위해 임금의 일부를 포기할 것이며, 그것에 가장 큰 중요성을 느끼는 사람들은 그들에게 제공된 직업을 선택함에 있어 실제 그 작업 조직을 선택하리라는 것은 의심의 여지가 없다. 농부의 생활의 리듬은 일관 작업대에 선 공장 노동자들(미국내에서의 총 인원수가 전체 육체 노동자 수의 5% 이내인)의 그것과 다르며, 이들의 수입이나 생활은 상점 점원들의 그것과 다르다.

그러나 보다 의미 있는 일이 노동자에게 그다지 가치 있는 것이 아니라 가정해 보자 ; 그는 그 의미 있는 일을 얻기 위해 보다 낮은 임금을 취하지 않을 것이라고 가정해 보자. (그의 생애의 어느 때에 의미 있는 일은 그럴 가치가 없을까? 만약 그의 생애의 시초에서라면, 그의 가치의 저울은 그 자체 의미 없는 일을 한 결과는 아니며, 그의 나중의 성격을 그의 고용 경험에 기인하는 것으로 간주하지 않도록 주의해야 한다.)

다른(노동자 아닌) 어떤 사람들이 감소된 효율성의 금전적 대가를 부담해야 하지 않을까? 그 명분이 개별적 노동자로 하여금 금전적 부담을 지길 선택하게 할 만큼 중요하진 않으나, 다른 사람들은 그 명분이 중요하다 믿으므로 그러할지도 모른다. 해서, 두번째로, 아마도 소비자들 각각이 그들이 사는 상품을 보다 비싼 가격으로 삼으로써 그 대가를 부담할 것이다. 우리 중의 한 무리가 구매 협동 조합을 결성하여 작업을 의미 있게 분업화한 공장으로부터만 물건들을 구입할 수 있다. 또는 개인적으로 그런 조처를 취할 수 있다. 우리가 어느 정도나 그러할 것인지는, 그런 활동에의 지원이 다음과 비교될때, 즉 다른 상품들을 보다 많이 사는 것이나, 그의 작업을 의미 있도록 분업화하지 않은 공장으로부터 동일한 물건들을 보다 싸게 구입하여 남은 돈을 다른 가치 있는 명분——가령, 의학적 연구나 가난한 예술가 또는 다른 나라의 전쟁 피해자들의 원조——에 一助를 가하는 것과 비교될 때 얼마나 우리에게 가치 있는가에 달려 있다.

그러나 만약 그것이 개별적 노동자들이나 개별적 소비자들(사회 민주주의 운동의 일원들을 포함하여)에게 충분히 가치 있는 것이 아니라면 어떨까? 어떤 대안이 남아 있는가? 제3의 가능성은, 노동자들을 작업이 의미 있도록 분업화되지 않은 공장에서는 일하지 못하게 금지하거나, 소비자들이 그러한 공장의 상품을 구입하지 못하게 금지할 수 있다는 것이다. (각각의 금지는, 암시장이 없다고 할 경우, 서로를 사실상의 法文化한다.) 또는 의미 있도록 분업화한 공장을 운영하기 위한 비용이 기업가들 이익에서 공제될 수도 있다. 마지막 가능성은 매우 큰 주제이므로 이에 대한 논의는 다음 기회로 미루어야겠다. 그러나 주목해야 할 점은 공장의 개인 소유주가 존재하지 않으며 모든 공장들이 노동자에 의해 소유된다 해도 공장의 작업이 어떻게 조직되어야 할 것인가의 문제가 아직 남아 있다는 것이다. 생산 방식을 조직함에 있어, 일부의 공장들은 증가된 금전적 이익을 공동으로 나누기 위해 결정할 것이다. 다른 공장들을 유사하게 하거나 또는 각 노동자에게 돌아가는 年收入의 수준을 맞추어야만 하거나 또는 소비자들을 설득하여 그들의 생산품에 보다 높은 가격을 지불하도록 설득해야 할 것이다. 이러한 경우 사회주의 정부는 아마도 의미 없는 일은 금지할 것이다. 그러나 그 정부가, 어떻게 법안의 문안을 작성할지의 문제는 별개로 하고라도, 어떤 근거에서 자신의 견해를 다른 목표를 성취하고자 하는 모든 노동자들에게 강요할 수 있을 것인가?

노동자들에 의한 관리

　자본주의 체제하에서의 회사들은 의미 있는 직업을 충분히 원하는 사람들에게는 그것을 제공할 수 있을 것 같다. 마찬가지로 이는 내적으로 민주적인 권위의 구조를 제공할 수 있을까? 분명 어느 정도까지는 그럴 수 있다. 그러나 민주적인 결정 절차에 대한 요구가 소유권에까지 미친다면, 그렇지 못할 것이다. 물론 대안으로서 사람들은 민주적으로 운영되는 그들 자신의 협동적인 cooperative 회사를 설립할 수 있다. 어떤 부유한 진보주의자나 일단의 노동자들이 기존의 공장을 사들이거나 새로운 공장을 설립하여 그들 이상에 맞는 소규모의 산업 체제를 구현시킬 수 있다 ; 가령, 노동자가 지배하며 민주적으로 운영되는 회사들. 이 공장은 그 다음 자신의 생산품을 직접 시장에 내다 팔 수 있다. 여기서 우리가 이전에 검토한 가능성들과 유사한 것들을 갖게 된다. 그러한 공장에서의 내적 절차는 시장성을 기준으로 하여 판단할 때 효율을 떨어뜨리지 않을 수 있다. 노동자들이 보다 적은 시간을 일한다 해도(그들 시간의 일부는 민주적인 결정 과정에 바쳐져서), 이들은 그 일하는 시간을 매우 효율적으로 사용하고 자신들이 형성하는 데 참여한 바 있는 그 과제에 전력을 다하여, 이들이 결과적으로 자신들의 보다 정통적인(보수적인?) 경쟁자들보다, 시장성을 기준으로 할 때, 더 우월할 수 있다. (루이 블랑 Louis Blanc ㄹ)의 견해와 비교하라.) 이와 같이 될 때 이런 유의 것으로서 재정적으로 성공적인 공장을 세우는 것은 별 어려움이 없을 것이다. 노동자들에 의한 이러한 관리 체계가 어떻게 운용될지에 관해 우리가 잘 아는 문제점들은 나는 여기에서 무시한다. 공장내의 노동자들의 투표에 의해 결정들이 이루어지면 이는 다음과 같은 사업 계획에의 투자 저하를 야기할 것이다 : 즉 그의 수익이 아주 늦게 나타나 현재 투표하는 노동자들의 많은 수가 그때면 더 이상 그 공장에서 일하지 않을 것이므로 그 사업으로부터 얻을 바가 없을 것이거나, 또는 그때면 몇 년밖에 더 그 공장에서 일할 기간을 갖지 않을 것이므로 자신들이 현재 공장의 자본을 당장 분배하기보다는 여축하여 투자하게 할 만큼 충분한 이익을 얻을 수 없는 그러한 투자 계획. 이러한 투자 저하 (그리고 미래 노동자들의 처지의 필연적인 악화)는 다음의 경우 피할 수 있다 : 즉 각 노동자들이 공장의 주식을 소유하고 있어 이를 팔거나 유증할 수 있는 경우에. 왜냐하면 이 경우 미래 수익에 대한 기대치는 그들이 소유한 주식의 현재 가격을 상승시킬 것이므로. (그러나 그 경우엔……) 만약 매번의 새로 고용된 노동자들이 자신들의 연간 순익을 다른 기존의 노동자들과 동일한 퍼센트로 얻을 권리(또는 동일한 비율의 소유권)를 취득한다면, 이는 새 노동자를 고용하려는 집단의 결정에 영향을 줄 것이다. 현재의 노동자들은, 따라서 공장은 전체 *total* 이익보다는 평균 *average* 이익(노동자마다에 돌아가는 이익)을 극대화하는 방향으

ㄹ) L. Blanc : (1811〜1882) 프랑스의 정치 이론가 · 정치가 · 사회주의자.

312

로 결정하려 할 것이고, 그럼으로써 수지 균형상 허락되는 숫자보다는 적은 수의 사람들을 고용할 것이다.[e] 어떻게 하여 공장 확장을 위한 여유 자본을 확보할 것인가? 공장내에서의 수입의 차이가 있을 것인가? (어떻게 그 차이들은 결정될 것인가?) 등등. 상디칼리슴 *syndicalisme*[ㅁ]적 공장 제도를 채택하면 서로 다른 공장들(그의 노동자마다의 자본의 양과 수익성이 다르므로)의 노동자들 사이의 수입의 불균형이 클 것이므로, 어떤 평등주의적 종국 상태적 정형을 선호하는 사람들이, 이런 제도를 그들 理想의 적절한 실현으로 생각할지는 의심스럽다.

노동자에 의해 관리되는 공장이 그렇게 조직될 경우 시장성을 기준으로 할 때 덜 효율적이어서, 다른 가치들은 이차적인 역할만을 하거나 또는 전혀 역할을 하지 않는 그런 공장, 즉 주로 값싼 상품의 생산만을 목표로 하는 공장들보다 싼 값으로 상품을 팔 수 없다면, 이 어려움은 이전에서와 같이 다음의 두 방식(또는 이의 조합)에 의해 쉽사리 처리될 수 있다 : 노동자에 의해 운영되는 공장들은 각 노동자들에게 다른 공장에서보다 적은 임금을 줄 수 있다 ; 협동적 결의 기관을 통해 그들은 스스로에게 보다 정통적인 공장의 노동자들보다 적은 임금을 지불하고 그렇게 해서 자신들의 공장 상품이 시장에서 경쟁적인 가격으로 팔리게 할 수 있다. 그러나 만약 노동자들이 자신들이 다른 경우 벌 수 있는 임금보다 낮은 임금으로는, 노동자에 의해 운영되는 공장에서 일하길 거절한다면, 즉, 만약 그러한 고용의 비금전적 이익들이 그들이 다른 곳에서 벌 수 있는 가외의 돈을 가지고 그들이 할 수 있는 바의 것들보다 덜 중요하다면, 그 경우 노동자 관리의 공장은 두번째 방법을 시도할 수 있다 : 즉 노동자들에게 경쟁적인 임금을 지불하는 대신 상품 가격을 보다 높이 매길 수 있다. 이 공장은 구매자들에게 보다 정통적인 공장의 상품 가격보다 비싼 가격으로 자기 회사 상품을 구매하라고 요청하

---

e) 자기 자신의 개인적 이익을 위해 행동하는 노동자들은 노동자 관리 체제의 공장이 효율적으로 움직이는 것을 훼방할 것이므로, 기반이 넓은 혁신적인 운동들은 그런 공장들을 비이기적인 노동자들로 채워야 할 것이다.

ㅁ) 노동 조합 至上主義, 총파업, 사보타지 따위의 직접 행동으로 생산과 분배를 노동 조합의 수중에 넣으려는 운동.

고, 그럼으로써 그 구매자들은 노동자 운영의 공장을 도우며, 그렇게 함으로써 사회 정의를 위한 그들의 역할을 수행하는 것이라고 그 구매자들에게 말한다. 이 경우 역시 어떤 소비자들은 추가의 가격을 지불할 용의가 있을 것이고, 반면 다른 일부의 소비자들은 노동자 관리의 공장에 돈을 기부하기보다는 싼 가격의 공장 상품을 사서 돈을 저축한 후 이 저축된 돈을, 다른 자선적인 기부를 포함한, 다른 목적을 위해 사용하는 것이 보다 바람직한 것으로 생각할 것이다. 만약 충분한 수의 소비자들이 그 공장을 돕지 않는다면, (그 공장의 운영 지속을 위한 보조금이 금지되어 있다고 할 때) 그 공장은 도산할 것이다. 만약 어느 정도 비금전적 기준에 의거해 일하고 구매하며 그런 공장을 지원할 용의가 있는 노동자들 그리고 또는 소비자들이 충분히 있다면, 그 공장은 성공할 것이다. 중요한 점은 자유 사회의 사람들의 자발적인 행동에 의해 이루어질 수 있는 노동자 관리 체제를 실현할 수 있는 방법이 있다는 것이다. [f]

그의 기업들이 대부분 사기업인 사회에선 노동자 관리의 공장들은, 이들이 설혹 효율적일 수 있어도, 운영 개시가 되지 않으리라 생각될지 모르겠다. 그러나 이들이 효율적인 것으로 사람들이 믿는다면, 이들은 시장 경제에서 어떤 종류의 지원을 얻을 것이다. 왜냐하면 그러한 기업이나 공동 운영체 *commune* 또는 그대가 생각할 수 있는 그 어떤 실험적 단체라도 일단 번창하게 되면, 이들이 설혹 사적 투자의 원리를 싫어한다 하더라도, 그들의 번창을 가능하게 한 원래의 투자를 돌려 줄 수 있을 것이다. 그리고 투자가들이, 성공적인 경우 투자 체제를 종식시키거나 그 가치를 감소시킬 그러한(노동자 관리의) 기업의 성장을 (투자를 통해) 지원하는 것은 투자가들의 계급 이익에 위배되는 것이라고 異論을 제기하지 말라. 투자가들은 그렇게 이타적이진 않다. 그들은 자신들의 개인적 이익을 위해 행동하지, 그들이 속한 계급의 이익을 위해 행동하진 않는다. 다른 한편으로, 노동자와 소비자가 될 의사를 가진 사람들이 있다 가정해도 국가 체

---

f) 이 방법들이 실패하면 다른 방법이 있다. 사람들을(노동자와 소비자들을) 강제하여 노동자 관리 체제에 협조하고 다른 경우 그들이 얻을 수 있는 가외의 재화나 임금을 포기하라 하는 방법.

제내에서 사기업을 시작하기 위해 얼마나 충분한 재원이 모여질지는 보다 난감한 문제이다.

위의 문단에 표명된 바보다는 외부로부터의 투자를 얻는 것이 어렵다 하더라도, 현재 노동조합의 재정은 많은 사개인들이 은행 대부 그리고 심지어는 노동조합으로부터의 대부를 얻어 기업을 시작하여 그 대부에 대한 이자를 갚아 나가듯이, 그렇게 벌린 돈에 대한 이자를 지불할 능력이 있는, 그리고 노동자 관리의 기업들을 지원하기에 충분한 기금을 보유하고 있다. 그런데 왜 일부의 노동 조합이나 노동자 집단은 그들 자신의 기업을 시작하지 않는가? 이는 노동자들에게 생산 수단에 접근하게 할 수 있는 얼마나 쉬운 방법인가? 기계들을 사고 공장 부지를 빌리고 등등 하여, 사개인이 하듯이, 공장을 직접 운영하면 되지 않는가? 노동 조합이 왜 자신들의 기업을 시작하지 않는지, 왜 그러기 위해서 자신들의 재원을 끌어모으지 않는지의 이유를 살펴보는 것은 계발적이다.

마르크스의 착취 개념

이 질문은 마르크스 경제학의 나머지에 대해 중요성을 가진다. 노동 가치설의 와해와 더불어 이의 특수 이론으로서의 착취 이론의 지주도 붕괴된다. 그리고 이 이론이 제시하는 착취에 대한 定義의 매력과 단순성은, 이 정의에 따르면 보다 큰 미래의 생산(아마도 인간의 증가에 따른)을 위한 투자가 발생하는 그 모든 사회에서 착취가 이루어질 것이라는 점이 인식될 때, 상실된다. 일할 능력이 아예 없거나 생산적으로 일할 능력이 없는 사람들이 타인들의 노동에 의해 보조금을 받는 *subsidized* 모든 사회에서. 그러나 실제는 마르크스적 이론은, 착취의 현상을 생산 수단에 근접할 수 없는 노동자들에 의거해 설명한다. 노동자들은 생산하기 위해 생산 수단을 사용해야 하며 홀로 생산할 수 없으므로, 그들은 자신의 노동(력)을 자본가들에게 팔아야만 한다. 한 노동자 또는 한 그룹의 노동자들은 생산 수단을 임대하여 몇 달 후에 생산된 것을 팔 때까지 기다릴 수가 없다. 그들은 충분한 현금이 없으므로, 기계들을 빌릴 수도 없거나 기계를 빌려 지금 생산되는 상품들이 미래에 팔려 수입이 생길 때까지 기다릴 수가 없다. 그들은 그 동안 먹고 살아야만 한다.[g] 그러므로, 마르크스 이론은 주장하길, 노동자들은 자본가들과 어쩔 수 없이 타협해야 한다. (그리고 실업 상태의 노동력이 많으므로, 자본가들은 노동자들을 얻기 위해 경쟁하고 노동의 가격을 올려 부를 필요가 없다는 것이다.)

그 이론의 다른 부분들을 적절하게 생략하고, 착취의 근거가 되는 것은 노동자가 생산 수단에 접근할 수 없다는 결정적인 사실이라 생각해 보자. 그러면 노동자들이 자본가와 어쩔 수 없이 타협하지 않아도 되는 사회에서는 노동자의 착취는 不在함이 바로 연역된다는 점에 주목하라(노동자들이 다른 노동자들, 덜 분산적인 집단과 거래해야 할지의 문제는 접어 두겠다). 해서 공적으로 소유되고 운영되는 생산 수단의 한 부문이 있어 원하는 모든 사람들이 이를 이용해 일할 수 있다면, 이는 노동자의 착취를 배제하기에 충분하다. 그리고 특히 이 공공 부문에 덧붙여 민간이 소유한 생산 수단의 다른 한 부문이 있어 이 부문에서 일하길 선택하는 임금 노동자들이 고용될 수 있다면 이 노동자들은 착취되지 않는다(아마도 그들은 이 부문에서 보다 높은 임금과 수익을 얻기 때문에, 그들을 공공 부문에서 일하게 하려는 시도에도 불구하고, 그들은 이 민간 부문에서 일하길 선택할 것이다). 왜냐하면 그들은 생산 수단의 민간인 소유자들과 거래하도록 강제당하는 것이 아니기 때문이다.

잠시 이 경우를 더 숙고해 보자. 민간 부문이 점차 확장되어 공공 부문이 점점 미약해진다 가정해 보자. 점점 더 많은 수의 노동자들이 민간 부문에서 일하길 선택한다고 가정해 보자. 민간 부문의 임금은 공공 부문의 임금보다 더 높으며 지속적으로 상승한다. 이제 일정 시간이 흐른 후에 이 미약한 공공 부문이 전혀 보잘것없게 되고 심지어 완전히 사라져 버린다 생각해 보자. 민간 부문도 어떤 동시적인 변화를 겪을 것인가?(공공 부문은 이미 미미하다 가정했으므로, 민간 부문으로 가는 새 노동자들은 임금에 큰 영향을 미치지 않

---

g) 생산 수단은 어디에서 오는가? 누가, 생산 수단을 취득하고 생산키 위해, 이전에 소비하지 않았는가? 누가 지금 임금을 지불하고 요인의 가격을 지불키 위해 소비를 포기하고 완성된 생산품이 팔린 이후에야 소득을 취하는가? 누구의 기업가적 민첩함이 계속 발휘되고 있는가?

을 것이다.) 착취 이론은 민간 부문에도 중요한 변화가 일어난다는 입장인 듯싶다. 이 입장은 그러나 매우 설득력이 없다(이 입장에 대한 이론적 논변으로서 설득력 있는 것은 없다). 민간 부문의 임금이 상승하지 않는다면, 이제까지 착취되지 않았던 노동자들은 이제 착취되고 있다고 할 수 있을까? 그들은 공공 부문에 별 관심을 두지 않으므로 이 부문이 사라져 버렸다는 사실을 알아차리지도 못했다고 가정하더라도, 그들은 이제 어쩔 수 없이 민간 부문에서 일하고 그곳에 일자리를 구하러 가야 했으므로 사실상 착취되는 것일까? 그 이론은 이와 같은 입장을 견지하는 듯싶다.

생산 수단에의 접근 불가론의 진리가 예전엔 어떠했는지 모르겠으나, 현재 우리 사회에선 노동 인구의 상당 부분이 현금을 개인 재산으로 보유하고 있으며 상당액의 현금이 역시 노동 조합의 연금 기금으로 보존되어 있다. 해서 현재의 노동자들은 기다릴 수 있으며 그들은 투자할 수 있다. 이 사실은 왜 이 현금이 노동자 관리의 기업을 설립하는 데 쓰여지지 않는가의 문제를 제기한다. 왜 진보주의자들이나 사회 민주주의자들이 이를 재촉하지 않는가?

노동자들은 이윤 남는 사업을 위한 유망한 기회를 포착하고 이 기회에 응해 기업을 조직할 기업가적 능력을 결여하고 있을 수 있다. 이런 경우 노동자들은 기업가나 관리자를 고용하여 그들을 위한 기업을 시작케 한 후 한 일년 후에 주요 권한을 소유자인 자신들에게 넘기게 할 수 있다. (커즈너 Kirzner 가 강조한 것처럼, 누구를 고용할 것인가를 결정함에 있어 기업가적 민첩성이 또한 필요로 될 것이지만.) 서로 다른 노동자의 집단들이 기업가적 재능의 소유자를 얻기 위해 경쟁할 것이며 그러는 중에 그런 봉사의 가격을 올려 부를 것이다. 마치 전통적 사유 기업 체제하에서 자본가들이 노동자를 고용하기 위해 그러했듯이. 이런 시장에서의 평형 상태가 어떠한 것일지의 문제는 생략하고 왜 지금의 노동자 집단이 기업을 세워 이런 경쟁을 하지 않는지의 문제를 논하자.

새로운 기업을 시작하는 것은 위험 부담이 뒤따른다. 새로운 기업가적 재능의 소유자를 발굴하기 쉽지 않고, 많은 것이 미래의 수요에 대한 평가, 자원의 입수 가능성, 예견되지 않았던 장애물, 우연 등등에 달려 있다. 전문화된 투자 회사나 모험적 자본 *venture capital*이 발달하여 이러한 위험 부담을 진다. 어떤 사람들은 새로운 모험적 기업에 투자하거나 지원하는 데서 생기는 또는 이런 기업을 직접 스스로 시작하는 데서 생기는 위험을 지려고 하지 않는다. 자본주의 사회는 이런 위험의 부담을 다른 활동들과 구분함을 가능하게 한다. 포드 자동차 회사의 子會社인 에젤 Edsel 社의 노동자들은 모험 기업의 위험을 부담하지 않으며, 이 회사가 손해를 볼 경우 이 회사의 노동자들은 자신들 봉급의 일부를 되돌려 주진 않는다. 사회주의 사회에서는, 반면, 노동자들이 자신이 일하는 기업의 위험을 나눠 부담해야만 하거나 또는 모든 사람들이 중앙 부처의 투자 관리자들의 투자 결정이 야기할 수 있는 위험을 나눠 부담한다. 이런 사회에선, 자본주의 사회에서와는 달리, 이런 위험을 벗어날 방도나 어떤 위험은 부담하고 어떤 것은 피할 (어떤 분야의 전문 지식을 획득함으로써) 방도가 없다.

　종종 위험 부담을 원치 않는 사람들은, 위험 부담을 하고 성공하는 사람들로부터 보상을 받을 소유 권리가 있다 생각한다. 하지만 이 동일한 사람들은 투자가 실패할 경우, 그 손실을 공동 부담함으로써 그들을 도와 줄 의무가 있다고는 생각하지 않는다. 가령, 카지노의 사회자들은 크게 딴 자들로부터 두툼한 팁을 기대하나 잃은 자의 손실을 부담하는 데 기여하도록 요청받으리라 기대하지는 않는다. 이러한 비대칭적 부담을 위한 논거는, 성공이 우연에 달려 있지만은 않은 기업 경영의 경우엔, 훨씬 더 미약하다. 왜 어떤 사람들은 뒷전에 서서 누구의 모험 기업이 잘 되는지 지켜 본 후 (그리고 事後知慧로 어느 기업이 위험을 돌파했고 이익을 남기며 운영이 되는지를 결정한 후) 그 성공의 한 몫을 달라고 할 수 있다고 느끼는가. 그들은 기업이 손해를 보는 경우 그 손해를 공동 부담해야만 한다고 느끼지 않으면서, 또는 그들이 기업의 이익을 공유하거나 그 기업의 운영에 참여하고자 한다면 스스로가 투자를 하고 위험도 부담해야 한다고 느끼면서도, 왜 그런가?

　마르크스의 이론이 이러한 위험을 어떻게 취급하는가를 비교하기 위해 우리는 그 이론을 잠시 검토해야만 하겠다. 마르크스의 이론은 價値에 관한 일종의 생산적 자원 이론 *the productive resources theory of value* 이다. 이런 이론에 따르면, 한 사물 X의 가치 V는 X 속에 구현된 사회의 생산적 자원의 총합과 같다. 보다 유용한 표현을 쓰면, 두 사물들의 가치의 비율 V(X)/V(Y)는 그들 속에 구현된 생산적 자원의 양의 비율 M(X 속의 자원)/M(Y 속의 자원) ──여기서 M은 자원의 척도이다──과 같다. 이러한 이론은, 그의 값이 V의 비율과는 독립적으로 결정되는 척도 M이 설명되길 요구한다. 우리가 가치에 관한 생산적 자원 이론에 생산 자원에 관한 노동 이론──노동이 유일한 생산 자원이라는──을 결합시키면, 우리는 가치에 관한 노동 이론(즉 노동 가치설)을 얻는다. 노동 가치설에 대해 제기된 반대 논변의 많은 것들은 여하한 생산적 자원 이론에도 적용된다.

가치 생산 자원론의 한 대안은 생산적 자원의 가치는 이로부터 발생하는(즉 이들로부터 만들어질 수 있는) 최종 생산품의 가치에 의해 결정된다──여기에서 최종 생산품의 가치는 이를 위해 사용된 자원의 가치에 의해서가 아닌 다른 어떤 방도에 의해 결정된다──고 주장할 수 있다. 한 기계가 X만을 만드는 데 사용될 수 있고, 다른 기계는 Y만을 만드는 데 사용되며, 각 기계가 그의 생산품의 한 단위를 만들기 위해 동일한 재료를 동일한 양만큼 사용하고 그리고 X가 Y보다 값어치 있다고 가정한다면, 각 기계가 똑같은 재료를 사용하며 제품 생산에 동일한 시간을 소요한다 하더라도 첫번째 기계가 두번째의 것보다 더 가치 있다. 첫번째 기계는 보다 가치 있는 최종 생산품을 산출하므로 두번째의 기계보다 더 높은 가격으로 팔릴 것이다. 이는 그 기계가 보다 가치 있으므로 이의 생산품도 보다 가치 있다는 환상을 낳는다. 그러나 이 환상은 진실을 거꾸로 비추고 있다. 그 기계가 보다 가치 있는 것은 그의 생산품이 보다 가치 있기 때문이다.

그러나 가치의 생산적 자원 이론은 생산적 자원의 가치에 관해선 별로 말하는 바가 없고 단지 그의 양에 관해서만 말한다. 만약 생산에 한 요소만이 관여한다면 그리고 이 요소가 동질적이라면, 생산적 자원 이론은 적어도 비순환적으로 표명될 수 있을 것이다. 그러나 하나 이상의 요소들이 관여하거나 또는 한 요소라도 이 요소가 여러 종류라면, 그 이론을 비순환적으로 표명하기 위한 척도 M을 정립하는 문제가 발생한다. 왜냐하면 한 생산적 요소의 얼마큼의 양이 다른 요소의 일정량과 같은지가 결정되어야만 하기 때문이다. 한 가능한 절차는 최종 생산품의 가치를 기준으로 하여 척도를 정립하여 비율의 등식을 해결하는 것이다. 그러나 이 절차는 최종 가치에 관한 정보를 기초로 해서 척도를 정의하므로, 투입량에 관한 정보를 기초로 해서 최종 가치를 설명하는 데에는 사용될 수 없다.[h] 다른 대안적 절차는 X와 Y에 의해서, 그 양에 있어선 다르겠으나, 공통적으로 생산될 수 있는 어떤 공통의 것을 찾아, 투입량들을 결정하기 위해 이 최종 생산품의 양들의 비율을 이용하는 것일 것이다. 이는 최종 가치들을 먼저 보는 순환성을 피하게 한다. 우리는 어떤 것의 최종 양들을 고려함으로써 시작한 다음 이 정보를 투입량들을 결정하기 위해 (척도 M을 결정하기 위해) 사용한다. 그러나 공통의 생산품이 설혹 있다 하더라도, 이는 서로 다른 요소들을 이용해 만들기에 가장 적합한 것은 아닐 수 있다. 해서 그 요소들을 비교하기 위해 이 공통의 생산품을 사용함은 誤導的인 비율을 낳을 수 있다. 우리는 서로 다른 요소들 그 각각이 갖는 최선의 기능이 발휘될 수 있는 여건에서 비교해야만 한다. 또한 각 자원에 의해 두 서로 다른 물건들이 만들어지며 그 양의 비율이 서로 다르다면, 그 자원들 사이의 비례성의 항수 *the constant of proportionality* 를 제공하기 위해 어떤 비율이 선택되어야 할지의 문제가 생긴다.

우리는 이런 난점들을 단순하고 미분화된 노동 시간의 개념에 대한 스위지 Paul Sweezy 의 해설을 고려함으로써 예시할 수 있다.[10] 스위지는 숙련 노동과 미숙련 노동 사이의 등식 관계가 어떤 것인가를 고려하고, 이 등식 관계를 최종 생산품의 가치에 기초해 설정하는 것은 순환적이라는 데 동의한다——왜냐하면 그 가치 자체가 바로 설명되어야 할 것이므로. 스위지는 그 다음 말하기를, 기술은

---

h) 하지만 어떤 최종 생산품들의 가치들이 결정될 때 비율의 등식들이 척도 M을 명시하는 데 사용될 수 있고, 이 척도가 다른 최종 생산품들의 가치를 산출하는 데 사용될 수 있다면, 그 이론은 내용이 있다 할 수 있겠다.

훈련과 자연적 차이에 달려 있다고 한다. 그는 훈련을 훈련에 소요된 시간의 양과 동일시하며 교사의 기술이나 그 교사가 훈련에 얼마의 시간을 소비했었는지(그리고 그 교사의 교사가 얼마의 시간을 소비했는지)를 전혀 고려하지 않는다. 스위지는 자연적 차이를 알아내기 위해, 두 사람으로 하여금 동일한 것을 만들게 하여 그 생산된 양이 얼마나 다른가를 봄으로써, 이들을 등식 관계에 놓기 위한 비율을 찾아낸다. 그러나 어떤 종류의 숙련된 노동은 미숙련 노동이 생산하는 동일한 생산품을 보다 빨리 생산하는 방식이 아니라 보다 나은 제품을 생산하는 방식으로 간주되어야 한다면, 위와 같이 척도 M을 정의하는 것은 적절치 못할 것이다. (렘브란트 Rembrandt 의 기술을 나의 것과 비교함에 있어 결정적인 사실은 그가 나보다 빨리 그림을 그린다는 사실이 아니다.) 노동 가치설에 대한 표준적 반례들을 다시 낱낱이 열거하는 것은 지루한 일일 것이다 : 발견된 자연적 사물(이를 발견하는 데 든 노동보다 높은 가치를 지닌), 무제한으로 재생산될 수 없는 희귀 상품(가령, 나폴레옹의 편지), 동일한 사물들의 서로 다른 장소에서의 가치의 차이, 숙련 노동이 만드는 차이들, 수요와 공급의 변동이 야기하는 변화들, 그를 생산하는 데 오랜 시간을 필요로 하는 것들(오래된 포도주) 등등. 11)

　이제까지 언급된 주제들은 단순한 미분화된 노동 시간의 본성에 관한 것인데 이런 노동 시간은 다른 모든 것을 측정하는 단위를 제공한다. 우리는 이제 추가의 복잡성을 도입해야겠다. 마르크스 이론은 한 대상의 가치가 이의 생산에 투여된 단순하고 미분화된 노동 시간의 양에 비례하는 것이 아니라, 이의 생산에 투여된 단순하고 미분화되어 있으며 사회적으로 필요한 *socially necessary* 노동 시간의 양에 비례한다고 생각하기 때문이다. i) 노동 시간이 사회적으

---

i) 〈사회적으로 필요한 노동 시간은, 정상적인 생산 여건에서, 한 주어진 사회 그 당시에 지배적인 평균 수준의 기술과 집약도를 가진 노동에 의해, 한 상품을 생산하는 데 요청되는 시간이다.〉 K. Marx, *Capital*, Vol. I (N.Y.: Modern Lib., n.d.), p.46. 주의할 것은, 정상적인 생산 여건이 왜 정상적인지 그리고 왜 특정 기술과 집약도의 노동이 그 특정의 상품에 사용되는지를 우리는 알고자 한다는 점이다. 여기서 관련 있는 것은 한 사회내에서 지배적인 평균 수준이 아니다. 대부분의 사람들은 그 생산품을 만드는 데 보다 우수한 기술을 갖고 있으나 보다 중요한 할일을 갖고 있을 수 있다. 해서 평균 이하의 기술을 가진 자들이 그것

로 필요하다는 요청이 왜 추가되는가? 이제 천천히 검토해 보자.

한 대상이 유용성을 가져야 한다는 요청은 노동 가치설의 필수적 요소이며, 이는 어떤 반대를 피하기 위한 것이다. 어떤 사람이 누구도 원치 않는 전혀 무용한 것을 만든다 가정해 보자. 가령, 그가 큰 매듭을 효율적으로 만드는 데 여러 시간을 소비하며 누구도 그보다 더 빨리 만들 수 없다고 생각해 보자. 이 사물은 그 여러 시간의 가치가 있는가? 이론은 그런 가치가 있다 하지 말아야 한다. 마르크스는 이 문제에 다음과 같이 대답한다. 〈유용성을 지니지 않은 사물은 가치가 없다. 한 사물이 무용하면 그 속에 담겨 있는 노동도 그러하다. 이 노동은 노동으로 간주되지 않으며 따라서 가치를 창조하지 않는다.〉[12] 이는 임시 방편적 제한이 아닐까? 왜 모든 효율적으로 행사된 노동은 가치를 창조하지 않을까? 만약 우리가 그 사물이 유용하며 사람들이 실제로 원한다는(그것이 유용성은 있으나 누구도 원하지 않을 수도 있다) 사실을 도입해야 한다면, 여하간에 도입되어야 할 願望만을[ㅂ] 고려할 때 우리는 완전한 가치 이론을 얻을 수 있다.

한 사물이 어떤 유용성이 있어야만 한다는 임시 방편적 제약을 가한다 하더라도 문제는 남는다. 왜냐하면 매우 미미한 유용성을 지닌 어떤 것을 만들기 위해 어떤 사람이 563 시간의 노동을 투여하며, 그 이외에는 더 효율적인 방법이 없다고 가정해 보자. 이는 대상이 어떤 유용성을 지녀야 한다는, 가치를 위한 필요 조건을 충족시킨다. 이제 이 사물의 가치는 이에 투여된 노동의 양에 의해 결정되며 따라서 이 사물은 말할 수 없이 가치 있는 것이라 할 수 있을까? 그렇지 않다. 〈왜냐하면 그들(상품)에 투여된 노동은 이것이 타인들에게 유용한 형태로 투여된 한에서만 효율적인 것으로 간주된다.〉[13] 마르크스는 계속해 논하길, 〈그 노동이 타인들에게 유용

을 생산할 수도 있다. 관련 있는 것은 그 상품을 실제 만드는 사람들의 기술이어야 할 것이다. 우리는 또한 서로 차이나는 기술을 지닌 여러 사람들 중에서 어떤 사람이 그 특정 상품을 만들기 위해 일하는지를 결정하는 것이 무엇인지를 설명할 이론을 원한다. 내가 이 질문들을 언급하는 것은 물론 이들이 대안적 이론에 의해 해답되어질 수 있기 때문이다.

ㅂ) 즉, 유용성을 고려함이 없이.

한가의 여부, 그리고 따라서 타인들의 원망을 충족시킬 수 있는가
의 여부는 교환 행위에 의해서만 입증될 수 있다.〉만약 마르크스의
진의가, 유용성이 가치를 위한 필요 조건이며 (일단 이 조건이 충족된
후엔) 노동의 양이 가치를 결정한다는 것이 아니라, 유용성의 정도
degree가 얼마나 높은 (유용한) 노동이 그 사물에 투여되었는가를
결정한다는 것이라면, 그의 이론은 노동 가치설과는 판이한 것이다.

　우리는 이 문제를 다른 방향에서 접근할 수 있다. 유용한 사물들
이 가장 효율적인 방법으로 생산되었으나 너무 많은 양이 생산되
어 일정 가격에 팔 수가 없다고 가정해 보자. 시장성이 있는 가격
은 그 물건의 명백한 노동 가치보다 더 낮다 : 사람들이 지불할 의
사가 있는 것보다 더 많은 양의 효율적인 시간이 이들의 생산에 투
여되었다. 이 사실은 상당한 유용성을 지닌 사물을 하나 만드는 데
투여되는 평균 시간의 양이, 그것의 가치를 결정하지 않음을 보여
주는가? 마르크스의 대답은 만약 그와 같은 과잉 생산이 초래되어
상품들이 일정 가격에 팔리지 않는다면, 비효율적인 것이 아니었다
하더라도 그 노동은 비효율적으로 사용되었다(즉 과잉 생산을 하지 말
았어야 한다)는 것이다. 그러므로 생산에 투여된 모든 노동 시간이
사회적으로 필요한 노동 시간이 되는 것은 아니다. 그 사물은 이에
투여된 사회적으로 필요한 노동 시간의 양보다 못한 가치는 갖지 않
는다. 왜냐하면 그 상품에는 외견상 보이기보다는 실제로 적은 사
회적으로 필요한 시간이 투여됐었기 때문이다.

　시장의 모든 린넨의 각각이 사회적으로 필요한 노동 시간 이상을 포함하
지 않는다고 가정해 보라. 이런 사실에도 불구하고 모든 린넨이 전체로서
볼 때는 이의 생산에 과잉의 노동 시간이 투여되었을 수 있다. 시장이 전체
량을, 정상적인 가격인, 한 마당 2실링의 가격으로는 소화시킬 수 없다면,
이 사실은, 이를 직조하는 데 공동체의 총 노동량의 너무 많은 부분이 투
여되었음을 입증한다. 그 결과는 각각의 직조자가 자신의 린넨을 짜는 데
사회적으로 필요한 것보다 많은 양의 노동 시간을 투여한 경우나 똑같다. [14]

　해서 마르크스는 이런 노동이 모두 사회적으로 필요한 것은 **아니**

라고 생각한다. 무엇이 사회적으로 필요한지 그리고 얼마나 많은 양이 그러한지는 시장에서 일어나는 일에 의해 결정될 것이라는 것이다. [15] 이는 더 이상 노동 가치설이 아니다. 핵심 개념인, 사회적으로 필요한 노동 시간 그 자체가 경쟁적 시장의 과정들과 교환 비율에 의해 정의된다 ! [16]

우리는 우리의 이전의 주제, 즉 투자와 생산에 따르는 위험에로 되돌아왔고, 이 주제는 이제 우리가 본 바와 같이 노동 가치설을 경쟁적 시장의 결과에 의해 정의될 것으로 변형시킨다. 이제 단순하며 미분화되어 있고 사회적으로 필요한 노동 시간의 투여량에 따른 지불의 체계를 고려하자. 이 체계하에선 생산 과정과 연관된 위험들은 이 과정에 참여하는 각 노동자에 의해 부담된다. 그가 여하한 정도의 효율성으로 그리고 여하히 많은 시간을 일한다 해도, 얼마나 많은 사람들이 어떠한 가격으로 그의 생산품을 살 용의가 있는가가 밝혀지기 전까지는, 그가 얼마나 많은 사회적으로 필요한 노동 시간을 일했는지 알 수 없을 것이다. 사회적으로 필요한 노동 시간의 투여량에 따른 지불의 체계는, 그러므로 어떤 열성적인 노동자들(가령 유행이 지난 후에 훌라후프를 만드는 자, 또는 포드 자동차 회사의 에젤 플랜트의 노동자들)에게는 거의 임금을 지불하지 않고 다른 노동자들에게는 아주 약간의 임금만을 지불하게 될 것이다. (사회주의 사회에서의 투자와 생산에 있어서의 엄청난, 그리고 우연적이 아닌, 무능을 고려할 때, 그런 사회의 통치자들이 노동자들이 투여한 〈사회적으로 필요한〉 노동 시간의 양에 따라 노동자들의 임금을 결정하려는 대담성을 보인다면 이는 놀라운 일이다!) 그러한 체제는 각 개인을 강요하여 이들이 만드는 상품의 시장성을 예측토록 할 것인데, 이는 매우 비효율적이며 그 상품의 미래의 시장성에 관해 확신이 없는 사람들로 하여 자신들이 능력을 가진 직업을 포기케 할 것이고, 그 상품의 시장성에 자신이 있는 사람들에게는 이의 큰 위험을 감수케 할 것이다. 분명 개인들이 스스로 부담하길 원치 않는 위험은 회피할 수 있게 하고 위험스런 과정의 결과가 어떻든간에 일정의 임금을 받도록 하는 체제는 이점을 갖고 있다. [j] 위험 부담에 있어 위와 같은 전문화의 기회를 허락하

j) 모든 사업의 그러한 위험들이 보험 대상이 될 수는 없다. 이 위험들에 대한 서로

는 것은 큰 이점들을 갖고 있으며 이런 기회의 제공은 자본주의 제도의 전형적인 특색이다.

  마르크스는 다음과 같은 칸트적ㅅ) 질문에 답하려 한다 : 이윤 *profits*은 어떻게 가능한가?[17] 모든 것들이 그의 충분한 가치를 인정받고 사기 행위가 없다면, 어떻게 하여 이윤이 있을 수 있는가? 이에 대한 마르크스의 해답은 노동력의 독특한 성격에 내재해 있다 : 이 노동력의 가치는 이를 생산하는 데 드는 비용이나(즉 이에 투여된 노동이나), 그 자체로서 자신이 지닌 가치 이상을 생산할 수 있다. (이는 기계들에도 타당한 말이다.) 인간 유기체를 만드는 데 일정량의 노동 L을 투여함은, L보다 큰 양의 노동을 투여할 수 있는 어떤 것을 생산한다. 개인들은 자신들의 노동의 산물을 팔아서 돌아오는 수익을 기다릴 만한 재원을 갖고 있지 않으므로(이에 관해선 위를 보라), 그들은 그들 자신의 능력의 결실을 거둘 수 없으며 따라서 자본가들과 흥정할 수밖에 없다. 마르크스 경제학의 난점들을 감안할 때, 우리는 마르크스주의자들이, 〈부르조아〉 경제학자들의 이론을 포함해서, 다른 이론의 이윤의 존재에 대한 설명을 주의 깊게 연구하길 기대한다. 나는 여기서 위험과 불확실성에 관해 중점적으로 이야기했으나, 혁신(슘페터 Schumpeterㅇ)) 그리고, 매우 중요한 바인데, 다른 사람들이 아직 주목하지 않은 (넓은 의미에서의) 중개 매매의 기회를 새로이 찾으려는 민첩성도 언급되어야겠다.[18] 다른 이론의 설명이 적합하다면 마르크스 경제학 이론의 기저를 형성하는 과학적인 동기의 많은 부분을 제거할 수 있으리라 짐작되며, 우리는

  다른 평가가 있을 것이며, 일단 이들에 대한 보험을 들게 되면 사람들은 유리한 대안을 초래키 위해 전력으로 행동할 유인을 덜 갖게 된다. 해서 보험 회사는 피보험자의 활동을 감시하여 그들이 말하는 〈도덕적 위험 *moral hazard*〉을 피하도록 해야 한다. 이에 관해선 다음을 보라 : Kenneth Arrow, *Essays in the Theory of Risk-Bearing*, (Chicago, 1971). Alchian 과 Demesetz 는 *American Economic Review* (1972), pp.777~95에서 감시 활동에 관해서 논한다. 이들은 위험과 보험에 대한 고려 사항들을 통해서가 아니라, 공동 생산에서의 한계 생산품을 감시적 투입량 *input* 을 통해 평가하는 문제를 고려하면서 이 주제에 이르렀다.

ㅅ) 칸트의 철학은 〈형이상학은 어떻게 가능한가?〉라는 질문에 답하기 위한 것으로, 그의 주저 『순수이성비판』은 이에 대한 해답이다.

ㅇ) Schumpeter (1883~1950) : 미국 경제학자로 경제에 있어 혁신의 중요성을 논함.

마르크스적 착취란 경제학에 대한 일반인들의 이해 결여의 착취라
는 견해를 수긍하게 될 것이다.

자발적 교환

  일부 독자들은 내가 자주 자발적 교환 *voluntary exchange* 을 논하
는 것에 반대하고, 그 근거로서 어떤 행동들(가령 노동자들이 어떤 임
금 수준을 받아들이는 행위)은 한쪽에게 매우 제한된 선택지들이 주
어진 가운데서 이루어지는 것이며, 그 한쪽이 선택한 것은 그것이
좋아서가 아니라 다른 것들이 더 나빠서 선택된 것이므로, 진정 자
발적인 것은 아니라고 주장한다. 한 사람의 행동이 자발적이냐의
문제는 그의 선택지들을 제한하는 것이 무엇이냐에 달려 있다. 자연
의 사실들이 그러한 제한을 가한다면 그때의 행위들은 자발적이다.
(내가 날아서 가고 싶은 곳에 날개가 없어 걸어간다 해도 이는 자발적 또는
자의적이다.) 타인들의 행동들은 주어질 수 있는 기회에 제한을 가
한다. 이 점이 한 사람의 결과하는 행동이 비자의적인 것으로 만드
느냐의 문제는 그 타인들이 그들이 행한 바대로 행할 권리가 있는
가에 달려 있다.

  다음의 예를 살펴보자. 26명의 여자와 26명의 남자가 있어 이들
각각이 결혼하길 원한다고 가정해 보자. 각 性에 대해서, 각 性에 속
하는 모든 사람들은, 결혼 상대자로서의 적합성의 정도를 기준으로
할 때, 異性들의 다음 서열에 동의한다 : 각 性에 속하는 26인을 A에
서 Z까지 그리고 A′에서 Z′주)까지의 이름을 붙일 때 알파벳의 Z에
로 갈수록 선호도가 약하다. A와 A′는 서로를 다른 어느 이성들보
다 선호하므로, 서로 결혼하기를 자발적으로 원한다. B는 A′와 가장
결혼하고 싶을 것이고 B′는 A와 가장 결혼하고 싶을 것이다. 그러나
자신들의 선택에 의해 A와 A′는 이런 가능성을 제거해 버렸다. B
와 B′가 결혼할 경우, 그들이 결혼하고 싶은 다른 사람이 있었다는
사실 때문에 이들의 선택이 비자발적인 것이 되진 않는다. 이들의 최
선책이 실현되기 위해선, 자신들의 권리를 달리 행사하기로 선택할
타인들(즉 A와 A′)의 협동이 필요하다. B와 B′는 A와 A′보다 적

주) 영어의 알파벳은 26자이다.

은 수의 선택지들 가운데서 선택됐다. 이런 선택지의 축소 과정은 Z와 Z'에 이를 때까지 계속될 것이며, Z와 Z'는 서로 결혼하든가 독신으로 남아 있어야 하는 양자 선택에 직면하게 된다. Z와 Z'는 각각 다른 25명의 상대자들을 배우자로서 선호하나, 이 25명은 자신들이 선택하여 Z와 Z'의 고려 대상에서 스스로를 제외시켜 버렸다. Z와 Z'는 자발적으로 선택하여 서로와 결혼한다. 그들의 유일의 대안이 (그들 견해로 봐서는) 훨씬 나쁘다는 사실, 그리고 타인들이 소정의 방식으로 그들의 권리를 행사하기를 선택했다는 사실, 그럼으로써 Z와 Z'의 선택의 외적 여건을 형성하게 했다는 사실들은 그들이 자발적으로 결혼하지 않았다는 것을 의미하진 않는다.

유사한 고려 사항들이 노동자들과 자본가들 사이의 시장 교환에 적용된다. Z는 일하거나 또는 굶어 죽어야 하는 선택의 기로에 놓여 있다. 다른 사람들의 선택과 행위는 Z에게 다른 제3의 선택을 남겨두지 않는다. (그에게 다양한 직업의 선택권은 있을 수 없다.) Z는 자발적으로 일하길 선택하는가? (무인도에 버려져 살기 위해 일해야만 하는 사람은 자발적으로 일하는가?) A에서 Y까지의 다른 개인들이 각각 자발적으로 그리고 자신들의 권리내에서 행동했다면 Z는 자발적으로 선택한 것이다. 그러면 우리는 다른 사람들에 관해 동일한 질문을 던져야 한다. 우리는 이 질문을, 특정의 방식으로 행위함으로써 C의 선택의 여건을 형성한 A 또는 A와 B에 이르기까지 거슬러올라가며 제기한다. 우리는 다시 거슬러내려가 D의 선택의 여건에 영향을 준 A에서 C까지의 자발적 선택에, 그리고 E의 선택 여건에 영향을 준 A에서 D까지의 자발적 선택에 이르고, 하여 Z까지 거슬러내려간다. 타인들이 자발적으로 선택하고 그들의 권리 안에서 행위한 결과로, 한 개인에게 보다 구미에 맞는 대안이 주어지지 않았다 해서, 구미에 맞지 않는 대안들 가운데서 선택하게 된 그 개인의 선택이 비자발적인 것은 아니다.

자발적 교환을 포함하여, 타인과 어떤 관계를 가질 권리의 구조가 갖는 흥미 있는 특성에 주목해야겠다.[k] 어떤 관계를 가질 권라

k) 나는 이 점에 대해 확신이 없으므로, 이 문단을 단지 흥미 있는 추정으로 제시한다.

는, 누구와도 또는 심지어 그러길 원하거나 그러길 선택하는 누구와도 관계를 가질 권리는 아니다. 이는 오히려 (이 관계를 가질 권리가 있는 어느 누구와) 이 관계를 가질 권리가 있는 자 누구(이 사람의 관계 상대방 역시 그럴 권리를 가져야 한다)와도 이 관계를 가질 권리이다. 관계 또는 거래를 가질 권리는 이 관계에 일종의 갈고리를 걸며, 이 갈고리를 맞기 위해 나오는 다른 사람의 권리의 대응적 갈고리에 부착되어야만 한다. 나의 자유 발언의 권리는 한 죄수가 감옥에 갇혀서 나의 발언을 들을 수 없다 해서 침해되는 것은 아니며, 정보를 들을 나의 권리는 이 죄수에게 나와의 연락이 금지된다 해서 침해되는 것은 아니다. 언론 종사자들의 권리는 헤일 Edward Everett Hale차)의 「국가 없는 개인」이 그들 저작의 어떤 것을 읽지 못하게 금지당한다 해서 침해되는 것이 아니며, 독자들의 권리는 괴벨스 Josef Goebbels가 처형당해 독자들에게 추가의 읽을거리를 제공할 수 없게 되었다 해서 침해되는 것도 아니다. 각각의 경우에서 그 권리란 그 역시 그런 관계에서 타방이 될 권리를 소유하는 다른 어떤 자와 관계를 가질 권리이다. 정상적인 경우에 성인들은 다른 동의하는 성인의 똑같은 권리를 가질 때 그와 관계할 권리를 가지나, 이 권리는 그른 행위에 대한 처벌로서 몰수될 수 있다. 권리에 동반하는 갈고리의 이러한 복잡화는 우리가 논의할 경우와는 무관할 것이다. 그러나 이는 다음의 함축을 갖는다 : 가령, 이는, 연설가가 공공의 장소에서 떠들어댐이 다른 사람들의 자신들이 듣기 선택하는 바의 발언을 들을 권리를 침해한다는 이유로만 해서, 그 연설가들을 즉각 비난하는 문제를 복잡하게 한다. 관계맺을 권리가 단지 반만큼만 나아간다면, 이 다른 사람들은 그들이 원하는 바의 것을, 오직 그들과 교통할 권리가 있는 사람들로부터만 들을 권리가 있다. 청중의 권리는, 연설가가 갈고리 있는 권리를 갖고 있지 않아 그 청중들의 것과 결합할 수 없을 경우엔, 침해되지 않는다. (그 연설가는 오직 자신이 한 무엇 때문에 갈고리 있는 권리를 결여할 수 있는 것이지 그가 말하려는 바의 내용 때문에 그런 것은 아니다.) 여기에서의 나의 소견은

차) E. E. Hale (1822~1909) : 미국의 저술가, 목사. 그의 소설 "The Man Without Country"는 미국 북부인들에게 애국심을 고취하기 위한 것이었다.

그 떠들어대는 연설가를 정당화하기 위해서가 아니라, 내 자신도
그런 경향이 있지만, 너무 단순한 이유로 그런 연설가를 비난하는
데에 대한 경고를 하기 위해서이다.

박 애

　나는 개인들이 그들이 선호하는 유형의 활동들 또는 제도들 또는
상황들을 지지하길 선택할 수 있는 방법들을 지적한 바 있다 : 가령
노동자 관리의 공장, 다른 사람들을 위한 기회 제공, 빈곤의 해소,
의미 있는 직업 상황. 그러나 설사 이러한 명분들을 지지하는 사람
들이라도, 세금 부담이 제거될 때, 타인들에의 자선적 기부를 하려
선택할까? 그들은 빈곤이나 무의미한 작업의 완전 종식 또는 제거
를 원하며 그들의 기부는 기껏해야 큰 바다에 물 한 방울이라 생각
지 않을까? 그리고 그들은 기부하는 데 타인들은 하지 않는다면,
그들은 스스로를 어리석다고 생각하지 않을까? 강제가 없다면 그
들은 개인적인 자선적 기부를 하지 않겠지만, 그들은 모두 강제적
재분배를 원하지 않을까?

　보편적으로 선호되는 강제적 재분배 제도가 있는 상황을 상상해
보자. 이 제도하에선 부유한 자로부터 빈곤한 자에로의 부의 이전
이 행해진다. 그러나 정부가 이런 비용을 절약하기 위해서 강제적
제도를 채택하여 각각의 부유한 개인들로 하여금 자신의 배당분을
매달 서로 알지 못하는 가난한 수취자에게 우편환으로 보내게끔 요
구한다고 가정해 보자.[19] 전체 이전은 이 개별적 이전의 총합이다.
그리고, 가정에 의해, 돈을 지불하는 각 개인은 이 강제적 제도를
지지한다.

　이제 이 강제적 제도가 폐기되었다고 가정하자. 그 부유한 개인
들은 계속하여 자발적으로 돈을 이전할까? 이전엔 기부가 특정의
개인을 도왔었다. 이 기부 행위는, 타인이 그들의 기부를 계속하건
않건 그 특정의 개인을 계속하여 도울 것이다. 왜 어떤 사람은 이
를 더 이상 지속하길 원치 않는가? 두 유형의 이유가 고려해 볼 만
하다 : 첫째, 그의 기여는 강제적 체제하에서보다 효과가 적다 ; 둘
째, 그의 기부 행위는 강제적 체제하에서보다 많은 희생을 요구한

다. 강제적 체제하에서의 그의 지불이 성취한 것은 그에게 그만큼
의 가치가 있다. 자발적 체제하에서는 그런 기부가 보다 적은 가치
를 갖거나, 보다 큰 비용을 그에게 요구하므로, 그는 더 이상 그런
체제에선 기부하지 않는다.

왜 그의 기부는, 다른 기부들의 일부 또는 전부가 없을 경우, 그
효과가 적을까? 왜 이는 보다 적은 가치를 가지는가? 첫째, 그는,
빈곤(무의미한 작업, 하급 직위의 사람들, 등등)의 완전 제거와 근절에
각 개인의 빈곤의 제거 이상의 그리고 그를 넘어서는 가치를 부여하
는 방식으로, 그의 제거와 근절을 욕구할 수 있다.[20] 빈곤 부재라는
이상의 실현 등은 그에게 독립적인 가치를 가진다.[1] (사회적 비효율성
을 생각할 때, 빈곤 등이 전혀 없는 상태는 성취되지 않을 것이다.) 그러
나 그는 타인들이 기부하는 한에서 계속 기부할 것이므로(그리고 타
인들이 기부하는 경우 그의 기부가 매우 중요하다 생각할 것이므로), 이는
그 누구를 기부하지 않게 할 이유는 안 된다. 왜 사람들이 다양한
惡들을 제거하길 원하는지, 특정의 惡들이 다른 곳에서 발생하는가
의 문제와는 별개로, 왜 특정의 악들이 바람직하지 않은가에 대한
어떤 이유가 있을지를 다소 상기함이 필요하겠다. 惡의 두 사례로
부터 한 사례들의 감소는 악의 한 사례로부터의 제로 사례들의 감
소만큼이나 중요하다. 理念主義者 *ideologue* 의 한 징표는 이를 부
인하는 것이다. 이런 이념주의자들에 의해 둘러싸여 있으므로 강제
적인 기부에 찬동하는 경향이 있는 자들은 자신들의 동료 시민들
(즉 이념주의자들)의 추상적 사고를 땅으로 끌어내리는 데 시간을 소
비하는 편이 나을 것이다. 또는 적어도 그들은 그런 이념주의자들
(강제적 제도를 선호하는)만을 자신의 그물 속에 포함하는 그런 강제
적 체제를 선택해야 할 것이다.

두번째 그리고 보다 합당한 이유(왜 자발적 기부가 덜 가치를 갖는가
의, 그리고 강제적인 기부를 선호하면서 자발적인 체제하에서는 기부를 중지
하게 할 그런 이유)는 제거되어야 할 현상이 내적이며 惡化的인 상호

---

1) 우리는 종종, 무엇의 보편적인 제거에는 굉장히 큰 가치를 부여함에 반해 그것
   의 부분적인 제거는 전혀 가치를 부여치 않는 사람들을 만난다. 가령, 어떤 사람
   들은 추상적인 인간, 즉 인류에 대해선 배려하나 특정 개인에 대해선 배려하지
   않는다.

작용을 포함하기 때문이다. 모든 구성 요소들이 동시에 치료될 때에만, 한 특정의 구성 요소의 치료는 일정한 결과를 낳을 것이다. 이런 치료는 그 특정의 요소를 도우며 다른 구성 요소들의 상태를 이것이 악화시키는 정도로 감소시킨다. 그러나 서로 다른 개체에의 外的 악화의 감소는 그 자체로선 무시할 만하고 어떤 선 이하일 수 있다. 이런 상황에서, 그대는 한 개인에게 n 달러를 주고, 동시에 많은 다른 사람들도 서로가 서로에게 n 달러를 주든가 또는 대부분의 다른 개인들이 그대의 기부의 수혜자와 상호 작용을 가질 때, 그대의 증여는 이의 수혜자에게 심중한 효과를 발휘할 수 있다 ; 반면 그대 혼자만이 n 달러를 그 수혜자에게 증여함은 그에게 그만큼 큰 효과를 발휘하지 않는다. 실제 발휘된 효과는 그대에게 n 달러의 가치가 없을 수 있으므로 그대는 자발적으로는 기부하지 않는다. 그러나 이것 역시 왜 기부하는 자들이 중지하는지의 이유는 못 된다. 하지만 이는 왜 기부하는 자들이, 타인들이 중지하는 경우, 중지하는지의 이유는 되며 따라서 이는 왜 그러한 일반적 기부를 새로 시작함이 어려울지의 이유일 것이다. 강제적인 체제를 제도화하려는 사람들은 자신들의 에너지를 협동적 개시를 정립하는 데 바칠 수 있다. 이 작업은, 사람들은 어떤 악들이 완전 제거되거나 감소되길 원할 뿐 아니라 이를 위해 일조하길 원하며 문제의 완화제의 일부가 되길 원한다는 사실에 비추어 볼 때, 생각보다 쉽다. 이 욕구는 〈공짜꾼 *free rider*〉의 문제를 약화시킨다.

이제 왜 한 사람의 기부(강제적 체제하에서와 같은 액수의 돈의)는 그에게 보다 큰 〈비용〉을 요구할까의 문제로 논의를 돌리자. 그는 오직 〈어리숙한 자〉나 〈바보〉들만이 특별한 희생을 치르고, 다른 사람들은 전혀 아무 희생도 치르지 않고도 〈잘 지낸다〉고 느낄지 모른다 ; 또는 그는 기부하지 않는 자들의 처지에 비교해서 자신의 처지가 악화되는 것에 억울함을 느낄 수도 있으며, 또는 상대적 위치의 이러한 악화는 자신이 원하는 어떤 것을 얻기 위한 자신의 (타인들의 그것에 비교한) 경쟁력을 약화시킬 수도 있다. 한 그룹의 각 사람들은 자신이나 다른 사람들에 관해서 이런 느낌을 가질 수 있으며, 따라서 이들은 자발적인 체제보다는 모든 사람들이 강제로 기부하는 체제를 선호할 수도 있다.[m] (이 느낌들은 이전에 제시된 두 다른 이유들과 함께 타당할 수 있다.)

하지만, 모든 사람들이 모든 다른 사람들이 기부한다는 단서하에서 기부하길 선호한다면, 모두는 협동으로 계약을 맺어 타인이 기부한다는 조건하에 기부할 수 있다. 어떤 사람들은 타인들이 기부하면 기부하지 않길 선호하리라는 가정은 그럴 듯하지 않다. 왜냐하면 기금을 수혜자들에게 바로 가게 하는(잠재적 수혜자들 중에서 돈을 받을 사람을 무작위적으로 뽑아) 체계는 〈공짜꾼〉의 동기를 약화시키기——각 개인의 기부는 독립된 효과를 발휘할 것이므로—— 때문이다. 설혹 일부가 그런 동기를 갖는다 해도, 만약 그렇지 않은 사람들이 상당히 큰 집단을 형성하여 그 일부의 불참에 개의치 않고, 해서 물러서지 않는다면, 그들은 (다시) 협동으로 계약을 맺어 (나머지) 다른 사람들이 기부를 한다는 조건하에서 기부를 할 수 있다. 그러므로 고려해야 할 경우는 일정한 수입권 안에 드는 자들로서, 타인들이 기부하건 않건 기부하길 거부하는 사람들의 경우이다. 그들은 공짜꾼이 되길 원하지 않는다. 그들은 도움을 주고 받는 것에 대해 전혀 관심이 없다. 그러나 다른 사람들은 기부할 여력이 있는 모든 사람들이 기부하는 경우에만 기부할 용의가 있을 수 있다. 기부자들은 모두가 기부하도록 강제되는 데에 동의하지 않을 것이며, 해서 우리의 가설에 반대되는 재분배적 움직임은 파레토 最適 *Pareto-better position* [ㅋ]에 보다 가까운 위치에로의 그것이 아니다.[21] 자신들의 소유물에 대해 소유 권리를 가진 자들을 강제하여 이들의 의사에 반하여 기부케 하는 것은 도덕적 제약 사항을 위반하는 것일 것이므로, 그런 강제적 제도의 주창자는 사람들을 설득

m) 모든 사람들이 자발적 체제보다는 강제적인 체제를 선호할 수 있으나, 각자가 가장 선호하는 하나의 강제적 체제나 또는 각자가 자발적인 체제에 비해 선호하는 체제가 있을 필요는 없다. 지금은 비례세나 여러 종류의 진보적인 세제에 의해 마련될 수 있다. 해서 한 특정 체제에 대해 얼마나 애매치 않은 합의가 가능할지는 확실치 않다. 필자의 다음 논문을 보라. "Coercion," in S. Morgenbesser, P. Suppes, and M. White, eds., *Philosophy, Science, and Method* (N.Y., 1969), pp. 440~72, n. 47.

ㅋ) 파레토 최적 : 어떤 다른 사람의 효용을 감소시킴이 없이는 어떤 개인의 효용을 증가시킬 수 없도록 자원이 배분되어 있다면, 그 배분은 최적의 배분이라 할 수 있으며, 이와 같은 최적 개념을 파레토 최적이라 한다.

하여, 자발적 기여의 체제를 따르지 않는 소수를 무시하도록 하게 시도해야 하겠다. 또는 스스로가 〈어리숙한 자〉라고 느껴지길 원치 않는 자들에 의해 강제되어 기부해야 할──그들은 그러길 선택하지 않음에도── 사람들은 비교적 다수인가?

자신에게 영향미치는 것에 대한 발언권의 소유

보다 포괄적인 국가를 지원할 가능성이 있는 견해는, 사람들이 자신들의 삶에 중요한 영향을 미치는 결정들에 있어 발언권을 소유한다는 견해이다.[22] (이는 이 권리를 실현하기 위해 보다 포괄적인 국가가 필요하며, 이런 국가는 이 권리가 그를 통해 행사되어야 하는 제도적 형식들 중의 하나이다.) 소유 권리 개념은 사람들의 삶에 중요한 영향을 주는 그 방식들을 검토할 것이다. 그들 삶에 중요한 영향을 주는 어떤 방식들은 그들의 권리들(로크가 인정할 그런 종류의 권리들)을 침해하며 따라서 도덕적으로 금지된다. 가령 살인·상해. 다른 사람들의 삶에 중요한 영향을 주는 다른 방식은, 그 영향력 발휘자의 권리에 속한다. 네 남자가 한 여자에게 결혼을 제의한다고 가정할 때, 특정인과 (넷 중 여하간 누구와 결혼한다면) 결혼하겠다는 그녀의 결정은, 그 네 남자의 각각의 삶과 이 네 남자 중 한 사람과 결혼하고자 하는 다른 여자들의 삶에 중요한 영향을 미친다, 등등. 고려 집단을 위의 제 1 차 당사자들(즉 네 남자와 한 여자)만 포함하는 것으로 제한한다 해도, 다섯 사람 모두가 투표하여 그녀가 누구와 결혼할지를 결정하라고 그 누가 제안할 것인가? 그녀는 무엇을 할 것인지를 결정할 권리를 소유하나 다른 네 남자는 자신들의 삶에 중요한 영향을 주는 결정에 대한 발언권──여기서 무시되고 있는── 에 대한 권리가 없다. 그들은 그녀의 그 결정에 대해 발언할 권리를 갖고 있지 않다. 토스카니니 Arturo Toscanini 가 뉴욕 필하모닉 교향악단을 지휘한 후에 「大氣의 교향악」이라 불리우는 교향악단의 지휘자가 되었다. 이 교향악단의 지속적인 재정적 성공은 그가 이 악단의 지휘자였기 때문이다. 만약 그가 은퇴하면 다른 단원들은 다른 직업을 찾아야 할 것이며, 대부분 현재의 직업보다 훨씬 못한 것을 얻을 것이다. 은퇴할지에 관한 토스카니니의 결정은 그들의 삶에 중요한 영향을 끼칠 것이므로 그 악단의 모든 단원들은 그 결정에서 발언권을 갖는가? 관대한 사슴 티두윅 Thidwick the Big-Hearted Moose 은, 그의 뿔 속에 사는 곤충들의 투표에 따라, 먹을 것이 보다 풍부한 곳으로 가기 위해 호수를 건너서는 안 되는가(해서 그 곤충들을 익사케 해서는 안 되는가)?[23]

그대가 스테이션 웨곤 또는 버스를 소유하고 있어 이를 그대가 해외에 가 있는 한 해 동안 한 집단의 사람들에게 빌려 주었다고 가정해 보자. 이 한 해 동안 그들은 이 차에 매우 의존적이 되어 이 차가 그들 생활의 일부가 되었다. 그대가 연말에 돌아와 그들에게 그 차를 돌려 달라 하면, 그들은 그 차를 그대 자신이 사용하기로 할 결정은 그들의 생활에 중요한 영향을 끼치므로 그들 자신도 그 차를 어떻게 처리할지를 결정함에 발언권을 가져야 한다 주장한다. 이 주장은 분명히 고려할 필요가 없다. 그 차는 그대의 것이고 그들은 이를 일년간 사용함으로써 그들의 생활을 향상시켰고 이것이 바로 그들이 이에 그만큼 의존적이 된 이유이다. 그들이 그 차를 잘 유지 관리했다 해도 상황은 별로 달라지지 않는다. 만약 그 차를 어떻게 처리할지의 문제가 일찍 제기되었고 그들도 발언권이 있을 듯이 보였다면, 그대와 그들은, 그 차를 임대해 주는 조건으로, 일년 후의 결정권은 오직 그대에게 있다고 합의했을 것이다. 그리고 그대가 그들에게 일년간 빌려 주어 그들이 보다 나은 생활을 얻게 된 것이 그대의 인쇄기라 하더라도 사태는 변하지 않는다. 어떤 사람(그 여인, 토스카니니, 티드윅, 버스 소유자, 인쇄기 소유자)이 내릴 권리를 갖고 있는 그런 결정들이 그대의 삶에 중요한 영향을 준다고 해서 그대가 이 결정들에 발언권을 갖진 않는다. (이는, 그들이 그들이 내릴 권리가 있는 그 결정을 내림에 있어, 이 결정이 타인들의 삶에 어떤 영향을 주는지 고려하지 말아야 한다는 것은 아니다.)[n] 다른 사람들이 권리를 갖는 결정들, 그리고 나에 대한 가해 행위, 나로부터의

---

n) 마찬가지로, 만약 어떤 사람이 대지를 취득하여 自營의 〈마을〉을 시작하며, 그의 그 대지의 취득이 로크의 단서를 위반했지도, 하지도 않는다면, 그곳에 이사하길 선택한 자나 그곳에 머물기를 선택한 자는 그 마을이 어떻게 운영되어야 할지에 관해 발언권이 없다. 물론 그 마을의 소유주가 그 마을의 운영을 위해 마련한 결정 절차가 이를 허락하면 문제는 다르지만.

절도 행위, 따라서 나의 (로크적) 권리를 침해하는 행위들을 고려에서 제외하면, 나에게 중요한 영향력을 발휘하는 결정들로서 어떤 것이 있어 내가 그에 대해 발언권을 가질지의 질문조차 던질 것이 있을지 분명치 않다. 분명, 논의할 어떤 결정이 있다 하더라도, 이는 다른 종류의(최소국가가 아닌) 국가를 위한 논거가 될 만큼 충분히 많은 것은 아니다.

임대된 버스의 예는 또한 종종 제안되는 다른 원리에 대한 반대 논거가 된다 : 무엇을 일정 기간 동안 향유·사용·점유함은 그에 대한 소유권 또는 권리를 그 향유자에게 준다는. 이 비슷한 원리가 임대 통제법 *rent-control law* 의 근거가 되어 있다. 이 법은 아파트의 임대 거주자에게, 그 아파트의 시장 가격이 상당히 오른 경우에도, 특정의 임대료(또는 이에 가까운 임대료)를 내고 거주할 수 있는 권리를 준다. 임대 통제법의 지지자들에 대한 친선의 표시로, 나는 그들에게 보다 효율적이고 시장 장치를 이용하는 대안을 제시하겠다. 임대 통제법의 한 결점은 비효율적이라는 점이다. 구체적으로 이 법은 아파트를 잘못 할당한다. 일정 기간 동안 내가 한 달에 100 달러의 월세를 내고 어떤 아파트에 살고 있다고 가정해 보자. 그리고 그 아파트 월세의 시장 가격이 200 달러까지 올랐다고 해 보자. 임대 통제법하에서는, 나는 그 아파트를 매달 100 달러씩 월세를 내며 꼭 지킬 것이다. 그러나 그대가 나타나 그 아파트에 매달 200 달러씩 지불하겠다고 할 수 있다. 더 나아가 나는 내가 사는 아파트를 포기하는 대신 매달 200 달러를 받는다면 기꺼이 이를 포기할 가능성이 있다. 즉 나는 그 아파트를 그대에게 轉貸하고 이 아파트의 소유주에게 일년에 1200 달러를 지불하는 한편 그대로부터는 2,400 달러를 받기를 선택할 것이다. 그리고 나는 시장에 나온 다른 아파트, 가령 월세 150 달러의 아파트를 빌릴 것이다. 이는 나에게 50 달러의 이윤을 남기며 나는 이를 다른 것에 쓸 수 있다. (매달 100 달러를 물면서) 그 이전의 아파트에 사는 것은, 나에게 그 아파트의 시장에서의 월세와 통제된 월세 사이의 현금 차액 (즉 50 달러)만큼의 가치를 갖지 않는다. 내가 이 차액을 취할 수 있다면 나는 기꺼이 그 아파트를 포기할 것이다.

내가 원하는 한 그 아파트를 시장 가격으로 마음대로 轉貸하도록 허락된다면, 위와 같은 사태는 아주 쉽사리 발생한다. 나는 전대 금지의 단서를 단 임대 통제법하에서보다 위와 같은 제도하에서 보다 나은 처지에 있다. 이는 나에게 가외의 선택권을——이를 사용토록 강요치 않으면서——준다. 그대는 그대가 지불할 의사가 있는 200달러에 아파트를 얻는 반면 전대 금지의 단서를 단 법 아래서는 이를 얻을 수 없을 것이므로 그대도 나은 처지에 있다. (아마도 임대 기간 동안 그대도 그 아파트를 다른 제3자에게 전대할 수 있을 것이다.) 그 아파트의 소유주도 양자의 경우(전대의 단서가 있건 없건) 그 아파트에 대해 연간 1,200달러를 얻으므로, 그도 더 나쁜 처지에 처하진 않는다. 전대 허용의 임대 통제법은 사람들로 하여금 자발적 교환을 통해 자신들의 처지를 향상시킬 수 있게 한다. 이런 법은 전대 금지의 임대 통제법보다 우월하며, 후자가 임대료 통제가 전혀 없는 것보다 낫다면 전자(전대 허용의 임대 통제법)는 더욱더 그러하다. 그런데 왜 사람들은 전대를 허용하는 체계가 수락할 수 없는 것이라고 생각하는가?[o] 이 체계의 결점은, 이것이 그 아파트 소유주의 재산의 부분적 몰수를 명백히한다는 것이다. 왜 아파트를 빌린 자가, 그 아파트의 소유자가 아니며, 그 아파트를 전대하여 가외의 돈을 버는가? 왜 그 빌린 자가 임대 통제법에 의해 주어진 (일종의) 보조금을 받아야 하는가——그 보조금에 해당하는 금액이 아파트 소유자에게 가는 대신——의 문제는 간과되기 쉽다.

非中立的 國家

경제적인 불평등은 종종 정치 권력에서의 불평등을 낳아 왔으므로, 보다 높은 정도의 경제적 평등(그리고 이를 성취하기 위한 수단으로서 보다 포괄적인 국가)이 필요하며, 경제적인 불평등과 종종 상관 관계가 있는 정치적 불평등을 피하게 한다는 점에서 포괄적 국가는 정당화되지 않을까? 경제적으로 잘 사는 사람들은, 非최소 국가에서, 보

---

o) 거주자가 여하간에 방을 비울 가능성이 있고, 해서 다음 거주자가 전매 허용의 상황에서 보다 더 적은 월세를 물 가능성이 있다. 그러므로 전매 허용은 다른 경우라면 머무를 그런 사람들에게만 제한한다고 가정하자.

다 큰 정치 권력을 욕구한다. 왜냐하면 그들은 스스로를 위한 남다른 경제적 이득을 얻기 위해 이 권력을 사용할 수 있기 때문이다. 그러한 권력이 존재하는 곳에선 사람들이 이를 그들 자신의 목적을 위해 사용한다는 사실은 놀라울 것이 없다. 경제적 이익 집단의 자신들을 위한 국가의 비합법적인 사용은, 일부의 사람들을 희생하여 다른 사람들을 부유케 하는, 국가의 先在하는 비합법적 권력에 기초한다. 경제적 이익을 차별적으로 부여하는 그 비합법적인 권력을 제거하면, 정치적 영향력을 얻으려는 동기를 완전히 제거하거나 대폭적으로 줄일 수 있다. 일부 사람들은, 그래도, 정치 권력을 추구하고 타인들을 지배하는 데에 내적인 만족감을 느끼려 할 것임은 사실이다. 최소 국가는 권력이나 경제적 이득을 욕구하는 사람들이 국가를 그렇게 점유하거나 조종할 기회를 가장 많이 감소시킨다. 이런 국가의 시민들이 웬만큼 경각심을 갖고 있으면 특히 더 그러하다. 왜냐하면 최소 국가는 점유하거나 조종할 것으로서는, 최소로 바람직한 것이기 때문이다. 점유해서 얻을 것이 별로 없으면, 점유된다 해도 시민들의 희생은 최소화된다. 일부 사람들에 의해 국가가 이용되는 것을 막기 위해 국가를 강화하고 이의 기능을 확대시키는 것은 이를 보다 귀한 목적물로 그리고 그의 관료에 뇌물을 주어 이를 타락시키기에 보다 유혹적인 목표물로 만드는 것이다. 이는 점잖게 말해서 서투른 전략이다.

최소 국가는 그의 국민들에 대해서 중립적이 아니라 생각될지 모른다. 여하간에 이는 계약 이행을 강제하며, 자해 행위, 절도를 강제로 금지한다. 그리고 이전 과정의 종국적 결과는 사람들의 상이한 경제적 상태이다. 반면 이런 강제 시행(또는 이들의 일부)이 없다면, 결과하는 분배 상태는 다를 것이며 일부 사람들의 상대적인 지위는 역전될 것이다. 타인의 재산을 점유 또는 몰수함이 일부 사람에게 이익이 된다고 가정해 보자. 이를 막기 위해 힘을 사용하거나 그러겠다고 위협한다 해서 최소 국가는 非중립적 *nonneutral* 이 된다 할 수 있을까?

강제로 금지하여 그 결과 사람들이 얻는 이익이 차별적이라 해서 그 모든 경우에 국가가 비중립적인 것은 아니다. 일부 남자들은 잠

재적 강간자이나 어느 여자도 남자나 또는 서로의 잠재적 강간자가
아니라고 가정해 보자. 강간의 금지는 비중립적일까? 이는, 가정에
의해, 사람을 차별 대우한다. 그러나 잠재적 강간자가, 그 금지는
兩性 사이에서 중립적이 아니며 따라서 섹시스트 *sexist*ㅌ)적이라 불
평한다면, 이는 터무니없다. 강간을 금지하는 데는 독립적인 이유
가 있다 : 왜 사람들이 그들 자신의 육체를 관리할 권리, 그들의 성
행위의 상대자를 선택할 권리, 물리적인 힘과 이의 위협으로부터
안전할 권리를 갖는가의 이유. 이와 같이 독립적으로 정당화될 수
있는 금지 행위가 서로 다른 사람들에게 서로 다른 영향을 준다는
사실은, 이 금지가 정당화하는 이유들 때문에 있게 되었고 있을 것
이지 사람을 차별 대우하기 위한 것이 아니라면, 이를 비난해야 할
이유가 되지 못한다. (이 금지가 독립적으로 정당화될 수 있으나, 실제로는
이것이 존재하는 차별적 이익 때문에 지지되고 유지된다면, 이는 어떻게 간
주해야 할까?) 한 금지 조항이나 규칙이 비중립적이라 주장함은 이
것이 공평치 못하다는 견해를 전제한다.

　최소 국가의 금지 조항들이나 강제 집행 사항들에 대해서도 유사
한 말을 할 수 있다. 국민들로 하여 서로 다른 소유 상태에 있게 하
는 과정을 그런 국가가 보전하고 보호하게 한다는 사실은, 이 국가
가 강제하는 규칙과 금지 조항들에 대한 독립적 정당화가 없을 경우
에만, 그 국가를 비중립적인 것이라 비난할 충분한 근거가 된다.
그러나 실은 그런 정당화는 있다. 또는 적어도 최소 국가가 비중립
적이라 주장하는 사람은, 이의 구조나 이의 규칙들의 내용이 독립
적으로 정당화될 수 있는지의 문제를 회피할 순 없다. ᵖ⁾

ㅌ) 여성에 대한 부정적 편견의 소유자.

　p) 국가와 국가의 법들은 하부에 있는 생산 관계와 재산 관계에 의해 구축된 상부
　　구조라는 견해는 국가가 비중립적이라는 사고에 기여한다. 이 견해에 따르면, 독
　　립 변수(하부 구조)는 종속 변수(상부 구조)를 도입함이 없이 규정되어야 한다.
　　그러나, 종종 지적된 바와 같이, 생산 양식은 생산이 조직되고 지도되는 방식을
　　포함하며 따라서 재산·소유권·자원을 관리할 권리 등등을 포함한다. 기저의 하
　　부 구조에 의해 설명될 수 있는 상부 구조인 법 질서는 그 자체 부분적으로는 하
　　부 구조이다. 아마도 생산 양식은, 법적인 개념의 도입이 없이, 〈통제 *control*〉와
　　같은 정치학적 개념만을 사용하여 명시될 수 있을 것이다. 여하간, 누가 자원을
　　실제로 통제하는가에 집중했다면, 마르크스적 전통의 학자들은 생산 수단의 〈공공
　　적 소유권 *public ownership*〉은 계급 없는 사회를 이룩하리라는 생각을 하지

이 章과 이전 章에서 우리는 최소 국가보다 더 포괄적인 국가를 정당화할 것으로 생각될 수도 있는 논거들 중 가장 중요한 것들을 자세히 검토했다. 면밀히 검토된 결과, 이들 중 어느 것도(그리고 그들의 조합도) 그런 국가를 정당화하는 데 실패했다. 최소 국가는 정당화될 수 있는 것으로서는 최대로 포괄적인 국가로 남는다.

어떻게 再分配가 이루어지는가

이 두 章에서의 규범적인 작업은 이제 완결되었다. 그러나 재분배 프로그램들의 실제 시행에 관해 몇 가지 말해야겠다. 자유 방임적 *laissez-faire* 자본주의의 주창자들과 진보주의자들에 의해 모두 지적되곤 한 바인데, 미국에서의 빈곤층은 정부의, 총체로서의, 프로그램들이나 경제에의 간섭 행위의 純受益者들이 아니다. 산업에 대한 정부 규제의 상당 부분이 기존 기업의 지위를 경쟁으로부터 보호하기 위해 시작되었고 그런 방향으로 움직여지며, 많은 프로그램들이 중산층에 가장 많은 이익을 준다. 이런 정부 프로그램들에 대한 (좌익과 우익으로부터의) 비판가들은 왜 중산층이 최대 순수익자인지를 설명하지 못한 것으로 생각된다.

재분배 프로그램에 관해 또 하나의 궁금한 일이 있다. 왜 못사는 51%의 투표권자들은, 잘 사는 49%의 사람들을 희생하여 자신들의 처지를 상당히 향상시킬 그런 재분배 정책을 투표하여 선택하지 않는가? 이런 정책이 장기적으로 볼 때 그들의 이익에 反한다는 것은 사실이나, 이 점이 그들이 이 정책을 채택치 않은 데 대한 설명으로서 타당한 듯하지는 않다. 사회 하부층이 조직이나 정치적인 기지를 결하고 있다는 점도 그에 대한 설명은 못 된다. 그러면 왜 그런 집단적인 재분배 정책이 채택된 바 없는가? 이 사실

않게 되었을 것이다.

상부 구조를 결정하는 하부 구조가 존재한다는 이론이 설사 맞다 하더라도, 상부 구조의 부분들은 독립적으로 정당화될 수 없다는 견해는 뒤따르지 않는다. (그렇다면, 그 이론 자체에 관한 잘 알려져 있는 문제들이 제기된다.) 그러면 우리는 어떤 종류의 상부 구조가 정당화되는지를 생각하고 이에 부합하는 하부 구조를 제도화하는 데 착수할 수 있다. (세균들이 질병의 증세의 원인이지만, 우리는 먼저 우리가 어떻게 느끼길 원하는지를 결정한 다음 인과적 하부 구조를 수정하는 데 착수하듯이.)

은, 하부의 51%가 유일의 가능한 (지속적으로) 투표하는 다수가 아
니라 상부의 51%도 투표할 수 있는 다수라는 점에 주목할 때, 의
아스러운 사실이다. 이 두 다수 중 어떤 쪽이 조직을 이룰지는 중
간의 2%가 어떻게 투표하는가에 달려 있다. 이 2%를 협조자로 얻
을 수 있는 프로그램을 지지하고 고안하는 것이 상부 49%의 이익
이다. 상부의 49%로서는, 하부의 51%에 의해 부분적으로 자신들
의 재산이 몰수되기보다는, 중간 2%의 지지를 얻는 것이 더 값
싼 대가를 치르는 일이다. 하부의 49%는 중간 2%를 협조자로
얻기 위해서, 상부 49%가 이들에게 제공할 수 있는 것보다 많은
것을 제공할 수는 없다. 왜냐하면 하부의 49%가 중간 2%에게 제
공하는 것은, (그 정책들이 입안된 후에) 상부 49%로부터 올 것이기
때문이다 ; 그뿐 아니라 하부의 49%는 또한 상부 49%로부터 자신
들의 몫으로 무엇을 취할 것이다. 상부의 49%는, 하부 집단이 할
수 있는 것보다 약간 더 중간 집단에게 제공함으로써, 항상 여축할
것이다. 왜냐하면 그러함으로써, 그들은 하부 51%의 가능적 연합
의 나머지, 즉 하부의 49%에게도 지불해야 할 필요가 없게 되기
때문이다. 상부 집단은 자신들의 권리를 보다 심각하게 침해할 조
치를 막기 위해, 중간의 2%의 지지를 항상 살 수 있을 것이다.

물론 중간의 2%를 운위함은 너무 정확한 이야기이다. 사람들은
자신들이 어떤 범주에 드는지 모르며, 정책들은 중간 어디에 있는
2%를 목표로 해 쉽사리 입안되지는 않는다. 그러므로 우리는 2%
보다 훨씬 큰 규모의 중간 집단이, 상부로부터의 투표 연합 *voting
coalition*의 수익자일 것이라 기대할 수 있다.[q] 하부로부터의 투표
연합은 형성되지 않을 것이다. 왜냐하면 상부 집단으로서는, 이 연
합이 형성되게 하는 것보다는 중간 집단을 사는 것이 더 적은 대가
를 치르는 것일 것이기 때문이다. 하나의 궁금증을 해소하는 과정
에서 우리는 종종 지적되어 온 다른 사실에 대한 가능적 설명을 우
리는 발견한다. 그 사실이란 재분배의 프로그램은 주로 중간 계층

---

q) 하부의 경제적 집단이 비교적 투표율이 낮다면, 이는 투표에 있어 중간의 유동
집단의 위치를 변화시킬 것이다. 그러므로 현재 이익을 보는 집단 바로 아래에
있는 사람들은, 자신들이 이 결정적 역할을 하는 유동 집단에 속하기 위해선, 최하
층 집단의 투표를 끌어내는 노력에 지원을 하는 것이 그들에게 이익이 될 것이다.

에 이익을 준다는 사실이다. 만약 옳다면, 이 설명의 함축하는 바
는, 민주적인 투표에 의해 정책들이 결정되는 사회에서는 그의 재
분배 프로그램이 중간 계층에 가장 큰 이익을 주는 결과를 피할 수
없을 것이라는 점이다.[r)

---

r) 우리는 우리 논변의 세부를 더 논의할 수 있다. 왜 중간 51%로 구성된 연합(상
  부의 75.5% 빼기 최상부의 24.5%)이 형성되지 않을까? 이 집단 전체에 지
  불할 재원은 최상부 24.5%로부터 올 것인데, 이때 이 후자의 집단은 자신들이
  하부의 26.5의 집단을 매수하여 51%의 연합을 구성할 때보다 더 못한 처지에
  있게 된다. 그러나 상부 2%에는 속하나 상부 1%에는 속하지 않는 사람들에 대
  해서는 상황이 다르다. 이들은 자신들 밑의 50%와 연합을 구성하려 하지 않고
  상부 1%와 협동하여 자신들을 배제하는 연합이 구성되는 것을 막으려 할 것이다.
  우리가 수입과 부의 분배에 관한 언명들을 연합 형성에 관한 이론과 결합할 때,
  다수 지배의 체제하에서 결과하는 수입의 재분배에 관한 정확한 예언을 할 수
  있을 것이다. 사람들은 자신이 백분율의 어느 위치에 속하는지 정확히 모르며 실
  행 가능한 재분배의 수단이 조잡하다는 사실을 우리가 추가할 때 예언의 오차 범
  위는 커진다. 이 수정된 예언은 어느 정도나 실제의 사실에 가까이 갈 것인가?

제 9 장
데모크테시스[ㄱ]

우리는 최소국가를 정당화했으며 개인주의적 무정부주의의 입장에 선 반대 논변들을 극복했고, 보다 포괄적이며 강력한 국가를 위한 주요 도덕적 논변들의 모두가 부적합함을 보였다. 이런 사실에도 불구하고 일부 독자들을 최소국가가 미약하며 비현실적이라 생각할 것이다.[1] 그들 견해에 따르면, 강건함은 국가(즉 이를 협동하여 구성하는 개인들)와 이에(그리고 이의 권리들에) 대하여 자연 상태에 머무르는 개인 사이의 권리들에 있어서의 비대칭 관계에 의해 구성되어 있다는 것이다. 더 나아가 강건한 국가는 방어적 기능보다 더 강력한 권력과 보다 폭넓은 행동 반경을 가질 것이라는 것이다. 그러나 합법적인 통로로는 이 권리들에서의 비대칭 관계에 이를 길은 없다. 자연 상태로부터의 최소 국가의 기원에 관한 나의 이론을 계속 전개하여, 누구의 권리도 침해하지 않는 합법적인 절차만을 밟아 근대 국가에 가까운 국가에 이를 방도는 있을까?[2] 내 이론을 그렇게 전개할 수도 있다면, 현재 모든 곳에서 그들의 본성을 드러내며 존재하는 보다 포괄적인 국가의 본질적 측면들을 조명할 것이다. 나는 그 방향으로 약간의 시도를 해 보겠다.

一貫性과 平行的인 예들

우선 평행적 예를 제시하여 한 사태에 대한 어떤 사람의 평가를

[ㄱ] Nozick이 희랍어를 이용해 만든 조어로, 직역하면 〈市民의 所有〉란 의미이다. 이 어휘는 마찬가지로 희랍어에서 연유하는 demoskratia (민주주의)에 대응하는 만큼, 이에 준해 〈民有主義〉 또는 〈國民所有主義〉라 번역될 수 있다.

바꾸도록 설득함에 있어서의 어려움에 관해 한마디 해야겠다. 한 사태에 대한 나의 평가를 바꾸도록 그대가 나를 다음과 같이 설득하려고 한다고 가정하자. 만약 그대의 평행적 예가 충분히 유사하지 않으면, 나는 문제되는 사태에 대한 나의 원래의 평가를 견지하는 한편 그대의 이에 대한 평가를 받아들일 수 있다. 그 예의 유사성이 크면 클수록, 더욱더 나는 이 예를 나의 원래의 평가를 통해 보려 할 것이다. (〈그것은 바로 ～과 같으므로 결국 그리 그른 판단은 아니야〉라고 나는 말할 것이다.) 연역적 논변에도 유사한 난점이 있다. 왜냐하면 논자는 싫은 결론을 받아들이기보다는 그가 이전에 받아들였던 전제들 중의 하나를 부인할 수 있기 때문이다. 그러나 이 난점은 종종 덜 급박하다. 연역적 추론의 긴 사슬은 우리를 결론으로부터 상당히 먼 곳에서부터 시작할 수 있게 하며, 우리의 전제들은 우리가 확신하는 것이며, 이들을 우리는 결론의 부인이라는 필터를 통해서는 보지 않을 것이다. 반면 例는 설득력 있을 만큼 유사하기 위해서는 바로 옆에 놓인 것이어야 한다. (물론 추론의 사슬이 길면 길수록 우리는 그 결론이 도출되리라는 점을 더욱 의심할 것이며, 우리는 전제들로부터 무엇이 뒤따르는가를 본 연후에 이들을 받아들일지를 재고할 수 있다.)

  그대는 그대의 출발점에 관한 나의 판단이나 평가를, 연쇄적인 예들의 제시에 의해 영향받을 것에 대한 나의 판단이나 평가로부터 분리하려(그럼으로써 긴 연쇄의 추론의 효과를 성취하려) 시도할 수 있다. 그대는 무관한 듯한 예로부터 시작하여 단계를 밟아 논의의 대상이 되는 것과 그 구조에 있어 정확히 평행하는 예에 이른다. 그때 나는 무관한 듯한 애초의 예(이의 논의점과의 외견적 무관성 때문에 이 예는 논의점의 전망에 의해 채색돼 보여지지 않게 되었는데)에 관해 그대에게 동의하였으므로, 단계적으로 제시되는 비슷한 예들의 짝들의 연쇄의 어느 지점에서 그리고 왜 나는 나의 판단을 바꾸는지를 설명해야 할 부담은 나의 것일 것이다. 그러나 선을 그어야 하는 이런 부담은 누구를 설득하는 일이 거의 없다. (〈선을 그어야 함은 인정한다. 그러나 그 선이 어디에 그어지건, 그것은 논의되는 문제에 관한 나의 명료한 판단의 다른 쪽에 있을 것이다〉라고 그는 발뺌할 것이다.)

그대의 가장 강력한 논거는 그 자체로서 명약관화할 만큼 정확히 평행하여, 이에 관한 나의 판단이 논쟁점에 관한 나의 판단에 의해 형성되거나 반박되지 않을 만한 그러한 예일 것이다. 그렇게 멋있는 예를 발견하기란 몹시 어렵다. 발견한다 해도, 이 예가 논의되는 사태와 어떤 점에서 달라 나는 하나에 대해선 이런 판단을 내리고 다른 것에 대해선 저런 판단을 내리는지를 그대는 설명해야 한다. 그리고 그 차이점이 논의와 관련해서는 양자(논의되는 사태와 예)를 평행하지 않은 것으로 만들지 않음을 보여야 한다. [3]

보다 일반적인 난문제가 있는데 이는 〈이 경우를 저 경우와 어떻게 구분하는가?〉의 질문에 상당히 의존되어 있는 일관성의 논변 *consistency argument* 에 관한 것이다. 과학철학자들은 종종 일단의 사실 또는 所與 *data* 에 대해 무한히 많은 설명이 가능하다고 주장한다. 설명적 관계 E와 일단의 사실 d에 대해, 무한량의 다른 잠재적 설명이 d에 대한 설명 E의 관계에 있다. 우리는 그들이 왜 이런 말을 하는지 오래 논의치는 않겠다. (단지 무한수의 점들을 통과하여 무한수의 서로 다른 커브가 그려질 수 있다 말하는 것으로 실제 충분한가?) 내가 알기로는, 일단의 사실들이 모든 경우에, 무한수는 말할 것도 없고, 적어도 하나의 설명을 갖는다는 점을 보이기 위해 제시된 논변도 없었다! 관계 E에 대한 적합한 설명이 없는 마당에, 그 주장(과학철학자들의 주장)이 진리인지(우리는 그 점이 공리로 입증되었길 바란다)를 알기는 어렵다. 만약 우리가 소유한 모두가 단지 E를 위한 필요 조건들이라면, 충분 조건을 얻기 위해 추가의 조건을 과함은 E를 제한하여, d에 대한 E의 관계에 있는 것들의 수는 무한이 아니게 될 것이다. ㄴ)(E를 여하한 방식으로라도 적절히 해석하면, 반복함이 없이 d에 대한 E의 관계에 있는 이전의 것들로부터, 그런 관계에 있는 새로운 것을 어찌하면 항상 얻을 수 있는가를 보일 일반적인 논변은 있지만.)

설명이 되기 위한 통상의 조건은, d에 대한 E의 관계에 있는 것은 본질적으로 법과 같은 또는 이론적인 언명을 포함해야 한다는 것이다. 여하한 소정의 특정한 도덕 판단들이 무한수의 다른 도덕 원리들(그 모두가 옳지는 않은)에 의해 설명될 수 있다 상정하는 것

ㄴ) d에 대한 설명, 즉 E의 관계에 있는 것은 d의 충분 조건이어야 한다,

은 똑같은 정도로 그럴 듯한가(또는 하지 않은가)? 도덕 원리들은 고유명사, 지시적 표현들을 포함하지 말아야 한다는 통상적인 요구는 근본적이며 법과 같은 언명들은 位置的인 술어들 *positional predicates*을 포함하지 말아야 한다는 과학철학자들의 요구에 대응한다.[4] 오직 하나의 일반적인 도덕 원리가 많은 수의 특수한 도덕 판단들을 포괄하는 그런 결과에 이르기 위해 일반화의 조건을 사용함은, 오직 하나의 근본적이며 법적인 언명이 소정의 사실들을 설명하리라 상정하는 것과 유사한 듯싶다. 그리고 어느 사람에게(그가 받아들이는) 한 판단을 그가 거부하는 다른 판단과 구분하라, 즉 이를 그가 내리는 반대의 판단과 조화시키라 요구하여 그가 전자의 판단을 바꾸길 바라는 것은, 어떤 논리적으로 일관된 사실들의 일단에 대해서 이를 설명할 근본적이며 법과 같은 언명이나 이런 언명들의 집합이 존재하지 않는다고 상정함과 유사한 것 같다.

이런 상정들은 매우 강한 것이며 그 누가 입증한 바 있는 그 어느 것도 훨씬 넘어선다. 그러면 윤리학에서의 일반화 논변 *generalization arguments*을 통해 그 누가 무엇을 입증하길 기대할 수 있을까? (일반화의 조건들을 충족하는) 어떠한 근본적인 도덕 판단도 한 개인이 내리는 판단들의 양자를 설명할 수 없다는 견해보다 더 그럴싸한 것은, 어떠한 근본적인 도덕 판단도 그 사람이 사용하는 개념만을 사용할 경우 설명할 수 없다는 견해이다. 그리고 그가 자신의 판단들을 설명하는 근본적 도덕 원리를 실제로 제시하라는 것은 아니라 하더라도, 적어도 그의 도덕적 세계에는 그러한 것이 있어야 한다는, 즉 오직 그의 도덕적 개념들만을 사용하는 원리가 있어야 한다는 요구는 합리적이라 생각할 수도 있다. 이 요구가 이루어질지에 대한 보장은 없으며, 그가 단지 〈글쎄, 어떤 도덕적 존재가 이제까지는 생각지도 못한 도덕적 개념들과 이론적 용어들을 생각해내어, 이들을 이용해 나의 특수한 도덕 판단들 모두를 오직 근본적인 원리들에 의해서만 설명할 수 있을 것이다〉라고 대답해서는 안 된다는 주장은 타당성이 있다. 우리는, 우리가 왜 어떤 도덕적 법칙이나 법칙들(일정 유의 개념을 사용하는)이 우리의 모든 도덕적 판단들을 설명한다는 견해에 만족할 수만은 없는지의 이유를 설명하고 탐구하여야 할 것이다. 이는 다룰 수 있는 과제인 성싶다.

뒤에 언급될 평행적 예들에 관한 난점들은 우리의 현재의 절차에 적용된다. 한 사태가 다른 사태에 관한, 논쟁이 끝난, 견해를 통해 보아질 때 생기는 판단의 오염은 배재될 수 있으리라는 아마도 헛된 희망에서, 독자들에게 다음과 같이 요청한다: 논의를 잠시 멈추고 자신이 〈그것은 바로 ~과 같기 때문에 그리 그른 것은 아니야〉라고 생각하고 있지나 않은지 검토해 보라고. 자 이제 우리의 최소 국가로부터 보다 포괄적인 국가를 도출해낼 차례이다.

최소 국가 이상의 국가의 도출

자연 상태에서 재산은, 처음엔 취득에서의 정의의 원리 the principle of justice in acquisition 에 따라, 그리고 그 다음부터는 양도에서의 정의의 원리 the principle of justice in transfer 에 따라, 소유된 재산의 소유된 재산과의 또는 서비스와의 또는 책임 부담과의 교환에 의해서나 또는 증여의 형태로, 취득된다 가정하자. 재산권의 묶음의 정확한 윤곽은 아마도 어떻게 외적인 것들이 가장 효율적으로(최소의 비용으로, 등등) 내재화될 것인가에 관한 고려 사항들에 의해 형성된다.[5] 이 생각은 약간의 검토의 가치가 있다. 타인의 재산권은, 그대의 활동들이 타인들의 재산에 미친 효과에 대해 그대가 그들에게 보상을 해야 하는 한에서, 그대의 활동들의 마이너스의 외적인 것들을 내재화한다. 그대의 재산권은, 그대의 활동들이 그대가 우선적으로 재산권을 취득할 수 있는 것들의 가치를 상승시키는 한에서, 그 활동들의 플러스의 외적인 것들을 내재화한다. 경계선이 그어질 때 우리는 모든 마이너스의 외적인 것들을 내재화한 체계는 어떤 것일지를 대략 그리고 추상적으로 알 수 있다. 하지만 모든 플러스의 외적인 것들의 완전한 내재화는 무엇을 포함할 것인가? 이의 강한 형태의 내재화는 각자의 타인들에 대한 활동의 모든 이익을 각자가 받음을 포함할 것이다. 이익은 창출하기 어려우므로 이는 타인으로부터 그 사람(활동자)에로의 이익의 양도를 포함하며, 이 양도는 그의 활동이 없었다면 그들이 차지했었을 그 동일한 무차별 곡선에로 그들을 귀환시킨다 상상하자. (무제약적으로 양도 가능한 유용성은 없으므로, 이런 내재화는 수취자가 이 내재화가 없는 경우에 가졌을 것과 동일한 양의 이익을 행위자가 받는 결과를 낳으리라는 보장은 없다.) 우선, 그런 강한 내재화는 타인과 함께 사는 데서 오는 모든 이익을 제거하리라는 생각이 들게 한다. 왜냐하면 그가 타인으로부터 받는 각각의 이익은 모두 빼앗기어 이 타인들에게 (가능한 한) 돌려진다. 그러나 사람들은 산출된 이익에 대한 이전 보답을 원하므로 자유 사회에서는 타인들에게 이익을 제공하려는 경쟁이 사람들 사이에 있게 될 것이다. 이런 이익을 제공하는 데 대한, 결과하는, 시장 가격은 이익 수취자가 기꺼이 지불할 최소의 가격보다 낮을 것이며, 이 소비자들(즉 수취자들)이 갖는 잉여금은 타인들과 함께 사는 데서 오는 이익일 것이다. 사회가 설혹 자유롭지 않으며 이익의 잠재적 제공자들 사이의 가격 경쟁을 허용치 않는다(그 대신 누가 이익을 제공할지를 결정한 어떤 다른 선택 방법을 채택한다) 하더라도, 그래도 타인들과 함께 사는 것은 이익이 될 것이다. 수취된 이익들에 대한 충분한 보답이 있을 때마다, 또한 타인들에게 제공된 이익에 대한 충분한 수취가 있다. 해서 이런 체제의 사회에서 (타인과 함께) 사는 이점은, 타인이 그대에게 제공한 이익들이 아니라 그대가 그들에게 제공한 이익에 대해 그들이 주는 보답일 것이다.

하지만 여기에서 이 체제가 다른 차원에 이르면 일관치 못하게 된다. 왜냐하면 타인들이, 그대가 그들에게 제공한 이익들에 대해, 그대에게 보답하는 그런 사회에 삶으로써 그대는 이익을 보기 때문이다. 타인들의 존재가 그대에게 제공하는 이 이익도 내재화되어야 하며, 해서 그대는 그에 대해 충분한 보답을 해야 하는가? 가령, 타인들이 그대에게서 기대하는 보답을 그대는 보답하는가? 분명 이 질문은 무한히 여러 번 반복될 수 있으며, 보답의 수취는 타인과의 共生의 이익이므로 모든 플러스의 외적인 것들을 내재화하는 안정된 결과란 있을 수 없다. 활동을 끌어냄에 관한 고려 사항들은, 한 사람 X가 다른 사람 Y가 제공하는 〈통상의〉 이익에 대해 Y에게 보답하는 체계를 결과하지, X가 존재하여 〈통상의 체계 *ordinary system*〉하에서 Y에게 보답함으로써 Y가 X로부터 얻는 이익에 대해 Y가 X에게 보답하는 그러한 체계를 결과하지는 않는다. 왜냐

하면 후자의 체계하에서는 이익은 애초부터 제공되지는 않기 때문
이다. 또한 후자는 〈통상적인〉 체계의 등에 업혀 있으므로 이는 전
자를 대체할 수 없다. 〈통상적인〉 체계와 이의 보답적 이익이 존재
치 않으므로 후자의 체계가 업혀 작동될 것은 존재하지 않는다.

  플러스의 외적인 것을 내재화함에 관한 경제학자들의 논의는 이
익의 충분 보상이라는 강한 원리에 초점을 맞추지 않는다. 오히려
그들의 관심은, 플러스의 외적인 것을 낳는 활동을 수행하는 자에
게 끼치는 비율을 커버하기에 충분한 것 이상의 보답이 있어야 그
런 활동이 유발될 것이지 않느냐는 것이다. 플러스의 외적인 것들
의 내재화에 관한 경제학 문헌들의 주제를 구성하는 것은, 경제적
효율성을 위해선 충분한, 이 약한 형태의 보답 개념이다.

  최소 이상의 국가 *more-than-minimal state* 의 도출에로 논의를 돌
리자. 사람들은 소유권을 사물의 소유로 간주하기보다는 이 사물과
이론적으로 분리 가능한 (그러나 아마도 그것과 결부되어 있는) 권리들
의 소유로 본다. 재산권은 무엇에 관해 일정한 범위의 용인될 수 있
는 선택지들 중 어떤 것이 실현될 것인지를 결정할 권리로 여겨진다.
용인될 수 있는 선택지들은 타인들의 도덕적 경계를 넘어서지 않는
것들이다; 예를 반복하면, 칼에 대한 한 사람의 재산권은(죄에 대한
정당한 처벌, 자기 방어, 등등의 경우가 아니면) 타인의 의사에 반하여
그의 갈비뼈들 사이에 꽂을 권리를 포함하지 않는다. 한 사람은 한
사물에 대해 한 권리를 소유하며, 다른 사람은 동일한 사물에 대해
다른 권리를 소유한다. 한 주택의 바로 이웃들은 이의 외부 색이 무
엇일지를 결정할 권리를 살 수 있으며 반면 이 주택 속에 사는 사
람은 그 안에서 어떤 (용인될 수 있는) 것이 일어날지를 결정할 권리
를 소유한다. 더 나아가, 여러 사람들은 협동적으로 동일한 권리를
소유하며 이 권리의 행사 방법을 결정하기 위해 어떤 결정 절차에
의존할 수 있다. 사람들의 경제적 상황에 관한 한, 자유 시장의 운
영, 일부인들의 협동(키부츠 *kibbutz*ㄷ) 등), 개별적인 박애 행위 등
등은 개인들의 빈곤을 상당히 감소시킨다. 그러나 우리는, 이 빈곤
이 완전히 제거되지 않거나 또는 일부인들은 보다 많은 재화와 서

ㄷ) 이스라엘의 협동 농장.

비스를 상당한 정도로 욕구한다고 생각할 수 있다. 이 모두를 고려할 때, 최소국가보다 큰 국가는 어떻게 발생할 수 있을까?

보다 많은 재화를 욕구하는 이 사람들의 일부는 자신들을 주식회사화하여 자신들의 일부에 대한 권리를 팔음으로써 돈을 끌어들인다는 아이디어에 착상한다. 그들은 그들이 이전까지 혼자 소유했던 권리들을 모아 일련의 구분된 권리들로 분할하여 목록을 만든다. 이는 생계를 유지키 위해 어떤 직업을 택할 것인가를 결정할 권리, 어떤 종류의 옷을 입을 것인가를 결정할 권리, 자신과 결혼할 의사가 있는 자들 중 누구와 결혼할지를 결정할 권리, 어디에 살 것인가를 결정할 권리, 마리후아나를 피울지의 여부를 결정할 권리, 저작하여 출판할 의사가 있는 그 모든 사람들의 책들 중 어떤 것을 읽을지를 결정할 권리, 등등을 포함한다. 이 사람들은 이 방대한 종류의 권리들의 일부는 이전처럼 계속 보유할 수 있다. 다른 권리들은 시장에 내어 놓는다. 그들은 그들 자신에 대한 이 특정의 권리들에 대한 소유권의 몫을 나누어 판다.

처음에 사람들은 단지 농담으로 또는 호기심에서 이런 권리들에 대한 부분적 소유권을 산다. 우스꽝스러운 주식, 즉 다른 사람에게 자신이나 제3자에 대한 부분적 소유권을 선사하는 것이 유행이 된다. 그러나 이 유행이 퇴조하기 전에 다른 사람들은 보다 심중한 가능성을 발견한다. 그들은, 타인들에게 실제 소용이 되거나 이득이 될 만한, 자신들에 대한 권리를 팔겠다 제안한다: 어떤 사람들로부터 어떤 서비스를 살지 결정할 권리(〈직업 허가권 *occupational licence rights*〉이라 불리우는); 어떤 나라로부터 상품을 살지를 결정할 권리(수입 통제권); LSD, 헤로인, 칼시움 사이클라메이트 *calcium cyclamate*, 담배를 사용할지를 결정할 권리(약품 사용권); 자신들의 그 목적에 대한 승인 여부와 상관 없이 자신들 수입의 몇 퍼센트가 다양한 목적들을 위해 사용될지를 결정할 권리(세금 이용권); 자신들의 性 행위의 방식을 결정할 권리(悖德權 *vice right*); 누구와 맞싸우고 누구를 죽일 수 있는지의 여부 그리고 어느때 그리할 수 있는지를 결정할 권리(徵兵權); 그들이 교환 행위를 할 수 있는 가격의 범위를 결정할 권리(임금 및 가격 통제권); 고용·판매·임대의 결정에서 어떤 근거가 비합법적인지를 결정할 권리(차별 대우 금지권); 그들을 강제하여 사법 제도의 실행에 참여케 할 권리(소환장 발부권); 보다 필요한 자에게 이식하여 신체의 일부를 징발할 권리(신체적 평등권); 등등. 그들 자신의 다양한 이유 때문에 이들 권리를 원하거나 이들에 대한 발언권을 행사하고자 하므로, 굉장한 양의 주식이 때로는 상당액으로 사고 팔린다.

아마 어느 누구도 노예가 될 만큼 자신을 완전히 팔아 버리진 않거나 또는 보호 협회는 아마도 그런 계약은 집행하지 않을 것이다. 여하간 기껏해야 오직 소수의 완전한 노예만이 생길 것이다. 그러한 권리를 파는 사람의 거의 모두가, 판매 총량(아주 비싸겠지만)이 그의 범위에 어떤 제한이 있는 소유권에 이르게 할 만큼만 팔 것이다. 타인들이 이들에 대해 소지하는 권리에 어떤 제한이 있으므로, 이들은 완전한 노예는 아니다. 그러나 많은 사람들이 자신들에 대한 분리된 권리들을 지니고 있으며 이들이 이들을 팔러 내놓을 때 이들은 다른 한 개인이나 소집단에 의해 매점된다. 해서 소유주(들)의 소유 권리에 제한이 없긴 하나 이 많은 사람들에 의해 소유된 사람들은 그들의 주주들의 욕구에 종속되어 있으므로 상당한 압박감을 느낀다. 일부인들의 타인들에 의한 이 매우 광범위한 지배는, 부당하지 *unjust* 않은 애초의 상태로부터 자발적인 교환을 통해, 일련의 합법적인 단계들을 밟아 발생하므로, 그 자체로서는 부당하지 않다. 그러나 부당하지는 않지만, 어떤 사람들은 이를 견딜 수 없는 것이라 생각한다.

자신을 새로이 법인체화하는 사람들은 각 주식에, 이 주식의 일정량 이상을 이미 소유한 사람에게는 전매될 수 없다는 단서를 써넣는다. (조건들이 제한적이면 제한적일수록 그 주식의 가치는 점점 더 적을 것이므로, 그 한계량은 그다지 낮지는 않을 것이다.) 시간이 지나면 한 개인에 대한 소규모 持株회사들의 많은 수가 해체된다. 왜냐하면 소유주들이 자신들의 持分을 경제적인 필요가 있을 때 산발적으로 팔거나 또는 많은 사람들이 그 지주회사들의 주를 사서, 궁극적으로 그 사람에 대한 확대되고 널리 확산된 주식 소유가 있게 된다. 시간이 지남에 따라, 거의 모든 사람들이 자신들에 대한 권리들을 팔아 버리고 각 권리에 대한 한 지주분만을 자신들의 것으로 보유하여 자신들이 원하는 바에 따라서 주주 총회에 참여한다. (이 총회에서 그들이 소유하는 미세한 권한이나 그들의 때때로의 발언이 끄는 무관심을 고려할 때, 그들의 자신들에 대한 지분을 보유함은 단지 感傷 때문일 것이다.)

소유된 지분의 상당한 양이나 이 지분의 소유권의 확산은 상당한 정도의 혼란과 비효율성을 야기한다. 큰 규모의 주주 총회가 항상 개최되어 이제는 의적 결정에 종속된 다양화된 결정들을 내린다: 한 사람의 헤어스타일에 관한 결정, 그의 생활 방식에 관한 결정, 다른 사람의 헤어스타일에 관한 결정, 등등. 일부의 사람들은 그들 시간의 대부분을 주주 총회에 참여하는 데 또는 자신의 권한을 위임하는 데 소비한다. 노동의 분화는 주주의 대리인들이라는 특수한 직업을 창출하며, 이들은 자신의 시간 모두를 여러 다른 모임에 참가하는 데 소비한다. 〈통합 운동 *consolidation movement*〉이라 불리우는 다양한 개혁 운동이 일어난다. 두 종류의 운동이 널리 시도된다. 개별적인 통합화 *consolidating* 주주 총회가 있어 어떤 특정한 개인에 대한 여하한 권리를 지니는 여하한 종류의 주를 소유한 모든 사람들이 모여 투표를 한다. 그들은 한 번에 한 안건씩 투표에 붙이며, 각 안건에 투표할 자격이 있는 자만이 투표한다(이 통합화는 효율성을 높인다. 왜냐하면 특정인에 대한 여하한 권리를 지니는 주를 소유한 사람들은 그 사람에 대한 다른 권리를 지니는 주도 소유하는 경향이 있기 때문이다). 또한 통합된 *consolidated* 주주 총회가 있어 여하한 사람에 대한 소정의 권리를 지니는 주를 소유한 모든 사람들이 모여 투표를 한다. 가령 약품권 전체 회의가 열려 각 사람에 대해 차례로 투표한다(한 사람에 대한 소정의 권리를 지니는 주를 소유한 사람은 다른 사람들에 대해 동일한 권리를 지니는 주를 사는 경향이 있으므로 이 경우도 효율성은 증대된다). 하지만 이 모든 통합화 운동들에도 불구하고 이는 말할 수 없이 긴 시간이 걸리는, 불가능할 정도로 복잡한 상황이다. 사람들은 지분들을 팔아 버리고 한 종류의 한 주만을 소유하여, 사람들 하는 말대로, 〈약간의 발언권을 가자려〉 한다. 사람들이 지분을 팔러 내놓음에 따라, 각 주의 가격은 급격히 하락하여,

그 결과 타인들은 그들이 아직 소지하지 않은 권리들의 명목적 지분을 사게 된다. (그러한 주들은 야구볼 카드르)와 같이 교환되어, 사람들은 완전한 콜렉션을 갖추려 수집의 대상이 된다. 주주로서의 미래의 역할에 대비하는 한 방법으로서 어린이들은 그들을 수집할 만하다).

주식의 이러한 광범한 확산은 다른 확인 가능한 사람이나 소집단에 의한 한 사람의 지배를 본질적으로 종식시킨다. 사람들은 더 이상 한 사람의 손에 매달려 있지 않다. 그 대신 거의 모든 사람들이 그들에 관한 사항들을 결정하며, 그들은 거의 모든 사람들의 사항들에 관해 결정할 것이다. 타인들이 한 개인에 대해 갖는 권한의 범위는 감소되지 않는다. 변하는 것은 누가 그것을 소지하느냐에 있다.

이 지점에서의 체계는 아직도 시간 소모적이며 다루기 힘들다. 이의 처방은 거대한 통합화된 전체 회의이다. 멀리서 그리고 각지의 사람들이 함께 모여 주들을 교환하고 팔며 시끌벅적한 사흘이 지나면 (자, 보라!) 각 사람들은 자신을 포함한 다른 모든 사람들에 대한 각 권리를 지니는 정확히 한 주를 소유하게 된다. 해서 이제는 오직 한 번의 회의만 있어 모든 것들이 모든 사람들에 대해 결정되며, 이 회의에선 각자는 스스로 또는 위임자를 통해 한 표의 투표권만 행사한다. 각자를 따로따로 처리하는 대신, 모든 사람에 대한 일반적 결정들이 내려진다. 처음엔 각인은 3년마다의 주주 총회에 참여하여 자신의 표들을, 즉 자신의 투표권에 더해 위임자로서 자신에게 주어진 표를 던진다. 그러나 참가자 수는 너무 많고, 토론은 너무 지루하며 모든 사람들이 한 마디씩 하려는 바람에 질질 끌린다. 결국 최소한 십만 표를 던질 자격이 있는 자들만이 대주주 총회에 참가할 수 있다는 결정이 내려진다.

한 주요한 문제는 어린이들이 어떤 식으로 주주가 될 것인가의 문제이다. 거대 회사의 주식은 값지고 귀중한 소유물이며 이것이 없으면 우리는 고립된 非주주이며 타인에 대해 무력한 존재이다. 자신들의 부모가 작고하여 이들의 주식을 상속받을 때까지 어린이들이

ㄹ) 미국 청소년들의 수집 대상의 하나는 역대 야구 선수들의 모습이 들어 있는 카드들이다.

기다려야 한다면, 이들은 이들 성인기의 대부분을 주식을 소유치 못한 채 살아야 할 것이다. 그리고 모든 가족들이 정확히 두 자녀ㅁ)를 갖고 있진 않다. 주식이 어린이들에게 그냥 주어질 수는 없다. 누구의 자녀에게 주어질 것이며, 다른 사람들은 그 주식을 구매하였는데 그 거대 회사의 주식을 그냥 준다는 것은 공정하냐의 문제가 생긴다. 해서 젊은이들이 주주 조합에 가입케 하기 위한 방도로서 株式 分割의 방법이 도입된다. 매 3년마다의 주주 총회 기간 중에 m명의 주주들이 작고했고 n명이 나이가 찼다 하자. 이 m의 주들은 이사회에 의해 회수되며 현존 주주 s명이 소유하고 있는 주들의 각각은 $(s+n)/1$ 대 1의 비율로 주식 분할시켜, 그 부분들을 모아 n개의 새 주를 만들고, 이들은 나이찬 젊은이들 n인에게 분배된다. 이들은 그들에게 무료로 분배되는 것이 아니라, 자신들을 법인 재산화하는 데 동의하고 자신들에 대한 권리 모두를 넘기는 조건으로 분배된다. 자신들을 넘기는 대가로 그들은 거대 회사의 주를 받으며 주주조합의 한 회원, 회사의 합동 결정의 참가권자, 서로 다른 사람의 부분적 소유자가 된다. 조합에 가입하는 새로운 사람들의 유입은 각각의 주들이 모두 보다 많은 사람에 대한 권리를 지니는 지분임을 의미하므로, 각각의 이전 주들은 분할되어야 할 위치에 있다. 해서 새 사람들의 가입과 株의 분할은 서로를 정당화한다.

사람들은 이 교환을 절대적으로 득실 없는 거래로 생각한다. 교환 이전에 한 사람은 자신에 대한 하나의 독점적 지분을 소유했으며, 다른 사람에 대한 여하한 부분적 지분도 소유치 않았다. $s+n-1$명의 다른 사람들이 사회에 존재하므로 각인은 자신을 법인 재산화하여 $s+n$의 주를 만들어내고, 이들의 모두를 이사회에 넘긴다. 이에 대한 대가로 그 사회내에 존재하는 다른 $s+n-1$인의 각각에 대한 $1/s+n$의 몫, 플러스 자신에 대한 동일 양의 몫을 얻는다. 해서 그는 $s+n$의 지분 또는 몫을 소유하며, 이들의 각각은 그 사회내의 $s+n$인의 각각에 대한 $1/s+n$의 소유권을 나타낸다. 그가 소지한 지분의 수에 각 지분이 나타내는 어떤 사람에 대한 소유권의 分數로 곱할 때, $(s+n)\times(1/s+n)$, 그 결과는 1이다. 그가 교환의

ㅁ) 둘이 각각 아버지와 어머니의 주식을 상속받을 수 있도록.

결과로 결국 갖게 된 것의 총량은 하나의 독점적 소유권이며, 이는 이를 위해 이사회에 넘긴 바의 바로 그것이다. 사람들은 말하고 생각하길, 모든 사람이 모든 사람을 소유할 때 누구도 누구를 소유하지 않는다고 한다.[6] 각인은 각각의 다른 사람들이 전제 군주가 아니며, 정확히 자신과 똑같은 지위에 있는, 단지 자신과 비슷한 사람들이라 믿는다. 모든 사람들이 동일한 배를 타고 있으므로 누구도 이 상황을 지배의 상황으로 보지 않으며, 이 배의 다수의 승객들은 이 상황을 1인승 보트에서보다 견딜 만하게 한다. 결정은 모두에게 평등하게 적용되므로 얻는 바는 인간의 지배라기보다는 非個人的이며 非恣意的인 규칙들의 지배이다. 각인들은, 모두를 현명하게 지배하려는 타인들의 노력으로부터 이득을 취한다고 생각되며, 각인은 다른 사람들과 동등한 발언권을 지니므로 이 노력에 있어서 平等者이다. 이렇게 해서 한 주주 한 표의 체계가 정립된다. 그리고 사람들은, 자신들의 모두가 각각 똑같이 주식 소유자이자 주식 피소유자이며 각각이 자기 형제의 보호자이자 그의 피보호자이므로 헤어질 수 없게 얽혀 있음을 자각함에 따라, 아마도 형제애적인 유대감을 갖게 될 것이다.

　종종 소수의 불평분자들이 나타나 거대 주식회사의 주식을 받길 거부하고 주주 조합의 회원 가입 헌장에 사인하길 거부한다. 독립 선언서에 그들 몫의 핸콕 John Hancock [ㅂ])을 써넣기 거부하며, 그들은 그 체계의 어느 부분도 원치 않으며 이 체계에 자신의 어느 부분도 주길 원치 않는다 말한다. 이들의 몇몇은 거대 주식회사의 해체까지도 주장한다. 이사회의 과격파들은 그들을 감금할 것을 주장하나, 이사회가 그렇게 할 권리를 부여받은 바 없으므로 그럴 수는 없다. 이사회의 어떤 이사들은 주장하길, 회사의 그늘 아래서의 성장이라는 이득을 취하고 이의 영향권내에 머무름으로써 그 반항적 젊은이들은 이미 주식 피소유자가 될 것에 묵시적으로 동의한 것이며 따라서 그들로부터의 추가의 행위는 필요치 않다 주장한다. 그러나 묵시적 동의는 서명되지 않은 서약서만큼의 가치도 없음을 다른 모두는 인식하고 있으므로 그 주장은 별 지지를 받지 못한다. 한 이

ㅂ) J. Hancock (1737~1793) : 미국 정치가, 미국 독립선언서의 첫번째 서명자.

사는, 모든 어린이들은 그들의 부모에 의해 생산되었으므로 그들의
부모가 그들을 소유하며, 해서 이사회는 그 부모들에 대한 소유권
을 지니는 주식을 소유하고, 그러므로 그 어린이들에 대한 소유권
을 지니는 주식도 소유한다 강변한다. 이런 식의 논변이 갖는 진기
함은 그러한 미묘한 순간엔 오히려 그 논변의 성공에 방해를 한다.
　우리는 이제 이 연극적인 이야기의 진행 속도를 낮추어 자녀에
대한 부모의 소유권에 대한 로크의 견해를 살펴 보자.[7] 로크는 필
머 Filmerㅅ)를 자세히 논하여 어떤 기묘한 대안적 견해의 전개를
명료히할 뿐 아니라, 사람들이 그러리라 생각하는 바와는 달리 그
견해가 자신이 견지하는 견해의 요소로부터 뒤따르지 않음을 보여
야만 한다. 이 목적이 바로 『第二 試論』의 저자가 계속하여 『第一
試論』을 저작하는 이유이다.[8] 자신이 만든 것에 대한 소유권은 로
크의 재산론에서 뒤따르는 듯싶다. 그러므로 이 세계를 만들고 소
유하는 神이 아담에게 이에 대한 독점적 소유권을 주었다면 이는 로
크에게 심각한 문제를 제기한다. 로크는 이런 일이 일어나지 않았
다고 생각했으며 또 그렇게 논했지만(§ 4), 이 일이 일어났었다면
그 후속 결과는 어떠할 것인가에 관해 궁금해했음에 틀림없다. 이
일이 일어났었다면, 그 경우 타인들은 자신들의 생존을 지속하기 위
해 아담의 재산을 사용할 그의 허락을 얻어야 하며 따라서 그의 힘
에 예속됨을, 그의 견해가 논리적으로 수반하는지에 관해 자문했음
에 틀림없다. (만약 그러하고 선물은 유증될 수 있다면, 그 경우…….) 만
족스러운 결과(일부인에 의한 일부인의 지배가 없는 상태)를 갖는 견해
가 우연성 (神은 아담에게 그런 선물을 주지 않았다)에, 즉 없을 수 있
었던 우연성에 의존할 때, 그 견해를 견지하는 자들은 매우 불안한
감을 갖는다. (神은 필연적으로 善하며 따라서 그가 그런 선물을 하지 않은
사실은 우연적이 아니라는 응수는 무시한다. 우연적으로 보이는 사실들에 의
해 전복되길 피하기 위해 그런 방도를 취해야만 하는 도덕적 견해는 매우
불안하다.) 해서 〈다른 생존의 방도가 없을 경우, 모든 사람의 각각
은 다른 사람의 풍요한 재산 중, 자신을 극단적인 결핍으로부터 구

ㅅ) Sir Robert Filmer (　～1653) : 영국 왕당파의 정치 저술가. 그의 저작은 로크의
　　날카로운 비판의 대상이 되었음.

할 만큼의 몫——그 다른 사람은 이 몫을 그가 못 갖게 해선 안 되는데——에 대한 권리〉를 갖는다고 말했을 때(I, §§41, 42), 그는 자기 이론의 한 본질적인 요소를 논한 것이다.

유사하게, 로크는 왜 부모들은 자신의 자녀들을 소유하지 않는지를 설명해야만 한다. 그의 주요 논변(I, §§52~54)은, 한 사람이 자신이 만든 것을 소유하기 위한 필요 조건은 그가 이를 만드는 과정의 모든 단계를 이해하고 관리함이라는 견해에 의존한다. 이 기준에 따르면, 자신의 땅에 씨를 뿌리고 물을 준다 해도 이에서 성장하는 나무에 대한 소유권은 발생치 않을 것이다. 확실히 우리 대부분이 하는 대부분의 것은, 그의 전체적인 움직임을 우리가 이해치 못하는 과정들에 시동을 걸고 이에 관여하여, 우리가 완전히 계획하지는 않는 결과를 산출하는 것이다. (물리학자가 말하는 모든 것이, 소정의 특성들을 지닌 물질들과 결과하는 효과들에 관련이 있다고 그 누가 아는가?) 하지만 그런 많은 경우에, 로크는, 우리는 우리가 생산하는 바를 소유한다 말하고 싶어한다.

로크는 제2의 논변을 제시한다. 〈神이 인간에 대해 행사하는 권세까지도 父權에 의한 by right of fatherhood 것이나, 이는 지상의 부모들이 갖는 것과 유가 다른 것이어서 이들은 이런 권리를 갖지 않는다. 왜냐하면 그는, 지상의 부모들이 감히 그러함을 주장할 수 없는 바, 우리 모두의 창조주이기 때문이다〉(I, §54). 이 수수께끼 같은 말을 이해하긴 어렵다. 이 말의 의미가, 지상의 부모들은 그 자신이 소유되어 있으며 따라서 소유권을 지닐 수 없으므로, 그들은 자신의 자녀를 소유할 수 없다는 것이라면, 이 논리는 그들이 만드는 모든 다른 것에 대해서도 적용된다. 만약 그 의미가, 神은 어린이들의 단순한 부모가 아니라 창조자라는 것이라면, 이는 로크가 생각하기에 소유될 수 없는 것들, 가령 식물들, 인간 아닌 동물들에도 적용되며 아마도 존재하는 모든 것들에 적용된다. (이 점이 적용되는 정도는 이론 구성을 위한 충분한 기초가 안 된다.) 로크의 주장은, 어린이들이, 그들의 본성에 관한 무엇 때문에, 부모들이 그들을 탄생시켰다 해도 부모들에 의해 소유될 수 없다는 것은 아님을 주목하라. 그는, 사람(그들은 자신들의 삶이 몰수되게 할 어떤 부당한 행위를 하진 않았다. §§23, 178)에 관한 무엇이 그들을 탄생시킨 자에 의한 그들에 대한 소유권을 금지시킨다 주장하진 않는다. 왜냐하면 그는, 神이 온갖 고귀한 속성을 지닌 것으로 인간을 만들었으므로 인간을 소유한다 주장하기 때문이다(§6).

로크는 (1) 인간에 내재적인 무엇이, 그를 만드는 자들로 하여금 그를 소유하는 것을 금지한다——하여 그는 부모가 그의 자녀를 소유한다는 결론을 피한다——고 주장하지 않는다. 그러므로 그는 다음과 같이 논해야만 한다: (2) 생산 과정에서 어떻게 재산권이 발생하는가에 관한 이론 안의 어떤 조건 때문에 부모들이 그들의 자녀를 만든다 해도 그들에 대한 소유권을 갖지 못한다고; 또는 (3) 부모의 무엇 때문에 그들은 자녀에 대해 소유권 일반 또는 한 특정의 소유권 관계를 갖지 않는다거나; 또는 (4) 부모는 실제로는 그들의 자녀를 만들지 않는다고 논해야 한다. 우리는, 로크가 (2), (3), (4)를 주장하려 할 때의 문제점들을 본 바 있다. 마지막 두 주장이 별 전망이 없으므로, 로크류의 논변을 펴려는 자는 (1) 또는 (2)의 변형을 시도해 보아야 할 것이다.

부모들이, 자신들이 자녀의 원인으로서, 이들을 만든다는 점을 로크는 강력히 부인하는데, 이 부인은 부모들의 자녀들에 대한 양육의 책임의 근거를 없앤다는 점을 주목하라. 이와 같이 해서 로크는, 자연의 법칙이 부모의 그러한 양육의 책임을 원초적 도덕의 사실로서 요구한다고 주장할 수밖에 없다(§56). 그러나 이런 주장은 왜 自然法이 부모로부터 양육의 책임을 요구하는지, 그리고 이것은 왜, 한 사람이 〈다른 사람의 고통의 이득〉을 수취하는——그럴 권리가 없음에도——다른 한 예라 할 수 있는지를 설명하지 않는다(§34).

우리의 이야기는 이제 끝맺음을 해야겠다. 결국 젊은이들은 주주조합에 가입해야 할 필요는 없음이 결정된다. 그들은 이 조합의 이득을 거부하고 별 유감 없이 주식회사의 영토를 떠날 수 있다(그러나 화성의 정착지는 6개월 이상 버티지 못했으므로 지구에 남아 주주가 될 만한 강력한 이유가 있다). 조합에 가입하거나 떠나야 한다는 선택을 강요받은 그들은, 그 주식회사가 모든 땅을 소유하진 않으므로 누구라도 그 회사의 영토 일부를 사서 그들 멋대로 살 수 있다고 응수할 것이다. 그 회사가 실제 모든 땅 자체를 구매하진 않았으나, 그 거대한 통합된 전체 회의에서 채택된 애초의 회사 정관들은 회사의 통제로부터 땅의 분리를 금지하는 것으로 간주된다. [9] 그 회사는 자신의 영내에서 다른 회사가 튀어나오는 것을 허락할 수 있는가의 문제가 제기된다. 이 회사는 고립되어 있으며 주식 피소유자가 아닌, 한 마디로 無會社的인 *ancorpy* 개인들이 야기하는 위험들을 용납할 수 있는가?

어떤 사람들은 제안하기를, 내키지 않는 사람들은 회사에 가입치 않은 채, 회사 영토내에 머무를 수 있다 제안한다. 그들이 원하는 바의 바로 그런 계약을 회사와 맺고, 다른 사람들과 회사에 대한 자기들 나름의 (불가침 조항 이상의, 그리고 이를 넘어선) 권리와 의무 조항을 정하며, 그들이 얻게 되는 특정의 것들에 대해 돈을 지불하고, 독립적으로 살면서 그 회사 영토내에 머물도록 왜 허락될 수 없느냐는 것이다. [10]

그러나 다른 사람들은 이런 제도가 너무 혼란스럽다 반대한다. 그리고 이는 또한 회사 체계의 기초를 허물어뜨릴 수도 있다 논한다. 왜냐하면 다른 사람들(소위 〈남의 말에 혹하는 사람들〉)도 주주조합에서 탈퇴하고 싶은 유혹을 받을 수 있으므로. 그러면 누가 남겠는가? 스스로를 방어할 능력이 가장 적은 자들만이. 그리고 누가 그들을 돌볼 것인가? 그리고 탈퇴한 자들은 혼자서 어떻게 삶을 꾸려 나갈까? 그리고 보편적인 주식 소유가 없이도, 그리고 모든(능력 있는) 사람들이 서로를 돕도록 강제됨이 없이도, 이전처럼 형제적 유대감이 존속할까? 거의 모든 사람들은, 자신들의 역사적 경험에 따르면 모든 사람 각각이 다른 모든 사람의 삶에 대해(어떤 소정의 한계 안에서의) 동등한 발언권을 소유하는 이런 체계가, 상상할 수 있는, 최선의 그리고 가장 공정한 체계라 생각한다. 그들 편에서는 사회 이론가들은 동의하기를, 그들의 國民所有主義 *demoktesis* 의 체계, 즉 국민에 의한, 국민을 위한, 국민의 소유권0)이 최고

---

0) 링컨이 민주주의의 이념을 표현하기 위해 한 모토에 대응하는 말로, 민주주의를 자신의 이론의 핵심적 개념의 하나인 소유 권리에 의해 표현하려는 Nozick 의 의도를 엿볼 수 있다.

형태의 사회적 삶이며 이는 지상으로부터 사라지게 놔두어서는 안 된다는 것이다.

이 기괴한 說話를 정교히 구성하면서, 우리는 드디어 시민들에 대한 방대한 권력을 갖춘 근대 국가로서 인지될 수 있는 것에 도달했다. 진정 우리는 민주적 *democratic* 국가에 도달했다. 험잡을 데 없다고 할 수 있는 개별적 단계들의 연쇄를 거쳐 누구의 권리도 명백히 침해하지 않고서 최소 국가로부터 근대 국가가 발생했을 법한 이 과정에 관한 우리의 가설적 설명을 받아들일 때, 우리는 그런 국가의 본질적 성격과 이런 국가내에서 사람들 사이의 관계의 근본적 양식에 보다 잘 집중할 수 있다. 이 설화가 사실일지의 여부는 모르겠으나, 그럴 법은 하다.

다른 說話들——일부는 국가의 발생이 부당하다고 하는데——도 근대 국가의 설명으로서 제시될 수 있다. 〈노예의 說話 *the Tale of the Slave*〉라 부를 만한 이야기의 다음과 같은 전개 과정을 살펴보자. 이 설화가 그대의 이야기라 상상하라.

1. 한 노예가 있었는데 그는 잔인한 주인의 변덕스러운 기분에 놀아난다. 그는 종종 잔혹한 구타를 당하고 야밤중에 불리워 일을 하곤 한다. 등등.

2. 주인은 보다 친절하며, 그 노예는 주인이 명시한 규칙을 위반할 때만 (정해진 일을 하지 않을 때, 등등) 구타당한다. 주인은 노예에게 어느 정도의 자유 시간을 준다.

3. 주인은 한 집단의 노예들을 소유하고 있다. 그리고 그는 노예들의 필요, 장·단점, 등을 고려하여 적합한 근거에 따라 그들 사이에 작업을 할당·분배한다.

4. 주인은 일주일의 사흘은 자신의 땅에서 일하고 나머지 나흘은 노예들 자신의 처분에 맡긴다.

5. 주인은 노예들이 도시로(또는 그들이 원하는 곳에) 가 임금을 받고 일할 수 있게 허락한다. 그의 조건은 그들이 그들 임금의 3/7을 자신에게 보내라는 것이다. 그는 또한 어떤 긴급한 사태가 그의 영지내에 발생하는 경우엔 그 노예들을 되불러 올 권한을 보유하며, 송금되는 3/7을 높이거나 낮출 권한도 소유한다. 더 나아가 주인은 자신의 재

정 수지를 위협할 만한 모험적인 행위들, 가령 암벽 등반, 끽연 등을 노예들에게 금지할 권리를 보유한다.

6. 주인은 자신이 소유한 일만 명의 노예에게, 그대를 제외하고, 투표할 권리를 부여하여, 협동의 결정이 그들 모두에 의해 내려진다.

이 일련의 과정을 잠시 멈추고 재고 조사를 해 보자. 만약 주인이 계약을 맺어 이와 같은(6에서와 같은) 권력의 양도가 이루어졌으며, 이 계약은 철회할 수 없다면, 그대는 다른 주인을 갖게 된다. 이제 그대는 한 주인 대신 일만 명의 주인을 갖게 된다. 또는 머리가 일만 개 달린 한 주인을 갖는다 해도 좋다. 아마도 이 주인들은 단계 2에서의 관대한 주인보다 더 친절할 것이다. 하지만 그래도 그들은 그대의 주인이다. 하지만 다른 조처가 취해질 수 있다(단계 2에서와 같은). 한 단일한 주인은 자신의 노예들에게 거리낌없이 발언하도록 허락하여, 자신으로 하여 어떤 결정을 내리도록 설득케 할 수도 있다. 그 一萬頭의 주인도 그러할 수 있다.

7. 그대는 아직 투표권을 지니고 있진 않지만, 그대는 마음대로(그리고 그럴 권리를 부여받아) 일만인의 토론회에 참여하여, 그들이 여러 다양한 정책을 채택하도록 설득하려 할 수 있으며, 그대나 그들을 어떤 방식으로 처우하도록 설득할 수 있다. 그들은 그 다음, 방대한 범위의 그들 권한을 커버하는 정책들에 관해 자기들끼리 투표한다.

8. 토론에 대한 그대의 유익한 기여에 감사하여, 그 일만인들은 자신들이 교착 상태에 빠질 경우엔 그대도 투표할 수 있게 허락한다. 그리고 그들은 이런 절차에서 결과하는 결정을 따르겠다 약속한다. 토론 후에 그대는 그대의 의사를 투표지에 기록하고 그들은 다른 곳에 가 자기들끼리 투표한다. 어떤 안건에 관해 그들의 표가 반분되어 5,000인이 찬성하고 5,000인이 반대하면, 그들은 그대의 투표지를 보아 이를 계산에 넣는다. 이런 교착 상태는 아직까지 없었으며 따라서 그들은 그대의 투표지를 개봉할 계제를 아직 갖지 못했다. (단일 주인도 이런 절차를 채택하여 자신의 노예로 하여금 노예 자신만의 문제, 즉 주인은 전혀 관계되지 않는 문제에 관해 스스로 결정하게 허락할 수 있다.)

9. 그들은 그대의 투표지를 자신들의 것과 함께 계산한다. 만약 그들 표

가 정확히 양분되면 그대의 표가 결정적 역할을 한다. 그렇지 않으면 그대의 표는 투표 결과에 영향을 주지 않는다.

문제는 이렇다. 단계 1 로부터 단계 9 까지의 이행 과정에서 어떤 이행 과정이 이 전체를 더 이상 노예의 설화이지 않게 하는가?[11]

가설적 역사들

최소 이상의 국가 *a more-than-minimal state* 는 보이코트에 의해 발생할 수 있을까? 이런 국가를 선호하는 사람들은 이런 국가의 추가적(비참여자들을 보이코트하는 행위를 포함하여) 기구들에 참여할 것을 약속치 않는 사람들과는 거래·교환·사회적 관계를 갖지 않으려 할지도 모른다. 비참여자들을 보이코트하겠다는 사람들이 많으면 많을수록 이 비참여자들에 주어지는 기회는 더욱 제약될 것이다. 만약 보이코트가 완전 성공을 거두면, 모든 사람들은 결국 최소 이상의 국가가 지니는 추가의 활동에 참여키로 결정할 수도 있으며, 이런 국가로 하여금, 자신들의 의사에 반하여 어떤 일을 하게끔 자신들을 강요할 권리를 부여하게까지 할 수도 있다.

여기서 결과하는 체제하에서, 어떤 사람은 자신에 대한 아무리 효과적인 보이코트라도 직면할 의사가 있다면 그는 그 국가의 과정들과 제약 사항들을 거부할 수 있다. 거부할 수 있다는 점에서 이 체제는 모든 사람들이 참여토록 강제당하는 바, 최소 이상의 국가와 다르다. 최소 이상의 국가의 어떤 제도적 특성을 반영할 이 체제는, 사람들의 선택된 협동적 행동이 권리의 침해 없이 어떻게 하여 어떤 결과를 성취할 수 있는지를 예시해 준다. 많은 사람들로 구성된 사회에서는, 위에 기술된 그런 보이코트가 실제 일어난다 해도, 성공할 가능성은 적다. 그 추가의 기구들에 반대하는 많은 사람들은 상호 거래하고 함께 보호협회를 설립하기에 충분히 많은 다른 사람들을 만나 독립적인 영토내의 영토 *enclave* (꼭 지리적인 것일 필요는 없다)를 구성하여 그 속에서 보이코트에 대항할 수 있다. 더 나아가 그들은 보이코트의 참여자 일부를 매수해 보이코트를 거부케 (이에 계속 참여하는 자들의 반발을 피하기 위해, 비밀리에) 할 수 있다. 사람들이 이를 거부하고 그럼으로써 이득을 보는 것을 다른 사람들이 보게 되면 점점 더 많은 사람들이 이를 거부하게 되고, 하여 보이코트는 실패할 것이다. 오직 사회내의 거의 모든 사람들이 최소 이상의 국가라는 理想을 강력히 신봉하여 이것이 부과하는 추가의 제약 사항들을 기꺼이 받아들이며 개인적인 이득의 유혹을 물리쳐 보이코트를 효과적이게 할 수 있을 때에만, 그리고 이 이상을 성취하기 위해 그들 사이의 관계를 지속적으로 다져 갈 만큼 그 이상에 관심을 기울이고 관여되어 있을 때에만, 최소 이상의 국가의 類似體가 정립될 것이다. 각자가 그에 참여할지 않을지의 선택권을 보유하는, 최소 이상의 국가의 이 類似體만이 합법적이며, 이 유사체도 오직 위에 기술된 방식으로 발생할 때만 합법적이라 할 수 있다.

한 사회의 제도적 구조에 대한 우리의 현재 판단에, 가설적 역사는 어떤 영향을 줄 것인가? 이에 시도적인 대답을 해 보자. 한 현존하는 사회가 정의로운 실제 역사의 결과라면, 그 사회도 정의롭다. 현존하는 사회의 실제 역사가 불의하며, 어떠한 가설적으로 정의로운 역사도 그 사회의 구조를 결과할 수 없었을 것이면, 그 구조는 불의 *unjust* 하다. 보다 복잡한 경우는, 한 사회의 실제 역사는 불의하나 어떤 가설적으로 정의로운 역사가 그 사회의 현재 구조를 (이 구조하에서의 사회적 지위나 소유 상태의 특정 분포는 아닐 가능성이 많지만) 결과했었을 수도 있는 경우이다. 그 가설적으로 정의로운 역사가 실제 역사에 〈유사하며,〉 이 실제 역사의 불의들 *injustices* 이 현재 사회의 제도적 구조를 결과함이나 유지함에 별 중요한 역할을 하지 않았다면, 실제의 구조는 현실적으로 얻을 수 있는 가장 정의로운 *just* 사회일 것이다.

만약 가설적으로 정의로운 역사에서 각 개인들이 현 사회의 제도적 구조에 동의해야 했으며 이 구조에 구현된 각 개인의 권리들에 대한 제약 사항들에 동의해야 했으나, 실제 참여 개인들의 일부가 동의하지 않을 것이라면, 우리는 그 제도적 구도를 불의한 것으로 (이것이 다른 어떤 가설에 의해 정의로운 것으로 간주될 수 있기 전에는) 간주해야 한다. 마찬가지로, 가설적으로 정의로운 역사에서 사람들이 제도적 구조에 동의해야 했으나 일부가 동의치 않았으며 그리고 현재 사람들의 일부가 과거에 동의한 사람들과 같은 견해를 갖지 않을 것이라면, 그 제도적 구조는 불의한 것으로 간주되어야만 한다. 만약 어떤 가설적으로 정의로운 역사에 의해 사회의 제도적 구조가 발생할 수 있고, 이 역사는 이 구조에 대한 누구의 동의도 요청치 않는다면, 그 구조에 대한 평가는 이를 발생시킨 과정에 대한 평가에 달려 있다. 그 과정이 실제 역사보다(이 과정은 실제 역사보다 정의의 관점에서는, 가설에 의해, 우월하므로, 정의 아닌 다른 관점에서) 더 낫다면, 이는 아마도 그 구조에 대한 평가를 높일 것이다. 정의로운 과정이 그 제도적 구조를 결과했었을 것이나 이 과정의 참여자들은 경멸한 만한 개인들이라면, 이 가설적 과정은 그 제도적 구조에 대한 평가를 높이지 않는다.

개인들의 동의를 필요로 하지 않는 정의로운 과정에 의해 발생할 수 있는 구조는, 그 개인들의 권리에 대한 제약 사항들을 부과하지 않거나 개인들이 소유하지 않는 권리들을 구현하지 않으므로, 권리들에 관한 한, 도덕적 측면 제약 사항들에 의해 명시된 개인들의 권리라는 출발점에 보다 가까울 것이다. 그러므로 이것이 갖는 권리들의 구조는 정의로운 것으로 간주될 것이다. 제도적 구조들의 실제 역사가 범한 불의가 일정할 때, 개인들이 도덕적 측면 제약 사항의 덕분으로 소유하는 권리들에 보다 가까운 제도적 구조들은, 이로부터 보다 먼 제도적 구조들보다 정의로울 것이다. 만약 개인의 권리들만을 구현하는 제도적 구조가 불의하게 발생할 수 있다면, 이것이 설혹 그렇다 하더라도 우리는 기꺼이 그런 구조에 안주하여 (지위와 소유 상태에 관한 특정의 불의들을 교정하면서), 이 구조가 이로부터 발생할 수 있는 그 어떤 다른 구조에로 변형되게 놔둘 것이다. 반면 도덕적 측면 제약 사항들에 구현되어 있는 개인의 권리들로부터 제도적 구조가 일탈하면, 우리는, 이것이 설혹 어떤 가설적으로 정당한 역사에 의해 발생했을 가능성이 있더라도, 이 구조가 계속 작동하도록 버려둘 용의가 없다. 개인의 권리들에 대한 현재의 제약들은 이로부터 발생하는 것에 상당한 영향을 줄 것이며, 현존하는 그 제약들마저도 실은 동의될 수 없는 것이기에. 개인적 권리들의 상황은 재정립되어야 할 것이다.

제Ⅲ부
유 토 피 아

제10장
유토피아를 위한 골격

최소 국가보다 더 포괄적인 국가는 정당화될 수 없다. 그러나 최소 국가의 이념 또는 이상은 광채를 결하고 있지 않는가? 그 누가 이 이념의 기치 아래 투쟁할 것인가?[1] 이는, 양극적인 예를 든다면, 유토피아적 이론가들의 꿈과 희망에 비하면 창백하고 미미한 듯싶다. 그 가치가 무엇이건, 최소 국가는 유토피아가 아님은 확실한 것같이 보인다. 그러면 우리가 유토피아 이론에 대한 탐구에서 기대할 바는, 정치철학의 종국으로서의 최소 국가의 결핍과 단점들의 강조 이상의 것이다. 그런 탐구는 또한 그 자체로서도 흥미있는 것일 것임을 약속한다. 그러면 유토피아론이 인도하는 곳으로 따라가 보자.

모　형

理想國으로서 (뛰어난) 자격을 갖추게 하기 위해 우리가 그 사회에 부과하는 조건들의 전체는, 전체로서는, 논리 일관치 않다. 사회적 그리고 정치적으로 좋은 것들을 모두 동시에 그리고 지속적으로 실현시킴이 불가능하다는 사실은 인간 조건에 있어 유감스러운 점이며, 이는 슬퍼하며 탐구할 만한 것이다. 여기서의 우리의 주제는 그러나 가능한 최선의 세계 *the best of all possible worlds* 이다.[a]

a) 가능한 최선의 세계라는 개념은 애매하다. 결정 이론가 *decision theorists* 들에 의해 논의된 서로 다른 결단의 기준들에 대응하여 제도의 디자인을 위한 서로 다른 원리들이 존재한다. 제도의 상부에 惡한 자가 있더라도 별 해를 주지 않도록 그렇게 제도를 디자인한다든가, 견제와 균형이라든가 하는 것에 대한 논의는 최

누구를 위한 세계? 나를 위한 최선의 세계는 그대를 위한 최선의
세계가 아닐 것이다. 내가 상상할 수 있는 모든 세계들 중에서 내
가 가장 살고 싶어하는 세계는, 정확히 그대가 선택할 세계는 아닐
것이다. 하지만 이상국은 어떤 제한된 의미에서 우리 모두에게 좋
은 세계이어야 한다: 즉 우리 모두에게 상상할 수 있는 최선의 세
계 *the best world imaginable.*[b] 어떤 의미에서 이런 세계가 이럴 수
있는가?

소 극대화 *minimax* 의 원리 또는, 보다 정확히 말하면 보다 더 엄격한 원리의
일부를 이루고 있는 최소 극대화에 관한 고려 사항에 의해 고무되었다 해석된다.
다음을 보라: Kenneth Arrow and Leonid Hurwicz, "An Optimality Criterion
for Decision-Making Under Ignorance," in *Uncertainty and Expectations
in Economics*, ed. C.F. Carter and J.L. Ford (Clifton, N.J., 1972), pp. 1~11.
이 문제를 숙고한 모든 사람들은 동의하길, 최대 극대화의 원리가——자신의 여러
가능한 추후 결과들 중, 다른 어느 가능한 행동의 어떤 가능한 추후 결과보다도
좋은 추후 결과를 야기하는 행동을 선택하는 원리——충분히 타산적인 원리가 못
되므로 이를 사용하여 제도들을 디자인한다면 어리석을 것이라 한다. 그렇게 지나
친 낙관주의에 물들어 있는 제도를 가진 사회는 결국 붕괴될 것이며, 또는 그 지
나치게 모험적인 낙관주의는 그 사회를 살기엔 너무 위험스럽게 한다.

그러나 최대 극대화의 원리 *maximax principle* 에 의해 정형화되지 않은 제도
들을 가진 사회는, (일이 잘 되어 가면) 최대 극대화의 원리에 의해 이를 수 있는
高地에 이르지 못할 것이다. 그렇다면 어떤 사회가 가능한 최선의 사회인가? 제
도 디자인에 관한 〈최선의 *best*〉 원리들(어떤 좋은 결과의 성취를 보다 어렵게
만드는 대가로 나쁜 결과에 대한 소정의 안전판을 갖고 있는 원리들)에 따른 사
회, 또는 가능한 것들의 최선의 사회, 즉 모든 것이 잘 되어 가는 그런 사회? 아
마도 누구의 유토피아 개념도 이 질문에 해답을 줄 만큼 정확하진 못할 것이다.
유토피아는 잠시 논외로 하더라도, 우리의 흥미를 끄는 문제는 제도 디자인을 위
한 최선의 원리들이 무엇이냐는 것이다. (처음부터 주요 제도들을 창출하는 것이
가능하다거나 또는 바람직하다는 연상을 주지 않기 위해서 우리는 제도의 디자인
보다는 제도의 평가에 관한 원리라 말해야 하겠다.)

b) 나의 최선의 세계는 그대의 최선의 세계가 아니라는 사실은 적어도 우리 둘 중
하나가 타락하고 퇴행했음을 보이는 증거라고 혹자는 생각할 것이다. 이는 그들의
눈엔 놀라운 사실이 아닌 것이, 우리는 유토피아에서 성장 발육하지 않았기 때
문이다. 따라서 우리는 어떻게 유토피아의 완전한 시민이 되길 기대될 수 있겠는
가? 이런 근거에서 유토피아 사상가들은 젊은이들의 다양한 형성 과정들을 강조
한다. 이렇게 형성된 사람들은 그 세계를 유토피아로 생각할 것이다. 그들은 우
리와 얼마만큼이나 다른가? 추측컨대, 짧은 근사한 역사가 우리와 같은 사람들
을 그들과 같이 만든 것이다. 유토피아는 우리의 손자들이 살 곳이다. 이중의 세
대차는 충분히 작은 것이어서 우리 모두는 같은 가족의 일원이라 느낄 것이다.
사람들은 변형되지 않을 것이다. 자신들의 유토피아에 대한 원숭이들의 기술은
〈우리는 우선 진화한다 그리고 그 다음〉이라든가 〈우리는 처음 토마토같이 생겨
땅 위로 기었으나 그 다음〉과 같은 서두로 시작하지 않는다.

거주 가능한 한 세계를 상상해 보자. 이 세계가 현재 살고 있는 자 모두를 포함할 필요는 없으며, 이 세계는 이제까지 전혀 실제로 살지 않았던 존재를 포함할 수 있다. 그대가 방금 상상해낸 이 세계의 모든 이성적인 *rational*[c] 존재들은 그대와 동일한 권리, 즉 자신이 거주할 가능적 세계(모든 다른 합리적 거주자들이 똑같은 상상의 권리를 가지는 등등)를 상상해낼 권리를 소유할 것이다. 그대가 상상해낸 그 세계의 다른 거주자들은 자신들을 위해 (그대에 의해) 창조된 세계(이 세계를 위해 그들은 창조되었다) 속에 거주키로 선택하거나, 또는 이를 떠나 자신들이 상상해낸 세계에 거주키로 선택할 수 있다. 그들이 그대의 세계를 떠나 다른 세계에 살고자 선택한다면, 그대의 세계는 거주자가(그대 이외에는) 없다. 이제 새로 이주하는 자가 없다면 그대는 이 상상의 세계를 포기할 수 있다. 이런 과정은 계속된다. 세계가 창조되고 사람들이 이를 떠나고 새로운 세계가 다시 창조되고 등등.

이런 과정이 무한히 계속될까? 그런 모든 세계가 하루살이인가 아니면 원래 인구의 모두가 그 속에 살기를 선택할 그러한 안정된 세계들이 있을까? 만약 이 과정이 어떤 안정된 세계들을 결과한다면, 이들의 각각은 어떤 흥미있는 일반적 조건을 충족시키는가?

안정된 세계들이 있다면, 이들의 각각은, 이 세계들이 정립된 그 방식 때문에 하나의 매우 바람직한 조건을 충족시킨다. 즉, (그들이 믿기에) 이의 모든 이성적 거주자들이 동등한 상상과 이주의 권리를 소유한다 해도 지속하여 존재할 그런 세계, 즉 그들이 그 속에 거주하길 선택할 그런 대안적 세계 *alternative world* 를, 그 안정된 세계의 거주자들은 누구도 상상할 수 없다. 이런 조건은 매우 매력적이므로, 모든 그런 안정된 세계들이 어떤 다른 특성들을 공통적으로 지니고 있는가를 살펴보는 일은 흥미있는 일일 것이다. 계속 긴 문장을 반복하는 것을 피하기 위해, 모든 이성적인 거주자들이 자신들이 상상해낼 수 있는 다른 세계를 위해 떠날 수 있는 그런 세계

---

c) 내가 쓰는 〈이성적〉 또는 〈이성적 존재 *rational creature*〉라는 어휘는, 어떤 존재들이 이런 속성을 가짐으로 해서 인간들이 갖는 그 모든 진리들을 가질 수 있는 그러한 속성을 가진 존재란 의미이다. 나는 이 속성들이 무엇인지는 여기서 논하지 않겠다. 이 문제에 대한 간략한 입문적인 언급은 제 3 장에 있다.

(전자는 또 이의 이성적인 거주자들이 자신들이 상상해낸 다른 세계를 위해 떠날 수 있는 세계이며, 이 제3의 세계 역시……)를 협회 *association* 라 부르자. 그리고 일부의 이성적 거주자들이 자신들이 상상해낸 협회들 중 어느 곳으로 떠나길 원한다 해도 떠나도록 허락되지 않는 그런 세계를 〈東獨〉이라 부르자. 이 용어들을 사용해 우리의 원래 조건을 표현하면, 한 안정된 협회의 어떤 회원도, (자신이 믿기에) 안정되며 자신이 회원이 되길 선호하는 그런 다른 협회를 상상할 수 없다.

　이런 안정된 협회의 모습은 어떤 것인가? 나는 여기에서 단지 직감적이고 매우 단순한 논변만을 제시할 수 있다. 그대는 그대가 절대 군주로 행세할 수 있는 협회를 설립하여, 다른 모든 이성적 거주자들을 착취할 수는 없을 것이다. 왜냐하면 그때 그들은 그대가 없는 협회에서 보다 나은 처지에 있을 것이며, 적어도 그대가 만든 협회에 거주하기보다는 그대를 뺀 모두를 회원으로 하는 다른 협회에 거주코자 선택할 것이다. 어떠한 안정된 협회도, 그대를 제외한 모든 다른 회원들이 합동으로 이를 떠나 그들 자신의 협회를 구성할 그런 단체는 아니다; 이런 단체는 원래의 협회가 안정된 것이라는 가정에 위배된다. 이런 논변은 협회내의 다른 모든 사람들이, 그들이 없으면, 보다 잘살 그런 둘, 셋 또는 n인의 회원들에게도 적용된다. 해서 우리는 안정된 협회의 조건으로서 다음을 갖는다: A가 한 안정된 협회내의 사람들의 집합이면, A의 다음과 같은 종속 집합 S는, 즉 이의 각 회원이 A에 소속되기보다는 이의 회원들만으로 구성된 협회에 소속될 때 보다 나은 처지에 있게 되는 그런 집합 S는, 존재치 않는다. 왜냐하면 그런 종속 집합 S가 존재한다면, 이의 회원들은 A로부터 탈피하여 그들 자신의 협회를 설립할 것이기 때문이다. [d]

---

　d) 자세한 설명에서라면 우리는 다음과 같은 S, 즉 이의 회원들의 재화의 특정한 분배에 관해 자신들끼리 결정할 수 있으므로 A에 남아 있을 그런 S가 존재할지의 문제나, 많은 그런 중복적인 종속집합 S들이 존재하여 이들 사이의 복잡한 상호 작용은 (어느 곳에 한 사람은 들어가야 하는가?) 모든 사람들로 하여금 A에 머무르게 하지 않을지의 문제를 고려해야 할 것이다.
　　우리가 표명한 조건은 게임의 핵이란 개념과 연결되어 있다. 어떤 할당이 사람들의 연합 S에 의해 지지될 충분 조건은, S의 회원들 사이에 다른 방식이 할당이 그대가, 내가 상상해내고 창조한 세계내의 (나를 제외한) 모든 이성적 존재들의 대변인이라고 가정해 보자. 나의 협회 A_1에 머무를 것인가 또는 나를 제외한 그대들 모두를 회원으로 하는 새 협회 A_1'를 시작할 것인가의 결정은, 그대들 모두가 이미 속해 있는 협회 A_1'에 나를 신입 회원으로 받아들일 것인가(해서 내가 이전 협회 A_1에서 가졌던 동일한 역을, 이 확대된 협회 A_1'에서도 나에게 줄 것인가)의 결정과 동일한 것이다. 각 경우에서의 결정에서 결정적인 고려 사항은 동일하다 : 즉 그대들이 내가 있을 때 더 잘사느냐 없을 때 더 잘사느냐의 문제이다. 따라서 내가 상상해낼 수 있는 많은 세계들 A_1, A_2, ……, 중 어느 세계에서 이의 모든 이성적인 회원들이 자신들만으로 구성된 새로운 세계 A_1', A_2', ……를 형성하기보다는 나와 함께 있을 것인가에 답하기 위해선, 우리는 A_1', A_2', ……들이 이미 현존하는 것으로 간주하고 이들 중 어느 것이 나를 신입 회원으로 받아들일 것이며 그 가입의 조건은 무엇일까를 물어야 한다.

있어 이 방식이 이 회원들 각각을 보다 나은 처지에 있게 하며 이 할당이 독립적으로 (S의 보집합의 회원들과 독립적으로) S의 회원들에 의해 이루어질 수 있는 경우이다. 게임의 핵은 여하한 연합에 의해서도 저지되지 않는 그 모든 할당들로 구성되어 있다. 한 경제체제에서, 핵은 소비자들에 대한 정확히 다음과 같은 할당들에 의해, 즉 소비자들의 그 어떤 종속집합도, 그 경제체제내의 다른 소비자들과 독립적으로, 자신들 사이에서 자신들의 자산을 재할당함으로써 자신의 회원 상호간의 처지를 개선치 않는 그러한 할당 등에 의해, 구성되어 있다. 이 핵내의 모든 할당은 파레토 최적이라는 사실은 시시한 사실이지만, 경쟁 시장내의 모든 평형적 할당은 핵내에 있다는 점은 흥미있는 공리이다. 더 나아가, 핵내의 모든 할당에 대해, 재화의 시초 분배를 기초로 한 경쟁 시장이 존재하며 이는 평형적 할당을 발생시킨다.
　　이런 결과들에 관해서는 (공리론을 입증하기 위한 조건들에 약간의 변형을 가했지만) 다음을 보라 : G. Debreu & H. Scarf, "A Limit Theorem on the Core of an Economy," *International Economic Review*, 4, No. 3 (1963); R. Aumann, "Markets with a Continuum of Traders," *Econometrica*, 32 (1964); (핵이 공집합이 되지 않기 위한 조건들에 관해서) H. Scarf, "The Core of an N-Person Game," *Econometrica*, 35, (1967). 이 논문들은 상당히 많은 문헌들을 자극하였다. K. Arrow & F. Hahn 의 *General Competitive Analysis*(S.F., 1971)를 보라. 이들이 논하는 핵의 개념은 명백히 우리의 가능적 세계 상황에 중심을 차지하므로, 그들의 결과에 유사한 것이 우리의 경우에도 적용되리라 기대할 수 있다. 가능적 세계 모델에 관련 있는 유용하며 시사적인 자료들에 관한 개요는 G. Debreu 의 *Theory of Value* (N.Y., 1959)이다. 불행하게도, 우리의 가능적 세계 모형도 어떤 점에서 이들 문헌이 논하는 바보다 복잡하다. 따라서 그들의 결과는 직접 그리고 즉각 우리의 경우에 적용될 수 없다.

내가 그 협회에 주기보다는 많은 것을 가져 간다면, 그 협회는 나를 가입시키지 않을 것이다 ; 그들은 나를 가입시킴으로써 손해 보길 원치 않는다. 내가 협회로부터 가져 가는 것은 내가 그로부터 얻는 바와 다르다 ; 내가 가져 가는 것은, 가입시 그들이 주는 것에 그들이 매긴 가치와 대등하며, 반면 내가 얻는 것은, 회원권에 내가 매긴 가치와 대등하다. 이 집단이 통합되어 있으며 한 유용성의 함수(여기서 $U_Y(x)$는 x가 Y에 주는 유용성이다)로 나타낼 수 있다 가정할 때, 한 협회 $A_i{'}$가 나를 수락할 필요 조건은 :

$U_{Ai}{'}$ (나의 수락)$\geq U_{Ai}{'}$ (나의 거부),

즉, $U_{Ai}{'}$ (A_i의 회원임)$\geq U_{Ai}{'}$ ($A_i{'}$의 회원임),

즉, ($A_i{'}$의 회원들이 나의 가입으로부터 얻는 유용성) $\geq$ (그들이 나를 입회시킴으로써 나에게 주는 유용성).

어떤 협회로부터도 나는, 나의 기여가 그들에게 주는 가치보다 더 큰 가치(그들 기준으로)의 것을 얻을 수는 없을 것이다.

나는 이보다 더 적은 것을 그 어느 협회로부터 받아들일 필요가 있는가? 만약 한 협회가 나의 가입으로부터 얻을 것보다 더 적은 것을 나에게 제공한다면, 나의 가입을 똑같은 정도로 가치 있게 생각하는 다른 협회를 유리하게 하여 이 후자의 협회는 자신의 협회에 나를 가입시키고자 전자의 협회보다 많은 것을(자신들이 나로부터 얻을 것보다는 적은 것이겠지만) 제공할 것이다. 마찬가지로 제3의 협회는 제2의 협회에 대하여 그런 경쟁적 위치에 있게 된다, 등등. 나에게의 지불금을 낮추기 위해 협회들끼리 공모하는 일은 있을 수 없다. 왜냐하면 나는 나를 필요로 하는 경쟁자를 무수히 상상할 수 있기 때문이다. 해서 협회들의 경쟁은 나에게의 제공가를 높일 것이다.

우리가 갖게 된 것은 경쟁 시장의 경제학적 모형의 현실화인 듯싶다. 이는, 우리를 강력하고 정교하며 세련된 일단의 분석과 이론들에 즉각 접근할 수 있게 하므로, 가장 환영할 일이다. 나의 입회를 위해 경쟁하는 많은 협회들은, 나를 고용하기 위해 경쟁하는 많은 회사들과 동일한 구조를 가지고 있다. 각 경우에 모두 나는 한계 분담액을 받는다. 해서 우리가 갖는 결과는, 모든 안정된 협회에서 각인들은 자신의 한계 분담액을 받는다는 것이다 ; 다음과 같은 세계, 즉 이의 이성적 회원들이 세계들을 창조할 수 있고 그에로 이주할 수 있으나, 이의 어느 이성적인 회원도 자신이 이주해 지속적으로 살 수 있는 다른 세계를 (이 세계의 각인은 동일한 상상과 이주의 권리를 갖는다) 상상할 수 있다 생각지 않는 그러한 세계에서, 각인은 그 세계에 대한 자신의 한계 분담액을 받는다.

우리의 이제까지의 논변은 직감적이었다. 우리는 여기서 형식적인 논변을 제시하지 않을 것이다. 그러나 우리는 모형의 내용에 관해 몇 마디 해야겠다. 모형은 그대로 하여금 그대가 원하는 바를 선택하게끔 고안되었으며, 이의 유일한 제약은, 타인들도 자신들을 위해 동일한 것을 할 수 있으며, 그대가 상상해낸 세계 속에 거주하길 거부할 수 있다는 것이다. 그러나 이것만으로는, 권리의 행사에 있어 요청되는 평등성이 이 모형 속에 생기진 않는다. 왜냐하면 그대는 그들의 일부를 상상해냈고 창조한 반면, 그들은 그대를 상상해낸 바 없기 때문이다. 그대는 특정의 욕구를 가진 자들로서 그들을 창조했었을 수 있다. 구체적으로 말하면, 그대는 그들을 그대가 창출한 그러한 특성을 가진 세계 속에——설혹 그들이 이 속에선 처참한 노예일지라도——가장 살기 원하는 자들로서 창조했었을 수 있다. 이런 경우, 그들이 보기엔 더 나은 세계가 있을 수 없으므로, 그들은 더 나은 세계를 찾아 그대의 세계를 떠나지 않을 것이다. 그들의 가입을 획득하려는 다른 어느 세계의 경쟁도 성공적일 수 없으므로 그들의 봉급은 경쟁 시장에서와 같이 상승하진 않을 것이다.

그 존재들이 욕구에 관한 상상력에 어떤 자연스럽고 직감적인 제약을 가해 이런 결과를 피할 것인가? 상상된 사람들이 어떠해야 할지에 관한 제약들을 노골적으로 기술하는 데서 오는 어지러움을 피하기 위해, 우리는 다음의 제약을 가한다. 상상된 세계로부터 다음이 논리적으로 뒤따라 나와선 안 된다 : (1) 이 세계가 이의 거주자들 또는 한 거주자가 가장 (또는 n 번째로 가장) 살고 싶어하는 곳이라거나 (2) 이의 거주자들이 어떤 (종류의) 사람을 거주자로 갖는 세계 속에 가장 (n번째로 가장) 살고 싶어하며 그 어떤 사람이 말하는 것이면 무엇이든 한다는 것 등등이. 문제를 유발하는 방식들의 각각을, 우리가 일단 발견하기만 하면 위의 제약에 의거해 명백하게 제거할 수 있다. 그리고 그 구축물(즉 상상된 국가)이 전복될 수 있는 유한 수의 방법이 있는 한, 이 절차는 우리의 목적을 위해선 적절하다. 이 제약이 부과된다고 해서 우리의 구축물이 시시하게 되진 않는다. 한계적 기여에 따른 지불에 관한 결과를 낳는 그 논변은 흥미로운 이론적 단계(경제 이론과 게임 이론에 의해 제공되는)이다;특정인 또는 특정의 가능적 세계에 이르기 위해 특정 욕구를 선택해 이에 초점을 맞춤은, 우리가 우리의 출발점에서 그 결과에 이르는 데에 장애가 된다;이 선택된 욕구는 그 결과의 도출을 방해한다는 사실은 별개로 하더라도 이런 욕구를 배제하려는 또다른 직감적인 이유가 있다;이런 욕구를 피하기 위해 시초의 상황에 가해지는 제약들의 세부는 그 자체로서는 독립적인 흥미의 대상이 될 것 같지 않다. 그러므로 이런 욕구를 배제해 버리는 것이 최선의 길이다.

그 상황의 인식론은 우리에게 어려움을 제기하지 않는다. ⟨~로부터 뒤따른다⟩라는 개념이 효율적인 개념이 아니라 해서 누구도 그 제약을 회피할 수는 없다. 왜냐하면 (1)과 (2)가 (또는 추가 단서가) 뒤따른다는 것이 알려지자마자, 상상된 세계는 배제된다. 보다 심각한 문제는, 어떤 것이 논리적으로 뒤따르진 않을지 몰라도 인과적으로 뒤따를 수 있다는 점이다. 이 가능성은, 그 상상된 사람들 중의 하나가 X를 가장 원한다고 명시적으로 말할 필요가 없게 한다. 욕구의 생성에 관한 인과적 이론, 가령 시행 착오적 학습 *operant conditioning* 론의 어떤 것에 따르면, 그 사람은, 어떤 사람이 어떤 과거사를 거쳐 왔으며, 그의 경험적 이론에 따르면 이 과거사가 그의 다른 욕구보다 더 강한 X에의 욕구의 원인이라고 상상할 수 있다. 여기서도 역시 다양한 임시 방편적인 제약들이 제시될 수 있으나, 최선의 길은 다음의 추가적 제약을 가하는 것일 것이다 : 즉 想像者는, ~라는 사실이 인과적으로 뒤따름을 자신이 알 수 있게끔 그렇게 세계나 이의 거주자들을 기술해서는 안 된다는. 우리가 제외하고자 하는 바는 그가 뒤따를 것으로 아는 바의 것뿐이다. 그의 상상된 세계와 사람들의 기술로부터 그런 것들이 실제로는 전혀 뒤따르지 말아야 한다는 것은 너무 강한 조건일 것이다. 만약 그가 그것을 모른다면, 그는 이를 자신에 유리하게 이용할 수 없다.

세계의 상상자는 타인들이 자신의 입장을 특별히 선호하도록 그렇게 기술할 수는 없으나, 어떤 일반적 원리들을 수락하게끔 기술할 수는 있다(이 일반적 원리들은 그의 입장에 유리한 것일 수 있다). 가령, 그는 그 세계의 모든 사람들이(자신을 포함하여) 생산품 평등 분배의 원리를 받아들이고, 여하한 사람이건 그 세계에 수용하여 균등한 몫을 준다 상상할 수 있다. 한 세계내 거주자들이 분배에 관한 어떤 (다른) 일반적 원리 P를 만장일치로 수락한다면, 그 세계의 각인은 그들의 한계 기여 대신에 P에 따른 그들의 몫을 취할 것이다. 어떤 다른 일반적인 분배의 원리 P′를 취하는 여하한 반대자도 P′의 지지자만으로 구성된 다른 세계에로 이주할 것이므로, 만장일치가 요구된다. 사람들이 한계 기여를 하는 세계에선, 물론, 어느 개인도 자신의 몫의 일부를 타인에게 선사하길 선택할 수 있다; (이런 조건에의 동기가 무엇일지를 알기는 어렵겠지만) 분배에 관한 그들의 일반적 원리가 한계 기여에 따른 분배를 요청하고 선사를 반대하는 단서를 포함하지 않는다는 조건하에서. 그러므로 각각의 세계에서 모든 사람들은 자신의 한계생산물을 취하며, 그들은 이의 일부를 다른 사람에게 양도할 수 없으며 그 결과 그 다른 사람들은 그들 몫의 한계생산품 이상을 받거나, 또는 모든 사람들은 만장일치의 합의에 의해 다른 분배의 원리를 채택한다. 모든 세계들이 바람직한 것은 아닐 것이라는 점은 지적되어야 한다. 어떤 세계의 모든 거주자들이 선호하리라 상상할 수 있는 어떤 특별한 원리 P는 매우 잔혹한 것일 수 있다. 우리의 상상의 구축물은, 사람들 사이의 관계들의 어떤 측면들에만 관여하는 것으로서 구축되었다.

그 구축물의 세부는 어떤 자의 가입을 요구하는 무수히 많은 공동체들뿐 아니라, 입회하길 원하는 무수히 많은 후보의 존재를 가능케 하지 않는가? 무한한 수요와 무한한 공급이 있는 시장에선 가격이란 이론적으로 불확정적이므로, 이는 불행한 일이다.[2] 그러나 우리의 구축물 속에선, 각인은 유한수의 타인들이 자신의 세계에서 자신과 함께 거주한다 상상한다. 만약 그들이 떠나면, 그는 또 유한수의 다른 많은 사람들을 상상해낼 수 있다. 떠난 그 사람들은 이제 그림에서 사라진다. 그들은 자신들의 세계를 구축하느라 바쁘므로, 새로이 도착한 자들과 경쟁하지 않는다. 이 과정에서 한 사람이 상상해 낼 수 있는 사람들의 수에 한정적인 상한선은 없으나, 어느 세계에서도 실제로 무수한 사람들이 존재하여 경쟁하지는 않는다. 외적 여건 때문에 그 거주자의 한계 생산이 낮은 그러한 세계의 상상은 그가 거기에 계속 머물길 선택할 가능성을 적게 한다.

도대체 안정된 세계가 존재하는가? 자신이 받은 기여가 매우 낮은 협회 대신에 자신의 기여가 이 협회에서보다 높은 다른 협회를 어떤 사람은 상상할 것이며 그 전자의 협회를 떠날 것이다(해서 이 협회를 불안전하게 만들 것이다). 이런 논리에 따르면, 그는 그의 기여(따라서 그가 받는 돈)가 최대인 그런 협회를 상상해내어 그 속에 거주하길 선택하지 않을까? 모든 사람들은 자신의 협회를, 이 협회에 최대한으로 감사하는 회원들로 채우지 않을까? 서로를 최대한으로 감사히 여길 존재들의 집단(단위 집합보다 큰)이 존재하는가? 즉 어떤 집단 G의 각 회원 x에 대해, G—[x]가 다른 어떤 가능한 집단이 그러할 것보다 x의 집단내 존재를 더 귀히 여기는 그런 집단 G가 존재하는가? 설사 그런 집단 G가 존재한다 하더라도, 모두가 이런 집단을 갖는가 ; 즉 各人에 대해, 그 자신이 그의 회원이며 서로가 서로를 최대로 감사히 여기는 그런 어떤 집단이 존재하는가?

다행스럽게도, 경쟁은 치열하지 않다. 우리는 집단 G, 즉 이의 각 회원 x에 대해 G—[x]가 다른 어떤 가능한 집단이 그러할 것보다 x의 집단내 존재를 더 귀히 여기는 그런 집단 G를 고려할 필요는 없다. 우리는 오직 다음과 같은 집단 G, 즉 이의 각 회원 x에 대해 G—[x]가 다른 어떤 가능하며 안정된 집단이 그러할 것보다 x의 집단내 존재를 더 귀히 여기는 그런 집단 G만을 고려할 필요가 있다. 안정된 집단 G는 서로가 서로를 최대한으로 감사하게 여기는 집단으로서, 이 집단내에서는 각 회원 x에 대해 G—[x]는 다른 어떤 가능하며 안정된 집단이 그러할 것보다 x의 집단내 존재를 귀히 여긴다. 분명히 〈안정성 *stability*〉의 순환적 설명은 적합치 않다. 그리고 〈지속하는 집단, 그로부터 누구도 이주하지 않을 집단〉이란 설명도 흥미있는 결과, 가령 안정된 집단이 있다는 결과를 낳기엔 이론 함축적인 *theory-laden* 개념들과 충분히 긴밀한 관계를 갖고 있지 않다. 게임 이론가들도 안정된 제휴에 관한 유사한 문제들에 직면한 바 있으며, 그 결과는 부분적 성공이었다. 그런데 우리의 문제는 이론적으로 보다 어렵다. (우리는 안정되고 유한한 집단의 존재를 보장하기에 충분한 조건을 아직 부과하진 않았다. 왜냐하면 어떤 특정의 기준을 택할 때 어떤 n 이상에선, n인의 회원을 가진 공동체의 유용성 수입 *utility income*은 n^2과 같다는 점은 우리가 이제까지 말한 모든 것과 논리적으로 양립 가능하다. 만약 그 공동체가 유용성을 균등하게 분배하면, 이는 무한히 확대되어 사람들은 각 공동체를 떠나 더 큰 곳으로 갈 것이다).

각인들은 타인들이 그들에게 준 것만을 취한다는 우리의 가정이 너무 강하다는 점이 인지될 때, 안정된 협회들이 있을 전망은 향상된다. 세계는 한 사람에게, 타인들이 그에게 준 것이 그 타인들에게 지니는 가치의 양보다 큰, 그에게 큰, 가치의 것을 줄 수 있다. 한 사람에게 주요한 이득이 되는 것은 가령, 다른 사람들과 그 세계에 공존하는 것이며, 그리고 정상적인 사회적 네트워크의 한 부분이라는 사실일 수 있다. 그에게 이런 이득을 주는 행위는 본질적으로 다른 사람의 희생을 필요로 하지 않는다. 이렇게 볼때, 한 세계에서 한 개인은, 그의 협회내 존재를 다른 협회보다 더 귀히 여기는 안정된 협회로부터 자신의 분배몫 또는 봉급보다 더 그에게는 값진 어떤 것을 얻을 수 있다. 그 협회는 보다 적은 것을 주지만 그는 보다 많은 것을 얻는다. 사람들은 자신이 얻는 바(그에게 주어지는 것보다는)를 최대화하기 원하므로, 어느 누구도, 최대한으로 감사하는 세계로서, 열등한 존재들이 거주하며 해서 자신의 존재가 그들에게 결정적인 영향을 미치는 그러한 세계를 상상해내지 않을 것이다. 어느 누구도 여왕벌이길 선택하진 않을 것이다.

안정된 협회는, 동일한 차원에서 우위를 다투는 자기 도취적 사람들로 구성되지도 않을 것이다. 오히려 이는 다양한 탁월성과 재능을 가진 다양한 개인들로 구성될 것이며, 각인은 타인들과 함께 삶으로써 이득을 보고 서로에게 큰 도움이나 기쁨이 되어, 서로를 상보하는 관계 속에 있을 것이다. 그리고 각인은, 비교적 열등한 존재들 속에서 홀로 빛나는 별이 되기보다는 자신의 것과 대등한 정도의 탁월성과 재능을 다양하게 구비한 기라성 같은 개인들에 의해 둘러싸여 있기를 선택한다. 모두는 서로의 개성을 존중하며, 비교적 계발되지 않은 자신의 재능과 잠재 능력에 관해선 완전히 개화된 타인의 재능과 능력의 혜택을 볼 것이다. [3]

　여기에 우리가 스케치한 모형은 자세히 논의할 가치가 있다 ; 이는 그 자체로서 흥미로우며, 심오한 결과를 약속하고, 가능한 최선의 세계라는 주제를 접근하기 위한 자연스러운 통로이다. 그리고 이는 합리적 행위자의 선택에 관한 가장 발전된 이론들(즉 결단 이론, 게임 이론, 경제 분석)——이들은 정치철학과 윤리학에 틀림없이 중요하다——이 적용될 영역이다. 이 모델은, 이 이론들의 결과를 이 이론들의 원래 목적이었던 바 그 영역에서 사용함으로서뿐 아니라 이론가들이 고려한 상황 즉 그 이론들의 모형(논리학의 전문적 의미에서)과는 다른 상황을 논의함으로써, 이 이론들을 적용한다.

우리의 세계에 투사된 모형

　우리의 실제 세계 *actual world* 에서 가능적 세계 *possible world* 의 모형에 대응하는 것은, 사람들이 허락되면 들어오고, 원하면 떠나고, 그들의 원대로 형성하는 다양하고 폭넓은 범위의 공동체들이며, 유토피아적 실험이 행해질 수 있으며, 다양한 방식으로 삶이 영위될 수 있고, 善의 여러 이상이 개인적으로 또는 협동으로 추구될 수 있는 사회이다. 이런 체제의 세부와 장점의 일부가——우리는 이 체제를 골격 *famework* 이라 부르겠다——우리가 논의를 진전함에 따라 드러날 것이다. 모형과 모형의 현실적 세계에의 투영 사이에는 중요한 차이점들이 있다. 현실적 세계에서의 골격의 운용이 지니는 난점들은 우리의 지상의 현실적 삶과 우리가 논의해 오고 있는 가능 세계 모형 사이의 상이점들에서 연유하며, 이 난점들은, 모형

378

자체의 실현은 이상적이라 할지라도, 이의 창백한 투영의 실현이 우리가 이 지상에서 할 수 있는 최선의 것인지의 문제를 제기한다.

1. 모형에서와는 달리, 우리는 우리가 원하는 그 모든 사람들을 창조할 수 없다. 해서 그대를 포함하는 협회로서 이의 회원들이 서로를 최대로 귀히 여기는 가능적 협회가 있다 하더라도 이의 다른 회원들은 현실적으로 존재하지 않을 수 있다. 그리고 그대와 현실적으로 함께 사는 사람들은 그대의 최선의 팬 클럽의 회원들이 아닐 것이다. 또한 그대가 살기를 원하는 종류의 공동체가 있을 수 있으나, 그렇다 해도 이 공동체에 살길 원하는 (또는 그렇게 설득될 수 있는) 현실적인 사람들의 수가, 그 공동체가 존속할 만큼 충분하진 않다. 모형에서는 그러나 다양한 범위의 비착취적 공동체들이 모두 충분히 많은 수의 자발적 거주자를 갖고 있다.

2. 모델에서와 달리, 현실 세계에서 공동체들은 서로를 침범하여, 외교 문제·국방 문제를 야기하며, 상호간의 분쟁의 재판과 해소의 방식을 필요케 한다. (모형에서는 한 협회가 다른 협회를 침범하는 유일한 경우는 후자의 회원을 끌어들일 경우뿐이다.)

3. 실제 세계에서는, 어떤 다른 공동체가 존재하는가, 그 공동체들이 어떻게 생겼는가를 알기 위한 정보 비용이 소요되며, 한 공동체에서 다른 데로 이주하고 여행하는 데 드는 여행 비용이 소요된다.

4. 더 나아가, 실제 세계에서는, 일부 공동체는 그의 회원들이 가입하려 할 수도 있는 그 다른 공동체의 성격에 관해 그들이 무지할 경우 이들을 묶어 두려거나 또는 그들이 자기 협회를 떠나 다른 데로 마음대로 가려는 것을 막을 수도 있다. 이 가능성은 이주의 자유가 어떻게 제도화되어야 하는가 하는 실행의 문제를 제기한다.

현실적 세계와 가능적 세계들의 모형 사이의 이 엄청난 차이를 감안할 때, 그 환상은 현실적 세계에 어떤 연관성을 가질까? 이 경우건 다른 경우건, 우리는 그런 환상을 너무 성급히 물리쳐서는 안 된다. 왜냐하면 이들은 우리의 현재 조건에 관해 많은 것을 계시하기 때문이다. 우리에게 주어진 실행 가능한 대안들이 우리의 환상적 희망들로부터 얼마나 일탈해 있는가를 알지 못하고는, 그 대안들 중 우리가 성취할 수 있는 것에 우리가 얼마나 만족할 수 있을

지를 알 수 있다. 오직 그런 원망들과 이들의 동기를 全景 속에 집어 넣을 때만이, 우리는 자신들에게 현재 주어진 실행 가능한 대안들의 범위를 확장하려는 사람들의 노력을 이해할 수 있다. 일부 유토피아에 관한 저작가들의 세부적 기술은, 실제 예견된 사회는 말할 것도 없고, 실행 가능한 국가와 환상적 국가를 혼동한 데서 기인한다. 가령, 바다가 레몬쥬스로 변하고 유순한 사자와 유순한 호랑이가 진화의 결과로 생길 것이라는 푸리에 Fourier 의 견해를 보라. 형편없이 엉뚱한 희망과 예견들(가령 위에 인용된 트로츠키의 「문학과 혁명」에 표현된 것과 같은 것들)마저도 우리의 고통과 동경을 표현하고 있으며, 이들을 우리의 초상화에서 빼 버릴 때 이 초상화는 단지 3차원적인 것에 머문다. 나는, 현실적인 것이나 미래에 실현 가능할 것으로 여겨지는 것뿐만 아니라 심지어 단지 가능적인 것마저도 넘어서는 우리의 바람들의 내용을 조롱하지 않는다. 그리고 나는 환상을 우습게 여기거나, 가능적인 것이 제한된 데서 오는 고통을 최소화하길 원치도 않는다.

가능적 세계 상황의 실현화를 위해서는 다양한 조건들이 충족되어야 할 것이다. 우리는 이 조건들의 모두를 현실적으로 충족시킬 수는 없으나 이들의 여러 개는 충족시킬 수 있다. 이 모두의 충족이 최선이라 할지라도, (이 모두를 충족시킴이 불가능하다고 할 때) 만족 가능한 조건들의 각각을 만족시키도록 우리가 노력해야 할지는 명백치 않다——이들을 합동으로 만족시키는 것은 가능하다 할지라도. 아마도 조건 전체를 충족시키려다 거의 실패할 뻔하는 것보다는 아예 멀리 벗어나는 것이 나을 것이다 ; 다른 조건의 일부의 (필연적인) 불충족을 보상하기 위해 또는 이에 적응하기 위해 충족 가능한 조건들의 일부를 의도적으로 충족시키지 말아야 할 것이다. [4]

골격을 위한 대안적 논변들에 대한 우리의 고려와 이에 대한 반대 논변에 관한 논의는, 그 골격의 실현이 이 골격보다 가능적 세계들로부터 더 멀리 벗어난 대안적 세계를 실현하는 것보다는 낫다는 명제에 대한 논거를 제공(그를 정립한다는 것이 아니라)할 것이다. 우리가 여기에서 주목할 점은, 이 골격이 가능적 세계 모형으로부터 벗어나는 방식들의 일부는, 가능적 세계 모형보다는 이 골격을 덜 바람직한 것으로 만들지만, 이 골격을 여느 다른 실현 가능한 상황보다는 더 바람직한 것이게 한다. 가령, 이 골격의 현실적 운용에 있어서는 오직 제한된 수의 공동체만이 있을 것이며, 해서 어떤 한 공동체도 많은 사람들의 가치와 정확히 동일한 가치를 선택하지도, 이에 그들과 동일한 비중을 부여하지도 않을 것이다. 이 골격하에서 각 개인은 (개략적으로 표현하면) 그들에게 가장 중요한 것의 실현에 가장 가까운 현실적 공동체 속에서 살기를 선택한다. 그러나 어느 공동체도 누구의 가치에 정확히 부합되지 않는다는 문제가 발생되는 이유는, 단지 사람들이 자신들의 가치와 비중치 부여에 관해 동의하지 않기 때문이다. (만약 동의할 수 있다면, 정확히 욕구되는 공동체를 구성할 충분히 많은 수의 다른 사람들이 있을 것이다.) 해서, 오직 한 집합의 가치들만이 충족될 수 있다면, 한 사람 이상의 사람들의 가치들 모두를 충족시킬 방도는 없다. 그러나 오직 한 종류의 공동체가 있을 경우보다는 다양한 공동체들이 있을 경우에, 보다 많은 사람들이 그들이 살고자 하는 방식에 가까이 갈 수 있을 것이다.

골 격

특정 유토피아의 적합성을 위해 단 하나의 논변 또는 서로 연결된 한 집합의 이유들만이 있다면, 이는 당황케 하는 일일 것이다. 유토피아는 매우 다양한 종류의 열망들의 초점이므로 이에 이르는 이론적인 길은 분명 많음에 틀림없다. 이제 이 대안적이며, 상보적인 이론적 통로들의 일부를 소묘해 보자. [e]

첫번째 길은 사람들이 서로 다르다는 사실로부터 시작한다. 그들은 기질, 관심들, 지적 능력, 열망하는 바들, 자연적 성향, 영적으로 추구하는 바들, 그리고 영위코자 하는 삶의 방식에 있어 서로 다르다. 그들은 그들의 가치관에 있어 다르며 공유하는 가치에 서로 다른 비중을 준다. (그들은 서로 다른 기후 환경에서——산에서, 들판에서, 해변에서, 도시에서, 시골에서——살기 원한다.) 모든 사람의 이상향이 될 하나의 공동체가 있으리라 생각해야 할 이유는 없으며, 그런

---

e) 논변의 노선을 이 책의 첫 두 부분과 독립적이게 하기 위해서, 나는 여기서 개인들의 자유에 관한 논변들을 논하지 않겠다.

사회가 없으리라 생각해야 할 이유는 많다.

우리는 다음의 명제들을 구별할 수 있다:

Ⅰ. 각인에 대하여, 객관적으로 그에게 최선인 삶의 방식이 있다.

  a. 사람들은 충분히 유사하여 이들 각각에 객관적으로 최선인 삶의 한 방식이 있다.

  b. 사람들은 서로 달라 이들 각각에 객관적으로 최선인 삶의 한 방식은 존재하지 않는다. 그리고,

    1) 이 서로 다른 삶의 방식들은 충분히 유사하여, 객관적으로 모든 사람에게 최선인 한 종류의 공동체(일정의 조건을 만족시키는)가 있다.

    2) 이 서로 다른 삶의 방식들은 아주 달라, 객관적으로 모든 사람에게 최선인 한 공동체(일정의 조건을 만족시키는)가 존재하지 않는다(이 다른 삶의 방식들 중 어느 것이 그들에게 최선이건간에).

Ⅱ. 각인에 대해서, 善의 객관적인 기준들(이들이 존재한다면)에 의거하는 한, 최선의 것으로 간주될 수 있는 서로 매우 다른 종류의 삶의 방식은 그 범위에 있어 아주 넓다. 어느 방식도 이 범위내의 다른 어느 것보다 그에게 객관적으로 더 좋지 않으며, 이 범위내의 어느 것도 다른 어느 것보다 그에게 객관적으로 더 좋지는 않다.[5] 그리고 객관적으로 열등한 삶이 아닌 것들을 멤버로 하는 일단의 집합으로부터의 각 선택 집합의 삶에 객관적으로 최선인 하나의 공동체는 존재하지 않는다.

이 지점에서의 우리의 목적을 위해선 Ⅰb2나 Ⅱ가 적절하다.

비트겐시타인, 엘리자베드 테일러, 버트랜드 러셀, 토마스 머튼, 요기 베라, 알렌 긴즈버그, 해리 월프슨, 도로우, 케이지 스텐젤, 러베비춰 래비, 피카소, 모세, 아인시타인, 휴 헤프너, 소크라테스, 헨리 포드, 레니 부르스, 바바 램 대스, 간디, 에드먼드 힐라리경, 레이먼드 러비츠, 붇다, 프랭크 시나트라, 콜럼버스, 프로이트, 노만 메일러, 아이언 랜드, 로드차일드 남작, 테드 윌리암스, 토마스 에디슨, H. L. 멘켄, 토마스 제퍼슨, 랠프 엘리슨, 보비 피셔, 에마 골드만, 피터 크로포트킨, 그대, 그리고 그대의 부모. 진정 이들의 각각에 최선인 삶의 종류가 하나인가? 이들 모두가 그대가 이제까지 접한 그 여하의 유토피아에 산다고 상상해 보라. 이들 모두가 거주하기에 최선인 사회를 기술해 보라. 이 사회는 전원적일까 도시

적일까? 이 사회는 물질적으로 풍요한 사회일까 아니면 기본적 욕구만이 충족되는 금욕적 사회일까? 이성간의 관계는 어떠할까? 결혼 비슷한 제도가 있을까? 이 제도는 일부일처제일까? 자녀들은 그들의 부모에 의해 양육될까? 사유 재산제는 존재할까? 평온하며 안정된 삶이 존재할까 아니면 모험·도전·위험·영웅심을 발휘할 기회가 있는 삶이 영위될까? 종교가 존재할까? 있다면 하나일까 여럿일까? 종교의 중요성은 어떠할까? 사람들은 그들의 삶에서 사적 관심이 보다 중요하다 생각할까 또는 공적 행위나 공공 정책의 문제들이 보다 중요하다고 생각할까? 사람들은 일편단심으로 한 가지 특정의 일을 성취하려 할까 또는 미친 듯이 모든 일과 즐거움을 추구할까 아니면 그들은 충족되고 만족스러운 레저 활동에 전념할까? 그들 교육의 주목표는 무엇일까? 사람들의 삶에서 스포츠는 중요할까(관중으로서 또는 경기 참여자로서)? 예술은? 감각적 쾌락과 지적 활동 중 어느 것이 보다 추구될까? 아니면 어느 다른 제3의 것이? 의상의 유행은 있을까? 사람들은 외모에 관심을 가질까? 죽음에 대한 사람들의 태도는 어떨까? 테크놀로지는 그 사회에서 중요한 역할을 할까? 등등.

이 모든 질문들에 대해 하나의 최선의 복합적 해답이 있으리라는 생각, 모든 사람들이 살기에 최적인 하나의 사회가 있다는 견해는 나에게는 믿을 수 없는 것으로 생각된다. (그리고 설혹 존재한다 해도, 우리가 이를 기술할 수 있을 정도로 충분히 안다는 생각은 더욱 더 믿을 수 없다.) 최근에 셰익스피어, 톨스토이, 제인 오스틴, 라블레, 도스토예프스키 등의 작품을 재독한 사람이라면, 그래서 사람들이 서로 얼마나 다른가를 인지한 사람이라면, 하나의 유토피아를 기술하려는 시도는 하지 않을 것이다. (그러한 재독은 또한 사람들이 얼마나 복잡한가를 인지케 할 것이다. 아래의 제3 통로를 보라.)

자신의 비전의 장점과 자신의 것만이 옳다는 데에 대한 아주 강한 신념을 지닌 유토피아 작가들은 그들이 이성적으로 제시하는 제도와 삶의 방식에 관해 서로 다른 견해를 취해 왔다. 각 작가들이 제시하는 이상적 사회의 그림은 너무도 단순하지만(아래에서 논의될 복합적 공동체로서도), 그들이 다른 견해를 취한다는 사실은 심각하게 받아들여야 한다. 어느 유토피아 작가도 모든 사람들이 그의 사회에서 정확히 동일한 삶을 영위하고 정확히 동일한 활동을 하며 이에 정확히 동일한 양의 시간을 투여한다 말하진 않는다. 왜 안 그런가? 이에 대한 이유는 오직 한 종류의 이상적 공동체에 대한 반대 논거가 될 수 있지 않을까?

내려야 할 결론은, 유토피아에서는 한 종류의 공동체만이 존재하는 것도 아니며 한 종류의 삶만이 영위되는 것도 아니다. 유토피아는 유토피아들로, 즉 사람들이 서로 다른 제도하에서 서로 다른 삶을 영위하면서 사는 많은 수의 서로 다르며 다양한 공동체들로 구성되어 있을 것이다. 어떤 종류의 공동체는 다른 것들보다, 대부분의 사람들에게 보다 매력적일 것이다. 공동체들은 차기도 하고 이울기도 할 것이다. 사람들은 다른 사회를 찾아 한 사회를 떠나기도 하며, 한 사회에 평생 거주키도 할 것이다. 유토피아는 유토피아들을 위한 골격이며, 모든 사람들이 그들 자신의 비젼에 따라 이상적인 삶을 추구하고 이상적 사회에서 이를 실현하려 시도하기 위해 자발적으로 가입할 그런 자유가 보장되며, 그리고 누구도 자신의 유토피아적 비젼을 타인에게 강요하지 않는 그러한 장소이다. 유토피아적 사회는 유토피아 사상의 사회이다.[6] (일부의 사람들은 물론 그들의 현재 상태에 만족할 것이다. 모든 사람들이 특수한 실험적 공동체에 가입하자 않을 것이며, 처음엔 가입치 않던 많은 사람들은 실험적 공동체가 어떻게 운영되는가가 명백해진 후엔 이들에 가입할 것이다.) 내가 말하고자 하는 진실의 半은, 유토피아는 메타 유토피아 *meta-utopia* 라는 것이다: 즉 유토피아적 실험이 시도될 수 있는 환경; 사람들이 그들 자신이 원하는 바를 마음대로 할 수 있는 환경; 보다 특수한 유토피아적 비젼이 현실화되어 안정적이 되기 위해선 먼저 상당한 정도로 실천되어야만 하는 환경.

이 章의 서두에서 지적한 바와 같이 모든 좋은 것들이 동시에 실현될 수 없다면, 교환이 이루어져야만 할 것이다. 두번째 통로에 따르면, 하나의 독자적인 교환의 체계가 보편적인 동의를 얻으리라고 믿을 만한 이유는 별로 없다. 각각 약간씩은 서로 다른 혼합체인 서로 다른 공동체는 개인들에게 일정 범위의 선택지를 제공할 것이며,

개인들은 이로부터 자신의 가치관에 가장 가까운 그 공동체를 선택할 것이다. (이의 반대자들은 이를 뷔페 식당식의 유토피아관이라 부를 것이며, 그들은 오직 한 가지 요리만 취급하는 레스토랑, 또는 메뉴에 한 가지 요리만 제공되어 있는 한 레스토랑만 있는 마을을 선택할 것이다.)

디자인 장치와 여과 장치

유토피아를 위한 골격에 이르는 제3의 이론적 통로는 사람들이 복합적이라는 사실에 기반해 있다. 사람들 사이의 가능한 관계들의 그물도 역시 복잡하다(틀린 가정이지만). 방금의 논변들이 부당하며 한 종류의 사회가 모두에게 최적이라 가정해 보자. 이 사회가 어떻게 생겼는지 우리는 어떻게 알아낼 것인가? 두 방법이 제시될 수 있는데, 이들을 각각 디자인 장치 *design devices* 및 여과 장치 *filter devices* 라고 부르자.

디자인 장치는 어떤 것(또는 그 기술)을 어떤 절차를 통해 구성하는데, 이 절차는 본질적으로 이 유형의 다른 것들의 기술 구성을 포함하지 않는다. 그 과정의 결과는 한 대상이다. 사회들의 경우엔, 디자인 과정의 결과는 한 사회의 기술인데 이는 여러 사람들(또는 한 사람)이 최선의 사회에 관해 생각한 결과이다. 디자인이 결정된 후, 그들은 모든 것들을 이 한 모형에 준거해 정형지운다.

사람의 본성, 그의 많은 욕망들, 열망들, 충동들, 재능들, 오류들, 사랑의 대상들, 어리석은 짓들은 무한히 복잡하며, 그의 서로 얽혀 있고 관여되어 있는 단면·측면·관계 들은 두텁고(사회과학자들의 인간 기술의 엷음을 소설가의 두터움과 비교하라), 인간들 사이의 관계와 이를 규정하는 제도들 역시 복잡하고, 많은 사람들이 행하는 행위들의 상관 관계도 복잡하다. 이 모든 복잡성들을 고려할 때, 설사 사회를 위한 한 이상적인 정형이 존재한다 해도, 이 정형에 우리가 이런 선험적인(우리의 현재 지식에 비하여) 방식으로 다다를 수 있을 가능성은 희박하다. 그리고 설사 어떤 대단한 천재가 청사진을 마련한다 가정한다 해도, 이것이 잘 실행되리라는 데에 대해 누가 자신감을 가질 수 있겠는가?[f]

---

f) 내가 아는 어느 사람이나 집단도, 자신들만큼 개인적으로나 對人的으로 복잡한

역사가 얼마간 흘러간 이 시점에 완전한 사회의 청사진을 꿈꾸어 내는 일은 물론 無에서 시작하는 것과는 다르다. 아래에 기술될 여과 장치의 부분적 적용에 관한 지식을 포함하여, 우리는 디자인 장치와는 다른 장치의 적용 결과에 관한 부분적 지식을 소유하고 있다. 혈거인들이 함께 둘러앉아, 어느 때라도 가능한 최선의 사회를 생각해내고 이를 건설한다 상상해 보는 것은 도움이 된다. 우리로 하여금 이런 상상에 미소짓게 만드는 이유들 중의 어떤 것은 우리에게도 적용되지 않을까?

여과 장치는 큰 집합의 대안들로부터 많은 것들을 제거하는(여과 해내는) 과정을 포함한다. 종국 결과(들)의 두 주요 결정 요인들은 여과 과정(과 이 과정이 기준으로 삼는 성질들)의 특정의 성격과 여과의 대상이 되는 한 집합의 대안들(그리고 이 집합이 생산되는 방식)의 특정한 성격이다. 욕구되는 최종 결과의 성격을 정확히 알지 못하는, 제한된 지식을 소유한 디자이너들에게 여과의 과정은 특히 적합하다. 왜냐하면 이는, 위반자를 걸러낼 여과기를 분별 있게 구축하는 데에, 위반되길 그들이 원치 않는 그런 특정 조건들에 관한 그들의 지식을 이용할 수 있게끔 하기 때문이다. 한 적합한 여과기를 설계하는 것은 불가능한 것으로 판명될지 모르며, 이 설계 작업을 위해 우리는 다른 여과 과정을 시도해 볼 수 있다. 그러나 일반적으로 생산물(들)을 무로부터 구축할 때보다는 한 적합한 여과기(설사 이것이 특정 종류의 생산물에로만 수렴되는 것이라 해도)를 만드는 데에 보다 적은 양의 지식(바람직한 것에 대한 지식을 포함하여)이 필요한 것으로 생각된다.

더 나아가, 여과 과정이 새로운 후보자들을 생산하는 신축 자재로

존재들로 구성된 사회를 위해 적합한 〈청사진〉을 제시하지 못했다. 〔〈실은 어떤 제정신 박힌 사람도, 그로부터 탈주할 수 있는데도, 여하한 조건에라도 살겠다고 할 만한 그러한 유토피아는 기술된 바 없다.〉 Alexander Gray, *The Socialist Tradition* (N.Y., 1968), p.63〕 이 점을 고려할 때, 전략적으로 영리한 방법은, 한 집단이 사회의 모든 것을 한 정형에 따라 전면 개조하여 그 정형을 상세히 언명하길 피하고, 그 변화 이후에 사태가 어떻게 변화할지에 관해서 우리를 어둠 속에 버려 두는 것이다. (〈청사진 없음.〉) 추종자들의 행동은 이해하기 쉽지 않다. 그러나 아마도 그림이 모호하면 할수록 사람들은 그것이 자신이 원하는 바의 계획이며 설계라 생각할지 모른다.

운 방법을 포함하는 그러한 유형의 것이어서 바로 전의 여과 작용 후에 남는 회원들의 질이 좋아짐에 따라 그 후보자들의 질도 좋아진다면, 그리고 이 과정이 또한 어떤 신축 자재의 여과기를 포함하여 이것이 이를 통과하는 후보자들의 질이 좋아짐에 따라 보다 더 선별적이 된다면(즉 이 과정이 이전에 여과기를 성공적으로 통과해 온 후보자들의 일부를 거부한다면), 우리는 그때 다음의 합법적인 기대를 할 수 있다 : 즉 그 과정의 길고 지속적인 운용 후에 남을 것들의 장점은 진정 매우 값진 것일 것이라는. 우리는, 우리 자신이 그 결과의 하나라 해서, 여과 과정의 결과들에 관해 너무 거만을 떨어서는 안 된다. 사회 구성에서의 여과 과정을 우리로 하여금 추천하게 한 논거들이 제공하는 유리한 지점에서 볼 때, 進化는 그가 창조하길 원하는 존재의 모습을 정확히는 알지 못하는 어떤 겸손한 神에 의해 선택된, 생명 창조를 위한 과정이다. [g]

g) 다음을 비교하라. 〈그 세계는 우리 인간에 의해서, 즉 神이 지구에서 창조한 존재들 중 제일 첫번째 존재인 인간에 의해 거주되지 않는다. 主는 우리의 세계 이전에 여러 다른 세계들을 만들었으나, 主는 우리의 것을 창조하기 이전의 어느 세계에도 기쁨을 느끼지 않았으므로 그 모두를 파괴하셨다.〉 Louis Ginsburg, *Legends of the Bible* (N.Y., 1961), p.2.

여과 장치들——결정적이건 특정적인 것이건——의 전 주제는, 그리고 이들의 서로 다른 작업에 대해 어떻게 다른가의 문제는 굉장한 흥미의 대상이다. 나의 지식으로는, 최적의 여과 장치(이것이 수행할 작업과 관계해서)와 이의 특성에 관한 상세한 이론이 존재하지 않는다. 진화의 수학적 모형에 관한 (그리고 진화 이론 자체에 관한) 저술이 그런 일반 이론을 구성하는 데 유용하며 시사적이리라 생각된다. 다음을 보라. R. Lewontin, "Evolution and Theory of Games," *Journal of Theoretical Biology*, 1960; H. Levene, "Genetic Diversity and Diversity of Environments: Mathematical Aspects," in the *Fifth Berkeley Symposium*, vol. 4; Crow & Kimura, *Introduction to Population Genetics Theory* (N.Y., 1970).

다른 예로서 유전공학의 문제도 살펴보자. 많은 생물학자들은, 문제는 디자인의 문제, 가장 우수한 유형의 사람들을 선택하여 이를 생산하는 문제라 생각하는 경향이 있다. 해서 그들은 어떤 종류의 사람들이 존재해야 하며 누가 이 과정을 관리할지의 문제들에 관해 근심한다. 아마도 그것이 그들의 역할을 감소시키기 때문인지, 그들은 미래의 부모들의 개인적 세부 사항들을 (도덕적 한계 안에서) 명시하여 〈유전의 슈퍼마켓 *genetic supermarket*〉을 운영하는 체계의 가능성을 생각지 않는 경향이 있다. 그들은 또한 얼마나 제한된 수의 인간 유형이 사람들에 의해 선택될지(이런 선택이 있는 것이라면)를 알려 하지 않는다. 이 슈퍼마켓은, 미래의 인간 유형을 결정하는 어떠한 중앙적 결정도 관여시키지 않으므로, 큰 장점을 지닌다. 어떤 중요한 비율, 가령 남녀의 비율이 변경될 가능성에 대한 한 이상적인 사회의 세부적 기술을 위한 여과 과정이란, 이상적 사회를 설계해내는 사람들이 여러 서로 다른 사회들을 고려하면서 이의 일부는 비판하고 일부는 배제하고 일부에 관한 기술은 수정하면서 드디어 그들이 최선이라 생각할 만한 사회에 이르는 과정이다. 이는 의심할 바 없이 여하의 설계팀이 일하는 방식이며, 따라서 설계 장치는 여과 장치를 제외한다 생각해서는 안 된다. (그리고 여과 장치가 설계적 측면을 배제할 필요도 없다. 특히 생성 과정에서는 더욱 그럴 필요가 없다.) 그러나 우리는 어떤 사람들이 최선의 아이디어를 갖고 올지 미리 알 수는 없으며, 모든 아이디어들이 현실성이 있을지는 실제로 (콤퓨터를 이용해 단지 모의 실험해 보는 것이 아니라) 시도되어 보아야 한다.[h] 그리고 일부의 아이디어들은, 많은 사람들이 행위의 자발적인 공동 작용으로부터 어떤 패턴이 진화되어 나오는지를 우리가 기술하려 (事後的으로) 시도하는 과정에서만, 드러날 것이다.

아이디어들이 실제로 시도되어야만 한다면, 세상엔 많은 공동체들이 존재하여 서로 다른 패턴을 시도해 보게 될 것이다. 우리의 골격이 포착하는 여과 과정, 공동체 제거의 과정은 매우 단순하다. 사람들은 다양한 공동체에서 살아 보며 그들이 싫어하는(결점이 있다 판단하는) 그런 공동체를 떠나거나 이를 약간 수정한다. 어떤 공동체들은 포기될 것이며, 어떤 것들은 겨우 버티어 나갈 것이며, 어떤

우려가 있다면, 정부는 일정 비율을 유지토록 유전인자 조작을 할 것이다. 만약 바람직한 비율이 1 : 1이라 한다면, 병원은 남아를 원하는 자와 여아를 원하는 자를 짝지워 그들의 바람을 실현시켜 줄 것이다. 보다 많은 수의 사람들이 한쪽만 선호한다면, 이들은 다른 사람들에게 돈을 지불하여 배우자가 되게 할 것이다. 해서 자신들의 자손의 성에 관해 무관심한 사람에게 경제적 이익이 가게 그렇게 시장이 형성될 것이다. 이런 거시적 비율의 유지는 순수히 자유주의적 체계 안에선 보다 어려운 듯싶다. 이 체계하에선 부모들이 최근의 출생을 모니터하는 정보 안내 센터에 자문하여 어떤 性의 공급이 현재 적은지(따라서 미래에 보다 큰 수요의 대상이 될지)를 알아 자신들의 활동을 조절하거나, 또는 관심 있는 개인들은 그 비율을 유지시키기 위해 상여금을 지급하는 단체에 기부할 것이거나 또는 새로운 가족이 생기고 사회의 정형이 발전되면서 그 비율은 1 : 1의 비율을 벗어나거나이다.

h) 어떤 저작가들에게 있어서는, 가장 흥미있는 점들은, 그들이 모든 것들을 철저히 생각했다 생각하고 그것들을 기록하기 시작한 연후에 나타난다. 종종 이런 단계에서 관점의 변화가 있고, 그가 써야 할 것은 어떤 다른 것이라는 자각이 생긴다. 한 계획과 이의 실제 시행과의 차이가 얼마나 클 것인가는 사회의 여건에 달려 있다.

것들은 분할될 것이고, 어떤 것은 번성하고, 어떤 것은 회원들을 더 얻고, 어떤 것은 다른 곳에서 모방의 대상이 된다. 각 공동체는 자신의 회원들의 자발적인 애착심을 얻어야만 하며 이를 계속 보유해야만 한다. 어떤 패턴도 모두에게 강요되지 않으며, 결과적으로 한 정형만이 남을 필요충분 조건은 모든 사람들이 한 패턴에 따라 살기를 자발적으로 선택할 경우이다. [7]

디자인 장치는 거주하며 실험될 특정의 공동체를 생성시키는 단계에서 역할을 한다. 여하한 집단의 사람들도 한 패턴을 고안해내어, 이 패턴에 따른 공동체 생활의 모험에 참여하도록 타인들을 설득할 수 있다. 비전을 가진 자와 괴짜, 광신자와 성자, 수도사와 자유 사상가, 자본주의자와 공산주의자와 참여론적 민주주의자, 결사 집단의 제창자(푸리에), 노동의 궁전(플로라 트리스탄 Flora Tristan), 단일성과 협동의 부락(오웬 Owen), 相互扶助主義的 공동체들(프루동 Proudhon), 타임 스토어 *time stores*(조시아 워렌 Josiah Warren)[ㄱ], 브루더홉 *Bruderhof*[8], 키부츠[9], 요가 은둔자들의 부락 등등은 모두 자신들의 비전을 구체화하고 매혹적인 예를 정립하려는 시도를 해 볼 수 있다. 모든 시도되는 패턴들이 명백하게 새로이 설계되어야 하는 것은 아니다. 어떤 것들은 기존의 것의 수정일 수 있으며, 많은 것들의 세부는 그런 여지를 남겨둔 공동체 속에서 자연스레 형성될 것이다. 공동체들이 자신들의 거주자들에게 점점 더 매력적이 될수록, 이전에 최선의 것으로 채택되었던 패턴은 거부될 것이다. 사람들이 거주하는 공동체들이 개선됨에 따라, 새로운 공동체를 위한 아이디어들도 종종 개선된다.

우리가 여기에 제시한 유토피아를 위한 골격의 운용은 여과 과정의 이점들을 실현시키는데, 그 이점들이란 여과기와 생성 과정을 거쳐 살아남는 생산물들 사이의 상호 개선적인 상호 작용의 구체화와 생성과 그리고 거부되지 않는 생산물의 질의 개선이다. [i] 더 나

---

i) 이 골격은, 바람직한 또는 최선의 사회에 이르기 위한 과업을 위한 유일의 가능한 여과 장치가 아니다(특수한 상호 작용의 장점을 그런 정도로 갖고 있는 다른 것을 나는 생각할 수 있지만). 따라서 디자인 장치에 비교한 여과 장치의 일반적 장점은 이것만의 장점은 아니다.

ㄱ) J. Warren (1798~1874) : 미국의 사회 개혁가. R. Owen 의 입장을 신봉. 'equity store' 라는 실험적 기구를 운영.

아가, 사람들은 역사적인 기억과 기록을 보유하고 있으므로, 이미 거부된 대안(또는 이의 약간 변형된 형태)이 재실험될 수 있다는(새로운 또는 변화된 조건들이 이 대안을 이제는 보다 더 가망 있고 적절한 것으로 만들었기 때문에) 특성을 우리의 골격은 갖고 있다. 이 점에서 사회적 발전은 이전에 거부된(도태된) 變異들이 상황의 변화에 따라 되불려질 수 없는 생물학적 진화와는 다르다. 또한 진보론자들은 조건들이 크게 변할 때 생기는 유전적 異種混成 *heterogeneity*(複合整形 *polytypic* 과 複合變形 *polymorphic*)의 이점들을 지적한다. 유사한 이점들이, 서로 다른 노선을 따라 조직되었으며 서로 다른 유형의 성격을 권유하고 서로 다른 패턴의 능력과 기술을 권장하는 다양한 공동체의 체계에도 있다.

유토피아적 공통 근거로서의 골격

특정 공동체에 살거나 또는 떠남에 관한 사람들의 개인적 결정에 따라 여과 장치를 사용함은 특히 적절하다. 왜냐하면 유토피아적 구성의 궁극적 목적은 사람들이 살기 원하며 자발적으로 그 속에 살길 선택하는 바의 공동체들을 얻기 위함이다. 또는 적어도 이것이 성공적인 유토피아 건설의 부수적 효과이어야만 한다. 제안된 여과 과정은 이를 성취할 것이다. 더 나아가, 사람들의 결정에 의존하는 여과 장치는, 기계적으로 작동하는 것에 비해 어떤 이점을 지니고 있다. 왜냐하면 우리는 발생하는 다양하고 복잡한 상황들의 모두를 미리 적절하게 처리하는 원리들을 명백하게 정형화할 수 없기 때문이다. 우리는 종종 初見上의 원리를 언명하는데, 이는 우리가 이의 예외들의 모두를 미리 지적할 수 있음을 고려하지 않고 그러하다. 그러나 우리는 그 원리에 대한 모든 예외들을 미리 기술할 수 없다 해도, 우리가 당면한 특정의 상황이 예외임을 인지할 수 있는 경우가 아주 많다고 우리는 생각한다.[10]

마찬가지로, 우리는 여과 장치에 미리 자동적인 프로그램을 집어 넣어 거부되어야 할 모든 것 그리고 오직 그것만을 거부하게 (객관적으로건, 지금 우리의 견해에 따라서건, 또는 그때 우리의 견해에 따라서건) 할 수도 없다. 우리는 사람들로 하여금 각각의 특정 경우에 관해 판단내릴 여지를 남겨두어야 할 것이다. 이 자체로서는 각 개인이 스스로 판단내려야 한다는 주장에 대한 논거는 되지 않는다. 어떠한 지침도 전혀 없이 선택에 완전히 의존하는 체계가 명백히 정형화된 규칙들의 기계적 적응에 대한 유일의 대안은 아니다──이 점은 우리의 법 체계의 존재에 미루어볼 때 명백하다. 그러므로 예외 없는 원리들을 미리 언표하거나 그의 프로그램을 짤 수 없다는 사실은, 그 자체로서는 내가 선호하는 대안인 바 모든 사람이 선택하며 *everyone's choice* 전혀 사전의 지침이 없는 (이 선호된 논변을 보호하는 지침들을 제외하고는) 체계를 위한 논거는 못 된다.

우리가 이제까지 논한 바는, 모든 각각의 사람들에게 최선의 한 종류의 공동체가 존재한다면, 제시된 골격 *framework* 이 이 공동체의 본성을 발견하기 위한 최선의 수단이라는 것이다. 많은 추가의 논변들이 다음의 견해를 위해 제시될 수 있고 제시되어야 한다 : 모든 사람들에게 최선인 한 종류의 사회가 존재한다 하더라도, 그 골격의 작동은 (1) 그 누구라도 그 사회의 구체적인 모습을 그리기에 최선이며, (2) 그 누구라도 그 모습이 진정 최선의 사회의 모습임을 확신하기에 최선이고, (3) 상당수의 사람들이 그와 같이 확신하기에 최선이며, (4) 그러한 사회를 안정화시켜 사람들로 하여금 그 특정의 패턴하에서 안심하고 지속적으로 살게 하기 위한 최선의 길이다라는 견해. (그리고 나는 이들의 모두를 어디에서도 제시할 수 없었다. 그 이유를 이해할 때 그 입장의 타당성을 인정할 것이다.) 그러나 내가 지적하고 싶은 것은 여기에 제시되고 언급된 골격을 위한 그 논변들은 다음의 경우에 훨씬 더 강력하다는 점이다 : 즉 모든 사람들에게 최선인 한 종류의 사회가 존재한다는 (거짓된) 가정을 폐기하고, 해서 문제되는 것이 모든 개인이 어떤 한 유형의 공동체에 살아야 하는가의 문제라고 오해하지 않을 경우.

우리의 골격은 유토피아에 관한 다른 종류의 기술에 비해 두 개의 이점을 지니고 있다 : 첫째, 거의 모든 유토피아 사상가들은, 그의 특정의 비전이 무엇이건간에, 이 골격을 미래의 어느 때엔가는 받아들일 수 있을 것이다 ; 둘째, 이는 어떤 특정의 유토피아적 비전의 실현이나 보편적인 승리를 약속하진 않지만, 이는 거의 모든 특정의 유토피아적 비전과 양립할 수 있다. [j] 어느 유토피아 사상가라도 우리의 골격이 선한 자들의 사회를 위해 적합한 골격임을 인정할 것이다. 왜냐하면, 그들은 생각하기를, 선한 사람들은, 그들만큼 합리적이며 따라서 그들이 선호하는 패턴의 탁월성을 알아볼 능력이 있다면, 그 특정의 패턴하에서 살기를 자발적으로 선택할 것이기 때문이다. 그리고 대부분의 유토피아 사상가들은 어떤 時點에는 우리의 골격이 적합한 것이라 동의할 것이다. [k] 왜냐하면 어떤 시점에서는 (사람들이 선하게 되고 부패하지 않은 세대가 온 후면) 사람들은 그 선호된 패턴하에서 살기를 선택할 것이다. 이렇게 해서 이제 우리의 골격은 광범위한 부류의 유토피아 사상가들과 이들의 반대자에 의해서 조만간에는 적합한 공통 근거로서 인정되었다. 왜냐하면 각자는 그 자신의 특정 비전이 이 골격하에서 실현되리라 생각하므로.

이 골격이 그들의 비전에로 이르는 적합한 길이라 (이 비전이 실현된 이후에도 허용될 수 있을 뿐 아니라) 믿는, 서로 다른 유토피아적 비전의 소유자들은, 서로의 기호와 예견이 서로 다름을 알고 있다 하더라도, 이 골격을 실현시키려는 노력에 협조할 가능성이 있다. 그들의 상이한 희망들은, 오직 한 특정 패턴의 보편적인 실현을 요구할 때만 충돌한다. 우리는 3종류의 유토피아 사상을 구분할 수 있다 : 제국주의적 유토피아 사상 *imperialistic utopianism*, 이는 한 패턴의 공동체에 모든 사람들을 강제로 집어 넣으려 한다 ; 전도적 유

---

j) 내가 거의 모든 유토피아적 비전과 거의 모든 특정의 유토피아적 비전이라 말하는 이유는, 이는 강대하고 지배적인 〈유토피아들〉과 공존할 수 없거나 이들에 의해 받아들여질 수 없기 때문이다.

k) 내가 〈대부분의 유토피아 사상가들〉이라 말하는 것은 다음의 가능한 입장들 때문이다.

1. 정형 P가, 타락하지 않은 사람들뿐 아니라 타락한 사람들에게도, 최선이다.
2. 그러나 타락한 자들은 자의적으로는 정형 P하에서 살기를 선택하지 않을 것이다.
3. 더 나아가서, 우리와 우리 사회로부터 타락하지 않은 자들에 이를 길이 없음은 불행한 경험적 사실이다.
4. 그러므로 우리는 정형 P하에 살기 원하는 대부분의 사람들의 상황에 결코 이를 수 없다.
5. 그러므로, P는 모두(타락했건 안 했건)에게 최선의 정형이므로, 이것은 지속적으로 그리고 영원히 부과되어야 한다.

토피아 사상 *missionary utopianism*, 이는 한 특정 종류의 공동체에 모든 사람들이 살도록 설득하나 강제하지는 않는다 ; 실존적 유토피아 사상 *existential utopianism*, 이는 한 특정 패턴의 공동체가 존재하길(그리고 존속하길)──꼭 보편적으로 그러하길 원하는 것은 아니나──원하는 사람들은 이곳에 살 수 있게 되길 희망한다. 실존주의적 유토피아 사상가들은 전적으로 우리의 골격을 지지한다. 그들은 다양한 비전의 소유자들로서 서로간의 차이점들을 충분히 알고 있으면서 그 골격의 실현에 협동하리라 생각된다. 전도적 유토피아 사상가들은, 그들의 열망들은 보편적이긴 하지만, 그들이 선호하는 패턴에 완전히 자발적으로 추종함이 결정적이라 생각하므로, 실존주의적 사상가들에 가담하여 그 골격을 지지할 것이다. 그러나 그들은 그 골격의 부가적 장점, 즉 다양한 가능성들을 동시에 실현토록 허락한다는 장점을 특별히 찬양하지는 않을 것이다. 제국주의적 유토피아 사상가들은, 다른 일부의 사람들이 그들의 견해에 동의하지 않는 한 그 골격에 반대할 것이다. (그대는 모든 사람들을 만족시킬 수는 없다. 특히 모든 사람들이 만족하지 않으면 만족할 수 없는 사람들이 있는 경우에는.) 여하의 특정 공동체도 그 골격 안에서 설립될 수 있으므로, 이 골격은 어느 한 공동체를 보장하진 않지만 모든 특정의 유토피아적 비전과 양립할 수 있다. 유토피아 사상가들은 이를 굉장한 장점으로 생각해야 한다. 왜냐하면 그들의 특정의 견해는 그들 자신의 것과는 다른 유토피아의 체제하에선 통하지 않을 것이므로.

共同體와 國家

이 골격의 운용은, 자유주의적 비전에서 발견되는 장점들은 많이 갖고 있으나 그의 단점들은 별로 갖고 있지 않다. 그 이유는 여러 공동체 중에서 선택할 자유가 주어지는 반면, 많은 특정의 공동체들은 내적으로는 자유주의적 입장에서는 정당화될 수 없는 많은 제한들을 가할 수 있다 : 즉, 만약 중앙 집권적 국가에 의해 강요된다면 자유주의자들이 비난을 퍼부을 그런 제한들. 가령 사람들의 생활에 대한 父權主義的 간섭, 공동체내에서 유포될 수 있는 책들의 종류에 대한 제한, 性的 행위의 종류에 대한 제한, 등등. 그러나 이는 단지 자유 사회내에서는, 정부가 합법적으로는 사람들에게 부과할 수 없는 그런 다양한 제한들을 계약을 맺어 받아들일 수 있다는 점의 다른 표현일 뿐이다. 그 골격은 자유주의적이며 방임적이긴 하나, 이 골격내에 존재하는 개별적인 공동체들은 그럴 필요가 없으며 아마도 이 골격내의 어느 공동체도 그러하길 선택하지 않을 것이다. 이와 같이 볼 때, 골격 자체의 특성들은 개별적 공동체들에 고루 퍼져 있을 필요는 없다. 이 자유방임주의적 체계내에서는 다음과 같은 상태가 결과될 수 있다 : 즉 〈자본주의적〉 제도들이 허락되긴 하나 실제로 기능하는 것은 없을 수도 있으며, 또는 어떤 공동체들은 그들을 가지나 다른 것들은 그렇지 않고, 또는 일부의 공동체들은 그런 제도의 일부만을 갖는 상태가.[1]

앞의 章들에서 우리는 어떤 체제의 특정 단서들을 사람들이 물리침에 관해 언급한 바 있다. 그런데 왜 이제 우리는 한 특정의 공동체내에서는 다양한 제한들이 과해질 수 있다고 말하는가? 그 공동체는 그의 회원들로 하여금 이 제한들을 물리칠 수 있게 허락해야만 하지 않는가? 그렇지 않다. 소규모의 공산주의적 공동체의 창설자들과 이의 회원들은 그 누구도 균등 분담의 짐을 벗지 못하게 금할 수 없으며 이는 매우 정당하다——물론 벗을 수 있게끔 제도화할 수는 있다. 모든 공동체나 집단이 그의 내부인들에게, 가능한 경우에, 짐을 벗을 수 있게 허락해야만 한다는 것은 일반적 원리가 아니다. 왜냐하면 그러한 것의 허락은 그 자체 때때로 그 집단의 성격을 바람직한 것에서 그렇지 못한 것으로 변하게 하기 때문이다. 여기에 흥미있는 이론적 문제가 제기된다. 한 국가나 보호 대행업소는 공동체들 사이에서의 재분배를 강요할 수 없으나, 키부츠와 같은 공동체는 자체 내부에서 재분배 행위를 할 수 있다(또는 다른 공동체나 회원 아닌 개인들에게 기부할 수 있다). 이러한 공동체는 자신의 회원들에게 회원으로 계속 남아 있으면서 이러한 약속들은 지키지

---

1) 자연과 〈화합하고〉 〈흐름을 따라 가길〉 희망하며 자신들의 자연적 성향에 반하여 행동하지 않기 바라는 젊은이들이 국가주의적 견해나 사회주의에 경도하고 평형 상태나 보이지 않는 눈에 의한 과정들에 적대적인 것은 이상한 일이다.

않을 기회를 제공할 필요는 없다. 그러나 내가 논변해 온 바처럼, 국가는 이러한 기회를 제공해야 한다. 국민들은 국가의 요구 사항들을 준수하지 않을 권리를 지니고 있다. 공동체와 국가간에는 어떤 차이가 있어 이들은 한 특정의 패턴을 그의 회원들 모두에 합법적으로 과할 수 있느냐의 문제에서 차이를 갖는가?

한 사람은 어떤 다른 일괄적 제안(전혀 다른 일괄적 제안 또는 약간의 사항을 변경시킨 제안 P)을 구매하기보다는 한 일괄적 제안 P(이는 보호 계약일 수도 있고, 소비자 상품 또는 한 공동체일 수도 있다)의 불완전한 점들을 다음의 경우엔 참아낼 것이다 : 즉 어떤 보다 바람직하며 도달 가능한 다른 일괄적 제안도, 이 제안을 구성하는 데 참여하도록 다른 사람들을 충분히 많이 유도하는 데 드는 비용을 포함해서, 이의 P의 경우보다 큰 취득 비용에 값할 만하지 않을 경우엔. 사람들은, 국가라는 일괄적 제안을 위한 비용 계산이 내부적 탈퇴를 허락할 것이라고 전제한다. 그러나 이는 다음의 두 이유로 해서 전체적인 이야기라 할 수 없다 : 우선, 개별적 공동체내에서도 별로 행정적 비용(탈퇴자가 지불할 의사가 있을 수 있는)을 들이지 않고도 내부인의 자발적 탈퇴를 제도화할 수 있으나 항상 그럴 필요는 없다 ; 둘째, 국가내의 개인들은 그 자신이 다른 경우에는 강제적인 조항들로부터 자발적으로 탈퇴하는 데 소요되는 행정적 비용을 치를 필요가 없다는 점에서, 국가는 다른 일괄적 제안과 다르다. 다른 사람들은 자신들의 강제적 조항들을 정교히 설계하여 자발적으로 탈피코자 하는 사람들에게 그 조항들이 적용되지 않는 데에 대한 대가를 치르어야 한다. 그 차이는 단지 공동체의 수가 국가의 수보다 많다는 사실에 있지도 않다. 설사 거의 모든 사람들이 공산주의적 공동체내에 살기를 원한다 해도, 해서 비공산주의적 공동체가 현실적으로는 존재치 않는다 해도, 어떤 특정의 공동체도 자신내의 개인들에게 공동 부담의 계약으로부터 자발적으로 탈피케 허락할 필요는 없다(그럴 것이 기대되긴 하나). 반항적인 개인들도 그 계약에 순응하는 수밖에 다른 도리가 없다. 그렇지만 타인들은 그에게 순응하도록 강요하지 않으며 그의 권리들은 침해되지 않았다. 그는 그의 非순응성을 실행 가능한 것이 되게 타인들이 협조하도록 요청할 권리가 없다.

내 생각으로 그 차이는 對面 집단과 국가 사이의 차이인 듯싶다. 한 국가내에서 우리는 비순응적인 개인들이 있다는 사실은 알고 있으나 그 개인들과 직접 대면하거나 그 사실이 주는 문제들에 직면할 필요는 없다. 그들이 비순응적이라는 점에 우리가 저항감을 느낀다 하더라도, 비순응자들의 존재에 관한 앎이 우리를 괴롭히고 불행케 한다 하더라도, 우리가 그들에 의해 해를 입거나 우리의 권리가 침해된 것은 아니다. 반면 對面 공동체에서는 우리는 저항감을 느끼게 하는 사실에 직접 직면하지 않을 수 없다. 자신의 직접적인 환경에서의 우리의 삶의 방식이 영향을 받는다.

대면 집단과 비대면 집단 사이의 이 차이는 다른 차이에 평행하지는 않다. 대면 공동체의 영토는 그 회원들에 의해 공동 소유될 수 있으나 한 나라의 영토는 그런 식으로 소유될 수 없다. 그때 그 공동체는 법인체로서 그의 영토내에서 어떤 국제 사항들이 지켜져야 할지를 결정할 권리를 소유한다 ; 반면 한 국가의 국민들은 국가의 영토를 소유치 않으므로 이의 사용을 그런 식으로 규제할 수 없다. 만약 땅을 소유한 개별적 개인들 모두가 그들의 행동을 조정하여 공통의 규제 사항을(가령 그의 수입의 n%를 빈자들에게 기부하지 않는 자들은 이 영토내에 거주할 수 없다는 등의) 부과한다면, 국가가 그를 요구하는 법을 통과시킨 것과 같은 효과가 나타날 것이다. 그러나 만장일치라는 것은, 설사 2차적 보이코트(이는 완전히 합법적이다)를 사용한다 하더라도, 그를 가능케 하는 미약한 연계의 강도밖에는 갖지 못하는 것이므로, 감언에 의해 일부가 쉽사리 탈퇴할 것임을 감안할 때 그런 만장일치의 제휴를 유지하기란 불가능한 일일 것이다.

그러나 어떤 대면 공동체의 땅은 그의 회원들에 의해 공동으로 소유되지 않을 것이다. 이 경우 한 小邑의 투표자들은 다수결에 의해 公共의 장소에서 행해지는 것으로서는 부당하다 판단되는 것을 금지하기 위한 법령을 통과시킬 수 있는가? 그들은 법을 제정해 나체·간통, (동의한 매저키스트에 대한) 사디슴, 거리에서 흑백인들이 손잡고 걷는 것 등을 금지할 수 있는가? 어느 개인도 자신의 사유지에서 그런 일이 일어나는 것을 금지할 수는 있다. 그러나 불쾌한 광경의 목도를 회피할 수 없는 公路의 경우는 어떠한가? 불쾌감을 일으키는 소수의 사람들을 피하기 위해 훨씬 많은 다수인들이 은둔해야 하는가? 공공 장소에서의 행위들에 관해 다수인들이 제한을 가할 수 있다고 가정해 보자. 이 경우 그 다수인들은 누구도 공공 장소에 나체로 나타나서는 안 된다 금지할 뿐 아니라 다음의 사항도 금지할 수 있는가? 즉 매년 자신의 수입의 n 퍼센트를 기부했음을 증명하는 뱃지를 달지 않고서는 공공 장소에 나타날 수 없다는 금지를——그리고 그 논거가 그 뱃지를 달지 않은 자를 목도함은(즉 기부하지 않은 자를 목도함은) 불쾌한 노릇이라는 것이면? 그리고 다수인들이 지니는 이 新生의 결정권은 어디에서 오는가? 또는 〈공공의〉 장소 또는 방식이란 말은 무의미한가? (제2장에서 지적된 이 견해의 단점들은 제7장의 로크적 단서에 의해 피할 수 있다.) 나는 이 문제들에 대한 명백한 대답을 지니고 있지 않다. 나는 이들을 단지 제기할 뿐이다.

변화하는 共同體들

　개별적 공동체들은 제시된 골격과 공존할 수 있는 것이면 어떤 특성이든 가질 수 있다. 특정 공동체의 특성이 마음에 맞지 않는다 생각되면, 한 개인은 그 속에 거주키로 결정할 필요가 없다. 어떤 공동체에 살 것인가를 결정하는 개인으로서는 이 점은 매우 좋은 일이다. 그러나 한 특정의 공동체가 그의 특성에 있어 변화하여 그 속의 개인이 싫어하는 종류의 것으로 변해 가고 있다 생각해 보자. 〈그대가 이 공동체를 싫어하면 떠나라〉는 말보다는 〈그대가 이 공동체를 싫어하면 가담하지 말라〉는 말이 더 낫다. 한 개인이 자신의 생애의 많은 부분을 그 공동체내에서 보내고, 그 속에서 뿌리를 내리고, 친구를 만들고, 그 공동체에 많은 기여를 한 연후에 다른 곳을 선택하여 떠난다는 것은 어려운 일이다. 그런 공동체가 새로운 제한을 가하고 기존의 것을 폐기하고 자신의 성격을 상당히 바꾼다 한다면, 이는 그 공동체의 개인들에 상당한 영향을 줄 것이며, 이 영향은 국가가 자신의 法을 바꿀 경우의 그것과 유사하다. 그러므로 개인들은 자신이 속한 공동체가 그의 질서를 바꾸는 데 있어 그렇계 큰 자유 재량을 부과치 않음은 당연하지 않을까? 개인의 권리들을 침해할 그런 제한 사항들에는 한계가 있어야 하지 않을까? 자유의 지지자들은 미국의 존재가 제정 러시아의 전횡을 합법화한다고는 결코 생각하지 않았다. 그러면 왜 공동체의 경우에는 다른 점이 있는가?[11]

다양한 처방책들이 제시될 수 있다. 나는 여기에서 그중 한 가지를 논의하겠다. 누구라도 자신이 원하는 여하한 종류의 공동체(이것이 골격과 공존할 수 있다면)를 새로이 설립할 수 있다. 왜냐하면 누구도 그에 가입할 필요는 없기 때문이다. (어떠한 공동체도 부권주의적 근거에서 제외될 수 없으며, 사람들의 결정 절차에서 단점이라 생각되는 것을 제거하기 위해서 덜 부권주의적 제한이라도——가령, 의무적인 정보 교육이나 대기 기간 등——부과될 수 없다.) 기존 공동체의 수정은 다른 문제로 생각된다. 보다 큰 규모의 사회는 공동체들을 위한 어떤 선호된 내적 구조(어떤 권리들의 존중, 등등)를 선택하여, 공동체들이 이 구조를 변경시킬 경우 이에 대해 반대하는 자들에게 이러한 변경에 대해, 즉 그 공동체가 원하는 변경 사항들에 대해 보상하게끔 요구할 수 있다. 위의 문제에 대해 이러한 해결책을 제시해 놓고 보니, 우리는 이제 이 해결책이 불필요함을 알게 된다. 그 이유는 동일한 목적을 달성하기 위해, 개인들은 그들이 가입하는 그 어떤 공동체와의 계약서에 다음의 약정을 명백히 포함시키기만 하면 된다: 그 공동체가 명시된 구조(이는 그 공동체의 선호된 규범일 필요는 없다)로부터 일탈할 경우, 이 공동체는 명시된 조건에 따라서 (자신들을 포함한) 여느 회원에게도 보상을 해야 한다는. (회원들은 보상금을 받아 그 공동체를 떠나는 데 드는 비용을 치를 수 있다.)

전면적인 공동체들

그 구조하에서는 그 회원 수에 있어서는 제한되어 있으나 삶의 모든 측면을 커버하는 집단들과 공동체들이 존재할 것이다. (모든 사람이 하나의 거대한 코뮌들의 연방에 가입키로 선택하진 않으리라 생각된다.) 삶의 어떤 측면에 관한 어떤 것들이 모든 사람들에게 확대된다 ; 가령, 모든 사람들은 침해받을 수 없는 권리들을 소유하며 자신의 동의 없이는 월경될 수 없는 자신의 울타리를 지닌다. 이와 같이 일부 사람들의 삶의 모든 측면들과 모든 사람들의 삶의 일부 측면을 커버하는 것만으로는 불충분하다고 어떤 사람들은 생각할 것이다. 이들은 이중적으로 전면적인 *total* 관계, 즉 모든 사람들과 이들 삶의 모든 측면을 커버하는 관계, 가령 모든 사람들이 그들의 모든 행위들(이들의 어느 것도 원칙적으로는 제외될 수 없다)에 있어 사랑과 情을 보이고 타인들을 도우려는 뜻을 보이는 그러한 관계를 원할 것이다. 즉 모두가 함께 어떤 공통의 중요한 과제에 참여하길 그들은 바란다.

좋은 경기를 열성적으로 운영하는 농구팀의 선수들을 생각해 보자. (그들이 이기려 하고 있다는 사실은 무시하자——상대방에 맞서 싸울 때 이런 감정이 종종 우발적으로 일어난다는 것은 사실이지만.) 그들의 우선적인 목표는 돈이 아니다. 그들은 일차적인 공동의 *joint* 목표를 갖고 있다. 그리고 이들 각자는 자신을 이 공동의 목표 달성에 종속시켜 그가 그렇지 않은 경우에 얻을 수 있는 것보다는 적은 점수를 딴다. 각자가 자신의 가장 중요한 목표라 생각하는 이 공동 목표의 달성에 공동으로 참여함으로써 이들이 결합되어 있다면, 형제애적 유대감이 고조될 것이다. 그들은 결합되고 이타적일 것이다. 그들은 하나가 될 것이다. 그러나 농구 선수들은 최고의 목표를 공동으로 갖고 있지 않다 ; 그들은 서로 다른 가족과 서로 다른 삶을 갖고 있다. 하지만 그래도 우리는 모두가 협동하여 공동의 최고의 목표를 성취하려는 사회를 상상할 수 있겠다. 그 골격하에서는 여하한 집단의 사람들도 그렇게 연합하여 어떤 활동을 전개할 수 있다. 그러나 골격 자체는 다양한 것이다. 이는 그 자체로서는 모두가 합동으로 추구할 하나의 공동적 목표를 제공하지도 않으며, 이런 것이 있으리라는 보장도 하지 않는다. 이런 문제를 생각함에 있어서, 개인주의와 (이에 반대되는 입장으로서의) 사회주의를 논함이 얼마나 적합한가를 염두에 두어야 한다. 어느 사람들이나 비슷한 생각의 소유자들을 끌어 모으려 할 수 있으나, 그들의 희망과 열망이 무엇이건간에, 어느 누구도 그들 자신의 통합의 비전을 타인들에게 강요할 수 없음은 두말할 어지가 없다.

유토피아적 수단과 목적

유토피아 사상에 대한 잘 알려진 반대 논변들은 여기에 제시된 견해에도 적용될까? 많은 비판들은 지적하기를, 유토피아 사상가들이 그들의 비전을 성취할 수단을 논하지 않고 있거나, 논한다 해도 그 수단은 현실적으로 그들의 목표를 성취시키지 못한다는 것이다. 구체적으로, 비판가들은 주장하기를, 새로운 사회 조건과 그들이 구상하는 특정의 공동체가 사회의 기존의 구조내에서의 자발적인 행위에 의해 형성될 수 있다고 유토피아 사상가들을 믿고 있다는 것이다. 이들이 이를 믿는 이유는 세 가지이다. 첫째, 그들은 다음을 믿기 때문이다 : 소정의 개인들이나 집단이 이상적인 것과는 거리가 있는 패턴의 지속에 이권을 가질 때(그들이 그 패턴내에서 특권적 지위에 있으며, 이상적 사회에서는 제거될 그 현실적 패턴에 내재하는 특정의 不義나 결함에서 이익을 취하기 때문에), 이 경우 만약 그들의 협동이 자발적 행동을 통한 이상적 패턴의 실현을 위해 필수적이라면, 이 사람들은 확신하여 자발적으로 행동하고 (자신의 이익에 反해) 이 행동을 통해 그 이상적 패턴을 실현하는 데 협조할 것이라는 점을. 유토피아 사상가들은 논변과 다른 이성적인 수단을 통해 이상적 패턴의 당위성과 정의를 사람들에게 확신시키고 그 사람들이 현재 소유한 특권의 불의와 부당성을 확신시켜, 그들로 하여금 현재와는 달리 행동하게 할 수 있기를 희망한다. 둘째, 비판가들은 계속 논하길, 유토피아 사상가들은 다음을 믿는다는 것이다 : 즉 기존 사회의 구조가 충분한 범위의 자발적 행동을 허용하여 현존 사회의 결합과 불의로부터 이득을 보지 못하는 사람들만으로 현존 사회에 큰 변화를 야기할 수 있는 경우에도, 자신의 특권이 위협을 받는 그 사람들은 그 실험과 변화를 분쇄시키기 위해 능동적으로, 폭력을 써서, 강제적으로 개입치는 않을 것이라는 점을. 세째, 비판가들은 유토피아 사상가들이 다음을 믿는 점에서 소박하다고 지적한다 : 즉 특권층의 협조가 요청되지 않고 그들이 개혁 과정에 폭력을 써 간섭하길 삼갈 경우라도, 종종 실험의 목표에 대해 적대적인 매우 다른 外的 환경에서도 실험적 사회를 건설함이 자발적 행위를 통해 가능하다

400

고 믿는 점에서. 어떻게 조그마한 공동체가 그런 사회의 공격을 극복할 수 있는가, 고립된 실험은 실패할 운명에 처하지 않는가? 이 마지막 문제에 관해선, 우리는 제8장에서 노동자 관리의 공장이 자유 사회에서 어떻게 설립될 수 있을지에 관해 보았다. 이 점을 일반화하면, 자유 사회에서는 사람들의 자발적 행동에 의해 다양한 미시적 상황을 실현할 수단이 있다는 것이다. 사람들이 그런 행동을 할지는 별개의 문제이다. 그러나 자유로운 체계내에선, 여하의 대규모의 대중적이며 혁명적인 운동이 자신의 목표를 자발적인 과정을 통해 성취할 수 있음은 자연스러운 일이다. 점점 더 많은 사람들이 그 운동이 성공적으로 진행됨을 봄에 따라, 점점 더 많은 사람들이 이에 참여하고 이를 지지하려 할 것이다. 그리고 이런 성공적 진행 과정에서 모두나 다수 또는 그 누구라도 이 운동이 목표하는 패턴에 강제로 가담케 할 필요는 없을 것이다. [m]

  설사 이 반론들의 어느 것도 타당치 않다 하더라도, 일부 비판가들은 사람들의 자발적 행위에 의존함에 반대하며, 그 논거로서 사람들은 이제 몹시 타락하여 정의와 덕과 좋은 삶을 성취하려는 실험에 협조하지 않을 것이라고 할 것이다. (설혹 그들이 그러하다 해도 실험은 전적으로 자발적인 환경이나 어떤 현재의 환경에서 성공할 것이다.) 더 나아가서, 그들이 타락되지 않았다면(그들이 더 이상 타락한 자들이 아닌 연후에), 그들은 협조할 것으로 상상된다. 그러므로, 그들은 계속해 논하기를, 사람들은 선한 패턴에 따라 행위하도록 강제되어야만 한다. 그리고 나쁜 길로 사람들을 인도하려는 사람들은 침묵시

---

m) 허용되며 성공의 가능성을 갖고 있고, 적대적인 사람들에 의해 적대적인 간섭을 받지 않는 실험이 다른 외적 환경에서 이루어질 때 왜 성공할 가공성이 적은지의 이유가 있다. 그 이유는 전체 사회가 자발적 골격을 갖추고 있지 않다면 현실적인 전체 골격의 한 영역, 자발적인 한 영역에서 이루어지는 실험은 전체적으로 자발적인 골격내에서는 성공할 것이나 현실적인 골격내에서는 성공하지 못할것이기 때문이다. 왜냐하면 현실적인 것 안에선 누구도 그 실험의 성공을 위해 절대 필수적인 어떤 행동을 하지 못하게 금지되지 않지만, 다른 행동들에 대한 어떤 비합법적인 금지가 있어 그 실험의 성공을 가능케 하는 행동을 수행치 못하게할 가능성이 있다. 극단적인 예를 들면, 소정 집단의 어떠한 사람도 소정의 직업을 택할 수 있으나, 그 직업을 얻기 위해 현실적인 유일의 방법이 자격증인데도, 그들에게 그 직업을 위한 기술을 얻어 자격증을 얻게끔 교육할 수 없게 금지될 수 있다.

켜야 한다.[12) 이 견해는 더 논의되어야겠지만, 여기에서는 생략키로 한다. 이 견해의 제안자들은 그 자신들 명백히 오류를 범할 가능성을 가지고 있으므로, 짐작컨대는 이들에게 독재적인 권력을 주거나 그런 권력을 갖도록 허락하여 이들이 타락했다 생각하는 견해를 박멸케 허락할 사람은 거의 없을 것이다. 바람직한 것은 전혀 이상적인 사람들, 그리고 훨씬 더 나은 사람들에게 최선인 사회 조직, 그리고 이 조직내에서의 생활 자체가 사람들을 보다 낫게 그리고 보다 이상적으로 만들 수 있는 그러한 사회 조직이다. 토크빌이 말한 바처럼, 자유로움으로써만이 사람들은 자신들의 덕목들과, 능력 및 책임, 자유인에게 적합한 판단력을 발전시키며 발휘할 수 있고, 자유는 이러한 발전과 발휘를 조장하며, 현재의 인간들이 자발적 구조를 전혀 불필요하게 할 만큼 그렇게 타락한 것은 아니라는 믿음을 가질 때, 자발적 골격은 우리가 취할 수 있는 최선의 것이다.

유토피아적 전통에 선 작가들의 수단에 관한 견해에 대한 이러한 비전들이 정당하건 않건간에, 우리는 다음과 같은 가정을 하지 않는다 : 즉 직접으로 또는 정부를 통해서 타인들의 삶에 불합법적으로 간섭하여 얻어진 특권적 지위를 사람들이 자발적으로 포기하게끔 유도될 수 있다는 가정을. 그리고 우리는, 자신의 권리들이 더 이상 침해되길 거부하는 사람들의 허락될 수 있는 자발적 행위에 직면하여, 자신들의 비합법적인 특권이 위협받는 그 다른 사람들이 평화로이 수수방관하리라는 가정도 하지 않는다. 어떤 합법적인 행위가 취해질 수 있으며 그런 상황에서는 어떤 전략이 최선일지를 내가 논의하지 않은 것은 사실이다. 독자들은, 자유주의적 골격을 받아들이기 전까지는, 그런 논의에 별 관심을 갖지 않을 것이다.

유토피아 작가들의 특정 목표에 대해 많은 특정의 비판들이 행해져 왔다. 그리고 그들이 기술한 특정의 사회들에 대해서도 마찬가지였다. 그러나 두 비판이 모든 경우에 적용되는 듯싶다.

첫째, 유토피아 사상가들은 사회 전체를, 미리 정형화되고 이전에는 근사하게나마도 실현된 바 없는 하나의 상세한 계획서에 따라 개조하려 한다. 그들은 완전한 사회를 그들의 목표로 하며, 따라서 변화나 진보의 기회나 기대도 없으며 그 사회의 거주자들이 새로운

402

정형을 선택할 기회도 없는 정체되고 엄격한 사회를 기술한다. (그 이유는, 만약 변화가 더 나은 것에로의 변화이면, 그 사회의 이전 상태는 능가될 수 있으므로 완전한 것이 아니었으며, 만약 변화가 더 나쁜 것에로의 변화이면, 그 사회의 이전 상태는 악화를 허용하므로 완전한 것이 아니었다. 그리고 이것도 저것도 아닌 변화는 왜 야기시키겠는가?)

둘째, 유토피아 사상가들은 그들이 기술하는 특정의 사회가 어떤 문제들을 야기함이 없이 움직여 갈 것이며, 사회적 장치나 제도들이 그들이 예견한 바대로 기능할 것이며, 사람들은 어떤 특정의 동기나 이해 관계에 따라 행동하지 않을 것이라 가정한다. 그들은 세상사를 조금이라도 아는 사람이라면 누구라도 부딪치는 명백한 문제들을 순진하게 무시하며, 이 문제들이 어떻게 회피되며 극복될 수 있는가에 관해 형편없이 낙관적인 가정을 한다. (유토피아적 전통은 지나치게 낙관적 $maximaxi$ 이다.)

우리는 사회내의 특정 공동체들의 각각의 성격을 자세히 기술하지 않고, 시간 경과에 따라 변화하는 이 구성 요원으로서의 공동체들의 성격과 구성을 상상한다. 어느 유토피아 작가도 그들이 상상하는 공동체들의 세부의 모든 것을 실제로 결정짓지는 않는다. 그러나 우리의 골격에 관한 세부적 사항들은 결정되어야 하므로, 우리의 절차는 그들의 것과 어떻게 다른가? 그들은 사회적 세부 사항들 중 중요한 것들 모두를 미리 결정하고자 하며, 오직 시시한 것들, 즉 그들이 괘념치 않는 것들이나 원리에 관한 흥미 없는 문제를 제기치 않는 것들만을 미결정 상태로 남겨 둔다. 반면, 우리의 견해에 의하면, 다양한 공동체들의 성격과 이들 질문들은 매우 중요하므로, 누구에게 있어서도 이 문제들이 타인들에 의해서 자신을 위해 결정되어서는 안 된다. 하지만 우리는 그 성격에 있어서 고정되어야 하며, 불변적인 그 구조의 본성을 자세히 기술하길 원하는가? 우리는 그 구조가 별 문제 없이 작동하리라 생각하는가? 나는 구조의 그 종류, 즉 다양한 종류의 실험을 가능케 하는 그러한 종류를 기술하길 원한다.[n] 그러나 그 구조의 세부는 미리 결정되지

n) 어떤 학자들은 자유의 체계를 최적 비율의 실험과 혁신에 이를 체계로 정당화한다. 만약 최적이 자유의 체계에 의해 산출되는 것으로 정의되면 그 결과는 흥미

않을 것이다. (이를 하는 것은 완전한 사회의 세부를 미리 설계하는 것보다 쉬울 것이다.)

나는 그 골격에 관한 모든 문제들이 해결되었다 가정하지도 않는다. 여기에서 그 문제들의 몇몇을 언급하자. 우선 어떤 중앙 당국 (또는 보호 협회)에 의해 행해질 역할에──만약 있다면──관한 문제들이 있을 것이다. 이 당국이 어떻게 선택될지, 그리고 이 당국은 자신이 하게 되어 있는 것을 그리고 오직 그것만을 하게끔 조처할 수 있는지? 내가 보는 바로는, 그의 중요 역할은 그 골격이 운영되도록 하는 것, 가령 일부의 공동체들이 다른 공동체의 회원들이나 그들의 재산을 침해하고 점거하지 못하게 방지하는 것일 것이다. 더 나아가, 이는 평화적 방법에 의해 해결될 수 없는 공동체들 사이의 분쟁을 어떤 이성적인 방법에 의해 해결할 것이다. 그러한 중앙 당국의 최선의 형태가 어떤 것일지의 문제를 나는 여기에서 다루진 않겠다. 최선의 형태의 것을 영구히 확정시키는 것보다는 개선의 여지를 남겨 두는 것이 보다 바람직한 듯싶다. 자신의 합당한 기능들을 수행할 만큼 충분히 강력한 중앙 당국의 통제에 관한 중요하고 어려운 문제들을 나는 여기에서 다루지 않겠다. 왜냐하면 나는 연방들, 연맹들, 권력의 분산, 통제와 균형 등등에 관한 표준적 문헌에 추가할 특별한 것을 갖고 있지 않기 때문이다. [13]

유토피아 사상에서 하나의 지속적인 요소는, 善意를 가진 사람이라면 모두가 받아들일 만큼 명백하며, 특정 상황에서 명료한 지침을 제시할 만큼 정확하고, 이것이 지시하는 바를 모두가 인지할 만큼 명시적이며, 그리고 실제로 발생하는 모든 문제들을 커버할 만큼 완전한 원리들의 한 집합이 존재한다는 느낌이다. 그러나 나는 그러한 원리들이 존재한다 가정하지 않으므로, 정치적 세계가 쇠퇴하리라 가정하지도 않는다. 정치적인 기구의 세부와 이것의 통제와 제한 방법에 관한 세부의 복잡함은 미끈하고 단순한 유토피아적 체제에 대한 우리의 희망과 맞아 떨어지지 않는다.

없는 것이며, 만약 다른 정의가 주어지면 그 최적은 혁신과 실험을 하지 않는 자들에게 증세를 물려 사람들을 강제함으로써 가장 잘 성취될 것이다. 우리가 제안하는 체계는 그런 실험의 여지를 남겨두나 이를 강요하지는 않는다. 사람들은 원하면 혁신할 수도 정체할 수도 있다.

공동체들 사이에 갈등과는 별개로, 중앙 기구나 대행 업소를 위한 다른 과제들, 가령 한 공동체를 떠날 개인의 권리를 행사할 수 있게 하는 과제가 있다. 그러나 만약 한 개인이 자신이 떠나고자 하는 공동체의 다른 회원들에게 빚을 지고 있다 할 경우 문제들이 제기된다. 가령 그 개인이 자신이 취득한 기술이나 지식을 자신이 속한 공동체에서 사용하겠다는 명백한 합의하에 다른 회원들의 비용으로 교육을 받았다고 해 보자. 또는 그는 어떤 가족적 의무를 지게 되었는데, 그가 공동체를 떠날 경우 이를 실행치 못한다 해 보자. 또는 그러한 연결 없이 그는 떠나길 원할 수 있다. 그는 무엇을 가지고 갈 수 있는가? 또는 그가 어떤 처벌받을 만한 죄를 저질렀고 공동체는 이에 대해 그를 처벌하려 하는데, 그는 이 공동체를 떠나려 한다. 분명 그 원리들은 복잡한 것들일 것이다. 어린이들의 존재는 더욱 심각한 문제들을 제기한다. 여하한 방식으로든 그들에게는 세상에서 주어지는 대안들의 범위에 관한 정보가 주어져야 한다. 그러나 그들이 속한 공동체는 100마일 떨어진 곳에 굉장한 性的 개방 사회가 존재한다는 정보에 젊은이들이 노출되지 않길 원할 수 있다, 등등. 내가 이 문제들을 언급하는 이유는 구조의 세부를 결정함에 있어 고려되어야 할 것들을 지시하고 이 구조의 본성이 지금 최종적으로 결정될 수 있다고 생각지 않음을 명확히하기 위함이다.[o]

구조의 세부 사항들이 여기에서 결정될 순 없다 하더라도, 이에 관해 어떤 엄격한 한계, 어떤 변경될 수 없는 것이 있지 않을까? 다양한 삶의 방식을 강제로 배제하는 비자발적 골격에로의 이행은 가능한가? 비자발적 골격에로 변형될 수 없는 골격이 설계될 수 있다면, 우리는 이를 제도화하길 원할까? 만약 우리가 그런 영구히 자발적인 골격을 제도화한다면 우리는 어느 정도는, 일부의 가능한 선택을 배제하는 것이 아닐까? 우리는 엄격한 범위를 그어 그 안에서 사람들이 움직이게 함으로써 정체적 유토피아의 통상적 오류

---

[o] 우리는 물론 한 국가의 서로 다른 부문에 약간 서로 다른 골격을 시도해 볼 수 있으며 그리고 각 부분들로 하여금, 다른 부문들이 어떻게 움직여 가는가를 보아서 자신들의 골격을 약간 변경시키도록 허락할 수 있다. 하지만 전반적으로 어떤 공통적인 골격이 존재할 것이다——이의 특정의 성격은 영구적인 것으로 고정되진 않겠지만.

를 범하는 것이 아닐까? 한 개인에 관해 유사한 질문은, 한 자유로운 체계는 개인에게 자신을 노예로 팔게끔 허락할 것인가의 문제이다. 내 생각으로는 그러리라 생각된다. (다른 학자들은 이의를 제기한다.) 이는 또한 그 개인으로 하여금 결코 그러한 거래 행위를 하지 않도록 허락하기도 한다. 그러나 개인들은 무엇을 하든 자신을 위해 선택하지 타인을 위해 선택하진 않는다. 골격에 부과되는 엄격성이 어느 정도 일방적인지 그리고 이것이 특정 삶과 공동체에 어느 정도의 다양성을 허락하는지가 인지되는 한, 그 해답은 〈그렇다, 골격은 자발적인 것이어야 한다〉는 것이다. 그러나 기억해 두어야 할 점은, 여하의 개인도 자발적 계약을 통해 자신에게 여하의 제약을 초래할 수 있고, 해서 자발적 골격을 이용해 계약을 맺어 자신을 이로부터 벗어나게 할 수도 있다. (만약 모든 개인들이 그러하다면, 자발적 골격은 다음 세대가 사회의 주인이 될 때까지는 작동되지 않을 것이다.)

유토피아의 운영

〈결국 유토피아는 정확히 어떤 모습의 것이란 말인가? 어떤 방향으로 나아갈 때 사람들은 번영할까? 공동체들의 크기는 어떠할까? 큰 도시들이 그때에도 존재할까? 공동체의 크기 결정에 경제는 어떤 영향을 미칠까? 모든 공동체들은 지리적일까 또는 많은 중요한 제 2 차 집단들 등등이 존재할까? 대부분의 공동체들은 (다양하나) 특정의 유토피아적 비전을 따를 것인가 또는 많은 공동체들이 그 자체 그런 특정의 비전에 의해 고취되지 않고 개방적일까?〉

나는 이에 대한 해답들을 알고 있지 않으며, 우리의 골격하에서 가까운 미래에 어떤 것들이 존재할 것인가에 관한 나의 추측에 그대들은 흥미를 가질 필요가 없다. 먼 미래에 관해선 나는 추측조차 않겠다.

〈결국 당신의 이야기는 유토피아란 자유로운 사회란 말인가?〉 유토피아는 단지 골격이 실현되는 사회는 아니다. 골격이 실현된 뒤 십분 후에 우리는 유토피아를 가지리라고 누가 믿겠는가? 사정은 지금이나 다를 바 없을 것이다. 오랜 시간의 경과에 따라 많은 사람들의 개별적인 선택들로부터 자연스레 자라나는 것 만이 말할 만한 가치가 있는 것이다. (이 과정의 한 특정의 단계가 우리의 모든 욕망들이 지향하는 종국적 상태라는 것은 아니다. 유토피아적 과정이 유토피아들에 관한 다른 정체적 이론들의 유토피아적 종국 상태를 대신한다.) 많은 공동체들이 많은 서로 다른 특성들을 성취할 것이다. 오직 바보나 예언자만이 이 골격이 가령 한 150년간 운용된 후의 공동체들의 범위와 한계에 성격들을 예언하려 시도할 것이다.

여기 제시된 유토피아觀의 이중적 성격을 강조함으로써 이 글을 끝맺음하자——이는 누구의 역할을 열망해서 하는 것이 아니다. 유토피아의 골격이 존재하며, 이 골격내에 특정의 공동체들이 존재한다. 우리의 견해에 따르면, 유토피아에 관한 거의 모든 문헌들은 이 골격내의 특정의 공동체들에 관한 것들이다. 내가 어떤 특정의 공동체를 제시하지 않았다는 사실은 그리함이 중요치 않거나, 덜 중요하거나 흥미롭지 않음을 의미하진 않는다. 어찌 그럴 수가 있는가? 우리는 특정의 공동체 속에 살고 있다. 우리의 이상 또는 좋은 사회에 관한 非제국주의적 비전이 제시되고 실현되는 것이 여기에서이다. 골격의 목적은 우리로 하여금 그렇게 하도록 허락하는 것이다. 그러한 비전들이 우리를 고취하여 특정의 바람직한 특성을 가진 특정의 공동체들을 창조케 함이 없이는 그 골격은 생기를 결한다. 많은 사람들의 특정의 비전과 연결될 때, 그 골격은 우리로 하여금 가능한 최선의 세계를 얻게 할 것이다.

여기에 상세히 제시된 입장은, 모든 사람들이 그 속에 살면서 자발적인 유토피아의 실험에 동조하고 이 실험이 성공할 수 있는 배경을 제공하는 그런 한 공동체를 받아들이되 이를 세부적으로 미리 계획하길 거부한다. 이런 입장은 유토피아의 진영에 속하는가 아니면 反유토피아 진영에 속하는가? 이에 답하기 어렵다는 사실은 내가 제시한 골격이 양 진영의 장점과 이점을 모두 갖고 있음을 암시한다고 나는 생각한다. (만약 이 골격이 실수하여 양쪽의 잘못과 결점과 불리점을 결합해 갖게 되는 경우, 자유롭고 개방된 토론이라는 여과 과정이 이를 제거시킬 것이다.)

유토피아와 最小國家

　우리가 기술한 유토피아를 위한 골격은 최소 국가와 같다. 이 章의 논변은 제Ⅰ부, 제Ⅱ부의 그것과 독립적으로 출발하여(그리고 계속 독립적이며), 다른 방향에서 그 Ⅰ·Ⅱ부의 결론, 즉 최소 국가에 이른다. 이 장에서의 논의에서 우리는 그 골격을 최소 국가 이상의 것으로 다루진 않았으나, 그렇다고 해서 보호 대행업소에 관한 우리의 이전 논의에 명백히 기초해 그 골격을 세우려 하지도 않았다. (우리는 두 독립적 논변이 자연스레 수렴되길 원했다.) 우리는 우리의 여기에서의 논의를 지배적 보호협회에 관한 우리의 이전의 논의와 연결시킬 필요는 없다. 단지 우리가 지적하고자 하는 것은, 중앙 권력 기구의 역할(이에 대한 통제·균형 등등)에 관해 사람들이 어떤 결론에 이르건, 이 결론은 그들이 그의 고객이 되길 선택하는 그 보호 대행업소의 (내적) 형식과 구조를 형성할 것이라는 점이다.

　제Ⅰ부에서 우리는 최소국가는 도덕적으로 정당화된다고 논했으며, 제Ⅱ부에서 더 이상 포괄적인 국가는 도덕적으로 정당화될 수 없다고, 즉 더 이상 포괄적인 국가는 개인의 권리를 침해할 것이라고 논했다. 이 도덕적으로 선호되는 국가, 도덕적으로 합법적인 유일의 국가, 도덕적으로 용인되는 유일의 국가는, 우리는 이제 알 수 있지만, 몽상가들과 공상가들의 유토피아적 열망들을 가장 잘 실현하는 국가이다. 이는 우리 모두가 유토피아적 전통에서 취할 수 있는 것들을 보유하고 있으며 그 전통의 나머지를 우리의 개인적 열망에 개방한다. 이제 이 章의 서두가 된 질문을 상기하라. 최소 국가, 유토피아를 위한 구조는 고취적인 비전이 아닐까?

　최소 국가는 우리를 不可侵의 개인들로 취급한다. 즉 우리는 이 국가 안에서 도구나 수단이나 자원으로 타인에 의해 어떤 방법으로도 이용될 수 없다. 최소 국가는 우리를 존엄성을 가진 개인적 권리들의 소유자인 인격으로 취급한다. 우리의 권리들을 존중함으로써 우리를 존중하는 최소 국가는, 우리에게 허락하여, 개인적으로나 또는 우리가 선택하는 사람들과 함께 우리가 할 수 있는 한 우리의 삶을 선택하고 우리의 목표와 스스로가 바라는 이상적 인간상을 실현하게 허락한다. 그리고 우리는 이 실현 과정에서 우리와 동일한 존엄성을 지닌 다른 개인들의 자발적인 협동의 도움을 받는다. 어떤 국가나 개인들의 집단이 감히 그 이상 또는 그 이하를 수행할 수 있는가?

역자의 말

　본 역서는 Robert Nozick 의 *Anarchy, State, and Utopia* 를 번역한 것이다. 본서의 저자는 현재 미국 하바드 대학교 철학과 정교수로 있다. 본서는 1974년 출간된 것으로 무정부주의적 입장을 비판적으로 검토하고 국가의 정당화 가능성, 국가의 기능, 이상국의 이념 등에 대한 철학적인 논의를 한 책이다. 이 책은 출간되자마자 철학계 및 인접 정치·경제학계뿐만 아니라 일반 독서계에서도 커다란 반향을 일으켜 1975년에는 미국 전국 도서상 National Book Award 의 종교·철학 부문에서의 수상 도서가 되었으며, John Rawls 의『정의의 한 이론 *A Theory of Justice*』과 함께, 근래에 발간된 가장 중요한 정치철학적 저서로 간주되고 있다. 이런 이유로 해서 이 책은 짧은 일반 잡지들의 서평의 대상이 되었을 뿐만 아니라, 철학·정치·경제·법학 등의 전문학계에서도 이 책의 주요 입장에 대한 찬·반의 논문들이 쏟아져 나왔다. 그 결과 최근에는 *Reading Nozick: Essays on Anarchy, State, and Utopia* 라는 노직의 상기 책에 관한 논문 선집이 나왔을 정도이니 출판된 지 10년이 채 못 되는 책으로서는 상당한 대접이라 하겠다.

　로버트 노직 Robert Nozick 은 1938년 미국 뉴욕시 출생으로 컬럼비아 대학에서 학부를 마치고 1963년에 프린스턴 대학원에서 "The Normative Theory of Individual Choice"라는 논문으로 박사학위를 받았다. 그 후 바로 프린스턴 대학과 하바드 대학의 교단에 섰고 1969년에는 30세란 젊은 나이로 하바드 대학 철학과의 정교수가 되었다. 그는 그곳에서 30세에 정교수가 된 소수의 사람들 중 하나이다. 대학원 재학시는 철학적 신동 *Wunderkind* 으로 이름을 날렸고, 소크라테스적 논변술을 휘둘러 기존의 철학적 입장을 논파하는 데 남다른 실력을 발휘했다 한다. 대학원 졸업 후에는 결단 이론에 관해 중요한 논문들을 발표하여 놀라울 정도로 독창적이며 막강한 잠재력을 지닌 철학자로서 주목을 받기 시작했다. *Anarchy, State, and Utopia* 의 출간은 노직에 대한 주위의 기대를 충족시키기에 충분하였다. 그 후 1976년부터 새로운 저서의 준비에 착수하여 1981년에 *Philosophical Explanations* 라는 700여 페이지나 되는 대저를 내어 전통적 철학의 주요 문제들, 가령 자유 의지론, 가치의 문제, 회의주의, 인식의 문제 등을 폭넓게 다루고 있으며 이 책 역시 각계의 거대한 관심을 불러일으켜 철학책, 그것도 상당히 두텁고 전문적인 철학책으로서는 드물게 벌써 4판이 발간되었다는 소식이다.

학부 시절에 그는 상당히 급진적인 사회주의 학생 서클의 지도자였으며 대학원 시절에도 자신의 강한 사회주의적 신념을 버리지 않았으나, 어떤 자유주의적 자본주의를 신봉하는 동료 학생과의 대화를 통해 일대 전향을 하게 되었으며 그 이후 자유주의의 투철한 지지자가 되었다. 이 입장을 날카로운 분석과 정교한 논변에 의해 밑받침해 나온 결과가 본서이다. 노직은 이런 자신의 철학적 개종을 본서의 서문에서도 잠시 언급하고 있다.

그는 현재 미국 철학회, 윤리학회·과학철학회 등 학술 단체의 회원으로 활발한 활동을 하고 있으며, 유태 문화와 이스라엘의 문명에 깊은 관심을 갖고 있다. 그리고 자신의 철학적 입장에 충실하기 위해 채식주의를 실현하고 자신의 연구와 저작의 독립성을 유지하기 위해 정부로부터의 연구비를 받지 않는 知行의 남다른 일관성을 실현하고 있다 한다.

이 책의 특징이라 할 수 있는 것들, 이 책이 주목을 받는 이유들은 다음 네 가지로 요약할 수 있다. 첫째 이유는 이 책에서 전개된 구체적 논변들과 反例들의 강력함과 독창성, 그리고 폭넓은 연관성이라 하겠다. 이들 논변들에 의해 노직이 이 책에서 지지하고자 하는 입장 자체는 그다지 새로울 것이 없는 것으로, 모든 사람들은 소정의 권리들을 가지며 이들은 침해될 수 없다는 로크 이래의 자유주의적 개인주의와, 국가의 기능은 국민들의 권리 보호, 권리의 대리 행사라는 소극적인 역할에 국한된다는 야경국가론 및 자유방임적 자본주의이다. 실상 그가 여기서 논의하는 최소 국가란 19세기의 야경 국가와 흡사한 조직체이다. 노직의 이 입장은 미국내에서 수정 보수주의적 입장이라 불리우며 미국내의 공화당의 정치 이념과 흡사하다. 노직은 어쩌면 구태의연하며 非진취적이고 지식인들 사이에서는 별로 인기가 있는 입장에, 그리고 자신이 이전에는 맹렬히 논박했던 입장에, 강력한 논변을 제시하고 반대 입장에 쉽사리 설명할 수 없는 反例들과 도전적인 질문을 던짐으로써, 새로운 의미로 부여하였다. 이런 이유로 해서 많은 보수주의자들이 그의 저서를 열렬히 환영하고 심지어 일부 사람들은 그를 〈보수주의의 총아〉라고까지 말하나 실은 노직 자신은 그들과 같은 부류에 속하길 원치도 않으며 이런 환영을 별로 달가와하지 않는다. 왜냐하면 자신이 옹호하고 지지하는 것은 현존의 보수주의·자유주의·개인주의가 아니라 이상적인 형태로서의 그러한 입장들이기 때문이다. 즉 노직은 이 책을 통해서 기존 질서를 옹호하려는 것이 아니라, 현 사회가 나아가야 할 이상적인 이념으로서 자유주의·개인주의·개방주의를 제시하고 있는 것이다. 실상 노직의 이론은 어떤 평자도 지적한 바와 같이 고도로 이상적인 이론이며, 노직 자신 현재 사회를 결과한 과거의 不義가 교정되기 전까지는 자신의 국가 이념과는 반대되는 재분배적 복지 국가가 필요할 수도 있음을 인정하고 있다.

　이 책이 주목을 받는 두번째 이유는 다음과 같다. 최근 30, 40여 년간 영미 철학계의 주류는 분석철학이었다. 이 분석철학은 그 날카롭고 철저한 분석을 도구로 하여 개념들의 의미를 명료화하고 언어의 논리적 구조를 석명하는 데 위력을 발휘하였으나 지나치게 전문적이며 현실적인 문제들과의 연관성이 없다는 것이 근자의 비판이었다. 분석철학은 파괴적·비판적인 작업은 성공적으로 수행했으며 철학자는 자신의 엄밀성에 대한 욕구는 충족시켰으나, 그런 과정에서 현실 세계로부터는 유리되어 우리 일상 생활의 문제들에 대해서는 별로 건설적인 해답이나 이의 단서도 제시해 주지 못했다는 것이다.

  노직의 책은 국가·정의·이상국, 이와 관련된 여러 문제들, 즉 처벌·절차적 정의·박애·보상·선제 공격·분배·자발적 교환·평등·시기 등등의 구체적이고 현실적인 문제들을 다루고 있다. 이런 문제들을 다루려 할 때 우리는 분석적인 도구는 치워 버려야 할 것으로 생각되며 인간에 관한 경험과학, 즉 사회학·역사학·심리학·정치학 등을 원용해야 할 것이라는 것이 통념이다. 실상 많은 정치철학서들이 이런 인접 과학들이 제공하는 정보에 의존하고 있음도 사실이다.

  노직은 우리의 이러한 통념을 깨뜨리고 분석적이고 논리적인 방법을 유효 적절히 사용하여 위의 제 문제들을 능란하게 다루어 가고 있다. 노직이 거의 유일하게 도입하고 있는 인접 과학은 실상 경제학뿐이며, 우리는 그의 저서에서 인간의 심리적·정치적·사회적·역사적 사실에 대한 언급을 거의 찾아볼 수 없다. 전반적으로 노직의 논술 방식은 최근 미국 분석철학계의 논술 방식과 흡사하다. 우리는 그의 저서 도처에서 희한한 상상, 현실적으로는 있을 법하지 않으나 논리적으로는 그럴 듯한 反例들, 현란한 논리 전개를 목도한다. 이 反例의 사용과 생산적 논변의 전개는 최근의 분석적 인식론에서 전형적으로 사용되는 방법이다. 우리는 노직의 책을 통해서 현실 유리적으로 보이는 분석과 논리라는 도구가 어떻게 현실적인 문제들의 해결에 사용되는지를 잘 볼 수 있다. (이 점은 그러나 노직의 장점이기도 하지만 단점이기도 하다 : 노직은 그 논리적인 도구를 현기증나게 사용함으로써 현실적인 문제들에 대한 현실적인 해결을 제시하기보다는 이론적인 또는 이상적인 해결을 시도한 듯싶다. 그러나 다른 한편으로는 정치철학은 철학적인 작업인 한 그 본연의 과제는 주어진 문제 해결을 위한 전략을 제공하는 것이 아니라 이론적인 틀을 제공하는 것이라 생각하며, 이렇게 볼 때 노직의 순수 이론 지향적인 성향은 정당화된다고 할 수 있겠다.)

  노직의 저서의 세번째 특징은 그의 正義論——소유 권리론 *the entitlement theory of justice* 이라 기술되는——이다. 노직과 함께 하바드 대학의 철학 교수로 있는 John Rawls 는 1971 년에 『정의의 한 이론』이라는 명저를 내어 사회 정의의 기본 원리들을 제시한 바 있다. 그는 사회 조직을 협동의 체계로 보고, 사회의 제1차적 덕목으로서의 정의의 역할은 이 협동을 통해서 산출되는 재화의 공정한 분배라 논했다. 그리고 이런 정의의 이념을 가장 잘 실현할 수 있는 국가 체제로서 복지 국가를 제창한 바 있다. 롤즈의 이론은 아직도 계속 논의의 대상이 되고 있으며 무수히 많은 찬·반의 논문들을 낳게 하였으나 그 어느 것도 강력한 대안은 제시하지 못했다.

노직은 그의 저서에서 국가의 기능을 논하면서 롤즈의 정의론에 전혀 비타협적인 도전장을 들이밀고 있다. 노직은 개인들이 소정의 침해되어서는 안 되는 권리들을 소유하고 있다는 전제에서 출발하여 사회란 이런 권리를 소유한 개인들이 자발적인 교환을 하는 체계로 파악한다. 따라서 정의란 그 소정의 권리를 침해하지 않고 이 자발적인 교환을 가능하게 하는 데에서 우러나온다고 노직은 주장한다. 노직에 따르면 국가의 기능이란 생산된 재화를 재분배하는 복지 정책적인 것이 아니라 개인들이 소유한 권리와 재산을 강도·절도·사기 등으로부터 보호하는 일종의 경찰의 역할이며 이런 최소한의 기능을 지닌, 그가 말하는 최소 국가는 누구의 권리를 침해함이 없이 자연 발생적으로 형성되므로 그런 국가는 도덕적으로 정당화된다고 논한다. 더불어 그는 국가는 도덕적으로 부당하다는 무정부주의의 입장이 옳지 않으며, 그렇다고 해서 국가의 기능을 확대하려는 롤즈의 시도도 정당화될 수 없다는 것이 노직의 입장이다.

이 책의 네번째 특징은 이 책이 서방 자유 세계, 특히 미국의 정치적인 이념을 잘 표현하고 있으며 이의 철학적인 근거를 제시하고 있다는 점이다. 그 동안 한국의 독서계에는 상당수의 정치철학 분야의 외서들이 번역·소개되었다. 그러나 이들의 많은 수가 이데올로기 관계 서적이거나 해설서이고 그렇지 않더라도 대륙 계통의 저서들이 많은 듯싶다. 노직의 저서가 갖는 의미는 미국의 기본적인 정치 이념, 즉 자유주의·개인주의·자본주의·개방 사회의 이념을 이론적인 논변을 통해 집중적으로 밑받침하려 한 데 있겠다.

본서는 어려운 책이다. 논리의 전개도 현란하지만 노직의 문장 역시 관계대명사를 연속해서 사용하는 난삽한 스타일이었다. 일단 번역을 마친 후 재독하면서, 그리고 교정을 보면서도 최대한으로 정확한 번역을 만들어내려 노력하였으나, 이 의도가 번역에 제대로 반영되었는지 모르겠다. 원서에서 전문적인 어휘들 중 "minimal state"는 〈最小國家〉로, "ultraminimal state"는 〈極小國家〉로, "pattern"은 〈정형〉으로, "end-result"는 〈종국 결과〉로, "demoktesis"는 〈국민소유주의〉로, 그리고 "entitlement"는 〈所有權利〉라 번역하였음을 밝혀 둔다. 가장 번역하기 힘들었던 어휘는 "entitlement"라는 용어였다. 이 표현은 일종의 권리를 지칭하는 것이나 단순한 권리라기보다는 소유권이라는 개념을 함의한다. 번역어의 후보로서 〈有資格的權利〉, 〈所有權的 權利〉를 생각해 보았으나 이 중 후자가 적절한 듯 생각되었다. 그러나 후자의 표현은 다소 장황한 감이 있어 축약하여 〈所有權利〉란 표현을 역어로 선택했다.

본 역서의 註는, 원서에 있는 脚註와 말미의 註, 그리고 역자가 붙인 譯註의 세 가지이다. 원서에 있는 각주는 완역하여 a), b), c), … 로 표시한 후 본문 하단에 기재하였다. 원서의 末尾註는 전거와 이에 대한 논평으로 구성되어 있는데, 본역서에서는 전거만을 밝히고 이에 대한 논평은 본문 이해에는 별 필요가 없는 것으로 생각되어 번역에서 제외하였다. 본문에 번호는 있으나 번역이 없는 것은 생략된 것들이다. 말미주는 1), 2), 3)…으로 표시하여 역서 말미에 기재하였다. 역주는 독자의 이해를 돕기 위해 붙인 것으로 ㄱ), ㄴ), ㄷ), … ㅏ), ㅑ), ㅓ), …로 표시하여 본문 하단에 실었다.

주위 여러분들의 이 책에 대한 관심과 배려는 이 책의 번역에 큰 격려가 되었다. 이에 심심한 감사를 표한다. 그리고 이 번역의 출간을 쾌히 맡아 주신 文學과知性社에 깊이 감사한다.

정치적 이념에 관한 논의는 결국 신념의 차이, 정서의 차이, 취향의 차이로 끝나는 수가 많다. 이런 경향은 한국 사회에서 더욱 강한 듯싶다. 많은 경우 우리는 이성적 논의에 의해 설득되어 한 정치적인 이념을 선택하기보다는 신념·정서·취향에 따라 이념을 선

택하고 후에 이를 이성적으로 정당화한다. 우리가 노직의 책에서
얻을 것이 있다면 그가 지지하는 자유주의·개인주의·개방주의의
이념들이 생각보다 굳건한 철학적 근거에 의해 밑받침될 수 있다는
사실보다는(또는 그뿐만 아니라) 이성적 논변에 의해 인도되어 한 정
치적 이념을 택하는 그의 지적 엄격성일 것이다.

1983년 11월
南 京 熙

原　　註*

제 1 장　왜 自然狀態論인가?

1) 다음을 보라 : N. R. Hanson, *Patterns of Discovery* (New York, 1958), pp. 119~20.
2) C.G. Hempel, *Aspects of Scientific Explanation* (New York, 1965), pp. 247~49, 273~78, 293~95, 338.

제 2 장　自然狀態

1) John Locke, *Two Treatises of Government*, 2nd ed., ed. by Peter Laslett (New York, 1967). 명시된 경우를 제외한 괄호 안의 참조 조항은 『제 2 시론 Second Treatise』이다.
2) Thomas Schelling의 *The Strategy of Conflict* (Cambridge, Mass., 1960) 참조.
3) 이 책 제 5 장에서의 푸가의 논리를 참조할 것.
4) 私的으로 제공되는 보호라는 봉사의 배경에 관해서는 다음을 보라:
Lysander Spooner, *NO TREASON: The Constitution of No Authority* (1870), *Natural Law*, and *A Letter to Grover Cleveland on His False Inaugural Address; The Usurpation and Crimes of Law-markers and Judges, and the Consequent Poverty, Ignorance, and Servitude of the People* (Boston, 1886).
B.R. Tucker, *Instead of a Book* (New York, 1926).
J.J. Martin, *Men Against the State: The Expositors of Individualist Anarchism in America, 1827~1908.*
F. Tandy, *Voluntary Socialism* (Denver, 1896) pp. 62~78.
John Hospers, *Libertarianism* (LA, 1971), ch. 11.
M.N. Rothbard, *Power and Market* (menlo Park, Calif., 1970) pp. 1~7, 120~23 and *For a New Liberty* (New York, 1973), Chs. 3, 11. Morris and Linda Tannehill, *The Market for Liberty* (Lansing, Mich., 1970) pp. 65~115. David Friedman, *The Machinery of Freedom* (New York, 1973) pt. Ⅲ.
5) I.B. Singer, *In My Father's Court* (New York, 1966)를 보라.
7) K.R. Boulding, *Conflict & Defence* (N.Y., 1962), ch. 12.

---

* 본문에 註의 번호는 있으나 여기에 주가 없는 것은 생략된 것들이다.

8) 그러한 규칙체의 복잡성에 관해선 : American Law Institute, *Conflict of Laws; Second Restatement of Law*, Proposed Official Draft, 1967~1969.

9) Y. Brozen, "Is the Government the Source of Monopoly?" *The Intercollegiate Review*, 5, No. 2. (1968~69), 67~68 ; F. Machlup, *The Political Economy of Monopoly* (Baltimore, 1952).

10) R. Ashcroft, "Locke's State of Nature," *American Political Science Review*, Sept. 1968, pp. 898~915, pt. I.

11) M. & L., Tannehill, *The Market for Liberty;* 정부 기능 행사에 있어 자발적 협조의 중요성에 관해선, Adam Roberts, ed., *Civilian Resistance as National Defence* (Penguin Books, 1969) and G. Sharp, *The Politics of Non-Violent Action* (Boston, 1973).

12) Ludwig Von Mises, *The Theory of Money and Credit*, 2nd ed. (Yale Univ. Pr., 1953), pp. 30~34.

13) 보이지 않는 손에 의한 설명이 고려해야 할 주제들에 관해선, F.A. Hayek의 논문들 : "Notes on the Evolution of Systems of Rules of Conduct" and "The Results of Human Action but not of Human Design," in his *Studies in Philosophy, Politics, and Economics* (Chicago Univ. Pr., 1967) ; chaps 2 and 4 of his *Constitution of Liberty* (Chicago Univ. Pr., 1960).

14) M. Weber, *Theory of Social and Economic Organization* (N.Y., 1947), p. 156 ; M. Rheinstein, ed., *Max Weber on Law in Economy and Society* (Harvard Univ. Pr., 1954), ch. 13.

15) 다음을 비교하라 : H.L.A. Hart, *The Concept of Law* (Oxford: The Clarendon Pr., 1961), p. 113~20.

16) R. Kessell, "Price Discrimination in Medicine," *Journal of Law and Economics*, I, no. I. (Oct., 1958), 20~53.

제3장 도덕적 제약 사항들과 국가

1) 필자의 논문 "On the Randian Argument," *The Personalist*, Spr. 1971을 보라.

2) J. Rawls, *A Theory of Justice* (Harvard Univ, Pr. 1971) pp. 30, 565~66.

4) *Groundwork of the Metaphysic of Morals*. Tr. by H.J. Paton, *The Moral Law* (London, 1956), p. 96.

5) J. Rawls, *A Theory of Justice*, sects. 5, 6, 30.

6) G. Harman, "The Inference to the Best Explanation," *Philosophical Review*, 1965, pp. 88~95, and *Thought* (Princeton Univ. Pr., 1973) chs. 8, 10.

7) J.J. Thomson, "A Defense of Abortion," *Philosophy and Public Affairs*, I, no. 2 (Fall, 1971), 52~53 ; J. Hospers, "Some Problems about Punishment and the Retaliatory Use of Force," *Reason*, Nov. 1972 & Jan, 1973.

9) J. Bentham, *An Introduction to the Principles of Morals and Legislation*, ch. 17, Sect. 4, n. 1.

10) 이 점은 Thom Krystofiak 에 의해 제시되었다.

11) L. Nelson, *System of Ethics* (Yale Univ. Pr., 1956), sects. 66, 67 ; P. Singer, "Animal Liberation," *New York Review of Books*, April. 5, 1973, pp. 17~21.

제 4 장 금지, 보상, 그리고 위험

1) 칸트의 견해와 대조하라. I. Kant, *The Metaphysical Elements of Justice*, tr. by John Ladd (Indianapolis, 1965), sect. 44 ; 제 6 장에서의 우리의 후자의 논조 참조.

2) 다음 참조 : Rothbard, *Power and Market* (Menlo Park, Calif, 1970), p. 197. n. 3.

3) 다음 참조 : "Is Government Necessary?" *The Personalist*, Spr. 1971.

4) 자연관에 관련된 문제들은 다음 참조 : E. Goffmann, *Relations in Public* (N.Y., 1971) Chs. 2, 4.

6) G. Calabresi & A.D. Melamed, "Property Rules, Liability Rules, and Inalienability," *Harvard Law Review*, 85, no. (Apr. 1972), 1089~1128.

8) P. Newman, *The Theory of Exchange,*, (N.Y., 1965), ch. 3.

9) 중간 상인의 역할에 대해선 : A. Alchian & W.R. Allen, *University Economics*, 2nd ed. (Calif., 1967), pp. 29~37, 40.

10) M. Seligman et al., "Unpredictable and Uncontrollable Aversive Events," in R. Brush, ed., *Aversive Conditioning and Learning*, (Academic Pr., 1971) pp. 347~400, esp. Sect. IV.

12) H.L.A. Hart, "Legal Responsibility and Excuses," in *Punishment and Responsibility* (Oxford Univ. Pr., 1968) ch. 2 ; W. Blum and H. Kalven, Jr., *Public Law Perspectives on a Private Law Problem: Auto Compensation Plans.* (Boston, 1965).

14) *An Anatomy of Values*, (Harvard Univ. Pr., 1970) ch. 9.

15) 생명 손실에 대한 보상 기준에 관해선 : E.J. Mishan, "Evaluation of Life and Limb: A Theoretical Approach," *Journal of Political Economy*, 1971, pp. 687~705.

제 5 장　국　가

1) H. Hart, "Are There Any Natural Rights?" *PR*, 1955 ; J. Rawls, *A Theory of Justice* (Harvard Univ. Pr.,1971), sect. 18.
2) Hart, "Are There Any Natural Rights?"
5) L. Tribe, "Trial by Mathematics," *Harvard Law Review*, 1971.
6) Locke, *Two Treatises of Government*, ed. P. Laslett. (N.Y.: Cambridge Univ. Pr., 1967), Ⅱ, sect, 168 ; sects, 20,21, 90~93, 176, 207, 241, 242.
10) G. Harman, "Quine on Meaning and Existence," *Review of Metaphysics*, 21, no. 1. (Sept., 1967)
13) L. Krader, *Formation of the State* (N.J, 1968), pp. 21~22.

제 6 장　국가를 위한 논변에 대한 추가 고려 사항

1) Locke, *Two Treatises* Ⅱ, sect. 95.
2) 필자의 "Newcomb's Problem and Two Principles of Choice," in *Essays in Honor of C.G. Hempel*, ed. N. Rescher et al. (Holland, 1969), pp. 114~46 : M. Gardner 의 Mathematical Games 란, *Scientific American*, July 1973, pp. 104~09. 그리고 나의 기고문 *Scientific American*, March. 1974, pp. 102~08 참조.
3) 수인의 딜렘마에 관해선, R.D. Luce and H. Raiffa, *Games and Decision* (N.Y., 1957), pp. 94~102.
4) T. Schelling, "The Reciprocal Fear of Surprise Attack," *The Strategy of Conflict* (Harvard Univ. Pr., 1960), ch. 9.
8) Locke, *Two Treatises*, sects. 87, 89, 90.
9) Locke, *Two Treatises*, sects. 74~76, 105~106, 112. ; 로크의 돈의 발명에 관한 논의 참조, sects. 36, 37, 47, 48, 50, 184.
10) 소유 권리 *entitlement* 와 응분 *desert* 의 구분에 관해선, J. Feinberg, "Justice and Personal Desert," repr. in *Doing and Deserving* (Princeton Univ. Pr. 1970), pp. 55~87.
12) Rothbard, *Power and Market*, p. 5.
14) D. Lewis, *Convention* (Harvard Univ. Pr, 1969) chs 2, 3. (이 책은 Shelling 의 협동 게임의 개념을 철학적으로 발전시켰음.)
15) Rothbard, *Man, Economy, and State*, vol. 2. (L.A., 1971), p. 654 ; Ayn Rand, "Patents and Copyrights," in *Capitalism: the Unknown Ideal* (N.Y., 1966), pp. 125~29.

제 7 장　분배적 정의

1) 이 장의 제 Ⅱ 부가 롤즈의 이론에 주력하고 있으나 제 Ⅰ 부에서 전개된

이론은 다른 이론들에도 적용된다는 점을 독자들은 주의하라.

2) B. Bittker, *The Case for Black Reparations* (N.Y., 1973).

3) F.A. Hayek, *The Constitution of Liberty* (Chicago, Univ. Pr., 1960), p. 87.

4) I. Kristol, "'When Virtue Loses All Her Loveliness'—Some Reflections on Capitalism and The Free Society," *The Public Interest*, Fall. 1970, pp. 3~15.

6) J.H. MacKay의 소설, *The Anarchists*, reprinted in L. Krimmerman & L. Perry, eds., *Patterns of Anarchy* (N.Y., 1966) ; N. Chomsky's Introduction to D. Guerin. *Anarchism: From Theory to Practice* (N.Y., 1970) xiii, xv.

7) *Collective Choice and Social Welfare*, Holden-Day, Inc., 1970, chs. 6 and 6*.

9) G. Vlastos, "The Individual as an Object of Love in Plato," in his *Platonic Studies* (Princeton Univ. Pr., 1973), pp. 3~34.

10) My Essay. "Coercion," in *Philosophy, Science, and Method*, ed. S. Morgenbesser, P. Suppes, and M. White (N.Y., 1969).

11) 이 주제에 관해서는 A. Alchian의 저작들 참조.

12) R.P. Wolff의 "A Refutation of Rawls' Theorem on Justice," *Journal of Philosophy*, Mar. 1966, sect. 2.

13) My essay "Moral Complications and Moral Structures," *Natural Law Forum*, 1968, pp. 1~50.

15) Harvard Univ. Pr. 1971

16) J. Rawls, *A Theory of Justice*, p. 4. (이하 TJ로 약함).

17) M. Friedman, *Capitalism and Freedom* (Chicago Univ. Pr., 1962), p. 165.

18) R.H. Coase, "The Nature of the Firm," in *Readings in Price Theory*, ed. G. Stiegler & K. Boulding (Ill., 1952) ; A. Alchian & H. Demsetz, "Production, Information Costs and Economic Organization," *American Economic Review*, 1972, 777~95.

19) I.M. Kirzner, *Market Theory and the Price System* (Princeton, 1963) ; also his *Competition and Entrepreneurship* (Chicago Univ. Pr., 1973)

20) M. Blaug, *Economic Theory in Retrospect* (Ill., 1968) Ch. 11 ; G.C. Harcourt, "Some Cambridge Controversies in the Theory of Capital," *Jr. of Economic Literature*, 7, no. 2. 1969), 369~405.

21) Rawls, *TJ*, p. 12.

22) Rawls, *TJ*, pp. 14~15.

23) Rawls, *TJ*, sect. 16, esp. p. 98.

25) Rawls, *TJ*, p. 15.

26) Rawls, *TJ*, p. 103.

28) Hayek, *The Constitution of Liberty*, Ch. 3.
29) Rawls, *TJ*, sect. 82.
30) Rawls, *TJ*, p. 136.
31) T. Scanlon, Jr., "Rawls' Theory of Justice," *Univ. of Pennsylvania Law Review*, 121, no. 5, May 1973, p. 1064.
32) 나의 논문, "Moral Complications and Moral Structures," *Natural Law Forum*, 13, 1968, esp. pp. 11~21.
33) Rawls, *TJ*, p. 72.
34) Rawls, *TJ*, p. 104.
35) Rawls, *TJ*, pp. 311~12.
36) Rawls, *TJ*, p. 15.
37) Rawls, *TJ*, pp. 538~41.
38) Rawls, *TJ*, p. 538 참조.
40) Rawls, *TJ*, p. 310.
41) I. Berlin, "Equality," reprinted in F.A. Olafson, ed. *Justice and Social Policy*, (N.J., 1961), p. 131 참조 ; E. Nagel, *The Structure of Science*, (N.Y., 1961) pp. 175~77 참조.
42) Rawls, *TJ*, p. 179.
43) Rawls, *TJ*, p. 102.
44) Rawls, *TJ*, p. 27.
45) Rawls, *TJ*, p. 183.
46) Rawls, *TJ*, p. 102.

제 8 장 평등 · 시기 · 착취 · 기타

1) 평등성에 관해선 : W.J. Blum & H. Kalven, Jr., *The Uneasy Case for Progressive Taxation*, 2nd ed. (Chicago Univ. Pr., 1963) 참조.
2) B. Williams, "The Idea of Equality, in *Philosophy, Politics, and Society*, 2nd ser., ed. P. Laslett and W.G. Runciman (Oxford, 1962), pp. 110~31. reprinted in J. Feinberg, ed., *Moral Concepts* (New York, 1969).
3) Williams, "The Idea of Equality," pp. 121~22.
5) K. Vonnegut의 단편 "Harrison Bergeron" in his collection *Welcome to the Monkey House* (N.Y., 1970) 참조.
6) J.J. Thomson, "A Defense of Abortion," *Philosophy & Public Affairs* 1, no. 1 (Fall. 1971), 55~56 참조.
7) R.H. Tawney, *Equality* (N. Y, 1964), p. 171 참조.
8) L.P. Hartley의 소설 *Facial Justice* 와 비교. 또한 Blum & Kalven, *The Uneasy Case for Progressive Taxation*, p. 74 및 H. Schoeck, *Envy*, tr. by M. Glenny & B. Ross (N.Y., 1972) 참조.
10) *The Theory of Capitalist Development*. (N.Y., 1956). R.L. Meek,

Studies in the Labour Theory of Value (London, 1958), pp. 168
~73 참조

11) 다음 참조 : Eugene Von Böhm-Bawerk, *Capital and Interest,* vol.
I (Ill., 1959), ch. 12 ; his *Karl Marx and the Close of His Sys-
tem* (N.J., 1949).

12) Marx, *Capital*, Pt. I., ch. I, sect. I, p. 48.

13) Marx, *Capital*, vol, I, ch. 2, pp. 97~98.

14) Marx, *Capital*, p. 120.

15) 다음과 비교 : E. Mandel, *Marxist Economic Theory*, vol. I. (N.Y.,
1969), p. 161.

16) 다음과 비교 : Meek, *Studies in the Labour Theory of Value*, pp.
178~79.

17) M. Blaug, *Economic Theory in Retrospect*, pp. 207~71.

18) I. Kirzner, *Competition and Entrepreneurship*.

20) 조건적 유용성에 관해선, 필자의 학위 논문 참조 : "The Normative
Theory of Individual Choice" (Princeton Univ, 1963, ch. 4, sect.
4) ; R. D. Luce & D. Krantz, "Conditional Expected Utility," *Econo-
metrica*, March 1971, pp. 253~71.

21) 다음 참조 : H.M. Hockman & J.D. Rodgers, "Pareto Optimal Re-
distibution," *American Economic Review*, Sept. 1969, pp. 542~56;
R. Goldfarb, "Pareto Optimal Redistribution: Comment," *Ame-
rican Economic Review*, Dec. 1970, pp. 994~96.

22) 필자의 논문 참조 : "Weighted Voting and 'One Man One-Vote'"
in *Representation*, ed. J.R. Pennock and J. Chapman (N.Y., 1969),

23) Dr. Seuss, *Thidwick, the Big-Hearted Moose* (N.Y., 1948),

제 9 장 데모크테시스

1) O. Gierke, *Natural Law and the Theory of Society 1500~
1800*, Vol. I (N.Y. 1934), p. 113 참조.

2) F. Oppenheimer, *The State* (N.Y., 1926) 참조.

3) 마지막 점에 관해선 필자의 "Newcomb's Problem and Two Principles
of Choice," in *Essays in Honor of C.G. Hempel*, esp. pp. 135~
40.

4) C.G. Hempel, *Aspects of Scientific Explanation* (N.Y., 1965) pp.
266~70.

5) H. Demsetz, "Toward Theory of Property Rights," *American Eco-
nomic Review*, 1967, pp. 347~59.

6) J.J. Rousseau, *The Social Contract*, bk. I, ch. 6 참조

7) Locke, *First Treatise on Government*, ch. 6 참조, ch. 9 참조.

9) Sects. 116, 117에서의 Locke의 유사한 논변과 비교. 또한 sect. 120

참조.

10) H. Spencer, *Social Statics* (London, 1851), ch. 19 참조.

11) H. Spencer, *The Man Versus the State* (Idaho: Caxton Printers, 1960), pp. 41~43.

제10장 유토피아를 위한 골격

1) J.R. Lucas, *The Principles of Politics* (Oxford Univ. Pr.), p. 292 참조.

2) K. Arrow, "Economic Equilibrium," *International Encyclopedia of the Social Sciences*, vol.4, p. 381 참조.

3) Rawls, *TJ*, ch. 9, sect. 79., "The Idea of Social Union" ; Ayn Rand, *Atlas Shrugged* (N.Y., 1957), pt. Ⅲ, chs, 1, 2.

4) R. Lipsey & K. Lancaster, "The General Theory of Second Best," *Review of Economic Studies*, 24 (Dec. 1956) 참조.

5) Rawls, *TJ*, sect 67, n.11 참조.

6) J.L. Talmon, *The Origins of Totalitarian Democracy*(N.Y., 1970) ; *Political Messianism* (N.Y., 1961)

7) 여과 장치에 관해선, F.A. Hayek, *The Constitution of Liberty*, chs 2, 3 ; M. Buber, *Paths in Utopia* (N.Y., 1950), pp. 145~46 참조 ; 과학적 방법에 있어서 여과 장치에 관해선, K. Popper, *Objective Knowledge* (N.Y., 1972).

8) B. Zablocki, *The Joyful Community* (Penguin Books, 1971).

9) 최근의 견해론, H. Barkai, "The Kibbutz: an Experiment in Micro-Socialism," in *Israel, the Arabs, and the Middle East*, ed. I. Howe & C. Gershman (N.Y., 1972).

10) 필자의 "Moral Complications and Moral Structures" 참조.

12) H. Marcuse, "Repressive Tolerance," in *A Critique of Pure Tolerance*, ed. R.P. Wolff et. al. (Boston, 1969) 참조.

13) A.W. MacMahon ed., *Federalism: Mature and Emergent* (N.Y., 1955) p. 139 ; *Federalist Papers* ; M. Diamond, "The Federalist's View of Federalism," in *Essays in Federalism* (Institute for Studies in Federalism, 1961).

우리 시대의 고전 3

아나키에서 유토피아로

──자유주의 국가의 철학적 기초

초판 1쇄 발행 1983년 11월 30일
초판 5쇄 발행 1994년 6월 25일
재판 1쇄 발행 1997년 6월 2일
재판 14쇄 발행 2025년 9월 26일

지은이 로버트 노직
옮긴이 남경희
펴낸이 이광호
펴낸곳 ㈜문학과지성사
등록번호 제1993-000098호
주소 04034 서울 마포구 잔다리로7길 18(서교동 377-20)
전화 02)338-7224
팩스 02)323-4180(편집) 02)338-7221(영업)
전자우편 moonji@moonji.com
홈페이지 www.moonji.com

한국어판 ⓒ 남경희, 1997. Printed in Seoul, Korea.
ISBN 89-320-0190-1